VIDA DE CRISTO

VIDA DE CRISTO

J. PÉREZ DE URBEL

Tradução: Ruy Belo

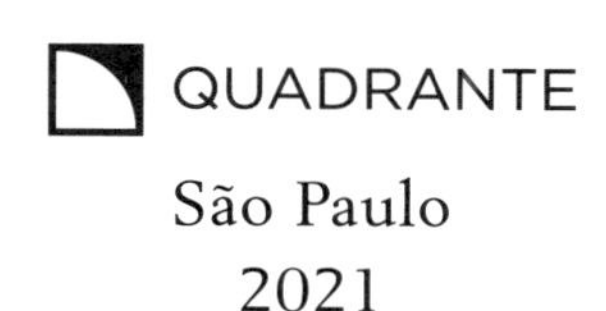
QUADRANTE
São Paulo
2021

Capa
Douglas Castiti

Dados Internacionais de Catalogação na Publicação (CIP)
(Câmara Brasileira do Livro, SP, Brasil)

Urbel, J. Pérez de
Vida de Cristo / J. Pérez de Urbel. — 3. ed. — São Paulo: Quadrante Editora, 2021.

ISBN: 978-65-89820-10-9

1. Jesus Cristo - Biografia I. Título.

CDD- 232.901

Índices para catálogo sistemático:
1. Jesus Cristo : Biografia : Cristologia 232.901

QUADRANTE EDITORA
Rua Bernardo da Veiga, 47 - Tel.: 3873-2270
CEP 01252-020 - Sao Paulo - SP
www.quadrante.com.br / atendimento@quadrante.com.br

SUMÁRIO

PREFÁCIO

Escrever uma vida de Nosso Senhor Jesus Cristo equivale a tecer uma malha com os Evangelhos, encaixilhados melhor ou pior na moldura correspondente de lugar e de tempo. Além dos quatro, podem contar-se pelos dedos as fontes de que dispomos. Nos escritores pagãos, descobrimos algumas alusões fugidias e depreciativas; em Josefo, umas frases vagas, cuja autenticidade os críticos hão de continuar a discutir enquanto não se der com manuscritos novos; nas volumosas compilações jurídicas e litúrgicas dos judeus — Mishná, Tosefta, Midrashín etc. —, uma ou outra indicação, no meio de um emaranhado de fábulas, calúnias e coisas absurdas: para encontrar uma pérola no meio de tanta palha, o leitor não calcula quanto é preciso esgaravatar. Mais respeitosos, mas nem por isso menos fantásticos, são os livros pertencentes à literatura apócrifa do Novo Testamento. Alguns deles foram escritos por volta de meados do século II, quer dizer, antes dos mais antigos da biblioteca rabínica, mas estão cheios de tantas patranhas, acontecimentos irrisórios e maravilhas infantis que, mesmo que se ocultem nesse amontoado informe alguns traços autênticos, ser-nos-ia quase impossível descobri-los.

Restam-nos assim os quatro testemunhos claros, explícitos, verídicos e autênticos de Mateus, Marcos, Lucas e João. Não constituem propriamente uma biografia, mas, mesmo como documentos históricos, assumem um valor poucas vezes conseguido por um documento humano. Mais do que a voz das personagens cujos nomes ostentam, constituem a lição da primeira comunidade cristã, a palavra duradoura e viva que, como dizia Papias, discípulo dos Apóstolos, nenhum outro livro poderia substituir.

No cumprimento da missão que Cristo lhes confiara, os Apóstolos pregaram a sua mensagem sob a forma de catequese oral. Primeira obrigação imposta: serem fiéis ao que tinham visto e ouvido. Condição: terem seguido o Senhor durante a sua vida pública, desde o batismo de João até o dia da Ascensão aos céus; não foi outro o requisito que se exigiu ao discípulo designado para ocupar o lugar de Judas no colégio apostólico. E assim se formou, logo nos dias do Cenáculo, um núcleo de doutrina catequística autorizada pelos doze Apóstolos e por todos os que tinham sido testemunhas das palavras e dos milagres do Mestre. Era isto o que os anunciadores da Boa-nova ensinavam aos neófitos, com uma fidelidade que muitas vezes ia até a citação das frases textuais. Catequese que se apoiava em módulos e, às vezes, em fórmulas fixas.

Assim se passaram vários anos. O primeiro que se decidiu a passar a escrito a tradição oral foi o Apóstolo Mateus. Acostumado aos números, afeito a passar promissórias e recibos, podia ser considerado uma pessoa culta em relação aos companheiros. Papias, historiador daqueles primeiros tempos, dizia, aí pelos princípios do século II: "Mateus ordenou em língua hebraica os oráculos do Senhor, e cada um os interpretou depois à sua maneira". Quer isto dizer que tinha nascido o primeiro manual de catequese e que cada pregador começou a servir-se dele segundo o seu temperamento e a sua preparação religiosa e cultural. Isto deve ter acontecido uns quinze anos depois da Paixão do Senhor. Era a maneira de garantir a autoridade que a pregação evangélica tivera até então. A presença de todos os discípulos de Jesus na Palestina tinha evitado nos primeiros tempos as fraudes e as adulterações. Mas chegava a hora da despedida; iam dispersar-se pelo mundo.

Lucas e Marcos prosseguem o mesmo objetivo. Escrever a vida de Jesus significava para qualquer dos três reproduzir o ensino apostólico e fixar as expressões consagradas por quinze anos de experiência missionária. Isto explica-nos as suas afinidades e divergências. Marcos não plagia nem faz um resumo do Evangelho de Mateus; recolhe a própria tradição, e recolhe-a à sua maneira ou, se se quiser, à maneira de Pedro, porta-voz como é do Príncipe dos Apóstolos.

O Cristo de Mateus afigura-se-nos menos familiar que o de Marcos, sempre tão indulgente para com a rudeza dos Apóstolos. Aparece-nos como portador de uma doutrina essencialmente interior e fundador da instituição cristã que, já neste Evangelho, recebe o nome de Igreja. Ele é o Messias, legislador superior a Moisés, visto que fala em nome próprio e com autoridade divina: não o Messias que os nacionalistas e os zeladores esperavam, mas aquele que os profetas haviam descrito: misto sublime de grandeza e de humilhação. Esta é a tese de Mateus, a da catequese cristã, tal como era exposta na altura em que a Igreja não tinha ultrapassado ainda os limites da Palestina. Tratava-se de demonstrar aos judeus o seguinte fato histórico: que o profeta condenado uns anos antes por eles como blasfemo e usurpador do nome de Filho de Deus era realmente o Messias, o Cristo para quem convergiam os livros do Antigo Testamento. O recurso ao paralelismo bíblico, o emprego de nomes próprios judeus, a utilização de gíria e expressões hebraicas, as citações da Lei e dos profetas levaram os autores a falar do "sentimento" do Evangelho de Mateus. Foi ele que nos transmitiu mais palavras do Senhor, palavras simples, diretas e tão vivas que nos parece ouvi-las com o acento, com a entoação que traziam ao saírem dos lábios do Homem-Deus.

Marcos tem talvez menos lógica e não é tão transparente, mas excede Mateus no rigor da expressão, no realismo e na captação do pitoresco, no frescor animado dos relatos. É tão judeu como Mateus, mas mal o denuncia em toda a narrativa. Se tem necessidade de aludir a um costume mosaico, a um lugar de nome arameu, apressa-se a dar uma explicação. Esta característica vem confirmar a tradição que no-lo apresenta ao lado de Pedro, escrevendo para os gentios e judeus helenizados que formaram o primeiro grupo da cristandade de Roma. Acerca dele, diz Papias o seguinte: "Marcos, intérprete de Pedro, descreveu com exatidão, mas sem ordem, os ditos e feitos do Senhor que ainda tinha presentes. Não havia acompanhado nem ouvido Jesus, mas, mais tarde, juntou-se a Pedro, que instruía de acordo com as necessidades e não com a pretensão de constituir um todo completo das palavras do Senhor. Marcos não tem culpa de escrever as coisas à medida que as vai recordando, com o único cuidado de não omitir nada nem introduzir a menor falta à verdade". Mais breve que Mateus nos discursos, mostra-se, no entanto, muito mais loquaz na descrição dos milagres. O público a que se dirigia provinha quase só do politeísmo. Portanto, devia sentir-se profundamente impressionado perante aquelas maravilhas, que revelavam em Jesus de Nazaré o Deus Soberano, perscrutador dos corações e dono dos elementos.

Mateus e Marcos transmitem-nos a catequese de Jesus adaptada a dois meios distintos. Lucas, por sua vez, é um escritor mais bem apetrechado, que acode às fontes escritas e se esforça por ampliar os meios de informação. Nas suas Epístolas, São Paulo fala-nos várias vezes de um companheiro seu na pregação evangélica, chamado Lucas, "cujo louvor corre por todas as igrejas". Por vezes chama-o médico, e há uma passagem da qual podemos deduzir que provinha não da circuncisão, mas da gentilidade. Este grego convertido, que segue o Apóstolo nas suas viagens através do Império, é o autor dos Atos dos Apóstolos e do terceiro Evangelho, duas obras que nos denunciam o médico, o narrador consciencioso, o filho de pagãos e o discípulo de Paulo. É universalista como o mestre. A sua genealogia de Cristo não para em Abraão; vai até o primeiro pai do gênero humano. Mais que como Messias, apresenta Jesus Cristo como Salvador do mundo. Anuncia a salvação universal, a paz para todos os homens de boa vontade. Para todos e por igual: bárbaros e gregos, judeus e gentios. A haver algum privilégio, dir-se-ia que é para os pecadores. Mateus e Marcos tinham falado da bondade de Jesus para com os publicanos. Dante chama a Lucas "o repórter da mansidão de Cristo". É ele que nos fala do perdão concedido à pecadora, da parábola da dracma perdida, do filho pródigo, da conversão de Zaqueu, do bom ladrão. E vai ainda mais longe: transmite-nos a alegria daquele que perdoa, faz-nos reparar na sensibilidade das entranhas paternais, revelação maravilhosa do coração de Deus, que tantas almas levou ao arrependimento.

A intenção primordial dos três evangelistas era apresentar a pessoa de Jesus, expor a sua doutrina e descrever a sua obra redentora. Por isso insistem no relato da Paixão e, tal como a catequese primitiva, começam a narração no momento em que se inicia a vida pública de Jesus. Nenhum deles cuida de fornecer uma relação completa dos acontecimentos e milagres. Têm consciência de que omitem muitas coisas, mas sabem também que dizem o suficiente para revelar o Filho de Deus.

Dos trinta anos de vida oculta em Nazaré não nos dizem quase nada, à exceção de Lucas, cujos primeiros capítulos, de um caráter e de uma origem diferentes, constituem o que poderíamos chamar o Evangelho da infância. Nada disto entrava no plano da catequese primitiva, exclusivamente empenhada em seguir os passos de Jesus "desde o batismo até a Ascensão". Mas a piedade não deixava descansar os fiéis até conhecerem fosse o que fosse dos primeiros anos do Senhor, algum episódio da sua vida antes de se revelar como o Enviado de Deus. E, como segredos de família, aparecem em Lucas várias passagens que são como que relâmpagos a iluminar alguns momentos da vida oculta e humilde de Nazaré. Foi este Evangelho que nos legou uma das mais belas orações do cristianismo: a Ave-Maria. É também ele que nos mostra em toda a sua beleza a virgindade da Mãe de Deus; que nos transmite a liturgia dos belíssimos cânticos do *Magnificat, Benedictus, Nunc dimittis* e *Gloria in excelsis Deo*; que pinta em traços sóbrios e fortes as figuras das mulheres que rodeiam Jesus: Maria Madalena, Isabel, Ana a profetisa, a viúva de Naim; a pecadora que tanto amou; Joana, a que cuidava do Salvador e dos discípulos; Marta, a hospitaleira; as filhas de Jerusalém que seguem o Crucificado quando os homens o abandonam.

O quarto Evangelho parece introduzir-nos num mundo novo. É o Evangelho espiritual e místico, aquele que, sem tirar valor aos fatos, convida a procurar de preferência a alegoria, o sentido mais profundo. Westcott, escriturista inglês, um dos seus melhores comentadores, conseguiu demonstrar que o autor é judeu, um judeu da Palestina, uma testemunha ocular, um dos doze Apóstolos. Pronuncia-se também neste sentido a tradição cristã. Encontramo-nos perante uma obra cheia de intuições psicológicas, exatidão geográfica, precisão nas horas, nas medidas, nos lugares, veracidade em pormenores de costumes, de mentalidade, de estilo. Ao mesmo tempo que nos transmite episódios quase de todo novos, tem omissões surpreendentes. Omite o relato da instituição da Eucaristia, mas apresenta, em contrapartida, o da promessa do pão vivo. É que o autor pressupõe a existência dos Sinóticos, isto é, dos três outros Evangelhos, e o seu objetivo cifra-se em precisar e ampliar.

Este Evangelho de João é o mais maravilhoso de todos os livros religiosos. Constitui mais uma revelação do que uma história. O evangelista serve-se da história para iluminar a figura do Mestre. Cristo, Filho de Deus, Verbo eterno, é o centro da sua narrativa, melhor, da sua tese.

De todas as recordações da sua velhice — escrevia no último quartel do século I —, limita-se a escolher os episódios que lhe servem para o plano que se propôs. Não pretende apenas completar as narrações dos outros evangelistas, ainda que, de fato, o consiga; pretende antes que todos os que o lerem fiquem com a convicção de que o protagonista é o Filho de Deus. E executa o seu programa com uma ordem e uma segurança extraordinárias. Mesmo sob o ponto de vista puramente humano, este Evangelho apresenta uma intensidade dramática inexcedível. Em torno da figura de Cristo sente-se crescer, a cada página, o duplo sentimento do ódio e do amor, da fé e da incredulidade. Tudo se encontra disposto e preparado para um fim. A visão metafísica, doutrinal e teológica do autor leva-nos a discorrer progressivamente por estas quatro ideias: Deus é vida, Deus é luz, Deus é pai, Deus é amor.

Os Apóstolos não se importavam demasiado com a história; a sua missão era pregar e anunciar a Boa-nova. Vemos que

Mateus prescinde quase por completo da cronologia, para distribuir a sua obra em torno de quatro ou cinco ideias ou acontecimentos principais. Era a isto que Papias chamava uma ordem na maneira de narrar; ordem quando muito lógica, por matérias. Para esse historiador, no entanto, Marcos é desordenado, se bem que não perca nunca de vista o enlace histórico dos acontecimentos; e, graças a ele, podemos reconstruir nas suas grandes linhas a época das missões na Galileia. Lucas, o mais literário dos evangelistas, tem já o sentido da história. Ele mesmo nos diz "que quer fazer um relato seguido e ordenado". Por não ter estado presente quando se deram os acontecimentos, "examinou cuidadosamente todos os fatos desde a sua origem" e consultou "os que desde o princípio foram testemunhas oculares e ministros da palavra". E tudo isso para que o "amigo de Deus", o "excelente Teófilo", que recebeu a fé, "reconheça a consistência da doutrina dos que o catequizaram". Não obstante, Lucas escrevia numa época em que as datas precisas das primeiras recordações começavam a desvanecer-se. Haviam decorrido já mais de trinta ou quarenta anos após os acontecimentos. No seu desvelo de investigador, conseguiu compilar um material de valor inestimável: o que depois utiliza do capítulo 9 ao 18. A piedade cristã sempre viu neste material um tesouro incomparável. No entanto, Lucas no-lo transmitiu sem indicação de datas nem de lugares, e talvez a própria ordem adotada não fosse a melhor. É preciso recorrer a João para iluminar este relato e encontrar nele um eco seguro da atividade do Senhor durante os últimos meses da sua pregação.

***

Não devemos perder de vista que a tradição apostólica transmitida pelos quatro evangelistas constitui, sobretudo, uma doutrina destinada a oferecer à nova fé um fundamento inamovível. Nela encontramos, mais do que uma biografia, um retrato de Jesus, Filho de Deus; um retrato com os traços essenciais, mas não uma narrativa de todos os milagres, de todas as palavras, de todas as idas e vindas. João diz-nos singelamente que, se fosse descrever tudo o que o Senhor fez, os livros não caberiam no mundo inteiro. Por isso, ainda que os relatos evangélicos, escritos independentemente uns dos outros, venham sempre a confirmar-se, a enriquecer-se mutuamente, é impossível afastar todas as dificuldades cronológicas e geográficas. Nem quanto ao ano exato da morte de Cristo e à duração do seu ministério as opiniões dos críticos são unânimes, ainda que estes dois problemas pareçam estar em vias de solução.

Por essas e outras razões, todo aquele que se propuser escrever uma vida de Cristo, ainda que as fontes principais, quase únicas, ao seu dispor sejam sempre os quatro Evangelhos, que na realidade constituem um mesmo Evangelho, ver-se-á obrigado a folhear os trabalhos dos comentadores, escrituristas, polemistas e biógrafos que mais penetraram e aprofundaram nos documentos originais e que com maior clareza expuseram e solucionaram os problemas deles derivados.

Foi precisamente o que eu fiz quanto a este livro. Cada geração, cada clima, cada povo e até cada grupo social necessita da sua Vida de Cristo. Mateus escreve para os primeiros fiéis da Judeia; Marcos, para os convertidos de Roma; Lucas, para os fiéis cultos da Grécia, da Ásia Menor e de Alexandria; João, para os cristãos ao tempo já ameaçados pelos primeiros teóricos do gnosticismo. E o que eles disseram haverá de ser vertido para todas as línguas, adaptado a todos os séculos, apresentado segundo o espírito de cada povo. E a vida de Cristo continuará a ser escrita até o fim dos séculos.

Nestas páginas, quis dar à geração atual a Vida de Cristo que ela pede. Dirijo-me a homens comprometidos numa grande tarefa. Se querem restaurar uma sociedade fundada na doutrina de Cristo, não podem deixar de estudar e de viver o espírito de Cristo. Espero que esta obra os ajude a cumprir essa obrigação primária, para se renovarem a si mesmos e renovarem os outros, sem os sobrecarregarem com problemas inúteis, sem lhes roubarem o tempo com obscuras discussões que só interessam aos especialistas.

Para encaixar na sua moldura geográfica e histórica a figura adorável do Senhor, vi-me obrigado a utilizar obras cheias de citações eruditas, de dados geográficos, de informações arqueológicas, de análises filológicas, que supõem nos autores anos de investigação. É de justiça lembrar aqui especialmente os nomes de Lagrange, Grandmaison, Lebreton, Prat, Willam, Reuss, Headlam, Schanz, Fillion, Fouard, Knabenbaue, Westcott etc. E eis que, pouco antes da primeira edição deste livro, publica-se na Itália a Vida de Jesus de Giuseppe Ricciotti, obra de um estudo maduro e de uma grande erudição, na qual o olhar sutil do escriturista perscruta os textos sob ângulos originais e descobre harmonias novas, e a vasta cultura do historiador chega a derramar claridades jamais sonhadas no ambiente material e espiritual da época. Leal e ingenuamente confesso que o melhor das suas observações, das suas disputas e das suas investigações passou para estas páginas, ainda que o meu cuidado constante tenha sido colher o fruto mais sazonado da sua erudição, sem que se notasse o seu peso, sem entrar em discussões hermenêuticas, sem cansar o leitor com preocupações polêmicas ou com intuitos apologéticos.

As únicas citações que julguei meu dever incluir são as do texto sagrado, para que o leitor possa aperceber-se do paralelismo dos quatro Evangelhos e se decida a procurar a Verdade e o Amor nas suas fontes mais puras.

[illegible]ΡΑΣ[illegible]ΝΕΠΙΤΟΥΣΚΑΤΑΒΑΛΛΟΝΤΑΣ
[illegible]ΒΙΑΖΟΜΕΝΟΥΣΗΜΑΣΚΑΙΤΑΣΕΝΤΕΥΞΕΙΣ
[illegible]ΝΟΥΚΑΠΕΔΕΞΑΝΤΟΟΥΔΕΕΒΟΥΛΟΝ
ΤΟΕΠΑΚΟΥΣΑΙΤΗΣΦΩΝΗΣΗΜΩΝΚΑΙΟΥ
[illegible]ΑΝΤΕΛΑΜΒΑΝΟΝΤΟΗΜΩΝΟΥΧΕΥΡΟΝ
ΤΟΣΚΑΤΑΤΩΝΒΙΑΖΟΜΕΝΩΝΚΑΙΚΑΘΕΣΠΩ
ΤΩΝΗΜΑΣΑΛΛΑΣΤΕΡΕΟΥΣΙΝΑΥΤΟΥΣΕΦΥΜΑΣ
ΑΠΕΚΤΕΙΝΑΝΗΜΑΣΚΑΙΕΙΣΟΛΙΓΟΥΣΗΓΑΓΟΝ
ΚΑΙΟΥΧΥΠΟΔΙΚΥΟΥΣΙΝΠΕΡΙΤΩΝΠΕΦΩ
ΝΕΥΜΕΝΩΝΗΜΩΝΚΑΙΟΥΚΑΝΑΜΙΜΝΗΣ
ΚΟΥΣΙΝΠΕΡΙΑΜΑΡΤΩΛΩΝΑΥΤΩΝΤΑΣΑ
ΜΑΡΤΙΑΣΑΥΤΩΝΟΜΝΥΩΥΜΙΝΟΤΙΟΙΑΓΓΕ
ΛΟΙΕΝΤΩΟΥΡΑΝΩΑΝΑΜΙΜΝΗΣΚΟΥΣΙΝ
ΕΙΣΑΓΑΘΟΝΕΝΩΠΙΟΝΤΗΣΔΟΞΗΣΤΟΥΜΕ
ΓΑΛΟΥΘΑΡΣΕΙΤΑΙΔΗΟΤΙΕΠΑΛΑΙΩΘΗΤΑΙΕΝ
ΤΟΙΣΚΑΚΟΙΣΚΑΙΕΝΤΑΙΣΘΛΙΨΕΣΙΝΩΣΦΩΣ
ΤΗΡΕΣΤΟΥΟΥΡΑΝΟΥΑΝΑΛΑΜΨΕΤΑΙΚΑΙΦΑ
ΝΕΙΤΑΙΑΙΘΥΡΙΔΕΣΤΟΥΟΥΡΑΝΟΥΑΝΟΙΧΘΗ
ΣΟΝΤΑΙΥΜΙΝΚΑΙΗΚΡΑΥΓΗΥΜΩΝΑΚΟΥ
ΣΘΗΣΕΤΑΙΚΑΙΗΚΡΙΣΙΣΥΜΩΝΗΝΚ[illegible]ΑΖΕΤΑΙ
ΚΑΙΦΑΝΕΙΤΑΙΕΦΩΣΑΣΥΛΛΑΒΗΣΕΤΑΙΥΜΙΝ
ΚΑΙΦΑΝΕΙΤΑΙΕΚΠΑΝΤΩΝ
ΠΕΡΙΤΗΣΘΛΙΨΕΩΣΥΜΩΝΚΑΙΕΚΠΑΝΤΩΝ
ΟΙΤΙΣΜΕΤΕΣΧΕΝΤΩΝΒΡΑΖΟΜΕΝΩΝΚΑΙ
ΚΑΤΕΣΧΟΝΤΩΝΥΜΑΣΤΑΚΑΚΑΕΝΤΗΗΜΕ
ΡΑΤΗΣΚΡΙΣΕΩΣΤΗΣΜΕΓΑΛΗΣΚΑΙΟΥΜΗΕΥ
ΡΗΘΗΤΩΣΟΙΑΜΑΡΤΩΛΟΙΕΚΥΛΗΣΕΣΘΑΙΚΝ
ΚΡΙΣΙΣΑΙΩΝΙΟΣΕΞΥΜΩΝΕΣΤΑΙΕΙΣΠΑΣΑΣ
[illegible]ΓΕΝΕΑΣΤΩΝΑΙΩΝΩΝΜΗΦΟΒΕΙΣΘΑΙ
[illegible]ΚΑΙΟΙΟΤΑΝΕΙΔΗΤΑΙΤΟΥΣΑΜΑΡΤΩΛΟΥ
[illegible]ΚΑΙΟΙΟΤΑΝΕΙΔΗΤΑΙΤΟΥΣΑΜΑΡΤΩΛΟΥΣ
[illegible]ΙΣΧΥΟΝΤΑΣΚΑΙΕΥΟΔΟΥΜΕΝΟΥΣΚΑΙ
[illegible]ΤΟΥΣΑΥΤΩΝΓΕΙΝΕΣΘΑΙΑΛΛΑ
[illegible]ΑΠΕΧΕΣΘΑΙΑΠΟΠΑΝΤΩΝΤΩΝΑΔΙ
[illegible]ΑΥΤΩΝΜΗΓΑΡΕΣΕΣΘΕΤΟΙΣΑΜΑΡΤΩ
[illegible]ΥΜΗΕΚΖΗΤΗΣΩΣΙΝΑΝΑΜΑΡΤΙΑΣΥΜΩΝ
[illegible]ΙΕΡΩΝΚΑΙΝΥΝΥΠΟΔΕΙΓΝΥΩΥΜΙΝ
[illegible]ΩΣΚΑΙΣΚΟΤΟΣΗΜΕΡΑΚΑΙΝΥΞΥΠΟ
[illegible]ΟΥΣΙΝΤΑΣΑΜΑΡΤΙΑΣΥΜΩΝΠΑΣΑΣ
[illegible]ΑΝΑΣΘΑΙΤΗΚΑΡΔΙΑΥΜΩΝΜΗΔΕΨΕΥ
[illegible]ΜΗΔΕΕΞΑΛΛΟΙΟΥΣΘΑΙΤΟΥΣΛΟΓΟΥΣ
[illegible]ΘΕΙΑΣΜΗΔΕΚΑΤΑΨΕΥΔΕΣΘΑΙΤΩ
[illegible]ΑΝΟΥΚΑΙΜΗΔΟΤΕΕΠΑΥΤΗΣΓΑ
[illegible]ΑΥΓΡΑΦΕΙΣΑΔΙΚΑΙΩΣΑΡ
[illegible]ΠΑΝ[illegible]

EXPECTATIVA

Naquele tempo, a atmosfera de Jerusalém via-se iluminada e como que enfeitiçada por promessas e esperanças. E não só a atmosfera de Jerusalém e de toda a Judeia, como a do mundo inteiro.

Roma tinha levado a cabo a sua empresa graças à força de organização mais desconcertante que o mundo jamais viu. As suas legiões dominavam a terra e os seus procônsules a exploravam. Grandes vias estratégicas irradiavam do Foro até o Atlântico e o Eufrates, até as montanhas da Escócia e o deserto africano. Do alto do Palatino, Augusto, o primeiro Imperador, enviava a toda parte os seus generais, os seus governadores e os seus geômetras; media a terra, construía aquedutos e cidades, arrecadava impostos, computava as riquezas e mandava proceder a recenseamentos para contar o número dos súditos.

Estavam vencidos os republicanos, eliminados os triúnviros, aniquilados os rebeldes em todas as fronteiras. No ano 17 antes de Cristo, acabava a guerra dos cântabros; no ano 15, Druso e Tibério, enteados de Augusto, submetiam a Récia, a Vindelícia e o Nórico, entre os Alpes e o Danúbio; no ano 13, uma expedição empreendida sob o comando de Agripa, genro de Augusto, e levada a cabo por Tibério, dominava a Dalmácia e a Polônia; no ano 12, Druso dava início a outra campanha, que acabaria por estabelecer em bases sólidas o domínio de Roma ao longo do Reno.

Depois, as legiões recolhem aos quartéis. Em janeiro do ano 9, inaugura-se em Roma a *Ara Pacis Augustae.* No ano 8, fecha-se o templo de Jano, que, antes de Augusto, só duas vezes se havia fechado em toda a história de Roma e que não voltará a abrir-se até a derrota das legiões de Varrão em Teutoburgo, dezessete anos mais tarde.

Pela primeira vez, há paz em todo o mundo abrigado sob as asas da águia romana; e enquanto uns julgam ter-se chegado ao período crucial da história, outros, mais sensatos, perguntam a si próprios se não será o momento fixado desde a eternidade para a aparição do "Pacífico", do "Pai dos novos tempos" (Is 9, 6).

E não faltam os que perguntam se o próprio Otaviano Augusto, o autor daquela *pax romana,* a quem se dedicam templos e cidades, a quem chamam o novo Júpiter, que consideram como o astro que se eleva sobre o mundo, não é também esse Príncipe da paz que se pressente e se espera.

Os homens despenderam já todos os esforços da sua parte; a filosofia experimentou todos os sistemas; a arte percorreu o ciclo das suas evoluções; a religião prosternou-se diante de todos os deuses possíveis e imagináveis, e as almas procuram, sedentas, o segredo da felicidade em vão prometido pelos políticos e pelos pensadores, pelos legistas e pelos hierofantes.

O ambiente acha-se inflamado de magia subterrânea. Pressente-se uma vaga de renovação moral. E não há quem não a procure avidamente no clima confuso dos mistérios.

Correm de mão em mão e de escola em escola augúrios astrológicos, vaticínios sibilinos, teogonias orientais, fantásticos apocalipses judaicos, fragmentos de cantos órficos, ecos de revelações primitivas, cosmologias pitagóricas, vagos rumores de profecias bíblicas e confusas intuições de poetas, empenhados em fazer esquecer ao mundo o seu imenso cansaço na perspectiva de uma esperança imensa: a esperança de um libertador universal. Toda a natureza geme e sofre dores de parto, segundo a enérgica expressão paulina.

Entre os judeus

Essa angústia universal, essas ânsias de libertação tinham o centro de difusão na capital do pequeno reino judaico da Palestina, em Jerusalém, foco onde se ia alimentar uma esperança de ressurreição nacional.

A missão do judaísmo fora manter viva no mundo a ideia do Messias, prometido no Paraíso terrestre após a primeira culpa. Tinha-a guardado fielmente, propagava-a através dos livros dos seus Profetas e levava-a por todas as províncias nas suas expedições comerciais, no seu êxodo universal, na organização intercontinental dos seus *ghettos*. Seria difícil — afirmava Estrabão, precisamente nesta altura — encontrar um lugar na terra onde os judeus não se tivessem estabelecido solidamente, fosse nas províncias do Império de Roma, fosse nas satrapias longínquas da sua rival, a monarquia dos persas. Desde a foz do Tejo até as muralhas do Ganges, falava-se da estrela de Jacó, que Balaão, filho de Beor, havia anunciado; comentava-se a promessa "de um descendente no qual seriam abençoadas todas as nações", feita por Javé a Abraão, o pai do povo hebraico; repetiam-se as palavras de Jacó, moribundo, sobre "o cetro que não seria arrebatado a Judá até que chegasse o Enviado, esperança dos povos". E todos os sábados se recordavam com emoção os vaticínios proféticos sobre a raiz de Jessé, sobre o Emanuel desejado, sobre a Virgem misteriosamente fecundada pelo orvalho do céu, sobre o Varão de dores, sobre o Menino extraordinário, Conselheiro, Deus forte e Pai do século futuro, que havia de trazer a paz, sobre o nascimento temporal dAquele que fora gerado desde a eternidade e é o Senhor nosso Deus, que pregaria e anunciaria a paz do alto dos montes de Israel e que, por fim, foi visto na terra e habitou entre os homens.

Eram essas as seculares, risonhas, maravilhosas palavras que Israel derramava pelo mundo, orgulhoso do seu papel de guardião e arquivo dos desígnios divinos.

Mas até Israel tinha chegado a uma encruzilhada angustiante na sua existência milenária. A grandiosa missão que Javé lhe havia confiado achava-se falseada, mutilada, amesquinhada pelos seus doutores. Os preconceitos raciais deformavam as esperanças messiânicas. Um exclusivismo feroz contrabalançava a ideia magnânima do Deus único, que só aquele povo tinha conservado. E toda a pureza da moral mosaica desaparecia nas malhas de um entrançado bizarro e odioso de cerimônias e observâncias externas que dificultavam o voo das almas até os cumes claros da virtude.

Os doutores eram cegos que guiavam outros cegos. A Lei de Javé constituía o tema de todas as suas disputas e preocupações; mas, incapazes de extrair dos seus preceitos o espírito, haviam deixado de ver nela a alma da sua conduta moral e a escada da sua elevação para Deus. Tudo era filosofia seca, casuística pura, mecanicismo sem vida e sem calor, rede complicada de prescrições que fatigavam o corpo e esgotavam o espírito.

Uma seita de rigoristas exaltados arrastava as multidões a um sem-número de práticas exteriores e supersticiosas:

abluções, jejuns, dízimos, gestos, amuletos e rituais que vinham ocupar o lugar do grande mandamento do amor e dissimulavam uma hipocrisia sem medida. Eram os *fariseus*, os "separados", esquadrinhadores minuciosos da Lei que, nascidos à sombra dos grandes nomes de Esdras e Neemias, tinham mantido o espírito patriótico no tempo das perseguições do rei Antíoco, mas haviam acabado por converter-se em amargos censores e zeladores das tradições rabínicas depois de perderem o primeiro lugar nas assembleias populares.

Mas, fazendo frente ao abuso na aplicação da Lei, apareceu a corrente que, em última análise, a suprimia. Os seus representantes eram os *saduceus*, cuja única máxima sagrada consistia neste conselho do fundador Sadoc: "Não te afastes da maioria". Graças a essas palavras, eram lícitos todos os ceticismos, todas as rebeldias, todos os relaxamentos. O bem-estar era mais importante que a religião; a submissão ao estrangeiro, preferível à luta; e quer o patriotismo quer a fé no porvir não valiam os sacrifícios inúteis que por eles tinha feito a geração de Judas Macabeu. Fariseus e saduceus odiavam-se mutuamente, porque tinham velhas injúrias a vingar.

Com efeito, durante cerca de dois séculos haviam disputado a influência e o poder junto dos últimos reis hasmoneus. A insurreição dos macabeus contra a política helenizante dos reis da Síria triunfara por fim com o apoio dos *hasidim*, os "piedosos", saídos das fileiras do povo, francamente hostil aos estrangeiros.

Como consequência, formara-se a dinastia nacional. João Hircano, filho de Simão, o último dos macabeus, fora nomeado rei. Mas, assediado e envolvido pela pressão exterior, não se sentira com forças para se opor às infiltrações da civilização pagã, e lançara-se nas mãos da classe mais inclinada à penetração helênica, a dos aristocratas e sacerdotes. Os *hasidim*, então, haviam passado à oposição e, retirando-se escandalizados, haviam dado a si próprios o nome de fariseus, quer dizer, os "separados", convertendo-se nos piores inimigos do trono.

A hostilidade crescera no reinado de Alexandre Janeu, que sucedera em 103 a João Hircano e se vira obrigado a sustentar uma guerra de sete anos contra o partido. A rainha Alexandra Salomé preferira deixar o governo nas mãos dos fariseus, que se aproveitaram da vitória para esmagar os adversários (76-67).

O advento de Aristóbulo provocou uma reação, mas os fariseus reconquistaram o poder com Hircano II, e a luta prolongou-se até que chegaram os romanos, que, como era de se esperar, encontraram dóceis colaboradores entre os saduceus. O povo admirava e seguia os fariseus, intransigentes e puritanos; mas os saduceus contavam com o poder, com a influência do dinheiro e com o apoio estrangeiro.

Favoreceram Pompeu quando este entrou em Jerusalém para acabar com a luta fratricida entre Aristóbulo e Hircano. Homens de negócios na sua maior parte, mercadores cujos interesses se espalhavam pelas grandes cidades do mundo antigo, viram com júbilo a submissão da sua terra à supervisão dos exércitos romanos. Em face dos protestos nacionalistas dos seus adversários, proclamaram-se conformistas, indiferentes ou imperiais. Com Hircano, fizeram triunfar a ideia da intervenção romana; foram eles os partidários mais entusiastas da dinastia edomita, e por intermédio deles Roma conseguiu impor o seu jugo ao povo de Israel.

Os soldados romanos passeavam pelas ruas de Jerusalém com ar de conquistadores; as suas bandeiras flutuavam em todas as praças fortes do país. À porta de cada povoação sentavam-se os publicanos, cobrando os tributos em nome de Roma. E eram os procuradores romanos que administravam a justiça e exerciam o direito de vida e morte sobre o povo de Israel.

Roma na Judeia

Sempre prudente na arte de escravizar os povos, Roma soube garantir cautelosamente o seu domínio sobre o velho reino de Davi. O lema continuava a ser, na expressão de César, "tranquilizar o país".

Antes de exercer uma ação direta e decisiva, julgou necessário manter um simulacro de soberania, e essa medida foi iludindo os incautos e vaidosos. Quando Pompeu se retirou, depois de haver manchado o lugar santo com o sangue dos sacerdotes, Hircano, o último dos hasmoneus, continuou a empunhar o cetro dos antigos reis bíblicos, sempre auxiliado por um estrangeiro, semi-herdeiro de Edom, chamado Antípatro, que não tardou a tornar-se senhor absoluto dos destinos de Jerusalém.

Um nacionalista exaltado eliminou-o à base de veneno, mas ficou o filho, Herodes.

Mais astuto e empreendedor que o pai, Herodes começou por comprar o favor dos imperadores, recorrendo a toda a casta de baixezas. Depois, eliminou sem o menor escrúpulo todos os que podiam atravessar-se no seu caminho e enfiou na cabeça a coroa que fora solicitar a Roma para o jovem príncipe Aristóbulo, de quem, segundo dizia, não queria ser mais do que primeiro-ministro. Por fim, instalou-se no palácio de Davi, no meio de uma horrível carnificina levada a cabo pelas legiões romanas, ainda que em suas veias não corresse nem uma gota de sangue judeu, visto que, se do lado do pai descendia do povo idumeu, a mãe, Kypros, pertencia a uma tribo árabe do deserto. O próprio nome de Herodes, que em grego significa "descendente de heróis", indica quão superficial era o espírito do judaísmo naquela família.

A ambição fez dele uma figura singular, que Josefo nos descreve com traços inolvidáveis. Foi um herói de laboriosidade, de tenacidade, de suntuosidade, de magnificência, de astúcia e de crueldade. Essas crueldade e astúcia, aliadas a um afiado instinto para seguir a causa do mais forte, instalaram-no e mantiveram-no no trono. Foi partidário de Júlio César, sem ser cesariano; apareceu ao lado de Bruto e Cássio, sem querer saber da república; de Bruto passou-se para Antônio, e de Antônio para Otávio.

Nomeado rei no ano 40 antes de Cristo, seu primeiro ato foi oferecer o sacrifício ritual de ação de graças a Júpiter Capitolino. Logo a seguir, deu início à política tortuosa, oculta, tirânica, do homem a quem o medo não deixa descansar: a adulação infame aos poderosos de Roma; o sobressalto ante a possível sublevação dos despojados; a humilhação do Sinédrio, o senado israelita, onde o patriotismo conservava restos da sua nobre altivez; o extermínio da raça hasmoneia; a degradação do sacerdócio entregue à seita dos saduceus, desacreditada, materializada, vendida aos estrangeiros; enfim, a submissão servil aos desígnios do povo dominador: templos para os seus deuses, teatros para os seus jogos, estádios para as suas lutas e cidades em honra dos seus imperadores.

Herodes, o Grande

Não obstante, urgia ter em conta o fervor religioso dos exaltados. Podia-se humilhá-los politicamente, mas sem atentar contra as suas crenças tradicionais. Herodes sabia-o e Roma sabia-o também. Não era possível seguir com Israel a mesma conduta que servira para escravizar os outros povos. Esse povo irrisoriamente pequeno, que pisara mesetas rochosas entre os desertos da Arábia e da Síria, resistia obstinadamente a toda assimilação e a toda evolução progressiva. Todos os deuses se tinham apressado a associar-se a Júpiter e Juno no Panteão de Roma; só o desse povo fugia à menor tentativa de conciliação. Orgulhoso dos seus livros santos, o judeu considerava-se o único povo conhecedor do Deus verdadeiro. Essa ideia exaltava-o, consolava-o no meio dos desastres nacionais, fazia-o esquecer a perda das antigas grandezas externas.

Estranho ao povo de Israel, indiferente ou, melhor ainda, ímpio, o príncipe idumeu soube explorar esses fervores religiosos para se conservar no poder. Longe de perseguir o culto mosaico, rodeou-o de novo esplendor, derramou favores sobre sacerdotes e levitas, aparentou a mais fervorosa solicitude para que nada faltasse daquilo que a velha liturgia mosaica exigia e gastou somas fabulosas na reconstrução do Templo de Jerusalém, convertendo-o num dos edifícios mais famosos do mundo antigo. É verdade que não o fazia por devoção — dado que ao mesmo tempo construía templos pagãos em honra da deusa Roma e do divino Augusto na Samaria, em Cesareia, em Panion e em outras partes —, mas para acalmar a irritação dos súditos e para satisfazer a sua paixão por grandes construções.

O certo é que a religião mosaica e o seu culto se revestiam agora dos esplendores dos seus melhores tempos. Do altar dos holocaustos subia incessantemente uma coluna de fumo, símbolo misterioso das orações que se faziam naquele lugar; o *Sancta Sanctorum* aparecia renovado e enriquecido; a festa do sétimo dia era celebrada com nova solenidade; a paz assegurada pelos representantes de Roma permitia aos israelitas da Palestina e de todo o mundo romano a participação nos grandes festejos tradicionais no interior dos muros sagrados da cidade dos Profetas; de manhã e à tarde, imolavam-se os sacrifícios da Lei com uma regularidade que poucas vezes se conhecera na história desse povo: um sacerdote entrava no *Santo*, espalhava grãos de incenso sobre as brasas trazidas do altar dos holocaustos, e, quando aparecia a primeira espiral do fumo sagrado, os levitas atroavam os ares com as trombetas, os lábios enchiam-se de orações, o povo prostrava-se e, ao longo dos vestíbulos, derramava-se esse murmúrio surdo de que os orientais não podem prescindir nas grandes ocasiões.

Anelos apocalípticos

Mas, enquanto no palácio de Davi dominava um rei estrangeiro, um usurpador, um arrivista que se elevara à custa da intriga e do crime, ali ao lado, no Templo, os doutores comentavam em voz baixa a velha profecia de Jacó moribundo: "O cetro não será arrebatado a Judá, nem o chefe à sua posteridade, até que venha o que há de ser enviado, e este será a esperança das nações" (Gn 49, 10).

Era o sinal claro de que se aproximava o Messias. Israel esperava ansiosamente que ele aparecesse, depois de tantos sobressaltos, angústias e desenganos! Parecia evidente que tinha chegado a plenitude dos tempos. Nessa convicção tinham vivido as gerações que haviam assistido à restauração do reino de Davi por um príncipe da família dos Macabeus. Mas logo viera a desilusão. Um reino mediatizado, diminuído, contaminado pela depravação pagã, estava muito longe do ideal anunciado pelos Profetas. O grande Eleito, o Messias, o Cristo, o Ungido, é que havia de ser o salvador, o glorificador do seu povo naqueles momentos terríveis de humilhação.

Depois dos esforços heroicos, mas ao fim e ao cabo estéreis, de Judas Macabeu e dos seus continuadores, todos os olhos se voltavam agora para o grande Libertador, capaz de estabelecer o reino de Deus sobre a terra. As escolas rabínicas discutiam sobre o tempo da sua vinda, sobre a maneira como viria a desenvolver a sua atividade, sobre as suas gestas entre as nações pagãs e sobre a situação em que ficaria o mundo depois da sua aparição. Era unânime a opinião que o considerava descendente de Davi; designavam-no com o nome de "Filho do Homem" que o profeta Daniel lhe dera, e afirmava-se que todas as forças hostis a Javé seriam milagrosamente destruídas por ele. Todos os escritos apócrifos que aparecem por esses anos se fazem eco dessa expectativa geral.

No século I antes de Cristo, propaga-se a curiosa compilação que tem o nome de *Livro de Enoque*, e que sintetiza as preocupações das escolas rabínicas: descrição do juízo futuro; nova narrativa dos castigos infligidos aos anjos prevaricadores; viagem do patriarca através do mundo, guiado por um anjo que lhe explica toda a espécie de coisas misteriosas; luta entre o mundo superior e o mundo inferior, que acaba pela destruição deste último e pelo estabelecimento do reino dos santos; advento do "Filho do Homem", sua atuação na terra e felicidade dos eleitos depois da vitória messiânica; elogio do Messias, que vive junto de Deus desde antes do raiar da aurora e cujo nome os espíritos pronunciam com reverência; porque ele é o apoio dos justos, a luz das nações, a morada do espírito de sabedoria e do espírito dos que sofrem pela justiça, aquele que há de julgar os povos e que, com a sua presença, ressuscitará os mortos, renovará a terra e o céu e levará consigo os justos para os introduzir na vida eterna. Algum tempo mais tarde, por alturas da conquista de Jerusalém por Pompeu (63 a.C.), um fariseu escreve os *Salmos de Salomão*, que veem o Messias a uma luz mais terrena, "como o rei, filho de Davi e imune a todo o pecado", que há de aniquilar os dominadores injustos e purificar do paganismo a Cidade Santa, reunindo sob um único cetro todo o Povo eleito. Concepções que encontramos também no *Livro IV de Esdras,* nos *Testamentos dos Doze Patriarcas,* no *Apocalipse de Baruque* e na *Assunção de Moisés,* obra que começou a circular na Palestina quando Jesus tinha uns dez anos.

Em geral, esta literatura apocalíptica reflete os traços de um messianismo sombrio e pouco tranquilizador. Inspirada num pessimismo radical, proclama o aniquilamento deste mundo malvado por meio de uma conflagração geral, para desembocar na palingenésia "do século futuro", em que os justos serão definitivamente vingados. Temas fundamentais: a luta dos impérios pagãos contra Israel e o seu Deus, a reunificação das doze tribos dispersas, o cataclismo do cosmos, o triunfo dos justos no reino do Messias, a ressurreição dos mortos, o juizo universal e o estado final dos justos e dos ímpios.

Era assim — acolhendo-se ao campo da escatologia — que uma corrente do nacionalismo messiânico, cansado das lutas contra os selêucidas e logo dominado pelo punho férreo de Roma, vinha sobrenaturalizando as suas esperanças.

O PROFETA ZACARIAS

Lucas 1, 5-25

É precisamente no reinado do usurpador idumeu que começa a nossa história. Nos dias do rei Herodes — conta Lucas —, vivia nas montanhas da Judeia, não longe de Jerusalém, um sacerdote chamado Zacarias, casado com uma mulher chamada Isabel, que era, como ele, da tribo de Aarão. "Os dois eram justos diante de Deus e observavam irrepreensivelmente as leis e mandamentos do Senhor. Mas não tinham filhos, porque Isabel era estéril e ambos de idade avançada".

Ora, aconteceu que um dia Zacarias chegou a Jerusalém, chamado pelos seus deveres sacerdotais. Acabava de ser designado, por sorteio, para oferecer o incenso num dos dias da semana em que, dos vinte mil sacerdotes de rito mosaico distribuídos pelos vinte e quatro grupos que se sucediam semanalmente no culto do Senhor, se encontrava de serviço o seu turno — o turno de Abias, assim chamado por ser esse o nome do chefe.

A sua vida fora inteiramente dedicada a conhecer os mais insignificantes preceitos da liturgia sagrada e todas as regras do culto mosaico: requisitos que deviam preencher os animais destinados ao sacrifício, medida exata das libações, ritos preparatórios de certas oblações, prescrições a observar nas funções do ofício sacerdotal, fórmulas tradicionais a adotar na oração, inclinações, rubricas e palavras que acompanhavam o ato de matar o animal, derramar o sangue e incensar. O sacerdote Zacarias tinha aprendido tudo isso amorosamente; mas agora volta a mastigá-lo de novo, a estudar o seu mais íntimo significado, a fim de desempenhar as suas funções com a maior precisão, porque bem poucas vezes, numa vida inteira, tocava a um sacerdote a honra de queimar o incenso do sacrifício vespertino.

Avançou, pois, para o lugar sagrado, com passo trêmulo e coração palpitante, rodeado por dois assistentes. No meio do *Santo*, entre o candelabro dos sete braços e a mesa dos pães, brilhava a ara de ouro, sobre a qual se ofereciam os perfumes. Só um tênue véu separava esse lugar do *Santo dos Santos*, vazio desde o desaparecimento da Arca da Aliança.

Um mundo de recordações agitou o espírito do velho sacerdote na presença daqueles objetos sagrados. Estava tudo em ordem — as lâmpadas ardiam, o pavimento de mármores preciosos resplandecia e, a meio do altar, o fogo novo erguia a sua chama vermelha e alegre.

Zacarias permaneceu imóvel, com o incenso nas mãos, até que lá fora soou uma trombeta. Nessa altura, esvaziou o incensório de ouro e dispunha-se a sair. Mas eis que uma aparição misteriosa o deteve.

A visão

Sob os pórticos, o povo, impaciente, aguardava. Essa cerimônia celebrava-se duas vezes por dia — sacrifício matutino e vespertino —, e os judeus piedosos, do lado de fora, associavam-se a ela com júbilo profundo e com um sobressalto secreto, porque o sacerdote que entrava no santuário era seu representante e o incenso simbolizava as suas orações. Com emoção sempre nova, aguardavam o momento em que o oferente aparecia à porta, enquanto os levitas entoavam os hinos sagrados e às suas vozes se juntava a música do Templo, numa sinfonia que ressoava pelas praças da cidade.

Mas desta vez o nervosismo era maior do que habitualmente, porque nunca um sacerdote levara tanto tempo a apresentar a sua oferenda. Apareceu, por fim, à multidão: vinha pálido, mudo, perturbado e cheio de medo. Tinha de pronunciar a fórmula da bênção da assistência, mas limitou-se a balbuciar alguns sons ininteligíveis. Vieram então a saber que se passara no santuário uma cena fora do comum.

Tinha acabado de espalhar o incenso sobre os carvões acesos quando, no meio das nuvens de fumo que enchiam o recinto, sentiu alguém a seu lado. Reparou então num anjo postado do lado direito do altar, mesmo à sua frente. Gelado de espanto, pensou que a terra o ia tragar, mas ouviu uma voz que lhe dizia:

— Não temas, Zacarias, porque a tua oração foi ouvida. Isabel, tua mulher, dar-te-á um filho, ao qual porás o nome de João. Ele será para ti motivo de alegria e júbilo, e muitos se hão de regozijar pelo seu nascimento: porque será grande diante do Senhor [...] e estará cheio do Espírito Santo desde o seio de sua mãe.

Entre os antigos, e de uma maneira especial entre os hebreus, o *nomen* era um *omen,* quer dizer, um presságio, e, precisamente por isso, o nome de João ou *Jehochanan,* que quer dizer "misericórdia de Javé", acrescentava nova força às palavras do anjo.

A notícia era tão surpreendente, tão extraordinária, que o velho sacerdote se julgou joguete nas mãos de uma ilusão. Noutro tempo, sim, suspirara ansiosamente por um filho, mas agora já a cabeça se lhe cobria de neve e o rosto de Isabel, de tão enrugado, lembrava um pergaminho. A sua oração ao longo dos anos fora a oração de um bom israelita: "Céus, enviai o orvalho da justiça e que a terra germine o Salvador". Deus quisera responder a ela, sem esquecer os seus antigos anseios.

Mas é próprio dos homens sentirem-se turbados por um desconcerto interior ao verem cumprir-se, quando menos esperam, um desejo de cuja realização já haviam desesperado. Era realmente extraordinário o que acabava de ouvir. Seu filho havia de ser, sem dúvida, um nazareno, visto que o anjo acrescentara que se absteria de qualquer bebida que pudesse embriagar. As Escrituras falavam de alguns profetas sobre os quais descera o Espírito Santo, e diziam até que o profeta Jeremias ainda estava no ventre da mãe e já havia sido destinado para uma missão de muita importância. Malaquias, entre outros, tinha falado de um precursor que havia de preparar os espíritos para a vinda do Messias, mas os rabinos viam nesse precursor o profeta Elias, arrebatado aos céus num carro de fogo.

Todas essas recordações se entrechocavam agora na mente de Zacarias, enchendo-o de confusão. A sua resposta revela-nos esse traço tipicamente humano em que se confundem os mais variados sentimentos: alegria, desconfiança, surpresa, temor e agradecimento.

— Como hei de acreditar no que me dizes? O que é que se pode esperar da minha idade e dos anos de minha mulher?

Essas perguntas equivaliam a pedir um sinal, tal como Abraão, Moisés, Gedeão e Ezequias o tinham pedido numa situação parecida, mas o sinal que Deus ia dar agora teria ao mesmo tempo o caráter de castigo. O anjo identifica-se, para dar maior autoridade à sua mensagem:

— Eu sou Gabriel, um dos espíritos que prestam assistência a Deus. E eis que, por não teres acreditado nas minhas palavras, ficarás mudo e não poderás falar até o dia em que estas coisas se realizem.

Nesse ínterim, o povo permanecia lá fora, à espera de que o sacerdote aparecesse para entoar o hino que se cantava enquanto o holocausto ardia no altar, e já começava a comentar-se a insólita demora, quando o perfil de Zacarias se recortou na soleira. Trazia estampados no rosto os indícios de que algo de extraordinário lhe acabava de suceder, e dava a entender, por meio de gestos, que lhe era impossível pronunciar a bênção do costume sobre a multidão. Todos suspeitaram que tinha havido uma aparição, mas ninguém sabia ao certo o que se passara.

Isabel

O acontecimento não impediu Zacarias de terminar a semana de serviço no Templo. Findos esses dias, voltou para casa e, pouco tempo depois, Isabel reparou que havia concebido. Cheia de alegria e de gratidão, mas consciente de como as mulheres são perspicazes e suscetíveis nestas coisas, passou os meses seguintes fechada em casa, a ruminar interiormente a frase que lhe tinha escapado dos lábios logo que se apercebera do prodígio:

— Eis a mercê que o Senhor me concedeu, afastando para longe de mim o opróbrio que me diminuía na consideração dos homens.

O opróbrio era a esterilidade, mal vista entre os hebreus, o que nos leva a pensar que o cuidado com que Isabel ocultou durante cinco meses a gravidez, para ela uma honra aos olhos do povo, obedecia a uma razão superior. Os desígnios divinos começavam a cumprir-se silenciosamente entre a reserva de Isabel e a mudez do marido.

E aqui temos as circunstâncias que acompanharam a revelação esperada durante longos séculos. Deus, tanto tempo calado, respondia por fim. Respondia na hora solene em que um sacerdote, pela primeira e única vez na sua vida, se apresentava no Templo para oferecer o sacrifício diário. Com todas as suas imperfeições, aquele culto israelita continuava a ser uma preparação e um símbolo, e o Senhor, antes de o substituir por outro mais digno dEle, queria reconhecer pela última vez a sua santidade.

Este acontecimento, no qual se adivinha já a aparição do Messias, foi o nó que enlaçou o porvir com o passado.

ANUNCIAÇÃO

Lucas 1, 26-38

Seis meses depois da visita a Zacarias, o anjo Gabriel foi encarregado de outra mensagem, ainda mais surpreendente. Desta vez não escolhe os esplendores do Templo, mas uma pobre casinha de uma aldeia desconhecida da Galileia, cujo nome nunca tinha aparecido nas páginas do Antigo Testamento.

Essa aldeia chamava-se Nazaré. Hoje tem ares de cidade; naquele tempo, não era mais do que um grupo informe de casas que se erguiam numa encosta rochosa, junto de uma fonte que hoje se chama Fonte da Senhora. A água da fonte tinha atraído os primeiros habitantes e continuava a atrair os peregrinos e as caravanas que se dirigiam à Cidade Santa, através do vale de Jezrael.

Para os habitantes da aldeia, Nazaré significava "a florida". Orgulhavam-se dos seus campos, dos seus bosques e da graça dos seus regatos. Mas, para a gente dos povoados limítrofes, em Nazaré não havia flores nem beleza. Tinham-lhe dado esse nome devido à colina escalvada que a protegia dos ventos, porque Nazaré, em hebraico, significa também "a atalaia" e "a defesa", sem dúvida pela posição elevada que aquele maciço de vivendas semitrogloditas ocupava em relação à planície oriental, dando aos habitantes certa segurança em tempo de guerra, mas retirando-lhe as vantagens da comodidade. Os galileus não conseguiam dissimular uma careta de desdém sempre que pronunciavam esse nome.

— De Nazaré pode sair coisa boa? — dirá um dia Natanael a Filipe.

E, como um eco desses tempos distantes, ainda hoje corre na Palestina este dito: "A quem Deus quer castigar, com uma nazarena o faz casar".

Maria

Mas naquela aldeia, hoje ridente e florida, que se recosta à sombra de acácias e palmeiras, vivia, cinco ou seis anos antes da nossa era, a virgem mais pura que a terra jamais viu, a mulher privilegiada, da qual muitos séculos atrás se tinha dito: "Eis que uma virgem conceberá um filho, que se chamará Emanuel".

Vivia pobre, numa casa pobre e na companhia dos pais, igualmente pobres. Um honrado artesão da aldeia, modesto carpinteiro, acabava de pedi-la em casamento e os pais tinham acedido ao pedido. Achava-se já prometida em casamento. O noivo chamava-se José e, tal como a prometida, procedia da cidade da família do grande rei dos hebreus, Belém, que desde a destruição de Jerusalém pelos assírios, e sobretudo após o regresso do cativeiro, havia perdido toda a importância política, sem que o ressurgimento nacional devido aos Macabeus tivesse conseguido reabilitá-la.

Acabavam de celebrar-se os esponsais, o contrato jurídico que tornava o homem senhor da mulher, antes mesmo de se celebrarem as bodas de casamento, que não eram mais do que uma cerimônia complementar. Ambas as partes tinham prestado o juramento requerido; o noivo pagara os trinta siclos do *mohar,* preço da noiva, e os jovens estavam unidos perante o direito, ainda que, segundo o costume, um e outro devessem permanecer, durante algum tempo, em casa dos pais.

Maria, que assim se chamava a virgem, não tinha pressa de que chegasse o momento da união definitiva. Talvez tivesse visto com dolorosa surpresa o passo dado pelos pais, mas a sua juventude estava nas mãos de Deus, e Deus se encarregaria de conduzir o curso da sua vida. Além disso, conhecia a alma de José, a sua virtude, a sua magnanimidade, a profunda nobreza do seu caráter. De qualquer maneira, estava resolvida a guardar o voto de virgindade que fizera no fundo do coração. Numa época em que todas as filhas de Judá sonhavam em albergar nas suas entranhas o Messias prometido, a donzela nazarena parecia renunciar a essa glória ou, no abismo da sua humildade, não se atrevia a aspirar a ela. Mas, dentre todas as criaturas do céu e da terra, não havia outra menos indigna do olhar do Senhor. Foi a ela que o arcanjo Gabriel dirigiu a sua nova mensagem.

A embaixada

Encontra-se talvez a orar no quarto; ou talvez fie e reze ao mesmo tempo, no interior da casa, com a porta fechada, para que o silêncio não seja perturbado pelas vozes agudas dos arrieiros que querem saber onde é a fonte, nem pelo martelar das ferraduras dos asnos, nem pelos estentóreos pregões dos vendedores. Segundo o protoevangelho de Tiago, que, assim como os demais evangelhos apócrifos, tenta dar a este episódio um caráter público, a cena desenvolve-se junto à fonte de Nazaré, mas Lucas parece indicar-nos precisamente o contrário: que o anjo "entrou" onde Maria se encontrava.

O diálogo começa com uma saudação de respeito e admiração:

— Ave, cheia de graça. O Senhor é contigo.

Atemoriza-se a virgem ao ouvir essas palavras. Mas a sua perturbação não traduz a desconfiança do sacerdote Zacarias; não nasce da visão em si, mas da sublimidade das palavras. É a turbação de uma alma consciente da sua indignidade; não espanto cego, já que a jovem nazarena raciocina, dialoga de si para si, segundo a expressão do evangelista: "pôs-se a pensar no que significaria semelhante saudação". Faz todos os esforços para compreender, porque na Palestina não é costume saudar diretamente as mulheres.

— Não temas, Maria — diz-lhe o anjo —, visto que achaste graça diante de Deus.

E, depois de pronunciar assim o nome da virgem, expõe a sua mensagem:

— Eis que conceberás e darás à luz um filho, a quem porás o nome de Jesus. Ele será grande, chamar-se-á Filho do Altíssimo, e o Senhor Deus lhe dará o trono de seu pai Davi. Reinará para sempre na casa de Jacó e o seu reino não terá fim.

O fiat

Maria meditara os Profetas e não podia desconhecer o alcance da mensagem angélica, cheia de expressões e conceitos messiânicos do Antigo Testamento (2 Sm 7, 16; Sl 89, 30-37; Is 9, 6; Mq 4, 7; Dn 7, 14 etc.). Vê nela um eco fiel das profecias. Ia ser, indubitavelmente, a Mãe do Redentor. Esse filho, rei eterno, descendente de Davi, germinaria em suas entranhas; a flor de que Isaías falara brotaria no seu seio; o próprio nome de *Jeshu*, forma abreviada de *Jehoshu* — Javé salvou — o denunciava como portador da salvação, da parte do Deus de Israel.

Não duvida um instante sequer, não discute a promessa nem pede um sinal, como o sacerdote Zacarias; mas... e o voto feito na presença de Deus? Havia, é certo, a união com José, o carpinteiro, mas isso não era obstáculo. Como qualquer mulher oriental, tinha de viver sob a proteção de um homem; porém, mais do que marido, José seria seu tutor. Esse casamento legal representava até uma condição para permanecer fiel à sua promessa.

O anjo repara na sua hesitação e dá-lhe a entender que não terá de introduzir a mais ligeira modificação na sua vida:

— O Espírito Santo descerá sobre ti e a virtude do Altíssimo te cobrirá com a sua sombra. E por isso o Santo que virá a nascer de ti será chamado Filho de Deus.

Os hebreus dessa época, tal como os semitas de hoje, pensavam que uma moça não podia conhecer mais do que um cortejo: ou o cortejo nupcial ou o cortejo fúnebre. O celibato era para eles uma desonra; a esterilidade, uma maldição de Deus. Mulher sem marido, pessoa sem cabeça, porque, como diria São Paulo, o homem é a cabeça da mulher. Dada esta geral maneira de ver, Maria tinha desposado José, certa de que ele respeitaria o seu propósito, ou por conhecer a sua virtude ou por ter recebido dele a promessa explícita de respeitá-lo. É a explicação que nos dá Santo Agostinho: "Como é que há de ser isso que dizes, se não conheço varão?, perguntou Maria ao anjo que lhe anunçiava o nascimento de um filho;

e não falaria desta forma se não tivesse feito o voto de se entregar a Deus no estado de virgindade. Mas, uma vez que isso não entrava nos costumes dos israelitas, quis desposar um homem justo, que não tomaria à força o que ela tinha oferecido, e até o havia de encobrir e defender dos violentos" (*De sancta virginitate*, 4).

Tudo ficava esclarecido. Esse filho, que viria a chamar-se Filho de Deus, só devia ter Deus por pai. Os esponsais contraídos com José, longe de constituírem um obstáculo, haviam de ser um requisito indispensável para a encarnação divina. Maria rende-se e inclina humildemente a cabeça:

— Eis a escrava do Senhor; faça-se em mim segundo a tua palavra.

Diante dos seus olhos, abre-se um porvir cheio de grandeza, mas envolto também em turbilhões de angústias e dores: de imediato, as dúvidas de José, o que a gente havia de pensar, e, mais tarde, a ira dos anciãos de Israel, as perseguições, a espada da dor, os sofrimentos indizíveis do Calvário. Tudo aceita sem titubear. Nem sequer pede um sinal, como Zacarias. Mas o anjo encarrega-se de lho dar:

— Eis que também Isabel, tua parenta, concebeu um filho na sua velhice, e este é o sexto mês daquela que chamavam estéril, visto que, para Deus, nada é impossível.

A Encarnação

Ainda hoje nos mostram em Nazaré, no interior da basílica da Anunciação, a gruta rochosa onde teve lugar o prodígio. Ficava ao fundo de uma casa construída no flanco do monte, como muitas outras que a rodeavam. Foi lá que Maria recebeu a notícia gozosa, dolorosa e gloriosa, foi lá que, ao pronunciar o *fiat* — faça-se — que nos trouxe a vida a todos nós, o Verbo se fez carne nas suas entranhas puríssimas. O Filho, que a partir daquele instante começava a formar-se dentro dela, era a segunda Pessoa da Santíssima Trindade, gerada pelo Pai desde a eternidade.

O Evangelho de João descreve-nos o mistério em palavras sublimes. Lá se fala de uma Pessoa ao mesmo tempo humana e divina, afirma-se a sua preexistência; lá se relata a sua vida terrena; lá se anuncia a sua eternidade, a sua vida em Deus, a sua divindade. E lá se recorda, numa palavra, a sua ação no começo de todas as coisas. O Apóstolo São Paulo chamá-lo-á força e sabedoria de Deus, imagem de Deus, atividade criadora e conservadora; na Epístola aos Hebreus, revelar-nos-á explicitamente todos os seus traços e atributos, com palavras que lembram o Livro da Sabedoria.

E o seu nome aparecerá no prólogo do quarto Evangelho como o nó central de toda a teologia cristã: "No princípio era o Verbo..." Não o Verbo dos antigos filósofos, o *logos* platônico e filoneísta, puro tipo ideal, abstração inerte, ou personalidade imaginária projetada no mundo metafísico, ou força imanente que encadeia os seres entre si e os vivifica: é um Ser vivente e pessoal, subsistente e divino, "luz verdadeira que ilumina todo o homem que vem a este mundo, e o mundo, no entanto, não o conheceu, visto que veio aos seus e os seus não o receberam. E o Verbo se fez carne e habitou entre nós, e nós vimos a sua glória, glória que possui na qualidade de Unigênito do Pai, cheio de graça e de verdade".

MARIA EM CASA DE ISABEL

Lucas 1, 39-56

"Naqueles dias" — Lucas quer dizer, após ter recebido a visita do anjo — "Maria levantou-se e foi a toda a pressa, através das montanhas, a uma cidade de Judá". Ia cumprimentar, felicitar Isabel, sua parenta segundo o texto sagrado, que não nos revela o grau de parentesco. De acordo com a opinião comum, tratar-se-ia de uma prima que vivia num vilarejo próximo de Jerusalém, conhecido como Ain-Karim, sete quilômetros a sudoeste da Cidade Santa, se acreditarmos numa tradição que remonta ao século V e que deu àquele local o nome de São João da Montanha. Vamos presenciar uma cena da vida cotidiana do Oriente, na qual se misturam os fatos mais inusitados e maravilhosos.

As mulheres da Palestina eram e continuam a ser como as mulheres de toda a parte, talvez um pouco mais comunicativas, de uma vivacidade mais veemente e mais ruidosa. Quando, pela festa do aniversário da Anunciação, se encontram diante da casinha visitada pelo anjo, essas mulheres, que costumam levantar-se às três horas da madrugada para dar voltas à roda do moinho, abraçam-se com uma alegria expansiva, saúdam-se uma, duas, três vezes numa voz sonora, cantante, musical, repetindo as mesmas palavras que se usavam no tempo de Booz, avô do rei Davi, e no tempo da Virgem Maria: "A paz do Senhor...; a paz seja contigo".

Era precisamente essa alegria que naquele momento inundava a alma da donzela de Nazaré. Ela, a enamorada do silêncio, quereria ter asas para atravessar, sem tocar o chão, aqueles campos da Samaria, aqueles montes de Efraim, aqueles caminhos perfumados pelas grandes recordações bíblicas. Devia ser por alturas da Páscoa, e Maria talvez tivesse conseguido juntar-se a alguma caravana de peregrinos galileus a caminho de Jerusalém. O vale de Jezrael era um mar verde e ondulante de espigas. Erguiam-se ao longe as penedias violáceas da Judeia, à beira do caminho abriam-se os cálices das anêmonas, as flores e as macieiras espalhavam perfume pelo ar.

Isabel e Maria

Maria chegou à casa de Isabel e saudou-a. Que virtude prodigiosa haveria na sua voz? Porque Isabel ficou como que petrificada. E estremeceram-lhe os cabelos brancos, e o rosto enrugado cobriu-se da cor de cera pálida, e a anciã limitou-se a cruzar as mãos, a inclinar a cabeça e a deixar escapar um grito inarticulado em que se misturavam a adoração, o assombro, o respeito e o amor. A voz de Maria foi para ela um divino amanhecer; invadida pelo Espírito Santo, adivinhou tudo num repente. Mostram-no as primeiras palavras que conseguiu pronunciar:

— Bendita és tu entre as mulheres, e bendito é o fruto do teu ventre. Como pude eu merecer que viesse ter comigo a mãe do meu Senhor?

Revela-se pela primeira vez aos homens o mistério da Encarnação. Maria guarda humildemente o seu segredo, mas Deus encarrega-se de o descobrir. Movida por Ele, sua prima esquece tudo, compreende tudo. Em seu seio outonal, uma criaturinha acaba de pular de alegria. Trêmula e admirada, Isabel fixa os olhos na fronte rosada da donzela, que parece um espelho da glória celeste, e atreve-se a sorrir. Não é só ela a alegrar-se. O menino que traz nas entranhas estremece de gozo e começa já a cumprir, à sua maneira, a missão de precursor: o Espírito Santo invade-o também a ele ainda no seio da mãe, tal como o anjo Gabriel anunciara a Zacarias; tem impaciências de criança e parece sentir já a presença do Cordeiro de Deus que tira todos os pecados do mundo.

Encolhido a um canto, o velho sacerdote devia contemplar, mudo, a cena prodigiosa. É nele que Isabel pensa quando diz, dirigindo-se à prima: “Feliz aquela que acreditou”. Estas palavras trazem à superfície a raiz de toda a grandeza de Maria. Um dia terá a alegria de ouvir essa mesma bem-aventurança da boca do seu próprio Filho. No Evangelho de São Lucas, ao qual devemos quase tudo o que sabemos acerca da Santíssima Virgem, lê-se que certa vez uma mulher exclamou, cheia de admiração, ao acabar de ouvir um discurso de Jesus: “Bendito o seio que te trouxe e os peitos que te amamentaram”.

O Magnificat

Maria sentiu-se como que perturbada por aqueles arroubos da prima. Mas sabe que tudo aquilo é verdade, que a sua fé teve como consequência a Encarnação, que o Verbo habita já nas suas entranhas, e, diante de tantos prodígios, a sua alma derrama-se num hino de entusiasmo e gratidão para com o autor daquelas maravilhas: "A minha alma glorifica o Senhor e o meu espírito exulta de alegria em Deus, meu Salvador, porque Ele olhou para a humildade da sua serva. Por isso, de agora em diante todas as gerações me chamarão bem-aventurada. Porque realizou em mim grandes prodígios Aquele que é Todo-poderoso e cujo nome é santo..."

O *Magnificat* é a explosão lírica de uma alma que se sente inundada de gratidão e admiração, um solilóquio sublime inspirado pela mais profunda emoção. As expressões são bíblicas, recordam-nos o hino triunfal de Débora, a terrível guerreira do Antigo Testamento, e o cântico entoado por Ana após o nascimento de Samuel. Mas o conteúdo é novo, nova sobretudo a ideia central. É o hino à nova era, a era da misericórdia e do amor, que se inaugura com o nascimento do Filho de Deus, cuja mãe é ela própria. Ao domínio da lei férrea, que tornava o poderoso mais poderoso, o rico mais rico e o soberbo mais soberbo, sucedia o triunfo daquele menino que ela trazia nas entranhas e que, com o advento do reino da graça, instaurava o império da justiça e da humildade, mediante a destruição dos tronos da violência e do orgulho, e fortalecia os débeis. "Manifestou o poder do seu braço e desbaratou os orgulhosos de espírito. Derrubou do trono os poderosos e enalteceu os humildes. Saciou de bens os que passavam fome e despediu de mãos vazias os ricos..."

Do princípio ao fim, o cântico de Maria apresenta-se-nos como um eco dos textos sagrados. A última estrofe é uma alusão aos velhos vaticínios: "Acolheu Israel, seu servo, lembrado da sua misericórdia, conforme prometera aos nossos pais, a Abraão e à sua posteridade, para sempre". Tudo são contrastes nestas palavras: humildade e grandeza, pequenez exaltada e orgulho abatido, fome saciada e saciedade faminta. E o mais desconcertante é a segurança absoluta com que aquela jovem sem bens de fortuna, inteiramente desconhecida, sem qualquer título de nobreza, anuncia que todos os séculos se hão de inclinar diante dela. Reconhece que é pobre e pequena como uma escrava, mas sabe que todos os povos hão de bendizer o seu nome. E as suas palavras cumpriram-se. Vinte séculos decorridos, milhões de vozes a invocam com amor, enquanto o nome de Herodes, o Grande, ao tempo senhor da Palestina, constitui hoje uma recordação morta, e poucos são os que conhecem o de Caio Júlio César Otaviano, árbitro do mundo de então.

Nascimento de João

Maria calou-se. Aqueles lábios, que haviam pronunciado umas palavras nas quais, se é sublime o acento poético, muito mais poética é a força do conteúdo, voltaram ao silêncio amado. Mas a casa do sacerdote viu-se iluminada, por três meses ainda, pela amável presença da "mãe do nosso Senhor", até que nasceu o filho de Isabel, e Zacarias falou, e se festejou a circuncisão do recém-nascido.

Foi um grande acontecimento no círculo dos amigos e parentes do velho sacerdote, e até para os habitantes do pequeno povoado rural, que o tinham na conta de honra da terra. Todos participaram com alegria daquela festa que vinha iluminar os últimos anos da vida do sacerdote. Ter um filho era então — e ainda hoje continua a ser — a suprema aspiração daqueles orientais que mediam a respeitabilidade de uma família pelo número de filhos homens que contava. Deus tinha apagado para sempre o opróbrio daquela casa sacerdotal; já havia nela um herdeiro da honorabilidade paterna, um continuador dos destinos e um representante das gloriosas tradições de Israel.

Foram em grande número os que se apresentaram a felicitar os venturosos pais, a tomar parte nos festejos, a ver o recém-nascido milagroso. E quando, ao oitavo dia, se teve de cumprir o preceito de circuncidar o menino, surgiu a questão do nome que lhe haviam de pôr. Não era costume que o filho recebesse o nome do pai, mas sim o do avô; porém, as insólitas circunstâncias que rodeavam aquela criança pareciam aconselhar que se abrisse uma exceção. Tal era o parecer da numerosa assistência de vizinhos e parentes. A oposição surgiu de onde menos se esperava — da mãe: "Deve chamar-se João", dizia ela com estranha firmeza e com grande surpresa dos convidados, que não conseguiam compreender a razão de tal insistência. Por que havia de chamar-se precisamente João, quando em toda a família ninguém tivera esse nome? Deixaram então nas mãos do pai a resolução do problema. Viram-no pedir uma daquelas tabuinhas cobertas de cera que os antigos usavam para transmitir os recados, e escrever com o ponteiro de prata: "João é o seu nome". E puseram-lhe o nome de João, que quer dizer gracioso, misericordioso.

Um novo milagre veio convencer os presentes de que a razão estava do lado dele. Mal tinha entregue a tabuinha, começou a falar, a cantar, a profetizar. Repleto do espírito de Deus, a transbordar de alegria, entoou um cântico em que o filho que lhe acabava de nascer aparecia como o arauto anunciador do Messias, como o profeta do Altíssimo, como o braço forte da salvação, segundo haviam anunciado os santos profetas. "E Zacarias ficou cheio do Espírito Santo e profetizou: Bendito o Senhor Deus de Israel, porque visitou e trouxe a redenção ao seu povo..." É o cântico *Benedictus,* que a Igreja incorporou à liturgia, louvor a Javé por ter cumprido as suas promessas ao enviar aquele menino cuja missão era preparar os caminhos do Senhor.

Essas maravilhas, que comoveram os habitantes simples das montanhas de Judá, constituíram ainda durante algum tempo motivo de conversa nos pórticos do Templo e nos arredores da Cidade Santa, junto dos poços e à luz das lareiras. A perturbação e a esperança mantinham as almas em estado de tensão, e muitos faziam a si próprios esta pergunta: "Que virá a ser este menino?"

De novo em Nazaré

Entretanto, Maria atravessava de novo o planalto da Samaria e, depois de contornar as faldas dos montes de Gelboé, que lhe traziam à memória as proezas dos antepassados, voltava, pelo lugarejo de Naim, a pisar o vale onde ficava a sua aldeia de Nazaré.

Estava-se já no verão, época em que os cardos silvestres começam a murchar e a espalhar as sementes, e os aldeãos debulham os feixes de trigo à porta das casas. A planura de Esdrelon mostrava-se despojada de todos os seus encantos primaveris; só lhe ficava a verdura dos vinhedos, daqueles vinhedos que tinham dado fama aos vinhos de Engadi. No sopé dos montes Hermon e Tabor, que limitavam a planície, luziam de brancura grupos de casas, semiembrulhadas nas curvas do caminho, e verdes arvoredos. Ali ficavam Endor, Iksal, Caná, Séforis, Ofra e, no meio delas, Nazaré.

Maria voltava para os seus com o coração repassado, simultaneamente, de alegrias e de preocupações. A sua confiança nos planos de Deus era absoluta e perfeita; mas, interiormente, perguntava-se a si própria que iria pensar dela a gente de Nazaré, como convenceria os parentes do prodígio que nela se realizara, como havia de explicá-lo ao prometido. No meio das dúvidas e vacilações que a agitavam, preferiu não discorrer mais, certa de que Deus se manifestaria a favor da sua inocência.

Com a sua perspicácia especial para certas coisas, as mulheres da aldeia devem ter sido as primeiras a aperceber-se do estado de Maria. Talvez por intermédio delas, ou possivelmente do *amigo do esposo*, o homem de confiança por meio do qual o noivo e a noiva se mantinham em contato após os esponsais, a notícia chegou rapidamente aos ouvidos de José. Quem nos conta o que se passou com o esposo de Maria é o evangelista Mateus, talvez por ter colhido os dados de uma fonte Galileia, como Tiago, primo do Senhor; é ele quem nos refere as dúvidas, as preocupações, as ansiedades e angústias do honrado carpinteiro: "José, que era um homem justo e não a queria difamar, resolveu abandoná-la secretamente".

A atitude de José

Outro qualquer, no seu lugar, saberia perfeitamente o que tinha de fazer. Embora tão sagrados como o próprio matrimônio, os esponsais podiam dissolver-se por divórcio. Mas, para ser legal, o divórcio requeria uma acusação jurídica, que trazia consigo a desonra e talvez mesmo a morte da desposada, uma vez que, para casos dessa natureza, a Lei prescrevia a lapidação. Era isso precisamente o que José queria evitar: era um homem "justo", e foi segundo essa justiça que julgou o caso de Maria. Tinha sérios motivos para a conhecer, e, no fundo, a razão devia estar do lado dela. Então como explicar tudo aquilo?

Passava-lhe pela mente a ideia de uma violência por ocasião daquela longa viagem até as montanhas da Judeia. Mas até isso lhe parecia absurdo, e começava a pensar que poderia tratar-se de um acontecimento extraordinário, de um mistério semelhante ao daquela virgem de que falava o livro de Isaías. Em qualquer dos casos, só tinha uma atitude a tomar: deixar a futura esposa que, ou já não lhe pertencia plenamente, ou nunca poderia vir a pertencer-lhe. E resolveu abandoná-la em segredo. "Como lhe chamam justo — pergunta São Jerônimo —, se se admite que pretendia ocultar o delito da mulher? Mas é que essa maneira de proceder era um testemunho a favor de Maria. José quer embeber de silêncio aquilo que talvez encerre um mistério que ele desconhece". Uma tolerância discreta e inerte da sua parte podia ter visos de aprovação e cumplicidade; mas, por outro lado, tem a certeza de que Maria está inocente e por isso evita o escândalo de um divórcio. Crivado de dúvidas, desconcertado por aquele enigma que não consegue explicar, resolve separar-se de Maria sem chamar a atenção da opinião pública.

Foi nessa altura que um anjo do Senhor lhe apareceu em sonhos e lhe disse: "José, filho de Davi, não temas receber Maria por esposa, pois o que ela concebeu é obra do Espírito Santo. Ela dará à luz um filho, a quem porás o nome de Jesus, porque ele libertará o povo dos seus pecados". Tranquilizado por essa visão, José obedece à indicação do céu e abre a Maria as portas de sua casa com o cerimonial do costume.

Celebra o banquete das bodas com a solenidade que a modéstia da sua condição lhe permite. Aos olhos dos outros, o seu casamento será como outro casamento qualquer. Encarregado de pôr o nome ao filho esperado, passará a desempenhar as funções de pai de família, cabeça legal daquela casa de Nazaré. É preciso que ninguém tenha conhecimento do mistério da maternidade divina e, portanto, que uma sombra de paternidade terrena assegure a honra da mãe e do filho.

Mas José desempenhará ali outra missão não menos importante. Os Profetas tinham anunciado muitas vezes que o Messias havia de nascer da casa de Davi e é graças a José, seu pai legal, que podemos reconhecer nEle o herdeiro do grande rei de Israel, visto que a mãe não tinha capacidade para lhe transmitir os direitos reais. Eis a razão por que os dois evangelistas que se ocuparam da infância de Jesus, ao tecerem a sua árvore genealógica, enumeram, não a ascendência de Maria, mas a de José, embora um deles trace a genealogia legal e o outro, Lucas, nos ofereça a genealogia de fato, de acordo com a psicologia dos gregos convertidos para os quais escrevia.

NASCIMENTO DE CRISTO

Como bom administrador, César Augusto tinha a paixão das estatísticas. Suetônio diz-nos que, ao morrer, deixou escrito pelo próprio punho um *breviário de todo o seu Império*, quer dizer, um caderno "onde figuravam os nomes dos cidadãos, as riquezas de cada uma das províncias, a lista dos aliados que deviam contribuir para engrossar os exércitos, o estado dos tributos e das rendas e o rol das somas gastas em coisas necessárias e em liberalidades". São dados tão escrupulosos e pormenorizados que só os pôde ter obtido à força de frequentes cadastros, inscrições e recenseamentos, e de uma burocracia rigidamente organizada.

Graças a uns papiros descobertos no Egito, conhecemos as fórmulas empregadas para anunciar esses recenseamentos. Um dos governadores, chamado Víbio Máximo, anunciava deste modo ao país uma dessas medidas destinadas a apurar o censo da população: "Como vai começar a inscrição por casas, é necessário que todos os que, por qualquer razão, estiverem ausentes do lar pátrio a ele voltem para cumprir as formalidades necessárias".

É a um decreto dessa natureza que o Evangelho de Lucas alude nestas palavras: "Ora, aconteceu que, naqueles dias, saiu um edito de César Augusto mandando que toda a gente se recenseasse. Este primeiro censo foi feito por Sulpício Quirino, governador da Síria. E todos iam recensear-se, cada um à sua cidade". O governador a quem o texto sagrado se refere não é um desconhecido. Nos *Anais* de Tácito fala-se do seu valor guerreiro, dos inestimáveis serviços que prestou ao Império, do seu consulado *sub divo Augusto,* no ano 12 antes da nossa era, dos seus feitos belicosos na Cilícia, do seu governo na Armênia e da sua designação para o cargo de confiança de preceptor de Gaio César, sobrinho do imperador. Uma inscrição vem dar os últimos retoques na sua história: diz-nos que ele foi duas vezes governador da Síria. Tínhamos conhecimento de uma, quando da morte de Arquelau, no ano 6 da nova era, e sabemos também, por meio de Flávio Josefo, que durante esse mandato Quirino mandou organizar um censo da população; não é desta, porém, que fala Lucas, mas de uma outra anterior, quando andava ocupado em vingar na Cilícia a morte do rei Amintas e esmagava os rebeldes homônades que tinham ousado enfrentar o poder de Roma. Este fato não pode ser fixado com toda a precisão, mas deu-se indubitavelmente entre os anos 9 e 6 antes de Cristo.

Uma afirmação de Tertuliano vem trazer-nos nova luz sobre este ponto. O grande escritor africano, excelente jurista e bom conhecedor dos documentos anagráficos romanos, apoiando-se não já no Evangelho de Lucas, mas num texto oficial do Império, atribui o censo do nascimento de Cristo ao legado Cêncio Saturnino. Ora, sabemos que o mandato de Cêncio Saturnino na Síria foi exercido entre os anos 8 e 6 antes de Cristo. Isto, que à primeira vista parece uma contradição, vem confirmar a afirmação do evangelista. Os dois textos completam-se, obrigando-nos a supor ou que Cêncio Saturnino terminou na Judeia o que Quirino começara no resto da sua província ou, o que é mais provável, que Saturnino interveio como colaborador de Quirino, que andava ocupado na campanha contra os rebeldes da Cilícia, região que pertencia também à província da Síria.

A caminho de Belém

Na Palestina, tal como no Egito, as formalidades do censo exigiam que os que tinham de se inscrever se deslocassem ao lugar de origem, coisa sumamente fácil para um oriental, que não esquece assim na primeira ocasião as particularidades geográficas e demográficas que condicionaram a vida dos seus antepassados. Descendente da casa de Davi, José viu-se obrigado a abandonar a sua aldeia de Nazaré para se inscrever com Maria nos registros da cidade de Davi: Belém.

Um caminho de cento e vinte quilômetros separava as duas povoações, um caminho que os pedestres demoram três ou quatro dias a percorrer. Atravessaram primeiro a planície de Esdrelon, saturada de recordações bíblicas e salpicada de lugarejos tranquilos e calmos. Depois de deixarem para trás Sulam, onde os peregrinos surpreenderiam com emoção ecos do *Cântico dos Cânticos*, apareceram os montes da Samaria, o Ebal e o Garizim, outrora montes sagrados e ainda hoje redutos de cismas e rancores. Na boca de um vale profundo e estreito, à beira do caminho, detiveram-se a provar a água da fonte de Jacó, e pouco depois saudavam José, filho de Jacó, ao passarem pelo seu túmulo. Divisaram o Templo de Herodes, ainda por acabar, mas já resplandecente de ouro e mármores, ladearam as torres de Sião, e, um pouco mais tarde, pisavam já os campos betlemitas, onde mil anos atrás o mais famoso dos seus antepassados apascentara ovelhas.

A cidade de Davi

Se Nazaré era uma aldeia desconhecida dos autores da antiga literatura hebraica, Belém, pelo contrário, tinha uma história brilhante. Depois de os israelitas se terem assentado na Terra Santa, o nome cananeu de *Beth-Lahamu*, "casa do deus Lahamu", tinha sido substituído pelo de *Beth-lehem.* Também se lhe chamou Efratá, sobrenome de uma das principais famílias que nela se fixaram e que se tornou famosa graças ao ramo de Jessé, pai de Davi. Era uma cidade pequena, e como tal a considerava o profeta Miqueias no século VIII, mas as caravanas que, vindas do Egito, passavam por lá a caminho de Jerusalém davam-lhe certa vida. Um tal Camaam, filho de um contemporâneo de Davi, construíra ali uma pousada que, no tempo de Jeremias e talvez no de Jesus, continuava a chamar-se o *khan* ou *geruth* — a hospedaria — de Camaam.

Jerusalém e Belém distam uma da outra apenas duas horas, mas fazem parte de regiões geograficamente distintas. Ao deixar o planalto que as separa, a paisagem modifica-se bruscamente; é outro o ambiente, outro o clima, outro o curso das águas. É o vale que se estende em melodiosa policromia até à meseta situada sobre o Jordão: são áridas planuras, terraplenos onde crescem oliveiras centenárias, depressões de uma beleza deslumbrante, defendidas do vento pelas montanhas do Oeste, onde os pastores têm os seus abrigos; e, ao centro, uma feraz terra de semeadura, que deu o nome à histórica povoação de *Beth-lehem,* que quer dizer "casa do pão".

Com a alma sacudida pela emoção e pela nostalgia, os dois esposos de Nazaré atravessaram aqueles lugares, onde cada arroio, cada pedra lhes trazia à memória algum acontecimento da história do Povo de Deus, intimamente relacionado com a história da sua família: o campo que outrora pertencera aos domínios de Booz, os restolhos onde se podiam adivinhar as pegadas de Ruth, a ceifeira, o bosque no interior do qual Davi deparara com o leão. Subiram a colina branca e suave que levava às primeiras casas e, no momento em que agonizava a tarde, detiveram-se diante do *khan,* um edifício restaurado através dos séculos e rodeado de pórticos, com um grande pátio central onde se amontoavam as cavalgaduras.

Toda a gente gritava, corria ligeira de um lado para o outro, cumprimentava-se em voz alta, cantava, brincava, gesticulava. Alguns maldiriam os caprichos do César e barafustariam contra aquele decreto que lhes impunha toda a espécie de privações, incômodos, despesas e exações: a aspereza dos caminhos, a falta de conforto nas pousadas, o tratamento desdenhoso por parte dos empregados, a preocupação de conseguir alojamento em terras onde talvez tivessem tido um ascendente ilustre, mas onde agora eram inteiramente desconhecidos.

À procura de pousada

José estava nesse caso. Abriu caminho por entre a multidão, prevendo já uma recepção desagradável. O que mais lhe devia pesar talvez não fosse não encontrar uma casa onde passar a noite, mas o receio de não conseguir um canto onde pudessem ter uma certa privacidade. Lucas diz-nos que José levava consigo Maria, "sua esposa, que estava grávida". Na realidade, o decreto de recenseamento não a obrigava a acompanhar o esposo, mas era impossível deixá-la só naquele estado. Aliás, não é improvável que, dadas as circunstâncias prodigiosas da concepção, o casal tivesse resolvido estabelecer-se no lugar de origem da linhagem de Davi, já que, segundo o anjo Gabriel, Deus daria ao fruto que esperavam o trono de seu pai Davi.

Por outro lado, não seria de admirar que o filho que Maria concebera de uma forma tão insólita também nascesse de uma maneira maravilhosa, e era doloroso pensar que não pudessem subtrair o mistério aos olhares da gente curiosa. É isto que se depreende da expressão de Lucas. O evangelista não diz simplesmente que não havia lugar na pousada, mas que não havia lugar "para eles", alusão manifesta às exigências especiais provocadas pelo parto iminente de Maria.

Os receios de José converteram-se em realidade: várias vezes lhe disseram e repisaram "que não havia lugar para eles na pousada" — um lugar recolhido, decoroso, solitário. Insistiu, suplicou, mas tudo foi em vão.

A gruta

Indicaram-lhe, perto dali, aberta na montanha calcárea, uma espécie de gruta que servia de curral. A única mobília era uma manjedoura suspensa na parede ou posta no chão, para deitar a ração dos animais. Esse foi o refúgio que os dois aldeães de Nazaré conseguiram encontrar na penosa viagem.

"E aconteceu que, enquanto estavam ali, se completaram os dias em que Maria devia dar à luz. E deu à luz o seu filho primogênito e, envolvendo-o em panos, reclinou-o numa manjedoura". Lucas só fala da manjedoura, mas a manjedoura exige o estábulo, e o estábulo, de acordo com os costumes do tempo, supõe uma gruta, uma pequena caverna, aberta numa colina próxima do povoado.

Um albergue pobre, desmantelado e cheio de teias de aranha, esse foi o primeiro palácio de Jesus na terra; um presépio sujo, o seu primeiro berço; um burro e um boi, segundo a velha tradição — visto que o Evangelho nada nos refere a este respeito os que lhe deram o calor do seu bafo naquela noite fria. Maria, que nenhuma dor sentira ao dá-lo à luz, estava em condições de lhe prodigalizar pessoalmente os primeiros cuidados. É um pormenor que o evangelista não quer omitir, para nos dar a entender que, se Jesus foi concebido milagrosamente, mais milagrosamente nasceu. "Jesus — diz São Jerônimo — desprendeu-se da mãe como o fruto maduro se separa do ramo que lhe comunicou a seiva, sem esforço, sem angústia, sem esgotamento". E noutro lugar diz: "Não houve ali auxílio algum de outra mulher, como se apressaram a imaginar os evangelistas apócrifos. Foi Maria que envolveu o Menino em panos. *Ipsa mater et obstetrix fuit:* a própria mãe foi a parteira". Não fora despropositada a preocupação de procurar um lugar solitário e tranquilo.

Mais tarde, o mundo há de venerar a gruta onde ocorreu o nascimento prodigioso. Mas, volvido um século, já um escritor nascido naquela terra da Palestina, São Justino, nos falará dela com respeito, e algum tempo depois o grande Orígenes afirmará que até os próprios pagãos conheciam a cova em que tinha nascido um tal Jesus, adorado pelos nazarenos. Depois, os reis da terra hão de adorná-la de ouro, prata e tecidos preciosos; apear-se-ão da sua grandeza para limpar aquele chão que ainda hoje milhares e milhares de peregrinos beijam com lágrimas de amor e gratidão. Perto de outras covas ou grutas naturais que também serviram ou servem ainda de estábulo, a cova milagrosa, que foi o primeiro refúgio de Deus quando veio à terra, continua a atrair a toda hora multidões piedosas e comovidas.

Os pastores

Nos nossos dias, a colina entra em vibração sob o rumor surdo do formigueiro dos peregrinos; naquela altura, ninguém sabia que acabava de ter lugar ali o maior acontecimento da História. Foi o céu que teve de recorrer a um novo prodígio para o revelar. A oriente de Belém, a caminho do Mar Morto, estende-se a planície verde onde naquele tempo ficava a célebre torre do Rebanho, junto da qual Jacó armara a sua tenda para chorar a amada Raquel. Uma igreja, escondida entre oliveiras, assinala o lugar onde as nuvens se abriram para permitir que se visse uma nova luz: "Havia naquela região um grupo de pastores — diz-nos Lucas — que vigiavam e guardavam os seus rebanhos nos campos durante as vigílias da noite. Eis que um anjo do Senhor lhes apareceu e, envolvendo-os num resplendor celeste, os deixou cheios de grande temor".

Por esse vasto ermo, terra inculta e abandonada, erravam numerosos rebanhos guardados pelos respectivos pastores, quer no inverno, quer no verão, de dia ou de noite. Embora mal vistos pelos doutores de Israel, já que davam pouca importância aos seus ensinamentos sobre abluções, dízimos, alimentos impuros e a observância do sábado, esses pastores eram os continuadores dos patriarcas bíblicos. Levavam a mesma vida que eles e, tal como eles, contemplavam todas as noites o céu coalhado de estrelas, negro, profundo, aveludado. Os seus atuais descendentes continuam a levar os rebanhos sem rumo fixo por aqueles ermos e planícies, e são designados por um nome que significa "os que vivem ao relento". Nômades, livres, de uma liberdade adquirida à força de fadigas, privações e desprezos, conservam melhor que os habitantes das cidades a fé simples, a piedade sincera e as antigas tradições de Israel.

A aparição do anjo, que veio interromper a conversa noturna em torno da fogueira, encheu-os de espanto. Um israelita não podia ver um raio de glória caído do céu sem o associar à recordação dos raios de Javé, portadores de morte. Mas o anjo os tranquilizou:

— Não temais. Anuncio-vos uma grande alegria para todo o povo: nasceu-vos hoje na cidade de Davi um Salvador que é o Cristo Senhor. Isto vos servirá de sinal: encontrareis um menino envolto em panos e deitado numa manjedoura.

O cântico da paz

A notícia não deixava de ser estranha: o Messias que Israel aguardava, o descendente de Davi, o restaurador do seu trono, jazia recostado no feno de um estábulo. "Tirai-me esses panos vergonhosos e essa manjedoura, indignos do Deus que adoro" — dirá Marcião, um dos primeiros hereges. E Tertuliano lhe responderá: "Nada mais digno de Deus que salvar o homem espezinhando as grandezas transitórias, julgando-as indignas de si e dos homens".

Não era aos poderosos da terra, não era aos doutores do Templo que a mensagem se dirigia, mas aos pobres pastores do deserto, gente desprezível e suspeita aos olhos dos escribas, que os excluíam dos tribunais, recusavam o seu depoimento nos julgamentos e tinham inventado este provérbio depreciativo: "Não deixes que o teu filho seja guardador de burros, condutor de camelos, bufarinheiro ou pastor, que são ofícios de ladrões". Como seria possível submeter essa gente ambulante, que acima de tudo tinha de pensar em viver, às mil prescrições que complicavam a Lei? Mas a vida de Cristo aparece impregnada, logo desde o início, de uma profunda ironia contra os sábios e poderosos. Quando começar a sua atividade missionária, Jesus dará como sinal da sua missão divina a evangelização dos pobres. E eis que, mal acabado de nascer, já os pobres são evangelizados. E os pobres compreenderam e acreditaram: acreditaram que, por fim, o Messias havia nascido.

Logo repararam que o mensageiro não estava só: rodeava-o um coro de espíritos resplandecentes que cantavam o hino cujo eco ressoa hoje em todas as igrejas do mundo: "Glória a Deus nas alturas e paz na terra aos homens de boa vontade!" Era essa a boa-nova prodigiosa: a paz. Cristo quis nascer num momento assinalado pela paz que as vinte e cinco legiões de Roma mantinham em todas as fronteiras. Mas a paz que Ele trazia era muito mais funda e duradoura. Era a paz que vinha unir o homem com Deus e tornar felizes as almas que, pelos seus atos, se tornassem dignas do beneplácito divino. Aqui temos a tradução exata do termo empregado por Lucas: "Paz na terra aos homens por Ele amados".

Maravilhados por esse concerto misterioso, os pastores olhavam para o alto e, quando os últimos ecos se perderam na distância, puseram-se a caminho com toda a decisão: "Vamos a Belém e vejamos o que aconteceu e o que o Senhor nos anunciou". Esta cena é descrita imediatamente após a do nascimento de Jesus, e o evangelista junta-as sem dúvida para nos dar a entender que entre os dois fatos não decorreu uma hora sequer. Por isso a tradição supôs com razão que o nascimento de Jesus teve lugar de noite, tal como a aparição aos pastores.

A Mãe

Aqueles adoradores noturnos foram os primeiros peregrinos dos milhões e milhões que, ao longo dos séculos, haviam de transpor os umbrais do pequeno portal de Belém. Adoraram o Menino entre transportes de júbilo, felicitaram a Mãe, ofereceram-lhe os seus presentes, perfumados de campo e de fé, "e regressaram louvando e glorificando a Deus por tudo o que tinham visto e ouvido, conforme lhes fora anunciado".

E, no meio daquele ingênuo alvoroço, enquanto eles repetiam a uns e outros o seu relato de luzes, de anjos e de músicas, "enchendo de admiração todos os que os escutavam", a Mãe de Jesus calava-se, sorridente, sem dúvida, e agradecida por aquelas homenagens. "Maria conservava todas estas coisas e meditava-as no seu coração", e assim continuou a fazê-lo até o dia em que as contou a Lucas, o seu pintor, o seu evangelista, que nessa frase nos oferece uma alusão delicada à fonte da sua informação. Porque foi Ela, certamente, quem lhe deu a conhecer o relato da noite de Natal, sóbrio e terno ao mesmo tempo, em que se descobrem o cunho da Virgem e o coração da Mãe.

A CIRCUNCISÃO

Lucas 2, 21-40

"Quando se completaram os oito dias para ser circuncidado — diz o evangelista, laconicamente foi-lhe posto o nome de Jesus".

O Verbo humanado, Filho do Altíssimo, segundo a expressão do anjo, quis submeter-se a esse rito doloroso, que era a porta por onde o israelita entrava no seio do mosaísmo, o batismo judaico, o ato que inscrevia o recém-nascido no registro da aliança de Javé. "Todo o filho que vier a este mundo — dissera Deus a Abraão — será circuncidado ao oitavo dia; caso contrário, será lançado fora do meu povo, por ter quebrado o pacto da minha aliança".

Muitos outros povos, entre eles os árabes e os egípcios, praticavam esse costume, considerando-o como sinal de clã, como medida higiênica ou como estímulo à fecundidade; mas em parte alguma tinha o caráter religioso que os hebreus lhe davam. Era uma lei sagrada, e Cristo, que nascera para

completar a Lei, não para a destruir, quis cumprir toda a justiça, submetendo-se a essa humilhação sangrenta que talvez tenha tido por cenário a desamparada gruta da natividade ou uma casa humilde da cidade de Davi.

O ato não revestiu a solenidade da circuncisão de João Batista, em que vizinhos e parentes se encarregaram de espalhar por toda a região rumores de grandezas e maravilhas. Agora tratava-se de dois simples aldeãos que se encontravam longe do lar. José empunha a faca de pedra e corta com cuidado, repetindo a prece tradicional; o menino estremece e chora; a Mãe observa, compassiva. Em torno deles há um grupo de conhecidos e curiosos, que devem atestar na ata que aquele descendente da casa de Davi começou a fazer parte do Povo eleito. É o momento de pôr o nome ao menino. Aqui também a iniciativa cabia ao pai; mas José limita-se a confirmar o nome, verdadeiro e único, designado desde a eternidade pelo Pai invisível. Que pensaria aquela gente ao ver que punham o nome de Jesus, quer dizer, Salvador, a um menino nascido em circunstâncias tão tristes?

Além da circuncisão, o nascimento de uma criança, se fosse primogênita, trazia consigo outras duas obrigações. Estava escrito na Lei: "Todo o varão que abrir o seio da mãe será consagrado ao Senhor". Era dessa maneira, exigindo as primícias da família, como exigira as da terra, que Javé afirmava o seu domínio sobre Israel. Um resgate de cinco ciclos, equivalente ao soldo que José podia ganhar em duas ou três semanas, livraria o primogênito de passar a vida dedicado ao serviço divino. Segundo um outro preceito, toda mulher que houvesse dado à luz um filho varão tinha que oferecer no Templo, passados quarenta dias, um sacrifício de purificação: um cordeiro, se fosse de família rica, e um par de rolas ou dois pombinhos, se não pudesse dar outra coisa.

No Templo

"Concluídos os dias da purificação, segundo a lei de Moisés — prossegue Lucas —, levaram o menino a Jerusalém para o apresentarem ao Senhor". Embora Maria não tivesse sofrido qualquer sombra de impureza no parto, quis dar exemplo de obediência perfeita à Lei. Não se prescrevia que a mãe levasse consigo o filho, mas era um costume piedoso bastante frequente, e Maria quis segui-lo. Marido e mulher atravessaram os átrios magníficos que aquele Menino designaria mais tarde por "antro de ladrões": o pátio dos gentios, animado por grupos de levitas e comerciantes; o *Hell,* ou pórtico das mulheres; a grande escadaria marmórea, com os seus quinze degraus guarnecidos de bronze, finda a qual aparecia uma porta que só se abria para as cerimônias da purificação. Ali apareceu um sacerdote. Aspergiu com sangue a jovem esposa, recebeu as oferendas e assim ficou purificada a Mãe e resgatado o Filho.

Por esse rito, o primogênito era devolvido ao pai. Ora, pai de Jesus só o era o Pai Celestial, que com essa cerimônia adquiria um novo título de propriedade sobre Ele. E a vontade do Pai era que Ele viesse a substituir todas as oferendas, primícias e holocaustos, fazendo as vezes da humanidade inteira como seu representante no serviço de Deus.

Externamente, a sublime cerimônia não passou de vulgar e incolor, e já os dois nazarenos iam saindo do santuário quando se viram detidos por um venerável ancião. "Havia então em Jerusalém um homem justo e temente a Deus, chamado Simeão, que vivia na esperança da consolação de Israel. O Espírito Santo estava nele e revelara-lhe que não morreria sem ver o Cristo do Senhor". A figura deste homem de Deus, deste venerável ancião, aparece de uma maneira fugaz no relato da vida de Cristo.

Não sabemos se era sacerdote, embora haja quem o identifique com o famoso escriba do mesmo nome, filho de Hillel, chamado "o mestre" por antonomásia, e pai de Gamaliel, a cujos pés se sentaria São Paulo. A idade, a virtude, a grandeza de alma, a coincidência de tempo e de lugar, tudo se conjuga para tornar verossímil esta conjetura. O próprio silêncio da tradição hebraica, que o relega ao esquecimento, talvez por ter visto nele um panegirista de Jesus, parece indicar que lhe foi tirada a presidência do Conselho Supremo da nação por causa das suas ideias peregrinas acerca do Messias.

O velho Simeão

Simeão dirigiu-se ao Templo guiado pelo Espírito Santo que habitava nele, e foi o Espírito que lhe revelou naqueles provincianos — que olhavam para o sacerdote com esse misto de timidez e vergonha da gente simples quando se apresenta em público — duas almas privilegiadas do céu. Seus olhos de vidente iluminaram-se de chofre e encararam o menino tal como na realidade era: a salvação, a consolação esperada, o objeto dos seus grandes anelos. Estreitou-o ansiosamente nos braços e, movido por uma luz superior, cantou com voz trêmula:

— Agora, Senhor, já podes deixar partir em paz o teu servo, segundo a tua palavra. Porque os meus olhos viram o teu Salvador, que puseste diante de todos os povos como luz para iluminar as nações e para glória de Israel, teu povo.

Este hino, em que o cantor vai ainda mais longe do que Zacarias, já que anuncia a missão universal de Cristo, é como que a despedida de um ancião que já estava cansado de esperar. Simeão assemelha-se à sentinela que o capitão colocou de atalaia com o encargo de divisar o aparecimento de um grande rei para o anunciar ao mundo. Descobriu finalmente aquilo que esperava. Enche-se de júbilo e, além da glória que se aproxima, canta ao mesmo tempo a sua libertação. Já pode descansar.

Mas o que acaba de dizer é de uma transcendência tal que um fariseu puritano não poderia ouvi-lo com benevolência. Naquele menino que vinha ao mundo sem fausto algum aparente, cantava-se o Messias anunciado pelos profetas, o que já dc si era desconcertante; mas dizer dele que trazia a salvação a todos os povos e apresentá-lo como a revelação perante todas as nações era algo que teria despertado o protesto geral, algo simplesmente escandaloso e subversivo para os que aguardavam um Salvador cuja principal missão seria submeter as nações ao jugo de Israel. Mas Simeão descobre o destino universalista daquela criança, em face das falsas interpretações que o nacionalismo judaico dava aos textos messiânicos.

Embora as palavras do ancião não lhes revelassem nada de novo, José e Maria escutaram-nas com admiração, uma vez que, nos prodígios da graça, mais ainda que nos da natureza, quanto mais se sabe, mais há para se admirar. De repente, o homem cuja fronte, carregada de anos, parecia como que iluminada por uma glória ultraterrena, crava os olhos nos olhos da Mãe e, condensando em poucas palavras muitas profecias, exclama: "Eis que este menino está posto para ruína e salvação de muitos em Israel, e para sinal de contradição".

Com essas palavras, Simeão anunciava que a vinda daquele Menino viria a provocar a divisão dos homens em dois bandos e que essa divisão se prolongaria através dos séculos. Seria um sinal de imensa inveja e, ao mesmo tempo, de piedade profunda, de ódio inextinguível e de indomável amor no meio do mundo: *magna quaestio mundi,* na expressão de um dos primeiros poetas cristãos. Quer nos palácios, quer nas choupanas, no mar ou nos caminhos, o problema de Cristo comoveria as multidões, e os príncipes e os povos se juntariam para lutar contra Ele com uma fúria de extermínio. As palavras que o profeta dizia foram cravar-se como setas de fogo no coração da Mãe; mas Deus queria que Maria, a partir desse momento, ficasse já a par dos seus dolorosos destinos: "E uma espada há de trespassar a tua alma", continuou Simeão, "a fim de que se revelem os pensamentos de muitos corações".

Ana, a profetisa

Aquela súbita explosão profética deve ter reunido em torno de Maria um grupo de curiosos, e entre eles encontrava-se uma profetisa de idade muito avançada, chamada Ana, filha de Fanuel, que também esperava a Redenção. Vivera sete anos com o marido após a virgindade e, ao ficar viúva na flor da juventude, procurara refúgio no Templo, onde servia o Senhor, dia e noite, com jejuns e orações. Tinha agora oitenta e quatro anos. Ao seu zelo pela casa do Senhor ficaria a dever a felicidade de encontrar e venerar nela o Salvador. Reconheceu-o no momento em que Simeão pronunciava a sua profecia; deu graças a Deus, que lhe revelava o grande mistério, e não se cansou de falar daquele Menino a todos os que esperavam "a libertação de Jerusalém".

São duas veneráveis figuras, a do profeta e a da profetisa, que personificam o mosaísmo antigo, não contaminado por influências pagãs nem manchado pela hipocrisia. À margem dos grupos rivais de fariseus e saduceus, havia ainda um certo número de verdadeiros israelitas que rezavam, que jejuavam, que esperavam, que sabiam distinguir os costumes meramente rituais dos grandes princípios da justiça e da santidade.

Cristo vem muito particularmente por eles, e a eles se dirigem as suas primeiras manifestações. É em representação de todos eles que Lucas nos apresenta este profeta e esta profetisa, cujos olhares simples descobrem os desígnios divinos. São os antípodas dos escribas cheios de orgulho pelo seu conhecimento da Lei, e que naqueles dias viviam na ânsia contínua de conhecer a solução que os dois grandes doutores, Hillel e Schammaí, dariam ao problema vital que agitava os espíritos: se era lícito comer o ovo que uma galinha pusesse durante o repouso sagrado do sábado.

OS MAGOS

Mateus 2, 1-8

A Sagrada Família deve ter permanecido pouco tempo na gruta. À medida que o recenseamento avançava, a cidade ia-se esvaziando e, portanto, não seria difícil para José encontrar um canto em qualquer casa e talvez até uma casa inteira.

Depois da apresentação no Templo, a Sagrada Família regressou a Belém, talvez com a intenção de se estabelecer definitivamente na cidade dos seus antepassados. Mas deu-se nessa altura um acontecimento que transformou todos os planos. "Tendo nascido Jesus em Belém de Judá, no reinado de Herodes, apareceram em Jerusalém uns Magos, vindos do Oriente, que perguntavam: «Onde está o rei dos judeus que acaba de nascer? Porque vimos no Oriente a sua estrela e viemos adorá-lo»". É Mateus quem relata o episódio. Se fosse Lucas, poderia dizer-se que o introduzia para demonstrar a verdade do vaticínio de Simeão acerca da revelação às nações;

mas é Mateus quem conduz pela mão ao berço do recém-nascido essas ilustres personagens que vêm em nome dos detestados *goyin*, dos pagãos.

Aquele céu oriental, de um azul profundo, aveludado, quase negro, onde as estrelas brilham como pupilas deslumbrantes, onde a Via Láctea mais parece uma nuvem luminosa, de uma magnificência indescritível, sempre tivera sábios e pesquisadores infatigáveis, homens — a asserção é de Fílon — preocupados com a justiça e com a virtude, que exploravam com avidez os mistérios celestes e se esforçavam por descobrir os segredos da natureza para chegarem ao conhecimento da verdade. O povo venerava-os e servia-se deles para entrar em comunicação com a divindade, e, na Pérsia, mesmo depois de implantado o culto de Zoroastro, constituíam o núcleo mais importante da casta sacerdotal. Não eram reis, mas conselheiros dos reis, os que transmitiam aos reis a vontade de Deus, os que interpretavam os sonhos, sacrificavam as vítimas, ofereciam as libações, benziam os campos, purificavam os homens e liam o porvir nas combinações estelares. Era tudo isto o que a palavra *mogh* significava na língua dos persas.

Sua origem

Vinham do "Oriente", palavra vaga que, geograficamente, designa toda a região que se estende a partir do outro lado do Jordão: em primeiro lugar a Mesopotâmia, terra do Tigre e do Eufrates, onde ficava a Babilônia, e, lá no fundo, a Pérsia. E à Pérsia precisamente nos conduz o nome de *magos*, que, etimologicamente, é de origem persa e está, além disso, relacionado com a pessoa e a doutrina de Zoroastro: foram eles os seus primeiros discípulos, os que recolheram as suas doutrinas reformadoras para os povos do Irã, os que guardavam a revelação sagrada do *Avesta,* os que gozavam de um poder e influência tais que às vezes chegavam a subir ao trono. Dado o caráter das oferendas apresentadas ao Menino, seríamos levados a pensar que os nossos personagens vinham da Arábia; tudo o mais nos sugere, porém, como lugar de procedência, o país em que reinavam os descendentes de Nabucodonosor e de Ciro, o país das planícies do Eufrates ou dos montes de Ecbátana, o ambiente daqueles povos cujos sacerdotes observavam os astros dos seus altos zigurates, de gorro comprido na cabeça, túnica cingida aos rins, manto a flutuar nas costas e pernas metidas em calças estreitas. Foi assim que as pinturas das catacumbas representaram os nossos generosos peregrinos.

Os seus antepassados tinham vivido em contato com os Profetas de Israel, conhecido os livros da revelação judaica, e talvez nos seus cenáculos se repetisse com veneração a profecia de Balaão, mago ilustre dos dias mosaicos: "Eis o que vos anuncia o homem que ouviu a palavra de Deus, o homem que viu visões de Deus: vejo-o ao longe, na distância, descubro-o nos horizontes do porvir. De Jacó nascerá uma estrela e em Israel se levantará um cetro". Na cidade da Babilônia, centro dos impérios da Mesopotâmia, vivera um dos maiores videntes, Daniel, aquele que, junto às águas do Eufrates, numa visão memorável, adivinhara os anos e os meses que faltavam para o advento do Messias. E esses vaticínios messiânicos poderiam ter recordado aos nossos Magos a sua doutrina sobre "o grande auxiliador", o *suashyant,* e a *astrat-ereta,* a "verdade encarnada", que viria assegurar o triunfo final do bem sobre o mal e devolver ao gênero humano a sua primitiva felicidade. A profecia estava prestes a cumprir-se. Assim o afirmavam os sutis calculadores e decifradores dos signos astrológicos e dos horóscopos sagrados. "Por todo o Oriente — diz o historiador dos Césares — corria o rumor de que um grande rei ia surgir na Judeia para conquistar o mundo".

Informações de Herodes

Pois bem, uma noite, alguns desses sábios — três, segundo a tradição, que até os designou com nomes fantasiosos: Melchior, Gaspar e Baltazar — descobriram uma estrela misteriosa. Deus fê-la brilhar mesmo à frente deles. Lembrando-se dos vaticínios antigos, devem ter dito uns para os outros: Eis o sinal do grande rei; vamos à procura dele e ofereçamos-lhe os nossos presentes. E, depois de terem carregado os camelos, dirigiram-se para a terra de que falara o profeta de Moab.

E um belo dia chegaram a Jerusalém e aturdiram o povo com esta pergunta estranha: "Onde está o rei dos judeus que acaba de nascer?" Em qualquer cidade oriental, constitui sempre um espetáculo a passagem ruidosa de uma caravana que atravessa as meias estreitas, entre as vozes estridentes dos guias, o martelar das patas dos dromedários e a magnificência ou o exotismo das personagens que, sonolentas ou curiosas, vão estendidas no dorso dos animais envoltos em polícromos e deslumbrantes arreios. O povo sai das casas ou sobe aos terraços, ávido de saber para onde se dirige a comitiva. Mas, naquela altura, à pompa dos estrangeiros juntava-se aquela pergunta desconcertante que se revelava ou solenemente ridícula, ou de um interesse emocionante.

Bem se via que os viajantes vinham de terras longínquas. Se tivessem conhecimento da situação política de Jerusalém, nunca se lembrariam de fazer tão estranha pergunta, que parecia descobrir tenebrosas conjuras e que poderia ser funesta, não só para os que a faziam, como também para o recém-nascido que procuravam. Os primeiros que a ouviram devem ter ficado estupefatos e com certeza não se atreveram a responder-lhes, mas, de boca em boca, as palavras dos visitantes chegaram aos ouvidos de gente da corte, que não tardou a referi-las ao rei. "Herodes ficou perturbado — diz laconicamente Mateus — e, com ele, toda a Jerusalém".

Os judeus tinham o seu velho rei, o astuto idumeu, que durante trinta anos se segurara no trono à custa de intrigas, crimes e humilhações. Embora lhe obedecessem, odiavam-no do fundo do coração. Em vão queria ele fazer esquecer a sua origem; em vão derramara torrentes de sangue na própria família. Aos poucos, fora eliminando o cunhado Aristóbulo, o sogro Hircano e o tio José; Kostobar, marido da irmã Salomé; Alexandra, a madrasta; Mariamne, sua mulher, e os dois filhos que tivera dela. O seu caráter perspicaz via ameaças de morte em toda a parte. Como acontece com todo usurpador, até uma sombra lhe metia medo. Naqueles últimos dias de vida, sofria de verdadeira mania de perseguição.

E eis que de repente lhe aparecem os seus espiões, os chefes da sua polícia secreta (minuciosamente organizada, segundo o testemunho de Josefo), com a notícia da chegada daqueles homens estranhos que falavam do nascimento do rei dos judeus. Sempre diplomático, dissimula o terror que o agita, embora estivesse certo de que não era fácil manejar da Pérsia distante os fios de uma conjura... nem de que podiam levá-la a cabo homens como aqueles, que logo nos primeiros passos revelavam tanta inexperiência e tanta ingenuidade. Chama, pois, pontífices e escribas, isto é, a seção do Conselho Supremo que interpretava para ele a Escritura, a fim de lhes perguntar onde havia de nascer esse rei cuja vinda, como bem sabia, era anunciada nos Livros Sagrados. O Conselho respondeu com clareza e rapidez: "Em Belém de Judá".

Muitas vezes aqueles escribas tinham discutido nas suas assembleias o famoso texto de Miqueias, que agora repetem diante do rei: "E tu, Belém, terra de Judá, não és a menor entre as principais cidades de Davi, porque de ti sairá o chefe que governará Israel, meu povo". Mateus limita-se a reproduzir o sentido geral da frase, que soa desta maneira no original: "E de ti, Beth-lehem Efratá, embora pequena em relação às outras parcelas de Judá, há de sair aquele que dominará em Israel e cuja origem remonta à antiguidade, aos dias eternos". Estas palavras de Miqueias alimentavam nos doutores hebreus a crença de que o Messias havia de nascer em Belém, e assim o demonstra o *Tárgum*[1], que as reproduz.

Em direção a Belém

A resposta deve ter acalmado em parte as suspeitas de Herodes, porque não era natural que em Belém, cidade de pouca importância, houvesse uma família tão ilustre que se atrevesse a disputar-lhe a coroa. Era verdade que dela tinha saído a casa de Davi — mas por onde andariam agora os seus descendentes? Aliás, era fácil constatar que nem os próprios sacerdotes consultados tomavam a sério a notícia dos Magos.

Em vista disso, a velha raposa julgou que o mais conveniente era dissimular, "e chamou em segredo os magos". *Em segredo,* diz Mateus, pois era conveniente não se mostrar demasiado crédulo nem renunciar às medidas de vigilância que o caso exigia. Queria dar-lhes a entender que estava completamente do lado deles e, por outro lado, desejava saber com toda a exatidão quando é que a estrela lhes tinha aparecido.

1 Livro que contém as glosas ou paráfrases da Escritura elaboradas durante o exílio na Babilônia (N. do E.).

E, depois de os tratar com hipócrita delicadeza, despediu-se deles: "Ide — disse-lhes como última recomendação — e informai-vos bem acerca desse menino. Quando o tiverdes encontrado, avisai-me, pois também eu quero ir adorá-lo".

Com essas palavras, o evangelista revela-nos um traço saliente do caráter de Herodes. Flávio Josefo fala-nos de forma impressionante da polícia secreta e da rede de espiões que se estendera por todo o reino. Os hóspedes, os amigos, os próprios inimigos contribuíam, muitas vezes sem o saber, para aquela ignóbil espionagem que o próprio rei dirigia pessoalmente. Sabemos que um dia mandou chamar o rabi Baba e, enfiando-lhe uma coroa de pele de ouriço na cabeça, deixou-o cego. Depois, teve o sangue-frio suficiente para se aproximar da pobre vítima e dizer-lhe, muito indignado: "Esse rei é um bárbaro, não achas? Podemos falar sem receio, porque estamos sós, tu e eu".

Mas o cúmulo da sagacidade foi ter querido converter em espiões e delatores aqueles estrangeiros nobres que confiavam nele. Talvez tivesse sido mais seguro pôr-lhes à disposição uma companhia de soldados, mas semelhante medida teria provocado as troças do povo, que não se cansava de falar daquela estranha comitiva com o desdém que merecem uns pobres sonhadores. Além disso, os Magos tinham de voltar por Jerusalém, e não lhes seria fácil subtrair-se à vigilância da corte.

Ouro, incenso e mirra

Começava a anoitecer quando os Magos deixaram a Cidade Santa. No entanto, pouco depois a estrela voltou a brilhar diante deles, e diante deles caminhou até que, ao chegar onde estava o Menino, repentinamente se deteve.

Os viandantes devem ter ficado bastante surpreendidos ao encontrar não um palácio suntuoso, mas uma casinha baixa e humilde, uma dessas casas da Palestina compostas de um único aposento que faz simultaneamente as vezes de quarto, cozinha e sala de estar. Não obstante, entraram sem vacilar. Reconheceram naquele menino o Rei que procuravam e renderam-lhe a homenagem devida, ato que não se compreendia se não se fazia acompanhar das dádivas correspondentes, que neste caso eram os melhores produtos que havia na terra de onde vinham: ouro, incenso e mirra, a seiva amarela e acre do *Balsamodendron,* a resina perfumada que todos os semitas designavam por *mar,* palavra da qual provém o nome que lhe damos. “A mirra”, diz Santo Irineu, “em atenção àquele que havia de morrer; o ouro, em homenagem àquele cujo Reino havia de ser eterno; e o incenso, em sinal de reverência ao Deus dos judeus, que nesta ocasião se manifesta pela primeira vez aos gentios”.

O orno que depuseram aos pés do Menino, em reconhecimento da sua realeza, deve ter sido uma ajuda providencial para restaurar as finanças daquela “corte”, sem dúvida muito maltratadas depois de José ter entregue aos sacerdotes os cinco siclos do resgate. Perto dali brilhava, num vivo contraste, a corte suntuosa de Herodes, com as suas pilastras de mármore, as suas baixelas de ouro, as suas galerias adornadas de pequenos braseiros que exalavam sem cessar os vapores do incenso e das resinas aromáticas. E, mais perto, a poucos passos de Belém, entreviam-se os reflexos áureos do Herodion, onde o régio construtor dormiria o último sono alguns meses mais tarde.

NO DESTERRO

Mateus 2, 13-22

A visita dos Magos foi um relâmpago fugaz de glória na infância de Jesus. Mal tinham acabado de chegar e já no dia seguinte partiam, deixando atrás de si um rastro de comentários e falatórios. Mas, quando mais ufanos estavam de poder contar a Herodes as coisas que tinham visto e ouvido, receberam em sonhos a ordem de voltar para a sua terra por um caminho diferente. Deixando, pois, a estrada de Jerusalém e de Jericó, atravessaram os campos de Belém para logo tomarem, entre descampados e barrancos, o caminho que, beirando a fortaleza herodiana de Masada, se dirigia à Transjordânia, depois de costear a margem ocidental do Mar Morto.

"Assim que os magos partiram — diz o evangelista —, um anjo do Senhor apareceu em sonhos a José e disse-lhe: «Levanta-te, toma o menino e a mãe, e foge para o Egito, e permanece lá até que eu te avise, porque Herodes vai procurar o menino para o matar»". Chefe da Sagrada Família,

José encarrega-se de a proteger e de a livrar do perigo. Levanta-se imediatamente e, favorecido pela escuridão, põe-se a caminho do Egito naquela mesma noite, através do deserto.

São três ou quatro dias de viagem por um caminho que ainda hoje podemos imaginar pelos quadros em que a pintura cristã representa esta passagem do Evangelho: uma mulher envolta nos seus vestidos brancos, sentada no lombo de um burro; um menino que dorme tranquilamente, aconchegado no seu regaço; e um homem que caminha ao lado como guia e que, de quando em quando, se aproxima solícito da mulher.

Essa fuga em plena noite é considerada pela piedade cristã como uma das sete dores de Maria. Constituiu decerto uma grande provação: sobressaltos e terrores, fadigas e cuidados. Lentamente, ao ritmo do burrinho, procurando cortar pelas veredas menos trilhadas pelas caravanas, os fugitivos avançavam, sem esquecerem um só instante que os esbirros do rei podiam, a qualquer momento, interceptar-lhes o passo. Com relativa rapidez conseguiram deixar para trás o caminho que vai de Belém a Hebron e de Hebron a Bersabé. Aqui começava e começa ainda hoje a estepe desolada, que não tarda a converter-se em árido deserto, clássico mar de areia onde não se vê um junco sequer, onde não cresce uma erva, onde a vista não descortina ao menos um fiozinho de água. Era o deserto da Idumeia, que as legiões de Gabínio, apesar de afeitas a marchas fatigantes, tinham atravessado cinquenta anos antes, temendo-o mais do que todos os combates que as esperavam no Egito; o mesmo que, setenta anos mais tarde, o exército de Tito atravessaria em sentido inverso, quando viesse destruir Jerusalém.

Os evangelhos apócrifos pintam-nos uma viagem triunfal, em que as feras corriam a prostrar-se aos pés de Jesus, em que brotavam fontes à sua passagem e as árvores inclinavam os ramos para que Ele tivesse sombra. A realidade deve ter sido muito outra: o cansaço, a sede, as noites ao relento, a poeira levantada pelo vento, o calor sufocante, a nebulosidade da planície arenosa — tudo isso deve ter afligido sobremaneira os peregrinos. E principalmente o temor de serem apanhados pelos soldados de Herodes. Até que alcançaram Riconolura, fronteira do reino da Judeia, o "arroio do Egito", o amplo leito do rio que servia de fronteira e quase nunca levava água. Estavam salvos.

Os inocentes

Nesse meio tempo, Herodes aguardava o regresso dos Magos. Mas não tardou a convencer-se de que fora burlado, e o medo invadiu-lhe o coração. Esse usurpador, desconfiado até ao ridículo, avaro até à miséria, esse velho repugnante e hediondo era também supersticioso. Acreditava no Messias, mas no próprio Messias odiava um possível rival. Nesse momento da sua vida, o receio de perder a coroa era já verdadeira loucura. Um dos seus divertimentos consistia em ver como crepitavam no fogo os judeus mais ilustres, e eram de tal ordem os suplícios com que atormentava as suas vítimas que, como diziam a Augusto os embaixadores de Jerusalém, os vivos invejavam a sorte dos mortos.

Ao medo provocado por aquela suspeita juntava-se agora a raiva do despeito. Na ânsia de ganhar o tempo perdido, mandou sair às escondidas do palácio um pelotão de soldados, com ordem de matar todas as crianças de Belém e dos arredores que tivessem menos de dois anos. Era preciso que o golpe não falhasse. A ordem foi executada com brutalidade. Mateus mostra-nos as inocentes criaturas arrancadas do regaço materno, o pranto das mães ressoando por vales e montes, e a própria Raquel levantando-se do túmulo para se associar ao pranto dos seus descendentes: "Uma voz se fez ouvir em Ramá, são grandes os lamentos e o pranto: é Raquel que chora os seus filhos, e que não quer ser consolada, porque já não existem".

Crueldade inútil. "No meio de tamanhas aflições — diz o poeta — Cristo caminha incólume". José alcançou já a orla desse deserto onde os homens desaparecem sem que os seus passos deixem rastro.

Foi uma das muitas crueldades daqueles últimos dias de Herodes. A Judeia passava então por uma crise de terror e de sangue. Um regime de estado de sítio amedrontava o país. As fortificações eram masmorras de prisioneiros e instrumentos de opressão; estavam proibidas as reuniões e até mesmo que se passeasse em grupo pelas ruas.

Quem não era levado como cativo a Hircânia desaparecia para sempre nas galerias subterrâneas de um castelo.

A crueldade começava pela casa do monarca. Das duas mulheres, a primeira, Doris, andava desterrada em países longínquos; Maltaque, a samaritana, morrera devido aos desgostos e maus tratos; outras tinham sido esquecidas e repudiadas, e Mariamne, a neta de Hircano, a mais apaixonadamente amada, assassinada por ciúmes. Para com os filhos, a mesma conduta: uns morrem na prisão, outros na forca, outros envenenados. Cinco dias antes da sua morte, Herodes desfez-se do mais velho deles, Antípatro. Atraiu-o à sua presença com palavrinhas doces e, sem lhe dar tempo de falar, mandou cortar-lhe a cabeça.

Transbordava de fúria porque também a ele a vida lhe escapava e, com a vida, o reino. Os vermes roíam-lhe os membros, tinha os pés inchados, faltava-lhe o alento, e um fedor insuportável lhe saía pela boca. Vivo ainda, já o corpo se lhe corrompia num leito de dor, no soberbo palácio de Jericó.

Em Jerusalém, chegou-se a falar da sua morte e deitaram por terra a águia de ouro que ele mandara colocar sobre a porta do Templo. Os chefes da revolta, dois rabinos chamados Judas e Matias, foram queimados vivos com mais quarenta supostos cúmplices. O tirano tentou suicidar-se à mesa com uma faca e, para ter quem o chorasse nos funerais, mandou degolar os representantes mais ilustres da aristocracia judaica.

As histórias profanas não nos contam todas as ferocidades desse monstro e talvez seja por isso que não aludem à carnificina dos meninos de Belém, além de que a morte de umas tantas crianças num lugarejo sem importância passaria despercebida no meio dos contínuos assassinatos de aristocratas e membros do Sinédrio. Admitindo que Belém tivesse então uns mil habitantes e que não faria sentido mandar matar crianças que vivessem longe dali, os mortos não devem ter ido além de duas dezenas. O crime era, sem dúvida, espantoso e harmonizava-se plenamente com o caráter moral do tirano, mas a notícia não deve ter ultrapassado as fronteiras da Palestina e, mesmo que tivesse chegado a Roma, é provável que não comovesse profundamente os corações: aqueles patrícios, a acreditar em Suetônio, não se haviam tornado réus de delito semelhante por ocasião do nascimento de Augusto? Conta o historiador dos Césares que, pouco antes do nascimento de Otaviano, se deu em Roma certo fato prodigioso que foi interpretado como prenúncio do advento de um rei; e o Senado, composto de republicanos exaltados, cheios de terror ante a perspectiva de uma monarquia, mandou que se deixassem morrer todas as crianças nascidas naquele ano.

Morte de Herodes e regresso

Herodes morreu no ano quarto antes da nossa era, ano 750 da fundação de Roma.

A sucessão do seu filho Arquelau fez-se no meio de um torvelinho de sangue. As legiões romanas viram-se forçadas a intervir, e o novo príncipe teve uma montanha de cadáveres como degrau para subir ao trono. Mas se, nos primeiros meses, ostentou o pomposo título de rei, uma ordem de Augusto obrigou-o a contentar-se com o de etnarca, mais humilde, e só com uma parte do reino de seu pai, a Judeia. A Galileia foi entregue a Herodes Antipas, e outro irmão, chamado Filipe, recebeu o governo das regiões semipagãs do Norte: a Itureia, a Bataneia e a Traconítide.

Maria e José viviam no Egito, alheios a todos os horrores e intrigas da ambição. Naquele país estranho para eles, entre canais de água vermelho-escura, onde flutuavam veleiros e as rodas das noras gemiam constantemente, o humilde carpinteiro trabalhava em silêncio, à espera de uma nova manifestação da vontade divina, embora sempre afligido pelo espetáculo de tantas superstições, de tantos ídolos, de ritos e procissões e mitologias tão grosseiras, de estátuas em tão grande número, tão monstruosas e tão ridículas. Mas chegou por fim a hora do regresso.

"Uma vez morto Herodes — diz Mateus —, um anjo do Senhor apareceu em sonhos a José e disse-lhe: «Toma o menino e sua mãe e volta para a terra de Israel, porque morreram os que queriam matar o menino»". Os três desterrados atravessaram outra vez o deserto e, ao passarem a fronteira, foram informados da nova situação política da Palestina. A princípio, José pensou em dirigir-se a Belém, talvez porque a proximidade da capital lhe oferecia condições favoráveis de trabalho ou antes por considerar que, como filho de Davi, Jesus devia ser criado na cidade do seu glorioso antepassado. Mas, ao saber que em Jerusalém, onde não se haviam apagado ainda os vestígios dos Magos, reinava um filho de Herodes, que começara a revelar-se de uma crueldade semelhante à do pai, a dúvida voltou a perturbar-lhe o espírito, até que recebeu em sonhos a indicação de se estabelecer em Nazaré.

Observa Mateus que, dessa maneira, se cumpriram duas antigas profecias. A primeira é a de Oseias, que tinha posto na boca de Deus as seguintes palavras: "Do Egito chamei o meu filho". Quanto à segunda, o evangelista cita uma frase que, na forma textual, não se encontra no Antigo Testamento: "Será chamado Nazareno". É possível que, com ela, quisesse referir-se à conhecida profecia de Isaías: "Do tronco de Jessé brotará um ramo e da sua raiz florescerá um rebento". Rebento em hebreu é *neser,* etimologia do nome de Nazaré, segundo queriam os nazarenos. Aliás, toda a tradição rabínica reconhece o caráter messiânico desta passagem. Também é possível que, na mente de Mateus, o nome de Nazaré evocasse o nazirato, a qualidade de *nazareno,* quer dizer, o estado daquele que se consagrava a Deus, como Sansão, a quem chamaram *nazir* de Deus desde pequeno, e que era venerado como figura do Messias, salvador que fora do Povo eleito. "Citando os Profetas em geral — diz São Jerônimo —, Mateus dá-nos a entender que colhe na Escritura não a frase, mas o sentido".

O FILHO DO CARPINTEIRO

Mateus 2, 23; Lucas 2, 22-52

José estava de novo na sua aldeia de Nazaré. Fabricava vigas-mestras para tetos, aplainava eixos e estacas para as carroças, fazia portas e chaves de madeira, manejava o machado e o martelo, a enxó e o compasso. A seu lado, Maria entregava-se aos trabalhos de uma mãe de família, mais pobre do que remediada. Como hoje as mulheres da Palestina, levantar-se-ia ao cantar do galo para moer o pão do dia com o moinho de mão; iria buscar água à fonte, a única do povoado, com o grande cântaro à cabeça, e, além disso, fiaria, teceria e lavaria a roupa da casa. Essa vida sem peripécias, sem história, sem brilho exterior, começa pouco tempo depois do ano 750 de Roma e haverá de manter-se inalterada durante trinta anos.

O trabalho era duro, mas o sorriso do Menino devia torná-lo bastante mais leve. Teria Ele coisa de dois anos quando se estabeleceram em Nazaré. "O menino ia crescendo e fortalecendo-se, cheio de sabedoria, e a graça de Deus estava nele".

Numa só frase resume Lucas esses trinta anos, que os autores dos evangelhos apócrifos encheram de prodígios inverossímeis, de episódios pueris, de acontecimentos absurdos e de mentiras sem conta. Na realidade, José e Maria guardavam o segredo. A semente divina caíra na terra e germinava, e Maria observava, arroubada, a maravilha daquele desenvolvimento sem par.

Aparece no Menino um novo timbre de voz, definem-se os seus traços, manifestam-se as suas inclinações. Já vai à fonte com a mãe; já começa a manejar as ferramentas na oficina do carpinteiro. Cresce e fortifica-se diante de Deus, quer dizer, com um crescimento interno, e diante dos homens, quer dizer, com um crescimento externo. A par do organismo físico, desenvolvem-se as faculdades sensitivas e intelectuais e os conhecimentos experimentais. O menino converte-se num adolescente, o adolescente transforma-se num jovem e o jovem entra na idade adulta. Esse crescimento constitui um mistério em quem, como Ele, é Deus, mas Lucas quer afirmá-lo expressamente, porque não faltarão hereges a julgá-lo incompatível com a divindade.

Os homens ignoram tudo isso, absortos em cuidados insensatos. As tragédias sucedem-se umas às outras, sem que perturbem o recolhimento da casinha de Nazaré. O imperador Augusto continua a acumular títulos e dignidades sobre a sua cabeça e a escravizar os descendentes ignóbeis dos forjadores do Império. Na Palestina, Arquelau, com as suas crueldades e exações, faz ter saudades do reinado de seu pai e consegue ser deposto e desterrado decorridos dez anos de governo; Antipas, reconhecendo que não detém mais do que uma sombra de poder, entrega-se a uma vida de libertinagem; Filipe edifica cidades e castelos; as famílias poderosas de Jerusalém disputam entre si o sumo pontificado; os emissários de Roma concluem a conquista e a reorganização do país e enviam para lá os primeiros procuradores, suprimindo o simulacro de monarquia. E, no meio daquela agitação local e estéril, o Filho de Deus cresce sem que ninguém o perceba, sem que nenhum acontecimento exterior advirta os homens de que o Messias já vive entre eles.

Aos doze anos

Mas chega um momento em que se entreabre uma pontinha do véu: ocorre na infância de Jesus um novo episódio que, como era de se esperar, é também Lucas quem nos relata.

José e Maria pertenciam ao número dos judeus piedosos que, ao chegar o aniversário da Páscoa, se dirigiam todos os anos a Jerusalém para celebrar, sob os pórticos do Templo, os grandes benefícios de Javé para com o seu povo. Segundo as prescrições legais, Maria, por ser mulher, não tinha obrigação de efetuar essa viagem, como tampouco Jesus, por não ter completado treze anos. Mas muitas mulheres acompanhavam espontaneamente os maridos e, quanto aos filhos pequenos, a lei começava a tornar-se mais rigorosa, já que, segundo a escola de Shammaí, deviam ir todos os que pudessem ser carregados às costas do pai ou, segundo os discípulos de Hillel, os que pudessem subir os degraus do Templo levados pela mão.

Ora, quando Jesus completou doze anos, José e Maria levaram-no consigo. Foram quatro dias de marcha, um trajeto de cento e vinte quilômetros em companhia das numerosas caravanas que por esses dias enchiam os caminhos. Os dias das festas transcorreram em exercícios piedosos, em cânticos, procissões, orações e oferendas, e chegou finalmente o dia 22 de Nisan, dia da despedida. Pela manhã, José e Maria entraram pela última vez no Templo, perdidos num enorme grupo de peregrinos que fariam juntos a viagem de regresso à Galileia. Combinaram a hora da partida, o local da reunião e o lugar onde pernoitariam.

No Oriente, a caravana tem uma disciplina singular, que nos explica um pouco do que se passou nessa ocasião. Ao longo do percurso, divide-se em grupos e subgrupos, que caminham com maior ou menor rapidez, e que se juntam ou se separam de acordo com as conveniências dos viajantes. Só à hora da partida, ou quando se detêm para pernoitar, é que devem voltar a reunir-se. Como "filho da Lei" e, por conseguinte, adulto, Jesus já podia fazer parte do seu grupo. Reinava uma confusão indescritível, e a desordem aumentava com a multidão de caravanas que saíam ao mesmo tempo da Cidade Santa. Cantava-se, tocavam-se flautas, faziam-se ouvir os sons agudos das harpas e saltérios, e as multidões entregavam-se a uma alegria infantil, que continuaria durante toda a viagem.

À tardinha, quando os diversos grupos se encontraram no lugar combinado, Maria e José notaram que Jesus não se encontrava na caravana. Deixaram imediatamente os companheiros de viagem e voltaram a percorrer em sentido inverso o mesmo caminho, interrogando todos os grupos com que cruzavam. E assim chegaram novamente a Jerusalém. Como lhes deve ter custado percorrerem sozinhos aquelas estreitas vielas, coalhadas de gente! Era impossível encontrar fosse quem fosse. As buscas, começadas naquela noite, estenderam-se por todo o dia seguinte, e só ao terceiro é que alcançariam resultado.

Os desolados pais subiram ao Templo, mais com o intuito de confiar a Deus a sua pena do que na esperança de ali encontrarem Jesus. Mas era precisamente ali que o haviam de encontrar. Sob os peristilos, sentados em pequenos bancos de pedra, os doutores ensinavam todos os que queriam aproximar-se para ouvir a sua doutrina. Cada um tinha um lugar marcado, e os discípulos sentavam-se no chão ou andavam de círculo em círculo, à procura do mestre mais sábio ou mais eloquente. Havia, porém, um círculo onde a animação era mais ruidosa: compunha-o um grupo de homens de barba cor de neve e fronte enrugada, no meio dos quais se via um menino que escutava com avidez as palavras dos anciãos e os interrogava sobre questões das mais profundas e desconcertantes. Era Jesus.

Nas medersas[1] orientais, ainda hoje se dão casos que nos podem elucidar sobre o que aconteceu naquela ocasião. Um discípulo aproxima-se do doutor da Lei e faz-lhe uma pergunta. Da resposta nasce outro problema ainda mais sutil. As questões emaranham-se umas nas outras. Inicia-se o debate e em breve o mestre se convence de que está perante uma celebridade futura. Chama os companheiros para que intervenham na discussão e comunica-lhes a descoberta de um talento. Era a semelhantes intervenções, permitidas aos discípulos nas escolas do Oriente, que aludia aquele famoso rabi que dizia: "Aprendi muito com os meus mestres, mais ainda com os meus companheiros e imensamente mais com os meus discípulos".

Uns lustros mais tarde, ao escrever a sua autobiografia, Josefo contará, decerto com muito exagero, que aos catorze anos já era famoso em Jerusalém pela sua perícia na Lei, e que os príncipes dos sacerdotes e outras pessoas ilustres da cidade se reuniam em sua casa a fim de o consultar sobre questões difíceis. Na sua desmedida vaidade, bem patente em outras páginas dos seus escritos, o historiador judeu convertia-se a si mesmo em outro Daniel.

Mas o caso de Jesus menino é muito diferente. Não pontifica; apenas segue o método acadêmico dos rabinos, que consistia em escutar, perguntar para esclarecer as questões, subdividir e chegar à solução com a ajuda de todos os que discutiam.

1 Escolas de teologia islâmica (N. do E.).

Não obstante, as suas intervenções são tão extraordinárias, pela precisão das perguntas e perspicácia das observações, que os sutis juristas das escolas de Jerusalém se enchem de pasmo.

José e Maria acercaram-se do grupo e viram, estupefatos, que aquele menino era o seu filho; "e ficaram vivamente impressionados", diz Lucas. É provável que se tenham juntado aos ouvintes, admirando-se também da serenidade, profundidade e graça com que o menino falava, mas igualmente um pouco doridos e decepcionados, visto que, contra toda a expectativa, não tinha dado pela falta deles. E quando, ao terminar a discussão, os doutores começaram a retirar-se, estalou nos lábios da mãe este grito doloroso:

— Filho, por que procedeste assim conosco? Eis que teu pai e eu andávamos à tua procura, cheios de aflição.

Era uma queixa maternal, uma censura cheia de amor. Como explicar tal conduta num filho sempre cheio de respeito e submissão, empenhado em evitar-lhes o menor desgosto?

A resposta, porém, ainda os deixou mais desconcertados:

— Por que me procuráveis? Não sabíeis que devo ocupar-me das coisas de meu Pai?

Estas palavras, as primeiras que os evangelistas nos referem de Cristo, são deveras estranhas.

— Não vos digo que fazeis mal em procurar-me — parece insinuar com elas —, mas, sabendo quem sou, poderíeis lembrar-vos de que não vos pertenço nem me pertenço.

Ou talvez tenham este outro significado, menos transcendente, mas mais natural:

— Para que vos cansastes tanto, procurando-me por essas ruas? Não sabíeis que só podia estar em casa de meu Pai?

A mãe falara estritamente como mãe; o filho responde mais como Filho de um Pai celeste do que como filho de uma mãe terrena, resumindo nas suas palavras toda a atividade futura.

Mas, se a frase se fez acompanhar de um sorriso ou de um abraço, já nada deve ter ficado da sua aparente dureza. De qualquer maneira, havia nela um sentido misterioso, que os pais não puderam descobrir na altura: "Eles, porém, não compreenderam o que lhes disse". Assim se exprime Lucas, revelando-nos, de passagem, a fonte que utilizou — as recordações de Maria —, pois acrescenta que "sua mãe guardava todas estas coisas no coração". Humildemente, Maria confessou, pois, ao evangelista que, a princípio, não compreendeu de que forma viria Jesus a desenvolver a sua atividade salvadora no mundo.

Não era o que acontecia com o filho. Neste episódio, Jesus apresenta-se aos nossos olhos seguro de si e da sua obra, plenamente consciente da independência com que devia cumprir a sua missão.

Oração e trabalho. Amor à natureza

Aquilo foi só um prelúdio. Depois, Jesus volta ao seu recolhimento, à sua obscuridade, à vida monótona e laboriosa da aldeia, deliberadamente escolhida por Ele, na qual permanecerá até chegar a hora de aparecer em público. O evangelista resume esse período nestas palavras: "Depois, desceu com eles a Nazaré e era-lhes submisso; e crescia em sabedoria, idade e graça, diante de Deus e dos homens".

Nada mais sabemos desses longos anos de silêncio. Nada podemos narrar desse crescimento. Já se disse muito acertadamente que é talvez esta lacuna que torna mais difícil a tarefa de escrever a vida de Cristo. Apenas podemos adivinhar, reconstruir o trivial, o ordinário daquela existência silenciosa.

Os dias transcorrem sem qualquer ruído além do da lima que geme, da serra que chia e do martelo que canta. O Menino começa a aprender a Lei. Aprende como se não fosse o Mestre divino. Lê e reza os salmos, mergulha no seu sentido mais profundo; sente predileção pelos vaticínios de Isaías acerca do Servo de Javé, da sua ação libertadora, da sua bondade paciente, misericordiosa e compassiva, e medita nas grandes visões de Daniel que, no fim da vida, evocará diante do sacerdote. Não lhe despertarão interesse nem as sutilezas jurídicas nem a mesquinhez dos rituais que constituíam o fundo do ensino rabínico da época. Ele é reto, simples, profundo, e penetra nas Escrituras como num rico tesouro que lhe pertence.

Como a Galileia estava em contínuas relações com as cidades helenísticas dos arredores, é provável que Jesus se servisse de vez em quando da língua grega. A língua familiar era o arameu, mas algumas das suas intervenções nas sinagogas dão-nos a entender que lia as Sagradas Escrituras no original hebraico. Aos sábados, dirigia-se com a Mãe à sinagoga e ouvia as explicações do rabino. Ao chegar o solstício de inverno, assistia à cerimônia caseira do acender das luzes, que recordava a restauração do culto divino por Judas Macabeu: uma luz no primeiro dia, duas no segundo..., oito no oitavo. Depois, a festa dos *Purim,* que evocava a deliciosa história da rainha Ester; as solenidades da Páscoa, em que era obrigatória a peregrinação a Jerusalém; os ritos do ano novo, que coincidiam com o cair das folhas; e, ao terminarem as colheitas, a festa dos Tabernáculos, que engrinaldava as praças e enchia as ruas de salmos, regozijos e toques de trombeta.

Jesus herdou o ofício de José, como então acontecia com frequência. Tinha a sua oficina, fazia cangas, arados, janelas, e chamavam-lhe "o filho do carpinteiro" ou "o carpinteiro" simplesmente; não lhe faltariam também algumas parcelas de terra nos arredores do povoado, uma horta, uma vinha ou umas oliveiras, e certamente plantaria as couves, semearia, regaria e cuidaria até de um roseiral.

A predileção pela Bíblia não diminuía o seu amor por outro livro mais humilde e mais obscuro, escrito também por Deus. Jesus era um apaixonado da natureza, que se lhe revelava com inusitado esplendor na terra que escolhera para cenário da sua juventude. "Pelos seus vinhos, pelo seu mel, seu azeite, seus frutos, esta Terra Santa não é inferior ao Egito feraz", dirá uma famosa peregrina do século IV.

Do alto da colina em que assenta Nazaré, Jesus estenderia o olhar pelo vale, coalhado de oliveiras e vinhedos e aformoseado por mosaicos de glebas, separadas por sebes de limão-bravo, onde cresciam a romãzeira, a figueira, a laranjeira. E seus olhos se estenderiam, mais ao longe, por toda aquela terra cujos montes, riachos, planícies e fundões traziam a recordação dos nomes famosos que encontrava a cada passo nos livros santos: ao norte, os cumes do Líbano e do Hermon, cobertos de neves eternas; a leste, o Tabor, esmaltado de verdura, e, mais além, do outro lado do Jordão, os elevados ermos de Galaad; ao sul, o vale de Esdrelon, onde se juntavam as províncias da Galileia e da Judeia; e, a oeste, o Carmelo, cheio de recordações proféticas; e, para além do Carmelo, o mar.

Esse era o mundo em que se deleitavam os olhos de Jesus durante aqueles anos da adolescência, o mundo que escolheu, que amou, que deixou um sulco profundo na sua pregação. Disse alguém que Francisco de Assis não amou a natureza mais do que Jesus. Todas as páginas do Evangelho são um testemunho de tão grande amor. Nelas se espelha toda a Galileia de então, com os seus esplendores e costumes, com os seus lutos e festas, o seu céu e as suas estações, os seus rebanhos e serras, as suas ceifas e vindimas, e a graça efêmera das suas anêmonas, e o seu belíssimo lago, e a ingenuidade vigorosa dos seus pescadores, e as fervorosas crenças dos seus camponeses. "Olhai os lírios do campo [...]: nem Salomão, em toda a sua magnificência, se vestiu jamais como um deles". Esta imagem, que passa quase despercebida no Sermão da Montanha, parece um eco das palavras do Criador ao concluir a sua obra: "E viu que tudo era bom". Mas, por sair de uns lábios de carne, assume aos nossos olhos uma vibração mais íntima e comovente.

Os irmãos e vizinhos

O mundo apresentava-se aos olhos de Jesus como um poema e uma lição. A maioria dos homens não vê nele mais do que linhas, cores, movimentos. Jesus, porém, adivinhava o segredo de todas essas coisas e todas lhe apareciam como um hino à glória de Deus. É extremamente sugestivo imaginá-lo nos recantos da campina nazarena, a conversar a sós com seu Pai, por entre a penumbra dos arvoredos ou envolto na celeste luminosidade das alturas, como fará mais tarde, não obstante o assédio dos discípulos e admiradores.

Nessa altura, é provável que não tivesse confidentes nem amigos íntimos. Todos deviam pressentir, com essa fina sensibilidade dos camponeses, que na realidade o filho do carpinteiro era muito diferente deles. Talvez se sentissem atraídos pelo seu porte; mas, ao mesmo tempo, deviam adivinhar a imensa distância que os separava dEle. É verdade que, nessa mesma aldeia de Nazaré, Jesus tinha parentes, "irmãos", como dizem os evangelistas. A sua Mãe tinha uma "irmã", como nos dirá João, e Ele tinha "irmãos", de acordo com a expressão várias vezes repetida nos Evangelhos e em Paulo. Não esqueçamos, porém, que entre os semitas as expressões *ah,* "irmão", e *ahoth,* "irmã", designavam diversos graus de parentesco, como ainda hoje o fazem os livros hebreus, e em hebraico não existe vocábulo que designe exclusivamente o primo.

Para começar, Jesus tinha seu tio Cléofas, irmão de José, casado com Maria de Cléofas, a quem João chama por isso irmã da Virgem; tinha também os primos José e Tiago, o Menor, "irmão do Senhor" por excelência, filhos do primeiro casamento de Maria de Cléofas com um certo Alfeu, da tribo de Levi; e do primeiro casamento de Cléofas, outros dois primos, Judas e Simão, este último sucessor de Tiago o Menor na cátedra episcopal de Jerusalém.

Quando o Senhor começou a pregar, os conterrâneos diziam uns para os outros: "Não é este o carpinteiro, o filho de Maria, o irmão de Tiago, de José, de Judas e de Simão? E as suas irmãs não vivem aqui entre nós?" Esses "irmãos" devem ter pensado no início da vida pública que o seu parente, o filho de Maria, era homem para vir a dar sérios desgostos à família. O próprio Jesus parece aludir a essas amarguras domésticas quando diz: "Não há profeta sem honra a não ser na sua pátria, entre os seus parentes e na sua casa". Após as bodas de Caná, esses parentes irão com Ele para Cafarnaum; mas em breve o abandonarão e, preocupados com as suas correrias e com o caráter que a sua atividade começava a assumir, pretenderão até fazê-lo voltar à força a Nazaré e retomar o trabalho de carpinteiro, para eles menos perigoso e mais produtivo. Referindo-se à época da sua maior atividade, João diz-nos que nem sequer os irmãos acreditavam nEle. Só após a ressurreição é que nos aparecerão fazendo parte do grupo de discípulos que aguardavam no Cenáculo a vinda do Consolador; a partir desse momento, gozarão de grande prestígio na Igreja nascente, prestígio de santidade, sem dúvida, mas também prestígio derivado do parentesco, nem sempre favorável ao desenvolvimento da comunidade de Jerusalém. São Paulo diz-nos numa das suas Epístolas que, para fazer certas coisas, poderia invocar o exemplo dos irmãos do Senhor; mas em outra protesta que não quer conhecer Cristo segundo a carne.

O pai e a mãe

Quando Jesus deu início ao seu ministério apostólico, o homem destinado a proteger a sua infância descera já ao sepulcro. A sua missão estava terminada. Morreu silenciosamente, tal como tinha vivido: mas o fato de ter deixado este mundo nos braços de Jesus e de Maria terá feito da sua morte a morte mais feliz que se possa imaginar. Cléofas, irmão de José, também devia ter morrido, visto que o seu nome não aparece nos relatos da vida pública do Salvador.

A partir de então, Jesus passou a ter na Mãe o único ser humano que podia compreendê-lo, escutá-lo, compartilhar as suas alegrias e tristezas e aliviá-lo quando, lá ao longe, vislumbrava o cimo do Calvário como meta da sua vida. O convívio com Maria preenche o silêncio da casinha de aldeia e deixa nEle — por que admirar-nos? — traços finíssimos de graça, de requintada delicadeza e daquela indulgente doçura que transparece em todas as páginas do Evangelho: todas elas nos permitem divisar em Jesus um coração temperado pela ternura maternal e um espírito afinado pelo sorriso e pela palavra da mulher venerada e ternamente querida. Não sem razão os conterrâneos chamam a Jesus "o filho de Maria". Recebeu muito dela e amou-a com um amor infinito, revelado já na multidão de graças e privilégios que acumulara sobre ela, e que agora se traduz numa série jamais interrompida de cuidados filiais que só virão a ter o seu termo com o último suspiro, no momento em que o Filho, dirigindo-se à Mãe, lhe disser do alto da Cruz, apontando para João: "Mulher, aí tens o teu filho..." E a João: "Aí tens a tua mãe".

O rosto de Jesus

Já houve quem notasse, num misto de delicadeza e perspicácia, que até no aspecto físico Jesus, que não tinha pai segundo a carne, era o retrato vivo de sua mãe. Devia-lhe sobretudo a cara oval de maçãs discretamente carmins. Nada, no entanto, nos diz o Evangelho acerca da figura exterior de Cristo (este aspecto passava despercebido aos escritores da Antiguidade, empenhados quase exclusivamente na descrição do caráter e dos sentimentos dos seus heróis). O mesmo silêncio notamos na tradição primitiva. "As representações de Cristo — dizia já Santo Agostinho — são de uma variedade infinita e é possível que a ideia que dEle fazemos esteja muito longe da realidade".

Poderíamos buscar elementos no testemunho da arte — as imagens das catacumbas dos séculos II e III e as pinturas bizantinas do século IV —, mas nenhuma dessas figuras reproduz traços históricos; andam mais ao sabor de motivos ideais e da interpretação pessoal dos artistas. Alguns escritores, como Tertuliano e Clemente de Alexandria, chegaram a imaginar um Cristo feio, baseados na profecia de Isaías que no-lo representa nos momentos da sua Paixão sangrenta, desfigurado, desprezado, coberto de feridas. Mas a essa profecia opõe São João Crisóstomo aquela outra em que o salmista saúda Cristo vencedor: "O mais belo dos filhos dos homens, em cujos lábios foi derramada a graça..."

O maior argumento a favor da beleza de Jesus — diz Santo Agostinho — é que ninguém no mundo foi mais amado que Ele. A sua presença telerizava as multidões: milhares de pessoas se esquecerão de comer para o seguir através de regiões inóspitas; as mulheres interromperão os seus discursos com exclamações espontâneas de admiração e de entusiasmo; as crianças, incapazes de raciocinar, mas sensíveis à sua atração íntima, procurarão obstinadamente as suas carícias e os seus conselhos; e os seus olhos terão tal poder de fascinação que um só olhar seu bastará para ligar para sempre as almas ao seu destino, para inspirar o mais ardente amor ou para deitar por terra e paralisar o maior dos seus inimigos.

A partir das catacumbas, a arte representou-o em tipos de beleza variadíssimos, procurando acentuar uns a serenidade pensativa, outros a autoridade soberana, outros a nobreza, outros a doçura. Mas a própria variedade dessas figuras, muitas delas maravilhosas, constitui uma prova de que não é possível reconstruir a verdadeira imagem de Jesus.

A imagem medieval

A Idade Média, não obstante, não desistiu assim às primeiras. Já no século VI, o peregrino de Piacenza, que por alturas de 570 foi à Terra Santa, diz-nos que viu em Jerusalém a pedra que Jesus pisou quando interrogado por Pilatos, e na pedra as pegadas dos seus pés pequenos, finos, em harmonia com a imagem que, sendo Ele ainda vivo, se mandou pintar no Pretório: estatura regular, rosto de uma grande beleza, cabelo encaracolado, mão delicada, dedos finos e compridos. Uns anos mais tarde, recolhendo uma tradição anterior, André de Creta fala-nos da sua estatura elevada, do seu rosto comprido e oval, dos seus olhos admiráveis, das suas sobrancelhas regulares e densas. Aí por 900, o monge Epifânio de Constantinopla afirma que Jesus tinha seis pés de altura, cabeleira ruiva e ondulada, sobrancelhas negras, rosto comprido em forma oval, como sua Mãe, com a qual era surpreendentemente parecido.

Todos estes dados vieram a reunir-se na *Lenda dourada,* de Jacó de Torágine, e na carta apócrifa que um lendário antecessor de Pilatos, a quem se dá o nome de Lentalu, teria enviado ao Senado de Roma:

"Apareceu por estes dias um homem, se lhe podemos chamar homem, cujo nome é Jesus Cristo, considerado como profeta da verdade e que os discípulos designam por Filho de Deus... O seu rosto respira simultaneamente amor e temor. Os cabelos, de cor de avelã, caem-lhe pelos ombros[2], apartados a meio da cabeça. Tem uma fronte ampla e serena e um rosto sem a menor mancha ou ruga, discretamente colorido; nem no nariz nem na boca se pode ver o menor defeito; a barba é abundante, da cor dos cabelos, não muito longa e ligeiramente separada ao meio; olhar simples e sereno, olhos azuis muito brilhantes. Terrível quando repreende, amável e acariciador quando admoesta; alegre na gravidade; ninguém o viu rir, mas diz-se que chorou uma vez ou outra. A configuração das mãos e dos braços é muito agradável; a estatura altaneira e flexível; o trato de uma tal graça e de tal personalidade que bem podemos dizer com o profeta; «É o mais belo dos filhos dos homens»".

Tal a ideia que fizeram de Jesus as gerações que o representaram tantas vezes e com tal grandiosidade e beleza nos tímpanos das basílicas românicas e nos pórticos das catedrais; ideia certamente fecunda no campo da arte e até no da vida interior, mas sem qualquer fundamento na primitiva tradição cristã, completamente muda a este respeito.

2 Mais provavelmente usava-os em trança, como era costume entre os judeus, e como se vê no sudário de Turim (N. do E.).

ISRAEL NO IMPÉRIO

Enquanto Jesus crescia e trabalhava em silêncio na obscura oficina de Nazaré, a nação judaica passava por uma série de transformações que pouco a pouco a levavam à ruína. O Estado independente dos hasmoneus convertera-se em monarquia feudatária de Herodes. Esta, por sua vez, fora desmembrada para formar a pequena etnarquia de Arquelau. Após dez anos de violências e arbitrariedades, a etnarquia desaparecera com a anexação da Judeia pelo Império na qualidade de província, acompanhada de uma série de humilhações: o juramento de fidelidade a César, o tributo do censo anual, em sinal de completa vassalagem, e a presença dos procuradores romanos, cuja administração despótica dava origem a conflitos intermináveis.

O imperador Tibério esforçou-se, nos primeiros anos, por desenvolver uma política de moderação que, segundo nos diz Tácito, regia-se de acordo com aquele princípio seu: "Um bom pastor tosquia as suas ovelhas, procurando não as esfolar". Conhecia a profunda corrupção dos homens aos quais tinha de confiar a administração pública e, precisamente por isso, costumava deixá-los por muito tempo no governo das províncias, porque, como dizia em outra frase gráfica, "se se espantam as moscas da chaga de um ferido quando estão fartas, as que lhes sucedem sugam-no com maior avidez".

Repercussões na Palestina

Tibério adotou esse sistema também para a Palestina. Mas, no ano décimo do seu reinado, um caso escandaloso de fraude e charlatanismo, descoberto em Roma, reavivou o ódio secular que já então se votava aos judeus, e do qual participava Sejano, valido do imperador. As represálias começaram a sentir-se na Palestina com o envio de um novo procurador, e é por este motivo que Pôncio Pilatos aparece na Judeia precisamente quando vai começar a vida pública de Jesus, por volta do ano 26.

O seu primeiro ato foi de violência: a guarnição de Jerusalém recebeu ordens de entrar na cidade com os estandartes desfraldados, e neles se via o retrato de Augusto. A população em massa acudiu a Cesareia, sitiou o palácio do governador durante uma semana, rogando, ameaçando, gritando e exigindo que se tirasse da Cidade Santa aquela abominação. O procurador reuniu os revoltosos no circo e a sua primeira intenção foi passá-los a todos pelo fio da espada; mas, ao ver que os judeus, inquebrantáveis na sua resolução, faziam frente aos pretorianos, teve medo e cedeu. No entanto, ficar-lhe-ia na alma um tal rancor que aproveitaria qualquer ocasião para humilhar os seus súditos.

Sobreveio depois a questão do aqueduto destinado a abastecer Jerusalém, que tinha muita necessidade de água, mesmo para os serviços do Templo. Pilatos projetou um aqueduto que levasse a água das amplas reservas situadas a sudoeste de Belém, ainda hoje chamadas piscinas de Salomão, e resolveu que uma parte do trabalho dos operários fosse paga com o tesouro do Templo. A decisão provocou protestos e tumultos populares, e num deles o procurador introduziu no Templo muitos dos seus soldados vestidos de judeus que, no momento oportuno, desembainharam as espadas e juncaram os átrios de mortos e feridos. Seria uma violência semelhante que provocaria a sua destituição, cinco anos após a morte de Cristo[3].

Roma começava a notar algo de estranho naquele povo que resistia à menor tentativa de assimilação. Podia-se espezinhá-lo, mas não reduzi-lo. Outros países mais poderosos iam-se submetendo e resignando-se com o jugo. Aí estava o antiquíssimo reino do Egito. Os conquistadores romanos haviam entrado em contato com ele ao mesmo tempo que com os descendentes de Judas Macabeu. As margens do Nilo romanizavam-se rapidamente. Os príncipes da região tinham por timbre de glória chamarem-se sócios e amigos do povo romano; rio acima, vogavam os grandes veleiros da Itália, que levavam as colheitas e os frutos e traziam os patrícios de Roma, ávidos por conhecer aquela terra cheia de curiosidades e monumentos milenários; os habitantes adotavam os nomes latinos e os costumes do Lácio; as cerimônias religiosas eram presididas por sumos sacerdotes escolhidos dentre os conquistadores, e, para os próprios deuses, era uma honra confundirem-se com os deuses de Roma: Isis converteu-se em Juno, Osíris em Apolo e Hathor em Afrodite.

---

3 Um falso profeta, que adquirira grande prestígio na Samaria, prometeu mostrar aos seus adeptos o mobiliário sagrado do templo de Moisés, que se supunha escondido no Monte Garizim. Para impedir que a multidão se reunisse, o procurador mandou a força pública ocupar o cimo do monte. Mas nem por isso os partidários do profeta deixaram de afluir em massa, o que levou as tropas a atacá-los e a degolar centenas deles. Os samaritanos apresentaram queixa ao legado da Síria, que depôs fulminantemente o procurador e o enviou a Roma para responder pelo seu ato diante do imperador.

Já na Palestina a penetração romana tinha de redobrar de prudência, embora nem mesmo assim pudesse evitar os choques. Uma imensa tristeza oprimia os corações pela perda da independência; o que mais vivamente os magoava, porém, era verem violada a liberdade de culto. Cada medida que os conquistadores tomavam era encarada como um novo ataque à religião tradicional que, embora distorcida, se convertera numa paixão, inseparável da nação e da raça. Os políticos de Roma viam em tudo aquilo puro fanatismo, um misto de cegueira e barbárie. O povo judeu era um enigma para eles e para todo o mundo greco-romano. Odiavam-no e desprezavam-no, e os seus escritores — Tácito, Cícero, Juvenal, Plínio, Molon — apenas se faziam eco do sentimento geral quando lhes chamavam ímpios, ateus, partidários de uma superstição bárbara e de uns costumes imbecis e repugnantes, adoradores de porcos, raça abominável que desprezava os deuses, preguiçosos que não faziam nada de sete em sete dias, adoradores de nuvens e homens de escassa inteligência, que não haviam contribuído com qualquer invento para a civilização.

A mediatização do sacerdócio

Os judeus deixavam falar e continuavam a disseminar-se por todas as regiões do Império. Fora da Palestina, exploravam os conquistadores; na Palestina, criavam-lhes toda a espécie de complicações. Roma procedia com cautela. Em Alexandria e em Mênfis, varrera todos os sumos sacerdotes nacionais; em Jerusalém, não se atrevia a fazê-lo. Era certo que os nomeava arbitrariamente e de uma maneira venal, repartindo-os alternadamente pelas grandes famílias — como os Boethos, os Hanan, os Fabi, os Kanith — que, resignadas perante o fato consumado, disputavam o cargo junto da autoridade romana como se se tratasse de um feudo; mas a instituição permanecia intacta. O sumo sacerdote estava submetido à vigilância do procurador, que podia intervir quando quisesse e guardava em sua casa as vestes pontificais das quatro festas mais solenes.

Valério Graco, o antecessor de Pôncio, deve ter experimentado especiais dificuldades com esses grandes hierarcas do judaísmo, visto que começou por depor aquele que exercia a função quando chegou à Palestina, Anano, o famoso Anás do Evangelho. Em quatro anos, deu-lhe quatro sucessores: Ismael, Eleazar, Simão e José, chamado Kayapha, isto é, Caifás, que se manteria no cargo até depois da morte de Jesus, sempre sob a tutela de Anano, que, embora não oficialmente, conservava de fato a chefia religiosa da nação.

Os soldados romanos ocupavam os pontos estratégicos e vigiavam as ruas e os caminhos. Mantiveram todos os antigos impostos do tempo dos Ptolomeus e a eles acrescentaram outros novos, como o tributo anual de que nos fala o Evangelho. A vida tornava-se cada dia mais dura e, como se supunha que a culpa de tudo isso era do domínio romano, crescia constantemente o rancor contra ele e o apego às tradições mosaicas que vaticinavam a libertação de todas as misérias. As massas tinham a convicção — mais forte então do que nunca — de que eram o Povo eleito e de que, precisamente no momento mais doloroso da desgraça e da servidão, havia de surgir o cetro de Judá. Essa convicção mantinha vivo nos espíritos, muito particularmente entre os galileus, o fogo da revolta, que explodia tão logo aparecia um homem austero, valoroso, eloquente ou exaltado, que se constituía em paladino das reivindicações nacionais em face dos intrusos.

Espírito religioso

A imensa maioria observava a religião mosaica com mais fervor do que nos tempos dos Patriarcas e dos Profetas. Não se dançava diante de bezerros de ouro nem se ofereciam sacrifícios no cimo dos montes. O *Sancta Sanctorum* do Templo de Jerusalém era um recinto magnificamente adornado, embora sem as Tábuas da Lei outrora guardadas na Arca da Aliança. Uma vez por ano entrava lá o sumo sacerdote, e todos os judeus proclamavam publicamente que naquele tabernáculo, ou "tenda", estava presente, de uma maneira invisível, o único Deus verdadeiro, o Criador do céu e da terra, Aquele que não admitia qualquer confronto ou associação com os deuses dos gentios. Lá lhe rendiam culto, ofereciam-lhe sacrifícios contínuos num cerimonial escrupuloso e complicado. Os descendentes de Abraão acorriam para lá não só de todos os recantos da Palestina, mas de todas as regiões do mundo civilizado, para pedir, entre lágrimas e soluços, a rápida aparição do libertador esperado.

Mesmo sob a dominação de Roma, o judaísmo conservava o seu caráter teocrático nacional: um único templo legitimamente erigido a Javé, o Deus da nação, uma hierarquia sacerdotal no vértice daquela ordem teocrática, um sumo sacerdote que atuava como chefe indiscutível de todos os filhos de Israel, tanto dos que residiam na Palestina como dos da diáspora, isto é, dos que estavam espalhados por todo o mundo conhecido. Esse sumo sacerdote era o primeiro ministro do culto e o chefe dos serviços do Templo. Tinha obrigação de celebrar pessoalmente a liturgia do dia de *Kippur* ou da Expiação, embora por vezes oficiasse também noutras festas solenes, como a da Páscoa.

Sob a sua presidência e num dos recintos do Templo, "na aula da pedra quadrada" do pórtico real, reunia-se o Sinédrio, o grande tribunal da nação, que, criado no tempo dos selêucidas, à semelhança dos areópagos das cidades helênicas, e debilitado no tempo dos monarcas hasmoneus e da tirania herodiana, acabava de adquirir nova importância graças à tolerante política romana que, com exceção dos casos de crimes de morte, lhe adjudicou todas as causas religiosas e civis relacionadas com a Lei de Moisés.

Entre os livros da Bíblia, liam-se sobretudo aqueles que pareciam mais a propósito para preservar o ideal nacional — os que evocavam a luta gloriosa dos valentes Macabeus, os salmos ou cânticos nacionais, em que palpitava a alma do povo, e as visões proféticas, em que se pintava a derrocada sucessiva dos grandes impérios, enquanto Israel permanecia forte e indomável. Além disso, corria pelas escolas uma literatura apocalíptica que mantinha acesa a chama da exaltação nacional, e os israelitas cultos devoravam-na com avidez. Eram livros cujos autores se escondiam sob algum dos grandes nomes de Israel e que se destinavam a conservar viva a esperança. Estavam neste caso a *Ascensão de Isaías,* o pequeno *Saltério de Salomão* e o *Apocalipse de Enoque,* que descrevia com maior clareza que qualquer outro os traços do Messias esperado, "o Eleito, o Ungido, o Filho do Homem, o Filho de Deus, superior aos anjos, visto que habita junto dAquele que preside ao princípio dos dias e está sentado sobre o trono de majestade e reinará sobre todos os povos. Profeta, doutor e juiz, nEle há de irromper o espírito de sabedoria e inteligência, de força e de virtude, e o espírito dos que já não existem. Será o último dos Profetas, o restaurador dos povos e a esperança dos aflitos. Julgará as coisas ocultas sentado no trono da majestade divina, e perante o seu tribunal hão de apresentar-se não só os homens, mas também os anjos, precedidos por Azrael, seu capitão".

Preocupação messiânica

A ideia do Messias flutuava na atmosfera de Israel e agitava todos os espíritos. Nunca fora tão impetuosa e ardente. À exceção dos saduceus, entregues ao seu epicurismo, todos viviam dela: os escribas e os fariseus, os aldeões e os príncipes do Sinédrio, os filiados na escola rigorista de Shammaí e os que defendiam as doutrinas mais humanas de Hillel. Graças a ela, suportavam-se as tiranias dos estrangeiros, os atropelos da soldadesca imperial e as intromissões dos *goyin*, que espezinhavam, profanavam e roubavam a santa herança dos antepassados. O único consolo era pensar na hora da vitória, nas predições de Javé, no advento do Cristo, do Messias, que havia de encarnar a fúria da vingança, tanto tempo contida, e erguer o seu trono numa Jerusalém mais forte, mais bela, mais poderosa que a de Salomão.

A expectativa era decerto mais viva entre as massas populares que entre as classes mais elevadas da casta sacerdotal. Seria um erro pensar que todos os descendentes de Levi eram pobres ministros do culto sem fervor, sem entusiasmo, sem verdadeira religiosidade. Pelo contrário, fora uma família levítica — a dos Macabeus — que propagara o renascimento que viria a materializar-se num Estado nacionalista, regido por princípios genuinamente teocráticos, e há motivos para supor que, entre o que poderíamos chamar o clero rural, abundavam os espíritos sinceramente religiosos. Basta mencionar Zacarias, de quem já falamos em páginas anteriores.

Não obstante, a parte mais influente do levitismo — a dos enfatuados sacerdotes que partilhavam da direção dos negócios públicos com o procurador, graças à lisonja e boas relações que ordinariamente mantinham com ele — vivia mais preocupada com a política e com as finanças do que com os interesses religiosos. A sua atitude era mal vista pela multidão, mais sintonizada com o puritanismo dos fariseus. Sabemos por uma tradição rabínica que, certa vez, alguém gritou do átrio do Templo: "Saí daqui, filhos de Heli, que manchastes a casa do nosso Deus". Nem a Javé deviam eles ser muito agradáveis, visto que, segundo conta Josefo, num dos anos imediatamente anteriores à destruição de Jerusalém pelos romanos, durante a festa de Pentecostes, estando os sacerdotes reunidos no interior do Templo para os ofícios litúrgicos, tinham ouvido primeiro um grande estrondo e logo a seguir uma voz que dizia: "Nós saímos daqui". Os mais instruídos viram nesse fato extraordinário um aviso de que o Deus de Israel, que falara também no plural ao criar o homem, abandonava o seu templo de Jerusalém. Assim o interpretou também o historiador pagão Cornélio Tácito, que refere o prodígio no livro V da sua história: *Excedere Deos. Simiil ingens motus excedentium.* "Saem os deuses. E ao mesmo tempo produz-se um grande estrondo."

O PRECURSOR

Mateus 3, 1-16; Marcos 1, 2; Lucas 3, 1-22

Por essa altura, quando toda a atmosfera da Judeia estava como que eletrizada pela expectativa messiânica, quando Pilatos ousava desafiar o fanatismo judaico ao desfraldar na frente do Templo a imagem de César, surgiu nas imediações do deserto um terrível pregador da penitência.

A origem, o aspecto, a vida e as palavras desse homem tinham necessariamente de excitar sobremaneira a imaginação das gentes. Foi um acontecimento de tal importância, inaugurando de certo modo a catequese cristã, que o evangelista o assinalou com frases de uma solenidade impressionante: "No ano décimo quinto do reinado do imperador Tibério, sendo Pôncio Pilatos procurador da Judeia, Herodes tetrarca da Galileia, seu irmão Filipe tetrarca da Itureia e da Traconítide, e Lisânias tetrarca da Abilene, sob o sumo pontificado de Anás e Caifás, a palavra do Senhor desceu no deserto sobre João, filho de Zacarias, e ele percorreu toda a região do

Jordão, pregando o batismo do arrependimento para remissão dos pecados".

Eis que nos encontramos de novo com aquele filho de Zacarias cujo nascimento fizera estremecer de júbilo as montanhas da Judeia. Da sua vida durante os anos anteriores, só sabemos o que nos dizem estas breves palavras do Evangelho: "O menino crescia e o seu espírito se fortificava. E esteve no deserto até o dia em que se manifestou a Israel". Uma vida de silêncio, como a de Jesus, com a diferença de que não transcorreu no lar doméstico, mas na solidão, naquela solidão de rochas nuas e abruptos barrancos que se estende por entre os montes de Hebron e a margem ocidental do Mar Morto: vales áridos, montanhas escalvadas, ondulações da cor da cinza, arbustos raquíticos, torrentes que caem de precipício em precipício, voos de aves de rapina e uivos de lobos e chacais.

Assim passou o filho de Isabel e Zacarias a infância e a juventude, errante à maneira dos antigos Profetas, hoje numa gruta, amanhã numa choça erguida junto de um zimbro, sem outras testemunhas das suas austeridades além de alguns pastores simples que de tarde em tarde chegavam com as cabras e as ovelhas àquelas paragens, onde apenas alguns arbustos espinhosos e plantas aromáticas tinham conseguido resistir aos ardores de uma terra situada a trezentos metros abaixo do nível do mar.

Antes dele, já outros penitentes tinham descoberto aquelas solidões: "Junto do Mar Morto — dirá Plínio uns anos mais tarde —, vive um povo solitário, maravilha sem par em todo o universo; um povo onde não nasce ninguém e que, no entanto, sempre perdura". Era o povo dos essênios, que tinha o centro principal perto de Engadi. Judeus fervorosos, haviam desesperado de conseguir restaurar a antiga grandeza de Israel e consolavam-se com a prática de uma ascese difícil e com o estudo da sua filosofia heterodoxa, longe de toda a discussão, de toda a vida ativa, de toda a política militante. Para eles, os fariseus eram tíbios. A mortificação era uma das suas principais preocupações. Banhavam-se diariamente ao nascer do sol, renunciavam a qualquer bebida fermentada, praticavam o celibato e a comunhão de bens. Esses ascetas eram cenobitas.

João, pelo contrário, era um anacoreta, como esse Bânuo que foi durante três anos o mestre de Flávio Josefo na vida espiritual, e que vivia no deserto, "cobrindo o corpo com roupas feitas de raízes, folhas e cascas de árvores e matando a fome com alimentos nascidos espontaneamente". Também João se entregava às mais duras penitências. Consagrado a Javé desde o nascimento, era um nazareno, um puro. Nunca cortara o cabelo, nunca provara vinho nem sidra, nunca tocara mulher nem conhecera outro amor além do amor de Deus. Vestia uma pele de camelo ou um manto feito de suas toscas cerdas; trazia um cinto de couro, bebia a água das torrentes e comia mel silvestre e gafanhotos, esses gafanhotos que ainda hoje constituem o alimento dos beduínos pobres e que, de acordo com uma tradição judaica, os mercadores orvalhavam com vinho para lhes dar um sabor mais palatável.

Atitude de João

Foi naquela terra maldita que o filho do velho sacerdote se vestiu de austeridade e fortaleza; foi no meio daquelas rochas graníticas, como que símbolo do seu temperamento de ferro, que o seu glorioso destino se lhe revelou com toda a clareza. Não podia esquecer as palavras que o anjo dissera a seu pai diante do véu sagrado: "Irá adiante do Senhor Deus, com o espírito e a virtude de Elias, para reconduzir os corações dos pais aos filhos e os rebeldes à sabedoria dos justos, a fim de preparar para o Senhor um povo perfeito".

Essas palavras, o seu nascimento, a existência a que se sentia inclinado foram adquirindo sentido para ele graças à meditação dos Livros Sagrados. O profeta Malaquias falava-lhe do conselheiro que o Senhor enviaria para abrir os caminhos do Messias. O vidente de Anatoth levava até os seus ouvidos os ecos da voz que clama no deserto: "Preparai os caminhos do Senhor, endireitai as suas veredas; todo o vale será preenchido, todo o monte aplainado e toda a carne verá a salvação de Deus". Essa voz é a tua, dizia-lhe alguém do fundo do ser; tu és o mensageiro; o reino de Deus aproxima-se, é preciso domar o orgulho dos soberbos; é necessário pregar a penitência, a purificação, o cumprimento da Lei. E, com uma certeza divina, João compreende que é ele o precursor da grande obra preparada durante vários séculos e gerações.

No meio daquele povo agitado pela expectativa messiânica, o aparecimento de homens que se consideravam enviados por Deus pouco tinha de singular. Logo após a morte de Herodes, apresentara-se na Pereia um tal Simão, que lançara fogo ao palácio de Jericó e se proclamara rei. Pouco depois, um pastor chamado Atronges implantara na Judeia um governo regular. Aparecera a seguir um galileu, Judas, filho de Ezequias, que chegara a apoderar-se dos depósitos de armas de Séforis. Sucessivamente, tinham aparecido outro galileu do mesmo nome, que dera início à corrente dos zelotes, depois Teudas, um pregador anônimo, natural do Egito, e numerosos visionários, cujas loucas pretensões o historiador Flávio Josefo nos dá a conhecer. Todos eles tinham vindo com fins políticos, empurrados pela ânsia de domínio e convencidos de que os filhos de Abraão constituíam o primeiro povo da terra.

O filho de Zacarias segue uma conduta diferente. Não faz prodígios, não promete riquezas, não anuncia supremacias, e, longe de adular os israelitas, pensa que Deus pode suscitar filhos de Abraão das próprias pedras. Ao contrário de todos aqueles pregadores messiânicos, apresenta-se pobre e nu. Preconiza um reino que, se exige preparação da parte dos homens, essa preparação consiste no melhoramento da conduta, no desprezo das riquezas, na prática sincera da virtude, e não no recurso às armas nem na ação militar.

Método missionário

Um dia, o solitário aparece no vale de Jericó, junto às águas do Jordão, perto da trilha seguida pelas caravanas da Pereia a caminho de Jerusalém. Passa-se isso no ano 15 do reinado de Tibério, ano 26 da nossa era. Mostra-se grave, austero, meio nu, desfigurado pela penitência, queimadas as carnes pelo sol do deserto, abrasada a alma pelo desejo do reino de Deus. Tem as pupilas relampejantes, a longa cabeleira ondulando-lhe pelas costas, a barba espessa cobrindo-lhe o rosto, e a boca proferindo palavras penetrantes e inflamadas. Traz ao mesmo tempo esperanças e anátemas, consolações e terrores. O seu gesto domina, a sua presença impõe-se, a sua austeridade espanta, e uma força magnética se lhe desprende dos olhos. À inflexão daquela voz, Israel comove-se e sai ao encontro do último dos Profetas.

João recebe as gentes nas margens do rio e começa a cumprir a sua missão de precursor. Fulmina, exorta, batiza. Áspero e iracundo, não sorri nem lisonjeia; fala uma linguagem enérgica, na qual cintilam imagens vivas, arrancadas ao mundo do lar ou à natureza do deserto. O seu aparecimento é notícia em toda a Palestina: lá em cima, os pescadores do lago entretêm os ócios forçados do ofício repetindo as suas palavras, os israelitas piedosos começam a ver nele uma esperança gozosa e os doutores do Templo discutem acerca dos seus avisos misteriosos.

Era um ano sabático, um daqueles em que, a cada sete anos, se suspendiam em Israel os trabalhos agrícolas durante doze meses: homens, animais, campos e vinhas descansavam, e tudo quanto o solo produzia espontaneamente era reservado para os pobres. É esse o momento escolhido por João para inaugurar a sua missão, que se podia considerar já um anúncio do Evangelho, de acordo com as palavras de Cristo: "Até João, a Lei e os profetas; a partir de então, anuncia-se o reino de Deus". Os israelitas aproveitam o ano de repouso para ir até o deserto à procura do Precursor.

— Que havemos de fazer, homem de Deus? — perguntam-lhe aturdidos por aquela palavra de fogo que cai sobre a multidão como um raio.

E ele responde-lhes, severo:

— Fazei penitência, porque está próximo o reino de Deus.

Impressionados por essas palavras, muitos dos ouvintes renunciam à vida passada e rompem em gemidos de dor e arrependimento. João submete-os então a dois ritos, ambos de clara significação: o batismo e a confissão dos pecados. Os homens sempre têm visto nas abluções um caráter religioso, como que um símbolo da purificação interior. Mas o batismo de João não é somente um símbolo, nem sequer um meio de conseguir a pureza legal, mas um batismo de penitência que, além de devolver a pureza moral, prepara os espíritos para o Reino de Deus. A primeira coisa que ele exige dos ouvintes é o arrependimento, isto é, uma transformação completa da maneira de pensar e de ser. É este o sentido da palavra que se lê no texto original: *metanóeité,* que quer dizer "transformai a vossa mente", transformai-vos completamente no vosso interior.

Tanto a confissão dos pecados como a ablução corporal figuravam já nos rituais das antigas religiões: a primeira, como reconhecimento da infração de uma lei e a segunda como símbolo de purificação espiritual. Na própria religião mosaica existia a cerimônia da festa de Kippur ou da Expiação, celebrada pelo sumo sacerdote, que confessava os pecados de todo o povo e em seguida realizava a ablução na sua própria pessoa. Não residia nisso a novidade do austero pregador, mas no fato de exigir esses requisitos como preparação para o Reino, que ele anunciava como iminente e que tinha por objetivo o aperfeiçoamento moral, a vida do espírito, o cumprimento da vontade de Deus em relação aos homens. Por isso se chamava "o Reino dos céus".

Indulgência e rigor

As condições impostas aos ouvintes não eram assim tão fáceis de observar: tinham de submergir-se no rio, tinham de acusar-se das ações torpes e injustas. Mas os judeus acudiam em tropel a pedir a João uma norma de vida. "Vinham até ele — diz Mateus — pessoas de Jerusalém, de toda a Judeia e de toda a circunvizinhança do Jordão". Todas as classes sociais, todos os partidos, todas as tendências contavam farta representação entre os ouvintes; e para todos havia um conselho, uma ordem ou um anátema. Severo para com os hipócritas e soberbos, João só se mostrava indulgente para com os corações retos e dóceis: "Todo aquele que tiver duas túnicas dê uma ao que não tem nenhuma, e quem tiver o que comer faça o mesmo". Chegavam os glutões, os publicanos, as cortesãs, os soldados, e ele não os desprezava nem os repelia.

Aos publicanos, execrados pelo povo, contentava-se com fazer esta recomendação:

— Não exijais mais do que vos foi ordenado.

Aos soldados do tetrarca Herodes, inclinados à violência, não os obrigava a deixar a profissão; limitava-se a dar-lhes este conselho:

— Não cometais violências nem denuncieis ninguém falsamente; e contentai-vos com o vosso soldo.

Mas também lá apareciam os fariseus e os doutores. Iam bisbilhotar e espiar; zombavam dele por descer às águas do Jordão e ouviam com um sorriso trocista as palavras despidas de finura, de elegância e de grande sutileza com que o profeta, tão duro para consigo próprio e para com os discípulos, tratava os pecadores e os ignorantes. Por isso o pregador tinha o seu mais terrível anátema reservado para eles:

— Raça de víboras, quem vos ensinou a fugir da cólera que está prestes a cair sobre vós? Produzi frutos dignos de penitência [...]. Já o machado está posto à raiz da árvore. Toda a árvore que não der bom fruto será cortada e lançada ao fogo.

O profeta adivinhava o pensamento mais íntimo daqueles homens orgulhosos da sua origem, e servia-se de uma imagem impressionante para lhes condenar a estabilidade ilusória que se cobre com privilégios de raça.

— Não comeceis a dizer: "Temos Abraão por pai", porque vos asseguro que Deus tem poder para suscitar destas pedras filhos de Abraão.

O batismo

Não tardou muito que começassem a chamar a João "o *Batista*". A gente do povo, especialmente no Oriente, é sempre muito sensível às ações simbólicas; e por isso o rito do batismo era o que mais a impressionava naquele profeta, que aparecia volvidos quatro séculos sobre os verdadeiros Profetas vistos em Israel. A profunda diferença entre ele e os demais anunciadores do reino messiânico causou nos espíritos sinceros a mais viva impressão. — Que significa isto?, perguntavam muitos, ao verem João sair das águas com os seus iniciados. Não será este o chefe de Israel, que já começa a recrutar adeptos para levar a cabo a sua obra de libertação?

Alguns discípulos dos mais exaltados começavam já a propalar que talvez se encontrassem perante o Messias. Outros não iam tão longe. Mas fixavam olhares interrogadores na face do pregador, como se quisessem desvendar o segredo daquela vida.

A uns e a outros o Precursor declarou com admirável sinceridade o que pensava de si próprio:

— Eu vos batizo em água; mas virá outro mais forte do que eu, a quem nem sequer sou digno de desatar a correia das sandálias. Ele vos batizará no Espírito Santo e no fogo.

A declaração era terminante; nem sequer se considerava digno de prestar os mais humildes serviços ao Messias que estava para vir. Desatar as sandálias era tarefa de escravos: de joelhos diante do senhor, descalçavam-nas quando estava para se deitar no divã. Assim aparecem representados nos relevos antigos. Apesar da sua grandeza, João não se considerava digno de prestar esse serviço. Limitava-se a praticar a imersão — em grego, o *batismo* — na água; o que estava para vir, mais poderoso do que ele, praticaria a imersão no Espírito Santo e no fogo. Ele lavava a superfície dos corpos; o Messias estabeleceria um batismo que transformaria o homem por completo. "Tem a pá na mão para limpar a sua eira, e recolherá o trigo no celeiro, mas queimará a palha num fogo inextinguível." Palavras revolucionárias para ouvidos de fariseus, porque era evidente que a eira simbolizava o Povo eleito de Israel. Mas quem seria o grão e quem seria a palha para aquele pregador estranho, que tratava com tanta tolerância mulherzinhas, soldados, cobradores de impostos e todos os que pertenciam ao "povo impuro da terra"?

A comparação era tirada dos trabalhos campestres. As aldeias da Palestina aparecem no verão rodeadas de uma cadeia de montículos, que constituem a colheita já ceifada, mas ainda por limpar. Diariamente, ao cair da tarde, começa a soprar o vento do mar; os padejadores preparam então as pás e entregam-se com ímpeto à tarefa para aproveitar as horas de luz que restam. A palha é levada pelo vento em nuvens brilhantes; os grãos caem verticalmente envoltos na casca; mas passam sucessivamente por três peneiras e ficam assim separados das impurezas inúteis.

Era isso o que o Messias faria quando aparecesse na terra. As almas seriam peneiradas pelas suas mãos; o trigo seria recolhido por Ele nas suas tulhas; a palha iria arder num fogo inextinguível. Alusão evidente ao inferno, particularmente impressionante naquelas redondezas do Mar Morto, onde tinham ardido Sodoma e Gomorra, onde ainda hoje se levanta com frequência uma pesada nuvem cinzenta cor de cobre, como que a última fumarada daquele incêndio. O Messias que João anuncia sem conhecer representa para ele, no início da sua missão, como que um juiz justiceiro. Mais tarde, quando receber a iluminação, apresentá-lo-á como o "Cordeiro de Deus que tira os pecados do mundo".

Encontro de João com Jesus

Alguns quilômetros ao norte do Mar Morto, abre-se um vale frondoso que detém, de um lado, a invasão do deserto e, do outro, o Jordão. Encontram-se por lá fontes, hortas, árvores, e, no tempo de Cristo, havia um bosque de palmeiras e plantas aromáticas que os historiadores antigos, quer hebreus, quer pagãos, comparavam ao jardim das Hespérides. Era ali, a dois passos da aldeia de Betânia, na margem esquerda do rio — onde uma ampla e tranquila enseada oferecia um refúgio contra as inundações — que João pregava certa vez, quando entre os ouvintes apareceu um jovem vindo das montanhas da Galileia. Havia tal modéstia na sua pessoa e tal simplicidade no seu rosto que aquela presença lhe sacudiu a alma, revolvendo-lhe recordações da infância. João olha para Jesus e fica perturbado: seria Ele, estaria diante do libertador pressentido e anunciado, do padejador que lançaria ao ar o trigo e a palha para joeirar a messe da sua Igreja?

A notícia da pregação do batismo chegara também a Nazaré, e muitos galileus iam ouvir a palavra do pregador milagroso. É possível que alguns deles, no regresso, passassem pela oficina do carpinteiro, contassem as coisas que tinham visto e ouvido e lançassem despreocupadamente esta pergunta: "Não terão chegado já os tempos do Messias?" O certo é que, um dia, Jesus arrumou as ferramentas de trabalho, despediu-se da Mãe e dirigiu-se também para as margens do Jordão. João era seu parente, segundo a carne, mas não o conhecia. Assim o declararia mais tarde, e esse desconhecimento não nos deve surpreender, uma vez que sabemos das vicissitudes da vida do Batista. Internara-se no deserto já desde a infância, movido pelas coisas que os pais lhe haviam contado acerca do seu nascimento. Homem de fé, não procurara conhecer fisicamente o misterioso filho de Maria, nascido uns meses depois dele; mas conhecia-o espiritualmente, e não duvidava de que, mais cedo ou mais tarde, Deus havia de colocá-lo no seu caminho; e talvez uma revelação divina lhe tivesse dado a entender que ali, no meio daquelas águas purificadoras, viria a realizar -se a teofania, a manifestação da sua divindade.

João aguarda ansioso, perscruta os batizados, e eis que, finalmente, acaba de fixar os olhos noutros olhos que veem mais longe que os seus. Ouve a voz do Espírito Santo e talvez a voz do sangue. Apossa-se do seu ser um sentimento de admiração, de perturbação, de aniquilamento. Quando Jesus se destaca do meio da turba e, aproximando-se dele, lhe pede que o batize, recusa-se com estas palavras:

— Sou eu que devo ser batizado por ti e tu vens a mim?

E Jesus responde-lhe:

— Deixa por agora, pois convém que cumpramos toda a justiça.

Esta primeira palavra de Cristo, no começo da sua vida pública, no-lo revela como plenamente consciente da sua filiação divina. Mas a vontade de Deus era clara: João é que devia ser batizado por Cristo, que, sendo a própria pureza, não podia estar sujeito à purificação nem confessar pecado algum: o batismo do fogo era superior ao batismo da água. Mas era preciso dar exemplo de humildade à humanidade pecadora, era preciso santificar a água, por meio da qual os homens haviam de receber o batismo do fogo. O Batista cede e desce com Jesus ao leito do rio. Cai a água sobre o corpo virginal do batizando, pousa sobre Ele a pomba simbólica e, nas alturas, ressoa a revelação do Pai: “Este é o meu filho muito amado, em quem pus todo o meu enlevo”.

O Batismo representa a última preparação de Cristo para o seu aparecimento público, e, ao mesmo tempo, a sua apresentação ao mundo pelo Pai, no céu, e pelo Precursor, na terra. Eis que finalmente o segredo sai da casa de Nazaré e começa a propagar-se entre o povo. Esta cena deve ter desiludido muitos discípulos de João; mas alguns deles — os mais sinceros —, sem deixarem o seu primeiro mestre, começam a interessar-se por aquele galileu desconhecido.

DO MONTE DA TENTAÇÃO AO JORDÃO

Mateus 4, 1-11; Marcos 1, 12-13;
Lucas 4, 1-13; João 1, 19-24

"Em seguida, Jesus foi levado pelo Espírito ao deserto, para ser tentado pelo demônio. E vivia entre animais selvagens." Ainda tem o cabelo úmido das águas do Jordão; mas, enquanto o povo comenta o acontecimento da pomba e a discussão travada entre os dois profetas, Ele desaparece subitamente e, tomando sobre si o peso de todos os pecados do mundo, retira-se para meditar na solidão acerca da luta que vai empreender pela glória de seu Pai. Qualquer grande empreendimento é sempre precedido de uma preparação próxima, e Jesus quis seguir esta norma comum antes de dar início ao seu ministério.

Defronte de Jericó, para o lado ocidental, ergue-se, talhado a pique, um monte árido e escabroso, que ainda hoje se chama "o Monte da Quarentena", e cujo cume, quinhentos metros acima do vale do Jordão, tinha presenciado o assassinato de Simão, o último dos Macabeus. Entre os penhascos, abrem-se numerosas grutas de acesso perigoso, apesar dos degraus cavados na rocha pelos solitários que noutros tempos tinham habitado aqueles lugares. Numa dessas concavidades, segundo a velha tradição que remonta ao século IV, encontrou Jesus um refúgio durante a sua permanência naquela solidão. "Vivia entre os animais selvagens e os anjos o serviam", diz Marcos. Hoje, pouco mais se ouve por ali do que os uivos dos chacais e o ganir das hienas; mas, nos tempos antigos, os leopardos e os leões saíam dos seus covis no Jordão e subiam lá com frequência.

O Tentador

Também tem lá o seu esconderijo o Tentador.

Como Moisés no Sinai, como Elias no caminho do Horeb, Jesus jejua durante quarenta dias. Pela manhã, o sol levanta-se para os lados de Moab e, depois de dar o seu curto passeio de inverno, vai-se fundir por trás das montanhas escalvadas que caem defronte de Jerusalém. Às vezes, é ocultado por densas nuvens que se acumulam em forma de torres maciças nas alturas solitárias, e fartos aguaceiros se precipitam sobre as anfractuosidades da região, fazendo ressoar os barrancos com um estrondo ensurdecedor. Depois, outra vez o silêncio sobre a montanha morta. Mas Jesus perde-se de tal maneira em Deus e absorve-o tanto o êxtase que a vida natural está suspensa para Ele.

Das condições extraordinárias que rodearam a sua vida física enquanto permaneceu naquela solidão, melhor do que o historiador, melhor do que o teólogo, quem nos poderia falar seria o místico. Os evangelistas dizem-nos que só após os quarenta dias começou a sentir o aguilhão da fome.

Esse é o momento escolhido por Satanás, pelo demônio — como lhe chama Lucas —, para entrar em cena e dar início a uma luta emocionante, a uma batalha em três investidas, que correspondem às diferentes brechas que se podem abrir no coração humano. Cristo descera do céu para destruir o império de Satanás, e quer defrontar-se imediatamente com o príncipe deste mundo e fazê-lo sentir o poder da sua presença. Era conveniente também que fosse posto à prova "porque as suas tentações e sofrimentos haviam de dispô-lo melhor a vir em auxílio dos que são tentados". Mas o Tentador tem outras intenções. "Tenta para experimentar e experimenta para tentar", diz Santo Ambrósio. Inquieto perante as prolongadas orações e os ímpetos de amor do solitário, devia perguntar a si próprio: Quem será este estranho jejuador? Será por acaso o Messias, destinado a esmagar a cabeça da serpente? Decide tirar o caso a limpo e, valendo-se da própria fome que o penitente sentia, apresenta-se a Ele em figura humana e dirige-lhe uma tríplice proposta, denunciadora de uma longa e sutil experiência de psicologia.

A primeira e a segunda tentações

O processo é insidioso. Satanás sabe bastante teologia para perceber que o Filho de Deus pode matar a fome facilmente. Além disso, simula estar cheio de compaixão para com o solitário:

— Se és o Filho de Deus, dize a estas pedras que se convertam em pão.

Não se trata propriamente de uma tentação de gula, embora fosse bastante natural que Jesus sentisse vontade de comer um bocado de pão depois de quarenta dias de jejum. O Tentador pretende insinuar-lhe que realize um milagre unicamente para satisfazer uma necessidade pessoal, o que seria um pecado de ostentação. Mas Jesus triunfa e confirma a eterna verdade relativa aos dois mundos: a matéria e o espírito — o espírito acima da matéria e, mais acima, Deus, que alimenta o homem com a sua palavra.

— Está escrito: "Nem só de pão vive o homem, mas de toda palavra que procede da boca de Deus".

A resposta é um ato de confiança na providência paternal de Deus. Quem impeliu Jesus a ir para o deserto, como preparação para a sua obra messiânica, cuidará de que Ele não desfaleça. O texto procede do relato da peregrinação dos israelitas através do deserto, que se lê no capítulo oitavo do Deuteronômio. Os israelitas passavam fome; mas Deus podia alimentá-los sem necessidade de os tirar da solidão nem de fazer chegar até eles caravanas carregadas de provisões. E enviara-lhes o maná. Ao evocar esse fato, Jesus parece dizer: "Eu confio em Deus; é Ele quem determina o tempo e a forma de vir em nosso auxílio". Responde, pois, que Deus dispõe de meios para alimentar as suas criaturas, e que os emprega quando e como lhe apraz.

Assim se frustra a tentativa de apurar se aquele jejuador teria consciência de ser o Filho de Deus. E realça-se a ideia de que a preocupação demasiado humana pelo alimento corporal deve subordinar-se à confiança na Providência.

"Então o demônio levou-o até à Cidade Santa, colocou-o sobre o pináculo do Templo e disse-lhe..." Jesus está de pé sobre a torre que une o Pórtico Real e o Pórtico de Salomão e que se eleva a uma altura vertiginosa sobre o vale do Cédron. Existe lá um terraço rodeado de ameias; as multidões são formigueiros nos átrios e nas praças circundantes. Magnífica ocasião para um profeta que quer dar início à sua missão e recrutar adeptos! E, além disso, visto que Jesus confia em Deus, o inimigo, por meio de dois estratagemas opostos, convida-o a atestar essa profunda confiança e a provar, aos olhos de todo o povo, que é o Messias.

— Se és o Filho de Deus, lança-te daqui abaixo, porque está escrito: "Ele ordenará aos seus anjos que te protejam e te tomem nas mãos para que não machuques o teu pé nalguma pedra".

Aqui, a confiança ter-se-ia convertido em vanglória. Porém, Jesus não quer ser prestidigitador. Fará milagres, mas por compaixão para com os pobres e os enfermos, nunca para satisfazer a curiosidade movediça das multidões. E responde:

— Também está escrito: "Não tentarás o Senhor teu Deus".

O jogo do Tentador é astuto e sutil: serve-se da palavra revelada para afastar Cristo de Deus, mas, como observa ironicamente São Jerônimo, mostra-se um exegeta medíocre, pois o salmo por ele citado promete a proteção divina ao humilde e ao virtuoso, não ao provocador arrogante. Além disso, propõe a Cristo que finja descer do céu para que o povo o saúde como o Messias esperado, segundo uma tradição que dizia: "Quando o Cristo se revelar, aparecerá no telhado do santuário e anunciará aos israelitas: «Pobres, chegou o tempo da vossa liberdade»". A opinião popular imaginava Cristo revelando-se através de uma dessas manifestações deslumbrantes. Flávio Josefo relata-nos o caso de um falso profeta que reuniu milhares de partidários e os levou até Jerusalém com a promessa de que, mal aparecessem defronte do Templo, os romanos seriam desbaratados por um exército de anjos.

A terceira tentação

Os doutores ensinavam também que, quando o Messias chegasse, Israel conquistaria o império do mundo. E o Tentador aproveita essa crença para ensaiar o seu terceiro assalto. Desta vez, leva Jesus ao cume de um monte muito alto e mostra-lhe todo o poderio e magnificência do mundo. E aquela súbita fantasmagoria é acompanhada por estas palavras:

— Tudo isto te darei se, prostrado, me adorares.

O demônio é o pai da mentira; por isso promete o que, na realidade, não pode dar. Todas essas perspectivas que rasga subitamente serão proporcionadas a Cristo pelo Pai, sem demora e sem medida: os milagres, a multiplicação dos pães e o domínio espiritual do universo.

Num outro monte, próximo do chamado Monte do Escândalo — se este, como se pensa, ficava no deserto de Judá —, Jesus dirá três anos mais tarde, no momento em que partir para tomar posse do seu Reino: "Todo o poder me foi dado no céu e na terra".

Desta vez, o demônio jogava a sua última cartada. Nem sequer lhe ocorrera pensar que aquele solitário que o intrigava podia ser o Filho de Deus; é possível que as duas derrotas anteriores o tivessem cegado. Devemos reconhecer que, apesar da palavra ambígua que emprega e que tanto pode significar homenagem como adoração, a sua proposta é brutal e pouco diplomática. Indignado, o Salvador repele-a com a profissão solene do monoteísmo hebraico que se rezava na primeira parte do *Shemá:*

— Adorarás o Senhor, teu Deus, e só a Ele servirás.

E acrescenta, para cortar qualquer nova tentativa de ataque: "Desaparece da minha vista, Satanás".

As três tentações relacionam-se diretamente com as funções messiânicas de Jesus. A primeira pretende empurrá-lo para um messianismo cômodo; a segunda, para um messianismo de exibições milagreiras; a terceira, para um messianismo que teria como meta a glória política. Jesus repudia esses três conceitos messiânicos e haverá de repudiá-los durante toda a sua vida pública. A partir deste momento, ficam postas de parte as falsas ideias que corriam acerca do verdadeiro Messias.

Esta passagem evangélica suscita muitas interrogações. Como se deram as duas últimas tentações do inimigo? De uma maneira real e objetiva, como pensaram os Padres da Igreja, ou só por uma espécie de sugestão e numa visão subjetiva, como ensinaram os doutores medievais, que julgavam indigno de Cristo que o demônio o tivesse levado de um lugar para outro? Por que o Tentador omitiu, na última investida, a expressão "Se és o Filho de Deus", com que iniciara, ao jeito de condição, as duas primeiras? Qual é o monte elevado em que se deu a terceira tentação? O Nebo ou o Tabor, como pensaram alguns comentaristas antigos, ou algum dos grandes picos da terra, do alto do qual se pudesse divisar realmente uma multidão de povos e nações? Os três Sinóticos falam deste acontecimento, mas todos eles deixam o relato repleto de mistérios. Dizem-nos o que ouviram Jesus dizer, visto que ninguém presenciou aquele jejum quadragesimal. Seja como for, a catequese primitiva — da qual temos um eco na Epístola aos Hebreus (1, 6-14) — viu neste episódio um motivo de alento para todos os cristãos: Jesus permitiu esses assaltos para sublinhar a sua semelhança conosco e servir de exemplo à nossa debilidade nas horas de tentação.

O demônio retirou-se vencido, mas não desanimado. "Ausentou-se por um tempo" — diz Lucas e, enquanto não chegar a sua hora, a hora das trevas, irá tecendo o seu plano de vingança.

Depois que se retirou, Jesus não ficou sozinho: "Eis que os anjos se aproximaram e o serviam". O Pai queria agradecer-lhe a firmeza com que aderira ao plano da Redenção.

A caminho do Jordão

Estamos nos primeiros meses do ano 27. Terminados os quarenta dias de solidão e penitência, Jesus volta às margens do Jordão e permanece na Judeia durante algum tempo, ligando intimamente o seu ministério ao de João. João contempla-o de longe, com reverência, e alegra-se de ver como o seu prestígio aumenta, enquanto ele continua a pregar e batizar, sempre rodeado de multidões devotas e curiosas.

O vale do Jordão começa a vestir-se com todos os encantos que rouba à primavera. O trigo dá as primeiras flores, as árvores cobrem-se de ramos novos, a neve do Líbano começa a derreter-se, o rio cresce e abre os braços onde a terra é plana, e o clima é tão agradável, tão benigno, que as pessoas preferem dormir ao ar livre. E ao ar livre, talvez sob uma tenda de campanha ou numa choça de canas, dorme o Batista, e, junto da sua, erguem-se outras cabanas similares. Assim se vai formando uma verdadeira aldeia. Chegam constantemente novos admiradores e devotos, com seus burros e camelos carregados de provisões, roupas, lona para as tendas, varas e odres para a água. Uns vão e outros vêm. Reúnem-se em grupos ao redor do mestre, ouvem-no, armazenam fervor religioso, e, quando se lhes acabam as provisões, voltam para casa a fim de dar lugar a outros discípulos.

Tudo isto se passa em Betânia, do outro lado do rio. O Batista mudou de casa, talvez porque a cheia do rio o tivesse obrigado a procurar, nas proximidades do local onde estivera antes, um lugar rico em fontes, embora facilmente possamos ver nessa mudança de domicílio o primeiro indício de hostilidade por parte dos judeus de Jerusalém. Nos últimos dias do seu ministério, Jesus procurará também refúgio na Pereia, mais afastada da influência farisaica que a margem direita do Jordão.

João continua, pois, a ter seguidores, mas também não lhe faltam inimigos. À medida que cresce a admiração de uns, cresce a malevolência de outros. Correm mil rumores acerca da sua pessoa. Quem é, em suma, esse solitário de caráter independente, nem fariseu nem saduceu, nem escriba nem zelote, nem essênio nem herodiano, que confere um batismo alheio ao cerimonial judaico e prega uma transformação interior não incluída na casuística dos escribas? Não é possível desconhecê-lo ou desprezá-lo, pois em todo o país o consideram como uma força moral indiscutível e a gente acorre de toda a parte em busca dos seus conselhos. É certo que alguns se sentem logrados pelo tom austero das suas pregações: quereriam alguma coisa mais violenta e decisiva. Agita as turbas, mas sem as convulsões que os discursos de patriotas exaltados provocavam ano após ano, e que terminavam sempre em banhos de sangue. Acima do problema nacional, interessa-lhe a questão moral, o saneamento das consciências.

Seiscentos anos antes, nessa mesma região, erguera-se um homem de gênio bravio e palavra intrépida, vestido como ele de um tecido de pêlo de camelo e cingido com um cinturão de couro. Era Elias, uma das maiores figuras de Israel. Todos sabiam que Elias não morrera, que fora levado deste mundo numa quadriga envolta em chamas. E nesse mesmo local aparecia agora, incisiva e chocante, a palavra profética de João. "É Elias que regressa" — diziam os campônios em suas casas, sob o silêncio da noite, recordando os versos que tinham ouvido na sinagoga: "Ergueu-se o profeta, semelhante a fogo, e a sua palavra ardeu como um archote. Foi ele que fechou os céus com a chave da sua voz, que precipitou os reis no abismo, que fez os soberbos saltarem do leito e lançou do cume do Horeb o grito de vingança. Arrebatado pela tempestade luminosa, no seu carro de cavalos de fogo, voltará no dia da hora fatal para deter os raios inflamados da ira".

Para outros, João era ainda mais do que Elias: era o Profeta por excelência, anunciado por Moisés ao Povo eleito, identificado pelos doutores como o libertador esperado. Em vão os doutores se empenhavam em acabar com aquele palavreado. Estavam escandalizados pela maneira de proceder do Precursor. Quem lhe dera autorização para introduzir novas práticas religiosas? Que seria das abluções e das cerimônias tradicionais, se o povo podia ir livremente ao Jordão para receber uma purificação que não se reiterava? Urgia, portanto, ter uma entrevista com o inovador para esclarecer o assunto.

Com essa finalidade, resolveu-se enviar ao Batista uma delegação solene, composta de sacerdotes e levitas, encarregada não de acusar, mas de investigar, ainda que se visse obrigada a fazer a mesma pergunta que dirigentes e responsáveis de Atenas tinham feito ao mais ilustre dos seus sábios.

A embaixada de Jerusalém

Os emissários chegaram a Jericó, subiram à barca amarrada na margem e, saltando em terra, apresentaram-se no local onde João pregava e batizava. João recebe os enviados e, às perguntas que lhe dirigem, vai responder com uma secura tal que não será ousado supor que aquela visita o incomodou.

— Quem és tu? — perguntam eles, como os atenienses a Sócrates.

Possivelmente para não ofender em público um homem tão venerado pelo povo, não lhe perguntam de chofre se é o Messias; mas ele, adivinhando-lhes o pensamento e desejando acabar quanto antes, responde:

— Eu não sou o Messias.

— És Elias?

— Não.

— És porventura o Profeta?

— Não.

— Afinal, quem és? Que dizes de ti mesmo?

— Eu sou a voz do que clama no deserto: "Endireitai o caminho do Senhor", como disse o profeta Isaías.

Ser uma voz do deserto não era título lá muito idôneo para instituir novos ritos além dos ritos tradicionais de Israel. Os enviados já podem respirar, e perguntam triunfantes:

— Se não és o Cristo, nem Elias, nem o Profeta, com que autoridade te pões a batizar?

— Eu batizo em água — replica João, definindo mais claramente a sua missão mas no meio de vós está alguém que não conheceis, que vem depois de mim e a quem não sou digno de desatar as correias das sandálias.

Proferira umas palavras parecidas antes do batismo de Jesus, mas desta vez acrescenta um traço essencial: o Messias já veio, está no meio dos judeus, embora ignorado por eles. A cortina descerra-se um pouco e os embaixadores podem assim levar uma grande notícia a Jerusalém: "No meio de vós está alguém que vós não conheceis".

No dia seguinte, Jesus aparece em Betânia e, como sempre, encontra João rodeado de discípulos. Ao vê-lo, o Batista sente-se como que abalado por um sentimento de respeito e adoração, e, apontando para o recém-chegado, diz aos que o rodeiam:

— Eis o Cordeiro de Deus, que tira o pecado do mundo. É dele que eu vos dizia: "Depois de mim virá um homem superior a mim, porque existe antes de mim".

E conta a história milagrosa do batismo, a descida do Espírito Santo e a voz interior que lhe indicava a presença do Messias: "Eu não o conhecia, mas quem me enviou a batizar em água disse-me: «Aquele sobre quem vires o Espírito descer e repousar, esse é o que batiza no Espírito Santo»". E termina: "Ora eu vi e dou testemunho de que ele é o Filho de Deus".

OS PRIMEIROS DISCÍPULOS

João 1, 35-51; 2, 1-11

O Batista dera a Jesus um nome impressionante: *Cordeiro de Deus*. Que queria dizer? Essa expressão, que ele pronuncia com particular afeto, evocava os cordeiros que diariamente se sacrificavam no Templo de Jerusalém, e mais ainda o cordeiro pascal, cuja figura se encontra realizada em Jesus. Cordeiro imolado, que lava todas as manchas, que leva os escolhidos ao combate e à vitória, que conduz o coro das virgens e se senta no trono à direita de Deus, onde recebe a homenagem dos bem-aventurados que celebram as suas bodas eternas.

Talvez algum ouvinte mais versado na Sagrada Escritura se recordasse de que o profeta Isaías contemplara Aquele que havia de vir na figura de um cordeiro que se leva ao matadouro para morrer pelos delitos alheios. É possível que João Batista visse com menos precisão a realidade escondida sob essa imagem, que nele evocava sobretudo a ideia de inocência e santidade e talvez mesmo a de redenção. Seja como for, essa expressão misteriosa era também para ele uma fonte de alegria.

João e André

Precisamente um dia depois de a ter pronunciado — e a precisão vem-nos do quarto Evangelho —, repetiu-a ele a dois dos seus discípulos mais leais, que a partir desse momento o abandonaram para seguir a doutrina do novo Profeta. Eram dois homens simples, que cheiravam a algas marinhas e a óleo de peixe — dois pescadores do lago de Genesaré, que em noites serenas, enquanto aguardavam que os peixes viessem meter-se nas suas redes, falariam em voz baixa das esperanças de Israel e do Messias prestes a aparecer.

Quando se começara a falar do Batista, eles tinham ido, entusiasmados, à sua procura e João admitira-os no número dos seus discípulos. E um dia em que se encontravam na sua companhia, sentados não longe do rio, e provavelmente falavam do tema de sempre — a vinda de Cristo —, e talvez mesmo daquela expressão misteriosa que saíra na véspera da boca do profeta, levantaram os olhos e viram um homem cuja fronte se mostrava aureolada por uma serenidade divina. Nesse momento, o Batista ergueu a mão num gesto solene e, olhando com ternura para esse homem, disse aos dois discípulos: “Eis o Cordeiro de Deus”. Era como se lhes dissesse: “Esse é o Messias que deveis seguir”. Assim o interpretaram eles e imediatamente deixaram a companhia do Batista e puseram-se a andar atrás de Jesus, sem se atreverem a abordá-lo. Até que, ao sentir que o seguiam, Jesus se voltou e lhes disse:

— Que procurais?

Os dois contentaram-se com uma pergunta:

— Rabi, onde moras?

Era como se dissessem que queriam conversar com Ele e que lhes marcasse uma hora para os receber. Mas Jesus, adivinhando-lhes os pensamentos, concedeu-lhes mais do que pareciam pedir:

— Vinde e vede — respondeu.

Foram e viram o local onde vivia — alguma gruta do deserto, a casa hospitaleira de algum amigo, talvez uma choça feita com ramos de terebinto e de palmeira, que os peregrinos ou os pastores cobriam com uma pele de cabra, como ainda hoje se vê com frequência no vale de Jericó.

Eram quatro da tarde quando os dois discípulos entraram em casa de Jesus. Sentaram-se, começaram a conversar e o diálogo prolongou-se enquanto foi dia. Quem nos legou este quadro, cheio de um viço e de uma simplicidade que maravilham, foi um dos dois discípulos que naquela tarde receberam a hospitalidade de Jesus. Não se nomeia a si próprio, mas adivinhamo-lo pela narrativa: é João, o discípulo amado.

Como poderia esquecer aquele dia? Contava então cerca de vinte anos. Estava na flor da idade. Cinquenta anos mais tarde, ainda se lembrará da primeira palavra que dirigiu a Jesus e da feliz hora do encontro: não passava da décima hora depois do nascer do sol. A expressão profética — "Cordeiro de Deus"caíra, esperançosa e penetrante, no fundo da sua alma.

A luz começava a tremular sobre as nuas rochas da meseta com um fino brilho cor-de-rosa pálido. As sombras punham na borda dos barrancos a sua coloração de púrpura. Era o momento do cair da tarde em que a calma e o silêncio constituem doce incentivo para as intimidades e confidências.

Pedro e Filipe

Há um episódio que nos põe de manifesto a profunda influência — ou melhor, feitiço — que aquele colóquio exerceu sobre a alma dos dois discípulos. Um deles, André de Betsaida, também galileu, mal se despediu de Jesus, correu à procura de um seu irmão e, cheio de entusiasmo, impaciente por comunicar a alguém a sua alegria transbordante, lançou-lhe de chofre esta frase:

— Encontramos o Messias.

Agarrou-o por um braço e levou-o até onde estava Jesus. O Senhor, "fixando nele o olhar", perscrutou por assim dizer o homem rude, tisnado pelos ares e pelos sóis do lago de Genesaré, e, vislumbrando nele a rocha inamovível sobre a qual construiria a sua Igreja, disse-lhe profeticamente:

— Tu és Simão, filho de Jonas, mas daqui em diante serás chamado Cefas.

E o evangelista esclarece a seguir que a palavra significava "pedra". Não era nenhum nome próprio, e por isso Simão não deve ter compreendido naquele momento o motivo das palavras de Jesus.

Aquela região do Jordão estava cheia de galileus, atraídos pelos acontecimentos prodigiosos que nela se realizavam. No dia seguinte, consumada já a união espiritual da sua missão com a do Precursor, Jesus deixou os arredores de Jericó, resolvido a voltar à sua terra. Os três discípulos que se lhe tinham juntado iam com Ele e não tardaram a encontrar outro habitante de Betsaida, conterrâneo portanto, e talvez amigo, de Simão e de André, cujo nome era de origem helênica — Filipe — e que sem dúvida já ouvira falar de Jesus com o fervor que se pode imaginar.

É um desconhecido, mas Jesus dirige-se a ele e diz-lhe:

— Segue-me.

Era a palavra que os rabis empregavam para chamar os jovens que queriam reunir em torno da sua cátedra. Filipe obedece sem vacilar e converte-se num panegirista do Mestre.

Natanael

Desejoso de que o seu amigo Natanael compartilhe da sua felicidade, corre por sua vez à procura dele e encontra-o debaixo de uma figueira. Eram certamente as horas de sol mais forte naquele primeiro dia de marcha. Natanael procurava um pouco de frescor debaixo de uma árvore, e é possível que meditasse no que aqueles galileus simples meditavam e esperavam ansiosamente: a aparição do Messias, do Ungido. De súbito, uma voz alvoroçada vem arrancá-lo aos seus pensamentos:

— Natanael, encontramos aquele de quem Moisés escreveu na Lei e que os Profetas anunciaram!

Notícia prodigiosa! O amigo de Filipe estremece de alegria, levanta-se como que sacudido por uma descarga elétrica e a alma assoma-lhe aos olhos, interrogadora e esperançada.

— É Jesus de Nazaré, filho de José! — prossegue Filipe.

Que desilusão! Nazaré! Nome que não encontrara na sua Bíblia! Natanael conhece perfeitamente a teimosia e a rudeza dos nazarenos. E de um lugar contíguo, Caná, a atual Kefr-Kenna, que os peregrinos ainda visitam e que se encontra a uns dez quilômetros a nordeste de Nazaré, seguindo a estrada para Tiberíades. Pode, por isso, falar com conhecimento de causa dos habitantes da aldeia vizinha. Devia ter, além disso, um temperamento frio e repousado. Os seus lábios franzem-se num sorriso benévolo e, sem indignação, respirando a tristeza da dúvida, responde ao amigo com estas palavras:

— De Nazaré pode sair alguma coisa boa?

No entanto, embora desconfiado, Natanael é homem de boa vontade e com nobreza suficiente para se render à evidência. Quando Filipe, ainda sob a impressão do olhar subjugador de Jesus, limita-se a responder-lhe que vá vê-lo e que julgue por si mesmo, ele segue-o com generosa docilidade, e nem bem chegam à presença do Nazareno, já este crava nele o seu olhar e o retrata numa frase: "Eis um verdadeiro israelita, em quem não há falsidade". Não se podem imaginar estas palavras sem a luz de um sorriso de bondade e simpatia. Não há dúvida de que também eram merecidas: tropeçava-se a cada passo com tantos charlatães e visionários que um verdadeiro israelita tinha o direito de desconfiar. Natanael convém no que Jesus lhe diz: realmente, não sabe fingir; acaba de revelá-lo à maravilha no juízo que fez da gente de Nazaré. Mas não se rende sem perguntar friamente:

— Donde me conheces?

Jesus, que momentos antes conquistara Filipe com uma só palavra, quer dar a Natanael um sinal da sua vocação e revela-lhe a sabedoria infinita que possui:

— Antes que Filipe te chamasse, quando estavas debaixo da figueira, eu te vi.

Sabemos pelos Livros Sagrados que, nos tempos antigos, era frequente haver na Palestina uma figueira à porta das casas, à sombra da qual os rabinos, de modo especial, se recolhiam para meditar na Lei; nada tinha, pois, de extraordinário que Jesus dissesse a Natanael que o tinha visto debaixo de uma figueira. A surpresa deve ter sido grande por força de um estado interior, de uma atitude espiritual: as palavras de Jesus devem ter lembrado a Natanael as suas preocupações íntimas, os pensamentos que acariciaria sob as ramadas acerca do Messias. Sentir-se-ía inquieto com o aparecimento do Batista no Jordão? Teria pedido a Deus, tal como o profeta Zacarias, um sinal de que se aproximava o Desejado das nações? Não o sabemos. O certo é que o nobre galileu tomou aquela inesperada revelação como um sinal. Comovido, rendeu-se em toda a plenitude da sua alma generosa e fez a sua profissão de fé:

— Mestre, tu és o Filho de Deus, tu és o rei de Israel.

A resposta de Jesus constitui mais uma demonstração de que já nessa altura tinha consciência de ser o verdadeiro Filho de Deus. É possível que Natanael tivesse empregado essa expressão em sentido metafórico, de acordo com as opiniões da época. Jesus aprova-a e ao mesmo tempo a retifica, insinuando, sem o exprimir claramente, um grau superior de conhecimento, que os ouvintes eram incapazes de alcançar. Diz a Natanael:

— Porque eu te disse que te vi debaixo da figueira, crês? Verás coisas maiores do que esta.

E acrescentou, dirigindo-se aos circunstantes:

— Em verdade, em verdade vos digo: vereis o céu aberto e os anjos de Deus subirem e descerem sobre o Filho do homem.

Jesus não nega que seja Filho de Deus, mas deixa entrever que o é de uma maneira superior à que pensavam aqueles primeiros discípulos. Ao mesmo tempo, porém, usa outra expressão que lhe sai então pela primeira vez dos lábios. Chama-se a si próprio *Filho do homem*, como se quisesse responder às palavras desdenhosas com que Natanael recebera a notícia da sua aparição. "Jesus de Nazaré, filho de José", dissera Filipe. "Sim, Filho do homem, nascido em Nazaré", parece afirmar Jesus. Que ninguém se assuste com a fraqueza do carpinteiro. O céu, fechado durante milênios, abrir-se-á sobre a sua cabeça e os anjos virão render-lhe homenagem, porque é superior a eles.

Temos aqui, além disso, uma alusão ao sonho em que Jacó viu os anjos subirem e descerem pela escada misteriosa. A vida de Jesus, de que hão de dar testemunho aqueles primeiros discípulos, descendentes de Jacó, assemelhar-se-á a essa escada misteriosa.

Em Caná da Galileia

Na sua viagem da Judeia para a Galileia, Jesus deve ter seguido o caminho que rasgava o vale do Jordão. No segundo dia, pôde pernoitar em Betsaida, pátria de André, que certamente ficou contente por ter podido retribuir de algum modo a hospitalidade de Jesus. Ali o Senhor receberia o convite para uma festa de bodas que se celebrava na vila de Caná, onde já se encontrava a sua Mãe. Aceitou e, três dias depois de ter saído de Betânia, chegava a Caná acompanhado pelo seu pequeno grupo de discípulos. De uma maneira inesperada, Maria encontrava-se outra vez com o Filho, depois de dois meses de ausência.

Quem pode imaginar o que deve ter sido para ela a solidão daquelas últimas semanas? A casa do carpinteiro emudecera: não gemia a serra, nem cantava o martelo, nem rezava a plaina. Nada daquele ruído que antes acompanhava o trabalho do seu Filho e que constituía para ela como que uma conversa com Ele. As mulheres de Nazaré, curiosas ou compassivas, assomariam a cabeça pela porta, a fim de lhe perguntar onde estava o seu Jeschua; e, de quando em quando, apareceria um ou outro camponês querendo encomendar algum trabalho. E entabular-se-ia um diálogo, talvez muitas vezes repetido, com dor sempre renovada da Mãe: "Não está o Jeschua? — Não. — Quando voltará? — Não sei. — Onde foi? Que faz ele tão longe?"

Maria deve ter ido a Caná no desejo de passar uma temporada em casa de alguns parentes e foi lá que teve oportunidade de abraçar, convertido num rabi, Aquele que até então tinha visto ocupado nos seus trabalhos de carpinteiro. Tudo parece indicar que não estava ali só como convidada. A sua confiança com a família e com os criados mostra um conhecimento prévio, e o fato de ter notado a falta de vinho leva-nos a pensar que deve ter tomado parte nos preparativos da boda, à qual teria ido como parenta ou amiga. E agora ali estava, juntamente com o Filho. Não perdera a oportunidade de dar um beijo à noiva no momento de esta deixar a casa paterna, nem de assistir à procissão noturna, entre luzes, música, danças e perfumes, nem de alegrar com o seu sorriso o banquete nupcial. Nem Maria nem Jesus fogem à alegria inocente de umas bodas de gente do campo. Era o *nissuin* do cerimonial judaico, a festa mais solene de toda a vida, cuja celebração se prolongava, às vezes, durante vários dias.

A cerimônia começava ao cair da tarde. Acompanhado pelos amigos, o noivo saía solenemente ao encontro da noiva, que o aguardava em casa dos pais, envolta em perfumes, coroada de mirto e adornada com as suas melhores joias. Rodeavam-na também as amigas que, de candeia na mão, cabelos pintados e olhos brilhantes de colírio, começavam a cantar quando viam o noivo aproximar-se. Toda a vizinhança se incorporava ao cortejo; até os rabinos interrompiam as aulas para juntar-se à comitiva ao lado dos alunos. Os archotes iluminavam as ruas; harpas e saltérios entoavam as melodias tradicionais e, ao compasso dos seus acordes, a procissão avançava com passo majestoso.

Após chegar à casa do noivo, entre canções, discursos e epitalâmios, em que por vezes deslizavam alusões audazes, tinha início o banquete — carne em abundância, carne de carneiro fervida em leite, grande quantidade de legumes frescos, e a seguir frutas secas — figos, passas —, tudo regado com "o vinho da boda", o vinho guardado cuidadosamente em grandes talhas para esse dia solene. Quem o administrava era o mestre-sala, que se encarregava previamente de o misturar com água, de o curtir com especiarias e de dar aos criados as instruções devidas para que reinasse a alegria entre os convivas.

Esse personagem deve ter feito má cara ao ver chegar Jesus, seguido pelo seu grupo de discípulos. A presença do carpinteiro de Nazaré, revelação súbita daquela terra, reuniu certamente uma pequena multidão defronte da casa do noivo, e era sabido que, em dias como aquele, toda a gente tinha direito a entrar e beber. Os cálculos do mestre-sala caíam assim por terra e não é de admirar que viesse a faltar o vinho.

Os convidados falam, riem, comem, brindam, acomodados em esteiras e almofadões ou distribuídos em grupos no terraço e junto da porta. Pedem vinho e mais vinho, mas chega um momento em que ninguém atende aos seus pedidos. O mestre-sala trata de esconder-se e em breve a vergonha será também para o noivo. E depois a desonra da família, os protestos dos convidados, as troças e o fim inesperado e brusco da festa. Nesse momento, Maria intervém, disposta a evitar a humilhação. Ela sabe o que pode o seu Filho. Vê-o rodeado de discípulos e convertido em rabi, e pensa que se aproxima o tempo da sua manifestação.

O primeiro milagre

Solícita, bondosa, compassiva, volta-se para Jesus e diz-lhe ao ouvido:

— Não têm vinho.

A resposta de Jesus não é uma censura, mas uma advertência, amável e decidida ao mesmo tempo, de que o que importa acima de tudo é cumprir a vontade de Deus:

— Mulher, que temos tu e eu com isso? A minha hora ainda não chegou.

Essas palavras foram pronunciadas em arameu e devem ser interpretadas de acordo com o caráter dessa língua.

Na linguagem do Oriente, cheia de nobreza e majestade, a designação "mulher" — *já mara* — constituía um sinal de distinção e respeito. Ouvia-se dos lábios do esposo quando se dirigia à esposa ou se referia a ela, dos lábios do filho em relação à mãe, e voltaremos a encontrá-la na boca de Jesus quando, do alto da cruz, der mostras a Maria da sua última solicitude. A pergunta: "Que temos tu e eu com isso?" é também tipicamente hebraica e encontra-se em várias passagens do Antigo e do Novo Testamento. Com o recurso à paráfrase, podia-se traduzir desta maneira: "Que motivo nos leva a ti e a mim a falar deste assunto?" E com maior brevidade: "Por que me falas assim?" A resposta parecia seca, mas desconhecemos o gesto, o tom de voz e outras circunstâncias que a completavam.

Com três palavras: "Não têm vinho", Maria convidava o Filho a fazer um milagre. O porquê desse convite estava no rosto de Maria, no seu pensamento, no seu olhar. Jesus, que tudo vê, afirma que não chegou ainda o momento de demonstrar com milagres a sua missão, porque o Precursor continua a desenvolver a sua. Mas o diálogo só na aparência é que termina. As palavras mais importantes, não as pronunciam os lábios, mas os olhos. De qualquer maneira, aqui, tal como no Templo, Jesus pretende reivindicar a sua absoluta independência no cumprimento da sua missão.

Mas, se há alguém que possa alterar os planos do seu Filho, esse alguém é Maria. E Ele acederá. Acederá para evitar uma nota de amargura num dia de felicidade. No Templo, depois de recordar os direitos do Pai celeste, obedecera aos pais terrenos; aqui, depois de uma recusa aberta, atende aos desejos de sua Mãe. Ao diálogo falado segue-se um diálogo mudo, do qual Maria tira a convicção de que fora ouvida.

Não duvida um instante sequer, e começa por aplainar o caminho, preparando os criados.

— Fazei tudo o que ele vos disser.

Jesus vai intervir, embora não tenha chegado ainda a sua hora.

— Enchei de água essas talhas — diz aos criados, ao ver ali seis grandes talhas.

Como se destinavam às purificações dos judeus, esses recipientes não eram de argila, mas de pedra, e estavam por isso livres de toda a impureza legal. E eram talhas grandes, cada uma das quais excedia a medida normal de trinta e nove litros. Como os convidados eram muitos e o banquete nunca mais acabava, encontravam-se já quase vazias. Os criados correram à cisterna vizinha, encheram as talhas de água, e a água foi convertida em vinho.

— Tirai-o agora — disse Jesus aos que serviam à mesa — e levai-o ao mestre-sala.

Eles obedeceram, porque assim os tinha instruído a Mãe de Jesus. Maravilhado com aquele aroma, que ele, apesar de toda a sua experiência, jamais provara, o chefe do banquete chamou o esposo para lhe lançar em rosto uma coisa que, a seu ver, não fora inteiramente correta. Não tivera para com ele a franqueza que um senhor deve ter para com o seu mestre-sala; não pusera à sua disposição, desde o começo, todas as suas provisões de vinho, o que o fizera passar um mau bocado.

— Qualquer homem — disse-lhe — serve primeiro o melhor vinho e, quando os convidados já beberam bem, serve o menos bom; mas tu guardaste o vinho bom até agora.

Estas palavras não parecem ter relação alguma com qualquer costume antigo, que os documentos não nos referem. Não passaram de um cumprimento gentil, de uma forma de saudar o aparecimento do licor inesperado. Nesse momento intervieram os criados, e não tardou a divulgar-se a causa daquela agradável surpresa: a ação inesperada de Jesus.

Comentaram-se os pormenores, saboreou-se com nova curiosidade o vinho milagroso, e os discípulos acreditaram no Profeta de Nazaré — nota João —, com uma fé que haveria de progredir, indefinidamente, da primeira claridade até à plena luz.

Ainda hoje corre a fonte de onde saiu a água convertida em vinho. É a fonte de Kefr-Kenna, a vila de casinhas brancas no meio de figueiras, searas e altas sebes. Foi lá que Jesus, como presente de casamento, fez o seu primeiro milagre a pedido de sua Mãe. "As orações dos santos são orações de servos, ao passo que as orações de Maria são orações de Mãe, e daí a sua eficácia e caráter de autoridade [...]. Se a Senhora agiu assim sem que lho tivessem pedido, que fará se lho pedirem?", diz Santo Afonso Maria de Ligório.

PRIMEIRA APARIÇÃO NA JUDEIA

João 2, 13-25; 3, 1-27; Marcos 6, 17-18;
Mateus 14, 3-5; Lucas 3, 19-20

De Caná, Jesus desceu a Cafarnaum, acompanhado pela Mãe, pelos "irmãos" e pelos discípulos. Desceu por pouco tempo — observa João — porque resolvera dirigir-se a Jerusalém, devido à Páscoa que estava próxima. Mas, a partir de então, Cafarnaum passará a constituir o seu domicílio habitual, a sua pátria adotiva. Já se tinha desligado da família, aquela família à qual rendera a homenagem da sua obediência durante trinta anos e em honra da qual, de certo modo para santificar o seu princípio moral constitutivo e antes de a abandonar, Ele, virgem e filho de uma virgem, assistira a uma boda onde realizara o seu primeiro milagre. Ao mesmo tempo, deixa a humilde aldeia onde passara a infância e muda-se para um lugar mais a propósito para começar a sua missão.

Foi uma descida de vinte a trinta quilômetros, primeiro através de uma meseta, depois por uma garganta de trezentos metros de profundidade que se abria bruscamente para o lago. Era preciso procurar um centro mais importante para que constituísse o primeiro foco do Evangelho. É possível que Jesus pensasse em Séforis ou em Tiberíades, as duas cidades recém-fundadas por Herodes Antipas, que já tinham ar de capital; mas o paganismo estava muito arraigado nelas e eram cidades mais helênicas do que judias. Cafarnaum, pelo contrário, tinha uma tradição plenamente mosaica, estava pouco contaminada pelo helenismo e, segundo parece, distinguia-se por uma intensa vida religiosa. Além disso, dispunha de um pequeno porto muito adequado para a pesca — ocupação a que se dedicavam os primeiros discípulos —, e, como lugar de trânsito que era, constituía um lugar próprio para a difusão da Boa-nova. O fato de lá viver a sogra de Pedro também oferecia a Jesus a facilidade de contar com uma casa hospitaleira.

Os parentes seguem-no, mais do que por uma adesão sincera e amorosa à sua pessoa, por egoísmo, ou pelo fato de o acontecimento de Caná lhes ter inspirado o orgulho de terem na família um homem tão poderoso e ilustre. Em breve veremos que não acreditam nEle e que chegarão até a olhá-lo com a compaixão depreciativa com que se olham os alienados. Por agora acompanham-no, dispostos a fazer com Ele a peregrinação anual a Jerusalém que os bons israelitas não podiam omitir. Vão também alguns discípulos, que abandonaram a escola de João e veem no carpinteiro de Nazaré o Profeta anunciado pelo seu primeiro mestre.

O Templo de Jerusalém

Depois de uns dias de descanso em Cafarnaum, o pequeno grupo, juntando-se talvez a outro mais numeroso, a alguma caravana de peregrinos, empreende a subida para Jerusalém. Sobem pelo vale do Jordão, cujo clima, mais benigno que o da meseta, lhes permite acampar ao ar livre quando anoitece. Em quatro dias chegam ao Monte das Oliveiras, onde se entregam aos regozijos e devoções costumadas: inclinações, prostrações, rezas, clamores e cânticos, acompanhados por música de flautas e estrondo de tambores. Lá ao fundo, na profunda depressão do Cédron, vê-se a Cidade Santa sobre as cinco colinas — espécie de cinco pilares que a sustinham — cobertas de cúpulas e terraços, de torres e palácios. No extremo oposto, o Acra e o Sião; mais perto, o Ophel e o Bethzeta, e, ao centro, o Mória, coroado pelas imensas construções do Templo, que resplandece nos seus mármores e ouros como uma fortaleza de Deus, e cujas paredes se elevam, imponentes, acima dos telhados da cidade. Não é o Templo de Salomão, destruído por ocasião da conquista de Jerusalém por Nabucodonosor, mais de seiscentos anos atrás; nem o Templo de Zorobabel, edificado após o cativeiro e inaugurado no ano 515 antes de Cristo. É o Templo que Herodes, o Grande, acaba de construir.

As obras haviam começado no ano 20 antes da nossa era. Dez mil operários tinham trabalhado de início, sem interrupção; mil sacerdotes tinham-se entregue com afinco à construção do santuário, onde mão alguma profana podia intervir, e só decorridos nove anos e meio é que viria a celebrar-se a cerimônia da dedicação.

Nesses edifícios pusera Israel todo o seu orgulho de povo escolhido por Deus. Ali morava Javé, cuja grandeza exigia todo o esplendor da arte, todo o cuidado dos homens, todos os tesouros do mundo. Oito portas monumentais, coroadas por torres e baluartes, davam acesso ao imenso quadrilátero cujos lados mediam cerca de duzentos e cinquenta metros cada um. Por toda parte, pátios, terraços, pórticos, colunatas, galerias, escadarias enormes e balaustradas resplandecentes.

Primeiro, o átrio dos gentios, no qual se abria de um lado o pórtico real, do outro o de Salomão, com pilares de mármore branco, pavimento de pedras multicores e lavores esculpidos em madeira de cedro. Uma balaustrada de pedra, ricamente lavrada, dava acesso ao pátio dos judeus, reservado exclusivamente aos filhos de Israel. Grandes letreiros cominavam com a pena de morte quem quer que pisasse aquele recinto sem pertencer ao Povo eleito.

O recinto compreendia o pátio dos homens e o pátio das mulheres, separados pela escadaria de quinze degraus onde os levitas, ao som de cítaras e címbalos, entoavam os salmos graduais. Mais ao fundo, abria-se o pátio de Israel, e era necessário atravessar uma nova balaustrada para chegar ao dos sacerdotes, onde se encontravam o altar dos holocaustos e as mesas de mármore que serviam para a imolação das vitimas. Logo atrás elevava-se o santuário propriamente dito: uma massa quadrangular, toda de mármore, coberta de ouro, que brilhava em tons brancos de neve e de luz, e media mais de vinte metros de altura. Compunha-se de duas salas espaçosas, separadas por uma grande cortina de arte babilônica, na qual se viam pintados grupos de querubins em forma de animais com asas.

A primeira era o *Santo*, lugar onde penetrara o profeta Zacarias, para oferecer o sacrifício diário sobre o altar dos perfumes. A segunda, outrora santificada pela presença da Arca da Aliança, não continha agora mais do que uma pedra informe, chamada "alicerce", símbolo austero dAquele que serve de fundamento a todas as coisas: era o *Santo dos Santos*. Tácito diz -nos que entrou nesse recinto misterioso no ano 68 antes de Cristo, e que só viu lá nichos vazios e um trono sem efígie alguma de Deus.

Profanações

O coração de Jesus deve ter-se enchido de um júbilo inefável quando, pela primeira vez depois de ter inaugurado a sua missão de Enviado de Deus, entrou naquele recinto que era a casa de seu Pai.

Mas, mal ultrapassou os umbrais do primeiro átrio, uma ira santa veio turvar a primeira impressão. Embora menos sagrado que os recintos interiores, o pátio dos gentios não era inteiramente profano. Uma lei rabínica proibia que se passasse por ele para abreviar caminho, ou que se entrasse nele com bengalas, baús ou qualquer espécie de carga. Mas os sacerdotes, deveras meticulosos quanto a outras normas, transigiam escandalosamente com a violação desta.

O pátio dos gentios convertera-se em ponto de reunião para os que moravam na cidade ou nela se encontravam de passagem. Os pagãos iam lá como à ágora das suas cidades. Quanto aos judeus, afluíam para ouvir os rabis famosos que ensinavam, discutiam e gesticulavam nos pórticos; e, muito mais que o ensino, atraía-os a curiosidade, o desejo de saber novidades, de procurar conhecidos e de tratar de negócios. Especialmente por altura das grandes festas, aquilo convertia-se num mercado. Os vendedores instalavam-se sob os pórticos ou no pátio com as suas manadas de bois e os seus rebanhos de cordeiros, e ao lado deles montavam as suas bancas os cambistas. Era um inferno de barulho, de imundície, de avareza, que devia repugnar a qualquer adorador sincero de Javé.

Um confuso ressoar de gritos de homens e ruídos de animais feriu os ouvidos do Senhor ao transpor a primeira porta. Com efeito, o átrio era um verdadeiro campo de feira, manchado pelos excrementos dos animais e abalado pelo bulício múltiplo e ensurdecedor de um mercado oriental. Os homens gritavam e gesticulavam com gestos exuberantes. Os bois, os touros, as ovelhas e os cordeiros amontoavam-se pelos cantos, à espera dos que haviam de comprá-los para o sacrifício. Os vendedores de pombas tinham montados os seus balcões, à frente de gaiolas de todos os tamanhos. Mais além, outros mercadores apregoavam o sal, o incenso e tudo o que era necessário para o serviço do altar. O berreiro dos animais confundia-se com o murmúrio da multidão e com o som metálico das dracmas, dos siclos e dos denários, que mal deixava ouvir os débeis ecos da salmodia litúrgica. Sentados atrás das mesas estavam os cambistas, para facilitar as transações e pôr à disposição de todos os peregrinos a moeda legal na qual tinham de ser pagos os tributos do Templo. Aquilo era um confuso formigueiro de gente que discutia, se alvoroçava, brigava, roubava, enganava; um bazar imenso, onde tudo era avareza, venalidade, dolo e corrupção.

Indignação de Jesus

Diante daquele espetáculo, Jesus não pôde conter a cólera. Fez um látego com as correias e cordas destinadas a amarrar o gado e lançou-se no meio daquela multidão, derrubando as mesas, fazendo rolar o dinheiro, empurrando para os lados um confuso redemoinho de homens e animais, com todas as suas bugigangas e mercadorias... Todos fugiam, tomados de um pânico irreprimível, e Ele agitava o azorrague, cheio de indignação:

— Tirai isto daqui e não convertais a casa de meu Pai em casa de negócio.

Assim relata João o episódio; mas, segundo o Evangelho de Marcos, Jesus acrescentou umas palavras citadas de Isaías:

"Não está escrito que a minha casa será chamada casa de oração para todas as nações? Mas vós a transformastes num covil de ladrões". Esta última frase era uma alusão à profecia de Jeremias, que seis séculos antes comparara o Templo de Jerusalém a um covil de ladrões. Os magistrados do Templo conheciam decerto esse texto sagrado, mas eram muitas as vantagens que lhes oferecia aquele desavergonhado mercantilismo para pensarem seriamente em suprimi-lo. E, de repente, eis que Jesus o suprimia de azorrague na mão.

Os discípulos ficaram pasmados ante aquele zelo irresistível e talvez um pouco preocupados com as consequências que podiam advir de uma indignação tão inesperada. Mais tarde, confessariam a impressão causada por esse arranque do Mestre ao recordarem as palavras de um salmo muito popular referidas ao Messias: "Devora-me o zelo da tua casa". Os vendedores e os cambistas retiraram-se envergonhados, sem se atreverem a protestar. E o povo, vítima resignada das fraudes e durezas dos sacerdotes, presenciou a cena com regozijo e aplaudiu interiormente o homem audaz que tivera a coragem de enfrentar tais abusos. Jesus apresentava-se aos olhos deles como o vingador das suas queixas secretas, eloquentemente expressas nestas exclamações doridas e patéticas que lemos nâs coleções talmúdicas:

"Casa de Boetho, pobre de mim por causa das tuas pancadas! Casa de Anás, pobre de mim por causa dos teus assobios! Casa de Kanteras, pobre de mim por causa dos teus murros! Porque eles são sumos sacerdotes, e seus filhos tesoureiros, e seus genros inspetores do Templo, e seus criados caem-nos em cima e nos espancam".

Passado o primeiro momento de estupefação, os chefes do Templo viram que tinham de defender-se, pois o azorrague de Cristo os atingia muito mais a eles do que aos vendedores.

O procedimento seguido pelo Rabi galileu exigia uma explicação. Por que razão ele, simples homem do interior, praticara tal ato de autoridade, em vez de recorrer à autoridade constituída? Os sacerdotes não se atreveram a acusá-lo de ter cometido uma ação injusta; mas, como era a eles que lhes cabia o policiamento do Templo, pedem ao desconhecido um título, um sinal, um milagre que legitimasse aquela intromissão intolerável:

— Que sinal nos dás para procederes deste modo?

Jesus responde com umas palavras misteriosas:

— Destruí este templo e eu o reedificarei em três dias.

Era como se dissesse: — Este é o sinal, um sinal que só se realizará no dia em que, por excesso de maldade, chegueis a causar-me a morte. Mas nessa altura Eu ressuscitarei, voltarei a erguer o templo por vós destruído.

Ao ouvirem tal resposta, os sacerdotes pensaram que estavam diante de um louco. E, convencidos de que era melhor não insistir, retiraram-se com estas palavras de desdém para Jesus: "Quarenta e seis anos levou este templo a ser construído, e tu queres reedificá-lo em três dias?" Bravata sem pé nem cabeça! O rei Herodes começara as obras no ano 20 antes da nossa era; fizera trabalhar febrilmente milhares de operários e não poupara ouro, madeiras preciosas, sábios arquitetos. Corria agora o ano 27 da era nova, sem que os trabalhos tivessem terminado, e eis que um pobre carpinteiro de aldeia se gabava de fazer tudo aquilo em três dias! Era inútil discutir com ele.

Tinham-lhe pedido um sinal, e Jesus deu-o, por estar de permeio o interesse da sua missão — a missão que inaugurava com esse ato solene de autoridade. De momento, ninguém compreendeu as suas palavras. Ao pronunciá-las, é possível que tivesse apontado para o seu próprio corpo: era o santuário a que aludira. Os ouvintes repararão nisso mais tarde: os inimigos, para o acusar e também para vigiar o seu sepulcro; os amigos, para reconhecer na ressurreição o sinal anunciado.

A cena do Templo atraiu os olhares do povo sobre o novo Profeta. Se, para os representantes da autoridade religiosa da nação, equivaleu a uma declaração de guerra, entre a multidão serviu para o aureolar de uma popularidade que foi crescendo durante os dias da festa, reforçada pela impressão que começavam a causar os milagres de que se ia tendo notícia. As turbas passaram a segui-lo e a aclamá-lo como a revelação de Israel.

Mas Ele não se deixava deslumbrar por essa admiração. "Não se fiava deles — adverte João —, porque os conhecia a todos." Sabia o que há no interior do homem. Tem a intuição dos corações, e, na multidão que o rodeia, descobre a volubilidade, a impressionabilidade passageira, a adesão precária e superficial com que os inimigos poderão jogar velhacamente.

Nicodemos

Essa reserva de Jesus sobressai claramente no caso de um fariseu que, apesar de vivamente impressionado com a sua doutrina e milagres, não acredita plenamente nEle. Trata-se de um dos príncipes de Israel, homem eminente pela sua ciência e posição, mestre e membro do Sinédrio, condição que o obrigava a não dar passo algum em matéria religiosa sem grande cautela. Chamava-se Nicodemos e o povo de Jerusalém tinha-o na conta de uma das luminárias da ciência rabínica. No entanto, Jesus não o adula, antes lhe apresenta a sua doutrina com tal profundidade e com tal força que seria o suficiente para desalentar um espírito menos generoso que o seu. Algumas das perspectivas teológicas mais profundas acerca da vida cristã, revela-as Jesus pela primeira vez nesta conversa com o ilustre doutor da Lei.

Nicodemos foi vê-lo de noite; não queria indispor-se com os seus companheiros: era um homem de alma simples e nobre, mas não tinha temperamento heroico. É possível que quisesse também aproveitar a calma da noite para ter uma entrevista prolongada, que pressentia poder ser decisiva na sua vida. Provavelmente vinha já ferido pela pregação do Batista e talvez tivesse até feito parte do grupo de fariseus comissionados pelo Sinédrio para interrogar João sobre a sua missão. Os milagres de Jesus comoviam-no, a doutrina de Jesus desconcertava-o. O nobre desejo de pôr as coisas a limpo guiou-o até junto do novo Profeta, ao anoitecer de um daqueles dias da Páscoa. O diálogo teve início com uma declaração de benevolência, na qual se adivinha o sábio, consciente do passo que dá.

— Rabi — começou o fariseu —, sabemos que és um mestre enviado por Deus, visto que ninguém pode fazer os milagres que tu fazes se Deus não está com ele...

O novo nascimento e o sopro do Espírito

Sem dar importância a essa saudação, Jesus entra abruptamente no assunto, esforçando-se por imprimir aos pensamentos do seu interlocutor uma nova direção.

— Na verdade, na verdade te digo: quem não nascer de novo não poderá ver o reino de Deus.

Nicodemos pretende compreender e julgar com a sua reconhecida preparação a doutrina de que procura informar-se; mas Jesus detém-no, assegurando-lhe que não chegará a compreendê-la se antes não adquirir uma nova vida. Nicodemos mostra-se surpreendido e quase decepcionado. Sem dúvida que é demasiado inteligente para interpretar as palavras de Jesus em sentido material, mas, como não conseguia ver que renascimento era aquele a que Jesus aludia, esforça-se por obter uma explicação exagerando ingenuamente a sua ignorância. A sua resposta é de um ergotismo infantil, indício de uma surda irritação.

— Como pode um homem voltar a nascer, sendo já velho? Acaso pode entrar outra vez no seio de sua mãe e nascer de novo?

Com essa atitude ingênua, o sinedrita constituía-se em juiz da doutrina de Jesus. Mas Jesus não hesita em reduzi-lo à sua condição de aprendiz. Recorda-lhe que não se pode ver o Reino de Deus sem ter entrado nele, e que esse "entrar" não depende da indústria humana:

— Na verdade, na verdade te digo que quem não renascer por meio da água e do Espírito não pode entrar no reino de Deus. O que nasce da carne é carne, e o que nasce do espírito é espírito.

Há duas espécies de nascimento, dois princípios de vida: o nascimento na carne, que dá a vida corporal, e o nascimento pela água e pelo Espírito, que produz uma vida superior, a vida divina. João Batista ministrara o batismo da água e tinha anunciado o do Espírito. Os dois ficavam agora convertidos num só, destinados a ser fonte de uma nova criação. O Espírito repousará sobre as águas, fecundando-as e vivificando-as, assim como, no princípio do mundo, pairava sobre elas. Trata-se de uma operação invisível, mas nem por isso menos real. Acaso negaremos a existência do vento só por não conhecermos, a não ser de um modo imperfeito, a sua origem e a sua natureza?

É possível que os dois interlocutores daquela noite primaveril estivessem sentados, um em frente do outro, perto da folhagem de um jardim. Devia ser na altura em que, depois dos dias de calor, costuma levantar-se uma brisa refrescante que, vinda do mar, sopra sobre os altos píncaros da Palestina, até a depressão do Jordão, sussurrando suavemente ao roçar nas macieiras e nos terebintos, e fazendo balançar com branda carícia as copas dos ciprestes. Esse vento era como uma imagem do Espírito a que Jesus aludia; tanto o vento como o Espírito se exprimiam em grego e em judaico pela mesma palavra: *pneuma, ruh,* uma palavra que despertava na mente a ideia do invisível. Donde chega o vento? Para onde vai? Não é fácil sabê-lo, mas a sua passagem percebe-se pela vibrações dos milhares de objetos que agita. Assim é o Espírito de Deus, animador invisível das almas.

— O vento — diz Jesus — sopra onde quer e ouves a sua voz; mas não sabes de onde vem nem para onde vai. Assim acontece com aquele que nasceu do Espírito.

Embora invisível e sem dimensões, o sopro do vento é uma realidade no campo da física. E o mesmo sucede, no mundo moral, com o sopro do Espírito. É imperscrutável na sua essência, encontra-se acima dos argumentos humanos, mas manifesta-se nos seus efeitos: o aparecimento de uma nova vida invisível, a evocar o começo da vida visível do cosmos, nascido da matéria informe ao sopro de Deus, que pairava sobre as águas. É evidente a alusão ao batismo de João, que deve ter sido tratado expressamente na conversa; mas esse batismo, mediante a imersão material na água, vê-se ultrapassado pelo batismo superior do Espírito, que é o que dá a nova vida.

Nicodemos começa a vislumbrar um grande mistério naquela doutrina que, a princípio, se lhe apresentara como um absurdo. Não crê ainda, mas deseja compreender, e, esquecendo o tom impertinente e mal-humorado de antes, com uma sinceridade não isenta de desconfiança, pergunta:

— Como pode ser tudo isto?

A bem dizer, um fariseu não devia ignorar completamente essa nova sabedoria que Jesus anunciava, uma vez que já os Profetas tinham falado da grande efusão do Espírito no mundo.

Além disso, não se referia o profeta do Jordão, por aqueles dias, a um batismo misterioso no Espírito e no fogo? Por isso, Jesus responde com uma doce ironia:

— Tu és mestre em Israel e não sabes estas coisas?

E acrescenta, com a gravidade magoada de quem não trata de levar a compreensão ao ouvinte, mas de despertar nele um ato de fé:

— Na verdade, na verdade te digo: anunciamos o que sabemos e testemunhamos o que vimos, mas vós não quereis admitir o nosso testemunho. Se não acreditais em mim quando vos falo de coisas terrenas, como acreditareis quando vos anunciar as celestiais? Ninguém subiu ao céu senão aquele que de lá desceu: o Filho do homem.

Primeiro anúncio da Cruz

Até esse momento, Jesus tinha falado de coisas da terra, coisas superiores, certamente, mas que haviam de se realizar no coração dos homens. A partir desta altura, começa a descerrar o véu dos mistérios celestiais, da sua missão divina, da sua descida do céu, da sua presença ao lado do Pai. Como poderá o sinedrita acreditar em todas essas coisas?

Não sabemos qual foi a atitude do neófito ante as palavras de Jesus. Provavelmente a de Santo Agostinho quando, ao ler as Epístolas de São Paulo nos dias das suas vacilações, julgava "cheirar uma coisa que, no entanto, não podia comer". Mais tarde encontrá-lo-emos entre os seus discípulos, mas nesta cena não passa de uma figura secundária. São João, que talvez tivesse assistido ao diálogo, esquece-se dele para extrair da cena unicamente o que nela tem o valor de uma revelação divina. Nicodemos queria compreender e Cristo responde-lhe que isso é algo exclusivo dos que nasceram nesse segredo e nessa glória. Só Jesus conhece as coisas do céu, porque só Ele, que é Filho do Pai, desceu do céu.

O mistério da Encarnação é completado pelo da Redenção, que Cristo anuncia a seguir com estas palavras: "Assim como Moisés levantou a serpente no deserto, assim convém que o Filho do homem seja levantado, para que todo aquele que crer nele tenha a vida eterna". Olhando para a serpente de bronze, que Moisés mandara colocar no cimo do monte, os israelitas ficavam livres do veneno dos répteis que os dizimavam durante a sua passagem pelo deserto. Assim devia ser levantado o Filho do homem, para salvar todos os que fixassem nEle os seus olhos.

A alusão à crucifixão era evidente, numa época em que ser levantado equivalia a ser crucificado, embora seja provável que o fariseu não tivesse chegado a compreendê-la naquele momento. Um livro egípcio de interpretação dos sonhos exprimia-se nestes termos: "Quando alguém sonha que está suspenso, isso quer dizer que o ameaça a morte de cruz".

Jesus deixava entrever num mesmo resplendor o destino glorioso e o destino doloroso do Messias, um mistério que tinha a sua origem no amor de Deus: "Tanto amou Deus o mundo que lhe deu o seu Filho unigênito, para que todo aquele que nele crer não pereça, mas tenha a vida eterna. Porque Deus não enviou o seu Filho ao mundo para condenar o mundo, mas para que o mundo seja salvo por ele".

Todo aquele que crer nEle não será condenado; porém, aquele que não crer já estará condenado; mas a culpa será sua. "Porquanto a luz veio ao mundo, mas os homens preferiram as trevas à luz, já que as suas obras eram más. Todo aquele que pratica o mal odeia a luz e não se deixa iluminar por ela, para que as suas obras não sejam reprovadas. Mas aquele que vive segundo a verdade vem para a luz, a fim de que se vejam as suas obras, pois são feitas em Deus."

Jesus enunciava nestas últimas palavras um dos princípios fundamentais da ética cristã: "Todo homem traz em si mesmo a decisão sobre a sua sorte eterna".

Jesus afasta-se

As primícias do ministério de Jesus tinham sido para Jerusalém. É lá que Ele começa, lá continuará e lá há de acabar quando chegar a sua hora: "Não está certo que um profeta morra longe de Jerusalém". Mas agora vê-se obrigado a afastar-se, fustigado pela animosidade do sacerdócio levítico, pela resistência surda dos fariseus e pela atitude equívoca do povo. Já nesta primeira fase da sua vida pública começam a revelar-se as duas correntes de opinião que se hão de levantar à sua volta: a dos que se salvarão e a dos que serão condenados.

Sai, portanto, da capital e, caminhando para o Norte, até à fronteira com a Samaria, detém-se num lugar onde havia água abundante, talvez nos arredores de Betei. Muitos dos seus admiradores o seguem até lá e lhe pedem que os admita no número dos seus prosélitos. E Jesus fá-lo por meio de um rito sensível, de um batismo, que encarrega os discípulos de ministrar. Não é, contudo, o batismo do fogo, pois os discípulos nada sabiam acerca da Trindade e da morte redentora de Cristo, elementos necessários para o batismo anunciado a Nicodemos; tem, portanto, o caráter de um rito simbólico, análogo ao de João.

São tantos os que se apresentam a recebê-lo que os discípulos de João, alarmados com aquela concorrência que diminuía o prestígio do seu mestre, vão procurá-lo e lhe dizem:

— Mestre, aquele que estava contigo do outro lado do Jordão, e de quem tu deste testemunho, está batizando e todos vão ter com ele.

Até naquele grupo de homens, que tinham aceitado com alegria o anúncio da penitência, germinava o espírito de camarilha, insuflado por uma susceptibilidade invejosa.

A questão surgira numa disputa que os discípulos de João tinham travado com um judeu que olhava com mais simpatia o batismo do galileu. Mas João não sabe desses sentimentos. Com uma grandeza de alma que nunca se poderá elogiar bastante, deita por terra as ilusões dos seus adeptos e afirma-lhes claramente que a sua escola está destinada a desaparecer:

— Vós mesmos — diz-lhes — sois testemunhas de que eu disse: "Eu não sou o Cristo, mas sim alguém que foi enviado adiante dele". Quem tem a esposa é o esposo. Mas o amigo do esposo, que está com ele e o ouve, alegra-se muito com a voz do esposo. Nisso consiste a minha alegria, que agora se completa. Importa que ele cresça e eu diminua.

São estas as últimas palavras do Batista recolhidas nos Evangelhos. Palavras de humilde desinteresse, de ilimitada abnegação, a que nem todos os seus discípulos saberão corresponder. Palavras que condenam a tese de alguns escritores modernos segundo os quais teria havido dois movimentos religiosos, não só independentes, mas contraditórios: o do Batista, iniciado no Jordão, e o que teve origem no Profeta de Nazaré. João jamais quis ser outra coisa além do Precursor que prepara os caminhos de Cristo: não teve esposa, não quis fundar nenhuma religião ou mesmo escola; pelo contrário, encaminhou os seus discípulos para outro Mestre superior, porque ele não era mais do que o "amigo do esposo".

João em confronto com Herodes

Quando João deu esse derradeiro testemunho de Jesus, já não se encontrava no domicílio habitual das margens do Jordão. A prudência o obrigara a retirar-se dos arredores de Betânia e a refugiar-se em Ainon, perto de Salim, no termo da cidade livre de Scitópolis, que constituía como que uma cunha entre as duas partes da tetrarquia de Antipas: a Galileia e a Pereia. Não muito longe dali, na parte ocidental do Mar Morto — no meio de uma terra sedenta e requeimada, onde se ouviam os alaridos dos chacais e o crocitar dos abutres que vigiavam a presa debruçada sobre horríveis precipícios —, ficava a fortaleza de Maqueronte.

Era lá que, entregue a vergonhosos prazeres, passava os dias o filho de Herodes, o Grande. Como Roma punha e dispunha do seu pequeno principado, só lhe restava divertir-se e ostentar a púrpura. Acompanhavam-no Herodíades e a filha de Herodíades, Salomé. Herodíades, neta de Herodes, o Grande, era outro rebento da sua família, sua consanguínea, sua sobrinha. Depois de ter despedido e recambiado para o pai, rei dos beduínos nabateus, a sua primeira esposa, Antipas arrebatara a mulher de seu irmão Filipe, o humilde Filipe Boeti, que vivia em Roma, sem ambições. Mas a mulher dele as tinha. Bela, arrogante, imperiosa, corria-lhe nas veias a espuma do sangue: os audazes desígnios, as perversões vulcânicas dos hasmoneus. Aquela condição inferior humilhava-a; queria reinar fosse como fosse, e bastou que Antipas lhe oferecesse um trono para trocar o marido pelo cunhado.

Graças aos seus fortes muros, Maqueronte defendia agora os segredos dos dois amantes, que viviam no meio de pompas cortesãs e do incenso das adulações. Embora muito condescendente com as desordens da casa de Herodes, o povo começava já a murmurar, escandalizado com aquela união incestuosa e adúltera. Antipas, educado em Roma, familiarizado com os costumes do mundo pagão, contagiado pelo ceticismo reinante entre a aristocracia greco-romana, ria-se de tais rumores.

Mas não contara com o protesto de um homem que um dia se apresentou diante dele como intérprete da consciência pública. Irado, cintilante de indignação, João Batista apareceu nos umbrais daquela residência, que era simultaneamente palácio, castelo e masmorra, e, uma vez na presença do tetrarca, recordou-lhe o preceito da Lei: "Não te é permitido ter a mulher de teu irmão". A sua voz caiu como um trovão no meio das festas cortesãs, e Antipas teve medo ou preferiu ocultar a sua mágoa, convencido de que não lhe faltaria ocasião para se apoderar daquele desmancha-prazeres.

Adivinhando as suas intenções, João afastou-se do Jordão e, dirigindo-se para o extremo norte da Samaria, fixou residência perto da cidade grega de Scitópolis, no lugar acima citado que, pela abundância de água, tinha o nome de Ainon, quer dizer, "fontes". Mas a neta de Herodes seguia-lhe os passos. E o mesmo faziam os seus antigos adversários: os evangelistas observam que o Precursor foi entregue pelos seus inimigos, isto é, pelos fariseus. Convenceram o povo de que se tratava de uma medida de interesse público. Assim diz o historiador Josefo: "Temendo a eloquência de João, Antipas quis prevenir um possível motim e apressou-se a encerrá-lo na fortaleza de Maqueronte". Quer isto dizer que João foi detido como demagogo e agitador. Essa foi, pelo menos, a razão que se deu à plateia, mas, nas salas espaçosas e iluminadas que se erguiam sobre o porão escuro onde o Precursor jazia carregado de cadeias, sabia-se muito bem qual a origem da ordem de prisão: tratava-se de uma vingança exclusivamente privada.

Não foi difícil atrair o Batista com um pretexto qualquer até ao território submetido à jurisdição do tetrarca. Tanto Mateus como Marcos nos dizem que ele "foi entregue" e, sob esta expressão, podemos adivinhar a colaboração dos fariseus, invejosos da popularidade daquele homem que lhes fazia sombra, bem como dos herodianos, irritados com o atrevido denunciante do escândalo da corte.

A SAMARITANA

João 4, 1-42

Havia dois meses que Jesus percorria a Judeia, pregando, batizando e conseguindo prosélitos, quando a prisão de João o veio pôr em perigo também a Ele. Os mesmos inimigos que tinham entregado o Batista se mostravam interessados em acabar com Ele. Assim no-lo dá a entender o último Evangelho, com estas palavras: "Quando o Senhor (é a primeira vez que João dá a Jesus este nome, com que doravante passará a designá-lo) soube que os fariseus tinham ouvido dizer que ele fazia mais discípulos que o Batista, deixou a Judeia e voltou de novo para a Galileia". A partir desse momento, a sua popularidade o tornava alvo da perseguição dos fariseus, que, por esse mesmo motivo, acabavam de conseguir o encarceramento de João.

Ainda que, dando uma pequena volta, tivesse podido seguir o caminho do Jordão, Jesus quis fazer a viagem de regresso à Galileia através da província da Samaria, por um caminho que, como diz Flávio Josefo, era o que os galileus seguiam normalmente nas suas viagens a Jerusalém.

Os samaritanos

Um fariseu e um doutor da Lei teriam tentado o impossível para evitar esse itinerário. Para todos os judeus, mas especialmente para eles, a terra da Samaria era uma terra maldita. Punham o maior cuidado em não manchar a boca com esse nome e consideravam os seus habitantes tão abomináveis que a maior injúria que podiam fazer a um inimigo não era chamar-lhe pagão ou publicano, mas samaritano. A aversão vinha de longe.

Os samaritanos orgulhavam-se dos seus vales ubérrimos, das suas férteis planícies e numerosos rebanhos, bem como do seu solo, que, regado por abundantes nascentes, contrastava com o aspecto duro, austero e rochoso da Judeia. Já muitos séculos antes tinham rompido a unidade do reino para se constituírem em Estado independente. O ódio aumentara quando o sangue de Efraim se misturara com o das tribos mesopotâmicas, quando os reis da Assíria — que haviam conquistado o território no século VIII a.C. — tinham querido reforçar a população local, diminuída pelo cativeiro. Ao começar a reconstrução do Templo, Zorobabel recusara com desdém o concurso dos samaritanos, que tinham vingado a afronta erguendo um templo rival no cimo do Garizim.

Para um judeu, os samaritanos eram cismáticos e hereges, e os samaritanos, por seu lado, não reconheciam o monopólio religioso que os descendentes de Aarão tinham estabelecido em torno do Templo de Jerusalém. Porventura a Samaria não tinha também lugares ilustres, santificados pela presença dos patriarcas e pelas predileções de Javé? Perto da antiga Siquém, capital do reino de Jeroboão, fundada havia cerca de quatro mil anos — os arqueólogos descobriram recentemente as suas minas perto de uma aldeia chamada Balata —, erguia-se o Garizim, e junto do Garizim estendia-se o bosque de carvalhos de Moreh, onde o pai dos crentes construíra um altar em memória da aparição de Deus, que lhe dissera precisamente naquele local: "Hei de dar esta terra à tua raça". Ali o patriarca Jacó, de regresso da Mesopotâmia, armara as suas tendas, e perto dali cavara, para atender às suas necessidades e às dos seus rebanhos, um poço que ainda hoje continua a chamar-se Bir-Jakoub. A terra inteira estava cheia das recordações de Abraão, de Isaac, de Jacó, de Josué e de José, que fora enterrado perto de Siquém, no campo comprado por Jacó aos filhos de um certo Shamor, que dera o nome à Samaria. Por isso os samaritanos conservavam com amor os livros do Pentateuco, que lhes recordavam a geografia da sua pátria e a história dos seus ascendentes. E embora admitissem um messias, um legislador, o profeta anunciado por Moisés, não aceitavam a literatura bíblica nascida no reino de Judá, a legislação recente dos rabis de Jerusalém.

Jesus junto da fonte

Longe de partilhar dos preconceitos dos seus compatriotas, Jesus olhava com carinho os habitantes daquela terra excomungada, mais disposta a receber a sua doutrina do que as escolas orgulhosas da Cidade Santa. Entra por ela adentro, seguido pelos discípulos, e avança pelo caminho outrora percorrido pelos antigos patriarcas. Na primeira etapa, quando o sol da primavera dardeja o seu fogo mais intenso, esse caminho sai da garganta que separa o Ebal do Garizim e desemboca na planície onde se levanta Siquém. Desde que se construíra Sebaste, Siquém já não era a capital da Samaria, mas continuava a ser a cidade sagrada dos samaritanos, embora o ódio judaico a designasse por um nome desdenhoso: Sicar, que quer dizer "a mentira".

É a hora sexta. Jesus tem sede e sente-se cansado. Mas perto dali fica o poço de Jacó. Um pouco mais adiante, à direita do caminho que vai para a Galileia, ainda hoje se veem vários poços antigos, cujos bocais servem de banco ao viajante. Jesus sentou-se num deles, enquanto os discípulos iam à cidade comprar comida. É uma cena que os que viajam por aquela terra repetem a toda a hora: descansam junto do poço, vão à cidade vizinha comprar pão e fruta, e voltam para comer à sombra da edícula construída para proteção da água.

As palavras que João emprega no começo do relato trazem o selo do mais vivo realismo: "Jesus chegou a uma cidade da Samaria chamada Sicar, perto da herdade que Jacó dera a seu filho José. Ficava ali o poço de Jacó. E Jesus, cansado da viagem, sentou-se à borda do poço. Era pouco mais ou menos a hora sexta". Tudo é rigorosamente preciso — tempo e lugar —, e essas indicações minuciosas estão de acordo com recentes escavações. São pormenores que esquecem os que consideram o quarto Evangelho como uma invenção fantástica e simbólica de um místico da Ásia Menor, que nem sequer teria estado na Palestina.

Chega uma mulher

Jesus parece esperar. Está sozinho, sentado à beira do poço. É um dia do princípio do verão. Uma mulher aproxima-se de cântaro à cabeça e de corda debaixo do braço, para tirar água. Olha para o estrangeiro — devia ser judeu — e lança o cântaro ao fundo, sem se importar com ele. Mas Jesus diz-lhe:

— Dá-me de beber.

A mulher cai das nuvens. Um judeu não podia dirigir a palavra a uma mulher desacompanhada, e muito menos a uma samaritana, a não ser num caso de força maior. Ainda hoje, na Palestina, não é correto perguntar a uma mulher nem sequer o caminho para qualquer lugar. Além disso, muitas das lutas entre judeus e samaritanos tinham tido lugar junto daquele poço. E ela encontra-se com um judeu que lhe fala como se nada soubesse de tais disputas. No entanto, deixa cair a corda do balde por um dos múltiplos buracos da pedra e oferece água ao desconhecido. Mas um oriental nunca dá de beber a um desconhecido sem acompanhar o gesto com uma palavra adequada às circunstâncias. A mulher diz:

— Como é que tu, sendo judeu, me pedes de beber a mim, que sou mulher e samaritana?

Fala com desembaraço, fazendo notar como é vergonhoso para um judeu pedir ajuda a uma mulher que, além do mais, é samaritana; há muito que perdeu o costume de corar e de se intimidar na presença de um homem, mesmo que a linguagem, a maneira de vestir e talvez a própria dicção do interlocutor o delatem antes como galileu do que como judeu. As suas palavras têm um ar brincalhão e irónico, e não parece recear que aquele insólito diálogo enverede por vias travessas.

— Se conhecesses o dom de Deus — responde Jesus, indiferente às barreiras raciais — e quem é que te diz "Dá-me de beber", certamente serias tu a pedir-lhe a ele, e ele te daria água viva.

A promessa de Jesus é sedutora demais para poder acreditar nela. No entanto, a mulher parece um pouco impressionada e começa a tratar Jesus com deferência.

— Senhor — e acompanha as palavras com um sorriso —, tu não tens com que tirar a água e o poço é fundo. Donde poderás, pois, tirar essa água viva? Acaso és tu maior do que o nosso pai Jacó, que nos legou este poço, do qual ele mesmo bebeu e também os seus filhos e o seu rebanho?

O Taheb

O tom da conversa vai mudando insensivelmente. Já chama "senhor" ao desconhecido que acabara de tratar como judeu; começa a flutuar nas suas palavras uma vaga suspeita de estar diante de um mistério. A tranquila dignidade e o ar grave com que Jesus se exprime, em contraposição à insinuante frivolidade com que ela iniciou o diálogo, começam a impressioná-la. Tem uma alma reta, um fundo natural de sinceridade, que Jesus vai aproveitar para conquistá-la. Primeiro desperta-lhe a curiosidade, depois aguça-lhe o interesse e, por fim, dará a última estocada apresentando-se como conhecedor dos mais íntimos segredos.

— Todo aquele que beber desta água voltará a ter sede; mas quem beber da água que eu lhe der jamais terá sede. A água que eu lhe der converter-se-á para ele em fonte que jorrará até a vida eterna.

Quer no verão, quer no inverno, morta de cansaço e gelada de frio, a mulher vira-se obrigada a ir muitas vezes ao poço tirar água. Começa a acreditar naquele homem que lhe promete livrá-la de tão grande fadiga, e, mais atrevida que Nicodemos, diz-lhe:

— Senhor, dá-me dessa água, para eu não ter sede nem vir aqui tirá-la.

Esse é o momento que Jesus escolhe para lhe revelar o passado e firmá-la na fé com um "sinal" definitivo. Parece mudar de conversa, mas não faz mais do que prosseguir a sua obra.

— Vai — diz-lhe —, chama o teu marido e volta cá.

— Não tenho marido — responde ela, agitada por um mundo de recordações que lhe vêm à cabeça.

Procura não deixar transparecer nada e trata de cortar o fio da conversa com uma frase lacônica, que é um subterfúgio. Mas o desconhecido continua com uma calma implacável:

— Tens razão em dizer que não tens marido. Tiveste cinco homens, e o que agora tens também não é teu marido. Nisto disseste a verdade.

A samaritana percebe que está diante de um homem extraordinário, que lê no fundo das consciências e exterioriza as suas impressões com a espontaneidade e confiança manifestada ao longo de toda a conversa.

— Senhor, vejo que és um profeta.

E acrescenta, apontando com a mão para o alto do Garizim:

— Os nossos antepassados adoraram a Deus nesse monte e vós dizeis que é em Jerusalém que se deve adorá-lo.

Era como se dissesse: — Tenho que ir a Jerusalém para adorar a Deus, se acreditar que tu és seu enviado?

O Garizim ficava defronte, dominando o vale estreito onde se desenrolava a cena. O viajante desconhecido voltava de adorar a Deus no Templo de Jerusalém. Era um profeta, conforme acabava de demonstrá-lo, e a sua opinião sobre a questão secular entre judeus e samaritanos podia trazer uma luz apreciável. Aquela mulher não era, decerto, um modelo na conduta, mas um sincero anelo religioso inquietava-lhe a alma.

— Acredita em mim, mulher — responde Jesus —, aproxima-se a hora em que nem em Jerusalém nem nesse monte adorareis o Pai. Vós adorais o que não conheceis; nós adoramos o que conhecemos, porque a salvação vem dos judeus. Mas está chegando a hora — e é esta — em que os verdadeiros adoradores adorarão a Deus em espírito e verdade, porque são esses os adoradores que o Pai procura. Deus é espírito, e é mister que os seus adoradores o adorem em espírito e verdade.

Já inteiramente conquistada, a samaritana segue a conversa com profunda atenção, esforçando-se por compreender. Talvez a sua fronte denuncie um sentimento de desengano ao ouvir o elogio dos judeus, guardas fiéis da Revelação; mas as palavras de Jesus cobram novo interesse para ela quando lhe anunciam que, se no passado o Mória prevaleceu sobre o Garizim, daí em diante nenhum dos dois terá privilégio algum. Era uma afirmação escandalosa, um princípio revolucionário, que no processo diante de Pilatos teria podido servir de prova incontrovertível.

A samaritana sente-se envolvida numa atmosfera de mistério. A alusão ao novo tempo traz à sua mente a figura do Messias, do *Taheb,* o que havia de vir, como diziam os samaritanos, e pronuncia umas palavras que são ao mesmo tempo uma profissão de fé no Redentor vindouro e um ardil muito feminino para provocar uma nova revelação.

— Eu sei que um dia haverá de vir o Messias, chamado Cristo. Quando ele vier, explicar-nos-á todas as coisas.

— Sou eu, que falo contigo — responde Jesus.

E olha para a mulher com um olhar que parecia dizer:
— É a verdade que te fala.

Aquele que mais tarde imporá aos discípulos a maior discrição a respeito da sua dignidade messiânica, descobre-a agora a esta mulher, na qual, sem dúvida, encontrou um terreno especialmente propício. Ela responde-lhe com outro olhar que parece dizer: "Creio". Mas não o diz. Aturdida, deixa o cântaro e põe-se a correr em direção à cidade.

Outro alimento

Nessa altura chegam os discípulos. Chegam a tempo de ouvir as últimas palavras de Cristo à samaritana. Surpreendem-se de vê-lo falar com uma mulher, mas não se atrevem a perguntar-lhe o motivo da conversa.

Conheciam a reserva do Mestre a esse respeito, como conheciam também os costumes severos dos judeus, exagerados pelos doutores da Lei: "É preferível lançar ao fogo as palavras santas a comunicá-las a uma mulher" — dissera um deles. Era mais o desprezo do que a prudência que inspirava essa severidade. Mas também quanto a isso se anunciava uma nova idade: "Já não há judeu nem grego, nem escravo ou livre, nem homem ou mulher", dirá São Paulo. Imbuídos dos velhos preconceitos, os discípulos enchem-se de admiração, mas sabem disfarçá-la oferecendo a Jesus da comida que tinham acabado de comprar.

— Come, Mestre.

— Eu tenho um outro alimento que vós não conheceis — responde Jesus, absorto nos seus pensamentos.

Os discípulos não insistem. Mas perguntam uns aos outros:

— Ter-lhe-á alguém trazido de comer?

Esses comentários pareciam exigir uma explicação, e Jesus decide-se a prestá-la numas frases inflamadas de amor:

— O meu alimento é fazer a vontade daquele que me enviou e levar a cabo a sua obra. Não dizeis vós que daqui a quatro meses vem o tempo da ceifa? Pois eu vos digo — acrescentou, apontando com gesto amplo para a vasta planície de Makhne, que se estendia a perder de vista, orgulhosa dos seus trigais acariciados pelo vento —, levantai os vossos olhos e vede os campos, porque já estão brancos para a ceifa.

A messe dos que creem

Entre nós, Jesus teria falado do ouro das espigas; mas naquelas regiões do Jordão o trigo, jamais molhado pela chuva, seca no momento de amadurecer, vestindo-se de um brilho branco amarelento.

As messes alvejavam no espaçoso vale de Siquém. Mas os discípulos notaram que o Mestre falava de uma messe espiritual, "que ajunta o fruto para a vida eterna". Ele é o agricultor de uma colheita celeste. Na Palestina, nos finais de dezembro, quando terminava a semeadura, costumava-se dizer à maneira de provérbio: "Dentro de quatro meses verás a messe". Mas semelhantes palavras perdiam sentido em se tratando da messe evangélica. Já estava madura. Já estava pedindo foice. Iam faltar trabalhadores. Aí estavam as primeiras gavelas.

É possível que naquela altura os discípulos vissem aproximar-se de Jesus um grupo de samaritanos que, entre profundas reverências, o convidavam, apesar de ser judeu, a demorar-se na cidade. A notícia de que o Messias estava às portas comovera a população. "Vinde e vede o homem que me disse tudo o que eu fiz", gritava a mulher por ruas e praças. E acrescentava, deixando prudentemente que os seus conterrâneos julgassem por si mesmos: "Vede se não é o *Tahebl*" A curiosidade apoderou-se de todos. Decerto que não se tratava de um homem vulgar; tinham que vê-lo, tinham que ouvi-lo e conversar com ele. E convidaram-no a entrar na cidade. Jesus condescendeu com esse desejo e ficou com eles dois dias. Muitos creram nEle, e a mulher, que a princípio era olhada com inveja, viu-se obrigada a ouvir comentários como este:

— Já não é pelo que disseste que nós cremos, mas porque nós mesmos ouvimos e sabemos que este é verdadeiramente o Salvador do mundo.

Assim termina o relato emocionante do encontro de Jesus com aquela mulher pecadora. É João quem no-lo transmite. Só ele nos lembra a sede do Senhor junto do poço — como só ele nos lembrará a sua sede na cruz — e aquela fadiga que o obrigou a sentar-se à beira dos caminhos da Samaria: *Quaerens me sedisti lassus*[1]. Dir-se-ia que, com esta descrição, o Apóstolo se propôs oferecer-nos um paralelo entre a conversa com o famoso rabino e o colóquio com a mulher vulgar, um paralelo em que todas as vantagens estão, não do lado de Nicodemos, mas da samaritana.

1 "À minha procura te sentaste, cansado."

ALVORES DA BOA-NOVA NA GALILEIA

Marcos 1, 21-34; Lucas 4, 31-41;
Mateus 8, 16-17

O intendente de Herodes

Depois da breve permanência entre os samaritanos, disposto a voltar à Galileia, Jesus tomou, através do vale de Jezrael, o caminho que ligava Séforis a Jerusalém. Embora passasse à vista de Nazaré, não parou lá, talvez porque, como Ele próprio declarara, nenhum profeta é bem recebido na sua pátria. O certo é que resolveu ir diretamente a Caná.

Em todas as povoações por onde passou, foi recebido com veneração e entusiasmo. Os galileus mostravam-se orgulhosos da revelação do seu compatriota. Vinha consagrado pela auréola da doutrina e do prestígio rabínico alcançado durante a festa em Jerusalém, naquela região da Judeia que era célebre pelos seus mestres. Até se costumava dizer: "Quem quiser fazer fortuna, que vá para o Norte; quem desejar ser sábio, que venha para o Sul". Os doutores de Israel chamavam-lhe rabi; os fariseus olhavam-no com inveja, e até a gente da Samaria, sempre rancorosa e desabrida, se apressava a abrir-lhe as portas das suas cidades. Dali em diante, já não se poderia dizer, sem mentir descaradamente, aquilo que os chefes do farisaísmo viriam a dizer a Nicodemos: "Quer-nos parecer que também tu és galileu. Estuda e verás que da Galileia não saiu profeta algum".

Os próprios discípulos que tinham seguido Jesus durante a sua última viagem se encarregaram de estender a sua fama por toda a província. Ao chegarem a Caná, despediram-se dEle por algum tempo, reclamados, sem dúvida, pelos seus deveres familiares, pelos trabalhos domésticos ou pelas lides agrícolas, visto que as messes estavam já em tempo de safra, e era preciso recolhê-las antes que o grão caísse em pleno campo.

Eles repetiram por aldeias e cidades as palavras do Mestre, relataram os seus milagres e, durante aqueles dias da ceifa, todas as conversas giraram em torno do Profeta de Nazaré.

Um acontecimento ruidoso veio acrescentar novo brilho à glória do taumaturgo e fez ressoar o seu nome no meio dos cortesãos de Herodes Antipas.

Um funcionário do tetrarca, que tinha um filho doente em Cafarnaum, sabendo que Jesus estava em Caná, foi ao seu encontro e suplicou-lhe que descesse com ele e curasse o seu filho moribundo.

— Se não vedes milagres e prodígios, não acreditais — replicou Jesus, ao ver que procuravam não o Messias, mas o curandeiro das misérias humanas.

Longe de desanimar com essa resposta cortante, o pai insistiu humildemente:

— Senhor, desce antes que o meu filho morra.

E conseguiu que Jesus lhe dirigisse estas palavras:

— Vai, o teu filho vive.

Efetivamente, naquela mesma hora o jovem ficou curado.

A fé do funcionário real era uma fé imperfeita, pois parecia ignorar que Jesus podia curar de longe, mas robusteceu-se graças a uma humilde perseverança.

Depois dessa cura, Jesus desceu até o lago e inaugurou a pregação do Evangelho. Tinha acabado o tempo de preparação e de espera e aproximava-se o da realidade. Marcos di-lo com palavras densas de sentido: "Cumpriu-se o tempo e o reino de Deus já chegou. Fazei penitência e crede no Evangelho". A preparação sucede-se a promulgação, mediante um trabalho progressivo que, iniciado por Cristo, será gradualmente completado pelos discípulos através dos séculos. "Até João, a Lei e os profetas; a partir de então, anuncia-se o reino de Deus." Reino de santidade e de justiça, que só nas almas de boa vontade se pode estabelecer. João já tinha pregado a conversão. Cristo acrescenta um novo preceito: "Crede no Evangelho".

Parecia fácil crer no Evangelho, na Boa-nova, mas a maioria dos judeus fechar-lhe-á os ouvidos. Sonhavam com um Reino de Deus deslumbrante, irresistível, bélico, e o anúncio de que se implantaria progressiva e silenciosamente frustrava as suas esperanças e desejos. Que desilusão! "O reino de Deus — dirá o seu evangelizador — não virá com sinais exteriores, nem se dirá: ei-lo aqui ou ei-lo acolá, porque o reino de Deus está dentro de vós."

O cenário da Boa-nova

Os primeiros fulgores do Evangelho da verdade haviam de ter por cenário aquela terra da Galileia, onde os corações se encontravam mais bem dispostos para recebê-la. Fora Isaías quem o anunciara: "Terra de Zabulon (Nazaré, Caná, Naim...) e terra de Neftali (Cafarnaum, Betsaida, Corozaim...), rotas do mar (Tiro e Sídon), distritos dos gentios (Tiberíades, Decápole...): haveis de pular de gozo quando uma grande luz brilhar sobre o povo nas trevas e nas sombras da morte".

Era uma pequena porção da Terra Prometida, não a mais célebre, embora a mais fértil, terra alta e montanhosa no extremo setentrional, nas proximidades do Líbano, que a fecunda com os tesouros das suas neves, terra de vales risonhos, de colinas redondas, de verdes planícies e de cidades populosas, na região meridional, confinante com a Samaria; "terra fecunda em tudo — diz Josefo —, coberta de árvores, farta e tão bem cuidada pelos seus laboriosos habitantes que nem um único recanto se pode considerar baldio". O trigo cresce viçoso nas suas planícies; a oliveira verdeja nas encostas das colinas e nos córregos; rebanhos numerosos animam o alto dos montes cobertos de vegetação, e a paisagem oferece um íntimo encanto, cheio de graça e variedade. Só os precipícios das montanhas de Nazaré fazem lembrar a Judeia. Logo a dois passos, ficam os campos deliciosos de Jezrael e a extensa planície de Esdrelon.

A beleza da terra acentua-se nos arredores do lago de Genesaré, que constitui o verdadeiro centro da Galileia, "o mar da Galileia", como lhe chamam os evangelistas, ou também o lago da cítara, *Kinnereth,* porque os hebreus viam na sua graciosa forma oval a figura desse instrumento musical. A designação de mar é, decerto, um exagero, visto que em quinze horas e sem grande esforço se poderiam percorrer a pé as suas margens; mas ainda hoje conserva muito da sua graça antiga, não obstante ter desaparecido grande parte dos canais que aformoseavam os arredores. O inverno, lá, faz amadurecer os frutos do verão, e o verão as colheitas tropicais. Em janeiro, veem-se as hortas esmaltadas de abóboras grandes e rubicundas; em junho, pendem das parras, já maduros, os cachos de uvas, e os figos começam a desdobrar os seus leques, transbordantes de mel. Março é, naquelas paragens, o mês mais agradável do ano, quando a espiga já baila no caule firme, quando as uvas derramam o seu perfume e as copas das palmeiras se vestem vagarosamente anunciando o fruto próximo, sob um céu sem nuvens e sempre azul.

Tal como a região, também os habitantes tinham as suas características. Um bom observador distinguia imediatamente o montanhês da Judeia do camponês da Galileia. Este era mais vivo, mais aberto, mais sociável e ardente. O judeu do Sul invejava-lhe a riqueza, mas não deixava de fazer troça dele pela condição de provinciano, pronúncia rústica e indiferença quanto às questões da casuística rabínica. Rodeado por todos os lados de nações pagãs, o galileu ter-se-ia visto obrigado a renunciar às suas relações comerciais se se ativesse a todas as prescrições farisaicas quanto ao trato com os *goyim*. Além disso, punham-lhe a etiqueta de grosseiro, porque lhe interessavam mais as lendas e tradições religiosas do que as sutilezas exegéticas e teológicas dos rabis.

No entanto, seguiam inquebrantavelmente a Lei de Moisés. O próprio contato com os gentios lhes servia para aumentar o seu orgulho de pertencer ao Povo eleito. Até os rabis o reconheciam, ao dizerem que na Galileia valia mais a honra que o dinheiro. Século após século, tinham lutado contra os povos de Ptolemaida, Tiro e Sídon, para conservarem a sua terra livre de estrangeiros. Toda a sua existência — como diz Josefo — tinha sido um perpétuo "quem vive?", um estado de alerta. Por isso não conheciam a covardia. Logo desde a infância se acostumavam a todos os perigos da guerra. Eram violentos, exaltados, rebeldes. Os zelotes encontravam neles os seus melhores auxiliares; os embusteiros exploravam o ardor apaixonado com que difundiam as suas esperanças messiânicas, e até Jesus teria de chocar com esse espírito aventureiro e impetuoso: não lhe custaria pouco trabalho transportar os anseios terrenos e exteriores que os dominavam para a realidade divina que lhes vinha propor.

Nas sinagogas

Antes de ir a Jerusalém para a celebração da Páscoa, Jesus tinha descido a Cafarnaum, com parentes e discípulos. Agora que vai dar início à sua obra, fixa lá o seu domicílio. Hoje, Cafarnaum não existe; mas, na margem setentrional do lago, vê-se a colina formada pelos escombros da cidade que foi, noutro tempo, não uma praça forte, mas um mercado importante, animado pelas caravanas que iam de Damasco para o Egito ou para o mar, pelos grupos ruidosos dos negociantes e dos pescadores, que constituíam o substrato de uma população heterogênea, e pelos soldados da pequena guarnição que Herodes Antipas lá instalara para vigiar a fronteira e ajudar os agentes do fisco na cobrança dos impostos. Assim era a terra que Cristo escolheu para centro da sua atividade missionária.

Começou a pregar sem demora. "Ensinava nas sinagogas — diz Lucas — e era aclamado por todos." Depois do cativeiro, as sinagogas tinham adquirido grande importância na Galileia. A própria distância a que ficava Jerusalém aconselhava a construir pequenas casas onde se reunissem os habitantes de cada localidade para a celebração do culto de sábado. Lá se cantavam os salmos, lá se rezava, lá se liam e comentavam a Lei e os profetas. Havia uma junta presidida por um rabi ou um personagem de influência, que era o chefe da sinagoga. Havia também um funcionário, uma espécie de sacristão, que tirava do cofre os rolos das Escrituras e procurava leitores e intérpretes entre a assistência, convidando especialmente os viajantes de renome que passavam pela vila. A multidão sentava-se na nave; mais à frente, junto do cofre da Lei, havia outros assentos destinados às pessoas notáveis, os "primeiros lugares" de que se fala nos discursos de Jesus.

Foi nesses recintos sagrados, nessas reuniões sabáticas, que Cristo deu as suas primeiras instruções, antes que a aglomeração dos ouvintes o obrigasse a sair para o ar livre. Terminado o ofício do dia, Jesus aceitava com prazer o convite do rabi para fazer uso da palavra e para expor a sua doutrina. Mesmo neste sentido, a sinagoga foi o berço da Igreja. Sem ela e sem a dispersão de Israel pode-se dizer que, humanamente falando, teria sido impossível a cristianização do mundo. O costume tradicional dos ofícios religiosos oferecia a Jesus uma oportunidade de evangelizar o povo sem despertar os receios dos ouvintes, visto que, na realidade, não fazia mais do que comentar os velhos textos, completando-os com o anúncio da Boa-nova. Até se consumar a sua ruptura com os depositários da autoridade, os rabis o convidavam de bom grado a falar, e mais de uma vez o público o exigia.

A impressão que produzia nos ouvintes era indescritível. Muitos ficavam como que paralisados e não poucos diziam, surpreendidos: "Como é que sabe tanto, se não estudou?" Já de si era estranho que lesse aqueles livros, escritos no hebraico de Moisés e de Davi, de Salomão e de Isaías, naquela língua que era já uma língua morta para os judeus. Mas o que mais os impressionava era a novidade da sua inflexão, a encantadora simplicidade e a sobre-humana autoridade, tão humana ao mesmo tempo, com que falava. Não havia nas suas palavras nenhum desses alardes de engenho que deixavam a alma vazia; nem exegeses sutis, que desfiguravam a palavra de Deus; nem complicadas disquisições gramaticais, inacessíveis ao povo. Na sua maneira de ensinar havia clareza e profundidade, poder, doçura e liberdade. "Quando chegava o sábado, entrava na sinagoga e ensinava, e pasmavam da sua doutrina porque falava como quem tem poder e não como os escribas". Ao levantar-se para ler o texto sagrado, todos os olhos se cravavam nEle; um silêncio religioso acolhia as suas palavras; os circunstantes ficavam comovidos e saíam da reunião dizendo uns para os outros: "Este é o Mestre".

O povo começou imediatamente a comparar essa maneira de ensinar com a dos escribas, e uma das coisas que mais impressionaram no novo doutor foi que resolvia os casos com uma segurança, com uma clarividência tal, que supunha um saber pessoal muito vasto, e não baseado unicamente em citações, textos e autoridades de outros doutores.

Métodos novos

Os escribas eram os intérpretes da Escritura e da tradição. Eram simultaneamente juristas e teólogos, mestres das novas gerações, conselheiros dos poderosos e dos humildes. Constituíam a flor e a nata do farisaísmo, e, se é certo que não eram sacerdotes, tinham igual prestígio perante o povo, e os próprios sacerdotes estudavam e seguiam as suas interpretações e soluções. As suas cátedras erguiam-se entre os pilares do Templo. Comentavam a Lei e os Profetas, explicavam-nos com exemplos e repetiam quinze, vinte vezes a mesma lição, para ficar bem gravada na cabeça dos ouvintes. Ensinar era o mesmo que repetir, e o discípulo devia aprender não só a ideia, mas também a expressão do mestre, até que, à semelhança de uma cisterna recoberta de cal que não perde uma gota, chegava a saber o mesmo que ele e merecia, por sua vez, ser elevado à dignidade de doutor.

Para isso existia um rito, que simbolizava a transmissão de poderes. O mestre impunha as mãos sobre a cabeça do discípulo e pronunciava estas palavras: "Eu te nomeio rabi: ficas, pois, nomeado". Assim se conferia o direito de ensinar e de julgar; assim se começava a fazer parte da cadeia de mestres que partira de Moisés e que não se podia interromper sem abalar a coluna da tradição. Daqui a importância desses mestres, comparável à do Templo de Jerusalém. O povo temia-os e afastava-se respeitosamente quando algum deles passava pela rua, enfeitado com as insígnias correspondentes à sua dignidade — as longas vestes, as borlas multicolores, os largos filactérios e os amplos mantos, indispensáveis em qualquer ato judicial ou magistral, como fazer uma declaração, dispensar um voto, ditar uma sentença.

Nada disso se via no Rabi de Nazaré. Não tivera mestre, ninguém o nomeara doutor e, portanto, não tinha o direito de ensinar. A sua própria aparência era um protesto: as vestes, tão simples como a palavra; as formas, extremamente familiares e de uma modéstia tão grande que não lhe quadrava o título de rabi e senhor. Mas, além disso, enquanto os escribas se refugiavam sempre na autoridade dos antigos, sem outro ideal fora o de transmitir na íntegra a lição recebida, ele era a voz de si próprio, atribuía-se o direito de aprovar ou rejeitar a tradição, descobria doutrinas cuja chave só Ele possuía e, longe de se submeter à ditadura espiritual reinante, não tinha receio de fazer-lhe frente para a corrigir ou aperfeiçoar, repetindo nos seus discursos estas palavras: "Ouvistes que se disse aos antigos... Ora, eu vos digo..."

Isso bastava para que os escribas vissem nele um inimigo perigoso, em cujos lábios a doutrina tradicional poderia desfazer-se em mil farrapos. No Sermão da Montanha, Jesus ver-se-á obrigado a defender-se de semelhantes imputações: "Não vim destruir a Lei, mas aperfeiçoá-la". Tal como os escribas, via na Escritura o ponto de partida do seu magistério. Mas que singular acento tinham as palavras sagradas quando saíam da sua boca! Manejados por Ele, os velhos textos proféticos pareciam moedas de novo cunho. Citava a Lei como se fosse o seu autor e conhecesse os seus últimos segredos.

Os milagres

Mas existia, além disso, outro traço que acabava por impor aquele magistério divino.

É certo que se observava uma novidade impressionante nas lições que o Rabi nazareno ministrava nas sinagogas e uma audácia incrível na maneira de apresentá-las; mas a doutrina era precedida, seguida e acompanhada por uma multidão de milagres, de *sinais*, de *atos de poder,* como lhes chamam os evangelistas, que não deixavam lugar a dúvidas sobre a sua veracidade e procedência divina. Ante o prodígio, as almas simples acreditavam, os curiosos ficavam surpreendidos, os próprios adversários estremeciam com uma espécie de estupor religioso, e as turbas exclamavam instintivamente: "Aqui está o dedo de Deus".

Naquele primeiro sábado do aparecimento de Jesus em Cafarnaum, enquanto falava na sinagoga, desenrolou-se uma cena que veio consagrá-lo como taumaturgo. Entre os ouvintes havia um homem que de repente começou a gritar:

— Que temos nós a ver contigo, Jesus de Nazaré? Vieste para nos perder? Sei quem és: o Santo de Deus.

Quem se exprimia assim era um possesso e o demônio falava pela sua boca. Cristo encontrava-se, pela primeira vez, perante endemoninhados. Toda a sua vida será uma luta contra o príncipe deste mundo, e a luta continuará através dos séculos, com a diferença de que, fisicamente diante dEle, Satanás intervém de uma maneira exterior e visível.

O conflito surge a partir desta primeira pregação. A exclamação do inimigo brota cheia de raiva, de hipocrisia, de servilismo. Procura evitar o choque e quer talvez levar Jesus a revelar-se. Chama-lhe o Santo de Deus, recordando talvez as palavras do anjo a Maria, sem saber com certeza o profundo sentido dessa expressão. Cristo impõe-lhe silêncio:

— Cala-te e sai desse homem.

É o horror que lhe inspira a presença do maligno; não quer o menor testemunho dele; perante as suas manifestações, disfarçadas ou furiosas, só tem uma palavra: "Vai-te". E o demônio se retira, e a multidão, paralisada, exclama: "Que palavra é esta, que manda com poder e autoridade aos espíritos impuros e eles saem?"

Quando saiu da sinagoga, Jesus foi com Tiago e João à casa de Simão e André. "A sogra de Simão estava de cama com febre alta, e logo lhe falaram dela", diz Marcos. Essa alusão, tão discreta, equivalia a uma súplica. Jesus aproximou-se da doente, tomou-lhe a mão e levantou-a.

Depois de uns dias de febre como aquela, o doente costuma ficar sem forças e pode até sentir-se pior do que quando estava de cama. Mas a sogra de Pedro recuperou-se tão prontamente que se pôs a servir a refeição às visitas e às pessoas da família.

A um prodígio seguiu-se outro. A cidade ficou maravilhada e todos os que tinham qualquer doença começaram a pedir que os levassem à presença daquele extraordinário pregador. Durante a tarde, Jesus ainda conseguiu passar umas horas tranquilo, defendido pela lei do descanso sabático. Mas, ao pôr do sol, "toda a cidade se juntou diante da casa de Pedro".

Ordinariamente, quando caía a noite, era costume fechar os doentes em casa com medo de influências nocivas; mas, daquela vez, fez-se precisamente o contrário. Os habitantes de Cafarnaum pegavam nos doentes pelo braço ou levavam--nos deitados em macas e aglomeravam-se à porta da casa de Pedro. A multidão gritava, suplicava, soluçava. Uma nuvem de poeira envolvia aquele fervedouro humano e os terraços e janelas da rua estavam cheios de curiosos.

Jesus curou uma grande multidão de enfermos e expulsou muitos demônios. "Assim se cumpriu — diz Mateus — a predição de Isaías: «Ele assumiu as nossas doenças e carregou com os nossos males»". E Lucas acrescenta: "De muitos saíam os demônios, aos gritos, dizendo: «Tu és o Filho de Deus». Mas Ele repreendia-os e não lhes permitia dizer que sabiam que era o Cristo".

Por um lado, Jesus sentia repugnância por essas manifestações do espírito do mal, que se serve da própria verdade para turvar as coisas; por outro, queria reprimir na multidão manifestações prematuras e egoistamente entusiastas.

Esforçava-se, pois, por evitar tudo o que pudesse assemelhá-lo aos agitadores que de quando em quando seduziam os pobres galileus. Perante a samaritana, apresentara-se como o Messias, porque lá não havia perigo algum de tumulto. Na Galileia, pelo contrário, o entusiasmo dos galileus poderia interromper bruscamente a sua missão. Sendo, como era, o Messias, teria necessariamente de anunciar essa sua qualidade, mas só haveria de fazê-lo mais tarde e gradualmente. De momento, contenta-se com glosar a pregação do Batista, dando a entender que chegou o Reino de Deus. Primeiro pregará o reino messiânico, depois apresentar-se-á como o Messias perante um grupo escolhido e, por fim, revelar-se-á a todo o povo.

A oração interrompida

Os últimos grupos retiraram-se já avançada a noite, e, no dia seguinte, pela madrugada, quando ainda estava escuro, Jesus saiu secretamente para um lugar solitário "e ali se pôs em oração". Esta cena repete-se frequentemente durante a sua vida pública. Dir-se-ia que, depois das jornadas mais duras, sente um peso que o verga: sofre do tormento interior que aflige toda a alma delicada ante o vozerio e a agitação. Quer paz, paz a sós com seu Pai. Como homem, precisa também do socorro do céu. Além disso, a prece, o trato com seu Pai constitui para Ele uma alegria divina. Para orar assim, precisa afastar-se para um bosque silencioso ou para uma colina envolta no esplendor de um céu cintilante de estrelas.

Desta vez, porém, a oração é interrompida pelos gritos de Simão e companheiros. Tinham notado a ausência do Mestre e vão logo em sua busca:

— Senhor, toda a gente te procura.

Mas Jesus, que não queria, de momento, voltar a Cafarnaum, responde-lhes:

— Vamos às aldeias vizinhas, para que eu pregue também lá, pois foi para isso que vim.

Ninguém resistiu.

A multidão ficou à espera nas ruas e praças de Cafarnaum, enquanto Jesus empreendia a sua evangelização através da

Galileia. Os evangelistas resumiram-na numas frases: "Pregava nas sinagogas e expulsava os demônios", diz Marcos. E Mateus acrescenta: "Curava toda a doença e enfermidade". É um ministério de amor e de misericórdia. Pedro, que o testemunhou, condensa-o nestas palavras: "Passou fazendo o bem e sarando todos os oprimidos pelo demônio".

Um leproso

Só chegaram até nós alguns episódios desta primeira fase da evangelização da Galileia. Num deles, vemos Jesus diante da doença mais temível e que mais devia despertar a sua divina compaixão — a lepra, que ainda hoje nos aparece a cada passo na Palestina, na forma de inchaços monstruosos nas articulações ou de úlceras repugnantes, que se decompõem e supuram, que vão consumindo pouco a pouco o nariz, os lábios, as orelhas, os dedos, e que invadem o resto do corpo, deixando por vezes os ossos à mostra. De acordo com a Lei de Moisés, todo aquele que fosse atingido por esse açoite terrível ficava excluído da sociedade dos homens. Passava a morar nas cavernas ou em lugares despovoados e, se alguém se cruzasse com ele, devia tapar a boca com o manto e dizer: "Impuro, impuro!" Ao sofrimento juntava-se a impureza legal: o contato com um leproso manchava como o de um cadáver.

Uma dessas sombras de homens, tendo ouvido falar da bondade de Jesus, ousou aproximar-se da casa em que Ele se encontrava e disse-lhe:

— Senhor, se queres, podes limpar-me.

Compadecido, Jesus estendeu para ele a mão, tocou-o e disse-lhe:

— Quero, fica limpo.

E, no mesmo instante, desapareceu a lepra.

Mas qualquer leproso, quando se considerava curado, devia apresentar-se ao sacerdote encarregado de averiguar se o mal tinha desaparecido por completo. Depois de um exame minucioso, seguido de vários ritos de purificação, o paciente recebia o certificado de cura. Jesus quer evitar qualquer razão de queixa do sacerdote e, ao mesmo tempo, toda a publicidade do milagre, e por isso faz ao recém-curado esta severa admoestação:

— Cuidado, não o digas a ninguém; mas vai, apresenta-te ao sacerdote e oferece pela tua purificação o que Moisés ordenou.

Mas o leproso saiu tão contente da presença do benfeitor que, sem fazer caso da recomendação, começou a divulgar o sucedido aos quatro ventos. A sua indiscrição pôs em movimento todos os enfermos e aleijados da região, fazendo com que Jesus se visse obrigado a refugiar-se em lugares solitários, onde a multidão não tardou a descobri-lo.

Assim foi o começo da vida apostólica de Jesus, breve aurora onde cedo se vão desenhar as primeiras nuvens precursoras de trágicas lutas. O entusiasmo do povo não tem limites. Com a admiração anda decerto misturado o interesse, mas não apareceu ainda a oposição.

OS APÓSTOLOS

Marcos 3, 13-18; Lucas 5, 1-11 e 6, 12;
Mateus 10, 1-4

Antigamente, e de modo muito especial nas escolas de Israel, as relações entre mestres e discípulos eram mais íntimas e estreitas do que no nosso tempo. O discípulo não só ouvia o mestre, mas convivia com ele e pautava os seus atos pelos dele. Fazia o que o mestre fazia e, caso possível, passava a morar na sua casa e a acompanhá-lo nas viagens, caminhando a pé atrás das suas montarias.

Isto explica-nos a convivência de Jesus com os seus discípulos. Viaja com eles, tal como os doutores da Lei; torna-os testemunhas dos seus atos e dos seus discursos; vive com eles, de esmolas, e, se é certo que os doutores, por desprezo, excluíam do seu séquito as mulheres, Jesus, pelo contrário, admite-as, confiando-lhes o cuidado material da sua pessoa e dos seus acompanhantes.

Jesus tinha discípulos desde que João o descobrira nas margens do Jordão. Primeiro, João e André; a seguir, informados por eles, os respectivos irmãos Simão e Tiago; e, a partir daí, muitos outros. Mas, tal como acontecia com João Batista, esses primeiros adeptos seguem-no só de tempos a tempos: não aderiram definitivamente à sua pessoa. Despedem-se do Rabi, impelidos pelas preocupações domésticas, e depois voltam de novo para ouvi-lo, até que as necessidades da vida os tornam a afastar dEle. Ao começar o seu ministério através da Galileia, Jesus sente a conveniência de os ter ao seu lado de uma maneira mais estreita e convida-os solenemente a *segui-lo*.

Chamamento definitivo

Marcos transmite-nos a cena num relato simples, de consequências incalculáveis:

"Passando pela margem do mar da Galileia, Jesus viu Simão e André, seu irmão, que lançavam as redes ao mar, pois eram pescadores. Jesus disse-lhes: «Vinde após mim, e eu vos farei pescadores de homens». Eles deixaram imediatamente as redes e o seguiram. Um pouco mais adiante, viu Tiago, filho de Zebedeu, e João, irmão dele, que consertavam as redes numa barca. E chamou-os logo. Eles deixaram seu pai Zebedeu na barca, com os servos, e o seguiram."

Assim se uniram para sempre a Jesus os quatro primeiros Apóstolos. O relato tem o vigor de uma pintura. Vemos Pedro na barca, de pé, junto de seu irmão André, lançando a grande rede retangular, que retumba pesadamente ao cair, enquanto ao lado, em outra barca, João e Tiago compõem as redes que se romperam ao mergulharem no fundo rochoso do lago, arrastadas pelos lastros de chumbo. No relato descobrimos as recordações pessoais de Pedro.

Mas algum tempo depois — cerca de meio ano após os começos da vida pública —, deu-se um acontecimento que veio aumentar o fervor com que o futuro Príncipe dos Apóstolos passara a seguir Jesus. Certa manhã — era naqueles alegres começos da sua pregação —, saiu Jesus a caminho da praia. As turbas seguiam-no, assediavam-no, apertavam-no, sem conseguir separar-se dEle; eram turbas de mendigos, de funcionários e de pescadores, principalmente de pescadores, que traziam na roupa o cheiro do peixe. A assistência aumentava sem cessar, aproximava-se de Jesus, lançava-se sobre Ele, empurrava-o, sufocava-o. Seu olhar deteve-se então numas barcas que havia na margem. Acotovelado pela multidão, subiu a uma delas, e atrás dEle subiu o dono. O dono era Simão, filho de Jonas, que, apesar de já fazer parte do séquito do Rabi, voltava de quando em quando ao seu ofício.

— Afasta-te um pouco da terra — pediu-lhe Jesus.

O pedido foi atendido imediatamente, e, livre de repelões, por entre o murmúrio suave das águas que acompanhavam as suas palavras sem as sufocar, Jesus continuou a instruir o povo aglomerado junto à praia.

A pesca milagrosa

Quando acabou de falar, olhou para Simão e disse-lhe:

— Dirige-te para o meio do mar e lançai as vossas redes para pescar.

Simão pôs cara de estranheza e respondeu:

— Mestre, trabalhamos a noite inteira e nada apanhamos; mas, fiado na tua palavra, lançarei a rede.

Cônscio da sua experiência, ter-se-ia rido de semelhante proposta nos lábios de outro pescador; mas era Jesus quem mandava, e ele obedece sem vacilar.

E à obediência segue-se o prodígio. Lançaram a rede à água — uma rede grande, dessas que caem verticalmente — e, pouco depois, as boias de cortiça que sobrenadavam começaram a agitar-se bruscamente e foram arrastadas para baixo. Era um bom sinal. Simão e André seguram as extremidades e esforçam-se por tirar a rede da água; a barca trepida e arfa. Um grito de socorro, um grito de júbilo. Tiago e João chegam com a sua barca para ajudar os companheiros. Rechinam as cordas tensas e a rede parece que se vai romper. Um último esforço, a rede fica entre as duas barcas e esvaziam-na pelos dois lados. O peso é tanto que as barcas quase afundam, e é preciso alcançar a margem com muitas precauções.

Jamais se vira pescaria semelhante no mar de Genesaré, que tinha, com certeza, as suas alternativas: dias de má sorte e outros em que, com um trabalho de poucos minutos, se enchiam as canastras. Afinal o que é que tinha acontecido? Simão acreditou que se tratava de um fato extraordinário, e a sua opinião era a opinião de um homem que sabia do ofício. Fora de si, sem saber se saltar de gozo ou chorar de gratidão, num arrebatamento doce e amargo ao mesmo tempo, que lhe inspira o conhecimento da sua indignidade, cai aos pés de Jesus e exclama:

— Senhor, afasta-te de mim, que sou um pobre pecador.

Mas Jesus revela-lhe o sentido mais profundo do milagre:

— Não temas: a partir de agora, serás pescador de homens.

O que acabava de acontecer era como que uma misteriosa predição do futuro. Por essa pesca milagrosa, Cristo queria oferecer-nos uma figura do crescimento singular da sociedade divina sob a futura jurisdição de Pedro.

Desde então, os quatro pescadores que tinham sido testemunhas privilegiadas do prodígio compreenderam que estavam destinados a uma missão superior. Já não voltariam a pegar nas redes até que Cristo fosse arrebatado da sua companhia. Dali para o futuro, segui-lo-ão por toda a parte, captando amorosamente as suas palavras, tratando de compreender os mistérios da sua doutrina.

Até então, tinham ganho o sustento trabalhando juntos nas águas do lago. Eram *koinonoi* ou *meíecontes,* na expressão de Lucas — quer dizer, sócios de uma companhia de pesca, à frente da qual devia estar Simão Pedro. O direito de pesca no lago era adjudicado ao melhor licitador, que normalmente seria algum homem importante de Cafarnaum, de Séforis ou de Tiberíades, e este costumava cedê-lo a outros sub-arrendatários mais modestos, que eram os que realizavam as tarefas correspondentes, tarefas rudes e ingratas, que temperavam o espírito e curtiam a carne, acostumando-a a todos os sacrifícios e renúncias.

O lago não era muito grande, mas isso não diminuía o perigo a que se submetiam os que nele navegavam. Pelas fundas gargantas dos alcantis que o emolduram, sopram súbitos e violentos vendavais que vêm do vale do Jordão, e que, ao acometerem de flanco os barquinhos à vela, os põem em perigo de virar. Mas, mesmo com bom tempo, o pescador tem os seus dias maus e as suas contínuas fadigas. O seu corpo, meio nu, curte-se, bronzeado pelo sol e açoitado pelo vento; há noites de labor ingrato e estéril; a barca faz água com frequência, e com mais frequência ainda a rede se agarra às pedras do fundo e reaparece cheia de rasgões.

É, certo que a pesca abunda no lago, mas não é raro que as redes voltem vazias à superfície. E isso acontece várias vezes e até a noite inteira. É preciso ter paciência e resignação. Se a última jornada foi desfavorável, pode ser que a noite seguinte seja melhor. Entretanto, urge limpar as redes do lodo, remendar os buracos e renovar os remos. Já há trabalho de sobra até o cair da tarde, porque é preciso consertar primeiro a rede simples, a que se costuma usar durante o dia, a que se "lança" à água; depois, a rede de arrasto, grande rede de muitas dezenas de metros, cujo manejo requer dois botes com os homens correspondentes; e, finalmente, o "camaroeiro", rede de várias partes, que se desdobram umas atrás das outras e que são como bolsas colocadas a diversas alturas, para que os peixes, espantados pelo movimento dos remos, vão enredar-se nalguma delas.

Tal era a vida daqueles homens que Jesus chamava para o seu lado, a fim de os tornar chefes da escola que queria fundar. Até esse momento, tinham-no seguido com intermitências; dali em diante, não se afastarão dEle um único dia.

Vocação de Levi

"E saiu outra vez em direção ao mar, e toda a multidão foi ter com ele, e ele os ensinava. Quando ia passando, viu Levi, filho de Alfeu, que estava sentado à mesa de arrecadação dos impostos. E disse-lhe: «Segue-me». E Levi, levantando-se, seguiu-o."

Assim nos conta Marcos a vocação do primeiro dos evangelistas, que, como então era frequente na Palestina, tinha dois nomes: Mateus e Levi. Este episódio lembra o dos pescadores do lago, mas o desígnio de Cristo é aqui mais desconcertante. Os primeiros, embora carecessem de formação rabínica, tinham fama de bons israelitas; Mateus, pelo contrário, era um homem desacreditado pela sua própria profissão.

Os publicanos, em Roma, eram ricos proprietários que compravam ao Estado o direito de arrecadar os impostos das províncias; mas os publicanos de que nos fala o Evangelho não tinham essa categoria. Simples subalternos, cobravam, vigiavam e exigiam os tributos em nome das grandes companhias que, por meio desses funcionários, estendiam as suas vastas redes através de todo o Império. Grandes e pequenos, diretores e empregados, todos eram olhados com desprezo e desdém. Ninguém que se prezasse escolhia esse ofício; e, assim, os principais coletores tinham de recrutar a sua gente entre as escórias do povo, entre aqueles que não tinham prestígio a perder nem escrúpulos a inquietá-los. Deviam ser maus elementos, deviam ser — como dizem escritos daqueles dias — lobos e ursos da sociedade. Na Palestina, o cobrador de impostos ainda tinha mais coisas contra si: o pagamento do tributo ao estrangeiro era um ato ilícito, e, portanto, quem colaborava nele vendia-se aos gentios e era tão execrável como eles.

Esta era a ocupação de Mateus naquela cidade de Cafarnaum, centro das contratações que se faziam entre Tiro e Damasco e, como é natural, ponto estratégico para os cambistas e coletores, escritório importante dos publicanos da Galileia. Mas, a uma palavra de Jesus, o futuro Apóstolo deixa o ofício definitivamente.

Quando, sentado à mesa de arrecadação dos impostos — o *telônio* passava recibos e recebia siclos e denários, e, juntamente com eles, as maldições dos contribuintes, era possível que já alguma vez tivesse sentido inveja daqueles aldeões que seguiam Jesus e que, embora pobres e mais ignorantes que ele, eram amados pelo povo. O olhar do Mestre caiu-lhe na alma como uma fagulha em matéria inflamável. E deixou o seu banco para sempre. Dali em diante, o seu trabalho será recolher palavras de vida e amontoar tesouros de verdade. E o fará com tal avidez, com tal amor e com tal humildade, que merecerá a confirmação desse primeiro chamamento quando Jesus estabelecer o colégio apostólico.

Os Doze

Não sabemos com precisão nem o tempo nem o lugar em que Cristo deu esse passo transcendente. Mas não há dúvida de que houve um período de prova entre o chamamento e a escolha dos Doze.

Num dos alegres dias da sua pregação nas imediações do lago, quando a gente do povo vinha à sua procura da Galileia e da Fenícia, da Pereia longínqua e de Jerusalém, quando os enfermos chegavam em tropel, um dia em que Ele mandou preparar uma barca para se livrar dos assédios, ao chegar a noite, desejando evadir-se por algumas horas daquela agitação, subiu a uma das colinas que se erguiam à vista das águas, e ali, sob a noite tépida e luminosa, entre o sussurro de mirtos e azinheiras, ficou em oração até o amanhecer.

Uma vez mais nos falam os evangelistas deste amor de Jesus pela solidão, deste anelo de oração, sob o cintilar do coro das estrelas e longe do ruído das multidões. São as horas da sua mais pura alegria, horas de êxtase, nas quais, como através de tênues véus, todas as criaturas se apresentam aos seus olhos no mar da essência divina, eternamente tranquilo, e, ao mesmo tempo, prodigiosa e ininterruptamente ativo. É então que todo o seu ser se concentra na contemplação do seu destino, que se prepara para as resoluções definitivas, que o invade aquele sentimento inefável em que a alma abarca num ponto todas as horas, e em que uma vida se resume num instante. Necessita dessa concentração no isolamento, diante de seu Pai, para confortar o seu espírito e para meditar na obra que tem a realizar neste mundo; necessita agora dela de uma maneira especial, porque vai criar uma instituição da qual dependerá toda essa obra. Quer pedir luz, força e assistência perpétuas para a Igreja e para os seus futuros chefes.

No dia seguinte, logo de manhã, voltou para onde estavam os discípulos e, de entre eles, escolheu doze, e deu-lhes o nome de "apóstolos". A palavra *apóstolo* é grega e quer dizer "enviado"; em aramaico, *shaluha*. Um mensageiro era um apóstolo; os sinedritas tinham os seus apóstolos para dar a conhecer às comunidades da Diáspora[1] as decisões do grande Conselho; os Profetas tinham sido apóstolos ou embaixadores de Javé. Também os apóstolos de Jesus teriam esse caráter de enviados; mas, além disso, deviam formar uma instituição permanente, que os faria não só portadores, mas também depositários da Boa-nova. Entre os que Ele ia chamar e o resto dos ouvintes havia de estabelecer-se desde então uma diferença fundamental. Aqueles haviam de ser na Igreja o que tinham sido os filhos de Jacó no povo de Israel: os pais da nova geração.

"Veio à sua própria casa — dirá mais tarde o evangelista das elevações teológicas — e os seus não o receberam." Começa a desenhar-se uma tormenta em torno do Profeta de Nazaré. O nevoeiro está longe, mas já se prenuncia a atitude que os fariseus hão de tomar em breve. E, em vista da luta futura, Jesus toma as suas precauções. A sua própria casa há de fechar-lhe as portas; os seus compatriotas hão de repeli-lo. Importava, pois, lançar os alicerces de uma casa mais perfeita, a casa humana e divina que vinha estabelecer. Como a casa de Israel, também esta havia de ter doze chefes à frente dela. A era passada não era mais que um símbolo do novo tempo. Tanta importância tem esse número sagrado que nem a traição de Judas poderá romper a sua íntima harmonia; outro apóstolo divinamente designado virá substituir o traidor.

---

1 *Diáspora* significa "dispersão". Assim se chamavam as comunidades judaicas espalhadas por todo o mundo antigo desde o século VII a.C., sobretudo em Alexandria, no Egito, nas cidades gregas e romanas, na Babilônia e na Pérsia, e até na China (N. do E.).

Já conhecemos os nomes de alguns dos que foram elevados a tão alta dignidade; outros aparecem agora pela primeira vez. São eles: "Simão, que veio a chamar-se Pedro, e André, seu irmão; Tiago e João, Filipe e Bartolomeu, Mateus e Tomé, Tiago, filho de Alfeu, Simão, chamado Zelador, Judas, irmão de Tiago, e Judas Iscariotes, que foi o traidor", A enumeração aparece nos três Sinóticos e nos Atos dos Apóstolos, por ordem sempre diferente. Simão Pedro é sempre o primeiro da lista; Judas Iscariotes, o último. Podem-se observar também três grupos de quatro nomes, com a particularidade de que à frente do segundo grupo se encontra Filipe, e à frente do terceiro, Tiago o Menor, filho de Alfeu.

Era decisivo o que, naquela hora eterna, se passava nos campos da Galileia. Aqueles homens eram os designados para receber das mãos do Mestre a missão que Ele tinha recebido de seu Pai. "Como meu Pai me enviou, assim eu vos envio a vós." Por isso é que se chamaram Apóstolos. Todos os bens que Jesus vinha trazer do céu — revelação, graça, vida eterna — passariam para as mãos deles, e, por intermédio deles, a nova sociedade que Cristo ia organizar, em vez de ser uma multidão de indivíduos dispersos e isolados uns dos outros, embora animados pelo mesmo espírito, viria a ser um corpo hierárquico, dirigido por pastores que seriam delegados de Cristo como Ele o era de seu Pai.

A sua preparação e caráter

À primeira vista, tudo naqueles homens parecia muito abaixo da sua superior dignidade: mãos calejadas pelo manejo das velas e cordames, rostos crestados pelo sol e pelo vento, corações afeitos a todas as esperas e sacrifícios. Tinham, no entanto, a prudência dos simples; haviam aguardado e pressentido o reino de Deus anunciado pelos Profetas; haviam seguido com avidez as palavras dos pregadores da sinagoga. Quanto à posição social, pode-se dizer que não pertenciam à classe mais baixa, a dos pobres, no sentido comum da palavra; e alguns deles, como Simão e Levi, deviam proceder da classe média dos pequenos proprietários e funcionários.

A sua preparação religiosa e cultural permitia que se interessassem vivamente pelos problemas espirituais. Sentados à porta de casa, meditavam sobre a vinda do Messias e saíam à rua para ouvir os mestres célebres e tomar parte nas discussões que se relacionavam com o interesse nacional. Eram retos e honrados. Sem terem os conhecimentos dos doutores da Lei, não se pode dizer que fossem de todo ignorantes. Embora não descendessem de famílias poderosas, muitos deles podiam viver folgadamente do seu trabalho e do seu ofício. Mateus fora coletor de impostos, Tiago e Judas deixaram pegadas da sua cultura e estilo nas duas epístolas canônicas; Bartolomeu, se é o mesmo que Natanael, como julga a maioria dos exegetas, devia ser letrado; Filipe, que tinha nome helênico, devia conhecer a língua de Atenas, visto que é precisamente a ele que se dirigirão os gregos uns dias antes da Paixão do Senhor.

Ainda que bons israelitas, tinham os seus defeitos, e muito fizeram sofrer Jesus até o dia em que deles se despediu. Pedro, o primeiro de todos, é reto, impulsivo, generoso, embora mais impetuoso que constante; apesar da sua veemência um pouco irrefletida, parece talhado para o mando: atua, responde, interroga, decide com a maior liberdade e com uma superioridade reconhecida por todos. Em contraste com ele, o seu irmão André oferece-nos um perfil diferente: foi o primeiro a encontrar Jesus, mas logo se esconde por trás de uma calma refletida e cheia de sabedoria, dissimulando na sua atitude humilde uma intrepidez indomável. Os filhos de Zebedeu penetraram mais intimamente na amizade de Jesus; também eles são veementes, leais, apaixonados: com uma audácia impensada, reclamam o primeiro posto no Reino e declaram-se dispostos a todos os combates e sofrimentos. Pelo que sabemos de Filipe, podemos imaginá-lo como um coração sincero e pronto a seguir as primeiras insinuações do bem. O seu amigo Bartolomeu, pelo contrário, é desconfiado, embora tenha um caráter cheio de nobreza. Tomé, o Dídimo — "o gêmeo" —, também se nos revela profundamente integrado no ambiente de Cristo, nas poucas vezes em que a sua figura aparece nos relatos evangélicos, mas mostra-se inseguro e relutante quando chega a hora de esperar com fé; contudo, se o seu entusiasmo desfalece até a incredulidade, a sua obstinação acabará numa explosão de fé e de amor.

Tudo isto nos revela uma coisa: que Cristo não tinha interesse em confiar a sua obra a homens cultos ou de alta posição social; queria, antes, homens de coração, dóceis, simples, habituados pela sua vida laboriosa ao trabalho e ao sacrifício. Devia achar neles um abandono absoluto, uma consagração total à missão que lhes encomendava, e estas virtudes, mais do que num homem criado na opulência — lembremo-nos do episódio do jovem rico — ou nos círculos dos doutores da Lei, havia de encontrá-las entre pessoas de condição humilde e modesta.

E escolhe-os agora, no primeiro ano do seu ministério, para os imbuir pouco a pouco do espírito da vocação a que eram chamados; para os transformar mercê de uma influência lenta e paciente; para depositar nas suas inteligências, por meio de um magistério íntimo e amoroso, a doutrina evangélica.

Quando esta for acolhida com desconfiança pelas turbas, e com ódio pelos doutores e poderosos, a solicitude do Mestre concentrar-se-á sobre essa grei, em cujas mãos quis o Pai pôr o Reino.

PRIMEIRO ENCONTRO COM OS FARISEUS

Em Cafarnaum, continuava-se a falar do Profeta que tinha aparecido naquela terra e das suas andanças pelos povoados das redondezas. Um dia, Jesus voltou à cidade. Voltou de noite, para evitar manifestações ruidosas; mas não pôde impedir que a multidão invadisse e rodeasse a casa onde se hospedou.

Como na Palestina se vive ao ar livre quase o ano inteiro, as vivendas são extremamente simples. São casas térreas, com frequência de um só quarto. O teto é rudimentar: vigas por aplainar e, sobre elas, lenha miúda e palha; por cima, uma espécie de cimento ou simplesmente barro cozido, batido e endurecido ao sol. É um telhado ideal para o tempo de calor, pois conserva bem a temperatura amena do interior da casa e serve, além disso, de secadouro de figos e de uvas, de depósito de lenha e até de sala de estar nas horas tépidas da manhã e da tarde. Ordinariamente, costuma-se subir a ele por uma escada exterior. É verdade que, no tempo das chuvas, corre o perigo de se desfazer; mas nunca falta um rolo para calcar a capa de barro quando começa a amolecer.

Assim era a casa de Pedro em que o Senhor estava alojado. A gente enchia o interior e aglomerava-se à porta. Entre a assistência, via-se também um grupo de escribas e fariseus, que tinham vindo "de todas as povoações importantes da Galileia, da Judeia e de Jerusalém", mais com a intenção de espiar que de aprender.

E Jesus começou a falar. Os ouvintes enchiam o pátio. Em alguns bancos sentavam-se os fariseus e os doutores da Lei. Os três Sinóticos não esqueceram esta cena e no-la pintam com tal precisão que, ao lermos os seus relatos, parece que a estamos vendo. É que eles mesmos tinham consciência de que se tratava de um momento decisivo na história do Mestre.

O paralítico

De repente, ouvem-se vozes estridentes que gritam: "Deixem-nos passar!" A multidão comprime-se alarmada, mas era impossível abrir caminho através daquela muralha de carne humana. Decorrido um tempo, o sobressalto repete-se, mais violento; as crianças berram, as mulheres afastam-se assustadas, todos os olhos se erguem para o teto. Mãos atrevidas abrem nele uma brecha larga, retirando as canas e o barro. Alguns fragmentos caem no interior e aumentam a confusão. "Calma, calma!" — dizem os de cima, e dois deles saltam com habilidade e fazem descer um catre que outros seguram com cordas: nele se encontra deitado um homem de aspecto doloroso, cujos olhos giram à procura dos olhos e das mãos que o podem curar. É um paralítico. Os que o haviam trazido, ao verem que não podiam entrar pela porta, tinham subido pela escada exterior e, chegando ao terraço, não tinham receado causar alguns estragos no casebre do pescador. E acabavam de ter êxito.

O discurso cessa repentinamente com o aparecimento do doente que ali está, diante do pregador, silencioso e confiante. Repara em que uma transformação profunda se está realizando no fundo do seu ser. No rosto de Jesus não leu só carinho, mas também censura. Esqueceu-se da sua doença, para se lembrar sobretudo da sua vida, da sua alma. O semblante reflete-lhe o arrependimento; e a fé que o levou até ali torna-se mais pura, mais desinteressada. A gente olha-o, curiosa, na iminência do milagre. Cristo — pensam todos — vai tocá-lo e ele ficará curado.

E sucede o que menos se podia esperar. Jesus fixa os olhos no paralítico e pronuncia estas palavras misteriosas:

— Meu filho, tem confiança; são perdoados os teus pecados.

Era uma atitude inesperada que em alguns causou decepção, noutros irritação: decepção na turba, que aguardava uma cura repentina; irritação nos doutores da Lei. Estes estavam lá precisamente para vigiar as palavras do novo Profeta. A sua aparição em Jerusalém, alguns meses atrás, tinha despertado a desconfiança dos judeus; depois, a sua palavra revolvera toda a Galileia, e agora os círculos farisaicos da Palestina estavam numa atitude de espreita, intimidando a multidão e coibindo os seus arrebatamentos, dado o grande ascendente que tinham sobre ela.

Já houve quem comparasse esta cena à que outrora se passara no Monte Carmelo, quando o profeta Elias se esforçara por libertar o povo de Israel da influência dos sacerdotes de Baal. Aqui não se tratava de sacerdotes, mas de escribas, de acordo com o testemunho de Mateus e de Marcos; de escribas e fariseus, segundo o Evangelho de Lucas. Já vimos que, no tempo de Cristo, os sacerdotes procediam sobretudo do partido dos saduceus. Os fariseus eram antes um partido popular; a maior parte dos escribas ou doutores saíam do seu seio, de sorte que aliavam ao prestígio da virtude — pelo menos de uma virtude externa — o da sabedoria. Flávio Josefo coincide com os evangelistas quando diz: "Embora os saduceus disponham da fortuna e do favor, os fariseus são mais respeitados. A sua influência sobre o povo é tão grande que podem até opor-se ao rei ou ao sumo sacerdote, e os próprios saduceus precisam que os defendam perante o povo".

O perdão dos pecados

São alguns desses escribas, notáveis pela ciência, que agora espiam Jesus. O pregador acaba de pronunciar uma frase intolerável. Em hebraico, a palavra *het,* isto é, pecado, pode significar a culpa cometida ou as consequências da culpa, entre as quais se considerava, como uma das principais, a doença. É possível que Jesus a tivesse usado nos dois sentidos, mas os doutores da Lei adivinharam logo que se tratava da libertação de uma opressão moral. E escandalizaram-se. Nunca se vira um homem perdoar pecados. Perturbados, coléricos, olhavam uns para os outros. Permaneciam calados, mas nos seus olhares turvos podia-se adivinhar esta pergunta: "Quem a não ser Deus pode perdoar os pecados?" Efetivamente, o homem que assim falava ou era um blasfemo ou um Deus; não havia meio termo possível.

Sábios frios e pouco sinceros têm-se dedicado a estudos sutis sobre uma suposta evolução da consciência da filiação divina em Jesus. Mas quem se recuse a admitir que, substancialmente, Jesus falou sempre da mesma forma a respeito da sua dignidade de Filho de Deus e de Redentor ver-se-á obrigado a suprimir ou a violentar os textos sagrados. A atitude dos fariseus de Cafarnaum não deixa lugar a dúvidas.

Jesus, que tinha provocado o incidente, aceita o dilema dos adversários, disposto a solucioná-lo com toda a franqueza e desenvoltura. Já que é assim que pensam, aí têm a libertação visível da consequência da culpa como prova da libertação invisível da própria culpa. E começa por descobrir o que anda pela cabeça dos doutores: "Por que pensais mal nos vossos corações?" — pergunta-lhes. E acrescenta: "O que é mais fácil dizer: «São-te perdoados os teus pecados», ou: «Levanta-te e anda»?" Não havia escapatória possível.

Mas, se a primeira parte desse dilema não podia ser contestada, não sucedia o mesmo com a segunda. Para sustentá-la, era preciso um milagre. Se o paralítico se levantasse livre da doença, era evidente que Jesus tinha poder para perdoar os pecados, que era Filho de Deus. Os escribas, em boa lógica, deveriam ter-lhe pedido isso; mas têm medo do poder de Jesus e calam-se, O Senhor converte a perplexidade daqueles homens em confusão: "Pois bem, para que saibais que o Filho do Homem tem o poder de perdoar os pecados: «Levanta-te» — disse ao paralítico —, «toma o teu leito e vai para casa»". No mesmo instante, como se essas palavras tivessem devolvido o calor e o movimento às articulações intumescidas, o enfermo levantou-se, tomou a maca em que o tinham trazido e, dando glória a Deus, passou com ela pelo meio da multidão, agitada pelo entusiasmo.

A lição capital deste episódio ressalta com uma evidência imediata. A atitude dos fariseus significava um desafio ao Senhor, e o desafio fora aceito. E não se tratava de discutir uma questão mais ou menos bizantina da casuística rabínica, de saber, por exemplo, se se podia desatar o nó de uma corda aos sábados, mas de devolver os movimentos a um paralítico; com base nisso, de demonstrar que o Filho do Homem podia perdoar os pecados e, portanto, que, em boa lógica, o Filho do Homem era o Filho de Deus.

Diretamente, Jesus só quis apresentar a premissa: cabia aos presentes tirar a conclusão. Demonstrando, pelo seu efeito imediato, a força da sua palavra ao dizer: "Levanta-te, toma o teu leito e anda", provava também que tinha a mesma força ao dizer: "São-te perdoados os teus pecados", embora o efeito fosse invisível. E é interessante observar a prudência de Jesus nesta manifestação do seu poder.

Natã tinha dito a Davi, em nome de Deus, que o seu pecado fora perdoado, mas Cristo não faz uma simples notificação: Ele mesmo concede o perdão por autoridade própria. No entanto, não manifesta claramente donde lhe vem essa autoridade.

A expressão "Filho do Homem" deve ter recordado aos doutores a passagem em que o profeta Daniel fala de "alguém que se aproximava sobre as nuvens do céu, e que tinha a aparência de um filho do homem". Mas, embora isso se aplicasse ao Messias, teria o Messias de ter forçosamente esse privilégio de perdoar os pecados? A questão era objeto de discussão nas escolas rabínicas.

Começa a luta

Começa nesta altura a terrível luta que só terminará com a morte de Jesus. Deve-se observar que, a partir deste momento, fica lançada a afirmação pela qual o hão de condenar à morte. No entanto, a verdadeira origem do conflito residirá em outro aspecto mais humano e chão: os fariseus começavam a ver que Jesus lhes arrebatava a confiança do povo por meio de processos que em parte se pareciam e em parte se diferenciavam dos deles.

Jesus propunha, como princípio de toda a felicidade, o cumprimento da vontade divina; os fariseus, pelo contrário, falavam da observância da Lei mosaica, com todas as declarações, prescrições e tradições acrescentadas por eles. A maneira de ensinar tinha também as suas semelhanças e as suas diferenças. Se os fariseus despertam com exemplos o interesse dos seus discípulos, Jesus usará a brilhante roupagem das parábolas. É de reconhecer que o sistema dos fariseus tinha o seu quê de autenticamente popular. O povo quer fórmulas fixas e princípios luminosos; era isso o que os fariseus lhe davam, e o que Jesus lhe há de dar. Mas o erro dos fariseus consistia em preferir o exterior e formal ao interior, a cerimônia à ética. O dever convertia-se para eles em legalidade, a virtude em rito... Já não importava o amor a Deus e ao próximo, mas os jejuns, os votos, os sacrifícios, as abluções, as franjas, os filactérios. Dessa maneira, a virtude ficava reduzida a uma máscara, a letra matava o espírito, e o formalismo, ao dar mais importância às aparências da santidade do que à própria santidade, transformava-se em fonte de hipocrisia. A oposição entre as duas doutrinas e os dois sistemas devia refletir-se também na vida. Era fatal que os fariseus tivessem que chocar com Jesus.

A luta assumirá na Judeia um caráter diferente do da Galileia. Na Judeia, os fariseus, seguros de si mesmos e contando com o apoio da multidão, empregarão o método das discussões teológicas em torno de problemas relacionados com os pontos fundamentais da Lei ou com os debates que então inquietavam os judeus. Aqui, na Galileia, os fariseus lançam à cara de Jesus as suas violações contra a Lei, e Jesus responde a essas acusações com sentenças bíblicas, frases cortantes e parábolas que encerram tremendos ataques. As diferenças ir-se-ão tomando cada vez mais manifestas e, por fim, a atitude dos contendores será de tal ordem que os fariseus insultarão Jesus, chamando-lhe “samaritano, endemoninhado, blasfemo”, ao que Ele responderá com esta afirmação terminante: “Eu sou o Filho de Deus; vós sois filhos do diabo”.

AS BEM-AVENTURANÇAS

Mateus 5, 1-11; Marcos 3, 7-10;
Lucas 6, 17-19

Tudo na obra de Jesus obedece a um plano sistemático e perfeito, embora por vezes nos seja difícil apanhar o fio que nos há de guiar na história da sua vida. As suas palavras, os seus milagres, as suas manifestações, foram até agora como que uma preparação. É a altura de expor mais amplamente o seu programa. Tudo está disposto para esse passo decisivo, intimamente relacionado com a constituição do colégio apostólico, na ordem da lógica e da cronologia. É como que o complemento, a natural consequência daquela escolha transcendente.

Os escolhidos — discípulos prediletos — precisavam de um resumo da doutrina do Mestre. Apesar do afeto que sentiam por Ele, deviam fazer uma ideia bastante confusa do seu pensamento, de modo que se teriam visto em apuros caso encontrassem um escriba desejoso de conhecer a doutrina de Jesus.

Tinham-no visto fazer milagres, tinham-no ouvido pregar como quem tem autoridade, sentiam-se atraídos e dominados por Ele e amavam-no cordialmente. Mas o título de cooperadores passava a exigir deles uma informação doutrinal mais exata. Por sua vez, o povo, que devia ter uma ideia muito vaga do que Jesus ensinava e pretendia, também tinha necessidade dessa exposição. A própria hostilidade dos fariseus, cada dia mais evidente, aconselhava a anunciar um programa que limitasse os campos e definisse as respectivas posições. Era fácil ver que Jesus "não ensinava como os escribas". Mas em que consistiam as diferenças? Qual era a verdadeira novidade do pregador galileu? Até que ponto vinha Ele eliminar a teologia rabínica? Era um revolucionário que ia deitar por terra a Lei antiga? Eis algumas das razões que motivaram o famoso discurso que começa com as Bem-aventuranças.

Jesus encontra-se outra vez num monte, sem dúvida um dos promontórios que se elevam sobre a superfície do lago, nas proximidades de Cafarnaum. Acaba de descer do cimo, e os discípulos correm para Ele. O encontro foi numa das planícies cobertas de relva, que se iniciam no flanco da colina. Diante dEle, na primeira fila, estão os Doze que acabam de ser escolhidos para viver na intimidade do Mestre; mas há também uma grande massa do povo, vinda de toda a Palestina "para ouvir e conseguir a cura das suas doenças". Tal é o público que Jesus tem diante de si nesse dia memorável; público heterogêneo, que procede de todas as regiões próximas, por onde a sua fama se estendeu com essa rapidez própria do mundo semítico. Uns vieram da Judeia e da Idumeia, outros pertencem à zona helenizada da Decápole, situada a oriente; outros da franja ocidental, dos centros mediterrâneos da Fenícia pagã.

O Sermão da Montanha

O discurso chegou até nós em duas redações diferentes: a de Mateus, mais completa, e a de Lucas, mais clara e mais conforme com o nosso espírito ocidental. Nem uma nem outra nos dão uma reprodução estenográfica das palavras de Cristo: não passam de um resumo, onde só aparecem os traços capitais. Mesmo assim, encontramo-nos perante um tesouro incomparável de sabedoria e de moral religiosa, no qual todos os séculos verão a pérola dos discursos evangélicos. Não há sentença nem palavra que não traga o selo da originalidade, da verdade absoluta, da concepção mais sublime, do sentimento mais admirável. Assim se exprimia, não há muito, um protestante, e todos sabemos que a maior parte das sentenças do Sermão da Montanha se tornaram máximas proverbiais, sem que por isso tenham perdido um átomo do seu valor. Não se trata da última palavra de Cristo, mas da introdução ao Evangelho; é o manifesto em que o Senhor propõe as bases do seu programa moral, mediante a doutrina dos deveres e recompensas.

Para o compreendermos plenamente e não nos extraviarmos na sua interpretação, urge ter em conta o estilo literário dos povos semitas. Jesus falou na linguagem do seu país e do seu tempo, linguagem rica em imagens, amiga de provérbios e afeiçoada a uma ordenação lógica muito diferente da nossa. Esse estilo torna mais expressivo o conteúdo, mas muitas vezes poderia induzir-nos em erro se o interpretássemos de maneira demasiado literal. São muito orientais, por exemplo, expressões como estas: "Se a tua mão te escandaliza, corta-a e lança-a para longe de ti", e "A quem te ferir numa face, apresenta-lhe a outra".

Os ouvintes de Jesus sabiam o que isso queria dizer; qualquer discurso lhes teria parecido insípido sem hipérboles dessa espécie, que eles entendiam no seu verdadeiro valor. Além disso, não há discurso que tenha sabor para um oriental se cada conceito não é repetido várias vezes, se cada ideia não se torna sensível graças ao emprego de figuras e comparações, se os seus diversos aspectos não são apresentados em frases paralelas, cujo ritmo permita gravá-los mais facilmente no espírito dos ouvintes. Para inculcar uma verdade, um orador popular terá de expô-la várias vezes sob diversos ângulos e, além disso, apresentá-la numa série rica de comparações e exemplos, sobrepostos uns aos outros. Encontramos um claro exemplo disto nos paradoxos com que se inicia o Sermão da Montanha e que são como que o seu maravilhoso pórtico: é o que na poesia bíblica se chama o paralelismo antitético.

Mateus apresenta-nos oito bem-aventuranças, pois a nona não é mais do que uma repetição ampliada da anterior; Lucas só revela quatro, mas depois de cada uma vem um *ai!*, uma maldição, que se opõe à bem-aventurança indicada. E é interessante notar que a promulgação da lei mosaica também foi acompanhada desta sucessão alternada de anátemas e bênçãos.

O novo caminho da felicidade

Sentado na relva, "Jesus abre a boca e ensina: Bem-aventurados os que têm um coração de pobre, porque deles é o reino dos céus".

O objeto do sermão será fixar as bases da verdadeira justiça, e irá opor um espírito novo ao antigo espírito judaico, uma nova lei à antiga lei mosaica, que em parte será abolida e em parte aperfeiçoada. Há uma correspondência íntima entre o Sinai e o monte do Evangelho, entre as doze tribos e os doze Apóstolos, chefes do futuro povo de Deus, entre as

Bem-aventuranças e as promessas que Moisés faz aos que observarem os preceitos divinos.

Não obstante, logo a partir das primeiras palavras aparece a diferença entre os dois testamentos. Trata-se, quer num, quer noutro, de conseguir a felicidade, mas os meios serão diferentes. Já nos séculos da Antiga Aliança se suspirara pelas oito recompensas que Jesus vai assegurar agora: o reino, a terra prometida, o consolo verdadeiro, a plena consecução de todas as aspirações, a última misericórdia que virá acabar com todos os males e oferecer todos os bens; a visão de Deus, fonte de toda a alegria; a perfeição da nossa adoção divina e a glória do reino dos céus. Mas sequer era possível imaginar quem seriam os que mereceriam esses bens: os pobres, os aflitos, os mansos, os famintos, os misericordiosos, os puros, os pacíficos, os perseguidos. O homem antigo, mesmo no povo de Israel, procurava a riqueza, o gozo, a estima, o poder, e considerava tudo isso como fonte da felicidade. Jesus traça um caminho diferente. Exalta e abençoa a pobreza, a doçura, a misericórdia, a pureza e a humildade. É a distância infinita que existe entre as virtudes cristãs e as virtudes judaicas.

Ao ouvir tais palavras, os circunstantes ficam desconcertados, assombrados, surpreendidos. Jamais semelhantes ideias lhes tinham passado pela cabeça. Os evangelistas falam-nos de uma espécie de feitiço, de um enlevo que foi como que o despertar de um letargo e que os obrigou a reconhecer que tudo aquilo era verdade.

Muitos, sem dúvida, sentiram uma profunda decepção. Pertenciam à classe dos oprimidos, dos que pareciam fatalmente destinados ao trabalho e à miséria, aos quais os fariseus chamavam com desprezo *am-ha-arez,* “povo da terra”, agricultores condenados a uma vida de sacrifícios e renúncias: imprevistos do tempo, colheitas raquíticas, violências do *asjar* ou arrendatário do dízimo, o tributo do Templo, o imposto para Roma, as arbitrariedades dos oficiais do rei Herodes... E, ainda por cima, para tornar mais difícil a vida, havia o estrangeiro brutal que se atrevia a espezinhar a terra prometida por Deus aos descendentes de Abraão, a profanar o Templo com a abominação dos seus emblemas militares e a impor o jugo da servidão aos adoradores de Javé.

A exasperação acendia os ânimos, o espírito de vingança transmitia-se de geração em geração, e era tamanha a ânsia com que se aguardava o fim de tudo aquilo que se aplaudia o aparecimento de qualquer charlatão entusiasmado, e qualquer exaltado podia ter a certeza de passar por profeta. Enquanto Jesus trabalhava silenciosamente em sua casa de Nazaré, falsos Messias tinham comovido o país e ludibriado mais uma vez os seus habitantes. Fora o caso daquele Teudas, que prometera aos adeptos passar o Jordão a vau, qual Josué em outro tempo, como prova do começo da restauração do reino de Davi; e daquele egípcio, ainda mais louco, que reunira um exército no deserto e o levara ao Monte das Oliveiras, com a promessa de que, à primeira palavra sua, cairiam por terra os muros de Jerusalém.

Mas agora chegava Jesus, que curava as enfermidades, domava os elementos, perdoava os pecados, subjugava as vontades. Quem, senão Ele, podia levar a bom termo a obra da libertação? Não seria verdade que aqueles doze discípulos, doze pilares que Ele acabava de separar da multidão, tinham a missão de comandar os exércitos destinados à gloriosa empresa?

A felicidade na tribulação

Todos esses sonhos se desfazem com a primeira palavra. Jesus pode livrá-los de todas aquelas tiranias, grandes e pequenas, mas não o fará. Deixá-los-á na sua indigência, na sua opressão, no seu pranto, mas ajudá-los-á a suportar tudo com alegria e a ser felizes no meio do sofrimento. "Bem-aventurados os que choram... Bem-aventurados os que têm fome e sede de justiça... Bem-aventurados os que praticam a misericórdia, enquanto os outros riem e gozam..."

Não se trata de jogos de palavras, nem de puros paradoxos, mas de realidades profundas, ao alcance de todo aquele que quiser fazer generosamente a experiência. Os exemplos repetir-se-ão constantemente na história do cristianismo: basta uma vontade firme para conquistar essa felicidade. "Sereis bem-aventurados — acrescenta Jesus, atingindo com as suas máximas o cume do inesperado — quando vos injuriarem, e vos perseguirem, e falarem mal de vós, mentindo, por minha causa. Alegrai-vos e exultai, porque será grande a vossa recompensa nos céus: assim perseguiram os profetas que vieram antes de vós".

O pensamento fundamental que Jesus queria inculcar nos ouvintes era este: só o servir a Deus torna o homem feliz. No meio da pobreza, da dor, do abandono, o verdadeiro servo de Deus pode dizer, com São Paulo: "Transbordo de alegria em todas as minhas tribulações". E, pelo contrário, um homem pode ser infinitamente desgraçado ainda que viva na opulência e desfrute de todos os gozos da terra. "Ai de vós, ricos, porque já recebestes a vossa consolação! Ai de vós, os que agora estais saciados, porque chegará o dia em que havereis de ter fome! Ai de vós, os que agora rides, porque gemereis e chorareis! Ai de vós, todos os que sois aplaudidos pelos homens, porque assim faziam os pais deles com os falsos profetas!"

Não se trata, portanto, de dominar a terra, nem de fazer frente aos romanos, nem de revolucionar o mundo violentamente, mas de alimentar um ideal diferente de felicidade. Foi para isso que Cristo escolheu os Apóstolos. A sua missão não consistirá em empunhar a espada e capitanear legiões, mas em ensinar aos povos essas virtudes que Jesus acaba de enunciar, começando eles próprios por praticá-las heroicamente. Receberam a verdade e devem responder por ela diante de todos os homens:

"Vós sois o sal da terra. Se o sal se desvirtua, como salgá-lo outra vez? Para nada serve, senão para ser lançado fora e pisado pelos homens. Vós sois a luz do mundo. Não se pode esconder uma cidade situada no alto de um monte nem se acende uma luz para colocá-la debaixo do alqueire, mas sobre o candeeiro, para que alumie todos os que estão em casa. Assim brilhe a vossa luz diante dos homens, a fim de que vejam as vossas boas obras e glorifiquem o vosso Pai que está nos céus".

Vemos aqui uma sequência de metáforas, muito do gênio oriental, para inculcar uma mesma ideia — sal da terra, luz do mundo, cidade situada no alto de um monte: tudo tem o mesmo sentido. Os Apóstolos espalhar-se-ão pela terra para a purificar, para a iluminar, para serem normas vivas do programa que agora se traçava em frente do lago de Genesaré. A missão que lhes toca é sublime, mas ai deles se se acovardarem, se forem infiéis à sua vocação e se, por vacilarem no seu ânimo, se converterem em motivo de ruína e de extravio para os homens que têm de salvar!

לא תגנב
שקר

MOISÉS E JESUS

Mateus 5, 17-48; 6, 16; 7, 1-20;
Lucas 6. 46-47

O Sermão da Montanha começara com uma nitidez intrépida: o fim da vida, a felicidade outrora prometida, mas não neste mundo, como imaginavam os israelitas, porém no outro; nem procurada na satisfação dos desejos naturais e legítimos do homem, mas sim graças à privação deles, generosamente aceita. Na Lei de Moisés, em toda a economia do Antigo Testamento, as recompensas eram concedidas já nesta vida, como consequência do cumprimento do Decálogo, comunicado no alto do Sinai. Para as granjear, bastava uma virtude medíocre, imperfeita, interessada, egoísta. Mas eis que Jesus propõe um ideal de perfeição superior e, até certo ponto, oposto à psicologia daquele povo de dura cerviz. É certo que não nega o galardão, como quis uma filosofia ambiciosa e estéril, mas adia-o para o atribuir com toda a veracidade e e em toda a plenitude. O espírito tradicional do ensino rabínico estava muito longe de ser esse.

O público deve ter reparado nisso, visto que Jesus se dispõe a rebater uma acusação anteriormente lançada contra Ele pelos fariseus. "Não — continua a dizer —, não julgueis que vim abolir a Lei ou os profetas; não vim aboli-los, mas levá-los à perfeição. Na verdade vos digo que, enquanto durarem o céu e a terra, não deixará de se cumprir a menor letra ou traço da Lei. Quem violar um dos seus preceitos, por mínimo que seja, e assim ensinar aos homens, será chamado muito pequeno no reino dos céus; mas quem os praticar e ensinar será chamado grande no reino dos céus".

Os Livros Sagrados ficarão de pé: é isto o que Jesus quer dizer ao afirmar que não veio abolir a Lei nem os profetas. E não só ficarão de pé, como háo de ter o seu coroamento: a revelação será iluminada e completada; a profecia, cumprida; a moral, dignificada pela infusão de um espírito novo; e o elemento figurativo do ritual, realizado por meio de uma liturgia mais digna de Deus. Longe de desaparecer, a Lei de Moisés ganhará uma nova vida e as próprias tradições e elucubrações dos fariseus ganharão alma. Com esta declaração, Jesus tranquilizava os ânimos dos seus discípulos e, além disso, respondia às calúnias dos inimigos.

Mas passa logo a seguir a uma exposição na qual, ao mesmo tempo que desafia o imenso prestígio dos fariseus, põe em evidência, mercê de diversos exemplos, tudo o que havia de imperfeição, de formalismo, de obstinação, de cegueira e de egoísmo na devoção daqueles doutores hipócritas. A partir desse instante, pode-se considerar definitiva a ruptura.

A Lei aperfeiçoada

Para começar, uma afirmação rotunda: "Se a vossa justiça não for maior que a dos escribas e fariseus, não entrareis no reino dos céus". E seguem-se as provas.

Jesus escolhe cinco questões, nas quais salta aos olhos a superioridade da nova lei em relação à legislação mosaica, interpretada pelos fariseus: o homicídio, o adultério, o perjúrio, a vingança e a atitude a respeito do próximo. Jesus não só se dispõe a rever a interpretação dos doutores, mas também se arroga o direito de reformar a própria legislação mosaica, para fazê-la voltar ao plano primitivo de Deus.

"Ouvistes que foi dito aos antigos: «Não matarás; aquele que matar será condenado em juízo». Mas eu vos digo: Todo aquele que se irar contra seu irmão será réu de juízo. Quem chamar *raca* (estulto) ao seu irmão será levado à presença do Sinédrio, e quem lhe chamar *renegado* será réu do fogo do inferno.

"Ouvistes que foi dito aos antigos: «Não cometerás adultério». Mas eu vos digo: Todo aquele que olhar com cobiça uma mulher já cometeu adultério com ela no seu coração. Se o teu olho direito te serve de tropeço, arranca-o e lança-o para longe de ti; porque é melhor perderes um dos teus membros do que todo o teu corpo ser atirado ao fogo do inferno. E se a tua mão direita é para ti ocasião de queda, corta-a e lança-a para longe de ti; porque é preferível perderes um membro a que todo o teu corpo seja atirado ao fogo do inferno.

"Ouvistes que foi dito aos antigos: «Não perjurarás». Mas eu vos digo que não jureis de maneira nenhuma: nem pelo céu, porque é o trono de Deus; nem pela terra, porque é o escabelo dos seus pés; nem por Jerusalém, porque é a cidade do grande Rei. Também não jures pela tua cabeça, porque não podes tornar branco ou negro um só cabelo. Seja, pois, o vosso modo de falar: sim, sim, não, não, porque tudo o que passa disto procede do Maligno.

"Ouvistes que foi dito aos antigos: «Olho por olho, dente por dente». Mas eu vos digo que não resistais ao malvado. Se alguém te ferir na face direita, oferece-lhe também a esquerda;

e a quem quiser entrar na justiça contra ti, para ficar com a tua túnica, cede-lhe também o manto; e a quem te obrigar a andar mil passos com ele, acompanha-o em dois mil.

"Ouvistes que foi dito aos antigos: «Amarás o teu próximo e odiarás o teu inimigo». Mas eu vos digo: Amai os vossos inimigos e orai pelos que vos perseguem, para que sejais filhos do vosso Pai celestial, que faz nascer o sol sobre bons e maus e chover sobre justos e injustos. Se amais somente os que vos amam, que recompensa tereis? Não fazem isso os publicanos? E se saudais somente os vossos irmãos, que fazeis de extraordinário? Acaso não fazem o mesmo os gentios?"

Supremacia do amor

Com esse acento cheio de autoridade promulgava Jesus as normas fundamentais da nova Lei. O Decálogo mosaico era a base, mas sobre ele se erguia um edifício moral de maior pureza e de mais elevada perfeição. A Lei antiga proibia o homicídio; o Evangelho castiga também a cólera, que pode ser fonte de homicídio. Uma palavra injuriosa pode agora ser castigada com a *geena,* nome que Jesus dá ao inferno, tirando-o de um vale próximo de Jerusalém onde se queimavam as imundícies e os animais mortos. A caridade fraterna será um dos pontos centrais da nova Lei, mais importante que a oração ou o sacrifício. "Se chegares ao altar e, no momento de apresentares a tua oferenda, te vier à memória que teu irmão tem alguma queixa contra ti, deixa a tua oferenda e vai reconciliar-te com o teu irmão."

E o elogio da caridade termina com o preceito do amor aos inimigos, paradoxo sublime, que deve ter causado a mais funda surpresa em alguns ouvintes para os quais o amor ao próximo não ia além dos limites de Israel. Daí em diante, ficavam condenados os terríveis ódios nacionais que tinham inspirado muitos dos poemas do Antigo Testamento, bem como os rancores familiares, tão arraigados naqueles povos semitas, onde os municípios e as parentelas se assemelhavam a um corpo com muitos membros.

Muitos, decerto, devem ter meneado a cabeça ante um ideal de perfeição que parecia exceder todas as forças da natureza: mas Jesus os interrompeu com uma frase que exprimia o pensamento central do seu discurso: "Sede perfeitos, como o vosso Pai celestial é perfeito".

A esmola, o jejum e a oração

Penetrando mais intimamente na prática da vida, Jesus passa a fazer a crítica da piedade judaica examinando os três exercícios mais importantes que os mestres recomendavam: a esmola, o jejum e a oração. À sua intenção é, sobretudo, convencer os discípulos da necessidade de uma virtude interior. Para isso, começa por assentar este princípio: "Guardai-vos de fazer as vossas boas obras diante dos homens para que eles vos vejam; de outra maneira, não tereis recompensa junto do vosso Pai que está nos céus". É um princípio que deve dominar toda a vida religiosa. Jesus vai aplicá-lo a três deveres fundamentais, numas frases que são outros tantos golpes contra a piedade farisaica.

Primeiro, a esmola: "Quando deres esmola, que a tua mão esquerda não saiba o que faz a direita, para que a tua esmola permaneça em segredo; e teu Pai, que vê até o mais oculto, te recompensará". Jesus ataca o exibicionismo, que estava muito estendido no seu tempo. Nas reuniões das sinagogas, costumavam recolher-se doações em favor dos necessitados, e sucedia com frequência que alguns, com o fim de conseguir um assento nas tribunas de honra, prometiam grandes somas que depois não davam; o que lhes importava era figurar como homens religiosos. Portanto, as suas boas obras não mereciam nenhuma recompensa ulterior. Essa atitude recorda-nos, por contraste, os milhares de recibos escritos em grego que se vêm desenterrando constantemente nas areias do Egito, com esta palavra ao pé: *Apejo,* isto é, pago.

Mais relevante é o quadro em que Jesus expõe a sua doutrina sobre a oração: "Quando orardes, não façais como os hipócritas, que gostam de orar de pé nas sinagogas e nas esquinas das ruas para serem vistos. Em verdade vos digo: já receberam a sua recompensa".

É uma cena arrancada da realidade. Ainda hoje a podemos observar nas cidades do Oriente: chega um indivíduo à estação da estrada de ferro, ao cruzamento de uma rua, debaixo de um arco, tira as sandálias, sobe a um banco e começa a fazer inclinações e prostrações e a mascar palavras bíblicas ou alcorânicas — como nos tempos de Cristo, sem tirar nem pôr. Os escribas discutiam com toda a seriedade o que se devia fazer quando alguém, estando em oração, era saudado por um amigo na rua.

Jesus repreende essa espécie de oração, cheia de ostentação e vaidade, recomenda a simplicidade, o recolhimento e a confiança filial: "Mas tu, quando quiseres orar, entra no teu quarto e, com a porta fechada, ora a teu Pai em segredo; e teu Pai, que vê mesmo o mais recôndito, te recompensará".

Por fim, a questão do jejum oferece a Jesus mais uma ocasião de atacar outro abuso, que tirava valor aos atos mais meritórios.

Embora Moisés tivesse prescrito unicamente o jejum anual da expiação, os fariseus devotos jejuavam dois dias por semana. Como um oriental faz sempre corresponder uma manifestação exterior a qualquer ato interior, chegavam a acumular numerosos sinais de aflição e de tristeza, como usar um cilício, cobrir-se de cinza e abster-se de unguentos e perfumes. O espirito farisaico fez com que os atos exteriores passassem a ser os principais. Já os Profetas tinham protestado contra essa tendência exorbitante, que Cristo condena agora com palavras definitivas: "Quando jejuares, perfuma a tua cabeça e lava a tua cara, para que os homens não vejam que jejuas e só Deus o saiba. E teu Pai, que vê as coisas mais secretas, te recompensará por isso".

Discrição

É a pureza de intenção, a sinceridade, o amor, que dá valor aos atos. O discípulo de Jesus deve compreender que a realidade da vida religiosa tem uma profundidade que não pode ser julgada unicamente pelas aparências. As obras não são mais do que manifestação dessa intenção íntima. Por isso, só Deus pode julgá-las; e este pensamento deve servir para nos livrar do espírito crítico e da autocomplacência: "Não julgueis, e não sereis julgados. Pois com o juízo com que julgardes sereis julgados, e com a mesma medida com que medirdes sereis medidos. Por que vês a palha no olho de teu irmão e não vês a trave no teu? Ou, como podes dizer a teu irmão: «Deixa-me tirar a palha do teu olho», quando tens uma trave no teu? Hipócrita! Tira primeiro a trave do teu olho, e então poderás ver como tirar a palha do olho do teu irmão".

Era uma lei para todos. Antigamente, o preceito do amor só obrigava entre parentes, amigos, vizinhos, concidadãos e compatriotas. Para um judeu, era esse o próximo. A partir de agora, todos os homens passam a ser o próximo, porque todos têm um mesmo Pai no Céu; e com todos se há de observar a regra de ouro em que Jesus nos oferece a mais alta expressão da abnegação cristã: "Tudo o que quiserdes que os outros vos façam, fazei-o vós a eles. Nisto consistem a Lei e os profetas".

Mas a caridade não invalida a circunspecção. Cada frase do Sermão da Montanha fora uma revelação; muitas outras se haviam de seguir durante os dois anos restantes de vida apostólica. E incumbiria a todos os cristãos — não somente aos Doze — a missão de guardar essas divinas verdades. Mas que tomassem cuidado, não as fossem entregar aos indignos: "Não lanceis as coisas santas aos cães nem atireis as vossas pérolas aos porcos". Não podia encontrar imagem mais forte para designar os que haviam de utilizar o cristianismo como instrumento de perdição própria e alheia. Para os judeus, o cão e o porco eram dois animais imundos; mas é provável que muitos dos ouvintes, ao escutar essa advertência, pensassem nos fariseus.

Do que não havia dúvida era de que se dirigiam aos fariseus as palavras seguintes, em que se vê um esforço para assegurar o fruto de um discurso exposto a todas as réplicas e contradições: "Guardai-vos dos falsos profetas, que vêm a vós disfarçados de ovelhas, mas por dentro são lobos rapaces. Pelos seus frutos os conhecereis: porventura se colhem figos dos espinhos ou uvas dos abrolhos?" Eis o sinal para reconhecer os falsos profetas: os frutos. Os protestos de fidelidade, as orações, as profecias, os milagres não servem para nada se desacompanhados de boas obras: "Nem todo aquele que me diz: «Senhor, Senhor!» entrará no reino dos céus, mas aquele que faz a vontade de meu Pai que está nos céus".

Atitude dos ouvintes

O sermão terminou. A assistência tinha-o seguido com uma atenção em que se misturavam a admiração e a surpresa. Mateus tem essa impressão quando nos diz que as turbas estavam maravilhadas. Maravilhadas, mas, ao mesmo tempo, indubitavelmente preocupadas. Poucas vezes um orador apresentara ao seu auditório um programa tão elevado, uma norma de vida tão difícil, com uma inflexão tão viva de autoridade e poder, de energia e grandeza. Cada frase era como um feixe de espinhos. Tudo era paradoxal para o sentir humano: a liberdade na renúncia, a vida na morte, a felicidade no pranto. Jamais se pronunciara um discurso tão impressionante e, se se prefere, tão perturbador. O que antigamente se tinha na conta de negro tornava-se branco, e o que antes se considerava branco passava a ser, não escuro ou amarelo, mas negro. Não há revolução comparável à que este discurso vinha introduzir no mundo.

Já houve quem visse nele o código fundamental ou a suma da doutrina de Cristo; mas, na realidade, não é assim, pois não aborda muitos pontos essenciais do cristianismo. Por isso, mais do que um código, encontramos no Sermão da Montanha o espírito que há de inspirar a Boa-nova, a ideia central, que terá o seu desenvolvimento na exposição futura.

Todo ele é sublime; mas não é inteiramente original. Investigações recentes identificaram vários pontos de contato da doutrina nele exposta com o patrimônio espiritual dos judeus, tanto bíblico como rabínico; a segunda parte, sobretudo, oferece diversas analogias com o *Talmud*[1] e outros escritos hebraicos. Mas mesmo nesses casos descobrimos a incomensurável

1 Compilação da tradição, doutrina, cerimônia e costumes judaicos elaborada entre os séculos II-VI d.C., e que habitualmente se observa com tanto rigor como a própria Lei de Moisés (N. do E.).

superioridade do texto evangélico, animado de um hálito único que torna as suas páginas as mais impressionantes de todos os escritos humanos, precisamente por serem divinas.

Entre a multidão havia, sem dúvida, homens rancorosos, avarentos, agitados pelas paixões, que deviam achar excessiva tão elevada perfeição. Entre aqueles homens com perfil de camponeses e trabalhadores, caras amarelentas, vermelhas e morenas, nas quais a labuta cotidiana deixara a sua marca, roupas sujas, corpos curvados, mãos calejadas, olhos sem ilusões, havia os que pensavam no Messias como a grande possibilidade de serem arrancados à sua prostração e miséria. Não obstante, Jesus contenta-se com dizer-lhes, numa linguagem cheia de imagens, que é preciso procurar uma vida mais profunda, sincera e transparente; que é necessária uma entrega plena ao serviço de Deus; que acabaram as violências externas e as atitudes que só servem para mascarar a alma; que se deve fugir não só do homicídio, mas também da vingança e do rancor; que o adultério é mau, mas o desejo interior pode ser tão mau como o ato; que já não há limites para o amor fraterno, e que a pobreza, a aflição e a humildade são as bases da felicidade.

Última recomendação

É possível que, durante o seu discurso, Jesus tivesse notado alguma palavra, algum gesto, algum indício de protesto; mas, longe de retroceder, despedirá os seus ouvintes com uma leve advertência, que vem confirmar a impressão de dureza e severidade: "Entrai pela porta estreita, porque larga é a porta e espaçoso o caminho que leva à perdição, e muitos são os que entram por ele. Que estreita, pelo contrário, é a porta e que apertado o caminho que leva à vida, e que poucos o acham!" Era como se dissesse: "Não basta ouvir, nem sequer aplaudir; é preciso resolver-se a caminhar".

"Todo aquele, pois, que ouve estas minhas palavras e as cumpre é como um homem prudente que edificou a sua casa sobre rocha: caiu a chuva, vieram as enchentes, sopraram os ventos e irromperam contra aquela casa, mas ela não caiu, porque estava edificada sobre rocha. Mas todo aquele que ouve as minhas palavras e não as põe em prática é semelhante a um homem néscio que edificou a sua casa na areia: caiu a chuva, vieram as enchentes, sopraram os ventos e irromperam contra aquela casa, e ela caiu, e foi grande a sua ruína." Descobria assim o perigo em que haviam de cair muitos ouvintes sem profundidade, que se comoviam com a sua pregação e forjavam a ilusão de que já eram seus discípulos, mas não se mostravam dispostos a resistir aos embates das paixões.

PRODÍGIOS E PERSEGUIÇÕES

Mateus 8, 5; Lucas 7, 1; 8, 1-3

"Quando Jesus acabou de falar ao povo, entrou em Cafarnaum. Havia lá um centurião que tinha um servo a quem estimava muito e que estava à morte."

Tratava-se de um pagão, talvez um romano, oficial de Herodes Antipas. Envergava a clâmide do dominador odioso, pois chefiava a pequena coorte acantonada em Cafarnaum. Os judeus olhavam com desprezo todos os incircuncisos, mas de uma maneira especial esses soldados das tropas auxiliares, formados à romana, cuja presença era como que uma recordação constante da servidão do Povo eleito. Mas esse centurião era um daqueles gentios que, impressionados com a superioridade da religião judaica, se agrupavam em torno das sinagogas com o nome de prosélitos.

Estamos diante de um benfeitor da comunidade hebraica de Cafarnaum e, portanto, de um benfeitor de Cristo, que se servira da sinagoga por ele construída para inaugurar a sua pregação. Interessava-se pelos problemas religiosos do povo dominado e, embora educado numa sociedade cujos sábios escreviam que um escravo é um animal de carga ou uma máquina falante, ele chorava a iminente perda do seu. Velara à sua cabeceira, matara os frangos da casa para alimentá-lo e servira-se de todos os auxílios da ciência médica para obter a sua cura. E agora acode ao último remédio: ao poder do Profeta que acaba de aparecer naquela terra. Confia nele, porque o reconhece depositário de uma virtude que com uma palavra faz fugir a doença e a morte. Como é pagão, sente-se indigno de procurar pessoalmente o prodigioso pregador; mas os amigos, os anciãos do povo de Israel, agradecidos pelas suas liberalidades, fazem-no em seu nome:

— Ele bem merece que lhe faças este favor — dizem a Jesus — porque estima a nossa terra e nos construiu a sinagoga.

Jesus põe-se a caminho, com a intenção de se dirigir à casa onde se encontra o enfermo. Mas o centurião conhece muito bem os costumes judaicos para ignorar que um israelita não pode entrar em casa de um gentio sem se contaminar. É de uma delicadeza extraordinária, de uma humildade profunda, de uma fé admirável. Tudo isto nos revela a prece comovente que dirige ao Senhor e que todos os cristãos hão de repetir até o fim do mundo. Quando o vê já junto dos umbrais da sua porta, exclama:

— Senhor, não te incomodes, pois não sou digno de que entres em minha casa: dize uma só palavra e o meu servo ficará curado.

E, exprimindo com uma rudeza claramente militar a confiança que tem no poder de Jesus, acrescenta: “Eu não passo de um subalterno, e, no entanto, quando digo a um homem «Vem», ele vem; e quando lhe digo «Vai», ele vai”.

O centurião queria justificar a sua deferência aludindo ao espírito do exército. Sabe o que representa o *imperium* que Roma infunde nas suas legiões, a obediência à disciplina. Ele mesmo o exerce com os seus soldados e Jesus pode exercê-lo também com os elementos. Basta-lhe ordenar, que será obedecido.

As surpresas da vida, sobretudo as que revelavam um aspecto moral e espiritual, provocavam na alma de Jesus uma admiração verdadeira. Foi o que lhe aconteceu nesta altura. Admirado com a nobreza daquele homem, volta-se para os que o rodeiam e diz-lhes:

— Em verdade vos digo que nem em Israel encontrei tamanha fé.

E, servindo-se da imagem do banquete com que os judeus costumavam representar o reino dos céus, acrescenta: "Declaro-vos que virão muitos do Oriente e do Ocidente e se sentarão à mesa com Abraão, Isaac e Jacó no reino dos céus, ao passo que os filhos do reino serão lançados nas trevas exteriores".

Segundo os rabis, só os israelitas poderiam sentar-se ao lado dos patriarcas. Mas agora os papéis invertem-se: junto dos patriarcas sentar-se-ão os que tiverem vindo da gentilidade; os descendentes de Jacó, pelo contrário, serão expulsos da sala do festim.

Pelos caminhos da Galileia

De Cafarnaum, Lucas transporta-nos à pequena vila de Naim, na montanha da Galileia, alguns quilômetros a sudeste de Nazaré.

Jesus é um profeta errante. Não aguarda, como faz João, que as pessoas o procurem nas margens do rio; procura-as em aldeias e cidades, nas estalagens e nos pátios sem sol das casas.

Caminha de povoado em povoado, dialoga com o semeador que espalha a semente à beira do caminho, demora-se nas fontes e debaixo das árvores, procura a alegria das colinas nos dias de primavera e detém-se a admirar a brancura do lírio junto do arroio. Vai de um lugar para outro guiado pelo amor, como o proprietário que percorre os seus campos antes da ceifa, como o pastor que procura a ovelha extraviada. Vai repartindo o pão da caridade e da amizade, como irmão dos pobres e de todos os que choram. Acompanham-no os Apóstolos e algumas mulheres que lhe estão particularmente agradecidas e se encarregam das despesas daquela escola ambulante. É uma vida de caravana. Os que a compõem formam uma espécie de família, na qual não falta um princípio de organização e de distribuição de tarefas: é preciso fazer compras, remendar as túnicas dos caminhantes, preparar a comida, remediar as necessidades que surgem sem cessar no seio de um grupo numeroso.

Assim atravessou Jesus as terras da Palestina, durante mais de dois anos, quer no inverno, quer no verão, quando os fundões apareciam cobertos de nardos, anêmonas, espadanas e tulipas, e quando, no restolho silencioso, se ouvia a canção do segador e a conversa sonolenta dos gaveladores, que inclinavam a fronte, queimada pela canícula, para o solo gretado e calcinado.

Pelos caminhos, o grupo encontra burros e mais burros, carregados de molhos, e, de quando em quando, um camelo com o respectivo condutor, que levanta a cabeça preguiçosamente, mastigando entre dentes a saudação habitual: "A paz seja convosco". À entrada das povoações, passa perto das eiras, das altas medas do trigo ceifado, cruza-se com as parelhas de burricos que calcam a messe ou arrastam o trilho, com o jovem que os estimula com uma vara e enche o ar com os seus gritos, com homens de braços robustos que, de forquilha na mão, removem a palha num torvelinho de pó.

Pó no ar e pó no caminho; o sol abrasa e a terra faísca. Os caminhantes acolhem-se à sombra das oliveiras e pedem um pouco de água aos ceifeiros. Ao entardecer, levanta-se o vento do oeste, balouçando os ciprestes e agitando em cintilações de prata os ramos das oliveiras. Nas vinhas, os ramos novos parecem línguas verdes sobre o solo ressequido. A comitiva põe-se outra vez em movimento sob um céu cor de mel. O dia avança. Nas redondezas brilha um povoado envolto nos últimos resplendores do sol. Apressa-se o passo para chegar, embora muitas vezes a noite surpreenda os viajantes no campo e os obrigue a estender-se na erva seca ou em terreno pedregoso, envoltos nas dobras dos mantos. E dormem sob o pestanejar das estrelas, acariciados pelo sussurro das árvores, pelo cantar das cigarras, pelo tilintar dos rebanhos e pelos latidos distantes dos cães.

As noites tépidas e os dias luminosos animam-se com a palavra do Mestre, com a sua presença e o seu olhar amoroso. Isso faz esquecer os calores do verão, as manhãs frias de dezembro e as fadigas dos caminhos. Aquela vida nova põe uma seiva de juventude nos corações dos discípulos, e as coisas têm para eles uma linguagem muito diferente da dos tempos em que lançavam as redes ao lago. A palavra de Jesus soa-lhes por vezes como um comentário da paisagem. Dissera certo rabi: "Aquele que, no decurso de uma viagem, leva na boca a palavra da Lei, e se detém a admirar a magnificência de uma árvore ou a beleza de um vale, perde o direito à vida". Jesus não pensa assim. Para Ele, o livro da Natureza é vida, tal como o livro da Lei, e não crê que os ouvintes percam coisa alguma quando lhes diz, no meio de um discurso: "Olhai os pássaros do céu, contemplai os lírios do campo".

Jesus é muito diferente dos grandes mestres de Israel. Bem o notam os Apóstolos, que o ouvem e observam embevecidos, à espera de um discurso após outro, de uma revelação após outra, de um milagre após outro, certos de que tudo aquilo há de acabar numa apoteose triunfal. A figura do Senhor agiganta-se-lhes de dia para dia; veem-no como que envolto numa luz ofuscante, olham-no com amor e com respeito ao mesmo tempo, pois, embora não saibam positivamente quem é, têm a certeza de que a sua vida encerra um destino formidável. Que alegria para eles ver a multidão suspensa das palavras do orador e sensibilizada pelos prodígios do taumaturgo! Aqueles aplausos, aqueles elogios, aqueles gritos de assombro recaem de certo modo sobre eles; são a sua honra e o seu orgulho. E que íntimo gozo sentarem-se a seu lado à beira do caminho, ao cair da tarde, e fazerem-lhe perguntas como se fosse um pai ou um irmão! O Mestre é tudo para eles. Estão atados a Ele, estão convencidos de que o seu destino é o deles. E, no entanto, nunca se sentiram tão livres como então.

Naim

Rodeado pelos discípulos, Jesus chega desta vez à zona meridional do lago, depois de o cruzar numa barca. Em seguida, caminhando para oeste, em direção a Naim, entra pelas veredas tortuosas que se enroscam nas faldas do Tabor, e ante os seus olhos desdobra-se a planície de Esdrelon, alegre no esplendor dos seus campos floridos e das suas orlas cobertas de anêmonas e gencianas. Perto dali fica Sulam, e é possível que o seu nome lembre aos caminhantes a bela Sulamita, a esposa do Cântico dos Cânticos. Mas evoca sobretudo outra página bíblica, deveras impressionante para aqueles hebreus obcecados por prodígios milagrosos. Fora numa casa de Sulam que o profeta Eliseu se estendera sobre o cadáver de um rapaz, olhos com olhos, boca com boca, mão com mão, pedindo a Javé que lhe devolvesse a vida. E o menino ressuscitara. Como não pensar no velho profeta para o comparar com o Profeta de Nazaré, cujo nome já ressoa por todas as vilas e aldeias da Palestina?

Naim vai agora presenciar um prodígio maior que o de outrora. É Lucas quem no-lo revela, numa página comovente que traz a marca da sua pena, sempre a transbordar de terna compaixão. Devido a umas linhas suas, Naim passará à memória dos homens ligada à recordação de uma pobre mulher desolada. Ainda hoje o peregrino percorre o caminho que Jesus percorreu naquela tarde. Naim, "a bela", ainda existe; é um pequeno aglomerado de casas semiderruídas, de palheiros e alpendres. Alegra-a o Tabor, com os verdes vales que escapam aos seus contrafortes. Entre restos de velhas fortificações e vestígios de sepulcros cavados na rocha, saem ao encontro do viajante uns tantos aldeões de cara turva que falam da vila de outros tempos, visitada pelo profeta Isa, filho de Myriam. Como no tempo de Cristo, sobe-se à aldeia por um atalho que o escarpado terrapleno forma naturalmente: constituía passagem obrigatória para os naimitas, quando desciam à planície ou iam tirar água das cisternas ou se dirigiam ao cemitério, que ainda hoje se pode reconhecer acima do caminho, na direção de Endor.

Jesus chega às portas da vila acompanhado pelos discípulos, rodeado pela turba. Ferem-lhe os ouvidos rumores de multidão e gritos agudos, que mais parecem uivos que soluços. Trata-se de um cortejo fúnebre. À frente vai o rabino, encarregado de dizer o último adeus ao morto. O corpo não tem nada a cobri-lo; junto dele, a mãe, rodeada de parentes, amigos e carpideiras assalariadas. "Foi a mulher — diz o *Talmud* — que trouxe a morte ao mundo; é justo, pois, que as mulheres levem até o sepulcro as vítimas da morte." A vítima é um mancebo.

Tem um lençol à volta dos braços e das pernas; mas pode-se ver o seu rosto juvenil, emurchecido a desoras pela morte.

"Era filho único de uma viúva", diz-nos Lucas, em cujo Evangelho as mulheres têm um lugar de honra. Como medir tudo o que aquele filho representava para a pobre mãe? "Vendo-a — diz o Evangelho — Jesus compadeceu-se dela e disse-lhe: «Não chores»", repetindo umas palavras que certamente a pobre viúva ouvira muitas vezes naquele dia, mas que na boca de Jesus tinham uma eficácia inesperada. E, sem esperar que lhe suplicassem, sem pedir um ato de fé, como fazia costumeiramente, o Senhor aproximou-se e tocou o esquife. Os que o levavam pararam imediatamente. E, no silêncio de uma expectativa profunda, ouviram-se estas palavras que produziram calafrios:

— Rapaz, eu te ordeno: levanta-te.

E o jovem abriu os olhos, endireitou-se, começou a falar, e Jesus — acrescenta Lucas, com extraordinária delicadeza — entregou-o à mãe. Milagre algum produzira na turba impressão tão funda. Os espectadores ficaram como que transidos por esse sentimento de terror religioso que inspira uma aparição divina, e "glorificavam a Deus dizendo: «Um grande profeta surgiu entre nós, e Deus visitou o seu povo»". Lembraram-se de Eliseu; mas, que diferença entre o laborioso milagre do profeta antigo e o gesto do novo, domando a morte com uma só palavra!

A EMBAIXADA DO BATISTA

Mateus 11, 2; Lucas 8, 18

Embaixada do Batista

A fama do milagre de Naim estendeu-se rapidamente "por toda a Judeia e por todas as regiões vizinhas". João, que estava preso, foi informado do acontecimento pelos seus discípulos, que o comentaram nos sentidos mais diversos. Muitos deles seguiam com inveja e receio as atividades do Mestre galileu, cujo prestígio aumentava sem cessar, e alguns chegavam mesmo a considerá-lo um rival importuno. Aproveitando a condescendência do tetrarca, que, se mantinha preso o Batista, era só para o vigiar mais de perto, todos os dias lhe vinham com novos rumores a respeito de Jesus, fazendo as mais apaixonadas apreciações. "Não — deviam dizer-lhe —, o que há de vir não pode ser ele. Enquanto tu sofres num calabouço, ele senta-se à mesa com os publicanos... Tu deste testemunho dele, e ele deixa-te no esquecimento.

É uma grande ingratidão. Se fosse o Messias, já teria reunido todo o povo que o segue para vir libertar-te dos teus inimigos. Além disso, se ressuscita os mortos, por que não faz mais um prodígio e te abre a porta desta prisão? Sim, há muitos que veem nele o grande Profeta que esperamos; mas como podemos ter fé num homem que nunca empunhou a espada, que prega a fraternidade entre todos os homens em vez de pensar na restauração de Israel, e que vive como um pobre entre pobres?"

Tais raciocínios enchiam João de tristeza. Não podia duvidar da missão divina daquele homem sobre o qual vira abrirem-se os céus, mas preocupava-o a sorte de alguns discípulos que tinham posto a sua confiança nele e se recusavam a admitir outro mestre: essas atitudes de crítica e desconfiança deviam deixá-lo exausto. Por outro lado, ele próprio se sentiria desconcertado. Vimos que algumas ações de Jesus tinham surpreendido o seu pai adotivo e mesmo a sua Mãe. E os Apóstolos demorariam a compreender o plano divino do ministério messiânico, a tal ponto que, mesmo nas vésperas de o Mestre subir aos céus, ainda se atreveriam a perguntar-lhe se tinha chegado a hora de restabelecer o reino de Israel.

Não pensaria também o Batista, entre as trevas e os sofrimentos da prisão, que já tardava demasiado a aparição do Juiz que, segundo o seu vaticínio, viria, de forcado na mão, limpar a sua eira? Não ressoaria na sua prisão de Maqueronte aquele grito de impaciência que uns anos mais tarde seria lançado pelo seu discípulo João, desterrado na ilha de Patmos: "Até quando, Senhor, santo e veraz, adiarás o julgamento e te esquecerás de vingar o nosso sangue?"

Quer receber um pouco de luz naquelas trevas do seu cárcere; quer reduzir a oposição obstinada dos seus; quer também dar a Jesus uma nova oportunidade de se revelar ao mundo, de manifestar o caráter do seu Reino. Com esse fim, escolhe dois dos seus discípulos, talvez os mais inflamados contra o novo Profeta, e envia-os a Jesus para lhe fazerem esta pergunta: "És tu o que há de vir ou devemos aguardar outro?" Impaciência, amor profundo, sentimento de uma missão superior — é o que estas palavras revelam; de maneira nenhuma desfalecimento. Pensar outra coisa seria desconhecer por completo o caráter daquele homem que, mesmo preso, continuava a repetir o *non licet* — não te é lícito — que o encerrara na fortaleza.

Uns dias mais, e deixará de existir. Herodíades adestra já a filha no exercício da dança. Em breve Salomé virá com o prato, à procura da sua cabeça. Mas antes ele tem que dar a ultima lição aos seus compatriotas e, ao mesmo tempo, acelerar o aparecimento do Reino de Deus. Tinha nascido para ser o precursor do Messias; não era outra a razão da sua vida. Sentia a cabeça ameaçada e eis que a sua missão não fora ainda coroada com a manifestação solene de Cristo. Muito mais que a inatividade da prisão, atormentava-o aquela expectativa ansiosa que ele próprio despertara nos outros e que era o primeiro a sentir.

Os amigos que o iam visitar falavam-lhe do popular taumaturgo, descreviam-lhe os milagres que fazia, repetiam-lhe as palavras que pronunciava; mas, com grande surpresa sua, via que o Rabi, longe de se apresentar como o Messias prometido, repreendia os que lhe davam esse nome e fugia de que as turbas o considerassem como tal. É possível que, nas horas eternas da prisão, perguntasse a si próprio se já teria terminado a sua missão, se não devia fazer alguma coisa mais para provocar a grande manifestação messiânica. E, por fim, decidiu-se a dar aquele passo, que devia ser útil aos seus discípulos e ao Rabi.

A resposta de Jesus

Os enviados encontraram Jesus perto de Naim, onde acabava de ressuscitar o filho da viúva. As turbas rodeiam-no, mais entusiasmadas que nunca. Falam de fazê-lo rei, querem levá-lo até Jerusalém para o instalarem no trono de Davi. Os doentes das redondezas aglomeram-se à sua volta e olham-no com olhos suplicantes.

Os discípulos de João tiveram que abrir caminho através de uma muralha de cegos, coxos, entrevados, empestados e endemoninhados. Devem ter dito, uma vez mais, no seu interior: "O cortejo não é lá muito régio; o que é que se pode esperar deste homem?" No entanto, tinham de cumprir a sua missão. Aproximaram-se de Jesus e disseram-lhe:

— João Batista enviou-nos para te perguntar: "És tu o que há de vir ou devemos aguardar outro?"

A resposta de Jesus tem uma transcendência enorme para nós. A princípio, não diz nada. Continua a percorrer as fileiras daqueles miseráveis; os seus lábios sorriem aos rostos abrasados pela febre; as suas mãos passam sobre as chagas purulentas; os seus olhos inundam de luz os corações enevoados pela tristeza; o seu hálito cai sobre as feridas como bálsamo de virtude maravilhosa. E os cegos veem, os surdos ouvem, saltam pelo campo os paralíticos que tinham vindo deitados no lombo dos jumentos, e todos gritam frenéticos, com a saúde recobrada.

— Agora — disse o taumaturgo, dirigindo-se aos enviados — ide e contai a João o que vistes e ouvistes: os cegos veem, os coxos andam, os leprosos ficam limpos, os surdos ouvem, os mortos ressuscitam e os pobres são evangelizados.

Já em outras ocasiões Jesus invocara os milagres como sinais com que poderiam reconhecê-lo... "Eu tenho um testemunho maior que o de João", dirá mais tarde. "As obras que meu

Pai me deu para fazer, essas mesmas obras que eu faço dão testemunho de que fui enviado por Ele." Mas nunca semelhante prova revestira um aspecto tão solene como nesta ocasião. Era oferecida ao Batista, ao fruto mais nobre do judaísmo. Jesus recorre às mesmas expressões com que Isaías descrevera os efeitos da aparição do Messias (Is 35, 5; 61, 1), recordando e sublinhando aos discípulos de João o caráter messiânico dos prodígios que acabava de realizar diante deles.

O argumento era suficiente para convencer espíritos de boa vontade. Infelizmente, haveria muitos que, em vez de se submeterem, se obstinariam em não reconhecer a sua evidência ofuscante: já o velho Simeão os tinha antevisto, e Jesus via-os agora em toda a sua miserável perversidade. É a eles que alude, e não a João, na frase que coroa a sua resposta: "Bem-aventurado aquele que não se escandalizar de mim".

Os evangelistas não nos dizem nada acerca da impressão que a resposta de Jesus produziu no prisioneiro. A pergunta levada pelos emissários tendia a conseguir uma declaração explícita, pois o Precursor sabia que Jesus não podia negar em público a qualidade messiânica que reconhecera nEle. Não obstante, a resposta teve o seu quê de inesperado.

Elogio do Precursor

Não sabemos se os enviados de João depuseram os seus receios e antipatias ante a solidez da argumentação de Jesus. Um fato é certo, no entanto: durante muitos anos, um grupo de discípulos do Batista continuou a formar uma seita que resistia a fundir-se com a Igreja incipiente, prolongando a rivalidade nascida em torno do Messias e do seu Precursor. Talvez os emissários estranhassem a frieza com que Jesus mencionara o seu mestre na resposta: nem uma palavra, nem um elogio para ele. E é provável que algum dos ouvintes tivesse chegado a interpretar como uma censura a advertência para que ninguém se escandalizasse com o plano da Redenção. Era preciso dissipar aquela impressão desagradável.

Por isso, logo que os emissários se retiraram — assim, ninguém poderia ver a menor sombra de adulação nas suas palavras Jesus fez do preso de Maqueronte o panegírico mais fervoroso que jamais se fez de homem algum: "Que fostes ver ao deserto? Uma cana agitada pelo vento? Que fostes ver? Um homem vestido de roupas finas? Mas os que vestem roupas finas e vivem luxuosamente habitam nos palácios dos reis".

Evocada por essas insistentes interrogações, surge diante de nós a vida austera do anacoreta. Não era, decerto, uma cana frágil aquele homem coberto de peles que se alimentara de gafanhotos e se apresentara ao tirano para lhe lançar na cara o seu incesto. Não era também um daqueles cortesãos da vizinha cidade de Tiberíades, todos adornados com ricas vestimentas, que os ouvintes de Jesus bem deviam conhecer. É assim que Josefo nos pinta Herodes Agripa, quando, envolto num manto tecido de prata, deslumbrante sob os raios do sol nascente, aparecia aos olhos da multidão que não cessava de bradar: "Eis um deus, não um homem".

Era um espetáculo como esse que o povo judeu fora ver? Não, decerto, mas precisamente o contrário. O que os tinha levado ao deserto fora a presença de um profeta, nem mais nem menos que o Precursor de quem Malaquias dissera: "Eis que envio o meu mensageiro adiante de ti, para que te vá preparando o caminho". E depois dessa citação, Jesus continua: "Na verdade vos digo: entre os nascidos de mulher, não há nenhum maior que João". Este elogio revelava a existência de um selo augusto que distinguia o Precursor dos antigos profetas.

Mas uma coisa é a santidade e outra a grandeza do ministério. O ministério do Batista não fora mais que uma preparação do Reino; João vaticinara a era da graça. Mas os que a possuíssem gozariam de um privilégio superior, pela sua mais íntima união com Cristo, o autor da graça. Por isso Jesus acrescenta: "Mas o mais pequeno no reino de Deus é maior do que ele". João é o laço de união entre os dois Testamentos, situado no limite do Antigo: "Até ele, a Lei e os profetas; depois dele, o reino é evangelizado e o mundo junta-se às suas portas", ou, como se lê em Mateus, "o reino exige força, e os que a exercem arrebatam-no". Jesus pronuncia esta frase transbordante de júbilo na presença das multidões que se apinham ante a porta estreita do Evangelho. "Quem tiver ouvidos para ouvir, que ouça."

Má-fé dos fariseus

Ao pronunciar estas últimas palavras, Jesus deve ter pensado nos fariseus, nos que repudiavam o seu testemunho, como antes tinham repudiado o testemunho de João. Jesus lança-lhes em rosto a sua falta de lógica, o seu orgulho, a sua obstinação. Compara-os a esses meninos caprichosos e descontentes com tudo, que desdenham juntar-se aos companheiros para tomar parte em seus jogos: "A quem hei de comparar os homens desta geração? São semelhantes a uns meninos sentados na praça que gritam uns para os outros: «Tocamos flauta e não dançastes; entoamos lamentações e não chorastes»".

A comparação provinha dos usos do tempo. Os pequenos divertiam-se na praça imitando o que viam fazer a sério as pessoas crescidas: umas vezes, reproduziam os cortejos fúnebres; outras, os regozijos das bodas. No primeiro caso, uns imitavam os lamentos das carpideiras, enquanto outros deviam chorar como se fossem os parentes do defunto; no segundo, uns tocavam ou fingiam tocar flauta, e os demais companheiros deviam dançar, como se fossem os amigos do esposo. Muitas vezes, no entanto, a brincadeira estragava-se porque os que deviam chorar ou dançar não cumpriam o seu papel, dando lugar a uma série de protestos e recriminações. Coisa semelhante sucedia ao Precursor e a Jesus com relação aos judeus.

— Porque veio João, que não comia pão nem bebia vinho, e dissestes: "É um endemoninhado". Veio a seguir o Filho do Homem, que come e bebe, e dizeis: "Eis um glutão e um bebedor de vinho, amigo de publicanos e pecadores".

Mas há, afortunadamente, corações de boa vontade: os Apóstolos, os humildes, os pequenos, todos os que se deixaram impressionar pelo batismo de João e pelo anúncio da Boa-nova: "A sabedoria — termina Jesus — foi justificada pelas suas obras". As obras do Batista e de Jesus atestam que ambos levavam a cabo o que a sabedoria divina tinha determinado para a salvação dos homens.

ANTE OS ESCRIBAS E FARISEUS

Mateus 9, 10; 12, 1; Marcos 2, 15-18;
Lucas 5, 20; 6, 1-5

A sombra do farisaísmo passa a projetar-se constantemente sobre o caminho de Jesus. Assistimos aos primeiros embates, comentamos os sérios golpes assestados contra o ensino tradicional no Sermão da Montanha e tivemos oportunidade de ver a atitude do Senhor perante o estreito formalismo daqueles rabinos, perante o seu orgulho desmedido e o desprezo com que olhavam o povo simples. A ruptura definitiva tinha que se dar fatalmente, e os evangelistas assinalaram com finas pinceladas as suas etapas principais. É fácil, assim, acompanhar a evolução da hostilidade. Fariseus e doutores da lei viam com maus olhos a popularidade crescente do Mestre galileu, e essa era a primeira causa do ódio que lhe tinham, embora alegassem outras razões que, na realidade, não passavam de pretextos: o seu convívio com os pecadores e gente de má fama, o pouco apreço em que tinha o descanso de sábado e o poder que se arrogava de perdoar os pecados.

Tinham-se visto obrigados a conter-se no dia da cura do paralítico, por causa das aclamações entusiásticas da multidão; mas não tardaram a encontrar nova ocasião para manifestar o desgosto com que viam a atuação do Profeta de Nazaré. Foi na altura do banquete que Mateus deu em honra de Jesus, que o acabava de receber na sua companhia.

Juntamente com os Apóstolos, tinham sido convidados muitos dos colegas e amigos do publicano convertido. Era, de certo modo, um banquete de despedida. Os adversários de Jesus, que espiavam do exterior, mostraram-se escandalizados ao vê-lo comer, beber e conversar com os pecadores; para eles, tratava-se de uma falta intolerável. No entanto, não se atreveram a lançá-la na face Jesus, cuja lógica já noutras ocasiões os tinha reduzido ao silêncio. Mas, pensando que poderiam semear a confusão entre os seus discípulos, dirigiram-se a eles e disseram-lhes:

— Como é que o vosso Mestre come e bebe com os publicanos e pecadores?

Os discípulos calaram-se; mas Jesus veio em seu auxílio e repeliu os murmuradores com as suas próprias armas: “Não são os que têm saúde que precisam de médico, mas os doentes”. E acrescentou, aduzindo uma frase de Oseias: “Ide e aprendei o que significam estas palavras: «Quero misericórdia e não sacrifícios». Eu não vim chamar os justos, mas os pecadores”.

Tais frases e tais citações eram uma prova de que, ao desligar-se da tradição rabínica, Jesus se colocava na dos antigos Profetas, que se tinham preocupado mais com a formação espiritual do que com as formalidades rituais.

Os adversários não devem ter ficado muito satisfeitos com a resposta, em que se reproduzia uma sentença profética sumamente perigosa. Se a tomassem ao pé da letra, haveria que suprimir todas as observâncias judaicas. Era, portanto, questionar um ponto de transcendência primordial.

A presença do esposo

Vendo, pois, que as suas insinuações nada tinham conseguido dos discípulos de Jesus, os fariseus trataram de atrair ao seu partido os admiradores de João Batista, que deviam ser numerosos em Cafarnaum. Conseguiram, com efeito, induzi-los a fazer a Jesus esta pergunta insidiosa:

— Por que nós e os fariseus jejuamos, e os teus discípulos não?

Os discípulos de João imitavam, naturalmente, o mestre nas suas austeridades e, por sua vez, os fariseus, além do jejum do dia da expiação, o único imposto pela Lei, gabavam-se de jejuar no segundo e no quinto dia de cada semana. Que pensava o Rabi galileu dessas práticas piedosas?

Na realidade, Jesus dava-lhes muito pouca importância, como os seus interlocutores suspeitavam. No entanto, longe de negar a observação mal-intencionada, justifica-se com uma imagem delicada que, dirigida aos discípulos do Batista, tinha uma força particular. Estes sabiam que, num dos seus últimos testemunhos, o profeta do Jordão tinha comparado Jesus ao esposo, e se tinha comparado a si próprio ao amigo do esposo. Os fariseus, por sua vez, também deviam lembrar-se de que os Profetas tinham usado a imagem de um banquete nupcial para referir-se aos dias de Cristo. Jesus não quer condenar o jejum, mas também não lhe dá o valor que tinha para os fariseus, empenhados em atribuir-lhe uma virtude intrínseca, independente da intenção.

À pergunta dos inimigos responde com outra pergunta: "Acaso os convidados para as bodas podem jejuar enquanto o esposo está com eles? Dias virão, porém, em que o esposo lhes será arrebatado, e então jejuarão". Jesus invoca um argumento ao qual os fariseus nada podiam opor, pois admitiam que "os amigos do esposo estão isentos de fazer oração, de trazer filactérios, e, portanto, de jejuar durante os sete dias das festas nupciais". Aproveita também para anunciar a morte violenta do esposo; era uma profecia da sua Paixão, que deve ter impressionado vivamente os discípulos, visto que os três Sinóticos a reproduziram com as mesmas palavras.

Mas Jesus vai mais longe e serve-se da questão do jejum para expor por meio de duas imagens uma doutrina mais geral: "Ninguém põe um remendo de pano novo numa roupa velha, porque arrancaria mais um pedaço da roupa velha e o rasgão ficaria pior. E ninguém põe vinho novo em odres velhos, pois, se o fizer, o vinho os romperá e se perderá juntamente com os odres; põe-se o vinho novo em odres novos, e assim ambos se conservam".

O sentido da alegoria era claro, embora alguns dos discípulos de Jesus tardassem a compreendê-lo, já que seria esta questão das observâncias que originaria o primeiro dos grandes conflitos internos na Igreja. Introduzir as prescrições farisaicas na escola de Jesus seria fazer o Evangelho em retalhos para remendar o judaísmo. A roupa nova e o vinho novo significavam o Evangelho; os odres velhos e a roupa gasta representavam a lei mosaica. Para saborear a novidade do Evangelho, era preciso esquecer os velhos gostos, sacrificar o antigo, tornar-se uma alma nova. Como hoje.

Expressões e figuras como essas devem ter dado a entender aos partidários da tradição rabínica que aquele Rabi tão popular se tinha colocado resolutamente num campo oposto ao deles. Continuaram, no entanto, a ouvi-lo e a espiá-lo com o propósito de descobrir nEle novos ataques às suas tradições.

A observância do sábado

Essas discussões tiveram lugar em Cafarnaum e arredores, durante o verão do segundo ano da pregação de Jesus. Haviam-se passado oito ou dez meses desde que Ele começara a sua vida e a sua atuação pública na Galileia. Tinham florescido de novo os campos, de novo amadureciam as searas, como quando o Mestre as mostrara aos discípulos, do bocal do poço de Jacó. As multidões continuavam a seguir com entusiasmo o Profeta de Nazaré, mas já os "inimigos" começavam a minar-lhe o terreno. Não perdiam uma só ocasião, não desaproveitavam um só pretexto para desacreditar o seu apostolado. Acusavam-no, sobretudo, de quebrar o descanso do sábado.

Ora, aconteceu que, num sábado, ia Jesus, seguido dos discípulos, por um atalho junto do qual alourava já um trigo quase maduro. Para enganar a fome, os discípulos cortaram algumas espigas e, depois de as esmagarem com os dedos, comeram-nas. Os fariseus, que erravam também por ali, espiando sem dúvida o Senhor, consideraram esse ato um crime intolerável. Não censuravam que Jesus passeasse pelas cercanias da cidade, pois era permitido afastar-se uma milha dos povoados; não se queixavam de um atentado à propriedade alheia, pois, segundo os costumes do Oriente, os viajantes podiam matar a fome servindo-se dos alimentos que lhes ofereciam os campos por onde passavam; aliás, o Deuteronômio permitia-o expressamente. O que os irritava era que os discípulos fizessem o que estava proibido fazer num dia como aquele: "ceifar".

Ceifar era um dos trinta e nove grupos de trabalhos que os fariseus proibiam em dia de sábado, e, de acordo com a sua casuística mirabolante e ridícula, cortar um ramo, apanhar uma folha ou colher um fruto era nada menos que ceifar. Se tinham considerado ilícito comer num sábado um fruto caído espontaneamente da árvore ou um ovo posto por uma galinha, quanto mais haviam de condenar aquela ação deliberada dos discípulos de Jesus!

Jesus poderia tê-los confundido demonstrando a puerilidade dessa interpretação, mas prefere aprofundar na dificuldade até à raiz, provando que a necessidade está por cima de toda a lei positiva. E argumenta com o exemplo de Davi, cuja autoridade era reconhecida por todos:

— Não lestes o que fez Davi e os que o acompanhavam, quando tiveram fome? Como entrou na casa de Deus e comeu os pães da proposição, que não lhes era lícito comer, nem a ele nem aos seus acompanhantes, mas somente aos sacerdotes?

A citação era convincente, e Jesus extrai dela uma consequência de caráter geral, que os inimigos não podiam deixar de aceitar, e que se condensa numa sentença impressionante: "O sábado é que foi feito para o homem, não o homem para o sábado".

Outro argumento: os sacerdotes violavam cada semana o repouso do sábado para atender às necessidades do culto e, no entanto, a sua conduta não era considerada infração à Lei, porque se tratava de servir no Templo.

— Ora, eu vos declaro — acrescentou Jesus — que está aqui alguém que é maior que o Templo.

E esclarece essa afirmação com umas palavras que são o argumento decisivo: "O Filho do Homem é dono do próprio sábado". Nem está submetido à sua observância, nem lhe falta poder para dispensar os outros dessa observância. É, portanto, Filho de Deus: só um poder divino podia cancelar o que o poder divino havia estabelecido.

O homem da mão seca

Os fariseus iam de derrota em derrota. Mas o fracasso não servia senão para os cegar e exasperar. Não aprendiam. A cada encontro afogavam-se cada vez mais na humilhação e no ódio.

Não tardou a produzir-se outro incidente, cujo relato transborda de uma ironia compassiva e suave. Aconteceu também num sábado, dia que Jesus escolhia com especial predileção para realizar os seus prodígios.

Num sábado e na sinagoga, Jesus acabava de ler a Escritura e explicava-a à multidão que enchia o recinto. À cabeceira, a um e outro lado do Senhor, sentavam-se os escribas e os fariseus que, como sempre, espiavam as suas palavras e atos. Entre os ouvintes, na primeira fila, encontrava-se um homem que tinha a mão direita seca. Os seus olhos fixavam-se suplicantes no taumaturgo, e talvez se tivesse atrevido a formular uma súplica de cura. O *Evangelho dos hebreus,* escrito apócrifo, mas eco talvez de uma tradição autêntica, põe-lhe na boca as seguintes palavras: "Eu era pedreiro e vivia do meu trabalho. Cura-me, Senhor, livra-me de mendigar vergonhosamente o pão de cada dia". Os fariseus viram enternecer-se o olhar de Jesus e quiseram pôr a salvo a sua responsabilidade no que pudesse vir a acontecer. Anteciparam-se e fizeram a seguinte pergunta:

— É permitido curar aos sábados?

Bem sabiam eles o que ensinavam os seus doutores: proibição de exercer a medicina, de usar remédio algum, a não ser em caso de perigo de morte. Mas quiseram armar um laço a Jesus, insinuando diante do povo a doutrina dos casuístas. O *Talmud* permitia, a quem tivesse dor de dentes, fazer gargarejos com vinagre, porque isso podia assemelhar-se a tomar um alimento, desde que depois não cuspisse o vinagre, pois nesse caso o teria tomado como medicamento. Também se considerava lícito meter na água um pé ou uma perna feridos, mas não agitá-los lá dentro. Era, portanto, infringir a lei curar uma mão seca.

No meio da expectativa geral, Jesus volta-se para os fariseus e diz-lhes:

— Há alguém entre vós que, se alguma das suas ovelhas cai num poço em dia de sábado, não a agarre e tire?

Era um convite ao bom-senso, à compaixão, à boa-fé de todos os presentes, mas os que compunham a presidência da assembleia, indiferentes ao bem do próximo, continuavam calados. Jesus insistiu:

— Pergunto-vos se, aos sábados, é permitido fazer o bem ou o mal, salvar a vida de alguém ou deixá-lo perecer.

Cegos ao princípio soberano do amor, eles continuaram entrincheirados no seu silêncio. Então Jesus, "passeando os olhos sobre todos eles", num olhar de indignação e de tristeza ao mesmo tempo, disse ao doente:

— Estende a tua mão.

Ele estendeu-a e imediatamente recobrou o uso da mão atrofiada.

Uma só palavra servira para realizar o prodígio: nem o menor contato, nem um esforço que pudesse interpretar-se como uma operação cirúrgica. Ficava a salvo o preceito da caridade e, ao mesmo tempo, desprestigiada aquela casuística sutil e sem alma dos legistas. Em vez de discutir com os adversários, Jesus apresentava uma prova visível de que era lícito curar em dia de sábado. Os fariseus reconheciam que Deus era o autor tanto do preceito sabático como da lei natural. Ora, se a lei natural podia ser suspensa aos sábados, essa suspensão devia provir de Deus. Não havia, pois, qualquer motivo de queixa contra o taumaturgo.

Um inimigo nobre teria ficado desarmado com a argumentação do Senhor, apoiada num prodígio tão grande. Mas os inimigos de Cristo só viram nesse acontecimento um novo motivo de vingança. "Ao saírem de lá, reuniram-se em conselho com os herodianos, deliberando sobre o modo de perdê-lo." Não se importaram de pedir ajuda aos seus inimigos tradicionais, os partidários de Herodes Antipas, homens indiferentes em matéria de religião, mas cuja influência poderia servir-lhes para despertar as suspeitas do príncipe contra a influência crescente de Jesus e para garantir a impunidade em caso de conseguirem tirar-lhe a vida. Era repetir a manobra que, uns meses antes, tinham empreendido com tanto êxito para emudecer João Batista.

A PECADORA

Lucas 7, 36-50; 11, 14;
Mateus 12, 27

Os episódios que acabamos de relatar refletem claramente o desenvolvimento progressivo da oposição a Jesus no seio do farisaísmo.

A inquietação do princípio vai-se convertendo gradualmente em invejosa resistência, em furioso antagonismo, em guerra declarada. Quando do milagre do paralítico, os fariseus tinham-no observado com desgosto, mas sem dizer palavra. Depois, dão um passo mais, mas só se atrevem a enfrentar os Apóstolos. A seguir, já se decidem a discutir com Jesus, mas acompanhados dos discípulos de João. Até que, por fim, ousam abordá-lo cara a cara; primeiro com uma moderação hipócrita, depois com um descaramento impertinente. O fato de caírem sempre no ridículo cega-os, exacerba-os, irrita-os. Já não hesitam em unir-se aos seus tradicionais inimigos para se desfazerem daquele homem cuja pregação lhes vai minando o prestígio junto da multidão. Começa a forjar-se a intriga que terminará num desenlace sangrento.

Longe de vacilar ante aquela hostilidade crescente, Jesus responde aos ataques com uma serenidade sempre triunfante, umas vezes impregnada de doce ironia e outras ungida de profunda piedade. Não esconde a consciência da sua natureza e da sua missão nem silencia as intenções perversas dos seus inimigos. As suas afirmações têm uma força que nos surpreende. Assim, por exemplo, quando diz que "o Filho do Homem é dono do sábado", que pode anular as observâncias judaicas e perdoar os pecados; e que veio — vinda misteriosa! — chamar não os justos, mas os pecadores.

Em casa de Simão, o fariseu

Muitos dos inimigos já tinham rompido com Ele completamente. Mas não faltavam os que — talvez por não quererem enfrentar as turbas, para aparecerem entre elas como protetores e amigos do admirado Profeta — o distinguiam com um trato puramente formal e exterior. A estes últimos devia pertencer um fariseu chamado Simão, que um dia o convidou para almoçar em sua casa.

Era naqueles primeiros tempos dos choques e dos receios, talvez em Cafarnaum, ou na vila de Naim, por alturas da ressurreição do filho da viúva. É difícil adivinhar os sentimentos desse fariseu anfitrião do Senhor. Não há motivo, decerto, para vermos nele segundas intenções; mas parece mais preocupado em observar o Mestre do que em homenageá-lo.

Os costumes orientais tinham criado, em torno da acolhida a um hóspede, uma verdadeira liturgia, que todas as pessoas bem educadas deviam observar. Logo à porta aparecia um escravo, que ajudava o convidado a tirar as sandálias e não o deixava entrar sem lhe lavar os pés. Depois aparecia o dono e dava o beijo de boas-vindas. Passava-se em seguida a uma antessala, onde os que haviam de sentar-se à mesa se cumprimentavam, tomavam os aperitivos, lavavam as mãos com águas aromáticas e, caso se tratasse de um banquete de gala, tinham as cabeças perfumadas com unguentos. Dali os comensais passavam à sala de jantar e estendiam-se sobre esteiras ou leitos de fofos almofadões. Se estava bom o tempo, as portas ficavam abertas e os transeuntes tinham direito a aproximar-se dos umbrais da sala para observar o que se passava no interior. Os pobres tinham livre acesso ao lugar, certos de que até eles acabariam por tomar parte no banquete, por pouco generoso que fosse o dono da casa.

Jesus entra na casa de Simão, deixa as sandálias à porta, procura um lugar na sala do festim, recosta-se no seu leito, o corpo estendido, o busto apoiado sobre o braço esquerdo e os pés de fora. Mas a recepção foi fria e reservada: não apareceram os escravos para o lavar e perfumar, nem o dono o beijou na face. Nesta omissão do cerimonial pode-se ver talvez um reflexo da animosidade dos fariseus ali presentes. Simão conduz-se com uma reserva propositada que, na verdade, era uma infração às leis da cortesia. Jesus repara nisso, mas cala-se. Notam-no os demais convidados, alguns deles com íntima satisfação. Não havia cordialidade naquela mesa; havia unicamente um desejo de guardar a estrita correção, uma recíproca desconfiança e uma tensão angustiosa que veio a aumentar em virtude de um acontecimento imprevisto.

De repente, uma mulher entra na sala com um frasco de unguento aromático nas mãos. Tímida e audaz a um tempo, indiferente à chuva de olhares que cai sobre ela, dirige-se ao assento em que Jesus está recostado e prostra-se a seus pés.

Foi para ela um momento de vergonha e de sofrimento indizível, pois sabia com que rigor os rabinos evitavam o trato com mulheres, especialmente em público; sabia, sobretudo, que ela, mais que ninguém, estava sujeita, pelo menos publicamente, aos anátemas desses homens. Era uma pecadora da qual se contava toda a espécie de desordens e aventuras.

Mas a angústia do arrependimento pungia-lhe o coração, e tinha a esperança de que Jesus, sempre indulgente para com os pecadores, não a recebesse com indiferença. As almas mais degradadas podem recobrar o respeito de si mesmas, se veem que outro as estima e respeita. Essa mulher, que decerto já conhecia Jesus, pelo menos de vista, tê-lo-ia ouvido falar em público, teria ouvido da sua boca palavras que falavam de penitência, de transformação da mente. A abjeção da sua vida aterrara-a e confundira-a. Mas uma grande confiança teria vindo logo confortar o seu espírito, pondo diante dela a perspectiva de uma vida nova e inspirando-lhe uma maneira requintadamente feminina de manifestar os seus sentimentos àquele misterioso benfeitor.

A pecadora

Mulher mundana e acostumada às leis do trato social, pôde notar facilmente que naquela casa não haviam recebido Jesus com o decoro que a sua pessoa requeria: nem sequer lhe haviam lavado os pés. Semelhante desconsideração deve ter reforçado nela o sentimento de dor e pena que já trazia na alma. Atraída pela mansidão do Senhor, que lhe permitia permanecer de joelhos diante dEle, comoveu-se de tal maneira que, perdido o domínio de si mesma, e com ele todo o respeito humano, rompeu a chorar amargamente, deixou correr as lágrimas sobre os pés de Jesus e, soltando a cabeleira, os enxugou com aquelas tranças sedosas que eram objeto de todos os seus cuidados. Depois, considerando-se indigna de ungir a cabeça do Senhor, quebrou o gargalo do frasco de alabastro que trouxera consigo, derramou o perfume sobre os pés que acabava de regar de pranto e começou a beijá-los.

Os convivas olharam uns para os outros, com cara de pasmo. Por que consentia Simão aquela cena em sua casa? Por que o Profeta não repelia com indignação as carícias daquela mulher? Era o que pareciam dizer aqueles olhares — olhares de desprezo sobre a pecadora e de malevolência sobre o Nazareno. Simão, no fundo, sentia-se satisfeito. Parecia-lhe ter decifrado um enigma. Sabia, por fim, a opinião que devia fazer a respeito daquele homem que se sentava à sua mesa; em rigor, era um como tantos, suscetível de se enganar e não insensível aos afagos de uma mulher. "Se este homem fosse profeta — dizia ele de si para si — saberia quem e que espécie de mulher é a que o toca, saberia que é uma pecadora." E os seus lábios se preguearam num sorriso sutil.

Jesus, que até então parecera indiferente àquela cena, rompe por fim o silêncio. Entre Ele e Simão entabula-se um diálogo de uma vivacidade insuperável, de um tom em que cada qual, apesar da distância que os separa, se esforça por observar as fórmulas da estrita cortesia.

— Simão, tenho uma coisa a dizer-te — começa Jesus, com uma reserva estudada.

— Fala, Mestre — responde Simão friamente.

Segue-se logo um daqueles exemplos que os doutores da Lei tanto empregavam:

— Um credor tinha dois devedores: um deles devia-lhe quinhentos denários e o outro, cinquenta. Como nenhum dos dois tinha com que pagar, perdoou-lhes a dívida. Qual deles o amará mais?

A história era clara e a pergunta simples; mas, na resposta de Simão, há uma ponta de reticência:

— Suponho — diz — que aquele a quem perdoou mais.

— Julgaste retamente — responde Jesus.

E aplica o exemplo à pecadora, comparando de passagem o descuido do fariseu com a requintada delicadeza da mulher:

— Vês esta mulher? Entrei em tua casa e não me deste água para os meus pés; ela, porém, regou-os com as suas lágrimas e enxugou-os com os seus cabelos. Não me deste o ósculo; mas ela, desde que entrou, não cessou de me beijar os pés. Não me ungiste a cabeça com óleo; mas ela ungiu-me os pés com perfume.

Tinha ficado calado ante a frieza da recepção; mas observara tudo, até ao último pormenor. E, para o caso de o fariseu não ter entendido, tira a consequência do episódio:

— Por isso te digo: são-lhe perdoados os seus muitos pecados, porque muito amou.

O amor ardente e generoso daquela mulher, que acabara de manifestar-se de maneira tão ostensiva, valera-lhe o perdão. Um é a medida do outro: “Aquele a quem pouco se perdoa, pouco ama”.

Não é que o pecado seja uma condição prévia para a santidade. Acontece simplesmente que, na economia da graça, um amor desleixado e tíbio não pode atrair um perdão pleno e generoso. Neste caso, a pecadora conseguiu a remissão abundante das suas faltas porque amou muito, porque se lançou avidamente à procura do perdão. O pecado constitui decerto um obstáculo para entrar no Reino dos céus; mas o pecado apaga-se com o fogo do amor. O verdadeiro obstáculo, o obstáculo insuperável, é a falta de amor. O amor é causa e, ao mesmo tempo, efeito do perdão. O amor da pecadora merece que Cristo lhe diga a palavra definitiva:

— São-te perdoados os teus pecados.

É a primeira palavra que Jesus dirige à pecadora, a única que ela desejava ouvir desde que aparecera na sala. Palavra misteriosa, que Jesus já pronunciara noutra ocasião e que, tal como então, encheu de assombro os circunstantes. Era uma palavra altiva, desconcertante, escandalizadora.

— Quem é este que se arroga o direito de perdoar os pecados? — diziam uns para os outros aqueles convidados, rompendo o silêncio malicioso e expectante que haviam guardado até esse momento.

Jesus voltou-se para a pecadora e despediu-a com estas palavras:

— A tua fé te salvou; *ma essalamé*, vai em paz.

Atrás de Jesus

Foi Lucas, o repórter da mansidão de Cristo, na expressão de Dante, quem nos legou este relato, um dos mais emocionantes do Evangelho. Não nos disse claramente o nome daquela mulher afortunada, mas uma tradição venerável, que conta a seu favor os melhores escrituristas antigos e modernos, defende a identidade de Maria de Magdala com essa desconhecida que irrompeu na sala do banquete.

O seu nome e a sua história deixaram pegadas mais ou menos lendárias nos livros rabínicos, que nos falam da sua esplêndida formosura, da sua cabeleira famosa, do seu talento peregrino, das suas riquezas, dos seus escândalos e dos seus amores com um oficial das tropas imperiais, numa vila industriosa e dissoluta das margens do lago de Tiberíades, chamada Magdala, conhecida pelas suas tinturarias e pelo seu mercado de pombos. Como recordação, dela terá ficado a uma milha de Tiberíades, com o nome de Medjel, um punhado de casas que hoje se elevam junto de uma torre de vigia, no extremo de um vale que ainda tem o nome de Vale das Pombas.

Desde aquele dia, a pecadora ficou associada ao grupo dos íntimos de Jesus. Tudo mudou para ela. Outrora, quando nas noites de tempestade as nuvens se agarravam ao ar pesado do mar de Genesaré, sete espíritos imundos — os sete pecados capitais — misturavam as suas gargalhadas de sátiros com o ribombar dos trovões, empestavam a atmosfera com os seus hálitos maléficos e esperavam o momento oportuno para se lançarem sobre aquela presa fácil que lhes abria docilmente a sua casa, o seu coração e os seus sentidos.

De repente, todo esse bando infernal fugia com voo de pássaros noturnos e agourentos. Aqueles olhos, antes cravados nas solicitações do pecado, voltavam-se de maneira definitiva para a fonte da verdadeira luz. Ardentes, insaciáveis, estáticos, só uma coisa os encandeava agora: a presença de Jesus. Maria Madalena começava a viver para essa contemplação ardente e apaixonada. Passou a fazer parte da companhia de mulheres piedosas que, atrás dos Doze, seguiam o Senhor: passou a escutá-lo silenciosa, a recolher os seus olhares e gestos, a meditar as suas palavras, a aprofundar no sentido dos seus milagres.

Com ela iam a esposa de um intendente da casa de Herodes, Salomé, mulher de Zebedeu, Maria, mãe de Tiago o Menor, e outras que estavam unidas a Ele pelos laços do parentesco ou pela gratidão por algum benefício recebido de suas mãos.

A caravana missionária

Após relatar a conversão da pecadora, o evangelista prossegue: "E aconteceu depois que Jesus percorria cidades e aldeias pregando e anunciando a Boa-nova do reino de Deus. E os Doze andavam com ele".

Esta frase permite-nos seguir mais de perto a vida de Jesus, depois das suas primeiras pregações em Cafarnaum. Já não tinha morada estável. "As raposas têm os seus covis e as aves do céu os seus ninhos — dirá mais adiante —, mas o Filho do Homem não tem onde reclinar a cabeça." É um missionário que vai de cidade em cidade e de aldeia em aldeia, a ensinar o povo nas praças e nas sinagogas, seguido pelos caminhos por um grupo pouco numeroso: os doze Apóstolos, alguns discípulos mais, e aquelas mulheres que haviam consagrado a sua vida ao serviço do Mestre e cuidavam de atender às necessidades materiais. Aquele que alimentava o mundo inteiro, que dava de comer milagrosamente a milhares de homens, quis viver de esmolas e estar sujeito a todas as necessidades impostas pela natureza. Com efeito, diz-nos Lucas que juntamente com Jesus e os Doze estavam "algumas mulheres que haviam sido livradas de espíritos malignos e curadas de doenças: Maria, chamada Madalena, da qual tinham saído sete demônios, Joana, mulher de Cusa, administrador da casa de Herodes, Susana e muitas outras, que o assistiam com as suas posses".

Podemos presumir que essas mulheres informaram mais tarde o evangelista de muitas coisas. Ele, por sua parte, paga-lhes os bons serviços prestados ao Senhor estampando aqui os seus nomes e recordando que eram elas que proviam às necessidades dos missionários, assistindo-os a expensas suas e servindo-os com a sua solicitude pessoal. As despesas daquela família ambulante não deviam ser muitas, e, por outro lado, havia naquele grupo de mulheres algumas que gozavam de boa posição, como a esposa do administrador do tetrarca.

Os "irmãos" de Jesus

No meio das suas caminhadas, Jesus aparece de quando em quando na cidade de Cafarnaum, que continuará a ser o cenário de alguns episódios transcendentes da sua vida e das suas controvérsias com os fariseus. Foi lá que o encontraram os parentes quando o procuraram para arrancá-lo àquela existência peregrina que despertava juízos tão desencontrados em todos.

A página em que se nos descobre a incredulidade dos próprios familiares do Senhor é uma das mais dolorosas e desconcertantes do Evangelho: "E chegaram a casa — conta Marcos — e concorreu de novo tanta gente que não podiam sequer tomar alimento. E, quando os seus o ouviram, saíram para levá-lo, porque diziam: «Está fora de si»".

As multidões continuam a acotovelar-se em tomo do Rabi galileu, mas já se vê o primeiro fruto das campanhas farisaicas. São muitos os que o admiram, mas outros dizem, com todo o sentido ambíguo que tem a expressão: "Está fora de si". É, sem ir mais longe, o que pensam os seus, que vieram de Nazaré na intenção de apoderar-se dEle e de fazê-lo voltar, voluntariamente ou pela força, às tarefas da carpintaria.

A pregação de Jesus, que tinha encontrado um acolhimento entusiástico nas cidades do lago, malogra, desde o primeiro momento, entre os conterrâneos e entre "os irmãos dele", como o evangelista chama aos indivíduos da sua família, primos e primas, estabelecidos em Nazaré. Nunca veriam nEle mais do que um artesão sem letras. O fato de ensinar e fazer milagres desconcertava-os e escandalizava-os. A própria condição em que tinha vivido junto deles impedia-os de aceitar a sua dignidade sobre-humana, atentos unicamente à sombra que as suas audácias poderiam fazer recair sobre toda a família e ao fim desastroso que parecia adivinhar-se naquela luta inflamada com os fariseus. Tinham-se deixado impressionar pelo rumor dos que diziam: "Está fora de si". E procuram o Senhor com uma intenção amistosa e benévola, mas sem crer nEle; não pretendem atá-lo e levá-lo como se leva um louco, mas induzi-lo a moderar o seu entusiasmo missionário, a cuidar da sua pessoa e da de sua Mãe, e a refugiar-se na tranquilidade do lar contra as ciladas e ameaças dos fariseus. São os eternos partidários da mediania e da comodidade. Não lhes cabe na cabeça que alguém possa empreender uma tarefa heroica e cheia de sacrifícios, em vez de ficar descansado em sua casa.

Mais forte que Belzebu

Precisamente na altura em que os seus parentes chegavam a Cafarnaum para induzi-lo a abraçar uma vida mais razoável e sensata, Jesus travava uma das mais violentas discussões com os inimigos de sempre, reforçados por um grupo de escribas que tinham vindo expressamente de Jerusalém para ajudar os companheiros da Galileia. Tudo por causa da libertação de um endemoninhado cego e mudo. O prodígio enchera de assombro a multidão. Aplaudiam, exaltavam o taumaturgo, sublinhavam o caráter messiânico daquelas maravilhas com o mesmo sincero entusiasmo de outras vezes, com a mesma fé e o mesmo júbilo irrefletido e espontâneo: "Não será este o Filho de Davi?"

Nesse momento, aparecem os semeadores da cizânia, que fazem correr entre o povo os rumores mais absurdos. É preciso afogar aquela admiração, nem que seja à custa de uma calúnia. Não — afirmam eles —, não pode ser o Messias: é um feiticeiro, um endemoninhado; e, se expulsa os demônios, "é por Belzebu, o príncipe dos demônios, que ele os expulsa".

Jesus tritura essa vil interpretação com uma dureza que raramente encontramos em suas palavras. É a réplica da indignação e do senso comum: "Todo o reino dividido contra si mesmo será destruído, e toda a cidade ou casa dividida contra si mesma não poderá subsistir. E se Satanás se levanta contra si mesmo, está dividido e não poderá continuar, mas desaparecerá". E, aludindo à prática dos exorcismos, usada já de há muito entre os hebreus, acrescenta:

— Se eu expulso os demônios em nome de Belzebu, em nome de quem os expulsam os vossos filhos?

A réplica de Cristo equivale a uma justificação da sua conduta, a um ataque direto e a uma proclamação do caráter messiânico dos prodígios que realiza. O Messias já se encontra entre os homens, já começou a luta entre o Reino de Deus e o reino de Satanás, e Jesus pode lançar a impressionante advertência: "Quem não está comigo está contra mim; e quem não ajunta comigo, espalha". Nesse embate, é impossível a neutralidade.

Mas os fariseus, em vez de se dobrarem a esses argumentos, evidentes para todo o espírito de boa-fé, fecham os olhos à luz e pretendem minar o prestígio de Cristo com motejos, ameaças e calúnias. Cometem um pecado imperdoável — pecado de orgulho, de teimosia, de traição à verdade, de blasfêmia: "Qualquer pecado e blasfêmia — declara Jesus — será perdoado aos homens; mas a blasfêmia contra o Espírito não lhes será perdoada.

Quem disser uma palavra contra o Filho do Homem será perdoado; mas quem falar contra o Espírito Santo não será perdoado nem neste mundo nem no futuro".

Quer isso dizer que podem ser perdoados os que se escandalizam da humildade do Filho do Homem, mas não os que, vendo nEle uma virtude superior, blasfemam. Não se trata de um pecado de erro, de ignorância ou de arrebatamento passional, mas de pura malícia e má-fé, de dureza de coração, que impede o arrependimento e, por conseguinte, bloqueia o perdão de Deus.

Quem é minha mãe?

Quando a altercação estava no momento mais agudo, apareceram entre a assistência a Mãe e os "irmãos" de Jesus. Para melhor assegurar o êxito do passo que iam dar, esses parentes, defensores da prudência e do bom tom, queriam contar com a autoridade da Mãe de Jesus, que se mostrara tão eficaz nas bodas de Caná. Não quer isto dizer que ela compartilhasse os sentimentos deles: acompanhou-os realmente a Cafarnaum, mas levada sobretudo pelo desejo de ver novamente o Filho, ou com a intenção de pôr um pouco de moderação naquela entrevista, ou talvez por decisão de um conselho de família, em que a autoridade dos chefes devia ser acatada por cada um dos membros e de modo especial por uma mulher.

A multidão amontoava-se no pátio e em redor da casa, emocionada com as palavras certeiras do orador. Era impossível atravessar aquela muralha de gente. Mas podia-se transmitir um recado de boca em boca. "Disseram-lhe: «A tua mãe e os teus irmãos estão lá fora e procuram por ti», Ele respondeu-lhes: «Quem é minha mãe e quem são meus irmãos?» E, correndo o olhar pela multidão que estava sentada junto dEle, exclamou: «Eis a minha mãe e os meus irmãos. Todo aquele que faz a vontade de meu Pai que está nos céus, esse é meu irmão e minha irmã e minha mãe."

É possível que Maria tivesse ido lá para evitar um rompimento no seio da família, é possível que se preocupasse também pela sorte do seu Filho e quisesse consolá-lo e protegê-lo dos ataques dos inimigos. Mas, quer ante as solicitações maternas, quer ante a incredulidade dos parentes, Jesus reivindica a independência do seu ministério e, sem jactância alguma nem desprezo por aqueles em cujas veias circulava o mesmo sangue, recorda que os laços do espírito são mais sagrados que as obrigações do parentesco. Mediante o sublime dom da fé, aquele que se une a Deus pelo batismo torna-se filho de Deus e irmão de Cristo, e aquele que, por zelo e por amor, gera Cristo nas almas dos demais homens, converte-se em mãe de Cristo, na expressão de São Jerônimo.

O Senhor confirmaria essa mesma doutrina ao terminar outra discussão com os fariseus. Entusiasmada pela sua eloquência arrebatadora, uma mulher levantou a voz do meio da multidão e disse: "Bem-aventurado o ventre que te trouxe e os peitos que te amamentaram!". Mas Jesus replicou: "Bem-aventurados antes os que ouvem a palavra de Deus e a guardam". Com essas palavras, não pretendia obscurecer a grandeza de Maria, mas apenas indicar o seu verdadeiro fundamento: a fé, a solicitude em ouvir a palavra de Deus e em cumpri-la. Era o que Isabel havia dito no dia da visitação: "Bem-aventurada és tu, porque creste".

AS PARÁBOLAS DO REINO

Mateus 12; Marcos 4;
Lucas 8 e 13

"Jesus pôs-se novamente a ensinar à beira-mar — lemos no Evangelho de Marcos —, e aglomerou-se junto dele tão grande multidão que teve de entrar numa barca. Sentou-se nela enquanto a multidão estava em terra, na margem. E ensinava-lhes muitas coisas em parábolas."

Estas linhas permitem-nos reconstruir o cenário de outro dos dias memoráveis na pregação do Evangelho: uma enseada pequena no lago de Tiberíades, com o seu adorno de oleandros; Jesus acariciado pela espuma leitosa das águas; e o povo disposto em semicírculo na praia. É impossível conceber tribuna mais popular.

Mas esta passagem revela-nos também, na vida missionária de Jesus, uma mudança de método que surpreendeu as turbas e os próprios Apóstolos.

Para falar com rigor, a parábola não era um fenômeno novo nos discursos de Cristo. Mas as que tinha pronunciado até então eram, na realidade, puras alegorias ou comparações breves. Doravante, ampliam-se e dilatam-se até formarem um relato imaginário, tirado dos costumes da vida diária, no qual se insinua um ensinamento ético ou uma doutrina dogmática. Até esse momento, Jesus tratara nos seus discursos de temas principalmente práticos e morais, que podiam ser mais ou menos agradáveis aos ouvintes, mas cuja verdade se impunha aos que os recebiam com boa vontade. De repente, decide falar, segundo a sua expressão, do mistério do Reino, da sua natureza íntima, do seu desenvolvimento milagroso, das disposições necessárias para entrar nele; e fá-lo num gênero literário denominado *mashal,* que os rabinos daquele tempo empregavam com frequência no seu ensino.

A razão das parábolas

Era extremamente delicado desenvolver tais ideias perante um auditório como o que cercava o Mestre. Aquela gente tinha-se entusiasmado com o Profeta de Nazaré, que não desdenhava andar rodeado de camponeses, pescadores e publicanos. Mas, acostumada a ver explorar sem escrúpulos a influência e o poder, agrupava-se fervorosamente em torno dEle sobretudo porque lhes parecia disposto a reivindicar os seus direitos e a remediar as suas necessidades.

Muitas das suas palavras eram, pois, incompreensíveis ou pouco agradáveis para eles. Gostavam de ouvir da sua boca que todos os homens são iguais; mas teriam gostado mais de ouvi-lo dizer que todos os filhos de Israel gozam dessa invejável igualdade perante as nações pagãs. À igualdade que era apanágio dos filhos de Abraão, Jesus antepunha outra igualdade mais ampla — a dos que são filhos do mesmo Pai que está nos céus. Ora, eles não esperavam bem isso; nem o reino que os seus rabinos lhes anunciavam teria nada que ver com aquele Reino que Jesus, de pé sobre a barca, lhes ia descrever. Quando viria esse outro reino com que sonhavam?

Por outro lado, o Messias dos seus sonhos era mais brilhante, mais belicoso, menos exigente que o Profeta de Nazaré. Queriam um herói que, sem dar tanto valor aos homens, lhes desse de comer e de beber, lhes conquistasse glória e liberdade e depois os deixasse viver à sua maneira. E por que o próprio Jesus não havia de ser esse herói, esse libertador, esse vencedor de tiranos e de estrangeiros? Muitos o pensavam: eram os mais entusiastas, os incondicionais, os próprios Apóstolos. Urgia, pois, precaver-se contra esses partidários indiscretos, cuja admiração frenética podia acarretar trágicas consequências. E, ao mesmo tempo, era necessário não perder de vista aqueles fariseus venenosos, serpentinos, que se agachavam sempre no meio do público que o ouvia; espiavam, açulavam, procuravam a menor ocasião para mostrar-se escandalizados e delatar os deslizes, as pretensões, as blasfêmias do orador. Por um lado, o ódio sombrio e vigilante; por outro, a exaltação dos preconceitos egoístas.

E, não obstante, Jesus tinha de expor a sua doutrina, tinha de reunir os seus discípulos e de deixar na terra os tesouros da sua sabedoria. E vai fazê-lo mediante a adoção de um sistema de sagazes precauções, indispensáveis na economia da revelação messiânica. Não pretende transmitir um ensino esotérico, mas sim graduar prudentemente a exposição das verdades que mais podiam desconcertar o seu auditório, e ao mesmo tempo eludir a vigilância do inimigo, sempre à espreita. A parábola oferecia sob este aspecto múltiplas vantagens: amenizava e tornava sensível uma verdade elevada e difícil, despertava a curiosidade dos ouvintes, graças às alusões à vida ordinária da casa e do campo, envolvia num véu misterioso e fluido ideias que, expostas diretamente, poderiam ser fatais ao orador pelo delírio messiânico de uns e pela perversa intenção de outros. Na parábola, Jesus quer realmente instruir todo o povo, embora saiba que só alguns poucos, os corações de boa vontade, "os que têm ouvidos para ouvir", hão de colher o fruto que se oculta nas dobras do simbolismo. Para os demais, esse método apostólico será um castigo, não pela intenção daquele que o usa, mas pela culpa dos ouvintes.

Até esta altura, as palavras de Jesus haviam traduzido um otimismo cheio de promessas e de esperanças. A partir deste momento, o seu apostolado desenvolve-se num clima de violência e desconfiança em que parece projetar-se a sombra cada vez mais próxima do Calvário. As últimas discussões com os fariseus, os insultos, as interpretações malévolas dos seus milagres enchem-lhe a alma de amargura. As próprias turbas que o seguem — e o hão de seguir com igual entusiasmo até uns dias antes da Paixão — mostram-se cada vez mais cegas ao verdadeiro sentido do que Ele lhes diz.

Impenetráveis ao conceito espiritual daquele Reino que Jesus lhes anuncia, procuram-no — e Ele mesmo se queixará disso mais adiante — porque lhes dá de comer, porque cura as suas doenças, porque esperam que lhes quebre as cadeias da servidão. Estimam-no e procuram-no, mas sem fé nem amor, por um impulso egoísta e irrefletido, vendo nEle mais o taumaturgo que o Messias, mais o Messias popular que o autêntico, mais o benfeitor dos corpos que o médico das almas, e mais o orador original que o pregador austero do mistério de Deus. A obscuridade da parábola vai servir para orientar para a verdade os ouvintes bem intencionados, ao incitá-los a procurar o sentido implícito, e para castigar nos outros a cegueira voluntária.

Em suma: a parábola é um meio de revelar o Reino de Deus — índole, natureza, condições que exige e membros que o integram — sob a forma velada que as circunstâncias aconselham. Por isso, malgrado o seu caráter popular, fica sempre nela um mistério. É clara e eloquente para os que a olham com olhos serenos; mas não diz nada aos que a encaram de olhos turvos e ânimo preconceituoso. É realmente luz, mas luz que exige certas condições para aproveitar aos que a olham: hão de ter olhos puros, limpos, pois — como diz Santo Agostinho — a luz é odiosa para os olhos doentes, mas agradável para os olhos sãos.

O semeador

A primeira parábola que Jesus pronuncia nesse dia é um quadro sugestivo e realista da vida do campo. Os dois primeiros evangelistas, Mateus e Marcos, reproduzem-na quase com as mesmas palavras:

"Saiu um semeador a semear. E, ao lançar a semente, uma parte caiu junto do caminho, e vieram as aves do céu e a comeram. Outra parte caiu em terreno pedregoso, onde não havia muita terra, e nasceu logo, porque a terra era pouco profunda; mas, quando saiu o sol, queimou-se e secou, por falta de raízes. Outra caiu entre espinhos, que a sufocaram logo que começou a crescer. Outra, porém, caiu em terra boa e produziu fruto: cem por um, sessenta por um, trinta por um. Quem tiver ouvidos, que ouça."

Nas restantes parábolas, o Senhor descreverá o Reino e as leis do seu desenvolvimento. Nesta, como que à guisa de introdução, fala-nos da sua promulgação e do acolhimento que lhe dispensam. Hoje, o seu sentido apresenta-se-nos luminoso e diáfano, mas os ouvintes de Jesus — incluídos os próprios Apóstolos, como veremos — não viram nela mais que uma descrição cheia de realismo, cujos verdadeiros protagonistas eram eles mesmos. O que o Profeta descrevia era o que lhes sucedia todos os anos na época da semeadura.

Passaram já os dias plácidos do outono. Fortes aguaceiros inundam a terra, as sombras aumentam nos vales e, sob um céu em que o sol pugna por romper o denso tecido das nuvens, já perde a flor a albarrã e começam a amarelecer os primeiros narcisos. É a altura, bem perto do equinócio hibernal, em que o lavrador sai de casa para lançar a semente no seu campo, à frente dos bois, de arado ao ombro, se é que não o leva um burrico no lombo. O campo está úmido das últimas chuvas. A relha penetra entre os seixos e as ervas silvestres. Aqui e acolá, apenas roça a terra. Mais além, range e rechina ao cruzar um pedregal. Outras vezes, salta bruscamente: topou com a rocha viva, que se dissimula sob uma leve capa de terra. Começa a semeadura, a mãos cheias.

É difícil precisar onde é que a semente vai cair. Um punhado cai no caminho que atravessa a terra dura: ali perto espreitam os malditos pardais, tão rápidos e audazes que às vezes chegam a roubar o grão do próprio saco do lavrador. Outro punhado cai sobre as pedras que fazem resvalar o arado. O camponês desconfia e reza a oração da semeadura: "Senhor: nosso é o vermelho, teu é o verde. És Tu que nos alimentas e, por nosso intermédio, alimentas os outros. Eu sou o agricultor, mas Tu és o dador".

Só quem conhece o clima e a terra da Palestina pode avaliar a fidelidade da descrição evangélica. Há lugares onde a semente cresce imediatamente: "Mau!" — pensa o semeador.

São terrenos pedregosos, e os talos não poderão resistir ao fogo dos sóis primaveris. Noutras partes, cresce juntamente com uma verdadeira seara de cardos, alguns deles gigantescos, que são o maior inimigo do lavrador na terra de Jesus. Mas há um terreno de uma intensa cor parda-avermelhada, onde o camponês lança a semente com maior cuidado. Se a isso se junta um tempo propício, então essa semente germina silenciosa e mansamente na profundidade da terra, depois sai vigorosa para o exterior e "multiplica-se", quer dizer, chega a produzir um verdadeiro feixe de caules, que rebentam à procura de sol, coloridos por ele num fulgor de ouro esverdeado. Esses rebentos são os "mensageiros" de uma colheita que pode dar cem grãos, e que ainda hoje dão uma média de cinquenta a sessenta nalgumas regiões da Palestina. Nos nossos dias, o lavrador continua a designá-los com o mesmo nome que Jesus deu à pregação do seu reino: "a boa-nova", *mbsesechchir.*

A semente e o joio

A parábola do semeador está ligada a outra muito breve, que só se encontra no Evangelho de Marcos e que denota um sentido da natureza delicado e profundo. "O reino de Deus é como um homem que lança a semente à terra. Quer durma ou vigie, noite e dia, a semente germina e cresce sem que ele saiba como. Porque a terra produz fruto por si só: primeiro a planta, depois a espiga, e por fim o grão abundante na espiga. E, quando o fruto está maduro, mete-lhe a foice, porque chegou o tempo da colheita."

Aqui já não se trata das disposições com que havemos de receber o reino de Deus, mas do seu crescimento no mundo e nas almas. O lavrador lança a semente e volta para casa.

Já nada mais tem a fazer no campo: a semente brotará independentemente do seu esforço. Se remexesse a terra para observar o que se passa lá dentro, talvez destruísse a vida que começa a surgir; é Deus quem a faz germinar. O mesmo acontece com o reino que Jesus semeia pela pregação do Evangelho: o seu desenvolvimento gradual e misterioso é obra e segredo de Deus. O Filho do Homem faz as vezes de semeador, prepara o campo e retira-se. Poderíamos pensar que o campo fica abandonado, mas a semente atua por si, até chegar a dar fruto. Nesse meio-tempo, é preciso aguardar com calma e com fé. Dia virá em que o semeador se há de apresentar para proceder à colheita.

Mas, durante a sua ausência, pode dar-se um fato muito desagradável. Para o ilustrar, Jesus prossegue na sua comparação da semente. "O reino dos céus é semelhante a um homem que semeou a boa semente no seu campo. Mas, enquanto os homens dormiam, veio o seu inimigo, semeou joio no meio do trigo e partiu. Quando a planta cresceu e deu fruto, apareceu também o joio. Os servos foram à presença do pai de família e disseram-lhe: «Senhor, não semeaste boa semente no teu campo? Então como é que tem joio?» Disse-lhes ele: «Foi obra de algum inimigo». Os servos sugeriram-lhe: «Queres que vamos e o arranquemos?». «Não — respondeu-lhes ele —, não seja que, ao arrancardes o joio, arranqueis junto o trigo. Deixai crescer um e outro até a ceifa. E no tempo da ceifa direi aos ceifadores: «Arrancai primeiro o joio e atai-o em feixes para o queimar; quanto ao trigo, recolhei-o depois no meu celeiro»".

O lavrador aguarda tranquilo que a semente germine. Mais tarde não se esquece de carpir, de arrancar as ervas más, que podem prejudicar o nascimento do trigo. Mas há uma erva má que não é tão fácil de distinguir: trata-se do joio, uma espécie de trigo louro, que só se caracteriza claramente quando estão prestes a formar-se as espigas. Às vezes, cresce na terra porque o arado não penetrou o bastante para lhe exterminar as raízes; mas, naquelas regiões do Oriente, onde o espírito de vingança dorme anos inteiros e se inflama quando se oferece a ocasião, não é raro que apareça na terra lançado por um inimigo do dono dela. Este sabe, melhor que os servos, que há alguém que lhe tem um ódio de morte e não hesitou em se aproveitar da escuridão da noite para lhe estragar a colheita. Os servos indignam-se e, num acesso de zelo impetuoso, querem limpar a plantação do amo. Mas ele manda-os esperar: a limpeza só poderá ser feita quando chegar o tempo da colheita, visto que, do contrário, corre-se o risco de arrancar o trigo juntamente com o joio. O bem e o mal continuarão misturados neste mundo e, à medida que a boa semente crescer, desenvolver-se-á e engrossará também o joio. "É necessário que haja heresias" e falsos irmãos.

O grão de mostarda

Mas, apesar do inimigo, a semente crescerá e dará fruto abundante, após um desenvolvimento prodigioso. Nunca se poderá admirar devidamente o milagre da vida que se opera no interior de um corpo tão insignificante como é o grão de qualquer cereal. De uma semente quase invisível nasce, por vezes, uma planta de proporções inesperadas.

Tal é, por exemplo, a mostarda e, em especial, um gênero de mostarda de vagens negras que alcança a altura de três a quatro metros, e cujas sementes são um saboroso alimento para os pássaros. Talvez Jesus a tivesse diante dos olhos quando começou a dizer: "A que havemos de comparar o reino de Deus? Ou com que parábola o havemos de exprimir? É como um grão de mostarda que, quando lançado à terra, é a menor de todas as sementes; mas, uma vez semeado, cresce e torna-se maior que todas as hortaliças, e estende de tal modo os seus ramos que os pássaros do céu podem abrigar-se à sua sombra".

O Reino de Deus havia de se difundir de uma maneira semelhante. Nada tão pequeno e insignificante a princípio: um homem crucificado, doze pescadores sem estudos, cento e vinte pessoas escondidas num cenáculo e mergulhadas na incerteza. E, não obstante, o fim seria mais grandioso que o daquele império da Babilônia cujo poder Ezequiel pintara com estas palavras: "Todos os pássaros do céu fizeram ninho nos seus ramos".

De toda essa sequência de considerações, a maioria das pessoas deve ter tirado uma conclusão: que a instauração do Reino de Deus seria muito diferente do que imaginavam. Deviam renunciar às suas ideias de um rei conquistador, que apareceria cavalgando sobre as nuvens do céu e cuja missão seria esmagar os pagãos com portentosas manifestações e satisfazer as reivindicações seculares de Israel. Em vez dos interesses mundanos, em vez do brilho da espada, em vez dos estrondos da guerra, a humildade, o silêncio, o progresso gradual, sem estrépito e sem impaciências. A Boa-nova abriria caminho, mas seguindo o seu curso regular, avançando em extensão e profundidade em virtude da sua própria força íntima, sem exterioridades clamorosas, sem convulsões apocalípticas. Não podia haver doutrina mais contrária à mentalidade do público que ouvia Jesus à beira do lago.

O fermento, o tesouro e a pérola

Tão misteriosa como a transformação do germe sob a terra é a ação do fermento na massa. Jesus recorre a ela para dar outro exemplo da influência do Evangelho no mundo. "O reino dos céus é semelhante ao fermento que uma mulher toma e mistura em três medidas de farinha e que faz levedar toda a massa."

Esta parábola se parece com a anterior, mas suscita uma ideia de certo modo diferente. Se a do grão de mostarda nos revela a expansão gradual do Evangelho e o seu extraordinário desenvolvimento, esta do fermento faz-nos ver o trabalho interior da graça na alma dos eleitos. É uma imagem tirada dos misteres femininos, que parece corresponder de uma maneira especial à missão das mulheres, da esposa cristã no seio da família.

Em resumo: o Reino de Deus não se apresenta de uma maneira deslumbrante, como pensavam os judeus, mas obscuramente, silenciosamente. Como obra de Deus, deve revelar-se progressivamente, graças a um impulso vital, ao contrário das obras meramente humanas, que prosperam de um modo fulgurante, mas não têm consistência, vitalidade interna, e desaparecem.

Por outro lado, embora humilde e desprezível nos começos, o Reino de Deus proporciona uma felicidade que nada no mundo pode igualar. Tal é a ideia que Jesus desenvolve nas parábolas do tesouro e da pérola. "O reino dos céus é também semelhante a um tesouro escondido num campo. Quando um homem o encontra, esconde-o e, cheio de alegria, vai e vende tudo o que tem e compra aquele campo. O reino dos céus assemelha-se ainda a um negociante que procura boas pérolas. E, tendo achado uma de grande valor, vai, vende tudo o que tem e a compra."

Tesouros, pérolas... Duas palavras deslumbrantes para uma imaginação oriental. Um jovem é capaz de viver a pão e água meses inteiros, sonhando com o anel que há de comprar com tão longos sacrifícios. Na praça e à lareira, comentar-se-á durante meses e meses o achado que converteu em poderoso o pescador do Jordão ou o jornaleiro de Jezrael. E o relato há de passar aos escritos rabínicos ou aos contos populares.

Duas parábolas impressionantes e, ao mesmo tempo, consoladoras. A interpretação é de uma transparência suave e lúcida: o Reino dos céus ultrapassa todos os valores; é a joia única, pela qual nunca se pagará um preço demasiado alto. Quem descobre o tesouro vende tudo o que tem para poder comprar o campo inteiro e, assim, adquirir o direito de propriedade sobre o tesouro nele enterrado. Quem encontra a pérola não é um colecionador, mas um mercador, que vê nela a grande oportunidade de fazer fortuna; o dono atual não suspeita do preço da joia, mas ele reconhece-o, vende tudo o que tem, compra-a e fica feliz. Mais tarde Jesus virá a exprimir a mesma doutrina neste sublime paradoxo: "Quem quiser salvar a sua vida perdê-la-á; e aquele que por mim a perder, esse a salvará".

A rede

Todas as atividades da vida humana têm para o divino Semeador da Boa-nova um sentido simbólico, que pode e deve relacionar-se com os mistérios do Reino. Aludiu já às tarefas do lavrador, às lides da dona de casa, aos negócios do comerciante; agora vai evocar um quadro inspirado na vida dos pescadores do lago. Com que avidez seguiriam os ouvintes essas cenas em que se encontravam vivamente retratados!

Os pescadores procuram perto da praia uma zona sem recifes nem rochas para lançar as grandes malhas que têm centenas de metros. É a rede de arrasto, que os pescadores das nossas costas ainda usam, e cuja existência já se comprova nos monumentos do Egito e da Babilônia. Prendem-se as duas extremidades na margem e a parte central é arrastada para dentro do mar pelos barqueiros. Depois de umas horas, trazem-na para a praia, puxando pelos cabos, combinando esforços, marcando os compassos com cantos e exclamações tradicionais. E então procede-se à seleção dos peixes. Há uns que a Lei de Moisés considera imundos: é o caso do peixe-gato, a que os cientistas chamam *Clarias macracanthus* e que habita nos fundos limosos do lago. Todo peixe bom é saudado com exclamações de júbilo; todo peixe mau volta para a água por entre uma chuva de palavras desdenhosas.

A parábola da rede inspira-se nessa cena da vida do mar. "O reino dos céus é semelhante a uma rede que, lançada às águas, apanha toda a espécie de peixes. E, quando está cheia, puxam-na para a margem, sentam-se e recolhem nos cestos os bons e deitam fora os que não prestam. Assim será no fim do mundo: virão os anjos e separarão os maus do meio dos justos e os lançarão na fornalha, onde haverá pranto e ranger de dentes."

Era a ideia que Jesus havia exposto na parábola do joio, mas sem mostrar a dupla ação de Deus e de Satanás no mundo. Já a tinha insinuado no princípio da sua vida pública ao dizer aos Apóstolos: "A partir de hoje, sereis pescadores de homens". Novamente lhes deixa entrever que serão eles os pescadores; mas a seleção será obra dos anjos.

Esta última parábola deve ter causado surpresa nos ouvintes. Não podiam dizer que ignoravam o seu sentido, uma vez que acabavam de ouvir a sua interpretação autêntica. Por isso Jesus continuou: "Compreendestes todas estas coisas?" "Sim, Senhor" — responderam eles. E Jesus terminou com esta breve sentença, que se dirigia especialmente aos Apóstolos: "Todo o escriba instruído acerca do reino dos céus é semelhante a um pai de família que tira do seu tesouro coisas novas e velhas".

Os seus discípulos haviam de ser verdadeiros escribas na doutrina do Reino; mas, mais fiéis à sua missão do que aqueles doutores de Israel, que não cessavam de espiar os atos do Mestre, saberiam transmitir os tesouros da verdade, legados pelos antigos, juntamente com as novas declarações, com essa doutrina das parábolas que revelavam como os acontecimentos exteriores podiam traduzir os mistérios do Reino. Será a eles que competirá pôr esse tesouro à disposição dos eleitos, à semelhança de um pai de família que tira da sua arca de nogueira ou do velho armário os objetos que herdou dos antepassados e os outros com que enriqueceu o patrimônio familiar. Era o que o Senhor já tinha dito no Sermão da Montanha: "Não vim destruir a Lei, mas aperfeiçoá-la". Coisas antigas iluminadas, integradas, aperfeiçoadas por coisas novas.

Surpresa na multidão

Assim terminou Jesus a famosa lição que teve por cátedra uma barca amarrada à margem do lago de Genesaré. A multidão mostrou-se surpreendida com um método tão novo de ensinar, e parece que muitos, ao dispersar, manifestaram a sua estranheza. Aquelas cenas da sua vida cotidiana, rebuçadas com tanta graça e simplicidade, acabavam de fazê-los passar momentos deliciosos, mas não os tinham levado a penetrar no sentido espiritual que Jesus pusera nelas. Os próprios Apóstolos ficaram sem compreender o alcance das comparações, e Marcos diz-nos que o Senhor teve de interpretá-las especialmente para eles. Mateus é, no entanto, mais explícito. Por seu intermédio sabemos que, mal ficaram a sós, os discípulos rodearam o Senhor e lhe perguntaram por que lhes falara daquela maneira. Jesus pronunciou então umas palavras que nos desconcertam pela sua rudeza e nos colocam perante o mistério insondável da predestinação:

"A vós — disse Ele — é-vos dado conhecer os mistérios do reino dos céus; mas a eles, não. Àquele que tem, ser-lhe-á dado e terá em abundância; mas ao que não tem, mesmo o que não tem lhe será tirado. É por isso que lhes falo em parábolas: porque, vendo, não veem, e, ouvindo, não ouvem nem entendem. E assim se cumpre neles a profecia de Isaías, que diz: «Ouvireis com os vossos ouvidos e não entendereis, olhareis com os vossos olhos e não vereis. Porque o coração deste povo se endureceu: taparam os ouvidos e fecharam os olhos, não seja que vejam com os olhos e ouçam com os ouvidos, e entendam com o coração e se convertam, e eu os sare»".

Explicação para os íntimos

Há nessas palavras uma violência própria das agudas antíteses e dos exageros característicos da linguagem oriental. Mas nem por isso deixam de exprimir a nova atitude de Jesus perante aquele auditório, mais ou menos favorável, mas sempre fechado ao verdadeiro sentido da sua pregação. As parábolas eram para despertar a curiosidade, para sacudir a modorra, para convidar à meditação, ao desejo de luz, à pergunta. E todos tinham ficado satisfeitos, como se o orador só tivesse querido contar-lhes um conto. Eram terreno pedregoso, sem seiva, sem profundidade.

Muito mais agradável a seus olhos era a humildade dos discípulos que, ávidos de conhecer, fizeram uma roda em torno do Mestre. E perguntaram-lhe, a propósito da parábola do semeador:

— Explica-nos o que quiseste dizer com ela.

Dando-lhes a entender que faziam bem em não se fiar das suas pobres luzes, como as turbas que tinham julgado tão fácil compreender, Jesus respondeu:

— Não entendeis essa parábola? Como entendereis então todas as outras?

E dá-lhes a interpretação pedida. A semente é a palavra de Deus; o terreno, a alma dos ouvintes. O vigor da semente é sempre o mesmo; o fruto depende das diferentes disposições do terreno. Há sementes que nem sequer germinam; outras germinam, mas secam logo; outras resistem mais tempo, mas não frutificam. O mesmo acontece com a palavra divina: umas vezes, não chega a produzir a fé; outras, produz uma fé passageira; outras, chega a produzir uma fé firme, mas inativa. As causas são diversas: os pássaros, as pedras, os espinhos. Muitos ouvem o anúncio do Reino, mas vêm os diabos e o arrebatam do seu coração: são os pássaros. Outros ouvem-no de boa vontade e recebem-no com alegria, mas são terrenos pedregosos, que não lhe permitem deitar raízes: são os que não sabem resistir aos embates da perseguição e das dificuldades. Há outros parecidos a uma sementeira coberta de cardos: ouvem a palavra de Deus, mas os cuidados do século, a solicitação das riquezas e o ardor das paixões sufocam-na antes que possa dar fruto. Existem, por fim, os bons ouvintes, representados pela boa terra. Esses aceitam a palavra (Marcos), recebem-na (Mateus), retêm-na (Lucas) e, afrontando as contradições e as tempestades, "produzem fruto pela paciência".

ATRAVÉS DO LAGO E DAS SUAS MARGENS

Mateus 8 e 9;
Marcos 4 e 5; Lucas 8

Caía a tarde. A multidão começava a dispersar. Muitos permaneciam ainda à beira do lago, desejosos de ouvir novas parábolas. Comentavam, gesticulavam, discutiam acerca daquela última lição do Profeta. Numa barca perto da margem, o Mestre desfazia as dúvidas que os discípulos lhe expunham. À sua volta, a multidão gritava, barulhenta e impaciente; e, quando todos aguardavam o regresso a Cafarnaum, Jesus pôs fim à conversa daquele dia com esta ordem imprevista: "Passemos para o outro lado". E na companhia dos Doze, dirigiu-se para a margem. Eles, obedientes à voz do Mestre, "levaram-no consigo na barca tal como estava".

Era um passo que Pedro nunca teria dado nos seus bons tempos de pescador. O mar de Tiberíades tem os seus caprichos, mas raramente é perigoso para quem o conhece bem. Caído no fundo de um abismo onde reina uma atmosfera incandescente, a várias centenas de metros abaixo do nível do Mediterrâneo e dominado de todos os lados por montes escarpados, entre os quais sobressaem, ao norte, os cabeços sempre nevados do Hermon, está exposto a violentos vendavais que, filtrando-se pela vertente do Jordão, vêm a chocar, furiosos, contra as águas do lago, levantando ingentes redemoinhos.

Mas um bom conhecedor sabe que a tormenta nunca surge inesperadamente. Antes ouve-se o surdo e longínquo bramido das ondas do Mediterrâneo que se embravecem contra a costa síria e põem em guarda os pescadores; e, com frequência, lá nas cristas setentrionais, começam a aparecer os sinais precursores da borrasca. "Cuidado! — dizem uns para os outros os pescadores. — Já pestaneja o Banias, já ruge a grande garganta do cabo Nagura". Há certas horas do dia em que a travessia se faz sem a menor dificuldade. Para ir da margem oriental até Cafarnaum, a experiência milenar manda aproveitar as primeiras horas da tarde, mas, para fazerem a viagem oposta, aqueles remadores, agora Apóstolos, nunca teriam escolhido esse momento do entardecer.

No entanto, os Doze obedeceram sem fazer a menor observação, e receberam Jesus "tal como estava", sem levar um resguardo, outra túnica, para se defender do relento da noite, como costumavam fazer os que se lançavam a essa travessia. Começava uma viagem imprevista e longa, em que vamos ver Jesus andar daqui para ali, sem ter um lugar onde reclinar a cabeça. É verdade que — como nota Marcos, que certamente ouviu muitas vezes o relato da boca de Pedro — havia uma pequena almofada, que dificilmente faltava nas barcas mais humildes. E o mesmo Marcos alude a outras embarcações que acompanhavam a de Jesus.

A tempestade

A barca desliza sobre o espelho imóvel das águas, onde começam a dançar as primeiras estrelas. Tão sereno está o céu, que nem um sopro de ar agita as velas. Os Apóstolos sabem o que significa aquela quietude da água paralisada sob uma atmosfera sufocante. Sabem-no, mas confiam, porque o Mestre vai com eles. Na pequena barca, entre a quilha e o banco dos remos, há um pequeno espaço com um assento, destinado ao patrão. É lá que Jesus se recosta. Está cansado do trabalho do dia, como quando tivera de sentar-se junto do poço. Começa logo a sentir os efeitos do sono. A atmosfera do lago é pesada, é preciso estar acostumado a ela desde pequeno para não sentir o torpor que produz, sobretudo nesses momentos de modorra e languidez que precedem a tempestade. Jesus dorme tranquilo, ao rumor compassado dos remos na água. Dorme e prevê a angústia dos Apóstolos, mas quer pôr à prova e purificar-lhes a fé, ao mesmo tempo que oferece uma lição aos seus discípulos de todos os tempos.

Os que vão na barca contemplam com certo alarme aquele sono repentino e, remando silenciosos, regulam o curso da barca que leva o Mestre. Com o orgulho de terem em suas mãos vida tão preciosa, suam e respiram ofegantes, esforçando-se por evitar quanto antes a zona da tormenta. Esforços vãos: o Noroeste começa a sibilar entre os alcantis da Gaulanítide e de Basan, o horizonte cobre-se de espessas nuvens, e fortes torvelinhos acompanhados de enormes trombas de água alvoroçam o mar e sacodem de tal maneira as ondas que aquilo parece — na expressão de Mateus — um tremor de terra.

Os remadores olham-se inquietos, arreiam a vela e consultam-se mutuamente sobre a atitude a tomar. Talvez alcançar à força de remos um refúgio próximo? Mas já estão longe da margem. A barca atravessa o foco da tormenta; o mar combate-a furioso e, quando uma onda vem chocar contra o costado, levanta a sua crista iracunda e lança um jato de água no interior da barca. Assim várias vezes, e a noite se torna tão lúgubre que os discípulos mal se veem uns aos outros. Sobrecarregada com o peso dos viajantes, a barca começa a inundar-se e a submergir, e, de quando em quando, penetra num redemoinho, que a faz cirandar e a põe em risco de virar-se. Os remadores estão molhados, fatigados, desanimados, e os pés chapinham na água. A sua arte de manobrar não lhes serve de nada e a custo conseguem dar vazão à água que põe a barca em perigo.

Ante o malogro completo das suas habilidades, começam a pensar no poder do Mestre. É estranho: o Mestre dorme e uma ou outra onda chega, irreverente, a açoitar-lhe o rosto. O perigo acossa-os; no entanto, não se atrevem a perturbar aquele sono que os intriga. Mas, por fim, decidem-se a despertá-lo. Têm fé nEle, embora essa fé não seja suficientemente firme para acreditar que o Mestre adormecido os possa ajudar. Aquele sono parece-lhes pura indiferença para com eles, que tudo deixaram para o seguir. Não sabem que aquela tempestade e o milagre que se vai seguir são como que o anúncio de outras tempestades e outros prodígios que, através dos séculos, hão de ocorrer em torno de outra barca não menos real e histórica, embora não construída com uma série de troncos de madeira encaixados.

Mortos de medo, dirigem-se ao Senhor e prorrompem neste grito, em que ressoa a aflição:

— Mestre, salva-nos! Não te importa que pereçamos?

Jesus levanta-se, ameaça o mar e, encarando o vento, diz-lhe:

— Cala-te! Emudece!

A gente do mar sabe muito bem que, mesmo depois de cessar o vento, as ondas continuam revoltas e ameaçadoras; mas, desta vez — segundo observam os evangelistas —, apaziguar-se o vento e serenar-se o mar foram uma e a mesma coisa.

Depois, voltando-se para os Apóstolos, o Senhor disse-lhes:

— Por que vos enchestes de medo? Ainda não tendes fé?

Eles olharam uns para os outros, maravilhados e dominados por esse pavor religioso que se apodera do homem perante uma força divina. Como marinheiros que eram, aquele domínio soberano sobre o mar foi para eles o maior dos prodígios, e, tal como os tripulantes das outras barcas, que vinham atrás e que se tinham visto no mesmo perigo, perguntavam a si próprios, estupefatos: "Quem é este, a quem até o vento e o mar obedecem?"

O possesso de Gerasa

Acalmou-se a tormenta e a travessia terminou sem novidade. Mas, ao chegarem à margem oposta, desenrolou-se uma cena singular, que veio renovar a emoção das horas anteriores. Descrevem-na os três Sinóticos, Mateus brevemente, Marcos com mais detalhe. Há, no entanto, no relato do primeiro uma particularidade que os outros não referem, a saber: que no acontecimento intervieram dois endemoninhados, ao passo que Marcos e Lucas só mencionam um, sem dúvida porque a sua intervenção teve maior importância. O mesmo acontecerá ao narrarem o episódio do cego de Jericó.

Estavam na costa oriental, na região dos gerasenos, assim chamada devido à cidade de Gerasa, que se erguia no interior daquela terra da Transjordânia e era uma das povoações da Decápole. O lugar, no Evangelho de Mateus, aparece sob o nome de Gádara e, segundo recentes investigações, devia estar situado perto da pequena vila de Kursi, entre rochas graníticas e sepulcros antigos, naquela altura habitados por leprosos e endemoninhados.

Foi ali que lhes saiu ao encontro uma figura de aspecto repugnante, completamente nua. Tinha o corpo todo arranhado, cheio de laivos de sangue. Depois dos terrores da noite passada, os discípulos julgaram-se diante de uma aparição, mas não tardaram a reconhecer um endemoninhado, e é possível que houvesse por lá alguém que lhes contasse a história do homem. Aproveitando a liberdade que os loucos e os possessos tinham no Oriente para viver à sua maneira, esse infeliz tinha fugido da gente e vivia naquelas paragens à semelhança dos animais selvagens, agredindo os transeuntes, enchendo-os de terror com os seus uivos horríveis e rasgando por vezes o seu próprio corpo com pedras e facas. Em várias ocasiões haviam tentado prendê-lo com correntes; mas tinha uma força superior a todas as algemas, e não havia meio de o reduzir a uma existência razoável.

Como que arrastado por uma virtude sobrenatural, dirige-se a Jesus e cai-lhe aos pés, gritando:

— Que tenho eu a ver contigo, Jesus, Filho do Altíssimo? Conjuro-te por Deus que não me atormentes.

Era o demônio que, pela boca do possesso, reconhecia dessa maneira imprecisa o poder excepcional de Jesus. E é ao demônio que Jesus responde: "Espírito impuro, sai deste homem". E, para dar a conhecer melhor a grandeza do milagre que se ia operar, faz-lhe esta pergunta:

— Como te chamas?

— Chamo-me Legião, porque somos muitos.

Eram legião, como a força militar que dera a Roma um Império, um conjunto de guerreiros — uns seis mil homens — cujo nome não se podia pronunciar sem um secreto terror, instituição maravilhosa que, na expressão de Vegécio, fora organizada por Roma por inspiração da divindade.

"Chamo-me Legião!" Esses interlocutores dizem isso talvez como demonstração de força, mas sabem que não podem amedrontar Jesus e, como não querem deixar a terra, segundo a frase de Marcos, nem voltar para o abismo, como se exprime Lucas, suplicam-lhe que ao menos os deixe entrar numa vara de porcos — perto de dois mil — que fossavam por aqueles arredores. Jesus autoriza-o, porque a liberdade de um homem tem mais valor que uma manada de animais. E, de repente, os dois mil porcos deitam a comer, cheios de uma furia satânica, e lançam-se ao mar. Era o preço da libertação de uma alma e talvez também o castigo da ganância dos donos, visto que a Lei proibia criar semelhantes animais em terras de Israel.

O medo ao taumaturgo

Avisada pelos guardas da vara, a gente acudiu ao lugar do milagre e do desastre. Havia irritação e, ao mesmo tempo, espanto; tinham perdido os seus porcos, mas intimidava-os ver ali, tranquilo e humilde, o possesso que antes os inquietara com a sua presença. A força sobrenatural do taumaturgo enche-os de terror; não se atrevem a pedir-lhe contas da sua conduta, mas temem que, se as coisas continuam assim, até eles venham a passar um mau bocado. E decidem pedir respeitosamente ao Senhor que se retire dali. Um homem assim — pensaram — não é bom, nem como vizinho nem como inimigo.

Jesus acede aos desejos daquela gente ignorante e, subindo à barca, dá ordem para alcançar novamente a costa ocidental do lago. O endemoninhado roga-lhe que lhe permita segui-lo, mas o Senhor não o atende e diz-lhe:

— Vai para casa, para junto dos teus, e conta-lhes o que o Senhor fez contigo e como teve misericórdia de ti.

Na margem oriental do lago, quase em frente de Magdala, estende-se a zona que antigamente tivera por centro a cidade helênica de Hipo. Na sua parte setentrional corre o Wadi as Samak, que vai desaguar no lago, e, junto à sua desembocadura, do lado esquerdo, ergue-se um promontório de várias centenas de metros, que é, segundo julgam os historiadores, a altura da qual se lançou ao mar a vara de porcos endemoninhados.

Perto dali fica uma pequena aldeia chamada Kursi ou Kersa, que parece ser a Gerasa dos evangelistas.

Na volta, tiveram uma travessia rápida e feliz. O mar estava sereno, o céu transparente, e o ouro das primeiras horas da manhã cobria as colinas próximas. As multidões aguardavam na margem o regresso do taumaturgo.

Qualquer coisa de estranho sucedera naquela noite. Os conhecedores do lago comentavam que nunca tinham visto desaparecer uma tormenta com tanta rapidez. Passaram as horas, aumentava a inquietação e engrossava a multidão ávida de notícias. De repente, recorta-se no lago a barca de Pedro. Jesus, dentro dela, envolve os que o aguardam num olhar de bondade.

A filha de Jairo e a hemorroíssa

Mal salta em terra, a multidão amontoa-se à sua volta — pescadores, hortelãos, carregadores do porto, fariseus e publicanos. "Todos o esperavam" — comenta Lucas.

Entre os que o assediam está um príncipe da sinagoga. É talvez um escriba, mas vem sem altivez nem dureza; a dor tornou-o humano e humilde. Chama-se Jairo. Toda a gente o conhece; e, embora rico e poderoso, estimam-no e têm pena dele. Chega com o rosto pálido e o corpo vergado pela desgraça. Não obstante, procura mostrar-se sereno e, juntando as forças, avança até junto de Jesus, cai-lhe aos pés, inclina a fronte até tocar o chão e pronuncia estas palavras, que deixam ver a precipitação e a desordem da dor e do amor:

— Senhor, a minha filhinha — filha única, de uns doze anos — está nas últimas. Vem, impõe as tuas mãos sobre ela para que se salve e viva.

Sempre aberto à compaixão, o coração de Jesus comove-se ante aquele homem que chora prostrado a seus pés. Afasta os que o rodeiam e toma o caminho da cidade, seguido pelos discípulos e por um povo sempre sedento de novas maravilhas. Uns aplaudem-no, outros rogam-lhe, outros beijam-lhe as vestes, outros esforçam-se por roçar o seu manto com os dedos.

No meio daquela massa de gente, vê-se uma mulher tímida, vacilante, que, empurrada pela turba, ora se aproxima, ora se distancia do Salvador, e não cessa de repetir interiormente: "Se eu conseguir tocar nem que seja a orla do seu manto, ficarei curada". Um anelo ardente, uma fé cega vibram nessas palavras. Há doze anos que essa pobre mulher se encontra doente, e o seu mal, um fluxo de sangue, coloca-a numa situação humilhante, apartada da vida social, excluída das assembleias religiosas e até considerada como uma pecadora na intimidade do lar. Quanto chorou durante esses anos intermináveis da sua doença! Quanto rezou também, invocando as misericórdias de Javé sobre a sua desgraça!

Nesses anos todos, não se esqueceu de experimentar todos os remédios imaginados pelos homens. Lucas, que era médico, adverte que tinha gasto os seus bens com médicos e medicamentos. Cebolas da Pérsia, alume, açafrão, goma de Alexandria: essas e muitas outras coisas tinha ela tomado, misturadas com os melhores vinhos da Grécia, durante longas temporadas. Como tudo isso fosse inútil, talvez tivesse recorrido ao meio aconselhado pelo *Talmud:* colocar-se, com um copo de vinho na mão, na encruzilhada de dois caminhos, para apanhar o susto causado por um homem que chegasse bruscamente, ou tomar, durante três dias seguidos, um grão de cevada no estábulo de um macho branco. E assim se tinham passado os anos, sem que lhe restasse a menor esperança.

Mas, por fim, encontra Aquele que sossega o rebanho arisco das ondas, o piloto dos ventos, o senhor da doença e da morte. Caminha depressa, no meio de um cortejo que aumenta sem cessar. Pelas costas cai-lhe a ponta do manto, adornado certamente com as franjas simbólicas cor de jacinto — os *sisijjot* — que, de acordo com as prescrições da Lei, todo o israelita observante devia levar nos quatro cantos do manto, para indicar que pertencia ao Povo de Deus. O vento agita-se, e elas flutuam, brincalhonas, no espaço. É o momento em que a mulher estende a mão e consegue roçar a extremidade do manto de Jesus. No mesmo instante sente que o seu mal cessou e enche-se de júbilo.

— Quem foi que me tocou? — pergunta o Senhor, dirigindo-se aos que o rodeavam.

E Pedro, cheio de espanto, responde-lhe:

— Mestre, vês que a multidão te aperta e te sufoca de todos os lados, e ainda perguntas: quem me tocou?

— Alguém me tocou — replica Jesus —, porque percebi que saiu de mim uma virtude.

E olhava à volta para ver quem o fizera.

A mulher curada viu que caíam sobre ela aqueles olhos que varavam os corações. Estava descoberta. Pálida e frêmula, lançou-se aos pés do Salvador e declarou tudo o que nela acabava de suceder.

Era o que Jesus queria: que todos conhecessem o poder da fé.

— Tranquiliza-te, minha filha — disse-lhe —, a tua fé te salvou. Vai em paz.

A força da fé

Nesse ínterim, o príncipe da sinagoga pensava na sua filha. Tinham-se perdido uns momentos preciosos. Talvez a menina tivesse expirado já. Sim; tinha morrido. Dizem-lho os criados, que se aproximam dele com ar de dor e lhe anunciam que já não há razão para incomodar o Mestre. Mas Jairo não se queixa. Cala-se, ainda à espera. O Mestre olha para ele, adivinha a tragédia que lhe dilacera a alma e diz-lhe:

— Não temas. Limita-te a crer e salvar-se-á.

Chegam à casa. É o espetáculo da mansão onde acaba de entrar a morte: confusão, soluços, conversas em voz baixa e prantos em voz alta. No vestíbulo aglomeram-se as carpideiras e os tocadores de flauta, “a flauta da morte”.

Jesus abre caminho pelo meio deles.

— Não choreis — diz-lhes —, a menina dorme, não está morta.

Mas aquela gente, que vive dos enterros e fareja uma ceia esplêndida, troça dessas palavras. Por entre uma explosão de risos zombeteiros, o taumaturgo chama os mais íntimos dos discípulos — Pedro, João e Tiago — e, na companhia deles e dos pais da defunta, entra na câmara mortuária. A menina jaz, estendida no leito. Nimba-lhe ainda a fronte a brancura do lírio, e tem uns olhos de violeta murcha. Jesus aproxima-se, inclina-se, toma em suas mãos divinas uma daquelas mãos de neve e cera e pronuncia estas duas palavras, que o intérprete da catequese de Pedro nos conservou no seu próprio som aramaico:

— *Thalita qum* — que significa: Menina, eu te digo, levanta-te.

E a menina despertou, olhou à sua volta sorridente e levantou-se do leito da morte.

“E os pais ficaram cheios de assombro”, termina o evangelista. Mas Jesus ordenou-lhes que não dissessem a ninguém o que havia sucedido. Na outra banda, nas cidades helênicas, permitira ao endemoninhado que apregoasse o benefício que acabara de receber, mas aqui age de maneira muito diferente, porque está sob a jurisdição de Herodes. No entanto, a sua ordem só em parte será cumprida, pois, como diz Mateus, "a fama deste acontecimento divulgou-se por toda a região".

Quando Jesus encoraja o pai da menina, dir-se-ia que tem medo, não vá a fé desse homem soçobrar e assim tornar irrealizável a sua súplica. A fé será no Reino de Deus uma força mais poderosa que todas as forças da natureza. Mais uma prova no-la oferece um episódio que teve lugar quando Jesus saía da casa de Jairo.

Dois cegos que, de acordo com o costume de todos os tempos, se tinham associado para enfrentar melhor a miséria, começaram a gritar atrás do Mestre: "Tem piedade de nós, Filho de Davi!". Como Jesus tencionava manifestar-se a pouco e pouco, ao longo do seu ministério, um tal tratamento, claramente messiânico, não deve ter sido muito do seu agrado. E não fez caso. Mas os cegos continuaram a gritar atrás dEle e seguiram-no até à casa onde morava. Semelhante tenacidade era um indício de fé, e como, por outro lado, havia menos perigo de indiscrição num recinto fechado, Jesus decidiu efetuar o milagre. Disse para os cegos:

— Credes que posso fazer isso que quereis?

— Sim, Senhor — responderam eles.

Então Jesus tocou-lhes os olhos e disse:

Faça-se segundo a vossa fé.

E abriram-se-lhes os olhos. Mas Jesus — diz Mateus — recomendou-Ihes severamente: "Vede que ninguém o saiba".

JESUS NA SINAGOGA DE NAZARÉ

Mateus 9 e 13; Marcos 6;
Lucas 4, 9 e 10

O Mestre, sem ao menos sacudir o pó do caminho, sem descansar sequer, sai da sua casa de Cafarnaum ávido de prosseguir a sua missão através das terras da Galileia. Como sempre, os Apóstolos vão com Ele. A primavera aproxima-se; caíram as últimas chuvas sobre o lago, e a gente descansa, à espera de que amadureçam as searas nos campos já floridos.

Desta vez, a pequena caravana dirige-se a Nazaré. Os discípulos trocam entre si olhares de surpresa. Depois de caminhar durante ano e meio em todas as direções, pregando o Reino de Deus, Jesus decide-se finalmente a visitar a sua terra. É lá que mora a sua Mãe, é àqueles lugares que sente ligadas as recordações da sua infância e juventude, e, no entanto, depois do dia em que saíra para cumprir a obra de seu Pai, não tinha querido voltar a pôr os pés ali. Passara por Naim e lá ressus-

citara o filho da viúva, atravessara o vale onde repousava Nazaré, voltara à povoação vizinha de Caná; mas sempre parecia mostrar um decidido empenho em retardar aquela visita aos seus conterrâneos. Agora, no entanto, afasta-se do lago, sobe até a meseta e desce na direção da planície de Jezrael.

A missão dos Doze

No caminho, "chamou os doze e começou a enviá-los dois a dois, dando-lhes poder sobre os espíritos imundos". Este episódio apresenta-se-nos como um prelúdio da missão futura, que espalharia os Apóstolos por todo o mundo antigo. Há tempo que estes vêm ouvindo a sua doutrina, presenciando os seus milagres; conhecem já o método de apostolado seguido por Ele. O título de Apóstolos — enviados — começa finalmente a corresponder a uma realidade. Vão na condição de evangelistas, de exorcistas e de taumaturgos, encarregados de uma missão especial, que devem realizar seguindo normas precisas. Vão a dois e dois, e assim se nos apresentarão, depois da morte de Jesus, os primeiros pregadores do Evangelho: Pedro e João, Paulo e Barnabé.

O campo de ação que o Senhor lhes indica é ainda muito limitado:

— Não ireis para o meio dos gentios — diz-lhes Jesus — nem entrareis na Samaria. Ide primeiro às ovelhas que se perderam da casa de Israel.

Mais tarde, o campo que terão de trabalhar será o mundo inteiro. Neste primeiro ensaio, a sua ação não deve estender-se para além da do Mestre. Trata-se unicamente de uma missão preparatória:

— Por onde andardes, anunciai que está próximo o reino dos céus. Curai os enfermos, ressuscitai os mortos, limpai os leprosos, expulsai os demônios. O que recebestes de graça, dai-o de graça.

O desprendimento e a confiança em Deus constituíam condições indispensáveis ao êxito daquela empresa missionária. O Reino de Deus tinha de ser anunciado sem contar com o reino humano: nem meios financeiros, nem miras políticas, nem preocupações econômicas.

Por todas as aldeias e cidades do Oriente apareciam sem cessar servidores de santuários que percorriam as províncias por ordem dos deuses, reunindo donativos para os sacrifícios e para as despesas do Templo. Era o caso daquele Lúcio de Acraba, de quem fala uma inscrição famosa da zona oriental do Hermon, que saía a mendigar para a deusa Atárgate, e começava a amontoar as esmolas, e comprava um burro, e a seguir um cavalo, e mais tarde um carro, e nunca voltava para junto da deusa sem lhe apresentar setenta sacos repletos. Os Apóstolos de Jerusalém não deviam ser assim; nem sequer deviam cuidar dos preparativos que faz qualquer pessoa prudente antes de começar uma viagem:

— Não leveis ouro, nem prata, nem dinheiro nos vossos cintos, nem mochila para o caminho, nem duas túnicas, nem calçado, nem bastão.

Um viajante previdente começava por arranjar um burro, o clássico meio de transporte no Oriente, um alforje bem repleto de alimentos, uma bolsa de ouro e prata à cintura ou no turbante, uma túnica além da que levava vestida, para se proteger do frio ou trocá-la depois de um aguaceiro, um par de sandálias fortes e resistentes e um pesado cajado com a extremidade em forma de maça para se defender nos momentos de perigo.

Um enviado de Deus deve ter plena confiança no seu Pai celestial e, ao mesmo tempo, contar com a ajuda material daqueles a quem leva a sua mensagem. Tem que entregar-se por inteiro à sua tarefa. Não deve perder tempo com cumprimentos inúteis; não deve deter-se no caminho nem entabular conversa com os transeuntes, perguntando-lhes, como fazem os orientais, pela mulher, pelos filhos, pelo rebanho, pelas últimas novidades; nem procurar alojamento em pousadas, para melhor se libertar de qualquer preocupação que possa ter caráter comercial ou político. É o emissário de um grande senhor, e deve ser recebido como tal:

— Quando entrardes numa cidade ou aldeia, procurai alguém que seja digno de vós e ficai com ele até vos pordes de novo a caminho. Ao entrardes numa casa, cumprimentai assim: «Paz a esta casa». Se a casa for digna, descerá sobre ela a vossa paz; caso contrário, retornará a vós. Se não vos receberem nem ouvirem as vossas palavras, saí daquela casa ou cidade e sacudi o pó dos vossos pés. Em verdade vos digo que, no dia do juízo, haverá mais indulgência com Sodoma e Gomorra do que com essa cidade.

Não hão de levar nada daquele lugar. E, ao saírem de lá, terão de sacudir até o pó das sandálias, como faziam os judeus sempre que abandonavam uma região pagã. Será uma cidade impura.

Em Nazaré

Enquanto os Apóstolos se espalhavam pelos campos da Galileia, pregando a penitência, expulsando os demônios e curando os doentes, Jesus aproximava-se de Nazaré, a vila onde se tinha criado. Sempre compassivo e manso de coração, vai fazer um supremo chamamento aos "irmãos" e conterrâneos, que continuam pertinazes e incrédulos. Mas a sua atuação originará um dos conflitos mais desagradáveis do seu apostolado.

Passou aquele tempo brilhante e feliz da vida pública de Jesus, em que as turbas se lhe entregavam sem reserva, em que não havia oposição, nem receios, nem vacilações. Começou a aparecer a cizânia. A inveja está de atalaia, o inimigo vigia, os fariseus murmuram, atacam e blasfemam. A multidão começa a titubear; Jesus ainda a arrasta, mas não chega a dominá-la. Sombras inquietantes juntam-se sobre a cabeça do Profeta, e a tormenta vai estalar em Nazaré. A cizânia deve ter sido levada até lá por aqueles mesmos parentes que se haviam considerado vexados por Ele quando tinham ido à sua procura em Cafarnaum; mas o que deve ter ferido particularmente o amor-próprio dos nazarenos foi que Ele os tivesse abandonado para fixar residência na vila mais importante das margens do lago. Tinham inveja de Cafarnaum, onde o Senhor efetuara os prodígios de que se falava em toda a Galileia. Era, de certo modo, imperdoável. Não havia também doentes em Nazaré? Por que então a privava da sua presença e dos seus benefícios? Jesus vai acabar com todas aquelas queixas, aparecendo inesperadamente na terra da sua infância e juventude.

Quis entrar em Nazaré sozinho, sem escolta, sem o cortejo dos discípulos. Tinham passado quase dois anos desde que saíra dali, dois anos muito longos, em que tinham sucedido coisas memoráveis: uma verdadeira revolução que comovia e assustava as cidades da Galileia, que enchia de preocupação os governantes de Jerusalém, que repercutia até nos salões dourados do palácio de Tiberíades. Mas, no vilarejo de Nazaré, tudo continuava na mesma: os burros passavam, tropeçando nas pedras salientes das ruelas, as caravanas de camelos atravessavam a parte baixa do povoado, no meio dos assobios e palavrões dos guias; as mulheres faziam roda junto da fonte à hora do entardecer e, como antigamente, ressoavam na praceta as marteladas dos artesãos, os gritos dos moleques e as disputas dos compradores. A mesma porta da sinagoga, os mesmos bazares aldeões, as mesmas casas humildes, cúbicas, brilhantes sob o fogo do sol.

Nada sabemos da emoção que Jesus sentiu ao entrar na casa onde tinha crescido e ao encontrar aquela Mãe que lhe seguia amorosamente os passos através da Galileia e aguardava em silêncio aquela visita. Também não sabemos nada dos colóquios do Filho com a Mãe, dos comentários dos vizinhos e da primeira acolhida. Lucas, o evangelista de Nazaré, o que melhor nos transmitiu as circunstâncias dessa visita, limita-se a falar do seu desenlace. A presença do Profeta despertou entre aqueles camponeses uma curiosidade a que não eram alheios nem o receio nem o orgulho. Tinha-lhes chegado aos ouvidos de quando em quando o eco das atividades, dos milagres e dos triunfos de Jesus. Era indiscutivelmente o filho mais ilustre da terra. Sentiam-se ligeiramente feridos ao verem o pouco carinho que parecia dispensar ao lugar onde havia passado quase toda a vida; mas, por fim, estava de novo entre eles. Agora iam saborear a sua doutrina e presenciar os mais extraordinários prodígios. Que não faria na sua pátria aquele que operara tantas maravilhas em Cafarnaum?

Na sinagoga

Os dias passavam e os prodígios tão esperados não vinham. Jesus negava-se a operar maravilhas na sua própria terra. O seu modo de proceder lembrava o do médico que restitui a saúde aos estranhos, mas é incapaz de se curar a si mesmo e aos da sua família. Esta imagem devia correr de boca em boca a propósito do filho do carpinteiro. Jesus procurou iluminar e convencer, e chegou até a fazer alguns milagres, mas em pequeno número, devido, na observação de Mateus, "à incredulidade dos seus conterrâneos".

E começou a diminuir o primeiro entusiasmo e a crescer o número dos que viam em Jesus, não o profeta admirado pelas multidões, mas o antigo carpinteiro do lugar. Conheciam muito bem Maria, sua mãe; julgavam conhecer o pai e sabiam quem eram os seus parentes. Alguns podiam mostrar ainda o arado feito por Ele ou a janela reparada por suas mãos. Em gente como essa, a visita de Jesus ou havia de produzir o milagre superior da fé ou a cerração mais densa da incredulidade.

Chegou o sábado. Todo o povo estava reunido na sinagoga, e Jesus também lá foi. Havia uma expectativa profunda, um ardente desejo de ouvir o Profeta. Se lhes regateava os milagres, não era fácil que fizesse outro tanto com as palavras.

Jesus reconhece todos os que entram, os que se sentam nas tribunas e os que se aglomeram no centro da nave. É-lhe familiar aquele edifício, onde durante trinta anos viera orar, ouvir a palavra de Deus e a interpretação dos escribas. A cerimônia decorre segundo o mesmo ritual de sempre: a profissão de fé, a oração, a bênção, a leitura da Lei e a homilia.

A homilia, só Ele a podia pronunciar. Assim o compreendeu o chefe da sinagoga, interpretando a vontade de toda a assistência. O *harran* aproximou-se dEle, solícito, e, fazendo uma profunda reverência, entregou-lhe o texto sagrado. Jesus desenrolou o rolo e leu estes versos de Isaías, que já em outras ocasiões havia recordado aos discípulos: "O Espírito do Senhor está sobre mim, porque Ele me ungiu para evangelizar os pobres e me enviou para anunciar a redenção aos cativos e devolver a vista aos cegos, para trazer a liberdade aos oprimidos e promulgar o ano de graça do Senhor".

Terminada a leitura, Jesus enrolou o livro, devolveu-o ao ministro e sentou-se. Ia explicar o texto que acabava de ler. Todos tinham os olhos fixos nEle, todos aguardavam ansiosamente as suas palavras, contendo a respiração. E o Senhor começou assim o seu discurso: "Hoje cumpriu-se esta profecia que acabais de ouvir".

É impossível descrever a emoção que se apoderou da assistência. Alguns, sem dúvida, devem ter achado o comentário um pouco excessivo, mas a impressão geral foi favorável: "Todos lhe davam testemunho" e não se cansavam de ouvi-lo. Ficaram subjugados por aquela palavra cheia de força, de nobreza e de graça, que já fizera tanta gente exclamar: "Jamais alguém falou como este homem". A admiração aqui era maior que em qualquer outra parte: conheciam todos os momentos da vida do Senhor; tinham-no visto muitas vezes naquela sinagoga, escutando em silêncio, como todos os outros; e era público que a sua infância decorrera entre as ferramentas da carpintaria, sem tempo para seguir as lições dos letrados da localidade e, muito menos, as dos sábios famosos de Jerusalém. Que milagre maior do que esse? Estavam maravilhados, mas maravilhavam-se sem compreender.

Enquanto Jesus falava, ou nalguma das pausas que costumava fazer para acentuar as passagens mais importantes dos seus discursos, diziam uns para os outros: "Donde lhe vem tanta sabedoria?" Aquele presente, cercado de glória e de grandeza, apresentava para eles tal contraste com a humildade das suas recordações, que vários começaram a desconfiar e a encolher os ombros, dizendo: "Não é este o filho do carpinteiro? Não é Maria a sua mãe? Não são seus irmãos Tiago, José, Simão e Judas? E as suas irmãs não vivem todas entre nós?"

Os espíritos cerrados e tacanhos escandalizam-se com facilidade das coisas que não chegam a compreender. Foi o que aconteceu com os habitantes de Nazaré. O entusiasmo degenerou em ceticismo, a admiração em desconfiança, a desilusão em irritação. Não sabemos como foi o miolo do discurso do Senhor, dado que Lucas só nos legou o princípio e o fim; mas é provável que Jesus apresentasse aos seus conterrâneos o ideal messiânico que desconcertara as turbas das margens do lago. A doutrina de um reino espiritual era sempre um tropeço para aquela gente acostumada à ideia de um Messias conquistador que os seus doutores lhe pregavam. Decerto Jesus lhes repetiu as palavras que antes dissera em Cafarnaum e que se haviam comentado com amargura nas ruas e lojas nazarenas: "Quem é minha mãe? Quem são os meus irmãos, os meus parentes, os meus concidadãos? Na verdade vos digo que aquele que fizer a vontade de meu Pai, que está nos céus, esse é minha mãe, meu irmão, minha irmã e meu parente. Esse é também o meu concidadão".

O público despeitado

A reviravolta produzida na assembleia foi completa. Já no início a multidão se havia colocado numa atitude falsa em relação ao orador: "Escutá-lo-emos — diziam de si para si —, contanto que faça alguma coisa digna da terra que o criou". Mas eis que sucedia precisamente o contrário. Em vez de ilustrar Nazaré com alguma obra nova, grandiosa, inaudita, oferecia-lhes um reino invisível e obscuro, de pobreza, de sofrimento, de humildade. É isso o que os desilude e desespera.

Surgem os protestos. Nas sinagogas, a homilia terminava geralmente com um diálogo entre o orador e os circunstantes. É nessa altura que a oposição se manifesta em palavras rancorosas, em insinuações insolentes, em tumultuosos gestos de despeito. Recordam-lhe o nascimento humilde, a pobreza do lar, o ofício que exerceu. Se tem tanto poder, por que deixa a sua mãe naquela situação de penúria e abandono? Por que continuam os parentes a caminhar atrás dos bois, com umas miseráveis sandálias de couro, entre a ardência da geada e sob os raios do sol? O debate prolonga-se e Jesus demonstra aos conterrâneos que essa saraivada de críticas não é mais que a aplicação de um princípio que já tivera muitos precedentes: "Vós me aplicareis, sem dúvida, este provérbio: «*Médico, cura-te a ti mesmo*. Todas as maravilhas que dizem que fizeste em Cafarnaum, faze-as também aqui na tua pátria». Na verdade vos digo: nenhum profeta é bem recebido na sua pátria. Havia muitas viúvas em Israel nos tempos de Elias, quando o céu se fechou durante três anos e seis meses e houve grande fome por toda a terra, mas a nenhuma delas foi enviado Elias, a não ser a uma viúva de Sarepta, no país de Sídon. E havia em Israel muitos leprosos no tempo do profeta Eliseu, mas nenhum deles foi curado, a não ser Naamã, o sírio".

Aquilo ultrapassava tudo o que um judeu podia suportar. Mais tarde, quando Paulo, o discípulo de Jesus, for detido no Templo de Jerusalém, poderá falar à vontade para contar a sua história. Mas, quando disser que recebeu do céu a missão de pregar às nações estrangeiras, logo a multidão o rodeará e pedirá que seja condenado à morte. Assim acontece agora com o Mestre. O que, na realidade, não passava de uma advertência é considerado uma provocação cheia de desprezo, uma atitude de imperdoável arrogância por parte do filho do carpinteiro. Mal Jesus acaba de evocar a preferência dos antigos Profetas pelos gentios, explode a cólera no recinto da sinagoga; a humilhante alusão cega-os. Levantam-se tumultuosamente, gritam, saltam à tribuna, insultam o orador, increpam-no, rodeiam-no, tiram-no da sinagoga aos repelões, arrastam-no pelas ruas estreitas e fazem-no subir a um penedo escarpado da colina, a cuja sombra descansava o vilarejo, para o lançarem precipício abaixo e a seguir apedrejá-lo, como se fazia com todos os blasfemos.

Mas a sua hora não tinha chegado ainda. Queriam um milagre, e Jesus vai realizar um diante deles. O carpinteiro escapa-lhes misteriosamente das mãos: "Jesus, porém, passou pelo meio deles e retirou-se".

Que sucedeu na realidade? Os Evangelhos não o dizem claramente. É possível que uma parte da multidão, mais sensata ou menos hostil ao Senhor, se tivesse imposto aos amotinados; é possível que estes se tivessem arrependido no último instante, desistindo de realizar a ameaça; e é possível também que Jesus tivesse deixado ver um pouco daquela majestade dominadora que na noite da agonia lançará por terra os que o irão prender.

A ingratidão

O peregrino ainda hoje visita o monte do precipício, Gebel-el-Gafse, que se ergue uns trezentos metros acima do vale de Esdrelon. A meio caminho, encontra uma basílica que os habitantes de Nazaré conhecem sob a designação de Nossa Senhora do Espanto. Foi ali que, segundo a lenda popular, a Mãe de Jesus desmaiou ao ver que iam lançar o seu filho ao precipício. E acrescenta a tradição que naquele momento a rocha se entreabriu para a acolher. Maria viveu toda aquela cena, e a incredulidade dos seus familiares e conterrâneos dilacerou-lhe a alma. E quando se encontrou de novo na solidão da sua casa, deve ter estremecido de horror ante aquela hostilidade brutal. O trágico episódio deve ter-lhe causado um dos desgostos mais vivos da sua vida.

E o filho também deve ter tido um grande desgosto. Afasta-se para sempre daqueles lugares, que lhe tinham permitido contemplar tantas vezes as planícies ubérrimas de Esdrelon e os cumes eretos do Carmelo; rompe com as recordações da infância e da juventude; e aquela terra, que noutro tempo vira as suas relações cordiais com vizinhos e parentes, não lhe evocará, dali em diante, mais que o monte do precipício. "Veio aos seus e os seus não o receberam", dirá São João.

Nunca poderemos avaliar em toda a sua profundidade a angústia de Cristo naqueles dias em Nazaré, antes de empreender o afastamento definitivo. Marcos chega a dizer-nos umas palavras que transbordam de emoção e mistério: "E não podia fazer ali milagre algum; limitou-se a curar alguns doentes, pondo sobre eles as mãos. E estava assombrado com a incredulidade deles". Para fazer os milagres, Jesus exigia, pelo menos, um começo de fé, mas em Nazaré encontrou uma incredulidade tal que Ele próprio se surpreendeu. Há algo de terrivelmente trágico e dilacerante nessa dureza que chegou a paralisar o seu poder.

Era o que Jesus anunciara: os Profetas haviam recebido melhor acolhimento entre os estranhos que entre os filhos de Israel, e haviam feito até os maiores milagres a pedido de estranhos. As três cidades mais intimamente ligadas à história de Cristo foram as que pior o trataram: Belém expulsou-o, a uma ordem do rei Herodes; Nazaré quis precipitá-lo no abismo; Jerusalém crucificou-o. As próprias cidades do lago, que foram o centro da sua pregação, que presenciaram os seus milagres mais extraordinários, foram também surdas ao seu chamamento e mereceram ouvir a mais terrível das apóstrofes: "Ai de ti, Corozaim! Ai de ti, Betsaida! Porque, se em Tiro e Sídon se tivessem realizado os prodígios que em vós se realizaram, há muito tempo que teriam feito penitência, cobrindo-se com cilício e cinza. Por isso haverá menos rigor para Tiro e Sídon que para vós, no dia do juízo. E tu, Cafarnaum, porventura serás elevada até o céu? Até o inferno hás de descer. Porque, se em Sodoma se tivessem feito os prodígios que se fizeram em ti, talvez tivesse subsistido até hoje. Digo-te, portanto, que no dia do juízo haverá menos rigor para a terra de Sodoma do que para ti".

O anátema parece ter-se cumprido literalmente. Aquela terra, que nas descrições de Josefo nos aparece como um paraíso, não passa hoje de um ermo desolado. Pouco resta de Corozaim; de Betsaida há apenas umas minas duvidosas; e Cafarnaum, empório comercial, onde se reuniam as caravanas das cidades mediterrâneas e as do interior, não é mais que um campo de escavações. Foi como se, ao conjuro da palavra de Jesus, tivessem morrido as hortas e os pomares, como se o deserto tivesse descido das alturas até a praia, como se a areia tivesse tragado as casas e os jardins. Já não há umbrais de árvores frutíferas, nem murmúrio de canais e alcatruzes, nem canto de noras, nem aromas de vinhedos no pino do verão. E os pássaros mal entoam as suas canções.

A MULTIPLICAÇÃO DOS PÃES

Mateus 10 e 14; Marcos 6;
Lucas 9; João 6

Estamos nas proximidades da Páscoa, a segunda Páscoa da vida pública do Senhor. Por esse tempo, corria de boca em boca uma notícia que enchia de consternação os bons israelitas: o preso de Maqueronte acabava de ser degolado pelos seus inimigos, depois de quase um ano decorrido sobre a sua prisão. Tinham estado a ponto de se juntar na morte o Profeta do lago e o pregador do Jordão.

No fundo do calabouço, João continuara a nublar com a sua presença os dias da mulher a quem tinha tratado de apartar do abismo do crime. Vivia em Maqueronte, fortaleza de guerra, posto-avançado do rei Herodes Antipas, na fronteira do deserto, onde o rei Aretas já tinha as suas coortes a postos para vingar o ultraje da esposa abandonada. Habitava nos porões úmidos e tenebrosos. Lá em cima erguiam-se

Յս Քս բաշխէ զնկանակն
սեղանն

as mansões alegres da corte e do prazer. Maqueronte era uma fortaleza que servia de baluarte na fronteira contra os árabes nabateus — a fortaleza mais bem defendida de toda a Judeia, depois de Jerusalém, na opinião de Plínio; mas, no meio do recinto fortificado, Herodes mandara construir um alcácer esplêndido com aposentos de uma suntuosidade régia, que Josefo nos descreve minuciosamente. Entre todos os palácios da tetrarquia, Herodes escolhera esse das proximidades do Mar Morto para esconder os seus amores ilícitos com a filha de Aristóbulo, príncipe justiçado por aquele que o gerara da mais amada das suas esposas. E Herodíades trouxera para ali Salomé, filha sua e do humilde Filipe Boeto, que vivia em Roma indiferente aos esplendores da realeza e às intrigas cortesãs.

A penedia adusta, erguida sobre o mar lendário, sepulcro viscoso das cidades malditas, era agora residência da corte, alegrada por cânticos de jograis e ritmos de retóricos. Nas muralhas, vigiavam os soldados da guarda, aventureiros de rosto tostado, vindos da Núbia, e atletas ruivos, apresados nas guerras da Germânia. Nos subterrâneos havia grandes cisternas, depósitos e armazéns, onde se guardavam os vinhos velhos, os animais raros, as boas carnes, todos os elementos necessários para a defesa do castelo e para o bem-estar dos habitantes.

E a vida seria tudo luz e alegria se lá embaixo não estivesse aquele profeta, com peles a cobrir-lhe as carnes esculpidas pelas tempestades e pelas penitências. A sua voz ressoava sempre como uma maldição: "Não te é lícito viver com a mulher do teu irmão". Herodes calava-se. Indeciso, supersticioso, cruel, libertino, "respeitava João porque sabia que era homem justo e santo; protegia-o e, quando o ouvia, sentia-se embaraçado; mas, mesmo assim, escutava-o de boa vontade". Herodíades, porém, escondia o rancor no fundo da alma. Tinha os audazes desígnios, as venenosas perversões, os ódios assassinos do avô. "Nenhum afago — dizia — me parecerá doce enquanto essa boca me puder cuspir." Queria fechá-la e não podia, afirma Marcos. Nem o amor de Herodes bastava para lhe proporcionar essa satisfação: sempre covarde, este temia tanto afrontar a cólera do povo como manchar as mãos com um crime inútil.

Herodíades e Salomé

O ódio feminino sabe aproveitar bem as ocasiões. Desta vez, a ocasião foi o aniversário do nascimento do tetrarca. Houve festas magníficas. Os gramáticos recitaram os seus panegíricos, os músicos encheram de harmonia os aposentos reais, e os principais magnatas da Galileia, juntamente com os tribunos das suas coortes, foram recebidos em audiência para felicitar o potentado. Ao cair da tarde, o banquete: requintes de luxo, perfumes da Índia e vinhos espirituosos guardados em odres de neve, e candelabros de ouro, tapetes, coxins, músicos e bailarinas. Toda a nobreza da tetrarquia ali estava e, com ela, os mais altos funcionários da corte, gente de dinheiro e de influência, mas que ardia nessa curiosidade provinciana que se mata por conhecer as últimas novidades da metrópole.

No espetáculo de variedades que se organizou, houve um número inesperado, uma surpresa que Herodíades quis fazer ao tetrarca naquele dia solene. Quando os comensais começaram a sentir os efeitos do vinho, entrou na sala uma moça de quinze anos distribuindo sorrisos gentis e agitando ritmicamente as tênues gazes que mal lhe cobriam as carnes. Era Salomé, a filha de Herodíades. Naqueles festejos reais só podia brilhar uma princesa: essa princesa que conhecia os feitiços das grandes casas do patriciado romano, que no trato com a alta sociedade da urbe chegara a dançar maravilhosamente, a executar bailados dos quais não se fazia a mínima ideia naquela região afastada do Mar Morto.

A mãe não quis desperdiçar aquela ocasião de apresentar a filha, que lhe ia servir para realizar um desejo que lhe roía a alma havia mais de um ano. Mestra na arte do ritmo e do gesto gracioso, Salomé dançou ao compasso do seu náblio[1], representando movimentos mímicos, situações e caracteres, e provocando um verdadeiro delírio nos espectadores. Recebeu os aplausos da assistência, hipnotizada tanto pelos seus encantos juvenis como pelas suas atitudes provocantes, e agradou a Herodes; o homem que tinha desonrado o lar de seu pai ficou profundamente enternecido. Um número como aquele punha a sua corte em dia e colocava-a a uma altura que corte alguma dos reizinhos orientais atingira. Gostou tanto da exibição da moça que a chamou para onde estava e, entre carícias e felicitações, lhe disse:

— Pede-me o que quiseres, que eu to darei, nem que seja a metade do meu reino.

E confirmou a promessa com um daqueles juramentos em que os judeus eram tão pródigos. E assim o pobre Antipas caiu na armadilha.

Mulher alguma se sentava àquela mesa, onde eram permitidas todas as liberdades. Herodíades estava, pois, lá fora, presidindo a outro banquete na sala reservada às mulheres. Cheia de impaciência, aguardava os efeitos da dança da filha quando esta lhe apareceu de rosto afogueado e sorridente. "Então?" — perguntou, dando-lhe um beijo. E a moça fez o relato do seu triunfo, repetindo as palavras do príncipe: "Dar-me-á tudo o que eu pedir, ainda que seja a metade do seu reino... Que hei de pedir?"

Herodíades respondeu sem vacilar:

---

1 Instrumento musical de doze cordas, semelhante à lira, mas de moldura retangular (N. do E.).

— Pede que te tragam aí, nessa bandeja, a cabeça de João Batista.

Para assegurar o seu adultério, a adúltera precisava de uma bailarina, de um verdugo e de uma bandeja, que certamente teria à mão. A filha também não vacilou. Sem perder um segundo, entrou de novo no salão, e, perante a estupefação de todos os presentes, expôs o seu pedido:

— Quero que me dês imediatamente aqui, nesta bandeja, a cabeça de João Batista.

A morte do Batista

O inesperado pedido arrancou o tetrarca à sua modorra; sentiu apertar-lhe o coração uma profunda angústia. Mas fizera uma promessa e selara-a com um juramento. Dera a sua palavra de rei e os cortesãos tinham os olhos cravados nele, curiosos de ver em que ia dar tudo aquilo. O título de rei era a sua obsessão, mas nunca soubera sê-lo. Irresoluto e depravado, dava mais importância à estima dos homens que à voz imperiosa do dever. E não se atreveu a desdizer-se. A uma ordem sua, um dos guardas desceu à prisão, e pouco tempo depois aparecia de novo, com o sangrento troféu na bandeja. O próprio Herodes o entregou à jovem no meio de um silêncio dilacerante. A jovem levou-o à mãe. E conta a tradição que Herodíades tomou a cabeça nas mãos e, olhando para aquelas pupilas horrendamente dilatadas, atravessou-lhe a língua com um alfinete, como fizera Fúlvia com a cabeça do orador romano.[2]

2 Fúlvia Bambúlia, de costumes dissolutos, teve como terceiro marido o triúnviro Marco Antônio. Implicada na conjuração contra a república denunciada pelo orador e senador Marco Túlio Cícero, profanou mais tarde o seu cadáver furando-lhe a língua com uma agulha. Morreu em 40 a.C., desterrada por Otávio Augusto (N. do E.).

E assim acabou o austero pregador da penitência: uma machadada decepou-lhe o pescoço. Na sua morte convivem circunstâncias tais que a página que no-la conta é uma das mais pungentes do Evangelho. Nela vemos o caráter hipócrita e vacilante de um rei, a indiferença servil dos seus cortesãos, a perversidade precoce de uma bailarina e o ódio implacável de uma mulher. E, logo a seguir, aqueles cabelos revoltos, gotejando sangue, no meio de uma festa palaciana.

O povo comoveu-se, mas não se atreveu a protestar. Os representantes da política aplaudiram o desaparecimento de um homem que poderia ter sido um perigo para a paz com Roma, e o assassinato vulgar, inspirado numa vingança odiosa, converteu-se para eles — assim nos diz Josefo — num ato de justiça e de prevenção social. Os fariseus calaram-se, não sem uma secreta satisfação ao verem que se desvanecia para sempre aquela voz que cerceava o seu prestígio entre o povo e não cessava de apregoar o brilhante destino do Profeta de Nazaré, execrado por eles. Porém, mesmo depois da sua morte, João encontrou discípulos fiéis, que, desafiando a cólera de Herodes, entraram no cárcere, retiraram o seu corpo e, depois de lhe darem honrosa sepultura, foram à procura de Jesus para lhe contar o que havia sucedido.

Algum tempo mais tarde, Jesus recordará esse crime ao dizer aos Apóstolos: "Digo-vos que Elias já veio e fizeram com ele o que quiseram". O fato teve tal ressonância que Flávio Josefo o mencionará com destaque numa conhecida passagem das suas *Antiguidades judaicas*, em que aponta como causa daquela morte não já a vingança de uma mulher, mas o temor das repercussões políticas que a pregação do Batista poderia ter. É ele que refere o lugar do martírio, que os evangelistas não mencionam.

Maqueronte tem hoje um nome sinistro: *Al Mashnaga* (patíbulo). No centro de uma região completamente deserta, levanta-se uma montanha de escombros e, no cimo, restos de pedras talhadas e alicerces de antigos muros. Na base, antros profundos, que parecem ter sido as cisternas da fortaleza, e que hoje os beduínos utilizam para guardar os rebanhos durante o inverno. É possivel que num deles tenha caído a fio de espada a cabeça do Precursor.

No caminho de Betsaida

Jesus encontrava-se outra vez nas margens do lago quando os Apóstolos voltaram a juntar-se a Ele. Cheios de júbilo, contavam-lhe as peripécias da sua passagem por povoados e campos: como tinham anunciado o Reino de Deus, pregado a penitência, expulsado os demônios e curado os doentes...

Boa prova do êxito da sua missão era a multidão que agora se aglomerava em torno de Jesus. Se aqueles homens faziam tantas maravilhas, qual não seria o poder de quem os enviava? Tinham-se posto a segui-los, ausentando-se de suas casas, e agora ali estava aquela imensa multidão de meninos, mulheres, pescadores de lago, camponeses que já se preparavam para meter a foice à colheita, soldados de diversos países, que tinham procurado um modo de vida nas coortes dos herdeiros de Herodes, o Grande, e peregrinos, caravanas compactas de peregrinos, que se dirigiam à Cidade Santa para comerem lá o cordeiro pascal, "porque já não faltava muito para a Páscoa, a grande festa dos judeus".

Era o início do mês de Nisan, nos dias tépidos, brilhantes e aromáticos que se sucedem ao equinócio. As amendoeiras e as macieiras enchiam-se de fruto nas hortas do Jordão; os gladíolos adornavam as margens com as suas flores brancas, azuis e violáceas, a competir com as anêmonas, orgulhosas das suas cores de púrpura e de neve. Sobre as águas, azuladas e cinzentas, os nenúfares estendiam os seus ramos vermelhos e amarelos, e nas ladeiras dos montes próximos fulgia o ouro brilhante dos trigais encrespados pela carícia úmida da brisa marinha.

A assistência renovava-se sem cessar. Os Apóstolos estavam encarregados de receber os visitantes, de os apresentar a Jesus, de atender aos seus pedidos. "Mas eram tantos os que iam e vinham, que nem sequer tinham tempo para comer. Então Jesus disse-lhes: «Vinde à parte, a um lugar retirado, e descansai um pouco»". Delicadeza requintada do coração do Mestre! Quer afastar os discípulos daquele assédio da turba e recorre ao mesmo processo de outras vezes: entra numa barca e dá ordem para atravessar para a outra banda. Mas desta vez a precaução foi inútil.

A barca saiu de uma das pequenas enseadas que existem na parte setentrional do mar de Genesaré, perto de Cafarnaum. Do lado oposto, na margem oriental, erguia-se uma outra Betsaida (não a terra de Pedro e André, de Tiago e João), que o tetrarca tinha embelezado e engrandecido para a tornar digna do nome de Júlia, que lhe acrescentara em honra da filha de Augusto, assim chamada. Mas entre a praia e a cidade erguia-se um labirinto de colinas, cobertas de alamedas solitárias e aprazíveis. Era ali que Jesus pensava encontrar um refugio contra as importunações da multidão e contra o fogo do dia durante as horas de calor, e ao mesmo tempo um lugar de repouso para os discípulos.

Mas os admiradores anteciparam-se-lhe. Contornando o lago pelo lado norte e passando a vau o Jordão, em frente de Betsaida, sem perder de vista um instante sequer a barca, chegaram à margem oposta antes dos que iam por mar.

Ao saltar em terra, Jesus encontrou-se novamente envolvido na ondulação tumultuosa da multidão, que não cessara de engrossar no caminho e que o recebeu com gritos de admiração e o rodeava, aclamava, aplaudia e pedia insistentemente milagres e parábolas.

Multiplicação dos pães

Jesus, que antes se havia enchido de pena ao ver os discípulos fatigados e oprimidos, começou a compadecer-se daquela multidão que, para ouvir as suas palavras, "tinha acorrido a pé de todas as cidades". "Teve compaixão deles, porque eram como ovelhas sem pastor, e começou a ensinar-lhes muitas coisas" — diz Marcos, descobrindo-nos um dos traços mais comoventes do coração de Cristo. E pôs-se a falar-lhes, a consolá-los e a curar os doentes. E assim se foram passando as horas, e Ele sempre a falar. Entregou-se com tal vibração a essa tarefa que nem percebeu que se encontravam num descampado e que o dia estava a ponto de expirar. A partida de Cafarnaum efetuara-se nas primeiras horas da manhã e, como diz o discípulo de Pedro, já eram altas horas.

As turbas esquecem-se de tudo, mas os discípulos, mais práticos, aproximam-se de Jesus, advertem-no de que a noite se aproxima e propõem-lhe dispersar a multidão para que vá prover-se de alimento nos lugares próximos. Ele não pode resistir àquele espetáculo da multidão fatigada, desamparada, ávida de doutrina e de consolo, e, sem a menor mostra de impaciência ou de cansaço, continua a instruir e a curar. O sol esconde-se, arrebolando as águas; as sombras estendem-se pelos desertos próximos de Bataneia e os Apóstolos começam a preocupar-se. Mais uma noite em que o rumor da multidão vai perturbar o sono do Mestre e o deles. E depois, toda aquela gente sem comer. A fome juntar-se-ia ao cansaço, haveria desfalecimentos, queixas, e a responsabilidade de tudo recairia sobre eles e sobre Jesus.

Julgando-se na obrigação de arrancar o Mestre àquele esquecimento misterioso, aproximam-se dEle e dizem-lhe:

— Senhor, olha que já é muito tarde; despede-os para que vão aos lugares próximos comprar algum alimento.

Embora movidos, ao que parece, por um sentimento de humanidade, essas palavras devem ter parecido a Jesus tão duras, tão frias, que é natural que tivesse contraído severamente o rosto ao responder aos seus discípulos com esta indicação insólita:

— Dai-lhes vós mesmos de comer.

Silêncio e pasmo no círculo dos Doze. A ninguém ocorreu pensar que quem lhes tinha dado poder para curar os doentes podia tomá-los capazes de converter as pedras em pão. Olharam estupefatos uns para os outros; e, recordando os tempos da sua vida de pescadores, quando tinham de viver à custa da labuta diária, começaram a calcular quanto custaria dar de comer a toda aquela multidão. Se só um pão grande custava um denário, tudo o que Judas levava na bolsa seria insuficiente. Filipe chamou a atenção para o fato com uma pontinha de ironia: "Nem duzentos denários bastariam para que cada um recebesse um pedaço".

Mais prático do que Filipe, André, irmão de Pedro, informava-se entre os circunstantes dos víveres que ainda haveria, e, por fim, chega com esta notícia: "Há aqui um rapaz que tem cinco pães de cevada e dois peixes..., mas que é isso para tanta gente?" Não havia nada a fazer; tal era a conclusão dos Apóstolos.

Mas Jesus ordena-lhes que façam as pessoas sentar-se. Havia ali muita relva, diz-nos João, e Marcos acrescenta que a relva tinha uma cor verde viva. A cena desenrola-se sob o feitiço de um entardecer tépido e perfumado, entre os encantos de uma vegetação primaveril e sobre o atapetado verde do prado que se estende por todas as redondezas.

Os Apóstolos acomodaram a multidão em grupos de cem e cinquenta. A descrição de Lucas induz-nos a imaginar aquelas manchas humanas como maciços de um jardim, e a semelhança acentuar-se-á se tivermos em conta a gritante policromia das roupas que vestiam: verdes, vermelhas, cinzentas e amarelas. Conseguiram então calcular que os comensais seriam uns cinco mil, sem contar as crianças e as mulheres. Mas para que seria tal distribuição por grupos?

Em todos os rostos se desenhava uma viva expectativa. A refeição devia começar com a bênção, segundo o costume seguido nas casas dos bons israelitas. Jesus mandou que lhe trouxessem os cinco pães. Benzeu-os, de olhos postos no céu, e partiu-os. Fez o mesmo com os peixes. Entregou-os depois aos discípulos. E começou então a efetuar-se o prodígio: o pão multiplicava-se nas mãos dos que o repartiam. Era o cumprimento das palavras do Sermão da Montanha: "Não vos preocupeis nem digais: «Que havemos de comer? Que temos para beber? Com que nos vestiremos?» O vosso Pai celestial bem sabe que necessitais de todas essas coisas. Procurai primeiro o reino de Deus e a sua justiça, e tudo o mais vos será dado por acréscimo".

Aquela multidão, sentada nos prados de Betsaida, seguira Cristo pensando no Reino de Deus e na sua justiça, e, sem dar por isso, vinha a encontrar também o alimento do corpo. Os cinco pães tomaram-se para eles montanhas de pão. Todos receberam a sua porção, e todos em abundância: a sua parte de pão e a sua parte de peixe. E comeram e ficaram saciados. E ainda houve sobras, que Jesus mandou juntar, como se fazia entre os judeus depois de qualquer refeição, e que encheram doze cestos.

Seguiram-se os gritos de admiração, os elogios ao taumaturgo, o assombro perante aquele caso nunca visto desde que o mundo era mundo. Aquela multidão estava agora nas mãos de Jesus, plenamente disposta a fazer a sua vontade, a ir aonde Ele mandasse. "Realmente — diziam uns —, é o filho de Davi, o Messias anunciado nas profecias." Tão viva chegou a ser a exaltação popular que muitos falavam já em proclamá-lo rei, em levá-lo a Jerusalém para o instalar no trono dos antigos reis e em aproveitar a colaboração das centenas de milhares de peregrinos que se reuniam por aqueles dias na Cidade Santa para sacudir sob a sua direção o jugo estrangeiro. Os próprios Apóstolos estavam contagiados por esse entusiasmo e Jesus viu-se forçado a lançar mão de toda a sua autoridade "para os obrigar a entrar na barca, que os havia de levar de novo à outra banda do lago". Enquanto se afastavam, Ele foi despedindo o povo, e, como havia muitos que relutavam em abandoná-lo, aproveitou a escuridão da noite para se internar, sem qualquer companhia, na espessura da montanha.

Jesus sobre as águas

A jornada que o novo sol ia iluminar viria a ser uma das mais dolorosas e transcendentes da vida do Senhor. Quis prepará-la na meditação e no silêncio. Desconfiava daquele povo generoso mas inconsciente, verdadeiro feixe de caprichos e contradições. Mais nobres que os habitantes de Jerusalém e da província da Judeia, os galileus continuavam, apesar disso, impermeáveis à ideia fundamental do novo Reino dos céus. Jesus deve tê-los olhado com uma compaixão infinita quando, horas antes, agitados por um delírio repentino, o haviam querido converter em joguete do seu exaltado nacionalismo. Admiravam-no, seguiam-no, mas não o compreendiam.

Com o milagre da multiplicação dos pães ia crescer a campanha que os fariseus já tinham começado. O inimigo retesava-se, o tempo urgia e às audácias do ódio era necessário responder com as violências do amor. O milagre da tarde anterior não passara de um símbolo, e como tal o considera João, o profundo analisador do sentido místico dos fatos materiais, para quem todo o episódio está dominado pela ideia de Cristo considerado como pão de vida espiritual. Fora um fato real e verdadeiro, mas que devia servir de preparação para uma realidade superior. O dia seguinte escutaria a grande promessa, a promessa do pão supersubstancial e divino. Muitos corações vacilariam, outros se escandalizariam, outros se afastariam para sempre.

Presságio do dia histórico que ia seguir-se foram as emoções que agitaram a alma dos Apóstolos durante a noite. A luz do plenilúnio iluminava as águas do lago onde navegavam os Doze. Ao calor do dia sucedera, após o pôr-do-sol, um vento ardente e furioso, que açoitava a barca de proa e a impedia de avançar: "O vento era-lhes contrário".

Só de má vontade tinham entrado naquela tarde na barca: o tempo mostrava-se duvidoso, e o Senhor permanecera em terra. Sabiam por experiência que, na primavera, depois de um dia de calor, se levantava sobre o lago um vento frio e forte, que soprava de norte para sul, dificultando a navegação. Mas Jesus mandara-os embarcar e era necessário obedecer.

A certa altura da travessia, recolheram a vela, decididos a prosseguir à força de remos; mas a grande custo conseguiam evitar que as ondas os levassem à deriva. Apesar de terem saído ao anoitecer, às primeiras horas da madrugada estavam ainda a trinta estádios ou pouco mais de cinco quilômetros da costa. Remavam tenazmente, mas já começavam a enervar-se quando, entre as primeiras luzes da aurora, viram aproximar-se uma figura humana, caminhando sobre as ondas encrespadas. "Um fantasma!" — gritaram todos ao mesmo tempo, sobrexcitados pelas fadigas, emoções e prodígios daqueles dias e também pelo medo, como observa Mateus. Mas bastou uma voz para os tranquilizar:

— Tende confiança! Sou eu! Não vos assusteis.

Era a voz conhecida e amada, a voz que multiplicava os pães e amansava as tempestades. Mas era Ele realmente?

Pedro quis sabê-lo com segurança. Por outro lado, estava impaciente por ver-se ao lado do Mestre e, cheio de fé e de amor, suplica-lhe:

— Senhor, se és tu, manda-me ir ter contigo sobre as águas.

— Vem! — diz-lhe Jesus.

No mesmo instante Pedro salta da barca e começa a caminhar sobre as ondas. Ninguém conhecia o mar como ele, mas nunca se encontrara sobre as suas águas daquela maneira. E o mar lembrava uma caldeira em ebulição. O vento rugia, aumentava de violência, e, entre o choque violento das ondas, a sombra pareceu afastar-se. Não seria realmente um fantasma? Pedro vacila, tem medo, esfria-se a confiança que o fizera saltar da barca, começa a afundar-se e lança um grito em que volta a ressoar o eco da fé:

— Senhor, salva-me!

No mesmo instante, Cristo estende-lhe a mão, segura-o e censura-lhe amistosamente a falta de fé:

— Homem de pouca fé, por que duvidaste?

E sobe com ele à barca.

Pedro fica a conhecer a sua fraqueza. Passa a dispor de uma recordação que daí em diante o fará desconfiar de si próprio. Subitamente, o vento acalma, a travessia continua sem novidade e, entre o rumor da água ferida pelos remos, ouve-se esta confissão dos Doze, de joelhos, diante de Jesus:

— Tu és verdadeiramente Filho de Deus.

Houve um progresso no espírito daqueles homens. Já não perguntam, inquietos, como da outra vez em que acalmara a tempestade: "Quem é este a quem o vento e as ondas obedecem?" No entanto, não têm ainda uma fé perfeita. Por isso Marcos nota que "todos estavam extremamente assombrados; não tinham chegado a compreender o caso dos pães e os seus corações permaneciam ofuscados". Nem mesmo agora o confessam como o Filho de Deus por excelência, o Messias, mas somente como um homem extraordinário sobre o qual Deus derramava os seus favores. Na realidade, pensavam como a multidão que havia comido o pão do milagre: "Já que faz tantas maravilhas, por que não se decide a restaurar o reino de Davi?" E não acabavam de compreender.

O PÃO DA VIDA

João 6, 22-71

Todos os milagres de Jesus são história e são doutrina. Como observa Santo Agostinho, lembram uma página maravilhosamente bem escrita, que nos encanta pela graça que nela pôs o calígrafo e nos instrui graças às ideias encerradas por trás dessa esplêndida roupagem.

Mas os cristãos de todos os tempos sempre viram no milagre da multiplicação dos pães e no de Jesus sobre as águas uma introdução à fé no mistério eucarístico. A multiplicação dos pães pressagia a maravilha de outro pão descido do céu para dar a vida ao mundo. E quando vemos Jesus caminhar sobre as águas, aviva-se a nossa convicção de que aquele corpo divino formado no seio virginal de Maria podia dominar as leis da natureza. A cena de Pedro, duvidando entre o vaivém das ondas, ajuda-nos a vencer as nossas dúvidas e perturbações. Manifestação da bondade e da onipotência de Cristo, os dois milagres deviam constituir também um motivo de fé para os seus discípulos de todos os tempos.

Bem necessários eram todos esses preparativos para aceitar a doutrina que Jesus ia propor no dia seguinte. Jamais será tão nítido o contraste entre a quimera do reino temporal, com que sonhavam os seus admiradores, e a ideia do reino espiritual, que Ele prega. E serão tais as consequências dessa divergência que, a partir desse momento, começará a crise da pregação evangélica na Galileia.

A princípio, ainda muitos poderiam alimentar a esperança de que o novo dia ia ser uma continuação do dia anterior. Mas as coisas mudaram de uma maneira tão inesperada que o que inicialmente tinha todo o aspecto de uma apoteose gloriosa e triunfal veio a transformar-se numa atitude de confronto, de despeito, de desilusão. É João que nos conta, no capítulo 6 do seu Evangelho, a evolução patética daquela profunda transformação. Trata-se, na realidade, de uma deserção em massa, de um rompimento inevitável entre Jesus, que já não podia demorar mais a exposição do messianismo evangélico em toda a sua crueza, e a turba, empenhada em arrastá-lo para a louca aventura de um messianismo material e terreno.

Ao amanhecer daquele dia, enquanto Jesus e os discípulos chegavam à margem ocidental do lago e pisavam de novo os domínios galileus de Herodes Antipas, no lado oposto, a multidão começava a congregar-se outra vez no lugar onde se tinha realizado o prodígio da multiplicação dos pães.

Muitos, apesar da insistência de Jesus, tinham-se recusado a dispersar; outros tinham passado a noite nas granjas e povoados próximos; mas, ao nascer do sol, agitavam-se já, como um formigueiro barulhento, na planície que se estende a leste do Jordão. Todos pensavam que aquele seria o dia definitivo em que se revelaria ao mundo o Messias glorioso de seus sonhos. Continuavam com a ideia de proclamar Jesus seu rei, e iam procurá-lo no lugar onde o tinham deixado na noite anterior.

— É mais que certo que tem de estar aqui — diziam. — Ontem à noite não podia ter-se ido embora. Todas as barcas que havia deste lado voltaram com as últimas luzes do crepúsculo e a última a sair foi a de Pedro, mas ele não ia lá. Depois de os discípulos terem partido, ficou um pouco de tempo a falar conosco, e a seguir perdeu-se no monte.

A curiosidade da multidão

Assim era. Mas eles não imaginavam que o Senhor pudesse ter arranjado outro meio de atravessar o mar. Debalde o procuraram pelos bosques e campos, e já começavam a perder a paciência quando viram vir na sua direção um grande número de embarcações que, como todas as manhãs, iam fazer a sua provisão de pesca na margem oriental do lago. Foram os pescadores dessas barcas que lhes disseram que Jesus estava já do outro lado, na planície de Genesaré, que se estende às portas de Cafarnaum, três quilômetros mais ao sul, na região que atualmente tem o nome de El Ghuweir e cuja fertilidade é apregoada pelo historiador Josefo.

— Temos de falar com ele para lhe manifestar quanto antes o desejo do povo. Ele é o Profeta que há de vir, é o Messias que esperamos; só o Messias pode fazer os prodígios que ele faz.

— Aí tendes as nossas barcas — disseram-lhes os pescadores, gente do mar, simples, honrada e disposta a receber com alegria aquele reino messiânico de que lhes falavam.

E os mentores do plano passaram à outra margem, enquanto o resto da multidão atravessava o Jordão pela ponte que liga a grande Betsaida de Herodes Filipe com a Betsaida de Pedro.

A meio da manhã, Jesus estava na sinagoga de Cafarnaum e foi lá que o encontraram. Sentiam-se de mau-humor, enganados, irritados. Não atinavam com a explicação da conduta do Profeta. Alimentava-os milagrosamente e depois os abandonava; parecia fomentar neles as esperanças messiânicas e logo a seguir dava mostras de recear a realeza. As suas andanças pelas proximidades de Betsaida Júlia, território do pacífico Filipe, tinham chegado a fazer supor que queria reunir as hostes para o assalto ao trono; mas agora voltava de novo aos domínios de Antipas, que acabava de matar João por lhe trazer a tetrarquia em alvoroço. E depois aquela fuga estranha que, logo ao amanhecer, os fatigara e enervara. A primeira pergunta que lhe fazem revela toda a inquietação interior, todas as amargas impaciências daquela manhã.

— Mestre — perguntam-lhe —, quando chegaste aqui?

São palavras que encerram uma parte de censura, outra de curiosidade e, acima de tudo, outra de astúcia: queriam encaminhar habilmente a conversa para o que mais lhes interessava, para a ideia fixa do reconhecimento de Jesus como herdeiro do trono de Davi.

Com a sua resposta, Jesus, que adivinhou a intenção secreta da pergunta, entra de rompante na interpretação espiritual do milagre e ao mesmo tempo corta secamente toda a proposta ulterior de messianismo terreno.

— Em verdade vos digo que me buscais, não porque vistes os milagres, mas porque comestes dos pães e ficastes saciados. Trabalhai, não pela comida que perece, mas pela que dura até a vida eterna, aquela que o Filho do Homem vos dará porque o Pai pôs nele o seu selo.

Na sinagoga de Cafarnaum

Estas palavras são o archote que ilumina o discurso e a discussão dessa manhã com as turbas. Jesus segue o sistema que conquistara a alma da samaritana. Ela desejara a água que o Senhor lhe prometia; mas a sua sede material convertera-se em ânsias espirituais de Deus. O diálogo da sinagoga de Cafarnaum recorda-nos o do poço de Sicar, mas o resultado final será completamente diferente.

As primeiras palavras do Senhor escondem uma censura. Os milagres do taumaturgo deviam ter levado os ouvintes a um conceito mais espiritual da sua missão, mas eles, longe de verem nesses sinais uma prova do autêntico Reino messiânico, procuravam exclusivamente os benefícios materiais, o bem-estar temporal, o anúncio de um reino em que, sem trabalhar, todos teriam o pão necessário para viver. Só viam o pão, não o que o pão significava.

Todos compreenderam que Jesus lhes prometia um alimento diferente do que tinham comido na véspera. O Filho do Homem — que era rei não por designação ou eleição dos homens, mas porque o Pai imprimira nele o selo real — dar-lhes-ia esse alimento movido exclusivamente pela sua bondade; mas eles deviam trabalhar, deviam fazer alguma coisa por merecê-lo.

— E que faremos para realizar as obras de Deus?

Pergunta vaga, que podia exprimir-se desta outra maneira: Que condições nos impões para gozarmos sempre desse pão milagroso? E Jesus dá-lhes a conhecer claramente a única coisa que lhes exige, aquela que encerra todo o segredo da vida eterna:

— A obra de Deus é esta: que creiais naquele que Ele enviou.

Há pouco o Senhor rejeitava uma coroa, agora chama-se enviado de Deus; e os mesmos que antes se apressavam a aclamá-lo, acreditando que com Ele triunfariam as suas aspirações nacionalistas, resistem agora a reconhecê-lo como embaixador divino. Não lhes basta o milagre da véspera; querem novos sinais, uma multiplicação do pão que constantemente se renove. Não alimentara Moisés os antepassados deles, durante quarenta anos, com o maná? Os rabinos diziam nas sinagogas que o segundo salvador, o Messias, haveria de parecer-se muito com o primeiro.

— Faze tu o mesmo — diziam os judeus — e acreditaremos em ti. Demonstra que tens o poder de Moisés, que alimentou milagrosamente os israelitas, segundo está escrito: «Deste-lhes a comer o pão do céu».

O maná de Moisés e o pão de Jesus

A alusão a Moisés era bem significativa. Era como dizer a Jesus que o seu sinal — a multiplicação dos pães — não podia ser comparado ao do milagre do maná repetido ao longo de quarenta anos. Teria de fazer algo mais ruidoso, se quisesse que acreditassem naquele seu reino invisível e intangível. Punham frente a frente os dois termos de uma comparação: Moisés e Jesus. Qual dos dois era maior?

— Na verdade, na verdade vos digo — respondeu Jesus — que Moisés não vos deu o pão do céu; é meu Pai quem vos dá o verdadeiro pão do céu.

O maná tivera uma virtude passageira. Sustentara as forças do corpo sem fazer nada pela vida da alma. Alimentara uma pequena nação perdida no deserto, mas não beneficiara muitos outros povos. "Pão de Deus — acrescentou Jesus — é o pão que desceu do céu e dá a vida ao mundo." Ficava resolvida a questão implícita na pergunta dos judeus: Jesus estava tão acima de Moisés como o céu da terra.

— Senhor, dá-nos sempre desse pão — gritaram os ouvintes, a pensar no alívio do corpo, como a samaritana, quando lhe dizia: "Dá-me dessa água, para não voltar a ter sede".

E, tal como dessa vez, Cristo responde com uma revelação inefável. "Eu sou o Cristo", dissera junto do poço; aqui diz: "Eu sou o pão da vida. Aquele que vem a mim não terá fome, e aquele que crê em mim jamais terá sede".

Todas as promessas se realizam nEle. O maná do deserto e o próprio pão milagroso do dia anterior não passavam de um símbolo do pão divino. Mas, para saboreá-lo, é indispensável a fé, uma fé que Jesus não consegue despertar nos ouvintes.

— Já vo-lo disse: vistes-me, mas não credes.

E explica a razão daquela cegueira; é que viraram as costas ao Pai. "Todo aquele que o Pai me dá vem a mim, e aquele que vem a mim, não o enjeitarei. Porque desci do céu não para fazer a minha vontade, mas a daquele que me enviou, e essa vontade é que não se perca nenhum dos que me deu, mas que os ressuscite no último dia."

O protesto dos inimigos

O tom do discurso de Jesus vai mudando pouco a pouco. A princípio, dirigira-se aos que o tinham seguido durante as últimas vinte e quatro horas. Agora, novos interlocutores entram em cena: são os judeus, doutores e fariseus da vizinhança, unidos a outros que haviam chegado de Jerusalém para espiar. Enquanto Jesus fala, eles murmuram, riem, gritam: — Ele, pão do céu? Que extravagância! É uma loucura, uma blasfêmia! O escândalo torna-se geral, e de todos os lados chegam murmúrios de vozes como estas:

— Atreve-se a dizer cada coisa! Não é este o tal Jesus, filho de José, cujos pais conhecemos? Então como é que diz: Eu desci do céu?

Sem se deter a refutar esse argumento, Jesus reitera as afirmações anteriores e, acima de tudo, a necessidade de que se seja atraído pelo Pai para chegar a Ele.

— Não murmureis entre vós. Ninguém pode vir a mim se o Pai, que me enviou, não o atrair. Está escrito nos profetas: "Todos serão ensinados por Deus". Todo aquele que ouviu o Pai e foi instruído por Ele chega até mim. Não é que alguém tenha visto o Pai, pois só aquele que veio de Deus viu o Pai.

Pelas suas relações únicas com o Pai, só Jesus o pode revelar e só por meio dEle se entra em comunicação com o Pai, fonte de vida. Por isso acrescenta: "Quem crê em mim tem a vida eterna".

E retoma o anúncio do pão da vida, ampliando-o:

— Eu sou o pão da vida. Os vossos pais comeram o maná no deserto e morreram. Este é o pão que desceu dos céus, para que todo aquele que comer dele não morra. Eu sou esse pão vivo descido do céu. Quem comer dele jamais morrerá. E crede que o pão que vos hei de dar é a minha carne, que entrego pela vida do mundo.

Este é o tema fundamental do discurso de Jesus. O diálogo anterior não era mais que o prelúdio. Chegou agora a revelação completa, a exposição do mais consolador, do mais inefável dos mistérios cristãos. Chegou gradualmente, depois de uma longa preparação que tinha mantido os ouvintes em suspenso. Mas por fim o Senhor fala com tal clareza que não é possível duvidar. O que lhes propõe é que se coma a sua carne.

Que coisa absurda, escandalosa, abominável! E começam a protestar, a dizer uns para os outros:

— Como é que este homem pode dar-nos a comer a sua carne?

Mas, quanto maior a oposição dos ouvintes, mais Jesus insiste, mais claras, precisas e enérgicas se tornam as suas palavras:

— Na verdade, na verdade vos digo: se não comerdes a carne do Filho do Homem e não beberdes o seu sangue, não tereis a vida em vós. Quem come a minha carne e bebe o meu sangue tem a vida eterna, e eu o ressuscitarei no último dia. Porque a minha carne é verdadeiramente comida e o meu sangue verdadeiramente bebida. Quem come a minha carne e bebe o meu sangue permanece em mim e eu nele. Assim como o Pai que me enviou vive e eu vivo pelo Pai, assim também aquele que me comer viverá por mim. Quem comer deste pão viverá eternamente.

Consequências do discurso

Assim terminou o discurso de Jesus. Levara muito tempo a ser preparado: oração, exortações à fé, milagres. A importância do tema o requeria. Tratava-se de fixar para sempre a doutrina que devia ser aceita pelos discípulos de todos os séculos sobre o mais augusto e difícil dos mistérios: natureza, efeitos e necessidade da Eucaristia.

"E todas estas coisas — termina João —, disse-as Jesus na sinagoga de Cafarnaum."

Ainda hoje se conservam as minas da sinagoga dessa cidade. No meio delas, em cima de uma padieira, vê-se uma escultura com o maná num vaso cercado de cachos e de folhas de videira. Não há a certeza de que esses restos façam parte do edifício onde Jesus falou, mas fazem-nos pensar que Jesus pode ter tido diante dos olhos uma escultura semelhante enquanto discursava acerca do milagroso alimento que Deus havia enviado ao seu povo, e desse outro, mais milagroso ainda, que Ele ia multiplicar na terra; o maná não passava de um símbolo, de uma figura remota do manjar misterioso que haveria de perpetuar a vida divina no mundo. Declaração humilhante para um judeu, convencido de que Deus não podia conceder graça mais excelsa aos homens do que a que concedera aos seus antepassados, enquanto erravam pelo deserto. Declaração humilhante e doutrina inadmissível para espíritos mediocremente aferrados às suas ideias puramente materiais da Redenção.

Entre os próprios discípulos de Jesus, mesmo entre aqueles que até então não tinham hesitado em pôr-se a seu lado contra as maquinações dos fariseus, havia muitos que diziam, escandalizados:

— Este ensinamento é muito duro! Quem o pode admitir?

Jesus, que tinha previsto já as resistências, e que agora depara com as objeções, procura retê-los, mostrando-lhes o sentido misterioso e sobrenatural com que era preciso interpretar as suas palavras. Os milagres efetuados no dia anterior eram já uma garantia de fé; mas a eles se juntariam outras garantias e outras revelações. Não obstante, persiste na sua afirmação capital: é necessário comer realmente o seu corpo; é preciso beber realmente o seu sangue. Já houve quem dissesse, e com razão, que não é próprio do estilo de Jesus inquietar os homens com grandes palavras para depois não conseguir fim algum.

— Isto vos escandaliza? — exclama. — Que será então quando virdes o Filho do Homem subir para onde estava antes? É o espírito que dá a vida; a carne de nada serve. As palavras que eu vos disse são espírito e vida.

E acrescenta, com o coração dilacerado:

— Há no meio de vós alguns que não creem. Por isso vos disse que ninguém pode vir a mim se meu Pai não lho conceder.

É possível que tivesse querido dizer mais, mas os ouvintes, muitos deles discípulos amados, gente entusiasta que o tinha seguido logo desde o primeiro momento, abandonavam o recinto a toda a pressa: uns, desmoralizados e despeitados, acusando-se mutuamente de excessiva credulidade; outros, silenciosos, tristes, convencidos de que naquele momento ruía um dos seus maiores ideais. Jesus observa a deserção com a amargura estampada no rosto. Mas tinha sido Ele a provocá-la. Falara com tamanha clareza que daí para o futuro todos haviam de tomar partido a seu favor ou contra Ele.

Pior do que os que se retiravam era um homem que se manteve junto do Senhor sem ter fé: Judas, o discípulo avaro, que naquele dia deve ter visto como se desvaneciam as brilhantes perspectivas do seu reino quimérico. Talvez a mesma atitude se notasse também, por contágio, nalgum outro dos discípulos, pois o Senhor, envolvendo-os num olhar de infinita ternura, lhes dirigiu esta pergunta dorida:

— Também vós quereis ir-vos embora?

— A quem havemos de ir? — respondeu Pedro, com uma frase de uma clarividência maravilhosa, que as almas fiéis e enamoradas hão de repetir até ao fim dos séculos. — Tu tens palavras de vida eterna. Nós cremos e sabemos que tu és o Santo de Deus.

Tinham acreditado plenamente, mas não todos. Embora comovido por aquele grito da alma, Cristo sabe o que se passa na mente de Judas, o traidor. Seu desejo seria vê-lo afastar-se com os desertores ou aderir sinceramente à confissão de Pedro. E insinua-lho com umas palavras que são ao mesmo tempo uma terrível advertência e um chamamento constrangedor:

— Não é verdade que fui eu que vos escolhi? No entanto, um de vós é um demônio.

LUTAS E CURAS NA GALILEIA E EM JERUSALÉM

Mateus 14 e 15;
Marcos 6 e 7; João 5

Depois da crise, cheia de peripécias, que semeou a dúvida naquela cidade da Galileia, Jesus continuou ainda a exercer o ministério da mesma forma que anteriormente através da planície de Genesaré, entre Betsaida e Cafarnaum. Pregava, discutia, refutava as calúnias dos doutores e curava os doentes que lhe traziam. A sua causa parecia perdida; somente haviam ficado ao seu lado os Apóstolos e um pequeno número de discípulos. Mas o egoísmo e a curiosidade tornam a aumentar um pouco o pequeno grupo, e não faltam os que voltam impelidos por um sincero arrependimento. Jesus recebe-os a todos com a doçura de sempre. Em seu peito não cabem nem a amargura nem a dureza. Mais forte que todas as contradições e todas as malícias, só procura o cumprimento da vontade de seu Pai. Nesse momento de infidelidade e de abandono, quando muitos que se chamavam seus amigos

desaparecem do seu lado, estremece de alegria ao contemplar os que lhe ficam e os poucos que voltam, e diz, cravando no céu os olhos úmidos de amor:

— Eu te glorifico, ó Pai, Senhor dos céus e da terra, porque escondeste estas coisas aos sábios e prudentes e as revelaste aos pequenos! Sim, Pai, eu te bendigo, porque assim foi do teu agrado.

Era a expressão de uma lei universal que se havia de cumprir no mundo inteiro, como acabava de cumprir-se naquele recanto da Galileia. A sabedoria humana é incapaz de conhecer os segredos de Deus; só a luz divina nos pode iluminar esses mistérios, e essa luz só pode ser conseguida por meio da humildade.

"Todas as coisas me foram entregues por meu Pai", acrescenta Jesus. Ele tem a essência infinita do ser, da força, da verdade, da beleza, do amor e da vida, porque tudo quanto está no Pai está nEle: "Ninguém conhece o Filho a não ser o Pai; e ninguém conhece o Pai a não ser o Filho e aquele a quem o Filho o quiser revelar".

Mas tudo isso, tem-no para fazer o bem, para derramar a verdade, a beleza, a saúde e o amor. A visão das angústias dos homens enternece-o e arranca-lhe este chamamento, que há de encher de consolo todos os séculos: "Vinde a mim todos os que trabalhais e estais sobrecarregados, que eu vos aliviarei. Tomai sobre vós o meu jugo e aprendei de mim, que sou manso e humilde de coração, e achareis repouso para as vossas almas; porque o meu jugo é suave e a minha carga ligeira".

Essas palavras realizaram-se, então mais do que nunca, num desabrochar prodigioso de curas e benefícios materiais. Aquela gente, refratária ao anúncio do seu reino espiritual, continua a acudir a Ele logo que a dor ou a tristeza a aflige, e à cegueira do seu coração responde Ele com um aumento de compaixão.

Vai de casario em casario, de aldeia em aldeia, e, umas vezes à porta das casas, outras nas praças públicas, apresentam-lhe os doentes sobre catres e padiolas, suplicando-lhe que lhes dê a bênção, que ponha as mãos sobre eles ou que os deixe tocar ao menos a orla do seu manto. E todo aquele que o fazia com fé ficava curado. E assim o discurso da sinagoga recebia uma nova confirmação: aquela carne, que devolvia a saúde a todos quantos a tocavam, era verdadeiramente a carne vivificante que Cristo acabava de prometer aos que cressem nEle.

Foi uma excursão exclusivamente missionária. Jesus passou sem se deter; atravessou a região muito depressa e, pouco tempo depois, vemo-lo outra vez em Cafarnaum, na sinagoga que fora cenário de muitos dos seus milagres e discussões.

A tradição da Lei

Mais uma vez se vai desencadear lá uma verdadeira tempestade de diatribes e ódios. Os agressores voltam a ser os fariseus, fariseus da terra unidos a fariseus que tinham vindo de Jerusalém. A tática consistirá em assaltar o temido Rabi com observações sobre a sua conduta, quer para o humilhar, quer para o desacreditar ante o povo. Começam por perguntar-lhe:

— Por que os teus discípulos violam o costume dos antepassados comendo o pão sem lavar as mãos?

Era um crime, crime nefando, imperdoável, não lavar as mãos antes de comer; era descer ao nível dos camponeses, indiferentes à alta sabedoria dos doutores de Israel, incultos, grosseiros, ignorantes, homens cuja convivência, segundo uma expressão rabínica, era pior que a convivência com uma meretriz. E quem desprezasse veneráveis costumes como esse de lavar as mãos merecia ser irradiado do mundo. Até os dois grandes rabinos, os chefes das duas escolas rivais, Hillel e Shammaí, tinham esquecido por momentos as suas discussões para ditar de comum acordo o cerimonial sagrado das abluções e purificações. Tudo se encontrava escrupulosamente determinado: a quantidade de água necessária, as partes das mãos que a ablução devia atingir, as características dos recipientes que se deviam utilizar. Ora os discípulos de Jesus não pareciam dar valor a essas veneráveis prescrições, que se dizia serem mais antigas que os primeiros reis de Israel. Como se podia tomá-los a sério?

Jesus responde. Ataca os fariseus e demonstra que, naquele apego orgulhoso à tradição, há um esquecimento completo da Lei divina:

— E vós, por que violais o preceito de Deus, por causa da vossa tradição? Porque Deus disse: "Honra teu pai e tua mãe".

De uma maneira muito sutil e muito rabínica, os fariseus tinham chegado a subtrair-se aos deveres da piedade filial. Bastava que num momento de mau-humor alguém pronunciasse sobre os seus bens a palavra *corban,* isto é, oferecido a Deus, para que se considerasse desobrigado de ajudar os próprios pais com esses bens. E o mais estranho do caso é que quem fazia esse voto absurdo ou ferozmente egoísta podia continuar a gozar deles.

— Desse modo — disse Jesus anulastes a palavra de Deus por causa da tradição que vós mesmos estabelecestes. Hipócritas! Foi bem de vós que profetizou Isaías quando disse: "Este povo honra-me com os lábios, mas o seu coração está longe de mim".

Havia belas tradições dos antigos e sem dúvida que era meritório amá-las e observá-las. Mas num plano muito superior às tradições estava a Lei de Deus, e jamais seria lícito observar uma tradição em detrimento da Lei divina.

Os inimigos calaram-se, guardando a vingança para melhor ocasião, mas aquele silêncio inquietou os discípulos. Por isso aproximaram-se do Senhor e disseram-lhe:

— Sabes que os fariseus se escandalizaram ao ouvir as tuas palavras?

Mas, como tinha feito noutras ocasiões, Jesus chamou a turba e insistiu na mesma ideia, dando-lhe novo vigor:

— Escutai-me todos e entendei: não há nada fora do homem que, ao entrar nele, o possa manchar; só as coisas que saem dele é que o tornam impuro. Quem tiver ouvidos para entender, que entenda!

E pouco depois de ter deixado o povo, explicitou aos discípulos: "É do interior do coração dos homens que procedem os maus pensamentos, as fornicações, os furtos, os homicídios, os adultérios, as cobiças, as perversidades, a fraude, a desonestidade, a inveja, a blasfêmia, a soberba, a insensatez. Todas estas coisas más procedem do interior e tornam impuro o homem".

Com essas palavras, Jesus não só se insurgia contra uma tradição estúpida que tiranizava as consciências, como assestava um duro golpe naquela distinção entre animais puros e impuros que, embora consagrada pela legislação levítica, apenas tinha um valor pedagógico e figurativo e, como símbolo que era, devia desaparecer ante a lei do espírito e da liberdade. Para Jesus, o homem é essencialmente espírito e criatura moral; tudo o mais deve ser considerado acessório e subordinado a essa condição mais alta.

Este conflito, que consumou a ruptura inevitável, terminou com umas palavras violentíssimas em que Jesus ratificou a condenação dos fariseus:

— Toda a planta que meu Pai celestial não plantou será arrancada pela raiz. Deixai-os: são cegos e guias de cegos. E se um cego guia outro cego, ambos cairão no poço.

De novo em Jerusalém

De súbito, vemos Jesus em Jerusalém. A Cidade Santa está cheia de peregrinos e Jesus é um deles. Festeja-se a Páscoa do ano 28, ou talvez o Pentecostes, comemoração da entrega da Lei no Monte Sinai e ação de graças pelos primeiros frutos do ano. Encontramo-nos já muito longe da montanha das bem-aventuranças e do lago aprazível das parábolas. Eis-nos no centro do farisaísmo e do fanatismo, na matriz geradora dos doutores que já há tempo espiam os passos de Jesus com olhos assassinos. O choque vai ser mais forte que nunca e a revelação mais deslumbrante. À medida que se ilumina a figura de Jesus como Filho de Deus, vai-se entremostrando mais claramente o desenlace da tragédia.

"Há em Jerusalém , junto à Porta das Ovelhas, uma piscina chamada em hebraico Betesda, que tem cinco pórticos."

A arqueologia acabou por confirmar estas indicações precisas do Evangelho de São João, e uma das emoções do peregrino da Terra Santa é poder venerar o próprio lugar em que o Senhor manifestou o seu poder de uma maneira impressionante.

O povo venerava aquela piscina, cujas águas se agitavam periodicamente graças a uma virtude sobrenatural, segundo a crença comum, que atribuía àquele fenômeno infalíveis virtudes de cura. Dizia-se que um anjo agitava a água e que o primeiro doente que nela entrasse depois dessa ebulição ficava curado da sua doença.[1]

Entre a multidão de coxos, cegos, paralíticos e desgraçados de toda a espécie que acudiam a beneficiar-se do movimento das águas, havia um paralítico cujos membros estavam já há

---

1 A *Neovulgata* omite a referência à descida do anjo, registrando-a apenas em nota ao pé de página. Essa omissão em relação ao texto da *Vulgata* deve-se a que esse texto não aparece em importantes códices e papiros gregos, nem em muitas versões antigas (N. do E.).

trinta e cinco anos tolhidos pela doença. Jesus viu-o estendido à beira da piscina e, aproximando-se dele, disse-lhe:

— Queres curar-te?

— Senhor — respondeu o entrevado —, não tenho um homem que me lance à piscina quando a água se agita; enquanto vou, já outro desceu antes de mim.

Disse-lhe Jesus:

— Levanta-te, toma o teu leito e anda.

E aquele homem, que mal se podia mexer, levantou-se com toda a agilidade, tomou o leito e começou a andar.

João observa que "aquele dia era sábado".

Conflito com os fariseus

Essa simples frase faz-nos pressentir um conflito. Efetivamente, os judeus, quer dizer, os fariseus, continuavam à espreita. Aquela infração do repouso sabático era intolerável.

— É sábado — disseram ao bom homem —, e não te é lícito transportar o teu leito.

Ele respondeu-lhes:

— Aquele que me curou disse-me: "Toma a tua cama e anda".

E esse homem era Jesus. Uma vez mais passava por cima das doutrinas deles. Uma vez mais recorria àquele poder extraordinário para os confundir diante do povo. "E perseguiam-no, porque fazia tais coisas ao sábado."

Jesus vai justificar a sua conduta, mas, com isso, fornecer-lhes-á ao mesmo tempo um novo motivo de irritação. Se eles, interpretando rigidamente a Sagrada Escritura, diziam que Deus descansara no sétimo dia da criação, Ele replica-lhes: "Meu Pai trabalha sempre e eu também trabalho".

Teólogos judeus, como Fílon, afirmavam que o agir era, em Deus, princípio da atividade de todos os seres, tão essencial como o calor em relação ao fogo. Isso não podia surpreender os fariseus que ouviam Jesus. O que lhes parecia inaudito era que se declarasse igual ao Pai.

A partir do primeiro encontro com os fariseus da capital, começamos a notar a diferença que existe entre os de Cafarnaum e os de Jerusalém. Ali tudo girava em torno das observâncias legais: o jejum, o sábado, as abluções; aqui, a discussão vai ser mais profunda, mais transcendente, mais teológica. Trata-se da missão divina de Jesus, das suas relações com o Pai, da sua natureza de Filho de Deus. Esses mestres de Israel compreendem perfeitamente o alcance das palavras do Senhor, e, embora a violação do sábado lhes desse o primeiro motivo de protesto, depois "procuravam com mais afinco tirar-lhe a vida, porque chamava a Deus seu Pai, fazendo-se igual a Deus".

Jesus segue agora o sistema de que já se servira em outras ocasiões. Não recua, não mitiga as suas primeiras afirmações e, quanto mais exasperados vê os inimigos, mais insiste na ideia anteriormente formulada, mais penetra nela e a amplia. As suas palavras hão de constituir uma clara exposição das relações que tem com Deus e com os homens e, ao mesmo tempo, uma severa condenação da cegueira farisaica. "Na verdade, na verdade vos digo que o Filho nada pode fazer por si mesmo, mas apenas o que vê fazer o Pai: porque tudo o que o Pai faz, isso faz de igual modo o Filho".

Essa afirmação de igualdade, que já antes escandalizava os judeus, sobressai ainda mais nestas palavras que nos revelam uma identidade de ação. Ação única, que pressupõe um amor profundo, substancial, "porque o Pai ama o Filho e mostra-lhe tudo o que faz". O olhar infinitamente profundo do Filho penetra todo o ser, toda a ação, todas as perfeições do Pai.

Esse ver o que o Pai faz e o que é significa nascer dEle, ter a mesma natureza que Ele e, por conseguinte, a mesma autoridade e poder: "Assim como o Pai ressuscita os mortos e lhes dá vida, assim também o Filho dá vida a quem quer".

Depois, referindo-se à sua natureza humana, ao Verbo encarnado, Jesus acrescenta: "O Pai não julga ninguém, mas entregou todo o poder de julgar ao Filho". E mais adiante: "Porque, assim como o Pai tem a vida em si mesmo, assim também deu ao Filho o ter a vida em si mesmo, e lhe deu o poder de julgar, porque é Filho do Homem". A doutrina da divindade de Cristo aparece aqui vincada com traços precisos e indubitáveis, tanto na sua condição de Filho de Deus como na de Filho do Homem. Como Filho do Homem, substancialmente unido à natureza divina, vivifica quem quer e julga toda a humanidade, não mercê de uma autoridade delegada, mas no exercício de um poder divino. E por isso os homens "devem honrar o Filho da mesma maneira que honram o Pai", e devem acolher a palavra do Filho com o mesmo acatamento com que acolhem a do Pai, porque quem recebe a palavra do Filho crê no Pai e será salvo.

O testemunho de Jesus

Para provar afirmações tão categóricas, e antecipando-se à possível objeção de que o testemunho de uma pessoa em causa própria não é suficiente, Jesus explica que as suas palavras têm o aval de quatro testemunhos: o de João Batista, o dos milagres, o do Pai e o da Escritura.

Recorda o testemunho de João, não porque possa servir de apoio às suas palavras — "Eu não recebo testemunho de homem algum" —, mas porque esse testemunho foi dado em atenção aos judeus, para que reconhecessem o Messias e alcançassem a salvação: "Vós enviastes mensageiros a João e ele deu testemunho da verdade". A vida de João extinguiu-se. "Ele era a lâmpada que ardia e iluminava; vós, porém, só por um momento quisestes alegrar-vos com a sua luz."

"Mas eu disponho de um testemunho superior ao de João: são as obras que o Pai me deu para que as executasse. Essas obras — esses milagres — dizem claramente que o Pai me enviou. Mas vós cerrais os ouvidos à voz do Pai, e a sua palavra não permanece em vós. Tendes, além disso, as Escrituras, que contêm, segundo dizeis, a vida eterna: vós as ledes e perscrutais, mas, como estais cegos, não as compreendeis; porque, se as compreendêsseis, acharíeis nelas um novo testemunho de mim. No entanto, não quereis vir a mim para possuir a vida."

A razão dessa cegueira é que só se interessam pela glória vinda dos homens. No seu orgulho de sábios e legistas, não têm outro desejo que não o aplauso dos seus semelhantes.

— Como podeis crer, vós que recebeis a glória uns dos outros e não buscais a glória que só procede de Deus? E não julgueis que me levantarei para acusar-vos diante de meu Pai. Quem vos acusará será Moisés, em quem colocais a vossa esperança. Porque, se acreditásseis em Moisés, certamente acreditaríeis em mim, visto que ele escreveu a meu respeito.

Quer Moisés, quer os Patriarcas e os Profetas, tinham vivido na esperança de Cristo. Cristo é a chave com que se decifram e iluminam as Escrituras. Todo o Antigo Testamento tem um ponto central no qual se polariza e para o qual converge: Cristo.

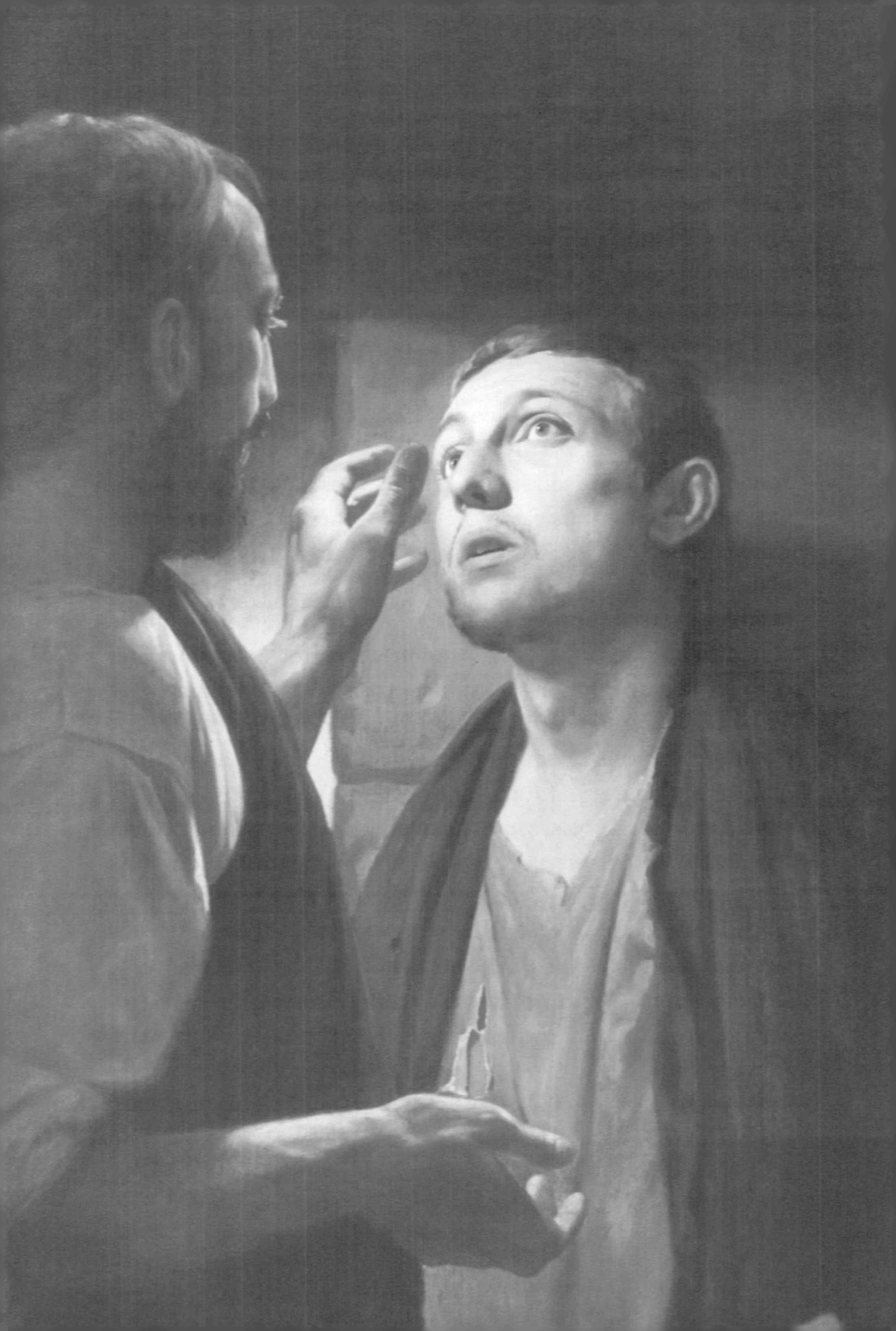

POR TERRAS DE GENTIOS

Mateus 15 e 16: Marcos 7 e 8;
Lucas 9

A situação de Jesus ia-se tomando cada vez mais difícil. Na Galileia, tal como na Judeia, discutiam com Ele, repeliam-no, atentavam contra a sua vida. Isto explica a sua conduta nos meses de verão que se seguiram à festa de Pentecostes.

Afasta-se da Cidade Santa e, em vez de permanecer na Galileia, anda errante pelos países limítrofes, seguido pela caravana dos discípulos mais íntimos. Quer evitar as aglomerações tumultuosas, apaziguar a efervescência dos ânimos, aquietar as suspeitas que começam a avolumar-se junto de Herodes Antipas. Vemos pelo relato de Marcos que, ao chegar às casas que lhe oferecem hospitalidade, a sua primeira recomendação é aconselhar silêncio para evitar que se propale a notícia da sua chegada. Se atravessa as fronteiras dos gentios, não é com o propósito de missionar, mas levado pelo desejo de encontrar um refúgio contra as ciladas dos seus adversários e um lugar de repouso a fim de se preparar para a luta definitiva e concluir a instrução dos Apóstolos.

A cananeia

Nem sempre encontra isso que procura. A fama dos milagres precede-o e muitas vezes a casa em que se hospeda se vê assediada subitamente por uma turba de curiosos e admiradores.

Percorre os distritos de Tiro e Sídon, aquelas costas fenícias onde, segundo o testemunho de Josefo, se olhavam os judeus com grande aversão.

Está em terra não só estranha, mas também inimiga. Leva-o lá mais o desejo de se subtrair às perseguições dos fariseus do que a necessidade de evitar as ameaças de Antipas, em cujo território daqui a pouco o veremos outra vez. No entanto, nem mesmo lá há de encontrar a tranquilidade que procura.

Os habitantes daquela terra tinham ouvido falar, sem dúvida, do taumaturgo da Galileia, e é possível que o considerassem como um de tantos pretensos fazedores de maravilhas que pululavam no mundo pagão. Mas, além de não querer provocar aglomerações, Jesus não quer antecipar a transmissão da Boa-nova aos gentios. Abstém-se de pregar e propõe-se não exercer os seus poderes divinos. Mas nem sempre consegue subtrair-se às solicitações.

Mal atravessa a região de Tiro, uma mulher pagã — uma cananeia, afirma Mateus; uma sirofenícia, esclarece Marcos, que escrevia para os gregos — vem implorar a sua compaixão e, atribulada pela dor, lança-se aos seus pés e põe-se a gritar: "Senhor, Filho de Davi, tem piedade de mim! A minha filha é cruelmente atormentada pelo demônio". Aparentemente indiferente às lágrimas dessa mãe, Jesus não responde logo; talvez queira dar aos seus discípulos uma lição sobre o valor da oração humilde e perseverante. A mulher reitera os seus rogos. Soluça, grita mais alto, e tão importunos chegam a ser os seus clamorosos lamentos que os discípulos, impacientes, julgam conveniente intervir. Pedem a Jesus:

— Senhor, atende essa mulher para que se vá embora, pois não cessa de aturdir-nos com os seus gritos.

— Eu não fui enviado senão às ovelhas que se perderam da casa de Israel — responde-lhes Jesus.

Cristo afirmará com frequência essa missão exclusiva que lhe incumbia a Ele pessoalmente. Ante os seus olhos, erguer-se-á sempre a perspectiva de um apostolado tão vasto como o mundo; chegará um dia em que todos serão atraídos para Ele e haverá um só rebanho e um só pastor. De momento, porém, a sua atividade deve limitar-se a um pequeno povo e a uma região acanhada do mundo. Enquanto não for "exaltado sobre a terra", enquanto não morrer numa cruz, não se abrirá ao Evangelho um campo universal.

Apesar dessa repulsa, a pobre mulher insiste. Avança, passa pelo grupo dos Apóstolos, lança-se aos pés de Jesus e diz:

— Mestre, ajuda-me!

Jesus responde-lhe finalmente, mas com uma dureza incrível, se não houvesse nela um mistério:

— Não está bem tomar o pão dos filhos e lançá-lo aos cães.

A cananeia compreende a alusão; mas, longe de se desalentar, aproveita o argumento de Cristo, com tanta delicadeza como oportunidade:

— É verdade, Senhor, mas também os cachorrinhos comem das migalhas que caem da mesa dos seus amos.

O Senhor, que só queria deixar-se vencer, exclama então, comovido por tanta humildade e persistência:

— Ó mulher, grande é a tua fé! Faça-se como queres.

Grande foi a fé daquela mulher que soube resistir à impaciência dos Apóstolos, ao silêncio glacial de Jesus e à sua negativa rotunda. Grande foi também a beleza do episódio, do qual se desprende um maravilhoso atrativo e a impressão de um olhar que penetra até o mais profundo dos corações.

O surdo-mudo

De Tiro, Jesus dirige-se a Sídon, seguindo a costa esmaltada de recordações bíblicas. A meio caminho entre as duas grandes cidades marítimas, hoje apeadas do seu antigo esplendor, passa por Sarepta, a pátria da viúva cuja história Ele tinha evocado na sinagoga de Nazaré. Depois desce pelas faldas do Líbano, onde haviam florescido os maiores milagres do profeta Elias, e, atravessando o Leontes, encontra-se de novo em terra Galileia. Daqui interna-se em território de Israel, por um caminho que ia até ao vale do Jordão, mas logo deixa os seus compatriotas para visitar os gentios do outro lado da Transjordânia, os descendentes dos veteranos de Alexandre, que três séculos antes tinham vindo estabelecer-se na região oriental do Jordão e cujas cidades — Pela, Dion, Gádara, Hipo, Scitópolis etc. — unidas pela comunidade de raça, de religião e de língua numa confederação que se chamava Decápole, constituíam verdadeiros enclaves nas tetrarquias dos filhos de Herodes.

Pouco sabemos desta longa volta, em que Jesus deve ter empregado grande parte do último verão da sua vida. A única finalidade parece ter sido, como vimos, afastar-se por uns tempos do campo de luta e possivelmente também acostumar os discípulos ao trato com os infiéis. Continua a evitar as multidões, e talvez por isso sejam escassas as recordações que temos destes meses. Mas nem mesmo assim consegue passar despercebido: a curiosidade, a sede do milagre, o desejo de salvação põem imediatamente as povoações em pé de guerra. E é no meio daquele país semipagão que se realiza uma grande maravilha, relatada por Marcos no estilo pitoresco que o caracteriza.

Apresentam a Jesus um surdo-mudo para que lhe imponha as mãos. Vimos constantemente Jesus operar os milagres com uma só palavra, com um gesto, com uma imposição de mãos. Agora vai realizá-lo de maneira diferente, de um modo, por assim dizer, sacramental, combinando gestos e palavras numa ação que a Igreja reproduzirá ao administrar o batismo. Afasta-se para um lado com o paciente, mete-lhe os dedos nos ouvidos, umedece-lhe a língua com a saliva, dirige o olhar para o céu e, exalando um profundo suspiro, diz: *Effetha,* que quer dizer: "Abre-te". E no mesmo instante abrem-se os ouvidos do homem, desata-se a sua língua, e ele passa a falar normalmente.

Conforme o seu costume, sobretudo nesta época, Jesus recomenda aos presentes o maior silêncio; mas é impossível conter-lhes o entusiasmo. Arrebatada por um sentimento de admiração, aquela boa gente começa a comentar o prodígio pelas praças: "Ele fez bem todas as coisas. Fez ouvir os surdos e falar os mudos". E era sempre este o corolário que a misericórdia e a compaixão de Jesus arrancavam da multidão.

Uns dias depois, prosseguindo a sua viagem, foi até o mar da Galileia, pelo caminho da costa oriental. "Subiu ao cimo de uma colina — conta Mateus — e sentou-se ali. E aproximou-se dele muita gente, trazendo consigo mudos, cegos, aleijados e muitos outros doentes. Puseram-nos aos seus pés, e ele os curou; de tal modo que as turbas se maravilhavam e glorificavam o Deus de Israel."

Deixara a terra dos gentios e encontrava-se já entre os seus, naquela região sujeita ao governo do tetrarca Filipe, no meio da gente que tinha visto os seus milagres da primavera anterior e que estava preocupada com a sua longa ausência. Já tinham feito a colheita do verão, já tinham guardado o trigo nas suas casas e agora aproveitam os dias de descanso para ouvir a palavra de Jesus, para segui-lo, subjugados pela sua doutrina, maravilhados pelo seu poder, sem se preocupar com o amanhã.

E, no meio dessa afluência, e depois de tantos milagres, renova-se a multiplicação dos pães. Esgotaram-se as provisões e, no entanto, a gente continua ali, paciente, incansável, como que hipnotizada pelo atrativo irresistível do Profeta. Jesus está sentado no alto da colina, rodeado pelos discípulos. De repente, fixa o olhar na multidão e, comovido, diz: "Tenho compaixão deste povo, pois há três dias que estão junto de mim e não têm nada que comer. Não quero despedi-los em jejum para suas casas, para que não desfaleçam no caminho; alguns deles vieram de longe".

Os Apóstolos não sabem que responder a essas palavras. Decorrera meio ano desde que Jesus dera de comer a cinco mil homens com cinco pães e dois peixes. Não poderia fazer o mesmo agora?

Mas a impressão que aquela maravilha lhes causara tinha-se ido apagando no meio da trama da existência de Jesus e da deles, ordinariamente submetida a constantes embates. Da outra vez, um deles viera com a notícia de que um rapaz guardava algumas provisões na sua bolsa. Agora é Jesus que tem de perguntar:

— Quantos pães tendes?

Havia sete pães e alguns peixes. E o milagre repetiu-se: todos comeram e ficaram saciados, e sobraram ainda sete cestos. Os que comeram daquele pão milagroso foram quatro mil homens, sem contar as mulheres e as crianças. Esta nova multiplicação dos pães, tão parecida com a outra, era mais uma evocação do pão supersubstancial.

O sinal de Jonas

Jesus prevê que a sua hora se vai aproximando e, por fim, decide visitar de novo as terras que tinham visto os começos da sua pregação. Atravessa o lago e pisa a costa ocidental da região de Dalmanuta, não longe de Magdala. Como sempre, o seu aparecimento marca o princípio de uma comoção popular que os fariseus se propõem controlar e conter.

Aos fariseus juntam-se agora pela primeira vez os saduceus, alarmados também com as audácias daquele pregador em quem as multidões punham os seus anelos de restauração monárquica. Servidores fiéis da ideia do Império viam decerto com maus olhos a ameaça de uma revolução que traria consigo o desmantelamento das bases econômicas por eles lançadas, com tanto engenho e paciência, a serviço do sistema imperial de Roma. E, para conjurar esse perigo, acabam por fazer um pacto com os seus inimigos tradicionais, que se irá definindo e estreitando até se realizar a finalidade pretendida. Fariseus e saduceus vigiam desde agora Jesus, ávidos de surpreendê-lo, de arrancar-lhe alguma palavra atrevida e imprudente, de encontrar nos seus discursos alguma contradição que lhes permita denunciá-lo e prendê-lo.

Desta vez aparecem com um desejo hipócrita de tornar-se seus discípulos, contanto que os convença com algum milagre que dissipe toda a dúvida sobre a sua missão divina.

— Mestre — dizem-lhe —, queremos que nos mostres um sinal do céu.

As curas, a multiplicação dos pães, as expulsões de demônios eram sinais da terra, obra talvez de Satã, ou pelo menos de uma origem duvidosa. Moisés, Josué, Elias tinham realizado prodígios maiores que esses, tinham feito chover o maná do céu, tinham parado o sol, tinham aberto as cataratas das nuvens. Como é que Jesus havia de ser o Messias se não tinha poder para fazer algo semelhante? Um portento do céu seria uma coisa definitiva, muito mais convincente do que curar doentes, ressuscitar mortos e multiplicar os pães. O sinal messiânico por excelência, na opinião geral, devia ser um prodígio astronômico ou meteorológico, um globo ígneo suspenso do céu, um fenômeno singular na marcha do sol, uma iluminação na noite.

Na sua resposta, Jesus toma a ofensiva. Se alenta fé, se consola o infortúnio e socorre a miséria, despreza a curiosidade e indigna-o a hipocrisia.

— Quando chega a tarde, dizeis: "O céu está vermelho, amanhã deve fazer bom tempo". E de manhã: "Hoje vai chover, porque o céu está encoberto e sombrio". Hipócritas! Se sabeis adivinhar, pelo aspecto do céu, o que vai acontecer, como não adivinhais também as características deste tempo em que viveis?

Havia sinais de sobra: o cômputo das semanas de Daniel, o desaparecimento do cetro de Judá, a decadência do país, a realização dos oráculos proféticos, o aparecimento de João, a doutrina e os milagres de Jesus, mas aquela "raça perversa e adúltera" recusava-se a abrir os olhos perante tamanha claridade.

Jesus acrescenta, aludindo à sua ressurreição: "Pedem-me um milagre, mas não lhes será dado outro sinal a não ser o de Jonas". E, sem se deter a observar o efeito que as suas palavras tinham produzido no ânimo daqueles astutos sofistas, sobe à barca e dá ordem para meter a proa em direção à margem oriental.

A saída é tão precipitada que os Apóstolos se esquecem de arranjar provisões — "havia um único pão na barca", diz o evangelista —, e estavam preocupados por não saber como remediar aquela deficiência, quando o Senhor, triste e indignado devido à má-fé dos adversários, lhes dirigiu estas palavras: "Estai alerta e guardai-vos do fermento dos fariseus e do fermento de Herodes", metendo o tetrarca na frase, talvez porque alguns dos que haviam tomado parte na discussão eram agentes seus. Mas os discípulos só comentavam uns com os outros que não tinham pão e censuravam-se mutuamente por aquela negligência. Não seria todos os dias que haviam de encontrar o sustento de uma maneira milagrosa.

Mas Jesus, penalizado por aquela preocupação excessiva, disse-lhes:

— Por que discutis por não terdes pão? Homens de pouca fé! Ainda não compreendeis? Ainda está obscurecido o vosso coração? Tendo olhos não vedes e tendo ouvidos não ouvis? Já não vos lembrais? Quando distribuí os cinco pães entre cinco mil homens, quantos cestos sobraram?

— Doze — responderam-lhe.

— E quando reparti os sete pães entre quatro mil homens, quantos cestos recolhestes com as sobras?

— Sete — disseram eles.

— Então, como é que não entendestes?

Era o mesmo que dizer-lhes: Por que vos preocupais? Não hei de saber dar-vos de comer? Não me referia ao pão, ao dizer-vos que vos acautelásseis com os fariseus.

Só então compreenderam que o fermento a que o Senhor acabava de aludir só podia ser a hipocrisia, o formalismo egoísta, a ambição, a astúcia. Jesus aproveitava qualquer circunstância para elevar o espírito dos discípulos, para os formar, iluminar e corrigir, com uma paciência inesgotável, com uma firmeza transbordante de profunda ternura, com uma condescendência que não repelia nem o próprio Judas.

O cego de Betsaida

A barca em que iam fez escala perto de Betsaida, a cidade oriental da tetrarquia de Filipe. Passaram ao pé da meseta da primeira multiplicação dos pães e entraram na cidade. Um grupo de homens se aproximou dEle e apresentou-lhe um cego para que o tocasse, persuadidos de que uma imposição das mãos de Jesus bastava para o curar. Mas, tal como há pouco com o surdo, Jesus queria fazer um milagre cheio de doutrina e simbolismo. Tomou o cego pela mão, levou-o para fora da cidade, umedeceu-lhe os olhos com saliva e, pondo as mãos sobre ele, perguntou-lhe:

— Vês alguma coisa?

O cego levantou a cabeça e respondeu:

— Vejo homens que me parecem árvores que andam.

Pôs-lhe novamente as mãos nos olhos, e então o cego começou a distinguir claramente o que havia em volta dele.

Jesus mandou-o para casa, dizendo-lhe:

— Não entres nem mesmo na aldeia.

É o único caso de cura progressiva que lemos no Evangelho, imagem viva do que sucede cada dia no mundo das almas, quando se afastam do bulício mundano e, à medida que se recolhem interiormente, acabam por ver a verdade graças à intervenção invisível de Cristo.

De novo vemos o Senhor usando saliva em suas curas, de acordo com o método que os rabinos recomendavam para as doenças dos olhos.

Ao sair de Betsaida, Jesus toma a direção do Norte. Vai seguindo a corrente do Jordão, cada vez mais longe do lago de Genesaré.

Atravessa uma região alegre e pitoresca, montanhosa e selvagem, onde até as ruínas escasseiam. Há colinas que se erguem umas atrás das outras, águas que saltam por todos os lados, abismos profundos e rios subterrâneos, gargantas por onde o rio se lança em cascatas espumantes, profundas depressões de águas pantanosas e, nas proximidades da nascente do Jordão, espessos bosques de terebintos, salgueiros, amendoeiras e figueiras.

Nas faldas do Hermon, junto a uma das três grandes nascentes do rio, fora das fronteiras da Palestina, erguia-se a cidade nova, construída em honra de Augusto pela adulação do tetrarca Filipe. Por isso lhe chamavam Cesareia de Filipe, embora a gente da terra continuasse a designá-la pelo seu antigo nome de Panion, a Bânias dos muçulmanos atuais. O prestígio de Augusto não conseguira desterrar as recordações do deus Pan, a quem estavam consagrados aqueles bosques, fontes e montanhas.

Jesus não entrou na cidade, talvez por ela ser inteiramente pagã, assim como parece que nunca entrou em Tiberíades, embora passasse mil vezes junto dos seus muros. Mas é em frente daqueles edifícios deslumbrantes pelos seus mármores e bronzes, entre aqueles arvoredos frondosos, impregnados de abominações idólatras, de adulações servis e de esplendores imperiais, que vai pôr aos discípulos a questão decisiva. Nem o rei Herodes nem o tetrarca seu filho tinham regateado riquezas e arte para erguer a cidade, e a sua atividade de construtores viera assim a materializar-se naquele templo suntuoso, dedicado a Augusto, que se recortava a dois passos dali, sobre o pedestal que lhe proporcionava um rochedo gigantesco. Jesus tinha-o diante dos olhos, ao anunciar a construção de um edifício infinitamente mais glorioso e duradouro.

Naquele ermo, rodeado de pagãos nada interessados nas teorias religiosas de Israel, podia ocupar-se tranquilamente da formação espiritual dos seus discípulos. Haviam de ser eles o fruto mais perfeito do seu trabalho de Mestre. Muito o faziam sofrer com a rudeza do seu espírito, com a sua dura cerviz e até com as suas ambições terrenas, mas amavam-no sinceramente e tinham plena fé nEle. Ao contrário das turbas, que se inflamavam com facilidade ao ouvir a sua palavra, mas depois perdiam o entusiasmo com a mesma facilidade, os Apóstolos seguiam-no dia após dia, sofriam as mesmas incomodidades que Ele e suportavam as mesmas perseguições. Podia, pois, após ano e meio de convívio contínuo, propor-lhes confiden cialmente a questão mais delicada para Ele, e para eles a mais obscura: a da sua condição messiânica. E é naquela terra pagã, alheia a exaltações nacionalistas, que o problema ficará resolvido.

A confissão de Pedro

Pressente-se a gravidade do momento pela oração do Senhor. Jesus reza à parte; busca o recolhimento das suas faculdades humanas em Deus e implora ao mesmo tempo a força e a luz sobre aqueles que quer iluminar. Mais tarde poderá dizer: "Pedro, eu rezei por ti, para que a tua fé não desfaleça". A oração prolonga-se até as primeiras luzes da manhã.

Os discípulos interrompem-na com a sua chegada, e entre o Mestre e eles começa uma conversa cheia de confiança familiar e efusiva, sem receios, sem preocupações. Caminham e conversam, e de repente Jesus pára e deixa cair esta pergunta no círculo dos Doze:

— Quem dizem os homens que é o Filho do Homem?

Estas palavras devem tê-los sobressaltado. Ficaram, sem dúvida, surpreendidos, ao ver que Jesus entrava num campo que até então evitara cuidadosamente. E a surpresa trouxe um momento de silêncio, silêncio de entorpecimento, de dúvida, de ansiedade, de alegria, porque iam por fim saber com que haviam de contar.

Ora, já em muitas ocasiões, Jesus tinha revelado com maior ou menor clareza o seu título de Enviado de Deus, de Filho do Homem, de perdoador dos pecados. João Batista tinha-o designado à multidão com palavras indicadoras de uma dignidade superior, os gritos dos possessos haviam revelado nEle uma personalidade divina, os que recebiam a saúde de suas mãos chamavam-lhe o Profeta, o Filho de Davi, o Filho de Deus, o Enviado que, segundo os vaticínios, havia de vir ao mundo. Houvera uma altura em que todas as cidades das margens do lago reconheciam com entusiasmo os seus atributos messiânicos. A multidão chegara a ver nEle o Messias que esperava: empenhara-se em proclamá-lo Rei, em restaurar sob o seu nome o reino de Davi. Ele repelira essas homenagens, proibira que os demônios falassem, impusera silêncio aos que haviam sido favorecidos pelo seu poder, insistira no caráter espiritual do seu Reino e anunciara aos discípulos uma vida de pobreza, de mortificação, de sacrifício — e assim se formara pouco a pouco à sua volta uma névoa de incerteza que perturbava amigos e inimigos. O entusiasmo do povo desvanecera-se com a retirada de Cristo e, sobretudo, com aquele sermão desconcertante sobre o pão da vida, seguido do trágico episódio de Cafarnaum. Dissipara-se uma ilusão.

No entanto, era preciso reconhecer nEle qualquer coisa de extraordinário, de milagroso, de sobrenatural. Se fosse o Messias, não se afastaria dos inimigos para andar por terras de gentios; mas podia ser um profeta, pois também os Profetas tinham fugido da cólera dos reis.

Todo o povo andava preocupado com essa pergunta que Jesus acabava de fazer aos Apóstolos.

— Não — comentava-se —, não é um homem qualquer, mas também não pode ser o Messias. Deve ser Elias, pois sabemos que Elias não morreu e que virá ao mundo nos últimos dias.

— É possível — admitiam outros —, mas também pode ser que Jeremias tenha ressuscitado nele.

— E por que não há de ser João Batista? — atreviam-se a dizer ainda outros, dando a entender que João entrara já no reino da lenda.

— De qualquer maneira — afirmava a maioria —, devemos confessar que é um profeta.

A multidão que seguia Jesus tinha interpelado muitas vezes os Apóstolos sobre o assunto. Mas estes, vítimas da mesma incerteza, também não sabiam dar-lhes uma resposta definitiva. A maneira como respondem agora a Jesus denuncia todas essas suposições incoerentes e desanimadoras:

— Uns dizem que és João Batista; outros, Elias; outros, Jeremias ou algum dos profetas.

— E vós — prosseguiu Jesus —, quem dizeis que eu sou?

Antecipando-se a todos e exprimindo pela primeira vez com uma força, uma luminosidade e uma segurança admiráveis, não só a dignidade messiânica, mas também a natureza divina de Jesus, Pedro responde:

— Tu és o Cristo, o Filho de Deus vivo.

Muitos outros tinham dito antes a Jesus: "Tu és verdadeiramente Filho de Deus". Mas Pedro não falava agora dessa filiação. Ele não era Filho, como muitos outros, por adoção, pela sua santidade: era o Filho, o Filho unigênito, da mesma natureza que o Pai. Dir-se-ia que Jesus tinha feito a pergunta com certa ansiedade, e que, ao ouvir aquela resposta resoluta, imediata, sentiu uma súbita alegria, um alívio profundo. E dirigiu a Pedro umas palavras que nunca dissera nem diria a mais ninguém:

— Bem-aventurado és, Simão, filho de João, porque não foram a carne nem o sangue que te revelaram isto, mas meu Pai que está nos céus. E eu te digo que tu és Pedro, e que sobre esta pedra edificarei a minha Igreja, e as portas do inferno não prevalecerão contra ela. Dar-te-ei as chaves do reino dos céus, e tudo o que atares na terra será atado no céu, e tudo o que desatares na terra será desatado no céu.

Avultam nesta frase as expressões semíticas, como se se tivesse querido sublinhar o caráter de autenticidade de um texto que havia de ser tão discutido pelo cisma e pela rebelião. As metáforas: edificar, atar e desatar, as portas do inferno, as chaves do reino; a união das duas palavras *Deus* e *vivo;* a construção da frase: a carne e o sangue; a denominação patronímica Simão Bar-Jona — tudo traz até nós o aroma da própria língua que Jesus falava; tudo, mas muito particularmente esse jogo de palavras que não há meio de traduzir com toda a força do original: "Tu és *Kefa* e sobre esta *Kefa* edificarei a minha Igreja". Não há na declaração do Senhor palavra alguma que não tenha o cunho indicador da sua origem, o sabor local, o acento próprio do aramaico, a mistura de siríaco e hebraico que era a língua da Palestina no tempo de Cristo. E o seu conteúdo tem tal transcendência que a malícia e o orgulho farão esforços inauditos para abastardá-la ou desvirtuá-la.

"Resposta divina!", exclama São João Crisóstomo, cheio de admiração. Divina, porque com ela se conferia a um homem o poder de perdoar os pecados; divina, porque nesse homem se lançava o alicerce inamovível da sociedade encarregada de perpetuar a vida de Deus no mundo. Logo da primeira vez que o vira, Cristo chamara a Simão *Kefas,* isto é, pedra. Desta vez, pronunciada diante da rocha natural que sustinha o templo do senhor do Palatino, começamos a descobrir o porquê dessa misteriosa denominação. Pedro, o primeiro dos fiéis, será também o fundamento humano em que todos eles se hão de apoiar. Os eleitos do porvir formarão um organismo, uma sociedade — pela primeira vez se lhe dá o nome de *Igreja* —, que se construirá sobre essa rocha inamovível e terá o privilégio da indefectibilidade, da impossibilidade de errar. Contra ela hão de levantar-se em vão as portas do inferno.

As portas das cidades constituíam o lugar onde os orientais dirimiam os seus pleitos, onde se ditavam as sentenças e se exercia o poder. Pois bem: o poder de Satanás há de renovar em vão os seus combates contra essa rocha que é Pedro. Fundamento atual e permanente, Pedro terá as chaves desse Reino espiritual; e da mesma maneira que, quando alguém tem as chaves de uma casa, abre e fecha e dispõe de tudo o que há lá dentro, assim Pedro poderá atar e desatar, proibir e permitir, castigar e perdoar. Regerá os destinos de todos aqueles que crerem que Jesus é o Cristo, o Filho de Deus vivo, e será a primeira autoridade da comunidade cristã: no que se refere à fé, porque o Pai lhe revelará os mistérios do Filho; no que se refere ao governo, porque o Filho lhe entregará a autoridade das chaves; e no que se refere à disciplina, porque receberá o tremendo poder de atar e desatar.

O ANÚNCIO DA PAIXÃO E A TRANSFIGURAÇÃO

Mateus 16 e 17; Marcos 8 e 9,
Lucas 9

A aparição de Pedro

Jesus interrompe em Cesareia a sua marcha para o Norte. É como se tivesse posto Pedro nos umbrais da gentilidade para lhe ensinar o caminho daquele Reino cujas chaves lhe prometia. Retrocede e, seguindo de novo as margens do Jordão, atravessa os montes e vales que o separavam do lago. Esse caminho ficou ligado para sempre à revelação de um segredo que encheu os Apóstolos de surpresa e terror.

Já várias vezes Jesus aludira, em conversa com eles, à exaltação do Filho do Homem, ao desaparecimento do Esposo, a uma cruz, a uma morte misteriosa e dolorosa. A partir desta altura, "começou a dizer-lhes claramente que devia ir a Jerusalém

e sofrer lá muitas coisas da parte dos sacerdotes, dos príncipes dos sacerdotes e dos escribas; que seria morto e ressuscitaria ao terceiro dia".

Assim se ia precisando a ideia do Messias na mente dos Doze. É possível que a revelação de Cesareia tivesse provocado neles uma exaltação intempestiva. Mas a seguir — diz Mateus — viera a ordem "de que não dissessem a ninguém que ele era o Cristo", e agora dá-se esta nova revelação que os deixa desconcertados e como que petrificados.

Os Apóstolos tinham uma fé suficientemente firme para suportar essa confidência terrível; mas, como até eles estavam imbuídos da ideia de um messianismo ruidoso e fulgurante, sofreram uma amarga decepção.

A conduta de Jesus era para eles um enigma. Veem como as multidões da Galileia o abandonam, e é precisamente nessa altura que Ele anuncia a construção de um edifício eterno. Acaba de nomear o seu representante na administração dessa sociedade que há de resistir a todas as fúrias do Averno, e, logo na linha abaixo, anuncia a sua Paixão, a sua reprovação pelas mais altas autoridades de Israel, a sua morte. É verdade que fala também de uma pronta ressurreição, mas na alma dos Apóstolos fixa-se sobretudo a ideia da humilhação e da derrota. Não são capazes de conceber que Aquele em quem acabam de reconhecer o Filho de Deus, o Salvador do mundo, seja renegado pelo povo e repudiado pelo tribunal mais alto e mais venerável do mundo.

Mais veemente do que os companheiros, menos disposto a consentir em tal ultraje, Pedro chama Jesus à parte e diz-lhe:

— Senhor, isso não pode acontecer-te e não te acontecerá!

Acaba de dar testemunho do Messias, mas não pode conceber um Messias sofredor e moribundo. Mais tarde será a rocha inamovível, mas agora a cruz escandaliza-o.

Pela sua boca falam, é certo, a ternura, a fidelidade ao Mestre, mas as presunçosas palavras que acaba de proferir têm toda a aparência de uma tentação. Pouco antes falara inspirado pelo Pai; neste momento parece inspirado por Satanás, que lhe põe na boca uma flecha aparentemente florida, e na realidade cheia de veneno, contra a missão que trazia a este mundo o Filho de Deus.

Tomar a cruz

É assim que Jesus o entende, e a sua resposta traduz a íntima e magoada indignação de quem vê que lhe tentam frustrar o cumprimento do seu destino. Levantando a voz, para que o ouçam os demais discípulos, diz:

— Afasta-te de mim, Satanás! És escândalo para mim, pois não sentes as coisas de Deus, mas as dos homens.

E, ao pronunciar essas palavras, brilhou nos olhos do Mestre uma centelha de ira que vinha sublinhá-las e fixar para sempre na alma dos Apóstolos a imagem de um Cristo votado à morte, maravilha divina, contraste sublime, que a sabedoria humana não pode compreender.

Não basta proclamá-lo Filho de Deus, é necessário reconhecê-lo também como Filho do Homem, sofredor e abandonado, varão de dores e conhecedor de toda a tristeza. Não proceder assim é passar-se para o partido de Satanás, do Tentador por excelência. Mais ainda: é necessário compartilhar os padecimentos do Senhor e tomar parte no seu doloroso destino, até a total abnegação, até o próprio sacrifício da vida. Jesus aproveita o incidente para declarar que não somente Ele, mas também todos os que estiverem dispostos a entrar na sua escola devem aceitar um código de heroísmo que nenhum mestre nem legislador se tinha atrevido a impor até então: "Se alguém quiser vir após mim, negue-se a si mesmo, tome a sua cruz e siga-me".

Esta frase deve ter enchido de espanto o coração e os olhos dos discípulos. Diante deles, surgia o espetáculo repugnante e odioso daquele suplício que os romanos tinham dado a conhecer aos judeus. Suplício de escravos, de rebeldes e traidores. Todos se lembravam das duas mil cruzes que o procurador Varrão tinha mandado erguer para dominar as revoltas provocadas pela morte de Herodes, das crucifixões decretadas por Quadrato, assim como das de Floro e de Pôncio Pilatos, quando nos montes tinham faltado árvores para tantas cruzes.

Não havia de ser outro o destino dos discípulos de Jesus. Se tinham imaginado que seguir Cristo era acompanhar um conquistador e granjear domínios, prazeres e riquezas, como tinha sucedido com os capitães de Alexandre, as suas ilusões ficavam de antemão dissipadas. Não havia outro caminho para chegar à glória do Pai que a cruz: "Quem quiser salvar a sua vida perdê-la-á; mas quem perder a sua vida por amor de mim e do Evangelho salvá-la-á. De que serve ao homem ganhar o mundo inteiro se com isso vier a perder a sua alma? Que dará, em troca, para a recuperar? Se no meio desta nação adúltera e pecadora alguém se envergonhar de mim e das minhas palavras, o Filho do Homem também se envergonhará dele, quando vier na glória de seu Pai com os seus santos anjos".

Jesus resumia nestas palavras todo o programa da vida cristã: aqui embaixo, o sofrimento; no último dia, a recompensa. A perda da alma, da vida, para ganhar a alma, uma vida melhor, uma vida definitiva. Jesus pronunciou uma palavra — *Nefesh* — que significa, ao mesmo tempo, alma, vida e pessoa. Brilhante e gozosa era a meta. Mas o caminho não podia ser mais árduo e doloroso.

O que Jesus queria dizer era, em suma, que a vida presente é essencialmente transitória, e só tem valor enquanto serve para conseguir a vida futura, que é a que permanece. O guia neste caminho é Ele próprio. Ele vai adiante, vencendo obstáculos e arrostando sofrimentos; quem não se atrever a segui-lo permanecerá na vida transitória, quer dizer, na morte.

Tão tristes, tão abatidos, viu Jesus os discípulos que, para os consolar e reanimar, lhes fez esta solene promessa: "Alguns dos aqui presentes não hão de morrer sem terem visto o Filho do Homem aparecer no esplendor do seu reino".

A *transfiguração*

Queria talvez referir-se a um fato que ocorreu seis dias mais tarde.

Acabava de se internar no coração da Galileia, seguido pela pequena comitiva. E chega ao sopé de um monte. A sombra do Calvário acabava de lhe nublar o olhar e de varrer, como por encanto, a alegria dos discípulos; mas agora vão surgir diante deles os fulgores do Tabor. Uma tradição, avalizada já no século IV por duas vozes como as de São Jerônimo e São Cirilo de Jerusalém, diz-nos que foi o Tabor o monte onde o Senhor se deteve perto de uma semana depois de ter deixado a terra de Cesareia. A sua posição isolada em frente da planície de Jezrael, a pouca distância de Nazaré e Naim, cerca de seiscentos metros acima do nível do mar, convertia-o num mirante maravilhoso, de onde se dominava toda a região, desde o lago de Genesaré até as depressões do Mediterrâneo. Não haveria guerra em que não aparecessem desfraldadas lá no alto as bandeiras militares, em que os exércitos não aproveitassem o estratégico pico para estabelecer fortificações. E, ao mesmo tempo, tratava-se de um lugar muito a propósito para as ascensões do espírito. Embelezado pela curva harmoniosa do seu óvalo achatado, e isolado dos campos circundantes por um cinturão de carvalhos e terebintos, surgia como que envolto nas claridades do céu e aconchegado num remanso de paz e repouso.

Os três Sinóticos contam-nos o acontecimento com ligeiras variantes: "Jesus tomou Pedro, Tiago e João, e levou-os consigo a um alto monte". Eram os três discípulos que haviam de ser testemunhas da sua agonia: Pedro, o Príncipe dos Apóstolos; João, o confidente dos mais íntimos segredos do Senhor; e Tiago, o primeiro que ofereceria o testemunho do seu sangue. Os demais deviam esperar na planície.

Era o cair da tarde de um dia estival. Já terminara a colheita. Os campos estavam duros e ressequidos, e a última luz do dia diluía-se na monotonia de um cinzento amarelado, que fazia sobressair as manchas verdes e escuras de bosques e prados. Os pastores começavam a acender as fogueiras, e o vento do Oeste soprava escondido entre as primeiras sombras. Fatigados pela marcha do dia e pelo esforço da subida, os três discípulos embrulharam-se nos mantos e estenderam-se no chão.

Jesus, entretanto, afastara-se um pouco e entregava-se à oração. Subitamente, o seu rosto começou a brilhar como o sol e as suas vestes tornaram-se resplandecentes e muito brancas, tão brancas — diz Marcos — que lavadeiro algum na terra poderia fazer coisa semelhante. E do meio daquela luz, daquela nuvem luminosa, refulgente, que envolvia o corpo de Jesus e ao mesmo tempo fazia realçar os fulgores da sua divindade, saíram sussurros de palavras bíblicas. Jesus não estava só. Duas figuras ilustres, alvas como Ele, envoltas e caldeadas na mesma luz, aproximaram-se e falavam-lhe. Foi nessa altura que os Apóstolos despertaram.

O sono que se apoderara deles desvaneceu-se ante aquele resplendor ofuscante e o eco de vozes que chegavam até eles. Olharam cheios de assombro e, através daquela gaze de luz, viram Cristo transfigurado. A seu lado, dois homens que dialogavam com Ele. Viram-nos e, num deles, reconheceram o maior dos libertadores, Moisés, o homem coroado de raios que durante quarenta dias havia conversado com Javé no Sinai; e, no outro, o primeiro dos Profetas, Elias, a sublime vítima de ímpios e idólatras, aquele que tivera em suas mãos as chaves da chuva e sentira passar junto dele, semelhante a um murmúrio suave, a glória do Senhor. Eram as duas grandes figuras da religião mosaica: um representava a Lei; o outro, a Profecia. No entanto, os dois se inclinavam humildemente diante de Jesus.

Os Apóstolos devem ter pensado então nas acusações que os fariseus amontoavam sobre o seu Mestre. É possível que, na sua ingenuidade, se sentissem preocupados sempre que ouviam dizer que Jesus violava a Lei, subvertia as tradições e desprezava os doutores de Israel. E, no entanto, ali estava o melhor do judaísmo a confirmar os seus ensinamentos, a servir de moldura à sua pessoa, a reconhecer nEle a realização dos velhos símbolos e profecias. Estavam com Jesus, reconheciam a sua grandeza eminente e falavam com Ele, segundo Lucas, "do seu êxodo, que havia de cumprir-se em Jerusalém", isto é, da sua Paixão e morte, daquilo que tanto custava aos discípulos compreender e aceitar.

Os três discípulos só captavam fragmentos da conversa. Estavam como que fora de si, aturdidos pela surpresa e pelo temor. Não viam mais que as luzes, o feitiço daquela aparição inesperada, a beleza do rosto do Mestre, aureolado de glória. E Pedro, sempre impulsivo e precipitado, no seu desejo de prolongar e perpetuar aquele momento, sem saber o que dizia — assim observa Marcos, que certamente ouviu o relato, mais de uma vez, da boca do próprio Pedro —, exclamou, dirigindo-se a Jesus:

— Mestre, como é bom estarmos aqui! Façamos três tendas: uma para ti, outra para Moisés e outra para Elias.

Ainda não tinha acabado de falar, quando a nuvem luminosa se desfraldou como um pavilhão sobre o alto do monte e, envolvendo as duas personagens do Antigo Testamento, as arrebatou no meio de torvelinhos de luz. Os próprios Apóstolos "foram envolvidos por ela", imaginando, sem dúvida, que os ia arrancar ao mundo dos vivos. Mas o seu espanto não teve limites quando, trazida por aqueles raios luminosos, chegou até eles uma voz que dizia: "Este é o meu Filho muito amado, em quem pus toda a minha complacência: ouvi-o". A proximidade do Altíssimo impressionou-os de tal maneira que caíram como mortos, com o rosto por terra.

Pouco depois, o Senhor aproximou-se deles, tocou-lhes e levantou-os. Olharam à sua volta, e viram que tudo desaparecera: a voz celestial, a nuvem, o legislador e o profeta. Só o Mestre estava ali. O judaísmo eclipsava-se; Cristo permanecia para sempre.

Elias e João Batista

Desceram à planície nas primeiras horas do dia seguinte. Os três discípulos estavam impacientes por contar aos companheiros a maravilhosa manifestação do Mestre, uma manifestação que, depois das revelações dos dias anteriores, vinha confirmar-lhes a fé vacilante e que decerto havia de servir para sustentar e enriquecer a fé de todos os demais.

Mas um fenômeno daqueles poderia despertar o entusiasmo popular da maneira mais perigosa. Quantos teriam coragem para suportar o escândalo da cruz depois de saberem de tamanha apoteose? Era necessário que a crise passasse para que o prodígio da transfiguração produzisse nas consciências os efeitos salutares que Jesus tinha em vista ao escolher aquelas três testemunhas. Pedro, na sua primeira Epístola, ainda há de evocar com um certo sobressalto aquela glória, aquela voz, aquele monte santo e aquela nuvem fúlgida e sublime. De momento, era preciso que se calassem. E assim o ordena Jesus antes de chegarem ao grupo que tinha ficado no sopé do monte: "Não conteis a ninguém o que vistes até que o Filho do Homem ressuscite dos mortos".

Como se vê, a transfiguração aparece no quadro sinótico estreitamente ligada a todos os discursos que se sucedem desde o dia de Cesareia. Depois do anúncio da Paixão, corrige a perspectiva das dores e preludia o triunfo definitivo. Os três prediletos devem ter encontrado nela um motivo de alento, mas ao mesmo tempo uma fonte de ansiedade e de incerteza. As últimas palavras da recomendação do Senhor deixaram-nos desconcertados. Cumpririam fielmente a ordem, mas como era possível que o Filho do Homem viesse a ressuscitar dos mortos?

Descem em silêncio. Vão afastando os arbustos e tojos ressequidos do calor do verão e procuram um sentido para aquelas palavras que não compreendem. Não seria melhor começar a estabelecer o novo Reino? Jesus podia ter aproveitado a aparição de Elias para trazê-lo com eles e vencer com a sua presença a rebeldia dos que não queriam acreditar. Porventura não estava escrito que Elias viria restaurar todas as coisas antes de o Messias aparecer? E, se era assim, como podia conciliar-se a sua missão com a ideia de um Cristo que devia morrer e ressuscitar? E por que Elias não tinha ficado, para rematar os preparativos do novo tempo, como pensava a generalidade dos judeus?

Por fim, decidem-se a pedir um pouco de luz ao Mestre. Não fazem a pergunta diretamente; recorrem a um rodeio:

— Por que dizem os escribas que Elias deve vir primeiro?

— Certamente Elias deve vir e restaurar todas as coisas — responde Jesus —, mas eu vos digo que Elias já veio e não o reconheceram, antes fizeram com ele o que quiseram. Assim farão também com o Filho do Homem.

Contavam esclarecer o pensamento que os atormentava, e afinal veem-no cruamente confirmado. Compreenderam perfeitamente que, sob o nome de Elias, o Senhor se referia a João Batista.

гословеніе Іис. Хрс. Дѣт

OS ÚLTIMOS DIAS À BEIRA DO LAGO

Mateus 17 e 18; Marcos 9 e 10;
Lucas 9 e 18

Nesse ínterim, uma multidão inquieta e curiosa rodeava os discípulos que tinham ficado na planície. O reaparecimento do Mestre, com os últimos reflexos da transfiguração ainda na fronte, foi saudado com a admiração e o entusiasmo de sempre. Mas também ali se encontravam os escribas, que estavam particularmente satisfeitos por terem acabado de ver os discípulos falhar numa tentativa de cura; achavam que aquele fracasso equivalia a uma derrota do próprio Jesus. O incidente gerara uma discussão da qual os pobres Apóstolos, longe do Mestre, tinham poucas possibilidades de sair vitoriosos.

— Que estáveis discutindo? — pergunta Jesus.

Então um homem prostra-se diante dEle e conta-lhe uma história dolorosa. Tinha um filho lunático, epilético, vítima de um espírito mudo que o lançava por terra e o fazia espumar, ranger os dentes de uma maneira feroz e inteiriçar-se numa rigidez cadavérica. E o pobre homem concluiu:

— Roguei aos teus discípulos que o expulsassem, mas não puderam.

Ante aquele espetáculo, o Senhor lança um grito de indignação e tristeza:

— Ó geração incrédula e perversa! Até quando estarei convosco? Até quando vos hei de aturar?

Doeram-lhe a indiferença da multidão, o regozijo dos inimigos, a pouca fé daquele pai que pedia o milagre, a própria imperfeição da fé dos Apóstolos. Mas, ainda que se indignasse com a falta de fé, condição essencial para os milagres, deixa-se levar pela compaixão.

A uma ordem sua, levam-lhe o rapaz.

— Há quanto tempo lhe acontece isto? — pergunta Jesus.

— Desde a infância — responde o pai, que volta a interceder pelo filho, mas tem pouca fé:

— Se podes alguma coisa, socorre-nos, tem piedade de nós!

— Se podes...! — responde Jesus, dando a entender que o que mais o entristecia era a incredulidade. — Tudo é possível ao que crê.

E aquele homem, ao compreender que a salvação do filho dependia da sua fé vacilante, pronuncia uma prece emocionante, que nos revela maravilhosamente a necessidade de pedirmos a Deus, com humildade, que nos aumente a fé:

— Eu creio, Senhor, mas ajuda a minha incredulidade!

Então o demônio, cominado por Jesus, saiu do pobre rapaz, sacudindo-lhe o corpo numa última convulsão.

— E por que não pudemos nós expulsá-lo? — perguntavam pouco depois os Apóstolos.

— Por causa da vossa pouca fé! — respondeu-lhes o Senhor.

E acrescentou, apontando para o Tabor:

— Na verdade vos digo: se tivésseis uma fé do tamanho de um grão de mostarda, diríeis a esse monte: "Muda-te daqui para lá", e ele se mudaria, e nada vos seria impossível.

A didracma

Jesus acha-se já longe da multidão no momento em que pronuncia essas palavras; vai a caminho de Cafarnaum na companhia dos Doze. Não prega nem faz milagres: quer atravessar a Galileia sem que a gente o saiba, totalmente absorvido na instrução dos seus Apóstolos. "Não queria que ninguém o soubesse", observa Marcos, dando a entender que já não entrava no seu plano o anúncio da Boa-nova às turbas, decerto para não despertar o receio dos escribas e dos herodianos. A pequena caravana caminha lentamente, procurando os atalhos e fugindo dos caminhos mais frequentados.

Durante a viagem, volta a surgir a ideia que havia algum tempo parecia dominar a mente de Cristo: a da sua Paixão.

— Gravai bem estas palavras no vosso coração — diz aos Apóstolos. — O Filho do Homem será entregue às mãos dos homens, e hão de tirar-lhe a vida; mas ao terceiro dia ressuscitará.

Era a terceira vez que o Senhor lhes falava desse mistério tremendo da sua vida. Da primeira vez, tinham querido opor-se pela boca de Pedro; da segunda, ainda tinham procurado esclarecer as sombras por meio de uma tímida pergunta acerca de Elias; agora calam-se e olham aflitos uns para os outros, com olhos de medo. "Não entendiam o que lhes dizia e não se atreviam a perguntar-lho." Assim, pelo menos, evitavam o perigo de vir a saber demasiado. Lucas diz que tinham no espírito um véu que os impedia de ver.

Vão tristes e cheios de angustiosos pressentimentos. Distribuem-se por pequenos grupos, aos quais o Mestre se associa alternadamente para conversar de uma maneira familiar com cada um e formá-los assim num contato repleto de abandono e confiança. Mas quando se afasta, discute-se acaloradamente nos grupos. Discute-se e murmura-se. Em toda parte, o mesmo tema: a ausência misteriosa do Mestre naquela noite do monte, a sua privança com Pedro, a sua predileção por Tiago e João. A inveja intranquiliza os ânimos. Um incidente que sobreveio ao entrarem em Cafarnaum foi mais uma acha a alimentar aquela inquietação que ameaçava destruir a cordialidade no seio do colégio apostólico.

O *Êxodo* prescrevia a todos os israelitas o pagamento anual de meio siclo, equivalente naqueles últimos tempos do povo de Israel a uma didracma — a diária de um operário —, para socorrer as despesas do Templo. Os cobradores, que por essa altura percorriam as cidades do lago, aproximaram-se de Pedro e perguntaram-lhe:

— O vosso Mestre não vai pagar a didracma?

Jesus, que ouviu a pergunta, chamou o Apóstolo:

— Que te parece, Simão? Os reis da terra, de quem recebem os tributos ou o censo, dos filhos ou dos estranhos?

— Dos estranhos — respondeu Pedro.

— Portanto, os filhos estão isentos — disse-lhe Jesus. — Mas, para não os escandalizarmos, vai ao mar, lança o anzol e, o primeiro peixe que fisgares, apanha-o, abre-lhe a boca e encontrarás lá dentro um estáter. Toma-o e dá-o por ti e por mim.

O estáter equivalia precisamente a um siclo, quer dizer, a duas didracmas, de maneira que com ele se podia pagar o tributo de duas pessoas. Isso parecia indicar que a caixa comum estava nessa altura pouco menos que vazia, ou que Jesus e os seus viviam por essa época como os pássaros do céu e os lírios do campo, segundo as palavras do Sermão da Montanha.

Rivalidade entre os Apóstolos

Essas constantes mostras de predileção turbavam as relações entre os discípulos, mais preocupados em assegurar um bom lugar no reino que o Mestre ia fundar do que em levar a sua cruz. Jesus dispõe-se a cortar essas rivalidades pela raiz. A lição que lhes dá é muito séria e traduz, além disso, a delicadeza do seu método pedagógico. Mal entra em casa, reúne-os à sua volta e pergunta-lhes:

— De que faláveis pelo caminho?

A vergonha fecha-lhes a boca. Discutiam por um motivo de vaidade, de predomínio, e isso não estava lá muito de acordo com a doutrina do Rabi. Por que Pedro havia de ser o preferido? Por que Tiago e João pareciam dois meninos mimados? Cada qual tinha as suas boas razões para demonstrar que, quando o Mestre se sentasse no seu trono messiânico, resplandecente de ouro e recheado de pérolas, a cadeira mais próxima, o lugar de honra havia de ser para ele e não para o companheiro com quem discutia. Guardaram silêncio; mas, por fim, houve um que se atreveu a perguntar:

— Quem será o maior no reino dos céus?

Naquele momento, passava por ali um menino. Jesus chama-o, acaricia-o, coloca-o no meio daqueles homens maduros e exclama:

— Na verdade vos digo que, se não vos converterdes e vos fizerdes como meninos, não entrareis no reino dos céus.

As crianças fazem as suas maldades, mas estão livres de vaidade e de ambição. A sua simplicidade, a sua humildade e a sua candura comovem o coração de Cristo. E, fitando os olhos transbordantes de inocência daquela criança que tem junto de si, Jesus acrescenta:

— Quem se fizer humilde como esta criança, esse será o maior no reino dos céus. E quem receber uma criança como esta em meu nome, a mim me recebe.

E pensa nos escândalos que podem embaçar aquela inocência.

Mas uma interrupção de João vem desviar a conversa por um momento:

— Mestre, vimos um homem que expulsava os demônios em teu nome e nós lho proibimos, porque não é dos nossos.

Era uma das arremetidas daquele *filho do trovão*. João revela-nos já aqui o zelo vigoroso, apaixonado, intolerante, com que mais tarde há de combater as primeiras manifestações da heresia. A doutrina do Mestre parecia-lhe demasiado ampla e generosa: quem quer que expulsasse os demônios em nome de Jesus devia ser alguém que tivesse entrado para o grupo dos seus discípulos. Jesus, mais indulgente, convida-o a refletir, dando-lhe a entender que todo aquele que pratica o bem em seu nome está em comunicação espiritual com Ele:

— Não lho proibais, porque não há ninguém que faça um prodígio em meu nome e depois possa falar mal de mim: quem não está contra nós, está conosco. E todo aquele que vos der nem que seja um copo de água em meu nome, porque sois de Cristo, na verdade vos digo que não perderá a sua recompensa.

Fechado o parêntese, Jesus retoma o fio da conversa. A idade e a graça daquela criança que tem à sua frente levam-no a pensar em todos os pequenos, nos simples, nos humildes, em todos aqueles que exaltou no Sermão da Montanha. E, em tom ameaçador, pronuncia esta sentença terrível, inspirada pelo amor dAquele que dá a vida pelas suas ovelhas e não pode ver com indiferença que lhe disputem a posse de nenhuma delas:

— Se alguém escandalizar um destes pequeninos que creem em mim, mais valeria que lhe atassem ao pescoço uma pedra de moinho e o lançassem ao fundo do mar.

E volta a relembrar as palavras que havia dito no Sermão da Montanha:

— É melhor ficar sem pés, sem mãos e mesmo sem olhos, do que expor-se a cair para sempre na geena do fogo.

São as santas represálias do amor, o rebentar de uma ira inspirada pela bondade. Induzir ao mal os pequenos, os débeis, os indefesos, é uma obra satânica, e o maior dos pecados.

— Guardai-vos de menosprezar um só destes pequenos! Porque eu vos afirmo que os seus anjos contemplam sem cessar a face de meu Pai que está nos céus.

Tudo isto não é mais que ternura, amor maravilhoso, compaixão infinita por todos os infelizes: "Porque o Filho do Homem veio salvar o que estava perdido".

A compaixão é tanta que parece levá-lo a esquecer todos os que não precisam da sua ajuda:

— Que vos parece? Se um homem possui cem ovelhas e uma delas se desgarra, o que é que fará? Não irá à procura dela, deixando as noventa e nove na montanha? E, se a encontra, digo-vos na verdade que sentirá maior alegria do que pelas noventa e nove que ficaram no redil.

O perdão é o sinal com que hão de se distinguir os seus discípulos. Se Deus perdoa, todos os que crerem nEle devem perdoar.

— Se teu irmão pecar contra ti, vai e corrige-o privadamente. Se te ouvir, ganhaste o teu irmão; mas, se não te ouvir, leva contigo uma ou duas pessoas. Se não vos ouve, dize-o à Igreja e, se nem à Igreja quiser ouvir, considera-o como um gentio ou um publicano.

E acrescenta, estendendo aos Apóstolos o poder que anteriormente havia dado a Pedro:

— Na verdade vos digo que tudo o que atardes na terra será atado no céu, e tudo o que desatardes na terra será desatado no céu.

E, a seguir, uma nova promessa para a Igreja, uma das promessas em que melhor transparecem a divindade de Jesus, a de uma intercessão sempre eficaz, baseada na presença invisível e admirável do seu Fundador:

— Se dois de vós se unirem sobre a terra para pedir seja o que for, consegui-lo-ão de meu Pai que está nos céus. Porque onde dois ou três estiverem reunidos em meu nome, ali estou eu no meio deles.

O que devia dez mil talentos

Desta vez, é Pedro quem interrompe o Senhor:

— Senhor, se o meu irmão pecar contra mim, quantas vezes terei de perdoar-lhe? Até sete vezes?

Os rabinos diziam que Deus perdoa uma falta até a terceira vez. Era a doutrina do rabi Jehuda naquele mesmo século. Pedro achava que, duplicando o número sagrado no judaísmo, já era bastante generoso. Mas Jesus, com uma expressão simbólica, com uma cifra convencional, mostra-lhe que o perdão dos seus discípulos, como o perdão de Deus, deve ser indefinido, ilimitado:

— Não te digo até sete vezes, mas até setenta vezes sete.

E resume todo o tema do perdão das injúrias numa bela parábola, uma das mais expressivas de todo o Evangelho. O cenário é uma daquelas cortes em que o capricho do monarca originava ou desfazia num instante as maiores fortunas, um capricho do calibre do de Nero, quando oferecia a Tiridates trezentos mil denários por dia.

Um rei decide pedir contas aos seus servidores. E começam por trazer à sua presença um que lhe devia dez mil talentos. É uma soma enorme, centenas de milhões que nunca conseguirá juntar. E o pobre homem cai por terra, trêmulo, esmagado. Não há como discutir: é evidente que dilapidou a fortuna do seu senhor. É evidente também que o rei não recuperará o seu dinheiro, se bem que tenha o direito de vender o devedor, a mulher e os filhos. Mas, felizmente, tem bom coração: uma lágrima basta para o enternecer, uma súplica é capaz de reparar o que parecia irreparável. O servidor sabe-o e cai de joelhos, confessando a sua culpa. Esse sentimento de amargo pesar que manifesta é suficiente para deter o raio da justiça. E aquele rei não só dá tempo para pagar como perdoa a dívida, o que ultrapassa de longe o que o devedor se tinha atrevido a pedir.

Mas, logo que sai do palácio, aquele miserável atira-se sobre um dos companheiros que lhe devia uma quantia insignificante: cem denários. "Paga-me o que me deves" — diz-lhe, agarrando-o pelo pescoço. E, sem querer ouvir os seus rogos e lágrimas, manda que o lancem num calabouço. O contraste entre a misericórdia do rei e a dureza do servidor é monstruoso. Uma atitude dessas só merecia severidade, castigo, justiça inexorável. "Servo mau — diz-lhe o rei, mandando trazê-lo de novo à sua presença —, eu te perdoei toda a dívida porque mo suplicaste. Não devias tu também ter compaixão do teu companheiro, como eu a tive de ti?" E, encolerizado, entrega-o aos verdugos, até que pague toda a dívida.

Era uma justiça nova a que Jesus estabelecia nessa parábola, como que um eco do Sermão da Montanha: "Assim procederá convosco meu Pai celestial, se cada um de vós não perdoar de coração ao seu irmão".

A justiça que vigorava no Antigo Testamento regia-se pela lei de Talião: olho por olho, dente por dente, embora a sutileza dos rabinos tivesse chegado a descobrir que se podia perdoar até três vezes. A filosofia chinesa mandava amar ou odiar os homens conforme conviesse. Buda mostrava um amor gélido, interessado, egoísta. A máxima japonesa aconselhava a sorrir para o inimigo enquanto não fosse possível esmagá-lo. Homero julgava que rir-se dos inimigos era o mais doce dos prazeres. Sócrates pensava que não vingar as injúrias era covardia própria de um escravo. Cristo estabelece uma nova filosofia, um código infinitamente mais elevado, uma lei maravilhosamente humana. A lei do Reino dos céus será a lei do perdão; e a sua filosofia, a filosofia da caridade.

Assim foi Jesus moldando e iluminando a alma dos discípulos naquelas semanas que precederam o seu reaparecimento definitivo no meio das multidões. Tudo na sua pregação obedece a um desenvolvimento progressivo. A princípio, é a expansão avassaladora que arrasta as multidões atrás da Boa-nova. O êxito desperta a hostilidade dos fariseus, que começam a organizar a sua campanha de calúnias e perseguições, e as turbas, desconcertadas pela sublimidade da doutrina e minadas pela perfídia, duvidam, vacilam e afastam-se pouco a pouco. À medida que o seu apostolado se vai tornando difícil e perigoso entre as massas, Jesus concentra os esforços no grupo mais fervoroso dos partidários.

Tem, em primeiro lugar, os setenta e dois discípulos, aos quais dará poder para pregar, curar e expulsar os demônios. Mais perto de si estão os doze Apóstolos, aos quais interpreta afetuosamente as parábolas e revela os mistérios do Reino. Mas, entre os Doze, há três privilegiados, os únicos que o acompanham nas ocasiões mais solenes, que convivem com Ele com maior intimidade, que se sentam junto dEle à mesa e na barca, e vão ao seu lado pelos caminhos. Esses três são Pedro, Tiago e João. Já no dia em que Jesus curara a sogra de Pedro se pudera ver que eram eles os privilegiados. E o mesmo acontece na casa de Jairo e no Tabor. No plano missionário de Jesus, Pedro, Tiago e João deviam ser como que o núcleo perfeito da doutrina evangélica.

A FESTA DOS TABERNÁCULOS

João 7

O ministério do Senhor na Galileia começa e termina em Cafarnaum. O seu teatro principal são a casa que Pedro tinha na cidade e as margens do lago. Ali se pronunciaram os primeiros discursos, ali se operaram os primeiros milagres, ali se realizou a formação lenta e paciente dos primeiros discípulos, e aqueles lugares — a casa, o lago, a barca, o bosque, o prado, a colina — ficarão para sempre envoltos num feitiço que nada poderá obscurecer.

Ao longo desse período, os homens ouviram já o essencial da revelação, cujo apogeu transparece nas grandes cenas de Cesareia de Filipe e do Tabor; os Apóstolos receberam já virtualmente os poderes que hão de assegurar a fecundidade da sua ação no mundo; a Igreja tem já o seu fundamento e a promessa da sua perpetuidade, e Cristo foi-nos descerrando o véu do seu destino grandioso, com palavras que a prudência parece envolver a princípio no mistério, mas que pouco a pouco

se vão tornando mais claras, mais precisas, mais contundentes. Poderíamos dizer que se observa nessas manifestações um progresso inegável, mas apenas quanto à forma, de maneira nenhuma quanto à substância. A prudência tornava necessário que os demônios ficassem de boca fechada, que os curados não propalassem os favores recebidos, que as maiores revelações se fizessem no círculo reduzido dos Apóstolos, no segredo da intimidade. Não obstante, Jesus afirma-se, manifesta-se, declara-se e revela-se a partir do primeiro momento, em toda a sua grandeza, com a consciência clara da sua dupla natureza divina e humana.

Logo nas primeiras cenas de Cafarnaum, vemo-lo penetrar num terreno reservado unicamente a Deus: perdoa os pecados, lê, como num espelho, no mais íntimo das consciências, e afirma sem vacilar esse duplo poder messiânico, o que semeará o escândalo entre os ouvintes e lhe atrairá os primeiros inimigos. É o intercessor universal que viverá sempre no meio dos que rezam em seu nome. É o juiz que manda separar o joio do trigo quando chegar a hora da colheita. É o médico que vem curar os doentes. É o remunerador onipotente que assegura uma riqueza eterna aos que por Ele abandonam as riquezas temporais. É o esposo que será arrebatado por breve tempo, e os amigos não devem ficar tristes por isso.

Ninguém fez as promessas que Ele faz aos seus discípulos, nem ninguém se apresentou com tamanhas exigências. Vem trazer a espada e não a paz; pede um amor mais forte que o que se tem ao pai, à mãe e à esposa; propõe aos seus seguidores a abnegação, a renúncia, a cruz. Sofrer por Ele será a maior das alegrias. A sua missão não é temporária nem subordinada; é perpétua e definitiva. Com Ele, tudo se vai transformar na economia da salvação. As suas palavras e atos deixam-nos uma impressão clara de novidade, de começo, de aurora;

é a lição nova, o Novo Testamento, o vinho novo, a vida nova, o aparecimento de um novo mundo, no qual o mais humilde dos escolhidos será maior que o maior dos antigos Profetas. Ele nos dará uma água que matará para sempre a sede, e promete um pão que deixará nos que o comerem uma semente de vida eterna, um pão que virá substituir todos os sacrifícios e dar início à lei do sacrifício eterno e imutável.

Tu és Cristo

Graças a essas afirmações, sugestões, manifestações e promessas, dispomos já de luz suficiente para podermos exclamar com Pedro: "Tu és o Cristo, o Filho de Deus vivo!" Não ficamos apenas com a impressão de uma santidade inefável, de uma dignidade sublime, de uma pureza sem sombra, mas também com a convicção de uma grandeza divina. Mas se o divino nos assusta nEle, pelo poder, pela glória, pela sublimidade soberana, o humano atrai-nos com irresistível encanto.

A sua compaixão pelos que sofrem comove-nos, a sua atitude para com os pecadores arrebata-nos, e, sempre que nos é dado apreciar as suas inefáveis condescendências, apodera-se de nós um profundo sentimento de admiração. Ele, que se apresenta aos discípulos propondo-lhes uma doutrina moral de uma severidade impressionante, enche-se de piedade diante de uma alma que se agita impotente nas malhas do pecado, contempla emocionado o menor progresso de uma boa vontade que avança pelo caminho novo e estremece de júbilo ao ver um tênue raio de luz na alma de um homem.

Ele próprio é homem, um homem que chora, que reza, que se emociona, que sente a fadiga, que se vê esgotado pela fome, que tem as suas angústias e as suas preferências, que se indigna e se enternece, se entusiasma e se enche de tristeza. Embora imune ao mal moral e ao remorso, nada de autenticamente humano lhe é estranho. No seu convívio com os homens, notamos uma mistura de doçura e majestade, de autoridade consciente e abnegação total, que nos revelam ao mesmo tempo o Filho de Deus e o Filho do Homem, como Ele gostava de se chamar a si próprio. Cura, exorciza, absolve, increpa os ventos, acaricia as crianças, compadece-se da multidão, aceita os convites para almoçar que lhe fazem tanto os ricos como os pobres; fala com os *ammei ha'aretz,* coisa nefanda para um fariseu, e, não só permite que se aproximem dEle os pecadores e os publicanos, como parece ter por eles uma espécie de preferência. Ama-os com essa ternura insistente e inquieta de que as mães rodeiam os filhos ameaçados pela doença ou pela morte.

Que paciência tem com todas as ignorâncias e fraquezas! Que doçura e que energia para instruir os discípulos, para suportar as suas imperfeições, para lhes revelar, um por um, os grandes preceitos da nova lei: os deveres da humildade, as alegrias da ajuda fraterna, o perdão das injúrias, o préstimo amável, que não degrada e que enche de felicidade o coração! Acessível, misericordioso, familiar; grandeza heroica, dignidade inefável, soberana pureza; limpidez de palavra, limpidez de pensamento e limpidez de vida. Jesus oferece-nos já, considerado simplesmente na intimidade da sua vida e na graça da sua humanidade, a partir desta primeira parte do seu ministério público, a mais bela imagem que aos homens foi dado contemplar.

Mais seis meses

Vamos seguir agora, cheios de adoração e respeito, os últimos passos da sua existência terrena: seis meses mais de instrução, que Ele aproveita para esclarecer, para explicar, para desenvolver — mercê de ampliações de uma evidência transparente, de traços comovedores, de parábolas de uma beleza incomparável — as verdades comunicadas.

Jesus continua a ser o protagonista do drama divino da Redenção, mas, a partir deste momento, alteram-se a decoração, a cena e os caracteres secundários. O Evangelho passa das colinas da Galileia para as montanhas da Judeia e para as planícies meio ermas do outro lado do Jordão.

Até agora, os dois primeiros evangelistas, Mateus e Marcos, foram os nossos principais guias; a partir deste instante, temos de recorrer exclusivamente a Lucas e João. Lucas inseriu no seu Evangelho, sem a menor indicação cronológica, uma série de relatos de uma ternura maravilhosa, que, indubitavelmente, correspondem a este último período da pregação de Jesus, e que, segundo parece, devem intercalar-se entre a festa outonal dos Tabernáculos e as solenidades invernais da Dedicação. É João, sobretudo, quem nos dá um quadro quase completo das andanças e discursos, mais discursos que andanças, destes últimos meses da vida mortal de Jesus. As suas descrições são, por vezes, de uma viveza e de uma naturalidade insuperáveis, e historicamente necessárias para nos explicar o trágico desenlace da semana da Páscoa, em que os quatro evangelistas voltam a encontrar-se. No quarto Evangelho, nota-se o desejo de completar e precisar a narração dos outros, detendo-se numa época que estes tinham deixado quase nas sombras.

O seu sistema também é diferente: mais do que narrar, explica, esforçando-se por fazer resplandecer, nas palavras e nos atos de Jesus, a verdade da carne do Filho de Deus e a sua dignidade transcendente. Se os Sinóticos pretendem, acima de tudo, fazer história, João preocupa-se principalmente com a doutrina, cuja base, é certo, se encontra na realidade histórica.

Conhece essa realidade humana e sobre-humana, viu-a com os seus próprios olhos, ouviu-a com os seus ouvidos, tocou-a com as suas mãos, e quer opô-la, com toda a sua força e em toda a sua verdade, aos extravios do filosofismo e do charlatanismo que começam a apoderar-se da Revelação para abastardá-la, para construir com ela as suas hipóteses cosmogônicas e genealógicas[1]. Pensa nos primeiros partidários da gnose, nos defensores de um espiritualismo inconsciente e excessivo, e isso dá ao seu relato um estilo originalíssimo e um caráter doutrinal que transparece menos nos outros evangelistas; o que não impede que o seu Evangelho, como o de Mateus, o de Marcos e o de Lucas, seja o Evangelho de Cristo.

No entanto, o Evangelho de Lucas apresenta-nos um problema cronológico e geográfico. O seu relato dos acontecimentos deste período começa com a notícia de uma viagem que Jesus faz a Jerusalém e termina com a entrada triunfal na cidade. Mas, mais do que uma viagem, desde o outono até a primavera seguinte, será uma peregrinação por lugares indeterminados e sem uma meta urgente e precisa. Várias vezes diz Lucas que Jesus se encaminhava para Jerusalém, e, no entanto, só o vemos chegar na altura em que a Páscoa está próxima. Tudo parece indicar que esta viagem é uma composição literária; uma viagem mais lógica que cronológica; um ir e vir sem rumo preciso pelas diferentes regiões da Judeia, inclusive passando pela própria capital, "até que se completassem os dias da sua assunção", como diz o evangelista. É o último ato do drama, de desenlace previsível logo no começo e depois cada vez mais evidente, uma viagem, mais do que à cidade de Jerusalém,

1 Os mitos gnósticos, que já existiam entre os judeus do tempo de Cristo e depois chegariam também a levar alguns cristãos à heresia, postulavam um *pleroma* (totalidade, universo) que daria origem, por "geração" ou "emanação", a uma sucessão de seres espirituais, os éons; Cristo e o Espírito Santo não seriam, segundo os gnósticos pseudocristãos, senão dois dentre os trinta e tantos éons possíveis. O gnosticismo assemelha-se muito ao espiritismo moderno (N. do E.).

ao alto do Calvário, à morte na cruz; uma viagem feita de várias viagens, descrita mais minuciosamente pelo evangelista João, que nos apresenta as duas passagens de Jesus por Jerusalém por ocasião da festa dos Tabernáculos e da festa da Dedicação como as principais etapas da viagem transcendente de Lucas.

Durante vários meses, Jesus tinha percorrido as costas da Fenícia, a tetrarquia de Filipe e o território semipagão da Decápole, fugindo na medida do possível das manifestações ruidosas da popularidade, dando apenas rápidas saltadas às terras da Galileia e evitando com particular cuidado aproximar-se de Jerusalém, onde existiam pessoas influentes que, depois da cena de Betsaida e do discurso que se lhe seguiu, haviam decretado a sua perda. "Não queria andar pela Judeia — diz João — porque os judeus tratavam de matá-lo."

A festa dos Tabernáculos

De súbito, apresenta-se na Cidade Santa de uma maneira improvisada e estrepitosa, e provoca a comoção que o quarto Evangelho nos conta numa página transbordante de vida e de movimento.

Foi por ocasião da festa dos Tabernáculos, que se celebrava na primeira quinzena de outubro, poucos dias depois de começar o ano dos judeus. Os festejos levavam a Jerusalém milhares e milhares de peregrinos, desejosos de comemorar junto do Templo de Salomão a vida que os antepassados tinham levado no deserto sob a proteção divina. Acabava de expirar um ano, e tinha que se dar início a outro sob a proteção de Javé.

As lides da colheita estavam terminadas: ceifar o trigo, levá-lo para a eira nos camelos e nos burros, amontoar a messe em calcadouros enormes, limpar, joeirar, transportar para casa os grãos ruivos e limpos, metê-los em grandes vasilhas de barco, pagar a renda ao dono da terra, o óbolo ao Templo, a contribuição ao publicano; recomeçar depois com as vides e macieiras: recolher os cachos que brilhavam ao sol como sangue fresco; pisar os racimos no lagar, encher gota a gota as pipas; a seguir passar às figueiras — figos verdes e pretos, esverdeados e azulados —, ir à cidade vendê-los antes que o seu sumo se derrame ou se perca, ou expô-los aos raios do sol outonal para os utilizar secos nos dias de inverno.

Tudo estava já acabado, até nas montanhas da Judeia, onde as plantas germinam com mais dificuldade e produzem menos. Enquanto a azeitona amadurecia e as chuvas renovavam a terra era chegada a altura de descansar e de agradecer alegremente os benefícios da colheita, todos os benefícios que Javé tinha dispensado ao seu povo e, em particular, a cadeia de benefícios que derramara sobre ele enquanto andara errante pelo deserto.

Era necessário reproduzir de algum modo o milagre daquela vida nômade sob as estrelas do céu ou os toldos feitos de peles ou de ramos. Durante uma semana, os israelitas abandonavam as suas casas para viver em tendas, em choças rudimentares feitas de caniço e de folhagem. Uma nova cidade surgia então em volta da cidade permanente: uma cidade animada pelo cântico dos salmos, pelo barulho das multidões, por gritos de pregadores e charlatães. O sonho de um galileu durante o verão era poder ir armar o seu tabernáculo nas faldas do Monte das Oliveiras, durante essa festa, não a mais solene, mas certamente a mais popular de Israel, e lá ver brilhar, durante a noite, em todas as cornijas e janelões do Templo, as grandes tochas, as lucernas dos altos candelabros, cujas chamas trêmulas dançavam sob um céu cravejado de enxames de estrelas; e ouvir as palavras dos doutores da Lei de mais prestígio, e ver o desfile dos setenta touros que iam ser sacrificados, e apresentar as oferendas aos sacrificadores, e juntar-se ao coro dos levitas que cantavam os salmos graduais sobre os quinze degraus que separavam o átrio de Israel do das mulheres, e assistir no último dia à grande rogação destinada a atrair o favor da chuva sobre a terra seca e pulverulenta.

Era a cerimônia mais solene, mais emocionante. Com uma vasilha de ouro tirava-se um pouco de água da fonte sagrada, a fonte de Siloé, que brotava das próprias entranhas do Monte Mória, sobre o qual se erguia o Templo. Enquanto se celebrava o ofício matutino, um sacerdote levava essa água até a porta que, por este motivo, se chamava "a porta da água". Ali o aguardavam o povo agitando os ramos, os sacerdotes com as suas amplas vestes de seda e de linho, e os levitas, com as suas cítaras, os seus saltérios e a suas trombetas, que rompiam em acordes de júbilo à chegada do sumo sacerdote. Depois, a procissão dirigia-se lentamente para o altar dos holocaustos. Vinham a seguir a libação da água sagrada e as sete voltas do pontífice em torno do altar — levando nas mãos o ramo enfeitado de palma, de limão, de salgueiro e de mirto enquanto o coro do Templo cantava o verso profético: "Gozosamente tirareis água das fontes da salvação" e o povo se prosternava ao ouvir o estrondo das trombetas. Era um provérbio em Israel que "não sabia o que era alegria quem não tinha visto a alegria no lugar onde se tira a água".

Opiniões desencontradas

Jesus achava-se em Cafarnaum quando começaram a chegar as caravanas de peregrinos a caminho de Jerusalém. Numa delas, quase toda constituída por gente das povoações do interior, vinham os parentes do Senhor, aqueles mesmos que meio ano atrás o tinham querido recluir na sua casa de Nazaré. Continuavam com tão pouca fé como então; mas já não consideravam o seu ilustre parente um louco, e começavam até a compartilhar a ideia, tão espalhada entre os galileus, de que, se não era o Messias, o Messias triunfante e conquistador que eles esperavam, podia muito bem ser um profeta capaz de dirigir uma luta vitoriosa para libertar Israel do jugo estrangeiro, conquistando assim uma glória que poderia tirar a família das estreitezas em que vivia. Como tantos outros, eram incapazes de compreender a reserva de Jesus, e é provável que no passo que iam dar se fizessem eco do sentir de toda aquela multidão que com eles se dirigia à Cidade Santa.

Foram, pois, vê-lo naquela mesma casa onde antigamente o tinham encontrado disputando com os fariseus; e, com a confiança que proporciona o parentesco, deram-lhe o seguinte conselho:

— Parte daqui e vai à Judeia, para que também os teus discípulos vejam as obras que fazes. Quem deseja ser conhecido não atua na sombra; e, já que tens tamanho poder, manifesta-te em público.

Sem dúvida, os aplausos da Galileia pareciam-lhes excessivamente pobres e ineficazes. Não era uma loucura satisfazer-se com a companhia e o apoio daqueles pobres pescadores do lago, daqueles publicanos sem prestígio algum? Era em Jerusalém que Ele tinha de triunfar, aproveitando uma festa como aquela, que havia de reunir tantos discípulos, atraídos pela sua palavra eloquente e pelos seus milagres maravilhosos. Nas conversas durante o caminho tinham podido auscultar a opinião da multidão. Por isso estavam certos de que um discurso seu, seguido de alguma obra milagrosa, seria capaz de provocar um movimento envolvente.

Jesus sabe que fará uma entrada triunfal na cidade de Davi, mas apenas quando chegar o dia fixado por seu Pai, e é isso que deixa entrever na resposta misteriosa que dá aos parentes. Recusa-se a partir com eles, mas não se mostra disposto a revelar-lhes os seus planos. Eles incitavam-no a ir à festa dos Tabernáculos porque pensavam que era a ocasião propícia para uma manifestação ruidosa. Ele, pelo contrário, pensa que o ruído da popularidade é motivo suficiente para pôr de parte o conselho.

— O meu tempo ainda não chegou. Para vós, qualquer tempo é oportuno. O mundo não vos pode odiar, mas a mim odeia-me, porque dou testemunho de que as suas obras são más. Ide vós à festa.

No dia 15 de Tisri começaram em Jerusalém as alegrias da festa com o esplendor de sempre. Pelas ruas, nas praças, nos terraços dos edifícios, sobre as muralhas da cidade e nas encostas das colinas erguiam-se as tendas feitas de ramos de oliveira, de mirto, de acácia e de palmeira. A cidade parecia ter-se convertido num bosque, no qual se divisava, como uma sombra, a massa austera da Torre Antônia.

Havia, no entanto, uma decepção geral entre a multidão. Eram muitos os que esperavam, como os peregrinos de Nazaré, que aquela festa fosse decisiva para as reivindicações messiânicas do Profeta galileu. Os que o conheciam desejavam vê-lo ali para aclamá-lo. Pensavam até em incitá-lo a desempenhar o seu papel de libertador. Os que não o conheciam suspiravam por ver algum dos prodígios que se contavam dEle. Outros aguardavam com ansiedade o fim da luta que se vinha travando entre o Profeta e os doutores. Sempre com receio da espionagem de fariseus e saduceus, a turbamulta falava de Jesus pelas ruas e nas barracas.

— É um homem de bem! — diziam uns.

Mas outros replicavam com palavras como estas:

— Não é; não faz mais do que seduzir o povo.

Discutiam a seu respeito, caluniavam-no, e até os mais ardentes de seus partidários julgavam prudente não exagerar os elogios, com medo dos chefes do povo, que nesta altura já se haviam declarado contra Ele. Foi João, o escritor alegórico e místico, quem nos legou esta descrição em que palpita o mais vivo sentido da realidade.

Jesus em Jerusalém

Começava já a acalmar-se a efervescência dos primeiros dias quando, de barraca em barraca e de grupo em grupo, começou a correr a suspirada notícia: o Profeta de Nazaré estava ali! Viera à festa com os seus discípulos!

E assim era efetivamente. Tinham passado já quatro dias daquela semana de regozijo, quando Jesus se apresentou de improviso no Templo, perante a mais viva estupefação dos judeus. Uma enorme multidão o rodeou, sedenta por vê-lo, ouvi-lo e observá-lo: amigos e inimigos, admiradores e invejosos, membros do Sinédrio, desejosos de espiar as maneiras do novo doutor; fariseus despeitados pela derrota que lhes infligira meses atrás; curiosos, sempre dispostos a favorecer uma arruaça; indiferentes, atraídos pela ânsia de saber as últimas novidades da capital do judaísmo; partidários, entusiastas, perdidos numa massa tímida, mas mais simpatizante que hostil. Tal o auditório que João qualifica com o nome pejorativo de judeus.

E Jesus começou a ensinar. Era a primeira vez que ensinava no Templo ou, melhor, num dos pórticos ou pátios do Templo. Vai renovar as afirmações expostas já por ocasião do milagre da piscina, as mesmas que tinham levado o enxame dos fariseus, cheios de irritação, a lançar-se contra Ele. Então tivera que retirar-se; mas agora o seu tempo já está próximo, pode falar sem rodeios nem reticências, e quer fazê-lo embora tenha que desafiar a oposição dos príncipes e doutores; vai declarar, com palavras de uma força e de uma clareza absolutas, que não pode renunciar ao seu título de Filho de Deus, Filho de Deus na acepção mais sublime e verdadeira da palavra.

Não foi pequena a surpresa que o novo Mestre despertou com a sua doutrina. Ninguém desconhecia a sua origem: os longos anos de trabalho manual numa aldeola desconhecida. De fato, era um *am ha'aretz*, um homem do povo que não se tinha sentado aos pés de nenhum escriba. Nem a escola de Hillel nem a de Schammaí podiam dizer: "Este é dos nossos". E, no entanto, citava constantemente a Escritura e comentava-a com a habilidade de um perfeito conhecedor. "E os judeus — observa João — estavam pasmados." Pasmados e, ao mesmo tempo, receosos. Era um autodidata, não tinha confrontado o seu saber com o dos rabinos famosos, e um homem assim devia deixar-se levar facilmente por ideias peregrinas, suspeitas e pouco respeitosas para com a tradição: "Como é que este homem conhece as Escrituras sem as ter estudado?" Jesus repara nesses comentários e interrompe o discurso para responder: "A minha doutrina — diz Ele — não é minha, mas daquele que me enviou. Se alguém quiser cumprir a sua vontade, saberá se a minha doutrina vem de Deus ou se falo por mim mesmo. Quem fala por si mesmo procura a sua própria glória; mas quem procura a glória daquele que o enviou, esse é veraz e não há nele impostura alguma".

Se tem de dizer quem foi o seu mestre para que possa sentar-se e ensinar, não hesita em revelá-lo: foi seu Pai, que está no céu. E Ele, fiel à lição recebida, não busca a sua glória nem tem outro interesse a não ser observar a vontade do Pai. E acrescenta esta frase duríssima:

— Moisés deu-vos a Lei e nenhum de vós a observa. Por que quereis matar-me?

Muitos dos presentes, ignorando as intenções dos chefes do povo, imaginaram que Jesus delirava, arrastado por uma mania de perseguição. Renovaram então o insulto odioso que os fariseus tinham posto em circulação:

— Estás possuído pelo demônio. Quem pretende matar-te?

Jesus não quer responder a essa multidão vinda de fora e pouco informada do que sucede em Jerusalém. A sua resposta dirige-se aos fariseus: quer mostrar-lhes que conhece as suas manobras e o pretexto que escolheram para as justificar. Recorda-lhes o sábado em que curara o paralítico da piscina, tentando introduzi-los no verdadeiro espírito da lei mosaica:

— Por uma só obra que fiz, todos mostrastes estranheza. Moisés deu-vos a circuncisão e não hesitais em circuncidar um homem mesmo em dia de sábado, para não violar a lei de Moisés. Então, por que vos indignais contra mim, por ter curado um homem por completo num sábado?

O argumento era evidente: se se podia violar uma lei de Moisés para cumprir outra lei de Moisés, por maioria de razão se podia violá-la para cumprir outra lei muito superior: a da caridade; e, de mais a mais, tendo em conta que curar era um trabalho menor que circuncidar.

Jesus insiste na sua divindade

Entre os ouvintes de Jesus, havia também alguns espectadores neutros que sabiam que tinha sido decretada a sua morte. Conheciam os projetos dos dirigentes da política, mas não sabiam mais do que isso, e perguntavam uns aos outros:

— Não é deste que andam à procura para lhe tirarem a vida? Pois bem, vede como fala com toda a liberdade e ninguém lhe diz nada. Terão as autoridades reconhecido que este é o Cristo? Mas este nós sabemos donde é, ao passo que, quando Cristo se manifestar, ninguém saberá donde vem.

Era opinião geral que o Messias devia ser um descendente de Davi e, além disso, supunha-se que havia de surgir inesperadamente depois de um longo período de retiro num lugar solitário. Ora bem: isso não podia aplicar-se a Jesus. Conhecia-se muito bem a sua origem, a família a que pertencia, o lugar onde morava. Jesus indigna-se com a vacuidade de toda aquela gente, que pensa ter descoberto a sua origem, e a resposta com que lhes tritura as objeções tem uma grandeza e uma profundidade desusadas. No meio do murmúrio da multidão, volta a ouvir-se a sua voz; *grita,* diz João, que mede bem as suas expressões e não gosta das frases fortes; grita com uma comoção que o transfigura e o faz destacar-se da massa dos discípulos e adversários:

— Ah, dizeis que me conheceis e que sabeis donde sou!... No entanto, eu não vim de mim mesmo, mas aquele que me enviou é veraz e vós não o conheceis. Eu o conheço porque venho dele e foi ele que me enviou.

Sabiam do seu nascimento em Belém, mas não da sua origem divina nem da sua divina missão, e é isto que Ele lhes recorda nessa declaração. Fá-la, além disso, acompanhar de um daqueles seus gestos magníficos, verdadeiros reflexos da divindade, e profere-a em voz tão alta que, segundo a expressão do evangelista, mais parecia um solene pregão.

Muitos dos ouvintes compreenderam o alcance do que dizia e quiseram prendê-lo, mas não puderam, "porque ainda não havia chegado a sua hora". Sucedeu desta vez o que sucede com frequência nas aglomerações populares, sobretudo no Oriente. Há um momento em que a violência parece inevitável, mas uma palavra basta para desfazer a tensão. Um grupo de ouvintes lançou-se contra Jesus, ululando e ameaçando; mas a multidão não o seguiu. Pelo contrário, houve muitos que, impressionados pelas declarações desse dia e iluminados por um princípio de fé, se opuseram à agressão:

— Quando vier o Messias, acaso fará mais milagres do que este? — perguntavam.

Vendo que o terreno não estava ainda bem preparado, os príncipes dos sacerdotes decidiram encarregar os agentes romanos de prender Jesus. Havia ainda os magistrados do Templo, que poderiam proceder a uma detenção regular. Mas deve tê-los impedido disso a atitude resoluta dos admiradores do Rabi, que teriam provocado algum daqueles tumultos tão severamente castigados pela autoridade. Jesus conhecia perfeitamente esses projetos, mas, enquanto os guardas espiavam à sua volta, Ele dizia às turbas:

— Ainda estou convosco algum tempo; mas depois irei para aquele que me enviou. Haveis de procurar-me e não me encontrareis, porque, para onde eu for, vós não podereis ir.

Era uma confirmação do que tinha dito antes sobre a sua origem divina, uma alusão que os inimigos não quiseram compreender, pois diziam uns para os outros, com ar de chacota:

— Para onde irá ele que não o possamos achar? Irá talvez para os judeus dispersos entre os gregos e pregará aos gentios?

CATEQUESE E POLÊMICAS NO TEMPLO

João 7 e 8

Jesus tinha especial predileção por aquela colina que se erguia do outro lado da corrente do Cédron a que os judeus chamavam Monte das Oliveiras. As suas vertentes estavam nesses dias cobertas de barracas de ramos protegidas pela folhagem espessa das árvores. Lá devia achar-se também a tenda de Jesus, que o recebia ao cair da tarde para lhe oferecer o alívio do silêncio, do ar puro e da calma, depois daquelas duras jornadas de discussão e doutrinação. À noite, a conversa mais íntima e aprazível com os discípulos, aos quais se agregavam possivelmente outros ouvintes benévolos das tendas próximas, e a oração, a conversa com o Pai celestial, como preparação para as lutas do dia seguinte. E ao aparecer o novo sol, outra vez a discussão, o magistério, o chamamento divino às multidões que iam tomar parte nas cerimônias tradicionais das festas.

Numa daquelas manhãs, Jesus saiu da sua tenda acompanhado pelos discípulos e, ao chegar ao Templo, sentou-se num dos bancos de pedra alinhados ao longo dos pórticos. O povo rodeou-o imediatamente, e Ele começou a ensinar. Passado pouco tempo, irrompeu um grupo de fariseus. Empurraram na sua frente uma mulher que cobria o rosto com as mãos. Puseram-na diante do Rabi e disseram-lhe:

— Mestre, esta mulher foi surpreendida em flagrante adultério. Já sabes que, segundo a Lei de Moisés, deve ser apedrejada. Tu que dizes?

A má intenção que se ocultava nessa pergunta, aparentemente respeitosa, era evidente: armar um laço a Jesus, fazê-lo entrar em choque com a Lei de Moisés ou com o sentimento popular, ou então com as autoridades romanas, que proibiam a lapidação. Diziam isso — acrescenta o relato — para tentá-lo, a fim de terem de que o acusar.

A quem competia julgar esses casos de moralidade pública era ao Sinédrio. Mas é possível que os escribas e os fariseus tivessem pensado que, se se ventilasse a questão no segredo de um julgamento, a multidão não teria ocasião de admirar o seu mérito de zeladores da Lei. Por outro lado, era uma excelente oportunidade para armar um laço àquele Rabi galileu que, com a sua ostensiva independência em relação aos grandes mestres de Israel e com a sua crescente autoridade sobre o povo, vinha minando o prestígio das escolas rabínicas. Se respondesse negativamente, seria considerado um perigo para a ordem pública; se se mostrasse inexorável e exigisse a lapidação, perderia o favor do povo, que admirava nEle a bondade e a tolerância.

Qualquer solução podia ser-lhe fatal, mas Ele responde ao jogo com o desprezo. Permanece na mesma atitude em que o encontraram. Nem sequer olha para eles. Ouve-os e a seguir inclina-se para o solo e traça sinais de escrita na terra, como quem não tem nada que responder ou está matando o tempo. Era uma maneira de dizer que se desentendia da questão. Os acusadores esperam e Ele continua a escrever. Mas como insistem, corta o debate com uma palavra que os deve ter enchido de confusão. Levanta-se, envolve-os num daqueles seus olhares que perfuravam os corações e diz-lhes simplesmente:

— Aquele de vós que estiver sem pecado, que atire a primeira pedra.

E, sentando-se outra vez, continua a escrever. Os acusadores sentem-se apanhados e, não se atrevendo a manter a questão naquele terreno perigoso, desistem da cilada. Uns após outros, a começar pelos mais velhos, vão desaparecendo no meio da multidão. Jesus levanta de novo a cabeça e vê que se encontra só diante da pecadora: a miséria diante da Misericórdia — diz Santo Agostinho. É agora que vai dar a solução que lhe pediam, uma solução bondosa para com o homem, implacável para com o pecado.

— Mulher — exclama —, onde estão? Ninguém te condenou?

— Ninguém, Senhor — responde ela timidamente.

— Nem eu te condeno — replica Jesus —, vai e não tornes a pecar.

Ele, que veio não para abolir a Lei de Moisés, mas para aperfeiçoá-la, longe de a violar, tinha penetrado no seu mais íntimo sentido; o íntimo sentido de toda lei honesta não pode ser outro senão afastar do mal e dirigir para o bem. Com essa atitude admirável, Jesus acabava de sublimar a justiça na misericórdia.

A água da vida

As trombetas anunciaram a cerimônia da libação. O sacerdote tinha enchido a sua ânfora na fonte de Siloé e o cortejo subia agora do vale do Tiropeon, enquanto os levitas entoavam o grande Hallel e a multidão respondia, agitando os ramos: "Tirareis água alegremente das fontes da salvação". A cerimônia encerrava a um tempo uma lembrança, uma prece e um símbolo: uma lembrança da água milagrosa que brotara da rocha do Horeb; uma prece pelas chuvas necessárias para a sementeira; e um símbolo das graças que iam descer sobre Israel ao chegarem os tempos messiânicos. Era o último dia da festa, o dia decisivo para as colheitas do ano seguinte. A atitude do sacerdote portador da água, os gestos do pontífice ao fazer as libações, a direção que o fumo tomava ao subir do altar dos holocaustos — tudo era observado e interpretado com a preocupação de averiguar se Javé tinha aceitado os votos do seu povo.

E quando todos os corações estavam sob a impressão do solene sacrifício da água e da solene rogação, Jesus decidiu anunciar que o símbolo se havia cumprido. Em pé, no cimo da esplanada do Templo, ergueu a voz sobre a imensa multidão:

— Se alguém tem sede, venha a mim e beba. Do seio de quem crer em mim hão de jorrar torrentes de água viva. Assim o disse a Escritura.

Aludia Ele ao verso de um salmo: "Os filhos dos homens terão confiança debaixo das tuas asas, embriagar-se-ão com as riquezas da tua casa e beberão da torrente das tuas delícias". E também à frase do profeta Isaías: "Eis que eu envio sobre eles como que um rio de paz e uma torrente de fecundidade e de alegria".

Os judeus sabiam que tudo isso se devia cumprir nos dias de Cristo. O brado de Jesus sobressalta-os e desperta as discussões de sempre. Muitos deles se sentem impressionados com os discursos desses dias. Já não se contentam com dizer: "É um homem de bem". Vão ao ponto de lançar em pleno rosto dos fariseus esta suspeita atrevida:

— Realmente, este deve ser o Profeta de quem Moisés disse que haveria de vir antes do Messias.

Outros, mais perspicazes, comentam:

— Não. É o próprio Messias.

Ventila-se também a opinião contrária, que se baseia em argumentos aparentemente irretorquíveis:

— É acaso da Galileia que há de vir o Cristo? Não diz a Escritura que deve sair da linhagem de Davi e da cidade de Belém, onde Davi viveu?

Semelhantes objeções, facilmente exploradas, produziram um movimento de hostilidade que os inimigos de Jesus julgaram propício para o prender. Mas os guardas encarregados dessa missão não se atreveram a cumpri-la. Conteve-os certamente a atitude nada tranquilizadora dos seus admiradores, mas sobretudo a majestade de Jesus.

— Por que não o trouxestes? — perguntaram os chefes do sacerdócio e do farisaísmo.

E eles responderam:

— Jamais homem algum falou como ele.

Os chefes replicaram indignados:

— Também vós fostes seduzidos? Acaso há alguém dentre as autoridades ou dos fariseus que tenha acreditado nele? Os seus partidários são todos gente que desconhece a Lei, são uns malditos.

Mas no próprio Sinédrio havia alguém que se interessava por Jesus: era Nicodemos, o mesmo que estivera com Ele certa noite e colhera das suas palavras a impressão da divindade, nobre figura que agora tem a coragem de protestar diante dos seus colegas e de lhes dizer que são eles que não conhecem a Lei:

— Porventura a nossa Lei permite que se condene um homem sem primeiro o ter ouvido e sem saber o que ele fez?

A guarda do Templo ouviu com satisfação essas palavras, que vinham justificar a sua conduta. Mas o famoso doutor da Lei viu-se interrompido por uma chuva de insultos e ironias, que puseram a descoberto a paixão dos seus contraditores:

— Ah! Tu também és galileu? Informa-te bem e verás que da Galileia não saiu nenhum profeta.

Nicodemos poderia ter respondido que da Galileia, de perto de Nazaré, tinha saído Jonas: mas sabia de sobra que a cegueira daqueles homens era incurável.

A luz do mundo

Jesus, entretanto, continuava a instruir a multidão. Acabara de interpretar e aplicar à sua pessoa o símbolo da água. Agora vai utilizar, como meio para elevar o espirito dos ouvintes, as luminárias noturnas que tanta alegria davam à grande festa outonal.

Os peregrinos juntavam-se gozosamente para ver as combinações caprichosas de luzes e cores que a aragem morna da noite agitava entre as janelas do Templo e sob os pórticos; contemplavam embevecidos as luzes que se consumiam, o vôo dos archotes, que os mais ágeis apanhavam antes de caírem em terra, e a dança das lanternas entre os acordes dos címbalos e das harpas. Mal sabiam eles que tinham ali a dois passos a fonte de toda a luz, a luz que Isaías havia anunciado com palavras como estas: “Levanta-te e brilha porque é chegada a tua luz", ou da qual falava em nome de Javé: "Pouco vale que sejas meu servo para reabilitar as tribos de Jacó e reunir as relíquias de Israel. Olha, eu te pus como luz das nações, para que leves a minha salvação até os confins da terra".

E foi na Sala do Tesouro, diante do pátio das mulheres, iluminado por candelabros que pareciam árvores de chamas, que Jesus disse aos judeus:

— Eu sou a luz do mundo. Aquele que me segue não andará nas trevas, mas terá a luz da vida.

Ainda há pouco, recorrera à cerimônia da fonte de Siloé para referir-se à sua doutrina. Da mesma maneira, agora alude à luz. Apreendendo imediatamente o sentido da imagem, em que Jesus aplicava a si mesmo alguns dos textos messiânicos mais famosos, os judeus, quer dizer, os escribas objetaram-lhe:

— Tu dás testemunho de ti mesmo; o teu testemunho não tem valor nenhum.

Aqueles legistas apenas se preocupavam com as formas legais, com o axioma da *Mishná*[1] que declarava: "Nenhum homem pode dar testemunho de si próprio". Jesus teria podido responder que a luz se evidencia pelo simples fato de iluminar; mas prefere discutir no próprio campo em que os adversários o situam.

— Embora seja eu a dar testemunho de mim mesmo, o meu testemunho é válido, porque sei de onde venho e para onde vou, e vós, pelo contrário, não o sabeis. Vós julgais segundo a carne. Eu não julgo ninguém e, se julgo, o meu juízo é verdadeiro, porque não estou só, mas está comigo o Pai que me enviou. Ora, na vossa Lei está escrito que o testemunho de dois homens é digno de fé. Pois bem: quando eu dou testemunho de mim mesmo, o Pai que me enviou também dá testemunho de mim.

---

1 Coletânea das leis tradicionais ou orais extraídas do estudo e ensino literal dos textos do Antigo Testamento (N. do E.).

O testemunho do Pai

O único testemunho digno de Cristo é o Pai: todos os precursores e profetas receberam dEle a partícula de luz que nos transmitem. Se há necessidade de que as tochas deem testemunho do dia, é porque os nossos olhos são débeis e incapazes de suportar a luz do sol. O testemunho do Pai é a suprema garantia: foi Ele que revelou a Simão Pedro a filiação divina de Jesus; é Ele que atrai para Jesus todos os que hão de crer, e tanto a ciência como o ser de Jesus provêm dEle. Mas os fariseus, que não sentem a atração do Pai, ficam sem ver essa segunda testemunha, e por isso perguntam ironicamente:

— Onde está teu Pai?

Só com os olhos da fé se pode ver o Pai em Cristo, devido à natureza divina comum a ambos. É precisamente essa fé que falta àqueles fariseus.

— Se me conhecêsseis — responde Jesus conheceríeis também o meu Pai; mas não me conheceis a mim nem a meu Pai.

Surge nesta altura uma discussão, verdadeira esgrima de palavras, que nos recorda a do sermão sobre o pão da vida. Já não há contemplações. A luta está declarada, e as frases acendem-se ao choque da paixão, serena por parte de Jesus, furiosa e desconsiderada na boca dos inimigos. Já antes o Senhor pronunciara umas palavras que tinham intrigado os fariseus: "Para onde eu for, vós não podereis ir". Volta a insistir na afirmação e explica-a:

— Eu vou-me embora, e haveis de procurar-me, e morrereis no vosso pecado.

Era uma alusão à catástrofe próxima, aos dias de crise e de angústia em que os judeus, ameaçados pelas legiões romanas, aguardariam em vão o aparecimento de um libertador. Mas os ouvintes deixam cair o sarcasmo sobre essa ameaça magoada.

Quererá acabar com a vida? Não; não é para aí que os filhos dos nossos pais o hão de seguir, dizem, entre irônicos e escandalizados.

Mas, indiferente a essa interpretação, Jesus acrescenta:

— Vós sois cá de baixo, eu sou lá de cima; vós sois deste mundo, eu não sou deste mundo. Por isso vos disse que morrereis nos vossos pecados; porque, se não crerdes que eu sou, morrereis nos vossos pecados.

É a única maneira de evitar a perdição: crer que "Ele é". Expressão misteriosa, que Javé tinha usado em muitos textos do Antigo Testamento, e que agora Jesus utiliza, colocando-se no lugar do Deus de Israel.

— E quem és tu? — perguntam-lhe então, renovando ironicamente a pergunta que tinham dirigido ao Batista.

Jesus impacienta-se, pois já lhes dera a resposta pouco antes:

— Acima de tudo, o que vos estou dizendo — exclama, evitando a declaração precisa que os judeus esperavam para se lançar sobre Ele, como há de suceder no fim da discussão.

E acrescenta:

— Quando tiverdes levantado ao alto o Filho do Homem, então sabereis quem eu sou, e que não faço nada por mim mesmo, mas falo de acordo com o que o Pai me ensinou. E aquele que me enviou está comigo, e não me deixou só, porque eu faço sempre o que é do seu agrado.

Jesus deve ter imprimido a essa alusão à sua morte e a essa afirmação da sua divindade uma tal inflexão de amor e uma tão luminosa firmeza, que muitos dos que o ouviam acreditaram nEle desde aquele instante. E para consolidar a fé desses novos adeptos, acrescentou:

— Se permanecerdes na minha palavra, sereis verdadeiramente meus discípulos e conhecereis a verdade, e a verdade vos fará livres.

A verdadeira liberdade

Essas palavras soaram como um insulto aos ouvidos dos adversários. Porventura havia escravos no povo escolhido de Javé? Eles esperavam a liberdade da espada, não a da verdade. Os antigos Profetas haviam levantado a sua voz contra a idolatria; mas agora, felizmente, os ídolos haviam desaparecido de Israel.

— Nós somos da linhagem de Abraão — replicaram altivamente —, jamais fomos escravos de ninguém. Como dizes tu: "Sereis livres"?

A discussão torna-se cada vez mais acalorada. As palavras com que Jesus responde parecem setas:

— Na verdade, na verdade vos digo: todo aquele que comete pecado é escravo do pecado.

A liberdade de que Jesus fala não vem do sangue, mas de mais longe: é uma disposição de alma, que se alcança pela fé.

— O escravo não fica em casa para sempre, mas o filho sim. Se o Filho vos libertar, sereis verdadeiramente livres.

A polêmica prossegue e esquenta. Os judeus voltam a afirmar que são filhos de Abraão; Cristo responde-lhes que não fazem as obras de Abraão, visto que não ouvem a palavra de Deus, antes vêm tramando a sua morte. "Isso Abraão não o fez. Vós fazeis as obras do vosso pai." Jesus não queria ainda revelar todo o seu pensamento, mas os judeus reparam que nessa alusão misteriosa se esconde uma reticência denigrante, e, utilizando umas palavras que o sacerdote dizia na rogação da água, respondem:

— Nós não somos filhos da fornicação; temos um só Pai, que é Deus.

Jesus vai pronunciar agora uma das frases mais duras que saíram da sua boca:

— Se Deus fosse vosso Pai, vós me amaríeis, porque dEle saí e dEle venho. Por que não compreendeis a minha linguagem? Porque não podeis ouvir a minha palavra. Vós tendes por pai o demônio e quereis cumprir os desejos do vosso pai. Ele foi homicida desde o princípio e não permaneceu na verdade, porque não há verdade nele. Quando diz mentiras, fala do que lhe é próprio, porque é mentiroso e pai da mentira.

Uma tempestade de uivos, ameaças e impropérios acolheu essas palavras; e, ao responder-lhes, Jesus lançou com uma segurança pasmosa um desafio que só podia sair dos seus lábios:

— Quem de vós me acusará de pecado? Se digo a verdade, por que não acreditais em mim? Quem é de Deus ouve as suas palavras; por isso vós não as ouvis, porque não sois de Deus.

Nunca Jesus tinha falado com tamanha força e clareza; sabe que o seu destino está traçado, e que naqueles momentos se decide a sorte de Israel. O seu chamamento é definitivo, violento, exasperado. Os judeus então reagem, não com argumentos, mas com injúrias.

— Não temos razão para dizer que és samaritano e que estás possuído pelo demônio?

Dois insultos atrozes para um filho de Israel. Jesus não faz caso do primeiro; já noutras ocasiões vimos o que pensava dos samaritanos, e mesmo agora acaba de nos dizer qual é a sua opinião acerca dos judeus. Mas não pode deixar passar impunemente o segundo agravo:

— Eu não estou possuído pelo espírito mau, mas honro meu Pai. Vós, porém, me desonrais. Eu não busco a minha glória; há quem vele por ela e me faça justiça.

À injúria responde com uma mansidão sobre-humana e, não contente com isso, volta a lançar um apelo cheio de piedade sobre a cabeça dos inimigos:

— Na verdade, na verdade vos digo: se alguém guardar a minha palavra, jamais verá a morte.

Agora é que eles pensam que encontraram um argumento para o fazer calar:

— Não há dúvida de que estás possuído pelo demônio. Abraão morreu e os profetas também, e tu dizes: "Aquele que guardar a minha palavra jamais provará a morte". Porventura és maior que o nosso pai Abraão, que morreu, maior que os profetas, que também morreram? Por quem te tomas?

Cristo vai fazer uma das suas revelações mais impressionantes. Tão grave é a sua resposta que precisa se preparar, desculpando-se, de certo modo, do que vai dizer:

— Se eu me glorifico a mim mesmo, a minha glória nada é. Quem me glorifica é meu Pai, aquele que vós dizeis que é vosso Deus e, contudo, não conheceis.

Mas Jesus conhece-o, sente profundamente a felicidade desse conhecimento e, "se dissesse que não o conheço — acrescenta —, seria um embusteiro, como vós". E depois destas palavras preparatórias, faz a afirmação desconcertante:

— Abraão, vosso pai, alegrou-se de ver o meu dia, viu-o e exultou.

Grandes gargalhadas entre o público e logo esta frase irônica:

— Ainda não tens cinquenta anos e viste Abraão?

Segue-se uma afirmação mais explícita e contundente de Jesus: a afirmação de que Ele existe antes do tempo e goza eternamente da natureza divina. Solenemente, e como que transfigurado, levanta-se diante dos contraditores e exclama:

— Na verdade, na verdade vos digo: antes que Abraão fosse, eu sou.

Era a revelação de um mistério sublime ou uma blasfêmia horrorosa. Como blasfêmia a interpretou a maioria dos ouvintes. A sua raiva já não tinha limites: aquele homem fazia-se superior a Abraão, pretendia ser o único a conhecer a Deus, prometia a vida eterna aos que cressem nEle, chamava-lhes mentirosos e filhos do demônio, e, para cúmulo de audácia, arrogava-se privilégios e qualidades que só a Deus competiam. Como consentir em tantas blasfêmias? Em altos gritos de cólera, deitaram mão de um monte de pedras que havia ali para as obras do Templo, resolvidos a lapidá-lo; mas, tal como em Nazaré, Jesus conseguiu evitar as pedradas dos assassinos: "escondeu-se e saiu do Templo". E possível que essa retirada assumisse o aspecto de uma derrota aos olhos dos fariseus, mas ainda não tinha chegado a hora de o Senhor manifestar o seu poder.

Assim terminou aquela altercação violenta, na qual até o próprio Jesus se nos apresenta aparentemente como que arrebatado pelo calor da discussão. As palavras tornaram-se tão duras que foram substituídas por pedras.

O CEGO DE NASCENÇA E O BOM PASTOR

João 9 e 10

Os ódios originados em Jerusalém pelo milagre de Jesus junto da piscina de Betesda vão recrudescer agora com a realização de outro milagre, que provocou entre amigos e adversários a mais profunda emoção. Conta--o João com tão forte dramatismo que parece que o estamos vivendo. Embora o encontremos relatado a seguir ao discurso sobre a luz espiritual, teve sem dúvida lugar um dia mais tarde, quando a festa dos Tabernáculos já havia terminado.

Os pórticos ainda repetiam os últimos ecos da grande discussão com os fariseus, quando Jesus descobre, junto a uma das portas do Templo, um mendigo que, em tom de lástima, estende a mão aos transeuntes. Era um cego de nascença, como ele próprio dava a entender pela triste cantilena que lhe servia para comover o coração da gente; um cego que, postado dia após dia naquele lugar de privilégio para um miserável, se tinha tornado popular pela sua arte de pedir esmola.

E agora encontrava-se diante de Jesus num sábado. A sua desgraça leva os Apóstolos a pensar num problema moral, motivado pela concepção popular de que toda a infelicidade era castigo de um pecado, de que todo o mal físico era consequência de um mal moral. E perguntam a Jesus:

— Mestre, quem pecou, para que este homem nascesse cego: ele ou seus pais?

Cristo não se detém a dar-lhes uma explicação da origem do sofrimento, que o autor do livro de Jó já tinha resolvido contrariamente à crença geral do povo hebreu; mas aproveita a ocasião para lhes erguer o ponto de mira. A doença não é um castigo enviado por Deus de uma maneira caprichosa; é, acima de tudo, uma oportunidade de manifestar um bem, de revelar amor e glória; e era-o, muito especialmente, desta vez:

— Nem ele pecou nem seus pais. Nasceu cego para que se manifestassem nele as obras de Deus.

Ninguém lhe pediu um milagre, mas Ele vai fazê-lo.

— Enquanto for dia, tenho de cumprir as obras daquele que me enviou. Vem a noite, na qual já ninguém pode trabalhar. Enquanto estou no mundo, sou a luz do mundo.

Um milagre extraordinário vem selar essa afirmação. Cospe na terra, faz um pouco de barro, aplica-o sobre os olhos do cego e diz-lhe:

— Vai e lava-te na piscina de Siloé.

Siloé — observa João — significa "enviado". Era, portanto, um símbolo de Cristo, era a piscina sagrada, da qual se tirava a água com tanto respeito e solenidade durante a festa dos Tabernáculos: uma piscina que comunicava, por meio de um canal que o rei Ezequias tinha mandado rasgar, com o manancial da fonte de Gihon, quer dizer, da Virgem; o aqueduto tinha recebido precisamente daí o nome de Siloé ou Siloan. O barro não era muito a propósito para devolver a luz a uns olhos, mas o que Jesus queria era despertar a esperança, preparar os caminhos para a fé e manifestar ao mesmo tempo a virtude vivificante da sua humanidade. E o cego obedeceu sem vacilar.

Investigações dos fariseus

Era sábado. A multidão enchia as ruas, entrava e saía do Templo, e os últimos grupos de peregrinos vagueavam pelos pórticos. A notícia começa a circular de boca em boca, e em breve não se fala de outra coisa na cidade. Afluem os curiosos, acotovelam-se os que tinham vindo de longe na esperança de ver em Jerusalém alguma manifestação do poder de Javé, e todos querem ouvir uma, duas, vinte vezes a descrição daquele acontecimento sem igual. Conversa-se entre a multidão, e há muitos que se negam a acreditar no que veem.

— Não é este o que estava sentado pedindo esmola? — perguntam uns.

— Não — dizem outros —, é um muito parecido com ele.

O próprio miraculado intervém na discussão:

— Sou eu mesmo — diz, com o rosto iluminado pela luz da vista e pelo resplendor da alegria mais pura.

Não há dúvida possível; o que há é uma curiosidade nervosa por conhecer as circunstâncias do prodígio.

— Como é que te foram abertos os olhos?

A felicidade e a emoção inundam a alma do cego, as palavras alvoroçam-se em seus lábios, conta o que se passou de uma maneira dramática, com frase rápida e entrecortada, sabendo que tem de repetir cem vezes a mesma frase.

— Aquele homem que se chama Jesus fez barro, untou-me os olhos e disse-me: "Vai à piscina de Siloé e lava-te". Fui, lavei-me e vejo.

— Onde está esse homem? — perguntam-lhe.

— Não sei.

Não sabe porque, enquanto descia ao vale do Tiropeon para se lavar na piscina, Jesus tinha desaparecido por entre os pórticos e as ruas da cidade. Além disso, ainda que estivesse presente, o cego não o teria podido reconhecer.

Mas há um novo motivo de preocupação: quem fez a cura foi Jesus, o homem discutido, que pouco antes estivera a ponto de morrer sepultado sob um monte de pedras. Por outro lado, era sábado e, portanto, cometera-se um duplo crime: amassar lodo e exercer a medicina no dia do Senhor. Os fariseus perturbam-se e levam o caso ao seu tribunal; é necessário desmascarar a fraude ou dar uma explicação às turbas que começam a sentir a vertigem da exaltação. O mendigo comparece diante das autoridades:

— Vamos ver: o que é que Jesus de Nazaré te fez?

— Pôs-me barro nos olhos, lavei-me e vejo.

Os fariseus não se atrevem a negar o fato, mas gostariam que aquele homem lhes desse uma interpretação torcida. Que seria deles se não conseguissem tapar a boca a um propagandista tão entusiasta do inimigo?

— Esse homem não é de Deus, pois não guarda o sábado.

Há alguns, no entanto, que dizem não compreender "como é que um pecador pode fazer tais prodígios", mas essa tímida objeção perde-se entre os clamores dos que têm Jesus na conta de um ególatra, de um bruxo, de um possesso. Os fariseus já consideram o mendigo bastante preparado para aderir à sua maneira de pensar e perguntam-lhe:

— Vamos ver: tu o que é que dizes desse homem?

— Que é um profeta — responde ele sem titubear.

Essa saída inesperada desconcerta os interrogadores; mas, se não se pode fazer ver que o acontecimento é coisa de magia, resta o recurso de afirmar que o milagre não existiu ou então pôr em dúvida a identidade do interessado. Mandam vir os pais do mendigo. Os pobres pais comparecem intimidados e como que estonteados por esse temor que os representantes da autoridade e da justiça inspiram aos de condição humilde.

— É este — perguntam-lhes — o vosso filho, aquele que dizeis que nasceu cego?

— É ele— mesmo — respondem.

— Então como é que agora vê?

Os fariseus esperavam, sem dúvida, apanhar da boca dos pais alguma palavra que lhes servisse para debilitar o valor do prodígio. Mas os pais souberam desvencilhar-se, com essa habilidade que a gente do povo tem para evitar complicações com os magistrados, sem lá por isso ocultar a verdade. Era terrível enfrentar aqueles altos dignitários que, segundo se sussurrava, tinham já decidido expulsar da sinagoga, isto é, do povo de Deus, todo aquele que se declarasse discípulo de Jesus de Nazaré.

— Sabemos — foi a resposta — que este é realmente o nosso filho e que nasceu cego. Como é que agora vê e quem lhe abriu os olhos... isso não o sabemos. Perguntai-o a ele. Tem idade. Que ele mesmo explique.

Os chefes veem que os pais estão atarantados; talvez possam conseguir do filho alguma coisa pelo mesmo caminho. Tornam a chamá-lo:

— Dá glória a Deus! — dizem-lhe enfaticamente. — Nós sabemos que esse homem é um pecador.

O jovem não se deixa assustar por aquele tom autoritário. Já um pouco farto de tantas importunações, responde:

— Se é um pecador, não o sei. Só sei uma coisa: que era cego e agora vejo.

Não podia deixar de haver algo de suspeito nessa cura estranha: fraudes, fórmulas mágicas, comércio com os espíritos.

Os fariseus querem encontrar a todo o custo algum indício:

— O que é que te fez? Como te abriu os olhos?

O mendigo perde por fim a paciência e responde em tom de mofa:

— Eu já vo-lo disse e não me destes ouvidos. Por que quereis ouvi-lo outra vez? Porventura quereis tornar-vos também seus discípulos?

Isso ultrapassava o que os fariseus podiam suportar. Fora de si, insultam-no e dizem-lhe:

— Discípulo dele serás tu!

Mas logo se contêm, pensando que aquele homem ainda lhes pode ser útil, e acodem a um argumento decisivo para um israelita. Urge escolher entre Jesus e Moisés:

— Nós somos discípulos de Moisés. Sabemos que Deus falou a Moisés. Mas, quanto a esse, não sabemos donde é.

Já não dizem que Jesus é um pecador. Usando de uma manobra hipócrita, contentam-se com lançar uma suspeita, cuja má-fé o mendigo desmascara com esta resposta, verdadeiro a-be-cê do senso comum:

— É de admirar que não saibais donde é, e que no entanto ele me tenha aberto os olhos! Sabemos que Deus não escuta os pecadores, mas atende a quem o honra e faz a sua vontade. Nunca se ouviu dizer que alguém tenha aberto os olhos a um cego de nascença. Se esse homem não fosse de Deus, não teria podido fazer nada.

O curado perante Jesus

Despeitados, confundidos pela lógica daquele ignorante, os fariseus lançam-se sobre ele com estas palavras pelas quais se vê que eles também encaravam a doença como um castigo da culpa:

— Nasceste coberto de pecado e pretendes dar-nos uma lição?

E, diz-nos o Evangelista, depois de o cobrirem de injúrias, expulsam-no da sinagoga.

Devem ter começado então as preocupações para o infeliz mendigo. Os chefes de Israel olhavam-no já como um excomungado — não podia voltar a aparecer nos pórticos do Templo com a mesma confiança de outrora e, por outro lado, não sabia nada de preciso acerca daquele homem misterioso que lhe tinha dado a vista. Quem seria ele? Era, sem sombra de dúvida, um profeta. Seria alguma coisa mais? Amava-o e considerava-o um grande benfeitor. Jesus resolve premiar aquela sinceridade generosa e conceder-lhe a plenitude da fé.

Pouco depois, o taumaturgo e o mendigo encontram-se nos arredores do Templo.

— Crês no Filho do Homem? — pergunta-lhe Jesus.

Ou, segundo outro texto:

— Crês no Filho de Deus?

E o pobre homem reconheceu a voz milagrosa, a voz inolvidável que lhe tinha ordenado que se lavasse na piscina.

— E quem é ele, Senhor, para que eu creia nele?

Perante essa oração sublime, cheia de abandono e confiança, Jesus manifesta-se em toda a sua bondade.

— Já o viste: é o mesmo que fala contigo.

O mendigo não hesita. Antes, conhecera Jesus pela voz; agora vê-o. Vê-o, cai por terra e exclama entre lágrimas de amor e de agradecimento:

— Creio, Senhor.

O discípulo amado poderá dizer mais tarde: "O juízo é este: que a luz veio ao mundo e os homens amaram mais as trevas do que a luz". Os chefes do povo, absorvidos dia e noite no estudo da Lei, desconheciam Cristo; pelo contrário, esse pobre cego entregava-se com um abandono absoluto. Semelhante contraste arranca ao Senhor umas palavras que lhe afloram aos lábios envoltas numa onda de amargura:

— Eu vim a este mundo para exercer um juízo: para que os que não veem vejam e os que veem se tornem cegos.

Como sempre, os doutores observam e espiam. Ouvem essas palavras e descobrem nelas uma alusão que os mortifica:

— Porventura somos nós cegos? — perguntam, indignados.

Decerto que não são, ou melhor, são cegos que se orgulham do seu saber e fazem alarde de uma vista maravilhosa, e é isso o que os condena. A sua cegueira é incurável.

— Se fôsseis cegos — diz-lhes Jesus —, não teríeis pecado; mas vós mesmos dizeis que vedes. Por conseguinte, o vosso pecado permanece.

Os humildes, os dóceis, os que reconhecem a sua cegueira, esses serão admitidos no Reino de Deus. E aqui temos um homem que acaba de receber a graça da iluminação, sinal ao mesmo tempo do poder divino de Jesus e das maravilhas invisíveis que Ele realiza todos os dias nas almas. Os doutores expulsaram-no da sinagoga: é uma ovelha que os pastores de Israel já não querem admitir no seu rebanho. Mas o excomungado, o indesejado, vai-se consolar com uma das parábolas mais emocionantes do Evangelho, inspirada no que lhe acabava de suceder a ele mesmo.

O bom pastor

As sombras da tarde começam a estender-se sobre o monte Mória. Pelo caminho de Betânia ressoam os assobios e as vozes dos pastores, que conduzem os rebanhos aos apriscos, e, entre a vozearia distante e o tilintar dos chocalhos, ergue-se a voz de Jesus, que diz: "Na verdade, na verdade vos digo: quem não entra pela porta do redil das ovelhas, mas sobe por outra parte, é ladrão e salteador".

Na mente dos ouvintes surge a imagem daqueles apriscos derramados pelos páramos e montes da Judeia: currais amplos com muros frágeis de seixo, coroados de sarças espinhosas; num canto, um telheiro debaixo do qual se abrigam durante a noite o guarda e o rebanho, ou, melhor, os rebanhos de vários pastores; a porta estreita bem fechada com a tranca de madeira porque, no dia seguinte, é preciso contar as ovelhas uma a uma e porque os inimigos rondam, encobertos pela sombra. O lobo vagueia pelos arredores, e do bosque chegam os uivos dos chacais. Às vezes, ouve-se o ruído de um corpo que cai no chão e amedronta o gado: é a pantera que salta a cerca de um pulo, ou o ladrão noturno que desliza ao longo do muro. Pela manhã, chega um dos pastores, dá um grito gutural à entrada, o seu, aquele que o rebanho conhece, e, enquanto o vigia abre a porteira, as ovelhas levantam-se e se espreguiçam. Ao ouvir-lhe a voz, só as dele o seguem, só elas caminham atrás dele em longas filas de três em três, quando as conduz ao som da sua flauta dupla através dos carreiros úmidos e estreitos. Depois chega o segundo pastor, e o terceiro, e o quarto, até que o redil fica vazio. Mas, se porventura é o salteador que chama ou o lobo que arranha junto à porta, o guarda experimenta melhor a tranca, vai até a cerca munido do seu cajado de espinhos e, se não é um mercenário, prefere morrer a perder uma só das ovelhas.

Não havia um único pormenor na parábola que não fosse familiar aos ouvintes do Senhor: "Quem entra pela porta é o pastor das ovelhas. A este, o porteiro abre-lhe a porta, e as ovelhas ouvem a sua voz, e ele as chama a cada uma pelo nome, e as tira do redil. E, depois de as ter levado para fora, vai adiante delas, e as ovelhas o seguem porque lhe conhecem a voz". O sentido é claro: Jesus pensa em si mesmo e nos fariseus. Ele chama as ovelhas pelo nome. Um dia, bastar-lhe-á dizer: *Maria!* para obter a resposta: *Rábboni,* quer dizer, Mestre!

A seguir, sublinha outros aspectos da alegoria, talvez porque os ouvintes não compreenderam a alusão evidente: "Eu sou a porta; se alguém entrar através de mim, será salvo. Entrará e sairá e encontrará pastagem. Todos os que vieram antes de mim são ladrões e salteadores, mas as ovelhas não os ouviram. O ladrão só vem para roubar, matar e destruir. Eu vim para que tenham vida, e a tenham em abundância".

A parábola não nos declara quem são esses lobos rapaces, ladrões e salteadores, mas sem dúvida Jesus alude diretamente à multidão de pseudoprofetas e falsos Messias que pululavam durante aqueles anos em toda a Palestina. "Havia muitos embusteiros — conta Flávio Josefo — que se dedicavam a fomentar a esperança num socorro milagroso de Deus. Alegando agir por inspiração divina, dizendo-se enviados de Deus, provocavam inovações e turbulências, arrastavam a multidão a atos de fanatismo religioso e enganavam o pobre povo com cínica charlatanice." No fundo do quadro, perfila-se claramente a ideia da Igreja. É como se Jesus dissesse: "Não importa que vos expulsem da sinagoga, pois Eu vos reservo um redil mais seguro; para entrardes nele, basta que creiais em Mim. Essa fé será para vós a salvação, o alimento, a vida. Mas ai de vós se vos deixardes extraviar por vozes interesseiras e perversas, que não vos poderão levar senão ao esbulho e à ruína!"

Muitos hão de arrogar-se uma autoridade que não têm: são mercenários, pseudoprofetas, exploradores e embusteiros, como aqueles que Ezequiel fustigava duramente: "Ai de vós, pastores de Israel, que só cuidais de apascentar-vos a vós mesmos! Tirais o leite para o vosso sustento e a lã para a vossa vestimenta; matais as ovelhas gordas e não vos lembrais de alimentar as fracas, de sarar as doentes, de pôr curativos nas chagadas, de procurar as que se extraviaram. Por isso diz o Senhor: «Tirarei o meu rebanho das vossas mãos, arrancarei as minhas ovelhas aos vossos dentes, não mais serão presa vossa, e eu as salvarei»".

Jesus continua a desenvolver a alegoria: "Eu sou o bom pastor. O bom pastor dá a vida pelas suas ovelhas. O mercenário, porém, que não é pastor e dono das ovelhas, vê vir o lobo, abandona as ovelhas e foge; e o lobo as arrebata e dispersa. Eu sou o bom pastor. Conheço as minhas ovelhas e as minhas ovelhas me conhecem, como meu Pai me conhece e eu conheço o Pai, e dou a vida pelas minhas ovelhas". Eram os três sinais pelos quais haviam de reconhecer o bom pastor: este conhece as suas ovelhas, vela pelo seu bem-estar e expõe a vida para as defender.

E o olhar de Jesus estende-se para além de Jerusalém , para além do judaísmo, sobre toda a humanidade: "Tenho ainda outras ovelhas que não são deste redil, e é mister que eu as traga, e ouvirão a minha voz, e haverá um só rebanho e um só pastor". Anuncia-o agora pela primeira vez à multidão com uma clareza meridiana. Mostra-se disposto a dar a vida também por essas, e a dará livremente, alegremente. Os fariseus quiseram tirar-lha e hão de tirar-lha um dia, mas só quando Ele o permitir. "Tenho poder para dá-la e poder para reavê-la. Este é o mandamento que recebi de meu Pai."

Este apólogo causa, como sempre, uma impressão profunda e contraditória. A diversidade de opiniões acentua-se cada dia mais. Enquanto uns se irritam, outros se comovem; mas os adversários manifestam-se com mais audácia que os defensores.

— Está possuído pelo demônio, enlouqueceu! Por que o escutais? — dizem os primeiros.

Os simpatizantes só se atrevem a objetar timidamente:

— Um endemoninhado não fala assim. Acaso pode o demônio abrir os olhos a um cego?

ATRAVÉS DA SAMARIA E DA PEREIA

Lucas 9 e 10; Mateus 8

O refúgio da Pereia

Tinham terminado as festas dos Tabernáculos, os peregrinos encontravam-se de novo nos seus lares e a capital do judaísmo recuperava o seu aspecto costumeiro. Jesus deve ter permanecido em Jerusalém ou nos arredores alguns dias depois de terminada a grande procissão da água, até desaparecerem as últimas caravanas de forasteiros. É verdade que a sua vida ali corria perigo contínuo; mas eis que chega um momento em que se lhe fecham todos os caminhos.

Todas as regiões da Palestina começam a ser pouco seguras para Ele. Na Galileia, Herodes teme-o e espia-o, os rabinos odeiam-no, e, depois dos anátemas lançados contra as cidades do lago de Tiberíades, o povo olha-o com mais indiferença que entusiasmo. Na Samaria, as diferenças de raça, habilmente

exploradas pelos inimigos, impedem-lhe a passagem. Lá em cima fica a tetrarquia de Filipe, mas, agora que a sua hora se aproxima, Jesus não pode afastar-se para muito longe. É na Judeia que conta os perseguidores mais inflamados, mas também é lá que se encontram as coortes romanas e o procurador, o governo direto de Roma, que dificilmente deixaria cometer impunemente um assassinato.

Resta-lhe, porém, uma região onde até esse momento só o conhecem de nome: a Pereia, a faixa de terra áspera e pouco povoada que se estende em frente da Judeia, do outro lado do Jordão, até ao Mar Morto. É verdade que quem manda lá é também o tetrarca Herodes Antipas; mas os centros em que ele se diverte — Tiberíades, Maqueronte — estão muito distantes, e é portanto mais fácil que lhe passe despercebida a presença de Jesus. Há nessa província muitos pagãos que pouco se interessam pelas questões religiosas; aqui e ali erguem-se as cidades autônomas da Decápole, onde um judeu mal visto pelos compatriotas podia achar refúgio. Por outro lado, Jesus não tem entre essa gente inimigos raivosos, pois só de passagem atravessou alguma vez as suas aldeias.

Nos cinco ou seis meses que lhe restam de vida, Jesus e o grupo que o acompanha encontrarão na Pereia um bom refúgio. O Senhor não fixa residência em nenhum lugar determinado; é agora, mais do que nunca, que o vemos em contínuo movimento, como se quisesse eludir a vigilância dos sacerdotes e fariseus que o seguem e espiam constantemente. Os exegetas deparam com grandes dificuldades — algumas insolúveis — à hora de acompanhar as suas idas e vindas, de fixar a cronologia dos seus discursos e de identificar os lugares que ficaram santificados pela sua presença.

Lucas, vimo-lo há pouco, legou-nos nos capítulos 9 a 19 do seu Evangelho um conjunto riquíssimo de acontecimentos, parábolas e discursos que, na sua maior parte, pertencem a esta época; mas faltam-nos indicações topográficas e cronológicas para os situar no seu quadro correspondente. Felizmente, o Evangelho de São João serve-nos de alguma maneira de orientação, e é pelo seu relato que conhecemos a viagem a Jerusalém motivada pela festa da Dedicação, a estadia subsequente na Pereia e, a seguir, a subida até Betânia para a ressurreição de Lázaro.

Essa caminhada sem rumo fixo, cheia de peripécias, começa no Evangelho de Lucas com estas palavras: "Quando estava para cumprir-se o tempo da sua partida deste mundo, Jesus ergueu com firmeza a sua face para se dirigir a Jerusalém ". Atravessa a Galileia e a Samaria seguido de um grande cortejo, no qual figuram em primeiro lugar os Apóstolos e um grupo de discípulos. É uma viagem ruidosa e lenta, em que há muitas paradas, encontros e incidentes de toda espécie. O Mestre instrui os discípulos, prega às multidões, desmascara a hipocrisia dos adversários.

Tudo parece indicar que, ao sair de Jerusalém depois das solenidades de outubro, Jesus fez uma última visita à terra em que tinha começado a anunciar a Boa-nova, para dizer o adeus definitivo àqueles lugares tão cheios de recordações e para arrebanhar os fiéis e os adeptos que iam constituir o núcleo da futura Igreja, e talvez para conversar com sua Mãe acerca dos acontecimentos que se avizinhavam.

Deve ter sido uma visita rápida, em virtude das circunstâncias. Sabia que era vigiado, que o consideravam um indesejável, e esforçava-se por evitar atentados e alvoroços, "pois não convinha que um profeta morresse fora de Jerusalém ", e para Jerusalém o vemos dirigir a sua face com toda a decisão. E notável esta expressão de Lucas: não tem pressa de chegar à Cidade Santa, visto que não chegará lá até as festas da Dedicação, mas "a sua face está já orientada".

Repudiado na Samaria

O caminho mais curto para ir da Galileia a Jerusalém passava pela Samaria. Já em outras ocasiões o Senhor a tinha cruzado, sem que os samaritanos se atrevessem a cortar-lhe a passagem, como costumavam fazer com os peregrinos que se dirigiam a Jerusalém. Podiam passar os artífices, os mercadores, os flautistas e os encantadores, que iam animar com a sua arte e com o seu tráfico os pórticos de Salomão, mas não os devotos. De quando em quando, o ódio tinha explosões terríveis. "Um pedaço de pão da Samaria — dizia-se para além dos montes de Efraim — é mais imundo que a carne de porco."

Desta vez, a caravana, depois de subir os montes que guarnecem a planície de Esdrelon, interna-se pela terra dos samaritanos, terra de brancos viveiros de plantas e de hortas, agora desfolhadas pelos primeiros vendavais do inverno. Eram muitos os caminhantes: Apóstolos e discípulos, homens e mulheres. As mulheres, sobretudo, requeriam um cuidado especial. Não se podia pensar em pernoitar ao ar livre como nas noites tépidas da primavera e do outono. Jesus mandou por isso à frente os filhos de Zebedeu, para ver se conseguiam preparar alojamento para todos.

Sempre solícitos em cuidar de tudo o que podia ser do agrado do seu Mestre, Tiago e João separam-se dos companheiros e vão ao povoado mais próximo para avisar da chegada do Senhor e preparar-lhe pousada. Talvez fosse En-Ganim, uma aldeia branca, ruidosa de águas e de vegetação, tão graciosamente assentada sobre um monte que mais parecia a cidade simbólica de que Jesus falava nas suas parábolas. Quando ouviram dizer que se aproximava um grupo de peregrinos, aqueles montanheses fecharam as portas.

— Mas é Jesus de Nazaré, bastante conhecido nesta terra e de quem jamais se ouviu uma palavra de desprezo para a vossa gente — disseram-lhe certamente os mensageiros.

— Tanto faz — devem ter respondido os aldeões —, ele e os seus companheiros têm o rosto voltado para a cidade santa dos judeus.

O cortejo já estava perto da aldeia, quando João e Tiago retornaram à presença de Jesus, vermelhos de ira:

— Senhor, não nos querem receber.

Essas palavras semearam o descontentamento na comitiva. Era um sacrílego desacato contra o grande taumaturgo, a quem não resistiam nem a fúria das tormentas, nem a violência das doenças, nem a malícia dos demônios. Jesus manteve-se calado, sereno e compassivo; mas, incapazes de compreender aquele silêncio, indignados, os dois "filhos do trovão" recordaram castigos do tempo do profeta Elias:

— Senhor, queres que digamos ao fogo do céu que desça e os consuma?

Envolvendo-os num olhar de censura, Jesus respondeu-lhes:

— Não sabeis de que espírito sois: o Filho do Homem não veio perder as almas, mas salvá-las.

E, mudando de ramo, dirigiu-se para a margem do Jordão, atravessando a região oriental da Samaria. Atravessou o rio e meteu-se pela Pereia adentro.

A missão dos setenta e dois

No decurso da viagem, Jesus resolve encarregar os discípulos de fazerem um novo ensaio de pregação. Porém, em vez de enviar os Doze, envia um grupo mais numeroso, escolhido entre os mais entusiastas dos seus seguidores: setenta e dois.

Dá-lhes os mesmos conselhos que antes havia dado aos Apóstolos: eles são os cordeiros que se vão meter no meio das alcateias de lobos; são os portadores da paz, dignos portanto de generosa hospitalidade; a sua riqueza é a palavra que pregam; tudo o mais é supérfluo: bolsa, sandálias, cajado, alforje. Mas ai daqueles que lhes fecharem as portas e os ouvidos! Sodoma e Gomorra serão menos culpadas no dia do juízo.

Os mensageiros afastam-se dois a dois, para se espalharem pelas terras vizinhas das duas margens do Jordão. Cumprem fielmente as instruções recebidas e, quando tornam a reunir-se ao Mestre no lugar que Ele lhes havia indicado, voltam cheios de alegria e do santo orgulho de ver que começavam a realizar as maravilhas que tanto admiravam no Senhor. As multidões tinham-se juntado à volta deles, a sua palavra expulsara as doenças dos corpos, a sua fé e o seu amor por Jesus renovara-se.

— Senhor — exclamaram eles, maravilhados com os prodígios que Deus havia realizado por suas mãos —, até os próprios demônios se nos submetiam em teu nome!

Essa singela alegria leva Jesus a evocar outras missões mais longínquas e outros triunfos definitivos, e a aderir ao júbilo dos seus discípulos com uma reflexão que naquele momento deve ter parecido um pouco misteriosa: "Eu vi Satanás cair do céu como um raio".

Depois, umas palavras severas, que vêm ensombrar um pouco a luz desta cena, uma das mais gozosas e enternecedoras do Evangelho:

— Contudo, não vos alegreis porque os espíritos se vos submetem, mas alegrai-vos porque os vossos nomes estão escritos nos céus.

Não se deve ver uma censura nestas palavras, mas o desejo de purificar o regozijo daquele regresso triunfal. Ao contemplar aqueles primeiros augúrios da amplitude que a sua obra redentora viria a revestir, Jesus deixa-se inundar pela alegria e profere algumas das frases mais belas entre as frases divinas do Evangelho. "Nessa hora, alvoroçou-se no Espírito Santo e disse: «Eu te louvo, ó Pai, Senhor do céu e da terra, porque escondeste estas coisas aos sábios e prudentes e as revelaste aos pequeninos. Sim, Pai, pois assim foi do teu agrado. Todas as coisas me foram entregues por meu Pai; e ninguém conhece quem é o Filho a não ser o Pai, nem quem é o Pai a não ser o Filho, e aquele a quem o Filho o quiser revelar». E, voltando-se para os que o rodeavam, acrescentou: Bem-aventurados os olhos que veem o que vós vedes! Pois eu vos digo que muitos profetas e reis quiseram ver o que vós vedes e não viram, e ouvir o que vós ouvis e não ouviram."

Este improviso jubiloso e ardente deve ter causado uma profunda impressão naqueles que o presenciaram. Os evangelistas conservaram-no intacto, e, sob a delicada transparência das palavras gregas, podemos descobrir ainda o eco pessoal da inspiração profética e o cunho inconfundível do espírito semítico. Desse modo queria Jesus iluminar definitivamente a fé dos seus discípulos na grande verdade que era a causa dos seus choques com os fariseus — o seu título de Filho de Deus, igual ao Pai. Só o Pai conhece o Filho e só o Filho pode conhecer o Pai, na intensidade de um olhar divino que esgota toda a riqueza do seu ser, e que pode comunicar às criaturas uma efusão graciosa do seu conhecimento. Neste hino se anuncia todo o mistério da vida.

A ESCOLA DE CRISTO

Lucas 9 e 10

A buliçosa viagem de Jesus por um e pelo outro lado do Jordão pôs em alvoroço as povoações e os campos por onde passava. Havia muitos que deixavam o trabalho para se juntar à caravana, alguns deles até com a intenção de se inscreverem definitivamente no número dos discípulos. A uns levava-os a curiosidade, a outros o interesse, a outros a ambição. Uns iam sem conhecer claramente o programa da escola; outros, sem propósito firme de cumprir as condições requeridas. Jesus não se apressa a recebê-los; mesmo quando o oferecimento é sincero, não hesita em recusá-lo, se vê nas pessoas um indício de inconsideração ou uma impureza de egoísmo. Quer que se saiba quanto custa servi-lo, porque não lhe interessa ter muitos, mas bons partidários.

"E aconteceu que, enquanto caminhavam, um homem lhe disse: «Seguir-te-ei para onde quer que vás». E Jesus respondeu-lhe: «As raposas têm tocas e as aves do céu, ninhos, mas o

Filho do Homem não tem onde reclinar a cabeça»". Tratava-se de um escriba, um homem afeito, sem dúvida, à vida cômoda, e que julgava talvez que fazia muito pondo à disposição de Jesus a sua ciência. Era preciso lembrar-lhe que a herança dos discípulos do Evangelho é o despojamento.

Houve outro a quem o Senhor dirigiu a palavra que costumava empregar para chamar os seus prediletos: "Segue-me". Ele, porém, em vez de obedecer imediatamente, como Pedro e Levi, pediu uma trégua, aparentemente razoável:

— Senhor, permite-me ir primeiro enterrar meu pai.

— Deixa que os mortos enterrem os seus mortos; tu, vai e anuncia o reino de Deus — replicou-lhe Jesus.

Era uma expressão decalcada no preceito da Lei mosaica que, tanto no Levítico como nos Números, proibia ao sumo sacerdote e ao nazir que cuidassem do enterro dos pais, se isso lhes impedia o cumprimento de um dever religioso. Jesus queria indicar dessa maneira, aos arautos do Reino, que deviam entregar-se à sua missão sem que os laços sociais ou as preocupações viessem a representar um obstáculo. O interpelado entregou-se generosamente, e essa docilidade valeu-lhe uma vocação gloriosa, pois, segundo Clemente de Alexandria, esse discípulo foi Filipe, um dos sete primeiros diáconos.

No meio daqueles admiradores, surge um outro ainda mais imperfeito e vacilante:

— Eu te seguirei — disse a Jesus —, mas antes permite que me despeça dos da minha casa.

A resposta tem todo o caráter de uma recusa:

— Aquele que põe a mão no arado e olha para trás não é apto para o reino de Deus.

Jesus quer servidores firmes, não tíbios e levianos. Durante os dias do seu ministério da Galileia, tinha visto muitas vezes as turbas sacudidas por estremecimentos de entusiasmo; mas, na realidade, tudo aquilo era frágil. Agora desconfia dessas manifestações súbitas e esforça-se por moldar um punhado de corações bem ancorados na fé. A construção em que Ele pensava havia de ser demasiado importante para que a pudesse assentar sobre alicerces movediços. E, para justificar medidas tão severas, diz às turbas que o seguem:

— Qual de vós, se quiser edificar uma torre, não se senta primeiro e calcula as despesas, não aconteça que, tendo lançado os alicerces e não podendo acabar, todos os que o vejam comecem a rir-se dele e a dizer: "Este homem começou a edificar e não pôde terminar"?

Era sua missão comportar-se como um bom arquiteto, e da mesma forma deviam proceder todos os seus discípulos. Quem o seguisse devia medir bem as suas forças, fazer os seus cálculos e dispor o espírito para aceitar as condições que Ele exigia como indispensáveis.

Os convidados para o jantar

O ritmo divino do anúncio da Boa-nova tinha-o levado até os campos da Galileia, à procura dos corações de boa vontade. Os convites tinham sido muitos, e muitos os que pareciam tê-los aceitado; mas, ao chegar a hora de instalar o Reino, muito poucos tinham acudido. Jesus queixa-se desse abandono numa parábola emocionante:

"Um homem deu um grande jantar e convidou muitos amigos. E, à hora do jantar, mandou um criado dizer aos convidados: «Vinde, já está tudo preparado». Mas todos começaram a escusar-se. O primeiro disse: «Comprei um campo e tenho de ir vê-lo; peço-te que me desculpes». E outro disse: «Comprei cinco juntas de bois e vou experimentá-las; rogo-te que me desculpes». E um terceiro disse: «Casei-me e por isso não posso ir». Quando o criado regressou e contou ao seu senhor o que se passava, o pai de família, irritado, ordenou-lhe: «Vai imediatamente pelas praças e pelas ruas da cidade e traz para aqui todos os pobres, cegos, coxos e entrevados que encontrares»". E depois que o servo cumpriu a ordem e veio com a notícia de que ainda havia lugar na sala, "disse-lhe o senhor: «Sai pelos caminhos e atalhos e obriga todos a entrar, para que se encha a minha casa. Na verdade vos digo que nenhum dos primeiros convidados provará o meu jantar»".

Os ouvintes compreenderam que aquele banquete simbolizava o Reino de Deus, que os que tinham declinado o convite eram os judeus, e os transeuntes e desocupados introduzidos à última hora deviam ser os gentios. Isto é o que se deduz com mais clareza do texto de Mateus, que acrescenta uma segunda parte à parábola.

Quando a sala ficou cheia, o pai de família — ou, segundo Mateus, o rei que celebrava as bodas do filho — entrou na sala para saudar os comensais. Mas, no meio deles, havia um que não trazia a veste nupcial, uma peça de roupa que o anfitrião punha à disposição de todos os convidados. E "o rei perguntou-lhe: «Amigo, como é que entraste aqui sem a veste nupcial?»" E acrescentou, ao ver que o interpelado não abria a boca: "Amarrai-o pelos pés e pelas mãos e lançai-o nas trevas exteriores. Ali haverá choro e ranger de dentes. Porque muitos são os chamados, e poucos os escolhidos". Excluídos os descendentes de Abraão, serão chamados os gentios para os substituir; mas, mesmo entre os gentios, nem todos serão julgados dignos de entrar no reino do Messias, mas só aqueles que tiverem as necessárias disposições espirituais.

Quem é o meu próximo?

Por isso, durante estes últimos meses, o Senhor concentra os cuidados na formação dos seus discípulos. Essas breves sentenças, essas vozes de alarme destinam-se a assegurar, pelo menos, a perseverança daquele grupo reduzido que o rodeia:

— Não temais, pequeno rebanho — pede-lhes Ele porque aprouve ao vosso Pai dar-vos o reino. Vendei os vossos bens e dai esmola; fazei bolsas que não se gastem, amontoai tesouros no céu, onde o ladrão não chega nem a traça os rói. Porque onde está o vosso tesouro, aí estará também o vosso coração.

Naquela longa volta que a repulsa dos samaritanos o tinha obrigado a dar, Jesus ensina, recebe os importunos, resolve as dificuldades que os ouvintes lhe apresentam com mais ou menos sinceridade. Umas vezes a caminhar, outras sentado numa pedra do caminho, fala e instrui, desfaz as argúcias e dissipa as ignorâncias. A intimidade da sua conversa com os discípulos é às vezes interrompida pela impertinência ou pela falsa deferência de um adversário. O ódio dos escribas e fariseus persegue-o por todos os caminhos. Um dia, no meio de um discurso, alguém lhe faz esta pergunta:

— Mestre, que devo fazer para alcançar a vida eterna?

É um legista que o interroga. Pisa terreno firme. Há coisa mais digna de elogio que essa questão que deveria brotar constantemente do fundo do nosso ser? Mas o doutor espera talvez pôr em xeque o Filho do carpinteiro, que dogmatiza pelos caminhos sem se ter dignado ouvir o grande Hillel ou algum dos seus discípulos.

O interpelado pergunta por sua vez. Assim costumava Jesus desfazer os laços que lhe armavam.

— Que está escrito na Lei?

O escriba não teve mais que repetir os dois preceitos fundamentais dados por Moisés aos israelitas:

— Amarás o Senhor, teu Deus, e o próximo como a ti mesmo.

Respondeu com a prontidão de quem conhece a cartilha, e merece a felicitação de Jesus por isso. Mas sente-se humilhado; tinha de justificar a sua atitude diante do público, fazendo ver que não fizera a pergunta de ânimo leve, que a questão estava por resolver.

— Amar o próximo, sim; isso já todos nós o sabíamos. Mas quem é o meu próximo?

Os escribas não estavam de acordo acerca do verdadeiro sentido dessa palavra. Porque tanto podia significar o amigo ou o parente, como o israelita e o correligionário, o estrangeiro e o idólatra. E até podia haver alguém, um louco decerto, que a aplicasse ao inimigo.

Jesus já não estava na Pereia. Acabava de passar o rio a vau em frente da capital que Herodes tinha naquela região, Betharam ou Livias, e encontrava-se já no caminho que vai de Jericó a Jerusalém. É uma subida abrupta, montanhosa, acidentada, ladeada de barrancos, uma subida de uns trinta e oito quilômetros, cujos extremos apresentam uns mil metros de desnível. De quando em quando, grandes rochas, cortantes como facas; estreitas gargantas sobre as quais voam os abutres; encruzilhadas rochosas, que contraem o coração, e descampados de areia cobertos de medos e silêncios. Nem uma só fonte naquele longo trajeto. Os próprios nomes acusam ecos de tragédia. Há um cerro que se chama o Alto do Sangue ou Adomin, pela cor avermelhada das rochas, ou, segundo São Jerônimo, pelo sangue dos viajantes com que está salpicado; e, logo no quilômetro 19, a meio do caminho, encontrava-se a única vivenda do percurso: o Khan Hathrur, a pousada dos ladrões, que um belo dia se converteria na pousada do Bom Samaritano.

Tratava-se de um edifício meio em ruínas, com um pátio rodeado de bancos de pedra. Os beduínos chegavam e sentavam-se defronte de um copo de licor sujo. Hoje, passados vinte séculos, continua a acontecer o mesmo.

Depois, o caminho subia e se retorcia entre os montes cada vez mais áridos. Nem árvores, nem fontes. Aqui e ali, uns cardos espinhosos e achaparrados, a manchar as ladeiras. Há um século, ninguém se atrevia a atravessar esse caminho sem o salvo-conduto do chefe de uma tribo, que costumava dar ao viajante uma escolta de ladrões para o proteger dos demais ladrões. E, no entanto, havia que passar por ali porque, com todos os seus perigos, era a única via de comunicação entre a fértil e bem povoada planície de Jericó e a capital.

Jesus situa o seu apólogo nesse cenário que tinha diante dos olhos. Com inexcedível mestria, vai obrigar o legista a confessar uma coisa que parecia um absurdo na boca de um doutor da Lei. Hoje, qualquer menino de escola poderia satisfazer a nossa curiosidade; mas, naquela altura, a doutrina que Jesus propunha tinha uma novidade irritante. Um brâmane não teria chamado próximo a um pária, nem um cidadão de Esparta a um ilota, nem uma dama de Roma ao negro que lhe carregava a liteira. Os próprios hebreus, que tinham recebido uma lei mais pura, alimentavam ideias muito mesquinhas. "O israelita que matar um pagão — dizia o *Talmud* — não merece a morte, porque o pagão não é próximo. O israelita que vir um pagão a ponto de se afogar, não está obrigado a tirá-lo da água, porque o pagão não é próximo." E que dizer de um samaritano, um descendente daqueles estrangeiros que os reis da Assíria haviam introduzido em Israel e que haviam ousado aderir à lei mosaica para a contaminar? Ah! Isso era muito pior. Um ódio cordial, um desprezo profundo por eles. O próprio autor do Eclesiástico dizia: "Há duas nações que detesto, e a terceira nem sequer é nação. Aborreço os serranos de Abeiz, os filisteus e o povo estúpido que habita em Siquém e Samaria". Quando os doutores do Templo quiserem exprimir todo o ódio que têm ao Rabi, chamar-lhe-ão samaritano.

O bom samaritano

Ora bem: um homem descia de Jerusalém a Jericó. Numa volta do caminho, o viajante viu-se cercado por uma quadrilha de ladrões. Os beduínos não matam, a não ser em caso de necessidade; mas despojam as pessoas, espancam-nas e deixam-nas estendidas, nuas e meio mortas. Assim aconteceu ao homem da parábola. Sendo Jericó uma cidade levítica e sacerdotal, era natural que os primeiros a ver o desgraçado fossem sacerdotes ou algum levita dos que iam à Cidade Santa para cumprir as suas funções. Passou, efetivamente, o sacerdote, viu o ferido banhado em sangue, e, fazendo um gesto de repulsa, seguiu o seu caminho. O levita, que tinha as ínfulas[1] mais curtas, fez um pouco mais: viu, aproximou-se, e é possível que sentisse uma certa piedade, mas não quis ouvir a voz que lhe vinha do fundo da alma. E eis que chega um homem montado no seu burro. É um samaritano; conhece-se até pelo nariz. Perante aquele farrapo humano estendido no caminho, estremece, cheio de compaixão; chega-se a ele, fala-lhe, examina-lhe as feridas. E a primeira esmola, a esmola do coração, que nenhuma outra pode suprir: a moeda de ouro que o rico deixa cair na mão do pobre humilha quase sempre, porque vem de muito alto, mas o coração inclina-se, desce, apaga distâncias, afasta suscetibilidades.

1 Adorno de lã branca, semelhante a uma venda, que se atava em tomo da cabeça com duas tiras caídas dos lados. Era uma insígnia sagrada, e indicava que a pessoa que a usava estava consagrada a Deus (N. do E.).

O bom samaritano, o filho daquele povo maldito em Israel, não hesitou em dar tanto uma esmola como a outra: o ouro da sua caridade e o ouro da sua bolsa. Sem pensar nos ladrões que também poderiam assaltá-lo, debruça-se sobre o ferido e faz-lhe os primeiros curativos que a medicina daquele tempo aconselhava: unge-o com azeite que suaviza, lava-o com vinho que desinfeta, envolve-o em ligaduras. Depois, monta-o no seu jumento, leva-o ao *khan* e cumpre todos os deveres da caridade mais terna, solícita, compassiva e abnegada. No dia seguinte, dá dois denários ao estalajadeiro e recomenda-lhe: "Cuida dele e, quanto gastares a mais, eu to pagarei quando voltar".

A história encerrava uma lição: só faltava tirá-la.

— Qual dos três — pergunta Jesus — te parece ter sido o próximo daquele que caiu na mão dos ladrões?

Não havia dúvida possível, mas o escriba absteve-se com muita habilidade de pronunciar o nome odioso:

— Aquele que se compadeceu dele — respondeu.

— Então vai — exclamou Jesus secamente — e faze tu o mesmo.

Foi como se dissesse: "Tem presente que não há castas, nem foros, nem privilégios de sangue. A lei do amor deve ser observada em relação a todos: judeus e pagãos, descendentes de Abraão e samaritanos". Jesus não quer limitar-se a oferecer uma descrição bonita ou a dar uma lição teórica. O doutor fincara-se no terreno das ideias; Jesus desce ao campo dos fatos: "Faze tu o mesmo". Nenhuma ideia tem valor algum se não se transforma em vida. "Faze tu o mesmo", ainda que se trate de um infiel, de um incircunciso, de um inimigo, de um samaritano.

A ORAÇÃO

Mateus 6 e 7; Lucas 8 e 9

Marta e Maria

"Eindo de viagem, entrou em certa aldeia, e uma mulher chamada Marta recebeu-o em sua casa. Tinha ela uma irmã chamada Maria." Lucas vai-nos contar uma recordação íntima e aparentemente insignificante, mas de uma beleza encantadora. Não indica o lugar onde a cena se passa, mas João diz-nos que Marta vivia em Betânia, um vilarejo sem importância que se mostrava ao viajante entre alamedas e fontes, nas proximidades de Jerusalém , depois de atravessados os ermos do deserto da Judeia. As duas irmãs de quem Lucas nos fala aqui são as mesmas que João imortalizou no seu Evangelho. Quer um quer outro nos pintam o caráter delas com extraordinária finura. Em Lucas, o contraste salta à vista num só incidente; João vai revelando-o de uma maneira gradual no decurso da descrição. Num, o contraste é direto,

parece estabelecido entre a luz e a sombra; no outro, os dois retratos se misturam e confundem. Nenhum deles nos fala aqui de Lázaro, irmão de ambas, talvez prostrado já pela doença que uns meses mais tarde o levaria ao sepulcro.

Marta é a dona da casa, que tudo dispõe e a tudo provê, fazendo honra ao seu nome, que significa senhora. Recebe o Senhor, esforça-se por servi-lo com uma solicitude inquieta; Maria, pelo contrário, permanece sentada aos pés do Mestre, ouvindo absorta em doce arroubo aquela palavra que ilumina a mente e transforma o coração. Na sua azáfama contínua, Marta passa e torna a passar pela sala em que os dois conversam. Procura surpreender alguma frase, mas o tempo corre e há muitas coisas que fazer; as suas ocupações levam-na a outra parte. A certa altura, entra outra vez e já não consegue conter-se. Movida por uma santa emulação, posta-se diante de Jesus e diz-lhe, com uma familiaridade justificada por um conhecimento antigo:

— Senhor, não te importa nada que minha irmã me deixe só a servir-te? Diz-lhe que me ajude.

Boa dona de casa e fervorosa admiradora de Jesus, a irmã mais velha quer dar a entender que os trabalhos domésticos terminariam antes se a irmã fizesse alguma coisa, e então poderiam as duas sentar-se aos pés do Mestre para desfrutar da sua palavra.

Mas Jesus, com a mesma confiança, responde-lhe suavizando a censura com um gesto de afeto:

— Marta, Marta, andas preocupada e inquieta com muita coisa, mas uma só é necessária. Maria escolheu a melhor parte, que não lhe será tirada.

Maria escutava, envolta no feitiço das palavras de Cristo; o seu coração estava cativo e, quando a irmã se queixou ao Senhor, deve ter tido um certo receio de ouvir palavras como estas: "Levanta-te e ajuda-a". Mas o Senhor desculpa-a, e ela continua a ouvi-lo sem temor. Essa desculpa equivalia a uma beatificação: a beatificação de todas as almas que sabem compreender e praticar a sentença que Jesus havia proferido no Sermão da Montanha: "Buscai primeiro o reino de Deus e a sua justiça, e tudo o mais vos será dado por acréscimo".

A festa da Dedicação

Essa única coisa necessária vai ser exposta por Jesus com maior clareza durante aqueles dias em que os israelitas voltavam a reunir-se na Cidade Santa para comemorar a purificação e restauração do culto no Templo por Judas Macabeu. Betânia ficava a alguns quilômetros de Jerusalém. Bastava subir a encosta do Monte das Oliveiras para ver a cidade de Davi na glória dos seus palácios, na pujança das suas torres e baluartes, no esplendor dos seus edifícios sagrados.

E foi ali, na vertente ocidental do monte, defronte da casa de oração dos judeus, na altura em que a multidão dos adoradores se aglomerava nas ruas e pórticos próximos, que o Senhor ensinou aos discípulos a oração perfeita. No lugar designado pela tradição, ergue-se hoje uma igreja que oferece ao viajante o texto divino do Pai-Nosso escrito nas principais línguas do mundo. E perto dali fica o horto de Getsêmani, um terreno de uma família amiga, onde Jesus costumava parar nas suas idas de Betânia a Jerusalém. Lugar de descanso, de recolhimento, de oração, que um dia presenciará a oração suprema do Senhor: "Velai e orai para que não entreis em tentação", e no qual ressoava já, como um eco antecipado, o "não nos deixeis cair em tentação" do Pai-Nosso.

Mas os comentaristas perguntam: Foi esta a primeira vez que Jesus ensinou os discípulos a rezar? Ou quis insistir, pela sua transcendência, num ponto que já teria tratado noutras ocasiões? A hipótese mais provável esta última, além de que nos explica o fato de Mateus ter colocado o ensino do Pai-Nosso no Sermão da Montanha; convinha que a fórmula fosse repetida, para ficar gravada na memória de todos, e foi o que aconteceu por ocasião da festa da Dedicação, em frente à casa de Deus.

Em frente, o Templo surgia iluminado e adornado pela ramagem. Os levitas exaltavam-no cantando os velhos salmos de Davi; os rabinos e os ascetas, de pé junto das colunas, dirigiam as suas preces a Javé em altas vozes, perante a admiração da multidão. Jesus, nesse ínterim, prolongava a sua oração no meio das rochas e das árvores do monte. Orava em silêncio, longe das turbas e longe também do grupo dos discípulos. Estes aguardavam, contemplavam, discutiam, sem saber o que fazer.

Teriam querido juntar-se ao Mestre naquelas expansões secretas com seu Pai celestial. Alguns deles tinham sido discípulos do Batista e o Precursor havia-lhes ensinado algumas fórmulas de oração para substituir as composições cheias de retórica utilizadas pelos fariseus. Mas deviam pensar, intrigados: "O que é que o Mestre dirá e fará durante estas ausências intermináveis no alto das colinas, sob os céus estrelados ou no meio do murmúrio dos bosques?" Desta vez quiseram tirar o caso a limpo, e, quando por fim o Senhor apareceu, radiante de luz e como que transfigurado, aproximaram-se dEle, rodearam-no confiadamente e pediram-lhe:

— Senhor, ensina-nos a orar, como João ensinou aos seus discípulos.

A oração perfeita

Jesus não lhes revelou o que dizia a seu Pai, mas ensinou-lhes uma fórmula maravilhosa:

— Quando quiserdes orar, dizei: "Pai nosso, que estás nos céus, santificado seja o teu nome; venha a nós o teu reino; seja feita a tua vontade, assim na terra como no céu. O pão nosso de cada dia dá-nos hoje; perdoamos as nossas ofensas, assim como nós perdoamos aos que nos têm ofendido; e não nos deixes cair em tentação, mas livra-nos do mal".

Eram umas frases. Todos os espíritos podiam compreendê-las, todas as memórias podiam retê-las com facilidade. Mas é difícil encontrar palavras que, no meio de tanta simplicidade, encerrem tanta grandeza e profundidade. Três súplicas que têm por objeto a glória de Deus; outras três que guiam na consecução do bem-estar do homem. Nada falta, nada sobra; não há uma palavra a mais ou a menos: é a prece perfeita. É, além disso, a prece amada de Deus, a que repete as suas palavras, aquela que faz subir aos seus ouvidos a súplica de Cristo.

Tudo nela é novo, a começar pela primeira palavra. O rei dos gentios, o Zeus dos raios, o Adônis terrível, cujo nome não era lícito pronunciar, o autor e dominador da nossa vida, converte-se no Pai diante do qual podemos derramar os nossos desejos e expor as nossas necessidades com confiança de filhos.

Ele é o nosso Pai; não podemos aparecer-lhe no isolamento do nosso egoísmo, mas animados pela ideia de que esse Pai tem muitos outros filhos que são nossos irmãos, e cujo bem-estar não nos pode ser indiferente. O Doutor da paz, o Mestre da unidade, não quer que a nossa oração seja solitária: pedimos o *nosso* pão, o *nosso* perdão, a *nossa* vitória e a *nossa* libertação do mal. É uma oração pública e comum, a oração de todo o povo cristão, integrado por todos os discípulos de Jesus.

Que longe ficam aquelas petições frias, protocolares, egoístas e interesseiras que os pagãos lançavam aos pés das estátuas dos seus deuses: "Demanda de Stotoétis, filho de Apinguis, filho de Tesenuphis: espero ficar livre da minha doença. Concede-mo". Quando nós pronunciamos a oração dominical, conosco rogam todos os nossos irmãos, todos os que repetiram essas mesmas palavras desde o alvorecer da Igreja, os milhares e milhares de santos que santificaram a terra, e o próprio Cristo que, segundo a expressão de Clemente de Alexandria, dirige o coro da oração.

O Pai-Nosso deve ter parecido demasiado curto aos discípulos, quando o ouviram pela primeira vez. Jesus vê os olhares assombrados e interrogadores e sente a necessidade de os tranquilizar:

— Quando orardes, não multipliqueis as palavras como os gentios, que julgam que serão ouvidos pela sua loquacidade.

Não menos estranha era aquela liberdade com que qualquer pessoa se podia apresentar diante da Majestade divina. Jesus "sabe o que há no interior do homem"; conhece os seus receios mais íntimos, a sua desconfiança incurável, a sua tendência para considerar Deus como um inimigo de quem temos de nos defender com uma arte especial, que temos de desarmar com fórmulas mágicas, com cultos sangrentos, com ritos frios e matemáticos. Por isso, quer inculcar, com a fórmula nova, uma atitude nova do espírito. Se chamamos a Deus "Pai nosso", podemos acudir a Ele com a confiança de filhos, e até com a importunidade que uma criança tem para com seu pai, quando lhe pede uma coisa que pode ser até um puro capricho. Acabaram-se os tempos da ignorância e do terror, e chegaram os do amor e da graça; e o amor e a graça dão direito a pedir com confiança e até com obstinação.

Jesus ilustrou essa doutrina com vários exemplos apresentados num tom jovial e com uma ponta de humor que lhe deve ter franzido os lábios num sorriso bondoso. Um deles é o do homem despertado à meia-noite.

— Amigo — gritam-lhe junto da porta —, empresta-me três pães. Acaba de chegar a minha casa um conhecido e não tenho nada para lhe oferecer.

É a voz de um vizinho, mas o homem bem que poderia ter vindo a uma hora mais oportuna. Cortou-lhe o primeiro sono, e ele tem que levantar-se cedo no dia seguinte.

— Deixa-me em paz! — responde de mau-humor, e dá duas razões que parecem de peso: a porta já está trancada e os filhos e ele estão deitados.

O de fora insiste e continua a bater à porta, e o dono da casa não tem outro remédio senão levantar-se, se não por amizade para com o vizinho, pelo menos para reatar o sono quanto antes. Jesus conclui:

— Eu vos digo: Pedi e dar-se-vos-á, buscai e achareis, batei e abrir-se-vos-á. Porque todo aquele que pede alcança, aquele que busca encontra, e àquele que bate abrir-se-lhe-á.

Os homens são avaros e perversos, mas não há pai que engane o filho dando-lhe um objeto inútil ou prejudicial em vez daquilo que ele lhe pede.

— Qual de vós, se um filho lhe pedir um pão, lhe dará uma pedra? Se lhe pedir um peixe, dar-lhe-á uma serpente? E se lhe pedir um ovo, será capaz de lhe oferecer um escorpião? Se vós, que sois maus, sabeis dar coisas boas aos vossos filhos, quanto mais o vosso Pai celestial dará o Espírito Santo aos que lho pedirem!

A tenacidade estava bem justificada. O seu fundamento é a bondade de Pai que Deus tem para com as criaturas. Nenhum pai seria capaz de dar ao filho um escorpião, um daqueles grandes escorpiões da Palestina, de ventre volumoso e esbranquiçado, que, encolhidos, chegam a parecer um ovo.

E o que acontece aos que pedem o pão de cada dia acontecerá também aos que pedem justiça contra a violência e a agressão. Havia um juiz cheio de vícios, que não temia a Deus nem respeitava pessoa alguma. E havia também uma viúva que o procurava com frequência para lhe dizer: "Faz-me justiça contra o meu adversário". Mas, como não tinha dinheiro nem fiadores, só recebia desprezos. E vinha todos os dias com o mesmo pedido, umas vezes humilde, outras arrogante e ameaçadora. Até que o terrível juiz não teve outro remédio senão dizer de si para si: "Se não soluciono as coisas desta mulher, acabará por arrancar-me os olhos". A conclusão era bem clara: se uma súplica perseverante chega a triunfar da iniquidade, de um juiz perverso, que poder não terá sobre o coração do mais amoroso dos pais? "Não fará Deus justiça aos seus escolhidos, que clamam por ele dia e noite? Porventura tardará em socorrê-los? Eu vos asseguro que em breve lhes fará justiça."

E Jesus acrescenta uma frase alusiva à justiça do último dia: "Julgais que o Filho do Homem, quando vier, encontrará fé sobre a terra?" Era uma severa advertência para que perseveremos na fé. Fé e oração estão intimamente unidas: é a fé que faz brotar a oração e, por sua vez, a oração, sobretudo a oração perseverante, robustece a fé.

O fariseu e o publicano

Mas não se devem confundir nunca a liberdade e a confiança com a soberba e a hipocrisia. Eis um pensamento que Jesus vai estereotipar numa parábola que é, ao mesmo tempo, sátira e doutrina, num quadro de um realismo vivo e perfeito, que talvez os Apóstolos tivessem presenciado naqueles dias da Dedicação.

Dois israelitas sobem a encosta do Mória, em cuja esplanada a massa imponente do Templo ostenta a brancura das suas recentes construções. Entram no pátio dos gentios, o mais espaçoso, o mais concorrido de todos. Um estrépito imenso, uma vozearia enorme se ergue do formigueiro de vendedores, corretores e cambistas. Os dois homens passam por eles a caminho do interior. O primeiro avança em atitude solene, como quem tem consciência do seu próprio valor e da sua importância social. Tudo nele revela o elevado prestígio de que goza entre os da sua raça: o rosto grave, as sobrancelhas arqueadas, a boca desdenhosa, o nariz inquieto, o andar majestoso, o manto amplo com as largas franjas polícromas, os filactérios coalhados de textos mosaicos. As crianças interrompem os jogos à sua passagem; os mais velhos saúdam-no respeitosamente: reconheceram nele um dos chefes do farisaísmo.

O nosso homem caminha indiferente a todas aquelas saudações, chega ao pátio das mulheres, sobe os degraus da grande escadaria de mármore que conduz ao átrio de Israel, e para por fim para dizer a sua oração: "Senhor, dou-te graças, porque não sou como os demais homens, ladrões, injustos, adúlteros... nem como o publicano que está ali... Jejuo duas vezes por semana e pago o dízimo de todos os meus rendimentos". Diz tudo isso em voz alta, de mãos estendidas para o alto, a fronte erguida e os olhos cravados no céu, à vista da multidão embasbacada com a sua virtude. O Deus a quem reza é temível pelo seu poder, mas sente por ele, fariseu observante, uma predileção especial, que lhe dá o direito de tratá-lo com familiaridade e de lhe contar todos os serviços e favores que lhe prestou. Porque o beneficiado é Ele, o próprio Deus, que deve estar muito contente com aqueles jejuns, e aquelas abluções, e aqueles dízimos pagos pontualmente.

Atrás dele está o outro homem, aquele publicano desprezível que pertence à escória da sociedade. Assustam-no os olhares da multidão, que se apinha nos soportais, mas muito mais o assusta o olhar de Deus. Está encolhido, envergonhado do tempo em que se dedicava a receber os impostos para encher as arcas romanas. Não tem nada que dar a Deus e, confundido por não poder apresentar uma lista de serviços, coloca-se na atitude de um mendigo, que se sabe desprezado por Deus e pelos homens.

Não ousando manchar com a sua presença as escadarias de mármore, nem o terraço de lousas cheio de sol, mantém-se longe do santuário, à entrada do pátio das mulheres, e ali, recolhido num ângulo, de cabeça inclinada e os olhos em terra, sobressaltado, trêmulo, oprimido pela consciência da sua culpa, repete muitas vezes: "Senhor, tem piedade deste pecador!"

Esses dois homens configuram uma dupla atitude diante de Deus. Um e outro sobem ao Templo para orar, mas o fariseu não ora. As suas palavras não são mais que um alarde das suas virtudes e um inventário, sem dúvida exagerado, dos vícios dos demais homens: em quatro linhas, temos maravilhosamente pintada a figura do hipócrita. É possível que seja verdade o que diz: nunca roubou, nem cometeu adultério, nem violou o menor ponto da Torah. Mas tanto faz. Com semelhante oração, deitou tudo a perder: essa complacência na sua virtude e esse desprezo pelos outros vinham envenenando todas as suas obras. Deus não o pode ver nem ouvir e, pelo contrário, olha com complacência o pobre publicano, que talvez um dia tivesse manchado as mãos com a rapina, mas agora entra na casa de Deus arrependido, humilhado, cheio de confusão e vergonha. É o que Jesus nos diz:

— Asseguro-vos que este voltou para casa justificado, e não o outro. Porque todo aquele que se exalta será humilhado, e todo aquele que se humilha será exaltado.

Jesus ia assim revelando aos discípulos as leis fundamentais da oração. Um laço misterioso uniria, dali para o futuro, o mundo das sombras com o além-mundo dos esplendores; a miséria poderia dispor de um fio de ouro para subir ao reino da luz: "Pedi e recebereis, para que a vossa alegria seja plena" — diz Ele desde agora aos que o seguem. "Os dias da sua partida" aproximam-se, mas os que acreditam nEle passam a dispor dessa força onipotente, desse misterioso meio de comunicação, dessa fonte de alegria que se chama oração. A oração em todas as suas formas e manifestações: a que suspira pela realização do Reino, a que pede o pão nosso de cada dia, a que clama pela glorificação do Nome divino, a que nos lábios de uma mãe implora a saúde de um filho, a que apresenta o coração cheio de gratidão ao Dador de todos os bens, a que em troca de uma chispa de amor pede uma chama celeste, e a que, sem ousar mexer os lábios, permanece silenciosa e amorosa, adorando a majestade insondável com os olhos arroubados e inflamados, e a fronte iluminada pelos fulgores da eternidade. Foi Cristo quem abriu no mundo esta veia ignorada de luz, de alegria, de esperança, pois assim como o incenso aviva a chama, assim a oração renova as esperanças do coração.

NOVOS EMBATES NO TEMPLO

João 10, 12, 20

Jesus chega a Jerusalém numa altura em que ainda não se tinham desvanecido nas escolas os comentários suscitados dois meses antes pelas suas altercações com os doutores da Lei, durante as festas do outono. A causa da sua viagem era, desta vez, a grande festa do inverno, a festa das luzes e da dedicação do altar, depois das profanações dos sírios e dos gregos, festa nacional que recordava a libertação de Israel pelos Macabeus e que se celebrava no meio de clamores de júbilo, cantos de salmos, acompanhados por flautas e címbalos, labaredas de fogueiras e luzes de tochas, que agora não brilhavam só no Templo, mas também nas ruas e nas casas. A chegada do Rabi galileu, que tantas discussões tinha despertado umas semanas antes, logo deu nas vistas, tanto da multidão como das autoridades supremas do judaísmo.

Corria o mês de dezembro. As chuvas tinham refrescado a atmosfera e fazia frio. Para se defenderem do ar gelado do

Norte, os peregrinos refugiavam-se nos peristilos do Templo ou no pórtico de Salomão, lugar soalheiro e abrigado que dominava o profundo vale do Cédron, na parte de fora do santuário. Jesus passeava por ali com os discípulos quando lhe apareceram os fariseus, dispostos não a discutir com Ele longamente, mas a arrancar-lhe alguma frase comprometedora. Por isso lhe perguntam:

— Até quando tencionas ter-nos suspensos e indecisos? Se tu és o Cristo, dize-o de uma vez.

Captando a má intenção que animava essas palavras, só na aparência respeitosas, Jesus responde-lhes com frases que são como que um eco do que havia ensinado na festa dos Tabernáculos. As suas palavras oferecem a declaração temida, mas não da maneira como queriam, pois declara quem é sem dar pé para a cilada. Não diz: Eu sou o Messias, mas afirma substancialmente o mesmo, insistindo-lhes em que examinem as suas obras. Eis a sua resposta:

— Eu já vo-lo disse, mas não credes. As obras que faço em nome de meu Pai dão testemunho de mim. Mas vós não credes porque não sois das minhas ovelhas. As minhas ovelhas ouvem a minha voz, e eu as conheço e elas me seguem. Eu lhes dou vida eterna, e elas jamais hão de perecer, e ninguém as arrebatará da minha mão. Meu Pai, que mas deu, é maior que todos, e ninguém as pode arrebatar das mãos de meu Pai. Eu e o Pai somos um.

Tentativa de lapidação

Ainda que não tão precisa como os judeus queriam, a resposta constituía uma declaração; uma declaração e, ao mesmo tempo, um desafio. Os que rodeiam Jesus estão ali para espiá-lo, para prendê-lo, para matá-lo. São lobos. Matá-lo-ão, mas não serão capazes de acabar com o seu rebanho. Ninguém poderá arrancar-lhe das mãos as ovelhas que ouvem a sua voz, porque o Pai as defende. E de repente, como garantia suprema da segurança das suas ovelhas, revela o grande mistério:

— O Pai e eu somos um.

É a afirmação categórica da sua natureza divina, e assim a interpretam os fariseus. E é agora que se pode ver a má intenção com que se haviam aproximado do Senhor: acabavam de pedir-lhe uma declaração terminante, ouvem-na e ficam escandalizados. Não era a resposta que esperavam. Tinham-no interrogado acerca dos seus títulos messiânicos, e Ele lhes fala da sua igualdade com o Pai. Queriam pô-lo ante a alternativa de negar-se a si mesmo ou então comprometer-se com a resposta. Era a mesma coisa que tinham feito um ano antes, com João Batista. Se o Senhor se retraísse e declarasse que não era o Cristo, destruiriam o seu prestígio entre a multidão; se, pelo contrário, declarasse ser o Messias, as suspeitas políticas que esse nome despertava haveriam de servir-lhes para o denunciar aos romanos e para o perder.

Já está traçado o plano que virão a realizar uns meses mais tarde. Mas tal como no último interrogatório, Jesus levanta a questão e amplia-a, desfazendo o equívoco e arrastando os adversários a um terreno puramente religioso: a fé, a vida eterna, o Pai, a sua unidade com Ele. Morrerá exclusivamente por defender uma verdade religiosa, não por sublevar o povo ou por disputar aos romanos um domínio terreno.

Nesta altura, tal como uns meses mais tarde, os judeus acotovelam-se à sua volta e gritam furiosos:

— Blasfêmia, blasfêmia!

Antes, Jesus proclamara-se anterior a Abraão, apresentara-se como o bom pastor que morre pelas suas ovelhas e fizera com que malograsse o desígnio dos fariseus de arrebatar-lhe das mãos uma delas, isto é, o cego de nascença. Agora vai mais longe: os judeus não creem nEle porque não são das suas ovelhas, e estas não podem ser arrebatadas das suas mãos nem das de seu Pai pela simples razão de que Ele e seu Pai são uma e a mesma coisa. Os fariseus captam o alcance desta última afirmação e, pegando em pedras, avançam dispostos a lapidá-lo.

Mas desarma-os a atitude valente e serena de Jesus, que os enfrenta dizendo-lhes:

— Tenho-vos mostrado muitas boas obras de meu Pai. Por qual delas me quereis apedrejar?

— Não te queremos apedrejar por nenhuma obra boa — respondem — mas por uma blasfêmia, porque, sendo homem, te fazes Deus.

E o Senhor replica:

— Porventura não está escrito na vossa Lei: "Vós sois deuses"? Se a Lei chama deuses àqueles a quem foi dirigida a palavra divina — e o testemunho da Escritura é incontestável —, como acusais de blasfemo aquele que o Pai consagrou e enviou ao mundo, porque eu disse: "Sou o Filho de Deus"?

Tentam prendê-lo

À primeira vista, essa resposta poderia parecer como que uma atenuação da grande verdade declarada um pouco antes. No entanto, Jesus, na realidade, não nega nada. Vê os interlocutores irritados, sobrexcitados, e não quer provocar uma nova explosão de ira. Sem retirar nada do que disse, contém o ataque, mostrando a verdade de uma forma menos crua: a própria Escritura nos demonstra que se pode chamar deus a um homem sem blasfemar. Então, se houve alguns homens que, sem terem recebido mais que uma partícula da autoridade divina, se chamaram deuses, não se pode chamar deus àquele que Deus consagrou e enviou ao mundo? "Vede — diz Santo Agostinho — como o Senhor respondeu àquelas inteligências preguiçosas. Viu que não cabia neles o fulgor da verdade, e suavizou-o com as suas palavras". Mas, longe de revogar o que dissera, longe de negar a sua igualdade com o Pai, termina o discurso com uma nova insistência, que volta a exasperar o ânimo dos judeus:

— Se não faço as obras de meu Pai, não me acrediteis; mas se as faço, embora não acrediteis em mim, acreditai nas obras, para que saibais e reconheçais que o Pai está em mim e eu no Pai.

Depois deste drama do pórtico de Salomão, houve outra tentativa de prender Jesus, mas Ele conseguiu escapar às redes que lhe estendiam. Se vem a Jerusalém várias vezes, é porque considera necessário deixar bem determinados, antes de morrer, os pontos essenciais da sua doutrina, e porque não abandona de todo a esperança de reconduzir ao bom caminho aquelas almas débeis que a verdade cega. Vê já ao longe a catástrofe que ameaça o povo de Israel e faz o possível para evitá-la. Aludirá a ela com frequência nestes últimos dias da sua vida, esforçando-se por atrair, com a perspectiva dos castigos, os que permaneciam insensíveis aos seus milagres e palavras.

O meio de nos salvarmos

A sublevação que ensanguentou as ruas de Jerusalém e deu ensejo a Barrabás para perpetrar o homicídio que o havia de levar à prisão deve ter rebentado mais ou menos por esta altura. A repressão fez-se de uma maneira cega e brutal: muitos galileus foram mortos, provavelmente nos próprios átrios do

Templo, e o seu sangue misturado com o dos sacrifícios. E é possível que tenha sido esta a origem da desavença entre Pilatos e Herodes. Por outro lado, num daqueles dias caiu uma das torres que formavam o sistema defensivo da cidade, a torre chamada de Siloé, e dezoito galileus que se haviam refugiado junto dela foram sepultados nas ruínas.

Alguém veio trazer a Jesus a notícia dessas tragédias, e Ele quis aproveitar a ocasião para dirigir o olhar dos seus ouvintes para outra catástrofe mais geral:

— Julgais — disse-lhes — que aqueles galileus, por terem padecido dessa forma, eram maiores pecadores que os demais galileus? Asseguro-vos que não. Pois bem: se não fizerdes penitência, todos perecereis do mesmo modo. Ou que aqueles dezoito sobre os quais caiu a torre de Siloé e os matou eram mais culpados que todos os homens que viviam em Jerusalém? Asseguro-vos que não. Mas, se não fizerdes penitência, todos perecereis do mesmo modo.

Mais do que o perigo em que Ele próprio se encontrava, o que preocupava Jesus era a dureza daqueles homens, que seria castigada com os castigos mais terríveis. Chama-os, estimula--os, conjura-os, recrimina-os de mil maneiras. A perspectiva que lhes oferece é bem clara:

— Ou mudais de mente — é este o sentido original da expressão "fazer penitência" — ou perecereis todos de uma maneira inesperada, como aqueles que sucumbiram nesses dois acidentes.

A partir deste momento, resolve multiplicar as parábolas destinadas a recordar o trágico porvir daquele povo que tinha sido favorecido com tantos privilégios. É desta altura a parábola da figueira, que parece um eco da profecia de Isaías sobre a vinda de Javé, e que está, ao que parece, relacionada com tudo o que acabava de suceder:

"Certo indivíduo tinha uma figueira plantada na sua vinha e, quando vinha disposto a colher o fruto, não o encontrou. E disse para o vinhateiro: «Há três anos que venho buscar o fruto desta figueira e não o acho. Corta-a. Para que há de ocupar terreno em vão?» Mas ele respondeu-lhe: «Senhor, deixa-a ainda por este ano. Vou cavar à sua volta e adubá-la. Talvez então dê fruto; se não, podes arrancá-la»".

Está prestes a findar o tempo da vida pública de Jesus, três anos de magistério e de milagres; mas ainda há algum tempo de trégua. Se o recebem com desprezo, o castigo será inevitável. Aqueles muros, aqueles palácios, aqueles pórticos, aquele santuário cairão por terra, como acabava de cair a torre de Siloé.

A ESTADIA NA PEREIA

Mateus 19; Marcos 10;
Lucas 14 e 16

A questão do divórcio

O Evangelho de João resume a vida de Jesus, desde a festa da Dedicação até a ressurreição de Lázaro, nestas palavras: "Voltou de novo ao outro lado do Jordão, ao lugar onde João começara a batizar, e lá permaneceu. E muitos se chegavam a Ele e diziam: «João não fez nenhum milagre, mas tudo o que ele disse deste homem era verdade». E muitos creram nele".

Encontramo-nos outra vez nos lugares onde a nossa narrativa principiou, onde o Precursor tinha começado a batizar, onde os primeiros discípulos tinham conhecido o Senhor. Do outro lado do rio, na província da Pereia, era menor a influência do Sinédrio e, embora o poder de Herodes se estendesse até lá, o tetrarca encontrava-se demasiado longe para controlar

LAZARVS

minuciosamente o que ali se passava. Além disso, a saudade do Batista conservava-se ali muito mais fresca do que em qualquer outra parte, e muitos dos que a sua pregação impressionara mostravam-se, por esse mesmo fato, dispostos a ouvir o jovem Mestre que ele tinha anunciado.

Graças ao relato dos três Sinóticos, podemos reconstituir em parte a vida de Jesus nesta região da Transjordânia. Já não o encontramos nas sinagogas; ensina ao ar livre, diante de um público que, em geral, o ouve com simpatia. Prossegue na tarefa de iniciar nos altos mistérios o grupo mais íntimo dos seus discípulos, e nunca perde de vista as intrigas e enredos dos inimigos, cujos vícios ataca, cujos erros destrói.

A esta época pertencem algumas das parábolas mais belas e emocionantes e uma série de instruções que têm um caráter social mais vincado.

O primeiro episódio que os evangelistas nos referem desta época foi provocado por uma pergunta capciosa dos fariseus. Ao falar do casamento no Sermão da Montanha, Jesus tinha condenado o divórcio. E, no entanto, Moisés permitira-o. Tinham, pois, um motivo plausível para o pôr em contradição com Moisés. Por outro lado, tratava-se de uma questão muito discutida entre os rabinos. O Deuteronômio era bastante claro quando dizia que o marido podia dar libelo de repúdio à sua mulher "por qualquer coisa inconveniente, se ela não encontrar graça aos seus olhos". Os israelitas consideravam essa faculdade como um privilégio que Deus lhes concedia exclusivamente a eles, não aos pagãos; mas não chegavam a acordo quanto às razões que podiam legitimar o divórcio.

No tempo de Cristo, os discípulos de Shammaí entendiam que aquela *coisa inconveniente* de que falava a Lei era apenas o adultério; os de Hillel, pelo contrário, consideravam que qualquer inconveniente de ordem social ou familiar, mesmo que fosse deixar queimar a comida, podia servir de motivo para a separação. Algum tempo mais tarde, o famoso rabi Agiba chegaria a dizer que, para legitimar o divórcio, bastava o marido encontrar outra mulher mais bonita que a sua.

Jesus manteve energicamente a sua atitude primeira, não se importando com laxistas e rigoristas e apelando da lei de Moisés para a lei primitiva:

— Moisés permitiu-vos repudiar as vossas mulheres por causa da dureza do vosso coração, mas no princípio não foi assim.

E acrescentou:

— O que Deus uniu, o homem não o separe.

Os interlocutores, talvez discípulos de Hillel, retrucaram, mas Jesus levou-os às origens da questão e, por fim, sentenciou:

— Digo-vos que todo aquele que rejeita a sua mulher e se casa com outra comete adultério.

A frase aparece nos três Sinóticos. O de Mateus tem uma variante que não se pode omitir: "exceto no caso de fornicação". Que significa esta frase?[1] Os fariseus tinham perguntado se era lícito deixar a mulher por qualquer motivo. Jesus responde que só é permitido expulsá-la de casa por adultério, mas, de acordo com o princípio anteriormente assente — "o que Deus uniu, o homem não o separe" —, proíbe ao marido que se case com outra mulher. E defende com tal força a indissolubilidade, que os discípulos, surpreendidos por aquela moral nova para eles, lhe disseram ao entrar em casa:

1 Segundo os exegetas, essa exceção refere-se quase com toda a certeza a uniões admitidas como casamento entre alguns povos pagãos, mas proibidas, por serem incestuosas, na Lei mosaica (cfr. Lev 18) e na tradição rabínica. Trata-se, pois, de uniões inválidas na sua raiz por haver algum impedimento. Quando essas pessoas se convertiam à verdadeira fé, não é que a sua união pudesse dissolver-se; o que se fazia era declarar que nessa união nunca houvera verdadeiro casamento. Por isso, também se traduz essa expressão, em algumas edições, por: "exceto no caso de união ilegítima" ou de "matrimônio falso". Assim o entendeu a catequese primitiva, da qual São Paulo se faz eco nestas palavras: "Ordeno aos esposos, não eu, mas o Senhor, que a mulher não se separe do homem, e que, se se separou, não volte a casar-se ou se reconcilie com o marido, e que o homem não se separe da mulher" (N. do E.).

— Se tal é a condição do homem a respeito da mulher, é melhor não casar.

Jesus aproveita essa observação para dar aos discípulos um dos conselhos que constituem o programa da vida perfeita:

— Há eunucos que nasceram assim do seio de sua mãe; há outros que ficaram assim por obra dos homens; e há outros que a si mesmos se fizeram eunucos por amor do reino dos céus. Quem puder compreender, que compreenda.

Incidentes num banquete

Naquela região da Pereia, contavam-se ainda alguns fariseus que não tinham rompido completamente com o Senhor, e houve um que, levado talvez por um sentimento de curiosidade, o convidou para um banquete, aproveitando o descanso do sábado. Foram também convidados outros fariseus, desejosos de ver de perto aquele Rabi que estava em luta com todas as autoridades do mosaísmo. "Eles observavam-no", conta Lucas. Aliás, talvez aquele banquete tivesse como único objetivo espiar o homem cujas pregações ameaçavam o prestígio político e sacerdotal dos príncipes de Israel.

Antes de os convidados se sentarem, surge o primeiro incidente. Um estranho entra na sala e detém-se diante de Jesus. Seus lábios estão mudos, mas os seus olhos falam, rogam. É um doente, um hidrópico que pede para ser curado. Uma dezena de caras hostis contempla a cena com um sorriso malicioso. Jesus olha em volta e pergunta simplesmente:

— É permitido ou não fazer curas num sábado?

Todos se calam, desconcertados. Uns dias antes, também num sábado, Jesus tinha curado na sinagoga uma mulher paralítica, ante o protesto ruidoso do arquissinagogo, que gritara à multidão: "Há seis dias em que se pode trabalhar. Vinde e curai-vos neles, não ao sábado". E Jesus respondera, indignado: "Hipócritas! Então vós não soltais o boi do curral aos sábados e não o levais a beber? E a esta filha de Abraão, que Satanás mantém atada há dezoito anos, não havia de ser lícito desatá-la do seu mal num sábado?"

Desta vez, os fariseus calam-se. Não sabem o que dizer. Com os seus indigestos comentários, o que tinham feito era complicar os preceitos do Sinai. Dizer que sim era condenarem-se a si mesmos, desfazerem o castelo formidável daquela ética intangível, única razão da sua autoridade e prestígio. Dizer que não era contradizerem o sentimento mais íntimo da alma e afastarem-se do povo, que apesar de tudo admirava o jovem Profeta. A multidão, por sinal, observava a cena das janelas e da porta que, segundo o costume, o anfitrião deixara aberta para toda a gente poder admirar a sua generosidade e o seu bom gosto.

Os doutores calam-se, o prodígio efetua-se e o doente retira-se, cheio de alegria e de saúde. Calam-se, mas falam os olhares a arder em chamas de ira e de despeito, e é a essa linguagem muda que respondem as palavras de Jesus:

— Qual de vós, se lhe cair um boi numa cisterna, não o tira, mesmo que seja um sábado?

Continuam calados, e continuarão a atulhar a cabeça com a sua inútil farragem legalista.

Todos, uns com gestos iracundos, outros numa atitude desdenhosa, se apressam a ocupar os seus leitos. Em cada leito estendem-se três convidados. O lugar do meio é sempre o lugar de honra. Os convidados, como bons fariseus, disputam-no sem recato, e o Mestre dá-lhes uma lição de humildade, descrevendo o caso fictício de uma boda, para não ferir de frente a suscetibilidade dos convivas: "Quando fores convidado para uma boda, não te sentes no primeiro lugar, não seja que tenha sido convidado outro mais preeminente que tu, e, vindo aquele que convidou um e outro, te diga a ti: «Cede o lugar a este»; e então tenhas de buscar, envergonhado, o último lugar. Pelo contrário, quando te convidarem, vai sentar-te no último lugar, para que, quando vier o que te convidou, te diga: «Amigo, vem mais para cima». Então serás muito honrado na presença de todos os convidados". E Jesus terminou a exortação com esta sentença, que já tinha pronunciado noutra altura: "Quem se exalta será humilhado, e quem se humilha será exaltado".

O desinteresse nas boas obras

Depois, Jesus dirige-se ao dono da casa e, em tom amistoso, dá--lhe um conselho de vida espiritual. Em todos os tempos houve gente cobiçosa dos prazeres da mesa, gente que sempre arranja maneira de andar de banquete em banquete, na companhia dos amigos. Era uma arte particularmente espalhada entre os antigos, gregos e romanos, asiáticos e egípcios. No tempo de Cristo, havia em Alexandria, com o nome de "Irmãos de vida inimitável", uma sociedade de homens endinheirados que se reuniam todas as noites para se banquetearem suntuosamente. Eram profundos conhecedores de todos os prazeres gastronômicos, de todos os sabores que havia nos peixes do mar, nas frutas mais raras e nos vinhos que se cultivavam através do Império. Quando os romanos destruíram o que restava das velhas dinastias faraônicas, os "Irmãos da vida inimitável" continuaram as suas reuniões com o rótulo de "Companhia dos que vão morrer", *Synodos Apothanúmenon.*

— Quando quiseres convidar alguém para jantar — diz Jesus ao dono da casa —, não convides os teus amigos, nem os teus irmãos, nem os teus parentes, nem os vizinhos ricos, não aconteça que eles, por sua vez, te convidem e assim te retribuam. Quando organizares um festim, convida antes os pobres, os doentes, os coxos, os cegos. E então serás feliz, porque não terão com que retribuir-te; receberás a tua recompensa no dia da ressurreição dos justos.

Estas palavras provocaram num dos comensais um acesso de devoção súbita, inspirada, preparada talvez pelo aroma dos vinhos de Engadi e pelo sabor dos peixes de Betsaida:

— Feliz aquele que se sentar à mesa no reino de Deus!

Era fariseu esse que acabava de lançar veneno em taça de ouro. Pois sabia que os Profetas haviam comparado os tempos messiânicos a um esplêndido banquete, e estava convencido de que os convidados do Reino seriam os que cumprissem a Lei com toda a exatidão: os fariseus em primeiro lugar, e depois os escribas e os doutores, seus colegas e êmulos no estudo e na observância do mosaismo. Pelo contrário, esse falso profeta, que curava os homens em dia de sábado, e esses intrusos que o seguiam — gente vadia, *ammei ha'aretz* miseráveis, usurários arrancados ao telônio, cortesãs, famintos, esfarrapados e visionários das margens do lago —, todos esses, como é que podiam esperar sentar-se à mesa do reino celestial?

O rico epulão

Para desfazer esse erro, para confundir aqueles fariseus que pensavam que a santidade é proporcional às riquezas, Jesus referiu por esses dias a parábola do rico epulão e do mendigo.

Havia um homem opulento, cuja única preocupação era saborear as delícias da vida: luxo insolente, manto de púrpura de Tiro, como o que usavam os reis; túnica deslumbrante de linho do Egito, que se pagava a preço de ouro; banquetes diários, com alegres companheiros, semelhantes aos "Irmãos da vida inimitável". E havia também um mendigo andrajoso e ulceroso, chamado Lázaro, que, estendido à porta do palacete, ouvia o ruído das orgias, os ecos das harpas e dos cantos, a algazarra da dança e do jogo; sempre desventurado e faminto, aguardava, muitas vezes inutilmente, que alguém lhe levasse os desperdícios da mesa, reservados aos cães, que o importunavam com os seus latidos, o farejavam indiscretos e asquerosos, e se aproximavam para lamber-lhe as chagas purulentas do corpo.

E aconteceu que o pobre Lázaro morreu e foi levado pelos anjos ao seio de Abraão. E morreu também o rico, e a sua alma foi sepultada no inferno. Aquela desigualdade irritante do destino dos dois homens neste mundo foi compensada no outro. À extrema miséria sucedeu a felicidade suprema; ao luxo e à libertinagem, a expiação sem fim. O rico epulão sofria na geena; o pobre Lázaro tinha entrado no paraíso e, recebido por Abraão, o *chalil, o* "amigo de Deus", partilhava do banquete da eterna bem-aventurança. Um e outro se encontravam agora no *sheol,* na região dos mortos; mas os papéis tinham-se invertido e um fosso profundo os separava.

Do abismo da sua miséria, o rico epulão viu o pai dos crentes, e junto dele, como um menino no regaço de sua mãe, o pobre Lázaro. É nesse momento que se lembra daquele mendigo que jazia no vestíbulo da sua mansão. "Pai Abraão — grita com voz lastimosa —, tem piedade de mim e manda Lázaro molhar a ponta do dedo em água e refrescar a minha língua, pois sou cruelmente atormentado nestas chamas". É uma lembrança tardia. Noutro tempo, não se preocupara nem com o pobre Lázaro, nem com o Pai Abraão, nem com coisa alguma da outra vida. "Meu filho — responde-lhe o Patriarca —, lembra-te de que recebeste bens na terra e Lázaro só males. Agora ele é consolado e tu atormentado. Além disso, entre vós e nós há um profundo abismo que impede a passagem de um lado para o outro".

Não há esperança possível. Mas o rico deixou lá no mundo cinco irmãos que seguiram o seu exemplo, e talvez se convertessem se Lázaro fosse dizer-lhes o que acontece depois da morte. "Têm Moisés e os profetas" — responde Abraão secamente; e, ante a insistência do condenado, corta a conversa com estas palavras: "Se não ouvirem Moisés nem os profetas, também não se deixarão convencer ainda que alguém ressuscite dos mortos".

A parábola é completada por outra mais diáfana, em que Jesus simplifica o enredo, deixando unicamente em cena o homem e Deus. O rico, um grande proprietário, só tem um problema: o da abundância inesperada das suas colheitas. Consegue, por fim, enceleirar o grão e pode dizer de si para si, satisfeito: "Ó minha alma, tens provisões para muitos anos. Descansa, come, bebe, regala-te". E Deus disse-lhe: "Insensato! Esta mesma noite virão arrancar-te a alma. E as coisas que amontoaste, de quem serão?" Assim acontece ao homem que entesoura para si mesmo e não é rico para Deus. E Jesus conclui:

— Não temas, pequeno rebanho, porque foi do agrado do vosso Pai dar-vos o reino. Vendei o que tendes e dai esmolas. Fazei para vós bolsas que não se gastam e amontoai um tesouro inesgotável no céu.

Comunismo, porventura? Não. É o desprendimento da caridade, esse desprendimento que se esquece de si mesmo para atender às necessidades dos outros. O comunismo costuma aduzir em seu favor essas e outras palavras de Cristo. Mas o comunismo moderno, declarado ou mascarado, não tem nem sequer a menor sombra da doutrina de Jesus, porque não conhece as bolsas que não envelhecem nem o tesouro que não se esgota.

AS PARÁBOLAS DA MISERICÓRDIA

Lucas 15

A ovelha extraviada e a dracma perdida

Até na Pereia começavam a turvar-se as relações de Jesus com os fariseus, mas o povo o seguia, ouvia e venerava. Era como se voltassem a brilhar os dias do lago de Genesaré. Diz Lucas que "os publicanos e pecadores se aproximavam dele para ouvir a sua palavra. E os escribas e fariseus murmuravam, dizendo: «Este homem acolhe os pecadores e come com eles»". Se, em seus discursos e parábolas desta última época, quase sempre havia algum anátema contra a hipocrisia e a soberba, quando, pelo contrário, falava a esses infelizes, desejosos de quebrar os laços dos vícios, a sua palavra brotava ungida de compaixão e mensageira de consolos. Aos censores rígidos, que impediam o acesso ao perdão, sempre tinha dado esta resposta, inspirada na Escritura: "Quero misericórdia e não sacrifício". Agora vai exprimir o mesmo

pensamento em três parábolas emocionantes, que parecem as três estrofes do coração divino, do seu olhar indulgente para todos. Porque, se há nEle alguma preferência, dir-se-ia que é para os que, pelos seus extravios, mais precisam dela. As páginas de Lucas em que se reproduzem as parábolas da ovelha perdida, da dracma extraviada e do filho pródigo são das que mais têm comovido os homens.

"Quem de vós, se tem cem ovelhas e perde uma delas, não deixa as noventa e nove e corre à procura da que se perdeu até encontrá-la...?"

É a parábola da ovelha perdida. Mil vezes a representaram os pintores das catacumbas, os escultores dos sarcófagos e os artistas que decoraram as primeiras basílicas. Uma ovelha no meio de cem tem pouca importância. E depois, se se perdeu, a culpa não é dela? Mas não é assim que raciocina o pastor. Imprudente ou pretensiosa, a pobre ovelha corre o risco de perecer entre as garras dos lobos, enquanto as noventa e nove estão seguras no redil. E o bom pastor, cheio de solicitude, percorre as montanhas e os vales, debruça-se sobre os precipícios, procura no meio dos bosques e no interior das cavernas, caminha debaixo de chuva ou sob o fogo do sol; não o detêm as fadigas, até que por fim a vê no fundo de um barranco e, sem voz desabrida, sem um gesto de ameaça, toma-a aos ombros e a traz de novo para o rebanho. "Eu vos afirmo — termina o Senhor — que haverá maior júbilo no céu por um só pecador que faça penitência do que por noventa e nove justos que não necessitem de arrependimento."

Ouvir cantar muitas vezes a mesma coisa não é o mesmo que ouvir três estrofes de uma mesma canção. No primeiro caso, cansa; no segundo, deleita. A história da mulher que tem dez dracmas e perdeu uma é como que uma segunda estrofe deste hino adorável. As palavras são diferentes, o motivo é o mesmo.

Quase não há janelas na casa pobre e acanhada daquela mulher. Uma dracma tem pouco valor, mas representa o salário de uma jornada de trabalho, talvez uma parte do dote guardado dia e noite e com o maior cuidado, no lenço da cabeça. A mulher procura-a diligentemente: acende a candeia, faz memória da última vez em que pegou nas moedas para pagar ao publicano, vasculha os cantos, afasta os móveis, varre cuidadosamente a casa, e eis que a moeda aparece. E a mulher apanha-a, olha-a e torna a olhá-la, tira-lhe o pó, dá-lhe o brilho primitivo e, louca de alegria, dá parte às vizinhas do feliz acontecimento. “Assim, digo-vos que é grande a alegria entre os anjos de Deus por um só pecador que se arrepende.”

É isto o que se passa entre Deus e a alma. Vemos aqui, sangrante e palpitante, imensamente interessado, o coração compassivo de Jesus. O bom pastor é movido pela compaixão; a mulher das dracmas, pelo interesse. Já sabemos que o bom pastor é Cristo, porque Ele mesmo no-lo disse, e aquilo que o pastor representa — diz São Gregório —, representa-o também a mulher, porque Cristo é Deus e a sabedoria de Deus. A sabedoria de Deus — acrescenta Santo Agostinho — tinha perdido a sua dracma, a alma do homem, onde se via a imagem do Criador. E o que é que fez a mulher prudente? Acendeu a candeia. Quem diz candeia diz uma luz num vaso de barro. A luz no barro é a divindade na carne.

O filho pródigo

Na página seguinte, a mais consoladora do Evangelho, Lucas transmite-nos a parábola do filho pródigo, que faz sobressair o traço essencial dessa solicitude com que Deus persegue o pecador: o amor. E revela-o e mostra-o de uma forma tão maravilhosa que é difícil encontrar em qualquer literatura um tal prodígio de inspiração e sentimento. Esta narrativa — diz Ricciotti — constitui, no campo moral, o máximo argumento de esperança para todo filho do homem e, no campo literário, será sempre o máximo argumento de desespero para todo o admirador da palavra humana. Escritor algum do mundo conseguiu jamais atingir tal poder de emoção numa narrativa tão breve, tão verdadeira, tão nua de qualquer artifício literário. Uma simplicidade extrema e um desenho apenas linear, e, não obstante, o efeito é maior que o de outras descrições justamente celebradas pela sabedoria da construção e pela limpidez da linguagem.

Encontramo-nos perante um drama cujas personagens são um pai e dois filhos, o mais velho e o pródigo, imagem respectivamente de Deus, do justo e do pecador.

Era uma vez um homem que tinha dois filhos. Os três viviam no campo. Amanhavam uma rica fazenda que lá tinham e dispunham de numerosa criadagem. O mais velho era um rapaz ideal, sério, honrado, trabalhador, o braço direito do pai, que compartilhava com ele a responsabilidade dos trabalhos de cultivo. O mais novo, pelo contrário, cabeça de vento, aborrecia-se no mundo demasiado tranquilo da aldeia, via com desprezo a vida metódica do agricultor e considerava a herdade como uma prisão. Mais de uma vez tinha ouvido dizer coisas maravilhosas das grandes cidades, onde havia banquetes, danças, músicas, festas deslumbrantes, mulheres perfumadas e amigos deliciosos. Aquilo é que era viver! Tudo isso o inquietava e enchia de nostalgia, quando, nas longas noites de inverno, depois do trabalho cotidiano, se punha a pensar junto da lareira como os anos passavam e quão inutilmente malbaratava a sua juventude.

E um dia não aguentou mais. Procurou o pai e disse-lhe brutalmente: “Pai, dá-me a parte da herança que me cabe”.

Era um pedido perfeitamente legítimo. De acordo com o Deuteronômio, o filho mais velho tinha direito a dois terços, mas ainda ficava um terço para o mais novo. Depois, um longo olhar, um longo silêncio, uns dias de espera, e a seguir a partilha, o terço das terras convertido em moedas sonantes; uma bela manhã, o jovem reuniu os seus pertences e, com o cinturão cheio de dinheiro, pôs-se a caminho de um país distante.

Uma vez lá, desconhecido entre desconhecidos, começou a vida com que sonhava, a vida de dissipação e prodigalidade, a vida dissoluta. Dentro de pouco tempo, estava sem nada. O dinheiro desapareceu mais depressa do que pensava e, à medida que a bolsa se esvaziava, afastavam-se também os amigos. Houve grande fome naquela terra. Só, sem recursos, sem parentes, sem amigos, o pobre rapaz não teve outro remédio senão pôr-se a servir, acolhendo-se à proteção de um natural do país que o recebeu em sua casa e o encarregou do trabalho mais repugnante que podia haver para um judeu: apascentar porcos. Num antigo comentário rabínico, lemos esta sentença: "Quando Israel se vir reduzido às cascas de alfarrobeira, então se arrependerá". E outra passagem do *Talmud* diz: "Maldito o homem que cuida de porcos; maldito aquele que ensina ao seu filho a sabedoria grega". Mais profunda foi ainda a miséria do filho pródigo. "Tinha vontade de encher a barriga com as bolotas que os porcos comiam, e ninguém lhas dava." Os que tinham a chave dos celeiros negavam-lhe até esses frutos, de um sabor áspero e tão insípido que nem os mendigos os podiam tragar.

Como sair daquela situação? Nas mansas tardes do estio, quando os animais, cansados, deitam-se à sombra de uma árvore, o porqueiro esquálido procura também o apoio de um tronco para descansar no meio do pó e da lama. E, nesses momentos de repouso, a sua imaginação voa para a fazenda do pai e pensa na casa onde nunca lhe faltava nem um pedaço de pão nem o calor da afeição paterna. Começa a persegui-lo a ideia de retornar ao lar. Envergonhado, vê que não merece ser recebido, mas talvez o pai lhe conceda o último lugar, talvez o deixe viver lá, não como filho, naturalmente, mas como um empregado qualquer; isso será preferível à abjeção em que vive. E, "tendo caído em si, disse: «Quantos jornaleiros há na casa de meu pai que têm pão em abundância, ao passo que eu aqui morro de fome! Levantar-me-ei, irei ter com meu pai e lhe direi: Pai, pequei contra o céu e contra ti; não sou digno de chamar-me teu filho; trata-me como a um dos teus jornaleiros»".

E, levantando-se, põe-se a caminho. Já nada o pode deter. Chega à aldeia, divisa as terras que arava quando era mais novo, reconhece os olivais e as vinhas e, para tomar alento, senta-se debaixo de uma daquelas árvores onde tinha descansado noutro tempo. De súbito, começa a ficar apreensivo: qual será a reação do pai? Mas o pai vê-o vir ao longe. Vem fraco, sujo, esfarrapado, sem manto, sem sandálias. Para os outros, é um mendigo qualquer; para o pai, é o filho em quem pensa, desde há muito, dia e noite. Seu coração reconhece-o.

Esta parte do quadro em que o pai entra em cena é de uma delicadeza maravilhosa, de uma finíssima arte de sugerir muitas coisas que as palavras não dizem. O rapaz preparou uma confissão vibrante de sinceridade e de humildade, mas mal tem tempo de começá-la: cheio de amor e em silêncio, com os olhos arrasados de lágrimas, o pai corre para ele, aperta-o contra o peito, e um longo beijo vem selar o perdão. Não quer ouvir desculpas, quer ver o filho tal como o via quando o tinha junto de si; chama os criados e, imediatamente, manda trazer as vestes mais belas; o anel, símbolo dos homens de bem; as sandálias, sinal de distinção. "Trazei um novilho cevado e matai-o: daremos um banquete."

Há danças, luzes, perfumes e música, quando o filho mais velho aparece à porta. Volta do campo, onde passou o dia todo a comandar o trabalho dos jornaleiros, como de costume. É um bom filho, trabalhador e obediente, mas de coração mesquinho. Ouve a algazarra lá dentro, o ruído dos instrumentos de música, e fica perplexo. Um criado tira-lhe as dúvidas com umas palavras indiferentes: "Teu irmão voltou e teu pai mandou matar um novilho gordo". Julga que troçam dele, que gozam à sua custa: tem orgulho dos seus longos serviços. Sempre permaneceu em casa, trabalhando da manhã até a noite, e nunca lhe deram sequer um mísero cabrito para se divertir com os amigos, e agora que vem esse vadio, matam um vitelo! Terá o velho endoidecido? Ferve-lhe o sangue e recusa-se a entrar. O pai repara nisso, sai e, às censuras daquele filho, responde com uma ternura inefável. O primogênito fala-lhe depreciativamente do recém-vindo: "esse teu filho", como quem renega o irmão; o pai ouve-o pacientemente e recorda-lhe que o pobre pródigo continua a ser o que era antes: "esse teu irmão"; como se quisesse dar a entender que, assim como o pai é sempre pai, também o irmão é sempre irmão. E diz-lhe: "Filho, tu estás sempre comigo, e tudo o que é meu é teu; mas convinha festejar e alegrar-se porque esse teu irmão estava morto e voltou à vida, tinha-se perdido e foi encontrado".

Termina aqui a parábola do filho pródigo, a terceira desta trilogia suprema, em que se nos revela a ternura inesgotável com que o Pai celestial perdoa todos os que se arrependem, nem que seja apenas porque longe dEle morrem de fome. O fundo é o mesmo nas três histórias. A última tem, além disso, uma pincelada suavemente irônica: é uma recriminação aos fariseus, que censuravam a conduta do Senhor para com os pecadores. Por outro lado, acrescenta às outras uma grande lição. Já sabíamos que Deus perdoa aos pecadores arrependidos;

agora é-nos dito que esse perdão também deve ser dado pelo irmão, e precisamente como consequência do perdão do pai e em conexão com esse perdão.

E Jesus calou-se, e nós também devemos calar-nos, dominados pela emoção destes relatos que umedeceram os olhos de tanta gente ao longo dos séculos.

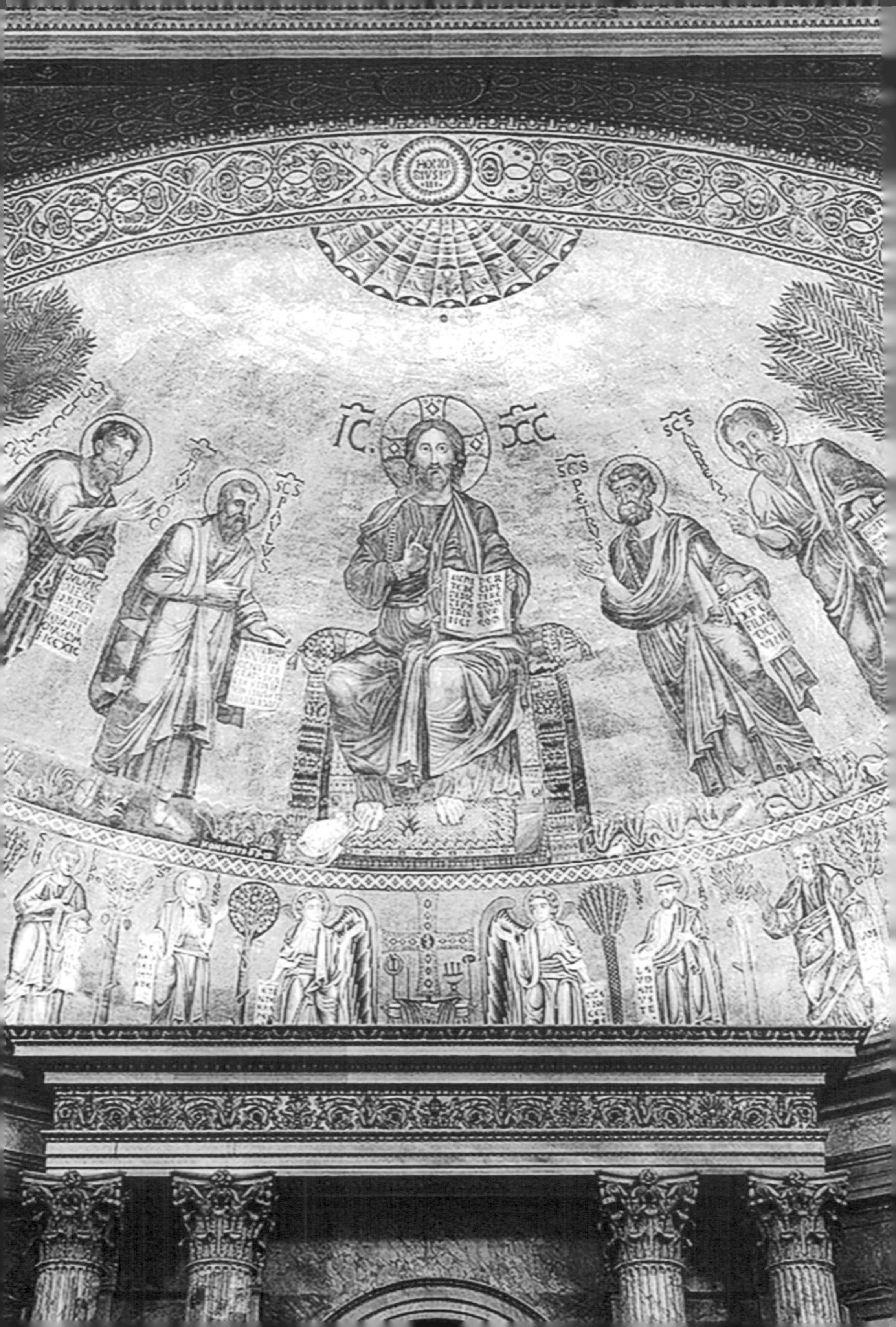
IC XC
SCS PAVLVS.
SCS PETRVS

AS RIQUEZAS DO CÉU E AS DA TERRA

Lucas 12, 13 e 16

Nestes últimos meses de vida, Jesus fala com frequência, nas suas parábolas, de proprietários e arrendatários, de credores e devedores, de ecônomos e comerciantes, de ricos opulentos e pobres miseráveis, e é também Lucas, o repórter da misericórdia, que nos transmite a sua doutrina sobre a riqueza e a pobreza. O Senhor propõe-se desfazer o equívoco que a conduta dos banqueiros e proprietários de Jerusalém, convencidos de possuírem o monopólio da virtude por terem o poder da riqueza, podia suscitar a respeito do uso dos bens deste mundo. Contrariamente a esse conceito falso, Jesus estabelece que o dinheiro é perigoso e tentador, mas que, bem administrado, pode servir para a salvação da alma. Eis a ideia principal que encerra a parábola do mordomo infiel, notável pela vivacidade plástica das suas descrições e pela ironia indulgente que respira.

O mordomo infiel

"Um homem rico tinha um administrador que foi acusado de ter dilapidado os bens do amo." Tratava-se de um grande proprietário, que não queria tratar diretamente com os trabalhadores que cultivavam as suas terras e os seus olivais. Quase não lhes aparecia, porque tinha dracmas em abundância fabulosa e a cidade lhe oferecia mais comodidades que o campo. Para se livrar de aborrecimentos pessoais, procurou um administrador, que recebia os pagamentos dos colonos e celebrava os contratos de compra e venda com os grandes comerciantes. E esse administrador não era nem melhor nem pior que muitos outros: lesava os trabalhadores, defraudava o amo quando podia e levava uma vida de rei. O amo soube-o e tomou uma decisão radical. Mandou chamá-lo e disse-lhe: "Que é que ouço dizer de ti? Presta-me contas da tua administração, porque já não poderás administrar os meus bens".

Um oriental não se suicida facilmente por uma contrariedade como essa. Mas o problema para o administrador era encontrar uma maneira de viver. Pensou na dureza do trabalho daqueles colonos que se inclinavam diante dele. Que horror! Ele... pegar numa enxada? Nunca! Pedir esmola?... Pior ainda! Tinham-lhe beijado muitas vezes a mão e tinha tratado a gente com demasiada arrogância para se humilhar agora a pedir um pedaço de pão. Mas vem-lhe à cabeça uma ideia luminosa: "Já sei o que hei de fazer para que, ao sair daqui, me recebam em suas casas". Ainda lhe restam uns dias de autoridade; ainda pode assinar ou rescindir contratos.

Manda chamar separadamente os devedores e, quando eles comparecem, diz ao primeiro: "Quanto deves ao meu senhor?" O interpelado, julgando tratar-se de uma nova diabrura, responde a tremer: "Cem medidas de azeite", quer dizer, cerca de quatro mil litros, pois em cada medida cabia um bato, que são trinta e nove litros. "Não te assustes" — replica o administrador. E entregando-lhe uma tabuinha de argila ou de cera, acrescenta: "Traz a tua escritura, senta-te e escreve cinquenta". Depois pergunta ao seguinte: "E tu, quanto deves?" "Cem coros de trigo" — responde este outro, que se sentia mais obrigado, porque o coro valia dez batos. "Pois olha — replica o administrador —, toma os teus papéis e escreve oitenta." E assim combinou com todos os devedores. Todos compreenderam, esfregaram as mãos, rasparam uns números e escreveram outros. O senhor era excessivamente rico e despreocupado para que essa manobra pudesse perturbar a sua vida. Quando soube do caso, estava de bom humor e até chegou a elogiar a habilidade do administrador.

Muitos dos ouvintes ficaram sem compreender a parábola; outros entenderam-na ao contrário. "Este homem quer despojar-nos das nossas riquezas" — pensaram os príncipes do povo e os fariseus. O próprio Evangelho se faz eco dessa surpresa: "Ao ouvirem tudo isso, os fariseus, que eram avarentos, zombavam dele". O seu puritanismo não se estendia ao desprezo das riquezas, que não só lhes parecia néscio, mas também blasfemo: bastava conhecer a Lei mosaica para ver que a prosperidade material era uma bênção de Deus, um prêmio à observância da moral religiosa. Como é que haviam de acreditar nesse profeta que vinha pregar a dissipação e a pobreza? Tratava-se, sem dúvida, de um novo ataque à Lei e de uma maneira de justificar um estilo de vida a que faltava o selo da recompensa que Deus dá nesta terra aos justos.

Ao longo dos tempos, os escritores eclesiásticos interpretaram esta parábola de diversas maneiras. Já houve quem chamasse a esta página do Evangelho a cruz dos exegetas. Muitos — Celso, Juliano o Apóstata, Voltaire — se escandalizaram com o panegírico que o Senhor parece dedicar a um administrador excessivamente astuto. Não obstante, a dificuldade é mais ligeira do que parece. "O proprietário — diz Jesus — louvou o administrador infiel por ter atuado sagazmente"; esse elogio, porém, não se referia à moralidade do ato, mas ao engenho, à habilidade, à perspicácia e mestria que denotara. Foi, sem dúvida, um furto, mas um furto engenhoso, que mostrava a habilidade de um homem aterrado com a perspectiva da miséria. E nisto reside precisamente a força da parábola que, à parte a maldade do ato — que não está em causa —, recomenda a previsão e o engenho aplicados a uma finalidade superior.

Esse servidor infiel, "administrador iníquo", como o próprio Cristo lhe chama, é merecedor da nossa admiração como artista da prudência humana. Os filhos da luz têm alguma coisa a imitar desse filho das trevas. Os ricos, sobretudo, devem saber-se também administradores de um grande proprietário, que é dono universal de tudo quanto existe. São ecônomos de Deus. Têm a obrigação de contribuir com o seu esforço, com a sua bondade e com o seu dinheiro para melhorar este mundo de Deus, tão transtornado pelas loucuras dos homens. Assim os homens que eles tiverem consolado e ajudado, a quem tiverem proporcionado emprego e cumulado de alegria, os receberão às portas do céu e formarão um cortejo atrás deles, quando tomarem posse da recompensa. A riqueza deste mundo, riqueza da iniquidade, converter-se-á para eles em lucro de justiça e bem-aventurança. É a conclusão que, segundo o conselho do Senhor, devemos tirar desta parábola. "Granjeai amigos com as riquezas da iniquidade para que, quando faltarem, vos recebam nas moradas eternas".

Disposições para seguir Cristo

Nunca as palavras de Cristo tiveram um travo tão severo como nesta época; nunca pregou Ele com tanta insistência a necessidade da abnegação, do sacrifício, da vigilância, do heroísmo. São as últimas consequências do Sermão da Montanha, cujos ecos julgamos ouvir nestas caminhadas através da Pereia. Os ouvintes acodem aos milhares, segundo a expressão de Lucas; mas, mais do que a admiração pelo Mestre, empurra-os ainda uma vaga esperança de interesse e de ambição terrena. É necessário, pois, destruir ilusões e dissipar equívocos. Seguir Cristo exige condições que supõem um valor heroico. Podem resumir-se em três pontos: o discípulo de Cristo deve amar o Mestre mais do que ama os seus pais, os seus filhos, os seus irmãos; deve amá-lo mais do que ama a sua própria pessoa física e moral; deve amá-lo mais do que ama os bens materiais.

"Se alguém vem a mim e não odeia seu pai, mãe, mulher, filhos, irmãos e irmãs e até a sua própria vida, não pode ser meu discípulo. E aquele que não toma a sua cruz e me segue não pode ser meu discípulo." E mais adiante insiste: "Nenhum de vós pode ser meu discípulo se não renuncia a tudo quanto possui". Para o semita, odiar é amar menos, como vemos repetidas vezes nas Sagradas Escrituras, e devemos tê-lo presente para compreender a passagem que acabamos de citar. Além disso, a rudeza com que Cristo se expressa é intencional. O Senhor não se esquece de que fala a uma multidão que, na sua maioria, o procura devido à sua superioridade espiritual, ao brilho dos seus milagres, à vaga esperança do triunfo e da glória ou para compartilhar com Ele o domínio da riqueza, quando estabelecer o seu reino.

Um dia, ao pregar sobre a vigilância, Jesus detém-se bruscamente e acrescenta, como se falasse consigo mesmo: "Vim trazer fogo à terra, e que hei de querer senão que se ateie? Tenho que ser batizado com um batismo, e como me sinto ansioso até que se cumpra!". Esse incêndio purificador começará com o derramamento do seu sangue. Depois, será necessário caminhar com Ele ou contra Ele, e começará uma luta angustiosa no coração dos homens. "Julgais que vim trazer paz à terra? Não vim trazer a paz, mas a divisão. Daqui em diante, numa família de cinco pessoas, todas estarão divididas: três contra duas e duas contra três; o pai contra o filho e o filho contra o pai."

O caminho da perfeição

Esse porvir sombrio enche de terror as almas pusilânimes. Uns se retiram, outros ficam desconcertados, outros esforçam-se em vão por compreender. Nessa perspectiva de luta e sacrifício, um desses ouvintes medrosos pergunta: "Senhor, são poucos os que se hão de salvar?"

A pergunta correspondia a uma preocupação que não cessava de inquietar as escolas rabínicas, e que o autor anônimo do livro quarto de Esdras resolvia negativamente em frases como estas: "Este século, fê-lo o Altíssimo para muitos, o futuro para poucos... Muitos foram criados, mas poucos se hão de salvar... São mais os que perecem do que os que se hão de salvar".

Jesus, em vez de aprovar ou rejeitar semelhante opinião, prefere não satisfazer a curiosidade indiscreta. Mas a sua resposta não vem muito a propósito para dissipar os temores do seu interlocutor. "Esforçai-vos por entrar pela porta estreita. Muitos hão de querer entrar e não poderão. Quando o dono da casa tiver entrado e fechado a porta, e vós, de fora, começardes a bater à porta dizendo: «Senhor, abre-nos», ele vos responderá: «Não sei donde sois». Então direis: «Senhor, nós comemos e bebemos contigo e tu ensinavas nas nossas praças». Ele, porém, vos responderá: «Repito que não sei quem sois. Afastai-vos de mim, artífices da iniquidade»". E profere a sentença em que alude à condenação dos judeus e à vocação dos gentios: "Há últimos que serão os primeiros, e primeiros que serão os últimos".

É por esta altura que o Senhor distingue os dois caminhos que se abrirão aos seus discípulos: um, o da salvação, e outro, que é de puro conselho, o dos que, pelo Reino dos céus, renunciam às vantagens da vida e fazem o sacrifício da sua vontade, deixando o calor da família e o lar para abraçarem a extrema pobreza. É o ideal que propõe ao jovem que se aproxima dele e lhe pede um método de vida. A passagem é enternecedora.

Aquele jovem guardou fielmente a Lei, tem ânsias de virtude e, quando chega aos pés do Senhor, ajoelha-se diante dEle e pede-lhe um conselho. E há nas suas palavras tanta retidão e sinceridade que o Senhor o olha e se deixa cativar por ele.

— Se queres ser perfeito — responde-lhe —, vai, vende os teus bens, dá o produto aos pobres, e terás um tesouro no céu. Depois, vem e segue-me.

O interpelado não tem coragem para tanto. As condições exigidas deixam-no triste, "pois tinha muitos bens". Desanima e vai-se embora.

O olhar de Jesus estende-se então aos discípulos, acompanhado de uma exclamação dorida: "Como é difícil que entrem no reino de Deus os que têm riquezas!" Os discípulos ficam impressionados, os fariseus riem-se, mas Jesus insiste: "Filhos, como é difícil entrar no reino de Deus! É mais fácil um camelo passar pelo fundo de uma agulha do que um rico entrar no reino de Deus". Houve quem quisesse suavizar esta afirmação do Senhor, substituindo "camelo" por corda, lendo no original grego *kamilos* em vez de *kamelos,* ou transformando "o fundo da agulha" num postigo desconhecido das muralhas de Jerusalém. Efetivamente, trata-se de uma hipérbole muito parecida com a do *Talmud,* onde se fala dos rabinos que, à força de sutileza, fazem passar um elefante pelo fundo de uma agulha. A imagem, no entanto, conserva todo o seu valor: o rico não pode entrar no Reino de Deus da mesma maneira que é impossível servir a Deus e a Mammon[1], dois soberanos que declararam guerra um contra o outro e cujos súditos têm vedada a entrada no reino contrário.

Simão Pedro refaz-se do assombro e aproveita a ocasião para apresentar ao Mestre a sua folha de serviços: "Quanto a nós, bem vês que deixamos tudo para te seguir. Que recompensa teremos?" A recompensa é dupla: no século vindouro, a vida eterna; aqui na terra, o cêntuplo. O cêntuplo, mas com perseguições, para não julgarem que vivem no paraíso terrestre.

Denúncia a Herodes

Os fariseus comentavam alarmados as audácias, dia a dia crescentes, do Nazareno. Não havia discurso, não havia parábola em que não lhes fizesse alguma alusão mortificante. De Jerusalém ao Jordão, iam e vinham mensagens com as últimas palavras do Profeta e as últimas medidas do Sinédrio. Mas ali, do outro lado do rio, o Sinédrio não podia fazer nada; era uma terra sob a jurisdição de Herodes. A inação do tetrarca irritava-os. Como consentia naquelas pregações em que Jesus se declarava sem meias-palavras contra os potentados, contra os ricos, contra os que gozavam de influência e poder? E aquelas concentrações perigosas, que podiam provocar um atentado revolucionário? E aqueles ataques às instituições mais veneráveis de Israel?

1 O deus das riquezas na mitologia siro-fenícia (N. do E.).

Um grupo de fariseus apresentou-se a Herodes em Tiberíades para incitá-lo a arrancar pela raiz aquele escândalo, e o palácio encheu-se de acusações:

— Esse homem diz que não veio trazer a paz, mas a guerra... Anuncia que a sua missão é semear a discórdia... Ameaça prender fogo por toda a parte... Profetiza catástrofes, misérias, horrores e conflitos, e assegura que nenhum rico poderá salvar-se... Reúne a sua gente na Pereia para favorecer o teu inimigo, o rei dos árabes, o pai da tua antiga esposa.

Tinham seguido o mesmo sistema no caso de João Batista. Mas, desta vez, Herodes não sabe que responder. Desde que mandara matar o Precursor, todos os maciços e penhascos lhe pareciam o espectro de João, empoleirado nos cumes para o acusar. Em breve deixa a fortaleza de Maqueronte para se instalar nos seus palácios dourados de Tiberíades. Mas nem por isso a imagem do Profeta degolado cessa de persegui-lo. Quer aturdir-se com festas, prazeres e esplendores, mas não pode esquecer aquela cabeça horrivelmente desfigurada e ensanguentada. Se as suas coortes fogem diante dos bandos do xeque do deserto, é porque Deus quer castigá-lo pela morte de João. E quando lhe falam de Jesus de Nazaré, das suas palavras, dos seus milagres, uma imagem estranha se fixa na sua mente. O rosto empalidece-lhe, os joelhos tremem-lhe, e ouvem-no repetir: "Foi João que ressuscitou!"

Em vão lhe replicam que João tinha vindo do deserto e que Jesus procedia da Galileia; que Jesus tinha começado a pregar quando João já estava detido no calabouço. Ele continua sempre a repetir: "Foi João que ressuscitou!" O infeliz tetrarca não era cruel por natureza e foi impossível convencê-lo a perseguir o homem que ele considerava uma reencarnação da sua vítima. Mas a presença do Profeta nos seus territórios obsessiona-o: "Levai-o — disse aos fariseus —, reduzi-o com o vosso saber.

Dizei-lhe o que quiserdes, contanto que saia da tetrarquia. Foi João que ressuscitou!"

Os mensageiros partem contentes. Ao menos, tinham um motivo para fazer com que Jesus passasse a fronteira da Judeia, onde seria mais fácil prendê-lo. Da outra vez, tinham-se apresentado a João Batista para o atraírem ao território de Herodes e assim poderem prendê-lo mais facilmente; agora apresentam-se a Jesus com uma missão inversa, isto é, para o fazerem sair do território de Herodes e impeli-lo para a região da Judeia, onde estaria ao alcance dos seus tiros.

Aproximam-se, obsequiosos e aparentemente muito preocupados por ele, e dizem-lhe: "Sai e vai-te daqui, porque Herodes quer matar-te". Jesus não responde aos enviados, mas ao próprio tetrarca, que astutamente quer aproveitar a ocasião para afastar o hóspede indesejável: "Ide e dizei a essa raposa: «Eis que expulso os demônios e curo hoje e amanhã, e ao terceiro dia acabarei»". Palavras cheias de ironia amarga para os interlocutores, de dureza contundente para com Herodes, caracterizado por esse qualificativo que exprime à maravilha a sua política tortuosa e covarde. Nem sequer falta uma fina alusão, às intenções secretas dos enviados: "É necessário que eu siga o meu caminho ainda hoje, amanhã e depois de amanhã, porque não convém que um profeta morra fora de Jerusalém". Sim, os seus desejos últimos hão de realizar-se. Jesus há de morrer em Jerusalém, mas não antes da hora prefixada.

A conversa tem lugar na segunda quinzena do mês de janeiro. Não seria hoje, nem amanhã, mas no dia seguinte: dois meses e meio o separavam ainda do Calvário. Era assim que a verdade libertadora da Boa-nova se defrontava com a diplomacia miserável de Antipas, como se defrontara com o ceticismo mundano dos saduceus e com a legalidade abusiva e estéril dos fariseus.

A RESSURREIÇÃO DE LÁZARO

João 11

Apesar das intrigas dos fariseus e das astutas ameaças de Herodes Antipas, Jesus continuou a pregar ao povo do outro lado do Jordão, nos lugares onde João tinha batizado noutros tempos e onde Ele se refugiara depois da festa da Dedicação. Ali o encontrou, certo dia, um mensageiro, que lhe transmitiu esta embaixada lacônica:

— Senhor, aquele que tu amas está doente.

Vinha de Betânia, a pequena aldeia que já conhecemos, e daquela casa hospitaleira em que já vimos Marta servindo o Senhor e Maria escutando as suas palavras. Betânia, hoje um pequeno povoado de vinte ou trinta famílias, cujo nome — *El-Azarieh* — recorda o mais ruidoso dos milagres de Jesus, dista pouco mais de meia hora de Jerusalém e umas seis horas da margem do Jordão, pelo caminho de Jericó que o mensageiro deve ter seguido. Estava-se em fins de fevereiro ou princípios de março, uns dois meses depois da festa da Dedicação.

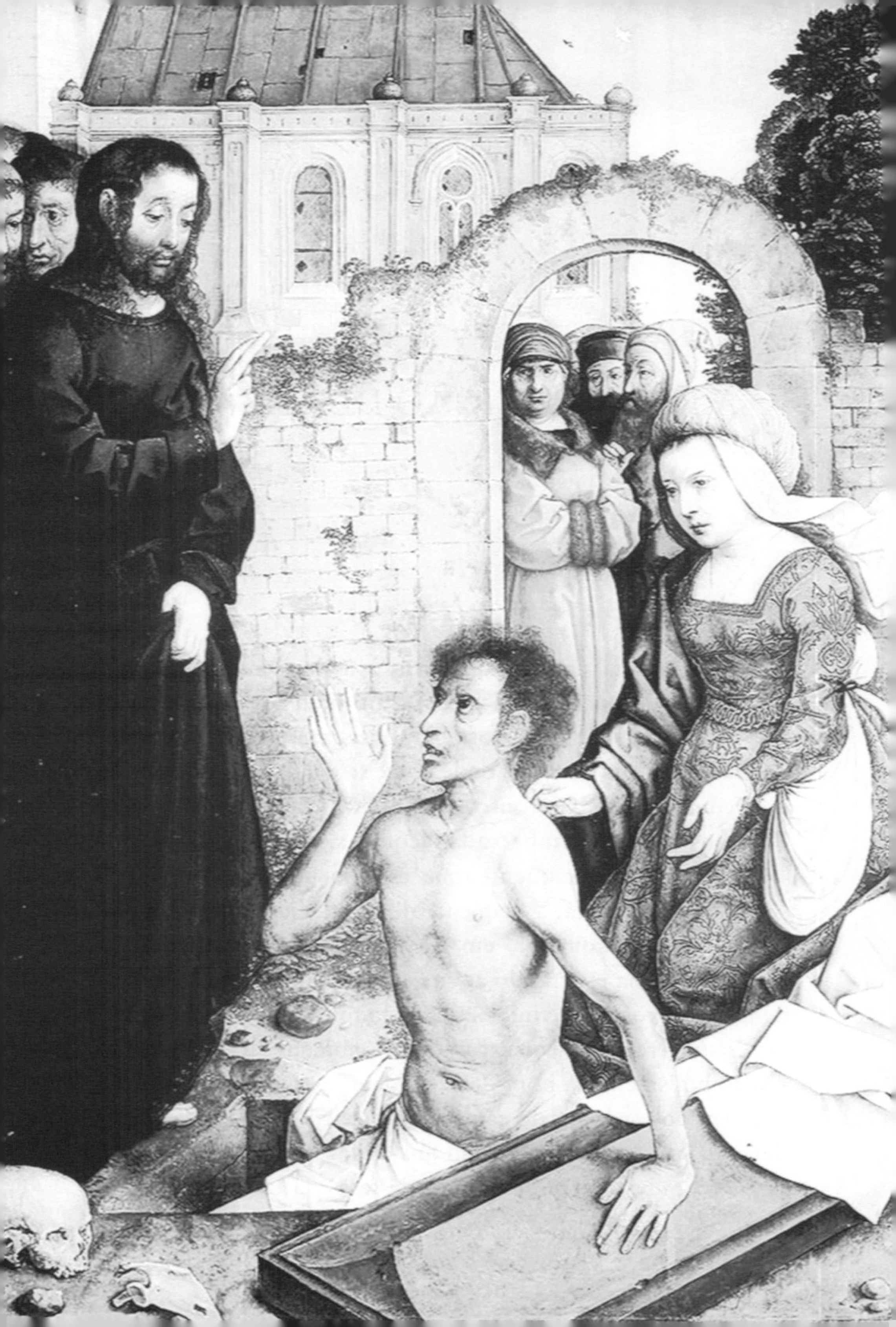

O doente era precisamente o irmão mais novo de Marta e de Maria, Lázaro, pessoa bastante considerada na Cidade Santa por gozar da amizade de algumas das personalidades mais distintas de lá. Não se pode arranjar maneira mais delicada de dar uma notícia. Aquelas duas irmãs sabiam com que amor Jesus as olhava, e por outro lado tinham a certeza de que, se voltasse à Judeia, a sua vida correria perigo. Não pedem nada; limitam-se a comunicar o caso ao Mestre. A resposta de Jesus vem cheia de mistério: "Essa doença não é de morte, mas para glória de Deus, a fim de que por meio dela o Filho de Deus seja glorificado".

E continuou nas suas andanças pela Pereia, com grande alegria dos seus discípulos, um pouco amedrontados com a perspectiva de um regresso à Judeia, e com grande surpresa de todos os que sabiam "quanto Jesus amava Marta e Maria, sua irmã, e Lázaro".

A morte do amigo

Nesse meio-tempo, crescia a ansiedade em Betânia. Do cimo do monte em que assenta o povoado, Marta e Maria exploravam o caminho do oeste à hora do cair da tarde, com os olhos chorosos e o vazio na alma. Esperança vã: Lázaro morreu, morreu antes que o mensageiro estivesse de volta. De acordo com o costume do país, as irmãs e os amigos cuidaram do corpo: ungiram-no com ricos perfumes, envolveram-no em lençóis preciosos e encerraram-no na gruta funerária, cavada na rocha. Às demonstrações de pesar associou-se muita gente das melhores famílias de Jerusalém e arredores.

Houve pranto durante três dias na casa do defunto e nas proximidades da tumba. Marta e Maria soluçavam, rodeadas pelos amigos, pelos vizinhos e pelas carpideiras, que as acompanhavam nas suas lamentações. Ao terceiro dia, segundo as crenças populares dos israelitas, a alma deixava de vaguear em torno do cadáver. Então visitava-se o sepulcro pela última vez, envolvia-se a cabeça do morto num sudário, e à entrada da gruta corria-se uma pedra redonda, que vinha cobrir para sempre aquilo a que os rabinos chamavam a casa da eternidade.

Tudo parecia acabado. Mas Jesus, que havia estado uns dias sem se lembrar de Betânia, disse subitamente aos discípulos:

— Voltemos à Judeia.

— Mestre — disseram-lhe eles —, ainda há pouco os judeus queriam apedrejar-te, e agora vais voltar outra vez para lá?

Essa observação revela-nos um estado de alma. Bastava a palavra "Judeia" para pôr os discípulos nervosos. Fazia-lhes lembrar as lutas dos fariseus, os atentados e as profecias que Jesus lhes tinha feito a respeito dEle próprio, e nas quais nem queriam pensar. Sabiam muito bem que ir à Judeia era cair nas garras do inimigo. Procuram dissuadi-lo e, para marcar uma atitude, caminham atrás dele, temerosos e perturbados. Jesus volta-se para eles e tranquiliza-os com uma daquelas sentenças em que lhes recordava que não podia suceder nada fora do que fora estabelecido por seu Pai: "Não são doze as horas do dia? Quem caminha de dia não tropeça, porque vê a luz deste mundo; mas, se anda de noite, tropeça, porque lhe falta a luz". A sua vida havia de ser como um dia de doze horas, cuja duração poder algum é capaz de abreviar. Ele, luz do mundo, tinha de percorrer o seu caminho até o último segundo; ninguém o poderia deter enquanto não se completasse o seu tempo e chegasse a hora das trevas.

Depois acrescenta:

— O nosso amigo Lázaro dorme, e eu vou despertá-lo do sono.

Os discípulos não compreendem, mas encontram nessas palavras mais um argumento para levá-lo a não se expor ao perigo dos fariseus.

— Senhor, se dorme — dizem-lhe —, há de sarar.

Mas Jesus declara-lhes abertamente:

— Lázaro morreu, e eu alegro-me por vós de não ter estado lá, para que creiais.

Um novo milagre havia de fazer com que a fé — João considera-a em processo de evolução gradual e crescente — alcançasse um grau superior naqueles corações tímidos. Não obstante, eles ainda vacilam. Se Lázaro morreu e, portanto, já não há nada a fazer, para que ir à Judeia desafiar o ódio dos fariseus e dos príncipes dos sacerdotes? No entanto, como o Mestre parecia empenhado na ideia, olhavam uns para os outros sem saber que decisão tomar. Foi preciso que um dos Doze exclamasse para os demais: "Vamos também nós e morramos com ele".

Este grito, em que há mais amor do que confiança, visto que se dá por descontado o desenlace fatal, não é de Pedro, mas de Tomé, um dos Apóstolos que raramente se adiantava aos outros, o homem que seguia o Mestre por impulso e contra as luzes de uma evidência resvés com a terra. Voltará a tomar uma atitude idêntica depois da ressurreição. Têm de acompanhar Jesus, aconteça o que acontecer, embora tudo indique que nada de bom pode acontecer.

O pequeno grupo põe-se em marcha, atravessa o Jordão, segue primeiro por uns caminhos em que as sandálias se enchem de pó, sobe à meseta por entre gargantas e leitos pedregosos de torrentes, deixa de um lado e outro áridas colinas de cores acinzentadas e esverdeadas e, pela manhã do quarto dia depois de recebida a mensagem, chega às ladeiras do Monte das Oliveiras, onde se ergue Betânia. Detém-se à entrada da povoação, talvez para não exacerbar o ódio dos judeus, que ainda depois do banquete fúnebre do terceiro dia tinham ficado a fazer companhia às irmãs do morto, e que deviam estar prevenidos contra Jesus, visto que essa palavra — "judeu" — reveste sempre em João um sentido pouco favorável.

A ressurreição e a vida

A notícia da chegada de Jesus corre por toda a aldeia. Marta, sempre mais desperta, sai a recebê-lo e saúda-o com um grito vindo da alma, em que não há nem censura nem desgosto: "Senhor, se tivesses estado aqui, meu irmão não teria morrido". A culpa não é tua, é dos teus perseguidores, dos que te expulsaram daqui com os seus ódios. Nada mais delicado do que essa expressão. Mas a fé não estava à mesma altura. Marta crê no poder de Jesus, mas a sua confiança não é plena, apesar de proferir umas palavras que envolvem um reconhecimento mais explícito desse poder soberano. "Mas mesmo agora sei que tudo o que tu pedires a Deus, Ele te concederá."

As palavras do Senhor procuram iluminar e fortalecer aquela fé imperfeita.

— Teu irmão ressuscitará — diz-lhe.

Marta não compreende ainda: julga que se trata de um simples cumprimento de pêsames e pensa na ressurreição do último dia:

— Sim — responde —, sei que há de ressuscitar na ressurreição no último dia.

— Eu sou a ressurreição e a vida — diz-lhe Jesus, deixando vislumbrar o milagre. — Aquele que crê em mim, ainda que tenha morrido, viverá, e todo aquele que vive e crê em mim jamais morrerá. Acreditas nisto?

Então Marta demonstra uma entrega absoluta, com uma profissão de fé que nos faz lembrar, de tão semelhantes, a de Simão Pedro e a do cego de nascença:

— Sim, Senhor, eu creio que tu és o Cristo, o Filho de Deus, que vieste a este mundo.

E, dito isso, despede-se do Senhor, entra em casa e diz em voz baixa à irmã:

— O Mestre está aqui e chama-te.

Maria sai e atrás dela saem também os judeus que tinham vindo consolá-la, julgando que ela ia chorar junto do sepulcro. O fato de Marta lhe ter dado a notícia em voz baixa tinha por objetivo ocultar a presença de Jesus àqueles hóspedes que, em grande parte, eram seus inimigos. Mas Deus vai-se servir, para sua glória, daquela assistência hostil.

Maria, a contemplativa, a que vive só para a sua dor e para o seu amor, vai ouvir verdades mais elevadas. Ao chegar diante de Jesus, prosterna-se a seus pés e repete a queixa confiada que, durante aqueles dias, as duas irmãs deviam ter dito muitas vezes uma à outra:

— Senhor, se tivesses estado aqui, meu irmão não teria morrido.

Não disse mais; as suas lágrimas falavam e rezavam. E Jesus, que no diálogo com Marta lhe tinha recordado a fé, ao falar com Maria, mais mortificada, mais vibrante, mais apaixonada, comove-se: "Estremeceu interiormente e perturbou-se". De tal maneira a comoção interna transcendeu ao exterior que alguns dos presentes não puderam deixar de exclamar: "Vede como o amava". Mas outros, influenciados pela propaganda dos fariseus, e talvez eles mesmos fariseus, murmuraram: "Este, que abriu os olhos ao cego, não podia ter impedido que Lázaro morresse?"

Perante a morte

Dominando a emoção que o embargava, Jesus pergunta:

— Onde o pusestes?

— Senhor — respondem-lhe —, vem e verás.

Jesus vai até o sepulcro, estremece de novo e chora. Sabia que alguns instantes mais tarde iria ver o seu amigo ressuscitado, mas, junto do seus restos mortais, não consegue permanecer sereno e impassível. É o Verbo onipotente e bem-aventurado, mas tem toda a realidade da carne, e é possível que aquele sepulcro o tivesse feito pensar no seu próprio sepulcro e lhe despertasse no mais íntimo do ser o sentimento da sua morte próxima, que havia de ser decidida por causa da ressurreição de Lázaro.

"O sepulcro era uma cova fechada com uma pedra." As sepulturas dos hebreus, naquele tempo, estavam situadas à beira das povoações. As pessoas distintas costumavam ter verdadeiros "apartamentos" cavados na colina próxima. Consistiam num recinto com um ou vários lóculos, precedido de um átrio, com o qual comunicava por um orifício maior ou menor, que permanecia sempre aberto. A entrada exterior era tapada com uma pesada lousa. O cadáver, depois de lavado, perfumado e enfaixado, era colocado no lóculo, em contato com o ar interior, e isto explica-nos por que, apesar dos aromas e perfumes, três ou quatro dias depois, se se retirava a pedra, saía da câmara um fedor insuportável.

Hoje, ao fundo da antiga Betânia, mostra-se ao peregrino uma sepultura que uma tradição de mais de quinze séculos identifica como o sepulcro de Lázaro. É, na verdade, um sepulcro antigo à moda da Palestina, embora levemente modificado ao longo dos séculos. A antiga porta exterior foi murada pelos muçulmanos, no século XVI, quando construíram a mesquita que se ergue por cima. Posteriormente, abriu-se uma entrada que, através de uma janela com degraus, leva ao átrio da sepultura: um quadrilátero com três metros de lado. Dali, por uma abertura estreita, passa-se à câmara funerária, que é um pouco menor, e na qual se veem três lóculos para três cadáveres. Jesus deve ter ficado à porta do primeiro recinto.

Não era preciso subir nem descer; bastava tirar a pedra colocada verticalmente e ultrapassar os umbrais.

— Tirai a pedra — ordenou Jesus.

Os que o rodeavam olharam para Ele com olhos de assombro, e Marta, sumida na sua dor, levada por um profundo respeito ao Senhor e por um pudor fraternal, mais ou menos impensado, objetou debilmente:

— Senhor, já cheira mal: há quatro dias que está aí.

O Senhor esforça-se por elevá-la a pensamentos superiores, insistindo numa verdade que já expusera em outras ocasiões e que se contrapunha ao espírito humano, sempre ávido de ver para crer. Ele exige uma ordem inversa: é necessário crer para ver.

— Não te disse eu que, se creres, verás a glória de Deus?

Lázaro sai do sepulcro

Afastaram a lousa, e ficou à vista a entrada do recinto onde jazia o morto. As duas irmãs e os seus amigos olharam espantados. Um cheiro a morto espalhou-se pelo ambiente e, enquanto alguns retrocediam, Jesus aproximou-se, ergueu o olhar para o céu e disse: "Pai, dou-te graças porque me ouviste. Eu sei que sempre me ouves, mas disse isto pelos que estão aqui à minha volta, a fim de que creiam que tu me enviaste". Depois, bradou com voz forte: "Lázaro, sai cá para fora!". E, ao fundo do corredor, apareceu um vulto branco e mudo que se agitava na obscuridade: era Lázaro, que aparecia diante do grupo com o corpo coberto de lençóis, os pés e as mãos ligados com faixas e a cabeça envolta num sudário. Paralisados pelo terror, nenhum dos circunstantes sabia o que havia de fazer. Foi preciso que Jesus os fizesse voltar à realidade, convidando-os a aproximar-se do ressuscitado: "Desatai-o e deixai-o andar". A vida voltara simples e totalmente.

Assim acaba a impressionante narrativa da ressurreição de Lázaro. Tudo o mais — a estupefação dos presentes, a gratidão do ressuscitado e a alegria das suas irmãs, o entusiasmo do povo — poderia dar ao evangelista motivos de sobra para completar o quadro. Mas João, que não procura efeitos literários, limita-se a acrescentar uma frase que nos revela a importância decisiva deste milagre na vida de Jesus: "Muitos dos judeus que tinham vindo à casa de Maria e visto o que Jesus fizera creram nele. Mas alguns deles foram ter com os fariseus e contaram-lhes o que Jesus havia feito".

A história humana está recheada destas absurdas contradições, mas é difícil encontrar uma obstinação comparável à dos fariseus. Não importa que o mundo se afunde, contanto que o seu domínio permaneça intocável. E assim, aquela obra maravilhosa, que deveria ter levado ao reconhecimento definitivo de Jesus como o Cristo esperado, viria a precipitar a sua morte. O afeto heroico pelo amigo, manifestado naquele milagre sem par, seria o toque de alarme que agruparia todos os inimigos para o perderem.

Pânico entre os fariseus

Os fariseus, os eternos inimigos de Cristo, os que em vão lhe tinham disputado o império sobre as massas a partir dos dias das suas primeiras pregações em Cafarnaum, vão deixar agora a direção da intriga a outros adversários mais temíveis, os saduceus, que, demasiado metidos na sua ambição de poder ou demasiado céticos para se interessarem pelas discussões teológicas, até então pouca importância tinham dado ao turbilhão levantado em torno do Rabi da Galileia. Mas já havia algum tempo que os fariseus se esforçavam por desviar-lhes o olhar naquela direção. E agora conseguem-no sem grandes esforços.

Se os saduceus já se mostravam um pouco inquietos devido às pretensões messiânicas de Jesus e, políticos acima de tudo, começavam a temer um motim popular que provocasse as represálias de Roma e os privasse dos seus benefícios e prebendas, agora a ressurreição de Lázaro, o assombro produzido por ela entre o povo, decide-os a adotar uma resolução extrema: a excomunhão lançada pelos fariseus é uma arma sem eficácia e, portanto, não há outra saída senão fazer desaparecer o homem perigoso.

Enquanto, pelas ruas de Jerusalém, a multidão comentava o acontecimento de Betânia, o Sinédrio reunia-se secretamente para tomar uma resolução sobre o taumaturgo. Lá estavam os chefes dos partidos, os fariseus, representados pelos escribas, e os saduceus, a cujas fileiras pertenciam os príncipes dos sacerdotes. É provável que não estivessem todos os membros, visto que não devem ter convidado os que mostravam certa inclinação por Jesus ou eram refratários a uma medida extrema. Por isso o evangelista fala de assembleia ou sinédrio, sem artigo.

Puseram a questão desta forma: "Que faremos? Esse homem faz muitas maravilhas. Se o deixarmos à vontade, todos acreditarão nele, e virão os romanos e destruirão o lugar santo e toda a nação". Não negavam a realidade dos milagres, mas consideravam Jesus como um dos muitos taumaturgos revolucionários que apareciam sem cessar e comprometiam os restos de independência que ainda lhes ficavam. O perigo era evidente. As multidões reunir-se-íam em torno do novo Profeta, proclamá-lo-iam rei, viriam as legiões da Síria, haveria matanças e lutas pelas ruas e, por fim, a destruição do Templo, a ruína do mosaísmo, a escravidão.

Discutiu-se, sugeriram-se medidas, julgou-se apaixonadamente a pessoa de Jesus. Talvez alguma voz se erguesse timidamente em sua defesa. Talvez alguém observasse que não era um agitador do povo, que nunca se tinha ocupado de política, que, como estava inocente, não havia nenhuma razão para intervir contra Ele. Mas não se apresentava nenhuma solução plausível, até que o presidente da assembleia cortou as discussões e os comentários com estas palavras brutais:

— Vós não sabeis nada. Não vedes que convém que um só homem morra pelo povo, e não que pereça toda a nação?

Quem assim falava era o sumo sacerdote daquele tempo, Caifás, um político que, graças ao apoio de Roma, tinha influência, categoria hierárquica, dinheiro, poder. Havia tempo que o sumo pontificado deixara de ser um cargo vitalício. Os imperadores de Roma ou os procuradores romanos nomeavam ou demitiam a seu bel-prazer os que o ocupavam.

No ano 14, Anás tinha-se visto obrigado a deixar essas funções em favor do seu inimigo Ismael, por ordem de Valério Graco; pouco depois, uma ordem semelhante substituíra Ismael por Eleazar, filho de Anás; no ano 24, Eleazar fora derrubado e suplantado por Simão, mais adicto aos romanos que o seu antecessor; e, no ano 25, o procurador romano colocara as insígnias na cabeça de José Caifás, que as conservaria até ser deposto, no ano 37, pelo imperador Vitélio, chegado nessa altura da Síria. Caifás era genro de Anás, o qual, apesar da sua deposição, conservava uma grande influência e continuava a governar por intermédio dos seus filhos e parentes.

Foi Caifás quem deu a conhecer a palavra profética. A frase que acabava de pronunciar, e que mereceu a aprovação de todos os seus colegas, tinha um conteúdo mais profundo do que ele pensava. A sua intenção era evitar qualquer conflito com Roma; mas, na realidade, o povo que devia salvar-se com a morte de Cristo era muito mais numeroso que aquela pequena nação de Israel. O próprio evangelista se enche de admiração pelo sentido oculto do oráculo: "Ele não disse isso por si mesmo, mas, como era o sumo sacerdote daquele ano, profetizou que Jesus havia de morrer pela nação, e não somente pela nação, mas para que fossem reconduzidos à unidade os filhos de Deus que estavam dispersos": anunciava a reunião num só corpo de todos os filhos de Deus espalhados pela redondeza da terra.

O tribunal mais importante acabava assim de decretar a morte de Jesus. Bastava agora procurar o momento propício para executá-la. Foi a decisão tomada pela assembleia: "A partir daquele dia, resolveram matá-lo".

NOS MONTES DE EFRAIM

Lucas 17; Mateus 19; Marcos 10

Tinha já passado a época do frio e aproximava-se a primavera. A vida despertava nos montes, e os vales e planícies começavam a atapetar-se com os trigos semeados na altura da festa da Dedicação. Os gados subiam à meseta e deixavam as terras baixas do Jordão, onde tinham passado o inverno, e já os camponeses escolhiam o cordeiro que iam sacrificar em Jerusalém, na altura da Páscoa próxima. Por entre trigais verdejantes, videiras cheias dos primeiros rebentos e figueiras onde se viam já os primeiros olhos branco--acinzentados, Jesus atravessou de novo os campos da Judeia em direção ao Norte.

É possível que tivesse tido notícias do conciliábulo do Sinédrio por meio de Nicodemos. Talvez lhe tivesse chegado aos ouvidos que, de certo modo, tinham posto a sua cabeça a prêmio, pois, como diz João, "os sumos sacerdotes e os fariseus tinham ordenado que, se alguém soubesse onde ele estava, o indicasse a fim de o prenderem". Em todo o caso, como a sua hora ainda não havia chegado, via-se mais uma vez obrigado a retirar-se e a satisfazer assim o desejo dos sinedritas, que, de momento, só queriam obrigá-lo a esconder-se e intimidar os seus partidários: as peregrinações começavam já a pôr em alvoroço os caminhos e não era aquele o momento propício para agirem violentamente contra um homem de tanta popularidade. Assim pensavam eles, sem reparar que Jesus tinha poder para lhes transtornar os planos. Haviam de prendê-lo, mas quando, como e onde Ele quisesse.

Desta vez, não se retira para o outro lado do Jordão, para aquela região da Pereia que lhe tinha servido de refúgio nas últimas semanas, e que cada vez se lhe mostrava mais hostil. Vai para o Norte, para Efraim, atual Taijibeh, situada ainda na Judeia, a vinte e cinco quilômetros de Jerusalém, mas já próxima do deserto. Se a perseguição a tanto o obrigasse, ser-lhe-ia fácil alcançar a fronteira da Samaria ou descer, por lugares desabitados, até as margens do Jordão, no caminho da Pereia.

Os dez leprosos

Efraim foi, durante três ou quatro semanas, o centro das caminhadas apostólicas do Senhor, as últimas do divino pescador de almas. Numa delas, deve ter voltado a atravessar a terra da Samaria para se aproximar da tetrarquia de Herodes.

Lucas conta-nos um milagre que operou então entre as fronteiras da Samaria e da Galileia. Ao entrar numa povoação, fê-lo parar um grito saído de umas gargantas gastas e sem forças:

— Jesus! Mestre! Tem piedade de nós!

Dez desgraçados tinham-se postado junto do caminho em atitude de respeito e dor. Eram dignos de lástima.

Uns farrapos lhes cobriam os membros asquerosos, e tinham a cabeça rapada. Empunhavam nas mãos trêmulas o bordão que lhes sustinha os corpos desfalecentes; os seus olhos, as suas faces, os seus braços estavam roídos por úlceras repugnantes, invadidos em vida pela corrupção da morte. Era o terrível mal da lepra, o dedo de Deus, como diziam os judeus, que o olhavam como sinal visível da alma infectada pelo pecado. Excluído do convívio com os seus semelhantes, o leproso vivia em grutas ou improvisava a sua choça às portas das cidades, para receber a esmola dos que entravam e saíam.

Comovido por aquela miséria, Jesus dá-lhes a esmola da saúde:

— Ide — disse-lhes — e mostrai-vos aos sacerdotes.

Uma decisão dos sacerdotes os tinha separado dos seus concidadãos, e só um certificado de cura os podia reintegrar na vida social. A ordem de Jesus era, portanto, uma promessa de cura, condicionada a um ato de fé. Eles creem, e, à medida que se afastam, começam a observar que um sangue mais puro lhes corre pelas veias, que lhes vão desaparecendo do corpo aquelas manchas esbranquiçadas, que as pústulas lívidas e sanguinolentas são substituídas pela cor rosada da pele de uma criança. Terminara a humilhação; a cura era completa.

Nesse ínterim, Jesus entra na aldeia, reúne o povo na praça e expõe a sua doutrina. E eis que um homem abre caminho por entre a multidão, chega perto dEle, prosterna-se até tocar o chão com a fronte e beija os pés do seu Salvador. Era um dos dez curados, um samaritano, diz o Evangelho. Habitante dos confins da Samaria, tinha-se juntado aos leprosos de Israel, vencendo as repugnâncias de raça e de religião; a desgraça tinha derrubado o muro que existia entre eles. Mas, quando verificaram que estavam livres do flagelo, os nove judeus já não viram no samaritano mais que o inimigo do seu povo; separaram-se dele e seguiram o seu caminho. Ele, porém, retomou para agradecer ao seu benfeitor. "Como? — exclamou Jesus. — Não foram dez os curados? Onde estão os outros nove? Não houve quem voltasse para dar graças a Deus a não ser este estrangeiro?"

A reflexão do Senhor denotava uma profunda tristeza, que as palavras "este estrangeiro" acentuaram ainda mais. Aquele incidente era como que o resumo de toda a sua missão. Prodigalizara a mãos cheias os seus benefícios a Israel, e o seu povo o escorraçava. Uns dias depois, talvez esses mesmos que tinham sido curados figurassem entre a turba frenética que reclamava a sua morte. Consola-o o samaritano, símbolo de todos os filhos da gentilidade, que haveriam de receber com fé e reconhecimento o benefício da Redenção.

A vinda do reino de Deus

Os fariseus continuam a vaguear em torno do grupo de Jesus e dos seus discípulos. Certo dia, aproximam-se dEle e levantam-lhe uma questão em que hipocritamente se fazem eco das impaciências e dos anelos da multidão: "Quando chegará o reino de Deus?" Talvez queiram obter de Jesus uma declaração explícita, talvez tentem somente fazer uma alusão irônica àquele Reino que era, havia três anos, o tema fundamental dos seus discursos. "O reino de Deus — responde o Salvador — não virá com aparato, nem se poderá dizer: «Está aqui ou está ali». O reino de Deus encontra-se já no meio de vós".

Os fariseus não quiseram insistir, e Jesus aproveita a ocasião para falar aos seus discípulos da segunda vinda do Messias, que terá por fim estabelecer O Reino definitivo. "Tempo virá em que desejareis ver um só dos dias do Filho do Homem e não o vereis. Mas antes é necessário que ele sofra muito e seja reprovado por esta géração. E sucederá nos dias do Filho do Homem o mesmo que se passou nos dias de Noé: comiam e bebiam, desposavam mulher ou marido, até que Noé entrou na arca. Então sobreveio o dilúvio e os fez perecer a todos. O mesmo aconteceu nos dias de Lot: comiam e bebiam, compravam e vendiam, plantavam e edificavam. Mas no dia em que Lot saiu de Sodoma, caiu do céu uma chuva de fogo e enxofre que os fez perecer a todos. Assim será no dia em que se manifestar o Filho do Homem... Lembrai-vos da mulher de Lot. Quem procurar salvar a sua vida perdê-la-á, mas quem a perder salvá-la-á. Eu vos digo: naquela noite, duas pessoas estarão na mesma cama: uma será tomada e a outra deixada; duas mulheres estarão moendo juntas: uma será tomada e a outra deixada".

Assim será a parúsia gloriosa de Cristo: repentina e imprevista. Naquele dia será fixado o destino de todos os homens e se saberá quais foram os réprobos e quais os eleitos. Os discípulos gostariam de saber onde se realizaria essa segregação geral, mas o Senhor responde-lhes com um provérbio antigo que os deixa na mesma incerteza: "Onde quer que esteja o corpo, ali se juntarão os abutres". No deserto da Arábia por onde conduziam os seus camelos, os patriarcas tinham podido observar verdadeiras nuvens dessas aves de rapina dispostas a precipitar-se sobre o viajante que desfalecia na areia. Não admira, portanto, que desde antigamente corresse entre os judeus este dito: "Onde quer que esteja o cadáver, ali se encontrará o *nécher,* o abutre". O Senhor parece aplicá-lo também à rapidez da sua segunda vinda, inesperada como a dessas aves.

Jesus e as crianças

Depois dessas evocações premonitórias, Lucas e os outros evangelistas, que voltam a contribuir para a nossa narrativa, contam-nos um episódio amável e delicioso, que parece como que o último sorriso da vida de Jesus. No Oriente, ainda é costume levar as crianças aos monges santos ou aos dervixes com fama de virtude para que as abençoem. O mesmo acontecia no tempo de Jesus.

Em certa ocasião, um grupo de mulheres invadiu o pátio da casa onde Ele se hospedava. Levavam com elas os filhos pequenos, na esperança de que o Rabi os tocasse e pusesse as suas mãos sobre eles. Segundo dá a entender Mateus, foi num momento em que Ele estava de partida, e, quando os discípulos saíram ao pátio preparados para partir e viram aquela criançada turbulenta que queria ver Jesus, ouvi-lo e tocá-lo, puseram-se de mau humor e repreenderam as mulheres. E a atitude habitual de todos os discípulos, de todos os subalternos que, com ar doutoral, como quem diz a última palavra, se armam em intérpretes e defensores dos seus chefes, dos seus amos e dos seus mestres. Mas o amor daquelas mães não recuou: rogaram, insistiram, e em breve o diálogo se tornou tão ruidoso que os ecos se ouviam lá dentro. Nesse momento, o próprio Jesus apareceu nos umbrais e, vendo o que se passava, reprovou a conduta dos seus discípulos: "indignou-se", diz Marcos. E foi nessa altura que disse aquelas palavras memoráveis:

— Deixai vir a mim as criancinhas, e não as impeçais, porque o reino de Deus é dos que são como elas. Em verdade vos digo que quem não receber o reino de Deus como uma criança não entrará nele.

Num instante, viu-se rodeado de crianças buliçosas e desalinhadas. Antes de as levarem à casa do Rabi, as mães tinham-lhes limpado o nariz, passado o véu pela cara, arrumado o cabelo, mas ainda traziam todas as marcas da rua, onde tinham estado a brincar, a correr, a brigar e a gritar. Dava na mesma. Jesus recebe-as, alegre e satisfeito; não só as toca, como queriam as mães, mas até as acaricia, e lhes impõe as mãos, e pede para elas a bênção do céu. E elas sentem-se felizes e riem, agradecidas por aquela confiança. Viram, tocaram o Rabi, de quem tinham ouvido os pais dizer tantas coisas. Sentam-se nos seus joelhos, roçam-lhe a barba com os seus cabelos revoltos, olham-no nos olhos com curiosidade infantil, e voltam-se para as mães, cheias de orgulho, sentindo-se infinitamente importantes. Mas nenhuma delas é capaz de imaginar a importância que tem aos olhos de Jesus.

Naquele mesmo tempo, no bairro romano de Testazzo, apareciam todos os dias, ao amanhecer, dezenas de crianças ali abandonadas por mães desnaturadas. No ano 29 do imperador Augusto, quando Jesus corria pelas ruas de Nazaré, um trabalhador do porto de Alexandria escrevia à mulher: "Quando deres à luz, se for um rapaz, deixa-o viver; se for uma menina, expõe-na". E em todas as aldeias e cidades do Império Celeste o povo repetia uns versos do seu grande legislador, Confúcio, considerados como o ápice da ciência: "Quando te nascer um menino, prepara-lhe joias e veludos; quando te nascer uma menina, deixa-a num portal".

A CAMINHO DE JERUSALÉM

Lucas 18 e 19; Mateus 20 e 25;
Marcos 10

A viagem que Jesus ia fazer quando a turba das mulheres e das crianças atrasou a partida talvez fosse a última, a viagem que não teria regresso. Viagem de despedida, em que Jesus deixava para sempre os montes de Efraim, para celebrar a derradeira Páscoa em Jerusalém. Não desce pelo caminho direto; atravessa o deserto e, dando uma grande volta, dirige-se ao vale do Jordão. Ali, encontra-se com as caravanas de peregrinos que vão, como Ele, para a Cidade Santa e entre as quais conta muitos conterrâneos, amigos e admiradores. Recebem-no com ruidoso entusiasmo, mas Ele esquiva-se àquelas manifestações populares. À sua volta observam-se, ao mesmo tempo, sonhos de grandeza e pressentimentos sombrios.

Caminha silencioso, pensativo, preocupado. Vai à frente, sozinho, absorto nas suas meditações. Atrás dEle, a incerteza e o temor: primeiro os Apóstolos, intranquilos e ensimesmados, depois a turba, espantada, surpreendida. Aquela viagem tinha de acabar mal. Como? Essa era a pergunta que brotava de todos os lábios.

Marcos pinta-nos assim o começo da viagem: "Iam a caminho de Jerusalém e Jesus os precedia; estavam perturbados e seguiam-no com medo". De súbito, o Senhor para por uns instantes e os Doze reúnem-se à sua volta. É a eles que vai confiar o segredo. Já em outras duas ocasiões os preparara para o escândalo da cruz, mas agora está disposto a revelar-lhes os passos da sua Paixão quase com a precisão de uma história: "Eis que subimos a Jerusalém, e o Filho do Homem será entregue aos príncipes dos sacerdotes e aos escribas. Hão de condená-lo à morte e entregá-lo aos gentios. Escarnecerão dele, cuspirão nele, açoitá-lo-ão e o matarão. Mas ao terceiro dia ressuscitará". Ali tinham todos os pormenores do que ia acontecer dez dias mais tarde, ali tinham os sete atos do grande drama: traição, sentença do Sinédrio, intervenção do poder romano, insultos, flagelação, crucifixão e ressurreição.

Não se podia ser mais claro e, no entanto, os Apóstolos ainda não compreendem. Lucas diz-nos que "não entenderam nada, e as suas palavras eram para eles um enigma". Depois de tantas exortações sobre a pobreza, a paz, a humildade, a mansidão e o amor, eles continuavam a pensar em projetos ambiciosos, em recepções brilhantes, em governos, riquezas e faustos humanos. Só uma coisa tiraram a limpo: que o desenlace era iminente.

De qualquer maneira, ainda que viesse a acontecer tudo isso que Jesus acabava de descrever, não tinham motivo para assustar-se muito, porque à sua morte se seguiria uma ressurreição imediata, que decerto daria início ao Reino anunciado. E esse pensamento acendeu nos Doze as intrigas e atiçou neles os anelos de mando. Em breve — diziam uns para os outros —

veriam o Mestre sentado no seu trono e envolto num manto de púrpura. E, junto do seu trono, segundo as suas palavras, haveria outros doze lugares para eles. Quem se sentaria junto dEle? Quem teria o primado? Quem seria o seu lugar-tenente?

A ambição dos filhos de Zebedeu

Essas elucubrações explicam-nos um incidente estranho, dos muitos que esmaltaram a viagem. Tiago e João sabiam que Jesus os olhava com uma predileção evidente, mas temiam que o filho de Jonas lhes arrebatasse o primeiro lugar, e bastava essa ideia para lhes aguar a alegria e até diminuir o afeto que sentiam pelo velho companheiro de canseiras e perigos no mar da Galileia. Questões de mulheres contribuíram, sem dúvida, para envenenar a situação. No séquito de Jesus seguiam a mulher de Zebedeu e a sogra de Cefas, que agradecia ao Nazareno a sua cura com toda a sorte de obséquios e homenagens. Ela sabia que o seu Simão tinha a promessa das chaves do Reino dos céus, que caminhara ao encontro do Mestre por cima das águas, e que, pouco tempo antes, ambos tinham pago o imposto do Templo com o mesmo *estáter* milagroso retirado da boca de um peixe.

Mas não era João o predileto do coração de Jesus?, dizia Salomé, com um sorriso incrédulo. Não via o Mestre manifestar por ele uma ternura que não usava com mais ninguém? E o seu Tiago não era o companheiro de todos os momentos, a testemunha de todas as intimidades e o participante de todos os segredos? De qualquer modo, tinha que assegurar aos seus filhos os lugares mais disputados. Não havia tempo a perder, o reino do Messias aproximava-se e, portanto, em breve chegaria o momento de organizar a corte, distribuir os cargos, nomear os altos funcionários.

Tiago e João falaram de todas essas coisas com a mãe. Urgia tomar a dianteira a Pedro; mas, à simples ideia de aparecerem diante de Jesus com aquele pedido ambicioso, os dois irmãos tremiam de pavor. "Bem, então eu vou convosco!" — deve ter-lhes dito a mãe; e, mais ardente ou menos tímida que eles, movida pelo amor materno, que a desculpava, chegou-se a Jesus e caiu de joelhos diante dEle.

— Que queres? — perguntou-lhe o Mestre.

— Ordena — respondeu Salomé sem rodeios — que estes meus dois filhos se sentem, no teu reino, um à tua direita e outro à tua esquerda.

Longe de se irritar com tamanho atrevimento, Jesus envolveu os dois irmãos num olhar compassivo, pensando que, uns dias depois, dois ladrões haviam de morrer ao seu lado, pregados em duas cruzes. O Reino de Deus estava próximo, sem dúvida, mas era preciso que, antes de subir à glória, o Senhor bebesse o cálice e passasse pelo batismo, duas imagens que já antes havia usado em seus discursos e que volta a pôr diante dos filhos de Zebedeu. Cegava-os a ambição, e impunha-se curá-los daquela mania de grandezas.

— Não sabeis o que pedis — disse-lhes, aludindo às amarguras da sua Paixão. — Podeis beber o cálice que eu vou beber e ser batizados com o batismo com que vou ser batizado?

— Podemos — responderam eles, num arranque sincero e generoso, ditado em parte pelas suas ambições, mas motivado também pelo seu grande amor a Cristo.

— Sim — prosseguiu Jesus, satisfeito com aquela intrepidez ante a perspectiva do sacrifício —, bebereis o cálice que eu devo beber e sereis batizados com o batismo com que eu devo ser batizado. Mas o sentar-se à minha direita ou à minha esquerda não depende de mim; meu Pai é que sabe para quem o reservou.

Os primeiros do Reino

Jesus distingue o que os dois discípulos confundiam: o reino do Messias na terra e o reino da glória celeste. O primeiro, cheio de trabalhos e de perseguições; o segundo, aquele em que, como fruto desses trabalhos, o Pai celestial indicará a cada um a recompensa merecida.

Essas palavras levaram o desencanto e a tristeza ao ânimo dos dois irmãos, mas também não deixaram lá muito satisfeitos os outros Apóstolos que, a pouca distância, tinham seguido a cena com murmúrios de indignação. Jesus reúne-os a todos e mostra-lhes onde está a verdadeira grandeza. Não é já a alma de uma criança que lhes apresenta como modelo, como depois da transfiguração, mas o exemplo muito mais constrangedor e comovente da sua própria conduta: "Aquele dentre vós que quiser ser o primeiro seja o vosso servo, porque o Filho do Homem não veio para ser servido, mas para servir e dar a vida em resgate de muitos".

É precisamente o contrário do que acontece no mundo, cujos chefes escalam as alturas do poder para fazerem sentir aos súditos o peso da sua autoridade. Noutro lugar, Jesus apresentara-se como o bom pastor que se entrega ao serviço do seu rebanho e sacrifica a própria vida por ele; aqui, a afirmação é mais explícita: o Filho do Homem só pode acabar os seus dias de uma maneira: morrendo pelos seus. E este era o exemplo que os seus deviam colher dEle. Aparece deste modo no mundo essa nova força da vida espiritual que se há de chamar a *imitação de Cristo*.

Jericó

Corria o mês de Nisan daquele ano 29 da nossa era, ano 782 da fundação de Roma, e os peregrinos galileus deslocavam-se em massa a caminho de Jerusalém. Depois de seguirem durante horas pelo vale tórrido e insalubre do Jordão, torciam para a direita e passavam pela região onde se situava a cidade de Jericó, região quase divina, na expressão de Josefo.

Noutro tempo, aquela terra tinha sido estéril, e as suas águas, mortíferas; mas contava-se que um dia o profeta Eliseu passara por ali e dissera: "Tragam-me um copo novo cheio de sal". Tomara o sal e derramara-o sobre uma fonte. Desde aquele instante — lê-se no livro quarto dos Reis —, as águas tinham-se tornado fecundas.

Jerusalém passou a ter inveja de Jericó, das suas rosas, das suas fontes, das suas brisas, dos seus tanques e das suas casas de campo, escondidas no meio de bosques de palmeiras e sicômoros, onde os cortesãos do palácio de Herodes e as grandes figuras do sacerdócio levavam uma vida faustosa, onde os oficiais da guarnição romana buscavam aventuras e prazeres e os grandes banqueiros israelitas escondiam as suas joias e ouro. Embelezada por Herodes e Arquelau, dotada de um grande anfiteatro, de um hipódromo amplo, de suntuosos palácios e de ridentes piscinas, Jericó, hoje convertida num vilarejo miserável, era então a segunda cidade da Palestina.

A cidade herodiana, porém, não se erguia exatamente sobre o traçado da cidade cananeia, mas dois quilômetros mais ao sul. No meio das velhas ruínas e em volta da fonte de Eliseu, amontoavam-se algumas casinhas que constituíam como que um arrabalde da cidade nova, e pela frente das quais tinha de passar quem, como nesta ocasião Jesus, descia pelo caminho do Jordão. Foi durante esse trajeto que se deu um episódio que os três Sinóticos nos contam com divergências que não deixam de ter o seu interesse.

Bartimeu, o cego

Ao cair daquela tarde primaveril, a cidade sorri aos viajantes; o ar tépido vem carregado de perfumes, os pássaros brincam alvoroçados entre os ramos dos grandes sicômoros, as roseiras assomam seus braços floridos por cima dos muros, e os gaviões dão voltas como loucos, roçando com as suas asas negras a superfície cristalina dos arroios. E, aos perfumes, murmúrios e cantos, misturam-se os gritos dos peregrinos que acompanham o Profeta da Galileia. A gente vem ver Jesus, repete as suas palavras, recorda os seus milagres e dá à língua, comentando aquela audácia que o leva a Jerusalém, disposto a enfrentar as ciladas dos seus inimigos mortais. Seu nome anda de grupo em grupo e gira de boca em boca.

À saída da cidade, a caravana passa por um cego, chamado Bartimeu, que pedia esmola sentado à beira do caminho. Impressionado pelas referências e comentários da turba, o homem começa a gritar incontidamente: "Jesus, Filho de Davi, tem compaixão de mim!" A sua voz domina os rumores da multidão e distrai os que se esforçam por não perder as palavras do Mestre. Alguns olham para ele com olhos hostis, outros mandam-no calar; mas ele clama com mais força: "Jesus, Filho de Davi, tem compaixão de mim!" Jesus detém-se e pede que o tragam à sua presença; e a turba emudece instantaneamente. Já não repreende o cego pelos seus gritos importunos, mas felicita-o e anima-o: "Ânimo! Levanta-te, que ele te chama". O cego não precisa de tais alentos; deixa o manto e avança para Jesus. Depois, este breve diálogo:

— Que queres que te faça?

— Senhor, que eu veja.

— Vai; a tua fé te salvou.

E imediatamente as pupilas extintas se animam, iluminadas por uma chama nova; as pálpebras se abrem e se deixam seduzir pela glória esplendorosa da tarde.

Segundo Mateus e Marcos, este acontecimento deu-se quando Jesus saía de Jericó; segundo Lucas, quando se aproximava. Por outro lado, Marcos e Lucas só falam de um cego; Mateus, pelo contrário, diz que foram dois os cegos curados. Daqui uma questão que sempre preocupou os comentaristas. A primeira diferença explica-se assim: Mateus e Marcos referiam-se à antiga Jericó e Lucas à nova. Quanto à segunda, pode-se admitir que os cegos eram dois, pois andavam muitas vezes aos pares para se ajudarem mutuamente; e se Lucas e Marcos só falam de um, de Bartimeu, é porque, devido à sua maior iniciativa, dirigia a sociedade formada por ambos.

Zaqueu, o publicano

A caravana prossegue o seu caminho entre dois rios de gente abalada pelo prodígio. Crianças e adultos, artesãos e poderosos se apinham para ver passar o taumaturgo.

Até Zaqueu, chefe dos publicanos, está ali, correndo de um lado para outro, à procura de uma clareira por onde infiltrar-se, de uma pedra onde possa subir, pois, como é de pequena estatura, não consegue encontrar maneira de satisfazer a sua curiosidade. Por fim, depois de muitos esforços inúteis, resolve subir a uma árvore, como qualquer moleque, e empoleira-se num sicômoro de onde já pendiam decerto outros espectadores. Mas este publicano é uma das pessoas mais importantes da cidade, príncipe do seu grêmio, talvez o inspetor-chefe ou o arrendatário geral das alfândegas. Possui uma fortuna imensa. Contudo, o ouro não foi capaz de sufocar completamente o seu sentido de espiritualidade.

Por fim, consegue o que queria: apoiado num galho da árvore, afasta a folhagem e abre os olhos com avidez. Aquela árvore era um sicômoro, uma dessas espécies que ainda hoje se veem nos arredores de Jericó, e cujas raízes saem da terra para se enrascarem em volta do tronco, tornando mais fácil a subida até à copa. Esse gesto deve ter surpreendido a multidão: não era um rapaz ou um homem qualquer que procedia assim, mas uma figura muito conhecida e desagradavelmente conhecida, um chefe daqueles funcionários que chupavam o sangue do povo e que o povo odiava e maldizia. Houve, sem dúvida, comentários desfavoráveis, sorrisos maliciosos e talvez insultos.

Jesus aproxima-se do lugar onde se encontra o publicano, e ele pode observar-lhe o olhar, todos os traços da cara. De repente, ouve o seu nome: "Zaqueu!" Estará sonhando? Mas não; o Mestre olha-o e dirige-lhe a palavra: "Desce imediatamente, porque é preciso que eu me hospede hoje em tua casa". Talvez naquele mesmo momento alguém pronunciasse o seu nome com desprezo; talvez, a seu lado, murmurassem dele, dizendo que não estava certo que um coletor principal subisse a uma árvore. Mas Jesus chama-o e isso o torna feliz. Desce apressadamente, põe-se ao lado do Senhor e toda a comitiva se encaminha para a casa do publicano. Uns estão surpreendidos; outros, indignados. Se um publicano era um pecador, um chefe de publicanos tinha que ser, pelo menos, um criminoso, um imundo, um excomungado. Decerto era assim que os fariseus consideravam aquele homenzinho que, ainda por cima, se chamava *Zakkai*, quer dizer, "puro". E, no entanto, Jesus ia entrar em sua casa.

Zaqueu repara nos protestos da multidão e, compreendendo que a sua casa é, efetivamente, indigna de receber o Mestre, quer purificá-la de alguma maneira e faz esta promessa solene: "Senhor, vou dar metade dos meus bens aos pobres e, se nalguma coisa defraudei alguém, devolvo-lhe o quádruplo". Impõe a si próprio a obrigação de rever as suas contas, dispondo-se a aceitar generosamente o castigo que a lei romana estabelecia em tais casos, e a ir mais longe e dar metade dos seus bens aos necessitados. Ampla reparação e grandes esmolas.

Apesar disso, as críticas da multidão continuavam. Mas o Senhor responde aos murmuradores com umas palavras terminantes: "Hoje entrou a salvação nesta casa, porquanto também este homem é filho de Abraão. Pois o Filho do Homem veio buscar e salvar o que estava perdido". Era dizer que acabava de realizar um milagre maior que a cura de um cego.

Se Bartimeu tinha recuperado milagrosamente a vista, Zaqueu era o camelo que tinha passado pelo fundo da agulha, "coisa impossível para os homens, mas não para Deus".

O banquete em honra de Jesus

Aquele dia deve ter sido, sem dúvida, de uma agitação desusada na casa de Zaqueu. Quem se mostrara tão generoso com os pobres, decerto não olhou a gastos para obsequiar o Profeta. Podemos imaginar um banquete esplêndido, os pratos mais requintados, uma assistência numerosa, composta não só pelos discípulos mais chegados a Jesus, como por algumas das personalidades mais ilustres da cidade. Os convivas deviam ser, na sua maioria, adeptos do Senhor, ou melhor, seus simpatizantes, espíritos dispostos a aceitá-lo como o Salvador de Israel. Lucas diz expressamente que se esperava o advento iminente do Reino de Deus. Esperavam-no não só a turba que acompanhava Jesus na altura em que chegara a Jericó, mas muito particularmente o grupo escolhido dos que se sentariam com Ele à mesa do publicano. Talvez naquele banquete se falasse a meia voz de combates, de vitórias, de governos, de tronos brilhantes e de esplendores cortesãos muito mais sólidos e duradouros que os do governante efêmero cujo palácio se via perto dali. Todos tinham a impressão de que aquela viagem havia de pôr fim, de uma maneira ou de outra, ao conflito entre o Profeta e os chefes do povo, e nenhum dos que rodeavam Jesus podia admitir que o choque terminasse com a sua morte. Ali estavam eles para o impedir. Se tombassem no decorrer da contenda, esse homem que dava luz aos cegos e ressuscitava os mortos tinha poder para curar os feridos e restituir a vida aos mortos. Quem poderia opor-se à sua prodigiosa virtude?

Para acalmar impaciências e dissipar ilusões, porque "alguns estavam persuadidos de que o reino de Deus ia manifestar-se de um momento para o outro", diz Lucas, Jesus expõe aos convidados uma parábola em que prepara os ânimos para o pensamento da sua ausência.

"Um nobre partiu para um país distante a fim de ser investido na realeza e depois regressar. Antes de partir, chamou dez dos seus servos, deu-lhes dez minas — o equivalente a trezentos e cinquenta gramas de prata — e disse-lhes: «Negociai até que eu volte». Ora, os seus concidadãos odiavam-no e mandaram uma deputação atrás dele, para dizer: «Não queremos que ele seja nosso rei!»"

Estas palavras evocavam na mente do público acontecimentos recentes que estavam na memória de todos. Daquela cidade de Jericó tinha partido outrora para um país distante, para Roma, Herodes, o Grande, que pouco depois voltara com o título de rei da Judeia. Talvez se vissem dali as paredes de mármore do palácio real. Fora edificado por Herodes, mas um dos seus escravos, revoltado contra ele, havia posto fogo às suas portas de cedro, às suas salas esplendidamente mobiliadas. Não tardara, contudo, a ser restaurado pelo filho Arquelau, que também viajara a Roma para se fazer coroar rei pelos donos do mundo, embora com menos sorte que seu pai, pois atrás dele partira uma delegação de cinquenta judeus com a missão de depor contra ele. Deve ter sido muito forte a impressão produzida nos ouvintes pela recordação desse episódio, já que, em vez da coroa, esse príncipe infeliz recebera o desterro.

Tudo isso recordava aos circunstantes as angústias que afligiam o povo de Israel e as humilhações que anunciavam a sua ruína; mas Jesus queria extrair delas uma lição mais elevada. O príncipe da parábola regressa, já investido na realeza, e a seguir chama os dez servos e pede-lhes contas do dinheiro que lhes entregou.

— A tua ruína rendeu outras dez — diz-lhe o primeiro, com uma afabilidade oriental.

— Muito bem, servo bom — responde o rei —, porque foste fiel no pouco, serás senhor de dez cidades.

Vem o segundo e declara que a sua ruína rendeu outras cinco.

— Sê governador de cinco cidades — diz-lhe também o rei.

Mas houve um que, durante todo aquele tempo, não pôs a ruína a render. Preguiçoso e indolente, não teve ânimo nem habilidade para tirar dela um só siclo. Compareceu à presença do seu senhor, tirou com gesto teatral a sua moeda do lenço onde a tinha guardado e, enquanto ia desfazendo os nós, argumentou:

— Senhor, aqui tens a tua ruína, que guardei embrulhada num lenço; pois tive medo de ti, porque és um homem severo, que tiras o que não puseste e colhes o que não semeaste.

Sede bons banqueiros

Essa desculpa não valia para um servo como aquele. O amo ordenara-lhe que negociasse, mas ele contentara-se em não correr risco algum, e isso não bastava. O servo de Deus deve trabalhar com zelo e confiança para poder dizer com satisfação e modéstia que o dinheiro duplicou nas suas mãos. Caso contrário, receberá a resposta que o rei deu ao servo preguiçoso:

— Pelas tuas palavras te julgo, servo mau. Sabias que sou um homem duro, que tiro o que não pus e ceifo o que não semeei. Então por que não depositaste o meu dinheiro no banco? Assim, eu o teria retirado com juros.

E acrescentou, dirigindo-se aos que estavam à sua volta: "Tirai-lhe a ruína e dai-a ao que tem dez". Os cortesãos estranharam a ordem, mas o rei justificou a sua decisão com estas palavras: "Eu vos declaro: a todo aquele que tem, ser-lhe-á dado; mas, ao que não tem, até o que tem lhe será tirado".

A parábola termina com esta sentença terrível: "Quanto a esses meus inimigos que não quiseram que eu reinasse sobre eles, trazei-os aqui e degolai-os na minha presença".

Este discurso deve ter esfriado sensivelmente o entusiasmo e refreado as esperanças messiânicas dos ouvintes. Aquele rei misterioso, em quem era fácil descobrir o próprio Jesus, devia ausentar-se para ir a um país distante, do qual só havia de voltar "passado muito tempo" para inaugurar solenemente o seu reino e premiar os súditos fiéis e castigar os maus. Que ninguém, portanto, se entregasse a uma ansiosa expectativa da parúsia imediata. O triunfo final viria necessariamente, mas antes seria preciso que se pusesse a render o cabedal confiado a cada um.

Desta maneira, Jesus esforçava-se por iluminar e canalizar a fé dos discípulos, sem lhes causar desalento, mas elevando-lhes o olhar do espírito a um conceito mais exato e mais puro da sua função messiânica.

EM BETÂNIA

João 11

Na viagem de Jericó a Jerusalém, Jesus chegou às proximidades de Betânia ao entardecer da sexta-feira que precedia a grande semana. Deve ter dormido aquela noite ao relento ou em alguma estalagem dos arredores e percorrido no dia seguinte o curto trecho que o separava da casa dos seus amigos; esse percurso não implicava uma violação do descanso do sábado. Seja como for, estava já em Betânia no sábado anterior à festa da Páscoa, contrariamente ao que se poderia depreender da narração de Mateus, que parece situar a passagem por Betânia na quarta-feira seguinte.

A sua presença despertou irritação e despeito entre os que, depois da resolução do Sinédrio, julgavam ter desaparecido para sempre o perigo das pregações do Nazareno. Mas causou uma explosão de alegria em todos os que esperavam o aparecimento imediato do Messias, pois a atitude de Jesus só podia significar que, por fim, ia restabelecer o reino de Israel.

Se Ele não se sentisse seguro de aniquilar os inimigos, como é que se aventuraria a aparecer-lhes? Vinha, sem dúvida, para organizar o reino tantas vezes anunciado. A situação radicalizara-se tanto que lhes parecia já só restar este dilema: ou morrer ou triunfar. No seu ingênuo entusiasmo, não podiam conceber que o Senhor pudesse triunfar morrendo.

O jantar em casa de Simão, o leproso

Quase a mesma coisa pensavam os amigos: nem mesmo eles viam outra solução a não ser enfrentar esse dilema inevitável. A única diferença era que eles tinham a certeza do triunfo imediato, triunfo talvez com luta, mas sem a menor aparência de derrota, sem o sopro desonroso da paixão e morte. Tal era a atitude da maior parte dos habitantes de Betânia. Testemunhas presenciais do prodígio ali realizado umas semanas antes disputam agora a honra de hospedar e obsequiar Jesus. Ninguém pode arrebatar a Marta a honra de receber em sua casa hóspede tão ilustre, mas há personalidades de destaque que se sentiriam felizes se Jesus sentasse à sua mesa.

Entre elas contava-se, em primeiro lugar, um homem a quem chamavam Simão, o leproso. Só lhe conhecemos o nome, mas é suficiente para aventar que, se se tinha curado da lepra, o devia provavelmente a um milagre de Jesus. Simão quis manifestar o seu agradecimento dando em honra do Senhor um banquete, que se celebrou na tarde daquele sábado. Estavam presentes os Apóstolos e os habitantes mais ilustres do lugar, entre eles Lázaro, o amigo do Senhor. Marta também figurava entre os convidados, mas, como não era costume as mulheres participarem dos banquetes, tinha antes ido para servir os comensais; e aparece ali, como sempre, ativa, previdente, atarefada, acompanhada pela irmã, Maria, que, como vamos ver, torna a evidenciar o caráter que já lhe conhecemos: confiado, contemplativo e indiferente às coisas terrenas até à prodigalidade.

Aos olhos da gente prática, Maria não tinha nada que fazer ali. Vemo-la preterida, esquecida, e era isso o que ela queria. Se alguém tinha chegado a adivinhar o mistério de Jesus, depois da sua própria Mãe, esse alguém era ela. O amor pressente sempre, e aos seus pressentimentos junta ela as notícias que os discípulos lhe haviam dado acerca das dolorosas revelações do Mestre no caminho de Efraim para Jericó. Suspeitava que aquela visita seria uma despedida. Antevê as perseguições, os horrores da Paixão, a morte, a sepultura e, recordando a primeira vez que se encontrara com o Mestre junto do lago de Genesaré, entra na sala do banquete, dirige-se ao leito em que Jesus estava reclinado e desdobra o véu donde tira um vaso de alabastro cheio de um perfume de nardo puro.

Era nardo autêntico, *pístico,* segundo a expressão dos evangelistas, quer dizer, de toda a confiança, pois, como diz Plínio, "o unguento de nardo era adulterado com muita frequência, e havia um pseudonardo que não passava de uma erva colhida em qualquer parte". O próprio Plínio nos assegura que, naquele tempo, "se cavava o alabastro para fazer dele recipientes destinados a toda a espécie de perfumes. Segundo a opinião geral, era a maneira de evitar que se corrompessem ou desvirtuassem". No século I, uma libra de nardo, isto é, 327 gramas, custava cem denários em Roma, embora houvesse perfumes que chegavam a custar trezentos.

Ora, o nardo que Maria levara era do melhor, e levava-o num vaso de alabastro, cujo gargalo grácil quebrou ao chegar aonde Jesus se encontrava, derramando-lhe sobre a cabeça as essências que continha, até a última gota. Da cabeça, o perfume desceu para as vestes, das vestes para o leito, para os pés e, por fim, para o chão. Todo o recinto foi invadido por um aroma maravilhoso: a casa, a respiração de todos, a noite campesina, tudo exalava fragrância. Era nardo, o rei dos perfumes, nardo vaporoso, transparente, dourado, puro; todo ele trazido da Índia, sem mistura de outros unguentos, sem o menor sinal de imitação ou de adulteração comercial.

Os convivas ficaram maravilhados. Não estranharam tanto o gesto de Maria — era frequente, na alta sociedade, a dona de casa derramar essência de rosa sobre os cabelos e a túnica de um convidado de honra — como a prodigalidade, a dissipação insensata daquela mulher. Quando alguém conseguia adquirir um frasquinho do precioso unguento, gastava-o pouco a pouco, gota a gota, misturava-o com outras essências menos preciosas, fazia-o durar meses e anos. Mas Maria, até o alabastro quebrara; o próprio vaso tinha sido inutilizado com um gesto decidido e violento. Não teria sido melhor tirar suavemente o selo colocado no bocal? Não continha menos de uma libra, e, com o preço de uma libra de nardo, um homem podia viver muito bem durante um ano. Era um gesto exorbitante.

Da estupefação passou-se ao protesto. Um feixe de olhares hostis se cravou naquela mulher que, com os movimentos das mãos, espargia flagrância por todo o ambiente. E foi Judas quem teve a ousadia de exprimir em voz alta o pensamento de alguns dos comensais. Judas, aquele que tinha a bolsa do colégio apostólico. Ele bem sabia como Jesus amava a pobreza. Apontou para Maria com um gesto depreciativo, olhou para o Senhor como que à procura da sua aprovação e declarou: "Por que este desperdício? Poderia ter-se vendido este perfume por um bom preço e dado o dinheiro aos pobres". Ele teria obtido trezentos denários. Os demais Apóstolos estavam de acordo com essa maneira de pensar; mas eles, ao menos, pensavam realmente nos necessitados. Quantas vezes os bons se põem incautamente do lado dos maus, sem reparar que estão fazendo o jogo da hipocrisia e da perversidade! O discípulo amado não se deixou enganar pela manobra de Judas. "Falou assim — observa ele — não porque lhe importassem os pobres, mas porque era ladrão e, tendo a bolsa, furtava o que nela lançavam."

O elogio de Maria

Maria continua prosternada ao lado de Jesus, silenciosa, embargada pelo pensamento do seu amor, dominada pelo impulso da sua fé. Está contente com o que fez. A exuberância do perfume derramado era como que uma manifestação do seu sentimento interior. Quando voltaria ela a achar uma ocasião semelhante para quebrar um vaso de perfume que talvez conservasse há muito tempo para começar a usá-lo nalguma ocasião especial? Estava contente; mas a sua alegria misturou-se com lágrimas de ternura ao ver que o Rabi se apressava a defendê-la: "Deixai-a. Por que a importunais? Foi uma boa obra a que ela fez comigo. Pobres, sempre os tereis convosco e, quando quiserdes, podereis fazer-lhes bem; mas, a mim, não me tereis sempre. Não vedes que as suas mãos se adiantaram a ungir o meu corpo para a sepultura? Na verdade vos digo que, em qualquer parte do mundo onde este Evangelho for pregado, se contará em sua memória o que ela acaba de fazer".

O impressionante vaticínio cumpre-se dia a dia, à nossa vista. De todas as figuras que desfilam pelas páginas do Evangelho, poucas há que tenham comovido tão profundamente os corações como esta mulher de oração sem palavras — "escolheu a melhor parte" —, de magnanimidade sem reserva possível

— "quebrou o vaso de alabastro" —, de identificação com o plano redentor, ungindo o corpo do Senhor para a sepultura no momento em que ia começar a fuga dos mais íntimos. A recordação do seu gesto espalhou-se pelo mundo afora como a essência de nardo pela casa de Simão.

E, do outro lado, encontramos Judas, o homem condenado à ignomínia. Na pequena sociedade que se havia formado em volta de Jesus, era ele o depositário dos fundos comuns. A avareza tinha-o vencido, e entre os seus companheiros, e especialmente entre as mulheres que o ajudavam na administração, já começava a circular o rumor de que subtraía dinheiro da caixa. Toleravam-no, no entanto, no seu ofício; mas o desgraçado não pôde deixar de perceber que o vigiavam com uma desconfiança crescente e o olhavam com uma compaixão dorida.

Ao referir-se à sua sepultura, Jesus empalidecera. Voltara a aludir ao seu desaparecimento próximo, a anunciar a sua morte aos discípulos, enquanto dirigia uma muda súplica misericordiosa ao coração de Judas, que ia ser a causa daquele desaparecimento. Mas os Apóstolos devem ter continuado a não compreender, com exceção talvez do próprio Judas, que, no entanto, não se comoveu. Só sentia as pontadas da avareza e, como bom financista, cheirou, sem dúvida, uma crise que poderia levá-lo à bancarrota.

Deve ter-lhe parecido que a resposta de Jesus era uma censura clara e humilhante à sua atitude, que os olhares de todos se voltavam contra ele, que as sandálias de todos lhe pisavam o sangue, e, no fundo da sua alma, desenrolaram-se as serpentes adormecidas dos maus instintos. Foi depois deste banquete que entrou em tratos com os inimigos do seu Mestre. Tinha perdido os trezentos denários do unguento, mas ia consolar-se em breve com os trinta do Ungido.

O mistério de Judas

Terrível mistério o do homem de Kerioth! Curara enfermos, expulsara demônios, presenciara os maiores prodígios, ouvira diariamente as doutrinas e exortações do Mestre — e acaba por atraiçoá-lo. Não era galileu como os outros, mas de uma terra da Judeia, e é possível que essa circunstância estivesse na origem do seu progressivo distanciamento dos companheiros. Quando Jesus o chamara, decerto que não havia nele coisa alguma que o tornasse indigno desse chamamento, e dispusera sem dúvida de todos os meios que teriam feito dele um dos pilares da Igreja. Era, ao que parece, um homem prático, e daí talvez a razão por que lhe haviam confiado o cuidado da caixa comum. Mas o trato com o dinheiro começara a perdê-lo. Jesus notava-o e sabia-o. Talvez a violência da sua linguagem, quando falava das riquezas, se devesse em parte à presença desse Apóstolo entre os seus ouvintes.

João diz que ele trazia a bolsa do dinheiro e que desviava parte do que lhe davam para os gastos de Jesus e dos seus. Havia cerca de um ano que caminhava ao lado do Profeta amparado somente pela ideia de uma ambição terrena, pela cobiça daquele reino em que parecia destinado a assumir a gestão das finanças. A fuga de Jesus, quando o tinham querido fazer rei, deve ter constituído para ele uma decepção terrível. O Senhor leu certamente qualquer coisa no seu olhar, visto que já no dia seguinte aludiu claramente à traição, ao anunciar que entre os Doze havia um demônio. Desde então, as advertências tinham-se multiplicado: avisos gerais sobre o perigo das riquezas, olhares cheios de compaixão, conselhos sobre a guarda dos depósitos confiados por terceiros, palavras impregnadas de discrição e de paciência acerca do fermento dos fariseus, quer dizer, da hipocrisia.

O traidor lá ia ouvindo, indiferente e contrariado. O Rabi passava pelos caminhos e cidades semeando milagres, tocando e ungindo pernas deformadas, mãos secas, pupilas calcinadas, línguas gordas e babosas de mudos e enraivecidos, chagas escondidas sob andrajos e amuletos. E Judas cada vez se afastava mais do taumaturgo e dos seus companheiros. Já a causa do Mestre lhe parecia perdida. Iam-se esfumando as brilhantes perspectivas que antes o tinham seduzido, e começava a maldizer a hora em que conhecera Jesus de Nazaré. Não estava disposto a beber o cálice, como João e Tiago. Com certeza que odiava Pedro. Olhava João com desprezo. Maria de Betânia parecia-lhe uma visionária, e, depois da cena da casa de Simão, deve ter sentido por ela uma repugnância invencível: somente ela tinha sido a causa de que o Mestre o humilhasse, além de que o ofendera ao malgastar um dinheiro que deveria ter passado pelas suas mãos. O incidente acabou por decidi-lo a separar-se daquela turba de desgraçados, ao mesmo tempo que lhe fornecia uma oportunidade para tirar proveito dessa decisão.

Sabia que os sinedritas tinham mandado procurar Jesus; sabia também da perplexidade que lhes vinha causando o entusiasmo dos fanáticos e da sua estupefação ao vê-lo aparecer às portas da cidade. E oferece-se para arranjar uma maneira de que o possam prender sem perigo algum.

ENTRADA TRIUNFAL EM JERUSALÉM

Mateus 21; Marcos 11; Lucas 19; João 12

Trazida pelos peregrinos e talvez também pelos membros do Sinédrio, a notícia de que Jesus estava em Betânia abalou a capital. Naquela tarde de sábado, grupos numerosos atravessaram o Monte das Oliveiras para verem o taumaturgo e Lázaro, cujo caso ainda corria de boca em boca. Ante a evidência do milagre, muitos acreditaram em Jesus, com grande desgosto dos sinedritas, que se reuniram imediatamente para deliberar o que convinha fazer.

A conclusão a que chegaram foi que era preciso tirar não só a vida de Jesus, mas também a de Lázaro, a fim de destruir aquele testemunho fatal para a ortodoxia judaica: mortos o ressuscitado e o ressuscitador, já ninguém voltaria a pensar neles. Mas era um projeto de difícil execução, já que a grande afluência de peregrinos poderia provocar um tumulto e, portanto, criar complicações com a autoridade romana,

coisa que convinha evitar a todo o custo. Impunha-se, pois, um compasso de espera, um período de vigilância, durante o qual se seguiriam de perto os passos de Jesus e se aguardaria o momento favorável para realizar o plano sem dar lugar a distúrbios.

Nesse intervalo, Jesus decidiu valer-se da proteção que as turbas lhe ofereciam para completar a sua missão. No dia seguinte, correu a voz de que ia entrar em Jerusalém. Os visitantes da tarde anterior comoveram-se; a eles se juntaram muitos outros peregrinos, que vinham das bandas do Jordão, e camponeses das aldeias próximas. Esqueceu-se o medo, desapareceram as preocupações, puseram-se de lado os pressentimentos sombrios e, tanto entre os discípulos como entre a turba, desencadeou-se um entusiasmo que levou a crer na imediata implantação do Reino.

Estava-se no dia 10 de Nisan, cinco dias antes da Páscoa, quando nas casas hebraicas o pai de família separava o cordeiro destinado ao sacrifício: um momento a propósito para que "a vítima racional" desse também o passo decisivo. A cerimônia ia revestir-se de todas as características de uma festa popular, tendo por centro Jesus como rei quimérico das glórias mundanas sonhadas pelo povo de Israel.

O rio da peregrinação detém-se à volta do Senhor, engrossado pelos contingentes dos curiosos e dos desocupados. Ali está a vanguarda do Reino, os discípulos mais íntimos, e, com eles, a turba das mulheres piedosas, os bandos de aldeões simples, os grupos vindos da Galileia, todos talvez com a secreta esperança de comemorar o recomeço das vitórias de antigamente. As almas vibram de júbilo e esperança, e o céu mostra-se gozoso, como em êxtase de amor; um céu de primavera derrama cataratas de luz sobre os vales em flor e levanta graciosos murmúrios nos bosques de sicômoros e palmeiras, de amendoeiras e oliveiras.

Preparativos do triunfo

Um ano antes, quando o povo da Galileia o quisera fazer rei, Jesus tinha-se escondido. Agora aceita a homenagem que o há de revelar como o Messias esperado. Mas aceita-a às portas de Jerusalém, na presença da guarnição romana, numa ocasião em que o povo dificilmente poderia entregar-se a uma aventura tresloucada. Para que os judeus não pudessem alegar que Ele não era o Messias esperado, tudo desta feita vai ter um caráter expressamente messiânico. Vemos que o Senhor não se deixa contagiar pelo arrebatamento espontâneo e um pouco inconsciente da multidão, antes é Ele que o provoca, que o dirige, que escolhe a hora. É o derradeiro chamamento ao coração dos seus inimigos, a demonstração irrefutável de que, se caminha para a morte, não é por nenhuma violência ou necessidade.

O caminho serpeia entre colinas e arroios. À direita, ergue-se o Monte das Oliveiras; à esquerda, estende-se a planície, com o seu axadrezado de jardins e hortas, de prados e campos verdejantes. De um e outro lado, debaixo das copas dos terebintos e ao abrigo dos muros e colinas, começam a erguer-se as tendas dos devotos que vieram passar esses dias à sombra do Templo. Num instante, ficam todas vazias; homens, mulheres e crianças juntam-se ao cortejo do Rabi e falam dos seus milagres, da sua doutrina, do seu poder, da sua bondade. Todos o querem ver e saudar. O ambiente aquece-se. O entusiasmo transforma-se em delírio e explode em gritos, em canções, em aplausos, em aclamações.

De súbito, Jesus detém-se. Atravessam-lhe a mente as palavras com que o profeta Zacarias tinha anunciado este triunfo passageiro: "Alegra-te, filha de Sião, salta de contentamento, filha de Jerusalém: eis que se aproxima de ti o teu Rei, o Justo, o Salvador. Ele é simples e humilde, e vem montado num jumentinho, no potro de uma jumenta". Jesus chama dois dos seus discípulos, talvez Pedro e João. Indica-lhes a povoação de Betfagé, que, segundo o *Talmud,* ficava nos arrabaldes de Jerusalém, à beira do caminho, num cotovelo da depressão, e diz-lhes:

— Ide a essa aldeia que está defronte. À entrada encontrareis uma burra atada e um jumentinho junto dela. Desatai-a e trazei-os. Se vos perguntarem por que fazeis isso, respondei que o Senhor precisa deles e que os devolverá sem demora.

No dono daqueles animais o Senhor vira um discípulo secreto, desconhecido dos próprios Apóstolos. Tudo se passou como Ele havia anunciado. Retornaram os discípulos com a burrica e o jumentinho, cobriram o dorso deste último com os seus mantos e fizeram o Senhor montar. Ninguém o tinha montado ainda, observa o texto sagrado, dando a entender com isso que era o animal indicado para levar uma pessoa sagrada como Jesus, já que, no sentir dos antigos (vemo-lo pelos livros bíblicos, pelos poemas homéricos e pela literatura latina), uma coisa que tivesse servido para usos profanos perdia valor para os usos religiosos.

A multidão, ao ver que o Senhor correspondia pela primeira vez ao seu entusiasmo, continuou a avançar, cada vez mais excitada, em direção à cidade.

O hosana da multidão

"E, quando chegou perto da descida do Monte das Oliveiras — conta Lucas —, a alegre multidão dos discípulos começou a louvar a Deus em altos brados por todos os prodígios que haviam visto. E diziam: «Bendito o rei que vem em nome do Senhor!

Paz no céu e glória nas alturas»". O alvoroço era agora verdadeiro frenesi, os vivas estremeciam o ar, as crianças aclamavam sem parar, as mulheres agitavam os seus lenços, os velhos choravam, novos manifestantes chegavam da cidade ou saíam do bosque, brandindo ramos de palmeira, de murta e de oliveira, erguendo-os ao alto, deitando-os ao chão e tributando ao pacífico triunfador as ovações mais clamorosas. Outros estendiam os seus mantos no caminho por onde o Senhor ia passar.

E a procissão seguia lentamente, no meio de ramos festivos, trechos de salmos, hinos de esperança e vivas apaixonados. Cantam o *Hosana!*, o grito que ressoava continuamente em redor do Templo durante a solenidade dos Tabernáculos, o estribilho com que a multidão respondia aos levitas quando recitavam o salmo 117, e que inclui esta exclamação: "Hosana ao Filho de Davi! Bendito e glorioso seja o seu reino! Hosana nas alturas!" Uns gritos parecidos tinham ressoado naquele mesmo caminho dez séculos antes, quando Salomão, depois de ter sido ungido pelo profeta Natã, viera sentar-se no trono de Israel, montado na mula de seu pai. E é possível que alguém se lembrasse de Jesus ter dito um dia que era maior do que Salomão. Aqueles gritos eram, na realidade, a explosão da expectativa messiânica tanto tempo contida. *O que vem em nome do Senhor* é o Messias; *o reino que vem*, o reino de Davi, é o reino messiânico, que vai ser inaugurado pelo triunfador. Os começos do Reino não podiam ser mais modestos: um jumentinho e um tremular de palmas. Mas ninguém duvidava de que por trás daquela humildade se ocultava um poder incontestável.

Por um momento, o messianismo de Jesus identifica-se com o das turbas. Só por um momento. Para a multidão, aquilo é a primeira fagulha de um incêndio universal; para Jesus, é a única pompa oficial da sua realeza messiânica.

Até esse instante, escondera-a zelosamente, confiando-a só aos mais íntimos; mas tinha de cumprir a antiga profecia, tinha de manifestar uma vez os seus atributos reais para depois voltar de novo ao que os homens chamam — a sombra, ao que ia ser a condição do seu Reino espiritual e invisível. Jesus, em suma, acabava no ponto que as turbas consideravam como o começo. Não obstante, prontifica-se a defender os que o aclamavam contra a inveja impotente dos seus inimigos.

Com efeito, os fariseus assistem aterrados a essa manifestação. A princípio, esforçam-se por abafar os clamores da turba, mas ninguém faz caso deles. Na sua maneira de ver, aquilo é uma loucura, porque, ali defronte, do cimo da Torre Antônia, os romanos vigiam, dispostos a intervir e a afogar em sangue aquele regozijo de umas horas. Assim raciocinam eles, mas as suas palavras encobrem um despeito amargo, que os leva a esquecer todas as conveniências e a humilhar-se perante Jesus para lhe dizer:

— Mestre, repreende os teus discípulos.

Mas Jesus compreende as perversas intenções que os movem e nega-se a satisfazê-los.

— Se estes se calarem — diz-lhes —, gritarão as pedras.

Declara assim de antemão inúteis todos os esforços destinados a destruir a sua memória ou a apagar a sua doutrina. E aduz uma citação sumamente oportuna do salmo 8: "Da boca dos pequenos e das crianças de peito recebeste o perfeito louvor". O salmista opõe aqui o louvor que dirigem a Deus os corações simples ao silêncio forçado dos inimigos de Javé; e, portanto, se os manifestantes eram os que exprimiam o verdadeiro louvor, os escribas e os fariseus eram os inimigos reduzidos ao silêncio.

Com um único subentendido, Jesus descrevia a situação daqueles homens, cujo despeito devia ser grande. Tinham-se reunido várias vezes para ver como enfrentar o perigo, tinham decretado a morte do pregador galileu, e eis que o pregador circulava livremente pela Cidade Santa, o favor popular protegia-lhe a vida, e tinha mais admiradores do que nunca. Eles próprios reconheciam o seu fracasso, ao dizerem uns para os outros: "Não adiantamos nada! Toda a gente corre atrás dele!"

Mas nessa confissão, ao invés do arrependimento, escondia-se a raiva de uma hostilidade implacável.

Defronte da Cidade Santa

Lá no fundo, sob o manto de ouro da luz matinal projetando-se no azul do céu, aparece Jerusalém , a cidade da perfeita formosura, o regozijo da terra inteira, a fortaleza de Deus, segundo as expressões dos profetas que a alegre comitiva ia repetindo. Ao norte, o quadrilátero poderoso da Fortaleza Antônia; do lado oposto, o palácio de Herodes, defendido pelas três torres que Tito considerará inexpugnáveis; em volta, a muralha dupla que protegia a cidade: altos muros, torreões maciços, edifícios soberbos, praças buliçosas, pórticos transbordantes de graça e de riqueza, casas densamente apinhadas; e, a dominar tudo, o Templo, maravilha do mundo, orgulho de Israel e resumo da sua história, com as suas muralhas ciclópicas, as suas portas monumentais, as suas pirâmides e as suas torres, as suas arcadas e as suas magníficas galerias recobertas de prata e de mármore, um conjunto em que relampejava, como numa montanha de neve, a claridade daquele dia primaveril.

Um grito de admiração saiu de todas as gargantas: acabavam de chegar à corte do grande rei; tinham diante dos olhos a fortaleza preferida de Javé, o trono em que havia de triunfar a glória do Messias. Redobravam os vivas, aumentava o regozijo e engrossava a multidão, presa de um louco entusiasmo. Todos olhavam para Jesus. Era o momento de falar, de atuar. Uma comoção misteriosa estremecia os corações. Talvez de um momento para o outro vissem ruir a Torre Antônia, sepultando nas suas ruínas os execráveis romanos.

Mas nada disso acontece. A torre continua de pé e vê-se lá longe a sentinela, com o seu escudo, o seu casco e a sua lança. E Jesus parece indiferente àquela algaravia de festa, absorto e como que alheio a tudo o que se agita à sua volta. O seu olhar, úmido de compaixão, fixa-se tenazmente nos pináculos e contrafortes da cidade. Chora. Os que caminham junto dEle veem as lágrimas correrem-lhe pelo rosto e ouvem sair de seus lábios as palavras doloridas do amor desprezado:

"Ah, Jerusalém! Se ao menos neste dia que te é dado conhecesses o que te pode trazer a paz! Mas eis que tudo está oculto aos teus olhos. Porque virão dias em que os teus inimigos te cercarão de valas, e te sitiarão, e te apertarão de todos os lados. Esmagar-te-ão contra o chão, a ti e aos teus filhos, e não deixarão em ti pedra sobre pedra, porque não conheceste o tempo em que foste visitada".

Aquele entusiasmo pouco lógico, inspirado por um espírito mais nacionalista que religioso, cumula Jesus de tristeza. Toda a cidade estava cheia de rumores e de opiniões diversas a seu respeito. Havia a inveja dos fariseus; havia o egoísmo frio dos príncipes dos sacerdotes; havia o fervor da multidão convencida de que, por fim, tinha chegado o momento de expulsar os estrangeiros. Por toda parte, incompreensão, hipocrisia, ódio, dureza de coração, espíritos inexplicavelmente fechados ao sentido espiritual do Reino. E, nos pórticos próximos, os fariseus, frenéticos de raiva, despeitados, gesticulando e correndo de um lado para o outro com este grito nos lábios: "Está visto: não adiantamos nada!"

Jesus vê tudo isso e pensa na sua Paixão e nas consequências que havia de trazer para o povo de Israel: as legiões, o implacável ajuste de contas, a fome, a peste, o aniquilamento de um povo. E chora. Ao seu espírito aflui toda a tragédia que se ia desencadear uns anos mais tarde, o terrível assédio do ano 70, os horrores da fome, as lutas intestinas, a entrada do exército de Tito, a cidade arrasada, a destruição do Templo, o incêndio dos palácios e, finalmente, a dispersão do povo de Israel. Até o vaiado que Jesus profetizou corresponde à realidade histórica: é o muro de circunvalação, com a extensão de oito quilômetros, que as legiões romanas ergueram em três dias, e que Flávio Josefo nos descreve minuciosamente. E é este judeu renegado que nos diz que, uns meses depois da catástrofe, o imperador Tito, ao voltar do Egito, passou por Jerusalém "e, ao comparar a triste solidão que substituíra a antiga magnificência, e ao evocar a grandeza dos edifícios destruídos, e a sua glória e a sua opulência, deplorou o desaparecimento daquela grande cidade e, longe de se desvanecer por tê-la destruído, como teria feito outro qualquer, amaldiçoou os culpados que haviam iniciado a revolta e provocado aquele espantoso castigo". Embora pagão, Tito chorará aquela ruína, tal como Jesus, e, como Ele, atribuirá a culpa de tudo aos próprios habitantes da cidade.

A chegada ao Templo

Mas os vivas continuavam, e a multidão, que com os seus ramos parecia um bosque ambulante, descia a encosta do Monte das Oliveiras para desembocar no ângulo nordeste do Templo. O bulício prosseguia através da cidade. Os espectadores acotovelavam-se nos terraços, os curiosos chegavam aos empurrões pelas ruas tortuosas, e em todas as encruzilhadas se formavam grupos compactos, ansiosos por presenciar o singular espetáculo.

Mas os inimigos também eram cada vez mais numerosos. Começava-se a observar a influência dos fariseus altivos e severos, dos sacerdotes judiciosos e sensatos, que tremiam diante daquela gritaria sediciosa; parecia-lhes um verdadeiro desvario, uma conspiração. Todos os que tinham um nome, uma dignidade, uma escola, uma casa comercial ou de negócios, um fragmento de autoridade na praça ou no Templo, estavam profundamente alarmados. E, como além disso tinham o coração envenenado pelo ódio ou pela inveja, sentiam-se cheios de raiva à vista de semelhante agitação. No entanto, era tal a violência da manifestação, tão ardentes e espontâneos os sentimentos do povo, que as forças vivas da cidade compreenderam que não podiam fazer nada e, na sua impotência, não hesitaram em tornar a recorrer à influência de Jesus sobre as turbas. Repelidos da primeira vez, aproximaram-se novamente dEle com a mesma súplica.

Muitos dos que faziam parte da comitiva começavam já a dispersar, cansados talvez de tanto gritar, ou desiludidos por não terem presenciado naquelas horas de triunfo nenhum acontecimento extraordinário que viesse apoiar os seus anelos nacionalistas. Mas continuava a haver no séquito de Jesus gente moça, sempre a mais sincera e desinteressada, e, particularmente, crianças, que não cessavam de agitar as suas palmas e de repetir o grito que tinham aprendido na escola: “Hosana ao Filho de Davi! Hosana!” Gritavam desaforadamente e Jesus não se importava.

— Não ouves o que dizem? — perguntou-lhe um grupo de fariseus.

E Ele respondeu:

— É impossível que não o ouça.

Ouvia-o e sabia perfeitamente o que aquilo significava. E foi nessa altura que citou as palavras sagradas que já comentamos:

— Nunca lestes a passagem da Escritura que diz: "Da boca das crianças tiraste um louvor perfeito"?

Era uma declaração de guerra, um novo desaire, mais uma prova de que Ele era o Cristo, o que vinha em nome do Senhor. E, apesar dos invejosos e dos timoratos, Jesus chega até o Templo, deixa lá a cavalgadura e começa a ensinar, a curar, a consolar e a doutrinar.

Os gentios querem ver Jesus

Ali, debaixo dos pórticos, teve lugar o acontecimento mais extraordinário daquele dia.

Entre os estrangeiros atraídos pelas festividades da Páscoa, "para adorar durante a festa", encontravam-se também alguns gentios de língua grega, homens impressionados pela pureza da religião mosaica e filiados talvez no judaísmo, chamados "tementes de Deus" ou "prosélitos", os dois graus em que se dividiam os pagãos que o judaísmo da diáspora conseguira trazer para a sua religião. Esses homens tinham presenciado a entrada triunfal, tinham-se informado da personalidade de Jesus e estavam verdadeiramente interessados em ser-lhe apresentados para o verem de perto.

Não sabiam como conseguir realizar esse desejo, e tomaram por intercessor um dos Apóstolos, Filipe. Sempre comedido e circunspecto, Filipe pensou que não era de todo prudente pôr o Mestre em contato com aqueles incircuncisos, precisamente numa altura em que as suas ações eram sutilmente espiadas e perversamente interpretadas. De qualquer modo, foi e falou do assunto a André, e ambos resolveram informar o Mestre do que se passava.

João, o evangelista "espiritual", relata o episódio com o método singular que o caracteriza e que consiste em iluminar os princípios eternos e deixar de lado os aspectos externos. Já não volta a lembrar-se daqueles gregos devotos; mas, em contrapartida, reproduz-nos a doutrina maravilhosa a que deu lugar a solicitude dos estrangeiros.

Informado, Cristo pensa imediatamente no vastíssimo Império que em breve será iluminado pela notícia da Boa-nova. Agora procuram-no uns poucos homens; não tardará a procurá-lo a humanidade inteira. Com os olhos fixos na vontade de seu Pai e naqueles muros que por ora o separam do campo em que se virá a organizar a sua Igreja, exclama: "É chegada a hora em que o Filho do Homem será glorificado".

Chegou a hora da glória, sim, mas antes urge passar pela dor e pela vergonha: "Na verdade, na verdade vos digo que, se o grão de trigo que cai na terra não morre, fica só; mas, se morre, produz muito fruto". Ele próprio tem de submeter-se à terrível lei que impera no reino da natureza e da graça: o grão de trigo terá de cair na terra e morrer, não obstante esse trigo ser o pão da vida que desceu do céu.

Tem diante dos olhos a perspectiva da morte, que enche de angústia o seu coração: "Eis que a minha alma está perturbada. Que hei de dizer? Pai, livra-me desta hora? Mas se foi para isso que vim a esta hora... Pai, glorifica o teu nome!" É a luta angustiosa dos sentimentos contrários, é a agonia que experimentará no horto. O homem perturba-se; mas a vontade orienta-se inflexivelmente para a glória do Pai; e o Pai, que no horto responderá por meio do anjo, envia também desta vez a sua palavra de alento: "Veio então uma voz do céu: «Glorifiquei-o e hei de voltar a glorificá-lo»".

A última prática daquele dia

Os circunstantes ouviram a voz, mas não compreenderam as palavras. Falou-lhe um anjo, diziam uns. Não, respondiam outros; é um trovão que acaba de cortar os ares. E, não obstante, aquela voz tinha vindo por causa deles. É o que Jesus lhes diz, ao mesmo tempo que lhes dá a interpretação: "Agora é a altura do juízo do mundo, agora o príncipe deste mundo vai ser expulso. E eu, quando for levantado da terra, atrairei todos a mim". O mundo vai ser condenado, e com ele o seu príncipe, o demônio; é um indício material de que começava o juízo condenatório, a notícia da glorificação de Cristo, que não estaria completa até que ele fosse levantado da terra.

Os judeus reconhecem que, com essas palavras misteriosas, o Senhor alude à sua morte, e a uma morte de cruz, porque, como diz João, "falou dessa maneira para significar de que morte havia de morrer". Isso desconcerta-os, porque não podem imaginar que o Messias tenha de passar por semelhante humilhação:

— Nós sabemos pela Lei que o Cristo permanece para sempre. Como dizes tu que convém que o Filho do Homem seja levantado da terra? Quem é afinal esse Filho do Homem?

Jesus não quer responder diretamente. Vê nos ouvintes um desejo de compreender, observa que não estão de todo desencaminhados na sua lógica, pois era verdade que, segundo a Escritura, o reino do Messias devia ser eterno, e convida-os a um conhecimento mais elevado, com umas palavras que nos recordam o grito da festa dos Tabernáculos, em que proclamara: "Eu sou a luz do mundo". Agora diz, referindo-se à sua Paixão:

— Ainda por pouco tempo a luz está no meio de vós. Caminhai enquanto tendes a luz, não seja que as trevas vos surpreendam... Enquanto tendes luz, crede na luz, para serdes filhos da luz.

"Começava a fazer-se tarde", diz Marcos. No momento em que Jesus falou da luz, as sombras do crepúsculo já se estendiam pelos pórticos do Templo; era como se a luz solar lhe tivesse inspirado as palavras que acabava de pronunciar. Mas, se algum dos ouvintes as interpretou de uma maneira natural, Ele pensava na jornada da sua vida e na luz espiritual que ia esconder-se. E assim se despediu, por aquele dia.

Pouco depois percorria, em sentido inverso ao de poucas horas antes, o caminho de Jerusalém a Betânia, onde pernoitou. Da multidão que o rodeara pela manhã, só um pequeno grupo permaneceu até as últimas horas. Para a maioria, aquele desenlace constituiu uma desilusão: acharam que o Profeta não sabia aproveitar as ocasiões. Outros continuaram a duvidar ou, se acreditaram, foi tibiamente; o medo dos inimigos de Jesus acovardava-os. "Muitos dos chefes creram nele — diz o evangelista —, mas não o confessavam por causa dos fariseus, para não serem expulsos da sinagoga: porque amaram mais a glória dos homens que a glória de Deus." Sem a efusão do Espírito Santo, esses espíritos tímidos não ganhariam coragem.

JESUS E OS INIMIGOS NO TEMPLO

Mateus 21; Marcos 11 e 12;
Lucas 9 e 10

Durante todos os dias que lhe restam de vida, Jesus encontrará refúgio e descanso na casa dos seus amigos de Betânia, para onde se retira ao anoitecer, depois de um dia de discussões com os fariseus e de convívio com as turbas. É o evangelista Marcos que nos dá uma ideia mais clara da divisão cronológica destes dias que precedem a Paixão. Lucas afirma vagamente que durante esta semana "Jesus ensinava no templo e, à tarde, saía para passar a noite no monte chamado das Oliveiras". Foram dias de grande atividade, que nos é descrita só em parte e com uma imprecisão de tempo que jamais nos há de permitir indicar com toda a certeza a que dia pertence cada um dos seus discursos. Chegou o momento da última luta.

Os acontecimentos vão-se suceder com inesperada rapidez e o drama divino aproxima-se do fim. Mais sete dias, em que a noite se tornará cada vez mais cerrada. Uma semana de tristeza, de ansiedade, de emoção. Vemos o Senhor triste e oprimido por uma terrível angústia, que às vezes tem acentos de ira. A incredulidade obstinada dos judeus magoa-o no coração. Vê que o ódio dos fariseus vai estalar num crime horrendo, anuncia uma vez mais o seu fim próximo e o castigo dos prevaricadores, e continua a cumprir até o último momento a missão que o Pai lhe havia confiado. Os dias vão-se-lhe nos pórticos do Templo, a orar, a discutir, a ensinar e a fazer milagres. O favor do povo continua a protegê-lo dos seus inimigos e permite-lhe expor a sua doutrina com maior clareza do que nunca e, por vezes, com uma violência inusitada.

A figueira maldita

No dia seguinte ao da sua entrada triunfal, quando se dirigia de Betânia a Jerusalém , quis anunciar de uma maneira sensível o repúdio do povo hebreu. "De manhã, ao saírem de Betânia — diz o evangelista —, Jesus teve fome." Aproximou-se de uma figueira que tinha visto ao longe e, só encontrando folhagem, lançou sobre ela esta maldição estranha: "Jamais nasça fruto de ti!" Quando, à tarde, voltaram a passar por ali, os discípulos observaram que a figueira tinha secado. Ficaram estupefatos, mas, tempos depois, este acontecimento simbólico permitiu-lhes compreender qual seria a sorte daquele povo e de todos os que não têm mais do que aparência de vida e um exterior falaz.

Foi um episódio estranho. Surpreende-nos, em primeiro lugar, que, numa casa governada por uma mulher tão solícita como Marta, Jesus não tivesse comido alguma coisa antes de sair; além disso, o Senhor não encontrou figos na figueira porque não os podia encontrar, visto que, como diz o autor do segundo Evangelho, não era tempo de figos. Mas, na realidade, o que nos importa não é o relato material. Trata-se, a todas as luzes, de uma ação simbólica do gênero de outras que os antigos profetas de Israel tinham realizado: uma ação verdadeira e real, mas que sai dos quadros da vida ordinária para representar, de maneira visível, uma lição abstrata ou uma verdade superior. Jesus recorre à figueira maldita para ilustrar o repúdio definitivo de Israel. O olhar de Javé tinha encontrado um contraste doloroso entre a abundância de folhas e a ausência de frutos, uma religião puramente externa, sem fundo algum, sem virtude autêntica.

O primeiro choque daquela manhã

O Senhor continua a dirigir os seus apelos ao povo rebelde, mas as suas palavras revelam a violência e a agressividade da desesperança. Volta a empunhar o azorrague e a expulsar os mercadores do Templo, confunde adversários e mais adversários e pronuncia as parábolas do repúdio.

Chega ao Templo muito cedo, naquela manhã de segunda-feira que precedia a Páscoa. Uma multidão sem conta enche já as galerias e os pórticos, e muitos outros grupos se agitam nas longas escadarias, sobem pelos viadutos que partem do Tiropeon e atravancam as rampas subterrâneas que vão desembocar no meio dos pátios. "Toda a gente — diz Lucas — se levantava ao amanhecer e corria ao templo para ouvi-lo." A assistência acotovelava-se inquieta na grande esplanada do Templo, mais espaçosa que a Acrópole de Atenas ou o Capitólio de Roma.

Levados pela inveja, os inimigos de Jesus abrem caminho até junto dEle e interpelam-no:

— Diz-nos com que autoridade fazes estas coisas e quem te deu tal poder.

Entre eles figuram, em primeiro plano, os príncipes dos sacerdotes, que pela primeira vez intervém pessoalmente contra Jesus. Incumbia-lhes a vigilância do Templo e não podiam consentir que aquele galileu lhes viesse disputar os seus direitos. Os escribas secundam-nos, e os anciãos juntam-se a uns e outros. Todo o Sinédrio se encontra ali representado.

Jesus responde-lhes:

— Também vos farei uma pergunta: o batismo de João era do céu ou dos homens?

O objetivo da pergunta dos judeus era obrigar o Senhor a fazer uma declaração decisiva que o comprometesse. Se dissesse que o poder lhe vinha de um título messiânico, seria fácil acabar com Ele; caso contrário, perderia o favor do povo. Mas Cristo responde com outra questão, como costumavam fazer os rabinos. Não pretende, decerto, encostar os adversários à parede, mas ajudá-los a resolver a dificuldade que lhe punham: se tivessem penetrado no sentido do batismo de João e da sua própria missão, teriam compreendido facilmente donde lhe vinha a autoridade para proceder como procedia; eles, porém, não querem ouvir falar nem de João nem de Jesus. Não querem admitir o caráter divino do batismo do Precursor, mas também não se atrevem a negá-lo, visto que João continuava a ter um grande prestígio entre a multidão, mesmo depois daquela morte trágica, que só tinha servido para lhe agigantar a figura. Preferem dizer que não sabem. E Jesus responde-lhes:

— Também eu não vos direi com que direito faço estas coisas.

Tinham escolhido o terreno, mas, na impossibilidade de conseguir o que pretendiam, batem em retirada.

A parábola da vinha

Sem dar maior importância a esse triunfo dialético, Jesus prossegue na instrução do público que o rodeia. E propõe a seguinte parábola: "Havia um homem que tinha dois filhos. Dirigiu-se ao primeiro e disse-lhe: «Meu filho, vai trabalhar hoje na minha vinha». Mas ele respondeu: «Não quero». Porém, depois arrependeu-se e foi. Dirigiu-se ao segundo e mandou-lhe a mesma coisa. E ele respondeu: «Vou já, senhor», mas depois não foi. Qual dos dois cumpriu a vontade do pai? Disseram-lhe: «O primeiro»". E, como alguns não compreendessem o sentido do relato, o Senhor acrescentou: "Na verdade vos digo que os publicanos e as prostitutas vos precederão no reino de Deus". Entrarão antes deles no Reino de Deus porque tomarão a resolução varonil de confessar a sua falta e fazer penitência. Alcançarão assim uma perfeição superior àqueles justos cheios de vaidade e de hipocrisia.

Mas também eles precisam de arrepender-se; não estão dispensados de seguir o caminho da penitência. É o que o Senhor diz numa parábola em que também anuncia pela primeira vez, diante da multidão, a ignomínia da sua morte. Acabava de apresentar a imagem de uma vinha para a qual o pai de família enviava os seus dois filhos. Os ouvintes já se encontravam, pois, preparados para ouvir a parábola dos vinhateiros. Havia, além disso, a preparação remota dos Profetas, que tinham designado o povo de Israel como a vinha de Javé. Isaías tinha dito: "Vou cantar a propósito do meu amigo: Este é o canto do amor que ele tinha à sua vinha. O meu amigo tinha uma vinha num vale fértil. Limpou-a, arou-a e plantou vides; construiu no meio uma torre e fez um lagar. Esperava que desse uvas e deu uvas azedas..."

Jesus, por sua vez, diz: "Um homem plantou uma vinha, cercou-a com uma sebe, cavou nela um lagar, edificou uma torre, arrendou-a a uns lavradores e ausentou-se daquela terra. Chegado o tempo da colheita, mandou um servo para receber dos vinhateiros do produto da vinha. Mas estes apoderaram-se dele, espancaram-no e despediram-no de mãos vazias. Enviou-lhes outro servo, e eles o feriram na cabeça e o cobriram de insultos. Enviou-lhes ainda um terceiro, e eles também o maltrataram e expulsaram". Por fim, resolve mandar-lhes o seu próprio filho, a quem muito amava; pensa que não terão outro remédio senão respeitá-lo. Os arrendatários veem-no vir, sabem que pode pedir-lhes contas como herdeiro da propriedade. Mas essa mesma certeza os leva a tomar uma resolução muito diferente da que o senhor da vinha tinha imaginado: "Vinde — dizem uns para os outros —, matemo-lo e assim a herdade será nossa". Nem sequer se lembram de que o pai poderá vingar a morte do filho; a sua bondade e a sua paciência significam para eles impotência e loucura. E, efetivamente, "arrastaram-no para fora da vinha e o mataram".

Exasperação dos sinedritas

Jesus concluiu a narração com esta pergunta: "Que fará o dono da vinha?" E aconteceu o mesmo de sempre: todos tinham compreendido a narrativa simples e transparente, mas não queriam tirar a consequência; não queriam ditar a sua própria condenação. Foi o próprio narrador que deu a resposta: "Virá e acabará com os vinhateiros e dará a vinha a outros".

Os fariseus protestaram. Protestaram porque reconheceram que falava deles, e também porque tinha lançado uma proposição que lhes parecia uma blasfêmia. Uma vez mais,

Jesus se colocava na posição de Filho de Deus, maior que todos os mensageiros enviados antes dEle, maior que Moisés, que Davi, que Isaías. Isso irritava-os, e não era menos pungente para eles ouvir que seriam castigados com grande dureza. "Deus não permita!" — exclamaram, sem se atreverem a negar, como uns meses antes, que projetavam assassinar Jesus.

Mas Jesus, "cravando neles os olhos", segundo a expressão de Lucas, envolvendo-os num olhar de indignação, insistiu com umas palavras do salmista: "Que significa então o que está escrito: «A pedra que os construtores rejeitaram converteu-se em pedra angular»?" E acrescentou, dando às suas palavras uma inflexão terrível: "Todo aquele que cair sobre esta pedra ficará em pedaços; e aquele sobre quem ela cair será esmagado". É a gloriosa profecia que se cumpre através dos séculos: "A pedra era Cristo" — diz São Paulo —, pedra angular do edifício em que encontrarão refúgio todos os homens de boa vontade; mas pedra de tropeço e escândalo para os rebeldes e para os perversos. Era o que Simeão havia dito: Jesus estava destinado a ser "causa de ruína e de ressurreição para muitos".

Os enviados do Sinédrio retiraram-se cheios de ira. Gostariam de apoderar-se do Senhor, mas conteve-os o temor da turba. Essa mesma exasperação aparecerá várias vezes no decurso desta semana, sempre sustada pelo receio da atitude do povo. Era necessária uma emboscada para poderem apoderar-se daquele homem, e um dos evangelistas faz notar, umas linhas antes de começar o relato da Paixão, "que os chefes dos sacerdotes e os escribas procuravam um meio de prendê-lo à traição, para lhe tirarem a vida".

OUTRO DIA DE LUTA

Mateus 22; Marcos 12; Lucas 20

Na terça-feira, continuaram as discussões no Templo. Os adversários não se davam por vencidos. As derrotas do dia anterior tinham-nos humilhado diante do povo e consideraram que, antes de se desfazerem daquele importuno, tinham necessidade de recuperar o seu prestígio de sábios e dialéticos; não podiam admitir que um galileu ignorante os vencesse na discussão. Agora vão todos juntos: aos sacerdotes e fariseus juntam-se os herodianos, os que desejavam a restauração da dinastia de Herodes em toda a Judeia, os partidários de Herodes Antipas, que acabavam de chegar a Jerusalém. A presença destes últimos, só por si, indicava já que se ia apresentar uma questão política, quer dizer, que se ia entrar num campo que Jesus sempre tinha evitado.

São os fariseus que dirigem o ataque. Aproximam-se cheios de cautela, cumprimentam fingindo um respeito profundo e dizem a Jesus:

— Mestre, sabemos que és veraz e ensinas o caminho de Deus com toda a retidão, sem te preocupares com ninguém, porque não olhas para a aparência dos homens.

Depois deste elogio enfatuado e bajulador, a pergunta venenosa:

— É lícito ou não pagar o tributo a César?

Agora é que o Profeta não poderá escapar. Não tem saída possível: se diz que é lícito, atraiçoa os interesses de Israel e cai na desgraça do povo; se diz que não, ali defronte está o governador romano, que saberá castigar o revoltoso. Disputadores hábeis, os fariseus sabem que o dilema é de um rigor inexorável, e têm quase a certeza de que Jesus vai declarar ilícito o pagamento do tributo, e assim dar pé para que os herodianos ali presentes o denunciem à autoridade romana. Olham para Jesus com ar de triunfo e espantam-se de o ver tão tranquilo, com a tranquilidade de quem não dá importância à questão.

Com um gesto quase indiferente, o Senhor crava os olhos nos dos interlocutores e diz simplesmente:

— Por que me tentais, hipócritas? Mostrai-me a moeda com que se paga o imposto.

Nem Jesus nem os que o interrogavam tinham à mão a moeda, mas um dos circunstantes entregou-lha: era um denário romano de prata, cunhado fora da Palestina, visto que sobre o metal precioso tinha impressa uma efígie, ao passo que as moedas judias eram de bronze e não continham nenhuma representação humana por respeito a Javé. Provavelmente a moeda tinha a imagem de Tibério coroado de louro, e em volta esta inscrição: *Tiberius Caesar Divi Augusti Filius Augustus.*

O pedido de Jesus deve ter causado estranheza, mas mais desconcertante foi a pergunta que fez quando teve a moeda nas mãos:

— De quem é esta imagem e esta inscrição?

Até na última aldeola da Palestina qualquer moleque sabia que se tratava da efígie e do nome do Imperador que, dos seus aposentos do Palatino, dominava o mundo inteiro. Mas essa ignorância parecia-se com a que Sócrates aparentava no seu método interrogativo para conseguir que os ouvintes enunciassem por si próprios uma verdade. À pergunta de Jesus, os judeus responderam com um sorriso em que se podia adivinhar o assombro e o escárnio:

— De César.

Era a resposta que Ele queria ouvir. Aí tinha a chave para resolver o problema com umas palavras de fecundidade eterna, que deviam trazer ao mundo a ordem e a paz. Só faltava tirar a conclusão. E Jesus concluiu:

— Dai, pois, a César o que é de César e a Deus o que é de Deus.

Essa solução não impediria que mais tarde acusassem Jesus de proibir o pagamento do tributo a César; mas todos os homens de boa-fé veriam que se tratava de uma calúnia.

Não há oposição entre a autoridade de Deus e a autoridade dos homens; uma e outra poderão harmonizar-se dentro das exigências da liberdade das consciências, que aparece no mundo a partir deste instante.

A questão política ficava resolvida sem entrar no campo político; mas havia além disso, implicitamente, uma questão religiosa. O respeito ao César era só uma parte, e não a principal dos deveres do homem; e por isso Cristo, que tinha de instalar o Reino de Deus, acrescenta uma segunda cláusula que, não só vem completar, mas também confirmar a primeira: e a Deus o que é de Deus". Ele não conhece os príncipes deste mundo — não é difícil observar a indiferença que mostra por eles nesta passagem, mas as autoridades deste mundo representam a Deus e, se é necessário obedecer ao César, é precisamente pela obediência que se deve a Deus.

Ataque dos saduceus

Batidos os herodianos e os fariseus, aparecem na brecha os saduceus, preocupados com a crescente influência de Jesus. Céticos e racionalistas, persuadidos de que os livros bíblicos eram um tecido de lendas semelhantes às dos poemas homéricos, pretendem mais ridicularizar o Senhor do que comprometê-lo. Submetem à sua consideração um caso divertido, que mostra a pouca importância que davam às doutrinas mosaicas relativas à outra vida, um daqueles casos que faziam as delícias das escolas rabínicas. "De quem será no céu a mulher que se casou com sete irmãos sucessivamente?"

Via-se a intenção de fazer calar Jesus com uma graça. Apresentam-lhe o caso inverossímil da mulher que se vai casando sucessivamente com os seis irmãos do primeiro marido, cumprindo assim a lei de Moisés segundo a qual, se morresse o irmão de algum homem e deixasse mulher sem filhos, o irmão sobrevivente devia casar-se com a viúva, para deixar descendentes dela. Mas a mulher da história não teve filhos de nenhum dos maridos, única coisa que poderia ter dado a um deles o direito sobre os demais. Segundo os saduceus, este caso demonstrava que a ressurreição dos mortos era algo impossível, já que parecia absurdo que aquela mulher o fosse dos sete maridos ao mesmo tempo.

A demonstração punha em xeque um conceito grosseiro e materialista da ressurreição, defendido pelos fariseus: a outra vida assemelhar-se-ia ao despertar de um homem adormecido, que retoma na sua nova existência as antigas atividades, como o comer, o beber, o dormir, o procriar, e tudo com uma força e uma abundância desconhecidas nesta vida.

Como se não reparasse no riso de escárnio que despontava nas faces barbadas dos adversários, Jesus eleva o nível da conversa e vai direto à refutação das falsas concepções daquela gente:

— Errais, porque não compreendeis as Escrituras nem o poder de Deus.

Julgavam encontrar naquele caso um argumento contra a ressurreição; mas toda a dificuldade estava na sua ignorância: "Na ressurreição, nem os homens terão mulher, nem as mulheres marido, mas serão como os anjos de Deus no céu".

E acrescenta, opondo à argúcia dos inimigos um texto do Êxodo:

— Não lestes o que vos foi dito por Deus: "Eu sou o Deus de Abraão, o Deus de Isaac e o Deus de Jacó"? Ora, ele não é Deus de mortos, mas de vivos.

Era, portanto, necessário admitir o dogma da ressurreição. Até a Torah, a parte da Escritura que os saduceus admitiam como revelada, vinha em abono dEle. E é de lá que o Senhor tira a sua citação, deixando de lado outras passagens mais claras do Antigo Testamento, cuja autoridade não teria sido reconhecida pelos adversários. Muitos dos ouvintes sentiram a força do argumento e concordaram publicamente:

— Mestre, respondeste bem.

O primeiro dos mandamentos

E chegou-se a Ele um escriba que tinha ouvido a discussão e a maravilhosa resposta de Jesus e perguntou-lhe:

— Qual é o primeiro de todos os mandamentos?

Este novo interlocutor é um representante do judaísmo.

Jesus não se imiscui no que os escribas ensinavam acerca dos preceitos pesados e dos preceitos leves; limita-se a ler a profissão de fé que o doutor da Lei traz escrita no seu filactério:

— "Amarás o Senhor teu Deus com todo o teu coração, com toda a tua alma e com todas as tuas forças." Este é o primeiro e o maior dos mandamentos. O segundo é semelhante a ele: "Amarás o próximo como a ti mesmo". Nestes dois mandamentos se resumem toda a Lei e os Profetas.

Com essa resposta, Jesus solucionava uma discussão clássica das escolas rabínicas, cujos membros se digladiavam a propósito da questão de saber se o estudo da Torah era mais excelente que honrar os pais ou ser bondoso ou reconciliar as pessoas desavindas.

O doutor da lei que tinha provocado a resposta de Jesus rende-se à evidência. A intenção que o levara a fazer a pergunta era avessa e cautelosa, mas vê-se obrigado a reconhecer naquela doutrina do amor, alheia aos formalismos farisaicos, o que os profetas tinham ensinado. E exclama, num impulso de sinceridade:

— Mestre, disseste bem que Deus é um só e não há outro fora dele. Amá-lo de todo o coração e ao próximo como a si mesmo vale mais que todos os holocaustos e sacrifícios.

Graças a essa declaração, aquele escriba erguia-se acima de todos os seus companheiros, mas ainda lhe ficava alguma coisa por fazer; é o que o Senhor lhe insinua, ao aprovar o que ele acaba de dizer:

— Não estás longe do reino de Deus.

Estava às portas do Reino, mas faltava-lhe ainda uma coisa essencial: a fé.

O DIA DOS ANÁTEMAS

Mateus 22 e 23; Marcos 12;
Lucas 20

Passou o dia 12 da lua de Nisan. De novo em Betânia. Outra noite de descanso na companhia dos íntimos e uma nova viagem de Betânia a Jerusalém. No dia seguinte, Jesus já não encontra adversários, mas espiões. Ninguém se atreve a fazer-lhe perguntas capciosas. Olham-no com um silêncio surdo e de mau agouro, espreitam-no, murmuram à sua volta. Temem os golpes da sua sabedoria invencível. É Ele que tem de começar a discussão, e fá-lo com uma pergunta que, apesar da sua simplicidade elementar, poderia ter enchido de luz a alma dos seus perseguidores.

— Que pensais vós do Messias? De quem é filho?

— De Davi — respondem os escribas, fazendo-se eco da tradição hebraica.

— Então, como é que Davi lhe chama seu Senhor naquele salmo bem conhecido que diz: "Disse o Senhor ao meu Senhor:

«Senta-te à minha direita, até que eu ponha os teus inimigos como escabelo dos teus pés»"?

Não serão capazes de tirar a consequência, mais clara que o meio-dia? Não chegarão a convencer-se de que o Cristo, Senhor de Davi e maior do que ele, deve ser Filho de Deus? O ódio e o orgulho os cegam. Ficam-se a olhar distraídos as portas de bronze, os mármores da escadaria, e fecham-se num silêncio arrogante. Não querem responder, porque sabem que quem falava naquele salmo era Davi, e todos admitiam que aquele de quem ele falava era o Messias, filho dele, descendente dele, mas maior do que ele. Mais tarde, e, segundo São Justino, como consequência da polêmica anticristã, os rabinos hão de decidir que a passagem mencionada não se refere ao Messias, mas a Abraão ou a alguma outra figura, ao próprio Davi; mas os judeus anteriores à destruição de Jerusalém não pensavam assim.

Jesus já não pode conter a indignação. A hipocrisia daquela seita detestável, que não cessa de estorvar a sua obra; a soberba daqueles ladrões honrados que, junto com os seus tesouros, escondem a chave do reino dos céus; a impiedade daqueles sacerdotes de Javé, que olham com a maior indiferença as promessas da outra vida; a miséria moral daqueles usurários, daqueles vigaristas da verdade, daqueles traficantes do divino — tudo isso vai ser revelado e condenado diante de todo o povo. Findaram os chamamentos, e chegou a hora terrível dos anátemas e da verdade nua e crua.

Os pórticos estavam cheios de uma multidão curiosa e barulhenta: peregrinos que vinham rezar, moços desejosos de ouvir os doutores, mercadores atraídos pelos negócios, pobres à espreita das moedas que rodopiavam debaixo das mesas, ociosos ávidos de ver como acabava aquele duelo entre os sábios de Israel e o pregador da Boa-nova. De repente, Jesus, alvo dos dardos de milhares de pupilas que o olhavam ansiosas, começa o mais terrível dos seus discursos. Fala com uma sonoridade cálida, e a força da sua ira é tão fulminante quanto o império da sua doçura.

O discurso dos anátemas

Aqueles adversários há muito que vinham pretendendo envolvê-lo nas redes da sua lógica, mas Ele ia-lhes rompendo a malha e fazendo-os emudecer, ao mesmo tempo que a cada incidente lhes estendia a mão num novo ato de misericórdia. Agora, porém, já não havia nada a fazer com aqueles corações irredutíveis. Só lhe restava prevenir o povo para que não se deixasse extraviar pelos falsos pastores.

Os três Sinóticos reproduzem o discurso: Mateus detalhadamente, e Marcos com uma certa gravidade, aproveitando a ocasião para coligir algumas sentenças talvez pronunciadas em outro momento. A fala do Senhor inicia-se com um exórdio em que se apresentam os culpados; vem a seguir uma primeira parte, em que se denunciam os fatos, e depois uma lamentação e uma ameaça, que constituem a segunda parte.

Jesus começa por dirigir-se a todos os ouvintes:

— Os escribas e os fariseus sentaram-se na cátedra de Moisés. Observai e fazei tudo o que eles vos disserem, mas não façais o que fazem, porque dizem e não fazem. Atam fardos pesados e insuportáveis, e os põem aos ombros dos outros; mas eles nem com um dedo estão dispostos a movê-los. Fazem todas as suas obras para serem vistos pelos homens.

Uma coisa é a autoridade e outra os que a representam. Representam-na indignamente. A sua religião é estéril e hipócrita. Só procuram o domínio, a vaidade, o louvor dos homens.

— Por isso alargam os seus filactérios e aumentam as franjas dos seus mantos. Cobiçam os primeiros lugares nos banquetes e os primeiros assentos nas sinagogas. Gostam de ser saudados nas praças e de ser chamados Rabi pelos homens.

Essa preocupação por deslumbrar os homens e por captar as suas simpatias dava origem àquela casuística tão rica em escapatórias aos deveres mais elementares como em rígidas imposições impossíveis de cumprir. Por um lado, cumprimento aparatoso das minúcias mais insignificantes da tradição rabínica; por outro, abandono lamentável da verdadeira religião, da justiça, da misericórdia e da fé.

— Mas vós — acrescenta Jesus, dirigindo-se aos seus discípulos —, a ninguém chameis pai nesta terra, porque um só é o vosso Pai, aquele que está nos céus. Nem vos façais chamar mestres, porque um só é o vosso Mestre: Cristo.

Cristo, isto é, o próprio Jesus. Pela primeira vez o Senhor aplica a si próprio, expressamente, esse título de Messias, quando já ninguém podia iludir-se, quando a sua Paixão já próxima ia esfriar todos os entusiasmos irrefletidos e puramente materiais.

As sete maldições

Esse foi apenas o exórdio do discurso. De súbito, Jesus levanta a voz e, encarando os adversários, pronuncia as sete grandes maldições que nos evocam as apóstrofes de João Batista nas margens do Jordão:

"Ai de vós, escribas e fariseus hipócritas!, que fechais aos homens o reino dos céus! Porque nem vós entrais nem deixais que entrem os que querem entrar.

"Ai de vós, escribas e fariseus hipócritas!, que devorais as casas das viúvas com o pretexto de fazer longas orações.

"Ai de vós, escribas e fariseus hipócritas!, que percorreis mares e terras para fazer um prosélito e, mal o conseguis, fazeis dele um filho do inferno duas vezes pior do que vós!

"Ai de vós, guias cegos!, que dizeis que jurar pelo Templo não é nada e que o que obriga é jurar pelo ouro do Templo! Néscios e cegos! Que vale mais, o ouro ou o Templo que santifica o ouro?

"Ai de vós, escribas e fariseus hipócritas!, que pagais o dízimo da menta, do endro e do cominho e abandonastes as coisas essenciais da Lei: a justiça, a misericórdia e a fidelidade. Devíeis observar estas, sem omitir aquelas. Guias cegos!, que filtrais um mosquito e engolis um camelo.

"Ai de vós, escribas e fariseus hipócritas!, que limpais por fora o copo e o prato, e por dentro estais cheios de rapacidade e imundície! Fariseu cego. Limpa primeiro por dentro o copo e o prato, se queres que fiquem limpos por fora.

"Ai de vós, escribas e fariseus hipócritas!, que sois semelhantes aos sepulcros caiados, vistosos por fora, mas por dentro cheios de ossadas de mortos e de toda a espécie de podridão".

No meio dos campos da Palestina, ainda hoje se erguem uns monumentos de alvura deslumbrante, coroados de cúpulas cujas curvas graciosas refletem os raios do sol nascente. São os sepulcros, que os habitantes da terra têm o cuidado de caiar ao menos uma vez por ano. Neles encontra Jesus uma imagem para exprimir a hipocrisia dos fariseus. Mas ainda há coisa pior. Enquanto Jesus os fustigava com a sua santa cólera, eles se deleitavam ante a certeza do seu próximo suplício. Ele adivinha-o, e é isso que lhe arranca dos lábios a última e a mais violenta desta série de maldições:

"Ai de vós, escribas e fariseus hipócritas!, que edificais os sepulcros dos profetas e adornais os monumentos dos justos, e dizeis: «Se tivéssemos vivido no tempo dos nossos pais, não teríamos manchado as nossas mãos com o sangue dos profetas!» Assim testemunhais contra vós mesmos que sois filhos dos que assassinaram os enviados de Deus. Acabai, pois, de encher a medida dos vossos pais.

"Serpentes, raça de víboras, como podereis escapar da condenação do inferno? Vede, eis que vou enviar-vos profetas, sábios e escribas. Matareis e crucificareis uns e açoitareis outros nas vossas sinagogas. Persegui-los-eis de cidade em cidade, para que caia sobre vós todo o sangue inocente que foi derramado sobre a terra, desde o sangue de Abel, o justo, até ao sangue de Zacarias, filho de Baraquias, que vós matastes entre o Templo e o altar. Em verdade vos digo que todos esses crimes cairão sobre esta geração".

O castigo e o regresso

Não se tratava de fórmulas vazias, inspiradas pela indignação. Havia por detrás delas o vaticínio de um castigo terrível. Jesus vê-o à distância e treme de espanto; e termina as suas invectivas com um soluço, um soluço vibrante de amor, pois tinha sido o amor que inspirara este derradeiro requisitório. À apóstrofe mais trágica junta-se uma exclamação transbordante de ternura: "Jerusalém, Jerusalém, que matas os profetas e apedrejas os que te são enviados! Quantas vezes eu quis reunir os teus filhos, como a galinha aninha os pintinhos debaixo das asas, e tu não quiseste! Eis que a vossa casa vai ficar deserta. Porque eu vos digo: não me vereis enquanto não disserdes: Bendito aquele que vem em nome do Senhor!"

Aproxima-se o momento. São dias em que Jesus se desloca vezes sem conta à cidade querida — os Sinóticos aludem aqui às repetidas viagens à capital, cujos pormenores só João nos transmite —, mas a hora dos chamamentos terminou. Perpetrou-se a última repulsa, vai-se consumar o último delito e em breve virá o castigo anunciado. Já não voltarão a vê-lo, até que num futuro remoto reconheçam o seu erro e se arrependam do seu pecado. Passa ante os olhos do Senhor a misteriosa visão de Jeremias, situada mesmo no fundo dos séculos, acerca da conversão de Israel e da sua reconciliação com o Messias, "o que vem em nome do Senhor":

Ouve-se uma voz no alto das colinas nuas,
o pranto lamentoso dos filhos de Israel
que se apartaram do seu caminho
e esqueceram Javé, seu Deus.

Não mais se voltará a dizer:
"Ó arca da aliança de Javé!"
Deixará de estar no coração, ninguém pensará nela,
nem se encherá, nem será construída de novo.

Voltai, filhos rebeldes.
que eu curarei as vossas rebeldias.

Aqui estamos, voltamos para Ti,
porque Tu és Javé, nosso Deus;
na verdade, em Javé, nosso Deus,
está a salvação de Israel.

A ABOMINAÇÃO DA DESOLAÇÃO

Mateus 24 e 25; Marcos 12 e 13;
Lucas 17 e 21

Terminaram as disputas. Desmascarados pela eloquência divina do Rabi, os fariseus escapuliram-se uns atrás dos outros, atiçando rancores e proferindo ameaças. Jesus passou um dia inteiro no meio de olhares cintilantes de ódio, envolto numa atmosfera de vingança, rodeado de ciladas e desprezos. A tarde avança e os levitas atravessam já os corredores do Templo, com as chaves na mão, para fechar as grandes portas de bronze e de cedro. O rio da multidão desce já as amplas escadarias, comentando os incidentes do dia.

Jesus detém-se uns momentos no átrio das mulheres. É desse átrio que as filhas de Israel assistem às cerimônias litúrgicas. A multidão entra e sai pelas duas grandes portas que dão acesso a ele, e Jesus contempla aquele ir e vir, sentado talvez na escadaria circular que liga esse átrio ao átrio de Israel. Tem na sua frente os terraplenos do Monte das Oliveiras, com as

suas fileiras de árvores e as suas cristas rochosas, envoltas agora na luz crepuscular, cinzenta, dourada e azul; por cima, o manto púrpura e violeta do céu, que veste a cidade de uma magnificência embriagadora de luz e cores. A seus pés, do lado esquerdo, a sala do tesouro, com os treze troncos em forma de trombeta, onde se depositam as esmolas. É um ir e vir de devotos que chegam para cumprir as suas promessas, pagar os impostos relaxados e fazer as suas oferendas voluntárias. Chegam os ricos proprietários, donos de casas comerciais florescentes em Antioquia ou em Corinto, em Roma ou em Alexandria, e esvaziam ostensivamente as suas bolsas, cheias de siclos e dracmas, com grande admiração da turba, que elogia tanto fervor e generosidade.

E, no meio daquela multidão barulhenta, vem também uma pobre viúva, que quer contribuir para o culto sagrado com o que a sua pobreza lhe permitir. Caminha timidamente, envergonhada por não poder contribuir com um óbolo significativo. Entre os seus dedos de marfim bailam duas minúsculas moedas de bronze, que, juntas, não perfazem mais que um quadrante, a quarta parte de um asse: dois leptos. Em cima de cada mealheiro há um letreiro que indica o destino das esmolas. Mas a pobre mulher, que não sabe de letras, deve ter-se dirigido a um sacerdote que estava ali de serviço e que se encarrega de depositar a oferenda no lugar certo, fazendo algum gesto que deve ter provocado a hilaridade da assistência.

Jesus, que seguia a cena do alto da escadaria, aproveita-a para completar a doutrina sobre a excelência da esmola, que já expusera em outras ocasiões: "Na verdade vos digo que essa viúva pobre deitou no gazofilácio mais que todos os outros; porque todos deitaram do que lhes sobrava; ela, porém, da sua indigência, deu tudo o que tinha para o seu sustento". E, levantando-se, atravessou a porta que levava ao pórtico e deixou para sempre aquele Templo que tinha sido a aula de suas lições mais sublimes.

É Marcos quem nos faz assistir a esta cena deliciosa, que Mateus e Lucas omitem, e que procede, ao que parece, da catequese do Príncipe dos Apóstolos. "O Reino de Deus não tem preço, e no entanto custa exatamente o que tens...", diz São Gregório Magno. Conquistamos a Deus com a última moeda.

A cidade da beleza perfeita

Pouco tempo depois, cansado, de coração partido e com uma sombra de tristeza infinita na fronte, Jesus subia a encosta do Monte das Oliveiras. Passado o Cédron, voltou-se para contemplar os altos muros da cidade, que ardiam como archotes feridos pela luz do sol poente. E aquelas riquezas acumuladas pelo fausto interesseiro de Herodes fizeram-no empalidecer.

A cidade aparecia vestida de púrpura e ouro, resplandecente na magnificência do seu Templo, dos seus palácios e das suas muralhas recém-restauradas que, graças às cintilações da luz, pareciam translúcidas como vidros fantásticos. Sobressaíam como finíssimas rendas as pinturas das pedras, e os olhos se ofuscavam ao contemplarem os mosaicos, as esculturas, os fustes gigantescos, as colunatas, as portas chapeadas de bronze e os tetos adornados de preciosos metais, que a essa hora da tarde deslumbravam o olhar. Josefo dirá que tudo isso — os blocos de pedra de vinte metros, a magnificência dos pórticos e os monólitos de mármores branquíssimos, de doze metros e meio de altura, que os sustinham à guisa de colunas — parecia feito para a eternidade. No entanto, permaneciam na memória de todos as últimas palavras da maldição de Jesus: "A vossa casa ficará deserta".

Ao ouvirem no Templo esse vaticínio, os Apóstolos, entre tristes e admirados, tinham ficado calados, aturdidos por aquelas lutas, por aqueles anátemas e profecias. Agora, longe dos inimigos, sentem-se mais livres e esforçam-se por restabelecer a sua comunicação com Jesus. Um deles rompe o silêncio e, na esperança de provocar uma nova revelação, diz:

— Mestre, olha que pedras e que construções!

Os demais discípulos fazem coro com ele e não cessam de louvar a grandiosidade, a solidez, a variedade, a riqueza daquele conjunto, cujos muros faziam naquele momento lembrar os reflexos das ondas do mar.

Jesus cala-se, a ouvir as reflexões entusiásticas; mas, de repente, levantando a mão com um gesto de autoridade, confirma a sentença irrevogável:

— Vês esses imensos edifícios? De tudo isso não ficará pedra sobre pedra que não seja demolida.

E encerrou-se de novo nas suas mudas meditações.

A pergunta dos discípulos

De novo, a estupefação e o silêncio. Em todos os lábios adeja uma pergunta, mas ninguém se atreve a formulá-la. Continuam a subir a encosta das Oliveiras e, lá no alto, o Senhor detém-se e senta-se à beira do caminho: antes de descer em direção a Betânia, queria ver novamente aquela cidade, onde só voltaria a entrar mais uma vez. Uma só vez, e essa para morrer. Está silencioso, pensativo. A contenda daqueles dias tinha-lhe quebrado as forças, e a sombra dos terríveis acontecimentos que antevê põe-lhe na fronte uma névoa de melancolia inefável. E flui a pergunta temida e esperada:

— Dize-nos, Mestre: quando sucederão estas coisas e qual será o sinal de que tudo isto começará a cumprir-se?

Pedro e André, Tiago e João aproximam-se do Senhor timidamente, com a angústia impressa no rosto. Falam-lhe ao ouvido e como que em segredo; não podia dizê-lo só a eles? Como bons israelitas, aquela profecia inquietava-os, aterrava-os. Eram palavras duras para quem estava persuadido de que toda a restauração do reino de Davi se devia realizar em torno daquele lugar sagrado.

Perguntam duas coisas. A expressão "estas coisas" alude, na primeira parte da pergunta, à destruição do Templo, do qual o Senhor acabava de dizer que não ficaria pedra sobre pedra; mas, na segunda, tem um significado mais amplo, referindo-se à catástrofe universal em que devia perecer o mundo presente. No Evangelho de Mateus, essa pergunta dos discípulos denuncia com maior clareza o verdadeiro sentido do que queriam saber: "Dize-nos: quando se hão de dar estas coisas e qual será o sinal da tua volta e do fim do mundo?" A notícia da destruição do Templo e da sua vinda em poder e majestade para sentar-se no trono da sua glória tinha deixado nos discípulos a impressão de que tudo isso seria simultâneo; mas Jesus vai responder aos dois pontos, colocando-os num plano diferente. A resposta constitui o discurso dos tempos escatológicos, o segundo sermão da montanha, no qual se englobam duas profecias diferentes. A imensa catástrofe de Israel será como que a chave e o símbolo de outra catástrofe mais espantosa: o fim do mundo. Dois horizontes no quadro: um diante dos olhos, e outro a uma distância nebulosa e difícil de medir. As linhas, as cores, o aspecto são tão parecidos que, por vezes, se confundem.

Indícios precursores da ruína

Primeiro, uma réstia de luz sobre os destinos da Igreja através dos séculos, no intervalo das duas catástrofes: tempos turbulentos, lutas, falsos messias, enganos, convulsões da natureza: "Cuidai de que ninguém vos engane. Porque virão muitos em meu nome, dizendo: «Sou eu». E seduzirão a muitos. Quando ouvirdes falar de guerras e de boatos de guerras, não temais, porque ainda não é o fim. Levantar-se-á povo contra povo e reino contra reino, e haverá terremotos em diversas regiões; haverá fome. Este será o princípio das dores". À inquietação dos povos e ao abalo dos elementos, juntar-se-á o sofrimento da perseguição. "Cuidai de vós mesmos, porque sereis arrastados aos tribunais e comparecereis diante dos governadores e reis por minha causa, para dardes testemunho diante deles."

O quadro aplica-se de uma maneira especial aos anos que precederam a ruína de Jerusalém. "Foi uma época — diz Tácito — abundante em misérias, atroz pelas guerras, dilacerante pelas sedições e cruel mesmo em tempo de paz. Quatro imperadores — Nero, Galba, Otão e Vitélio — acabaram pela espada; houve três guerras civis, quatro guerras com o estrangeiro — misturadas, às vezes, umas com as outras, sem contar uma multidão de acidentes fatais nas coisas humanas, de portentos no céu e na terra, de devastações dos rios, de presságios terroríficos para o futuro. Dir-se-ia que os deuses se ocupavam mais de realizar as suas vinganças do que de cuidar de nós".

A primeira parte da profecia fez empalidecer os discípulos. Mas o Senhor consola-os, dizendo-lhes que não estão sós, mas que com eles estará o Espírito Santo, que falará por suas bocas. E nem tudo terá lugar imediatamente. Antes disso eles haverão de espalhar-se por todo o mundo, para anunciar até os confins da terra o nome do seu Mestre: primeiro há de anunciar-se o Evangelho a todos os povos.

Subitamente, as palavras de Jesus tornam-se mais precisas e concretas: começa a falar da destruição de Jerusalém.

"Quando virdes a abominação da desolação estabelecida no lugar onde não deve estar (quem ler, que entenda), então os que estiverem na Judeia fujam para os montes, e quem estiver no terraço não desça nem entre em casa para tirar de lá alguma coisa, e quem estiver no campo não volte em busca do seu manto. Ai das mulheres que estiverem grávidas ou amamentando naqueles dias! Rogai, pois, para que isto não aconteça no inverno."

Esta profecia alude evidentemente a uma catástrofe local e próxima, à ruína de Jerusalém e à dispersão do povo judeu. A catástrofe virá com tal rapidez que não haverá tempo nem para apanhar os objetos de estimação. Os que estiverem no terraço deverão fugir pela escada exterior, que dá para a montanha; o terror alastrar-se-á por toda a Judeia, mas haverá um refúgio: os montes, os montes de Galaad, do outro lado do Jordão, a cidade de Pela, onde viria a estabelecer-se a comunidade cristã de Jerusalém. A debandada será mais terrível se sobrevier nos dias crus do inverno.

Tudo aconteceu como tinha sido anunciado: "Não passará esta geração sem que as minhas palavras se realizem plenamente". Elas cumpriram-se quarenta anos mais tarde, numa das maiores tragédias de que nos fala a História Antiga, Os *Anais,* de Tácito, e as *Antiguidades,* de Josefo, são como que um comentário às palavras evangélicas. Primeiro, os falsos profetas: como aquele Teudas, que arrastou as multidões a caminho de Jerusalém, levando-as a acreditar que o Jordão se abriria à sua passagem; como aquele egípcio que, à frente de trinta mil homens, chegou ao Monte das Oliveiras, e, lembrando-se talvez da profecia de Jesus, aguardou com olhos atônitos que as muralhas da Cidade Santa se desmoronassem; como Simão, o Mago, que multiplicou simulacros de prodígios e estendeu uma rede de enganos.

Aos rumores de guerra seguiu-se a própria guerra, guerra de morte na Palestina e em todas as regiões do Império. A devastação foi contínua, diz o historiador Suetônio. Perto de Nápoles, o solo tremia já com rugidos sinistros: Jerusalém e Roma estremeciam sob os abalos de um terremoto. E sentia-se já o começo das dores, quer dizer, a perseguição, as cruzes, os animais ferozes, as luminárias erguidas, e ateadas pelos verdugos de Nero.

E chegou a abominação da desolação, iniciada efetivamente "nos dias crus do inverno", pois o cerco de Jerusalém começou antes do mês de abril. O Templo foi convertido em cidadela das tropas do governador da Síria, a Cidade Santa entregue à tirania, o *efod* pontifical convertido em adorno no peito de um campônio, as portas da cidade fechadas pelas hordas de João de Giscala, e Tito a caminho de Jerusalém a marchas forçadas, para erguer à sua volta fossos — torres e muralhas —, e fazer dela o sepulcro do povo de Israel.

"Jamais povo algum — diz Josefo — terá sofrido tantas calamidades, misturadas com tantos crimes." O próprio Tito confessava que Deus tinha combatido pelos sitiantes, cegando os judeus e arrancando-lhes os seus baluartes inexpugnáveis. Em sete meses de assédio, morreram mais de um milhão de homens, e os que sobreviveram foram distribuídos por todas as províncias do Império com a marca de escravos na fronte. Cumpriu-se o que tinha sido prognosticado, sem tirar nem pôr: "Haverá grande angústia na terra e grande ira contra este povo — lemos em Lucas. — Cairão ao fio da espada e serão levados como cativos para todas as nações, e Jerusalém será espezinhada pelos gentios até que chegue o tempo das nações."

A catástrofe universal

E vem a seguir a pintura de uma segunda catástrofe mais terrível ainda, inelutável, universal. Jesus viu-a entrelaçada com a de Jerusalém, porque há um analogia evidente entre as duas. Mas as expressões que se referem a uma e outra bastam para mostrar que existe uma separação, uma distância cronológica entre elas. As primeiras palavras, "naqueles dias", são uma fórmula que se usa frequentemente no Antigo e no Novo Testamento para introduzir um novo assunto, sem indicar um tempo determinado. Trata-se, pois, de um acontecimento distinto, que se virá a desenrolar numa época imprecisa, mas não durante a vida daquela geração, como o primeiro. O Senhor anuncia com toda a clareza o momento em que o Templo será destruído, mas declara que o da destruição do mundo só é conhecido pelo Pai.

Começa a descrever os sintomas da parúsia, como diziam os primeiros cristãos, isto é, da sua segunda vinda: "Aqueles dias serão de uma tribulação como nunca houve desde o princípio do mundo. E, se o Senhor não os encurtasse, carne alguma se salvaria. Mas, em atenção aos eleitos, ele os abreviará". Desta vez também não faltarão os falsos profetas: "Se alguém vos disser: «Eis aqui o Cristo» ou «Ei-lo acolá», não acrediteis, porque se levantarão falsos cristos e falsos profetas, que farão portentos capazes de seduzir, se fosse possível, os próprios escolhidos". Desta vez não haverá fuga possível, porque o terror se estenderá por toda a terra: "O sol escurecerá, a lua não terá claridade, os astros cairão e as potências do céu hão de cambalear".

Tudo isso não passa do prelúdio do grande acontecimento: a parúsia. "Então aparecerá no céu o sinal do Filho do Homem. Todas as tribos da terra baterão no peito e verão o Filho do Homem vir sobre as nuvens cercado de glória e majestade. Ele enviará os seus anjos, que juntarão os seus escolhidos dos quatro ventos, de uma extremidade à outra da terra, até os confins do céu."

Jesus emprega aqui, como noutros lugares, a linguagem do seu tempo. O discurso tem um caráter escatológico e apocalíptico; e, por isso, encontramos nele traços evidentes da tradição literária dos judeus: ecos de apocalipses que corriam então pelas escolas rabínicas, frases das profecias de Ezequiel e Isaías, expressões do estilo das de Daniel. "Ficarão atemorizados — tinha dito este último —; baixarão a cabeça e a dor os invadirá quando virem o Filho do Homem sentado no seu trono de glória". Mas as predições antigas veem-se confirmadas, transformadas e concretizadas aqui: o Filho do Homem é agora o próprio Jesus, e quem se há de juntar à sua volta serão não só as tribos de Israel, mas os eleitos de todos os pontos cardeais da terra.

O Senhor não quer precisar nada acerca do tempo em que haverão de suceder todas essas coisas, "porque ninguém tem conhecimento daquele dia e daquela hora, nem os anjos do céu, nem o Filho, mas somente o Pai". No entanto, revela os sintomas precursores e acrescenta: "Aprendei da figueira: quando os seus ramos ficam tenros e brotam as folhas, sabeis que o verão está próximo. Da mesma maneira vós, quando virdes todas estas coisas, sabei que o Filho do Homem está próximo, às portas. O céu e a terra passarão, mas as minhas palavras não passarão".

É preciso reparar em outra coisa para penetrar melhor no sentido desta página tão obscura do Evangelho: a colocação dos dois acontecimentos num mesmo fundo, violenta para nós e deveras propensa a criar equívocos, era natural na época em que os evangelistas escreviam, quando nada se sabia acerca do tempo da parúsia e se revelava ainda impreciso o da grande tribulação. Não era nada fácil saber se existia alguma relação entre uma e outra, se a tribulação havia de ser a preparação da parúsia. Muitos cristãos assim o entenderam e, se é verdade que as palavras de Cristo não justificam essa opinião, também é certo que não a excluem claramente. De tudo isto ninguém soube nada antes do trágico ano 70. Hoje, pelo contrário, conhecemos perfeitamente a grande tribulação e temos a experiência histórica de vinte séculos, que lança sobre este discurso famoso uma luz que não iluminava os primeiros cristãos.

A parúsia

À medida que Jesus fala, vai caindo a noite. Nos montes do outro lado do Jordão perdeu-se o último arrebol do crepúsculo; a luz da lua brinca nos ramos das oliveiras, projetando a sombra das árvores sobre as rochas calcárias; as cigarras chiam no meio das folhas prateadas, e lá de baixo sobe o murmúrio da cidade. A lua rodeia a figura do Rabi de uma auréola de resplendor pálido e dá-lhe ao rosto uma expressão impressionante. Está sentado numa pedra do caminho; à sua volta, encontram-se os Apóstolos, que se juntaram aos primeiros quatro, e talvez algum curioso que voltava da cidade. O véu do porvir continua a descerrar-se perante aqueles olhos espantados. Agora é o quadro do Juízo final.

"Quando o Filho do Homem vier na sua majestade, acompanhado de todos os anjos, sentar-se-á no seu trono de glória. Todas as nações se reunirão na sua presença, e ele separará uns dos outros, como o pastor separa as ovelhas dos cabritos. E porá as ovelhas à sua direita e os cabritos à sua esquerda. Então o Rei dirá aos que estiverem à sua direita:

«Vinde, benditos de meu Pai, tomai posse do reino que está preparado para vós desde o princípio do mundo. Porque tive fome e me destes de comer; tive sede e me destes de beber; era peregrino e me destes pousada; estava nu e me vestistes, doente e me visitastes, na prisão e viestes ver-me». Perguntar-lhe-ão os justos: «Senhor, quando foi que te vimos com fome e te demos de comer, ou sedento e te demos de beber? Quando foi que te vimos peregrino e te hospedamos, ou nu e te vestimos? E quando foi que soubemos que estavas doente ou na prisão e te fomos visitar?» E o Rei lhes responderá: «Na verdade vos digo que tudo quanto fizestes a um destes meus irmãos mais pequenos, a mim o fizestes»".

À esquerda estarão os cabritos, não só os que se comportaram iniquamente, mas também os que não praticaram o bem. O diálogo com eles será idêntico na forma, mas de conteúdo inverso. Primeiro, a sentença condenatória: "Apartai-vos de mim, malditos! Ide para o fogo eterno que está preparado para o demônio e para os seus anjos". Por quê? "Porque não me destes de comer, nem me acolhestes, nem me visitastes..." E, perante o assombro dos condenados, repete-se em sentido contrário a afirmação em que Jesus se apresenta como termo da vida moral de todos os homens, justos e pecadores, pois uns e outros terão um fim conforme as relações que tiverem mantido com Ele: "Na verdade vos digo que tudo o que deixastes de fazer a um destes pequeninos, também a mim o deixastes de fazer".

O tema já fora tratado pelos profetas antigos, mas sob outra luz e com outros intuitos. Nas palavras de Jesus ressalta, sobretudo, a repercussão ética que a vida presente há de ter na outra. Os antigos Profetas representavam o Juízo final como o triunfo do Povo eleito sobre as nações pagãs; aqui, pelo contrário, o Juízo assume um caráter moral individual, que depende da atitude de cada homem para com o seu semelhante, do triunfo ou não da caridade.

Assim descreve Jesus o destino último do mundo e dos homens: após a pregação da palavra de Deus por todas as nações, a catástrofe inelutável e universal, a segunda vinda do Filho do Homem, o Juízo final e a separação entre os que mereceram o Paraíso e os que se tornaram réus da pena eterna.

A última parábola

Terminam com essa cena grandiosa as revelações escatológicas daquele dia que precedeu a revelação mais emocionante do amor divino. As considerações com que o Senhor as remata ajudam-nos a tirar as devidas consequências.

O Filho do Homem virá como um relâmpago na noite e ninguém conhece o momento da sua vinda. "Velai, pois, porque não sabeis quando voltará o senhor da casa: se ao cair da tarde, à meia-noite, ao cantar do galo ou de madrugada; não seja que, vindo de repente, vos encontre dormindo. E o que vos digo a vós, digo-o a todos: velai".

E resume a lição numa parábola que deve ter caído de uma maneira impressionante no regaço daquela noite de abril da Palestina. Talvez o Senhor já estivesse próximo das casas de Betânia. O ar tépido agitava-lhe o manto e nas janelas do povoado tremelicavam algumas luzes. E Jesus começou: "O reino dos céus é semelhante a dez virgens que saíram com as suas lâmpadas ao encontro do esposo e da esposa".

Referia-se a um costume oriental que se observava no cortejo com que se dava início ao *nissuin* ou rito de casamento. Geralmente, a cerimônia celebrava-se ao cair da tarde. O noivo ia à procura da noiva ao som de música e sob o resplendor dos archotes, e encontrava-se com ela e com o seu acompanhamento a meio do caminho; depois, entravam todos juntos na casa onde tinham lugar o rito do casamento e o banquete nupcial. As amigas que acompanhavam a noiva levavam candeias de barro, com pavios de estopa impregnados de piche e azeite, em cuja ponta brilhava uma luzinha pálida.

Ora, dez virgens foram convidadas para fazer parte do cortejo de bodas de uma amiga delas. Saíram todas de casa com a candeia, não tanto para iluminar o caminho como para expressar a alegria da festa. Era um casamento rico e luxuoso. Tudo levava a crer que o esposo iria demorar, visto que tinha de receber a interminável fila de amigos que o acompanhariam. Por outro lado, a candeia era pequena, o caminho comprido, o vento forte, e o combustível poderia consumir-se. Por isso as virgens prudentes levaram consigo um recipiente com azeite para alimentar a lâmpada; as néscias, pelo contrário, esqueceram-se desse pormenor de cautela. E aconteceu o que as virgens previdentes tinham imaginado. O esposo tardou, as candeias apagaram-se e as dez virgens adormeceram. Mas as prudentes puderam dormir tranquilamente.

Era o sono que põe fim à vida. Quando o esposo chegou — quando o juiz se fez anunciar —, foram calmamente ao seu encontro. Tinham tomado a precaução de prover-se do azeite do amor e das boas obras, e entraram com o esposo e a esposa. As néscias, pelo contrário, repararam que tinham as candeias apagadas e começaram a correr, aturdidas, à procura de azeite. Perderam, assim, um tempo precioso, e, quando chegaram à casa do festim, encontraram a porta fechada. Chamaram, bateram, gritaram: "Senhor, senhor, abre-nos". Mas passava da meia-noite. A festa já tinha começado e o esposo respondeu: "Na verdade, digo-vos que não sei quem sois".

E Jesus terminou com estas palavras: "Vigiai, pois, porque não sabeis nem o dia nem a hora". Ninguém — nem sequer os que foram íntimos amigos — poderá depois invocar desculpas, influências ou privilégios. É Mateus quem, como coroamento da doutrina desse dia, nos apresenta esta parábola grave, que Santo Agostinho comentará assim: "Vela com a fé, com a caridade, com as obras [...]; prepara as lâmpadas, cuida de que não se apaguem [...]; alimenta-as com o azeite interior de uma consciência reta; permanece unido ao Esposo, para que Ele te introduza na sala do banquete, onde a chama da tua lâmpada jamais se extinguirá".

PREPARAÇÃO DA PÁSCOA

Mateus 26 e 28; Marcos 14; Lucas 22

Naquela noite, Jesus falou com uma gravidade, com uma obstinação, com uma violência maiores do que nunca. Como se a conspiração que se vinha preparando pusesse um fogo desusado nas suas palavras. Em momento algum da sua vida deixou de ter presentes as cenas da sua Paixão, mas a sua humanidade sente com maior intensidade a influência dessa visão nestes dias que precedem o transe fatal. Vemo-lo perturbado; faz frequentes alusões à sorte que o espera e, terminados os discursos, diz expressamente aos seus discípulos: "Sabeis que daqui a dois dias será a Páscoa, e o Filho do Homem será entregue para ser crucificado".

Conselho do Sinédrio

Naquela mesma tarde, despeitados pelas suas derrotas dialéticas, irritados e humilhados pela audácia com que Jesus os tinha

posto na berlinda perante a multidão, os fariseus reuniram-se de novo para deliberar sobre a situação. Já não se tratava de decidir se era conveniente desfazerem-se do Nazareno; quanto a isso, estavam todos de acordo. Urgia precisar o tempo e o modo de executar o plano. Tinham medo da turba, e muito em especial daqueles galileus inquietos que enchiam as ruas de Jerusalém. Eram da opinião de que, mais do que à força, convinha recorrer à astúcia e, quanto ao tempo, todos os presentes — isto é, escribas, fariseus e anciãos do povo, o Sinédrio em peso, se excetuarmos os dois ou três amigos de Jesus, que não devem ter sido convocados — concordaram com esta apreciação prudente: "Não seja durante a festa, para não alvoroçar o povo".

As festas, a festa da Páscoa sobretudo, eram consideradas pelo procurador romano como dias de agitação popular. A vigilância tornava-se então mais apertada. Flávio Josefo conta-nos que "a coorte romana, que guarnecia Jerusalém , estacionava nos pórticos do Templo, e a guarda cavalgava de armas na mão para evitar sedições entre a multidão". Nesse ano, os receios pareciam mais justificados do que nunca. O Rabi galileu pregava a dois passos do Templo, rodeado de um grupo compacto de entusiastas que o veneravam como o Messias prometido. Ao primeiro sinal de tumulto, os soldados de Pôncio Pilatos lançar-se-iam sobre os agitadores, e nem mesmo o caráter sagrado do Templo os deteria. Era necessário, portanto, agir com rapidez, mas ao mesmo tempo sem ruído. Todos se mostraram de acordo.

Judas entra em cena

Já estavam para se retirar, quando lhes anunciaram que acabava de chegar à casa de Caifás, onde se realizava o conciliábulo, um discípulo de Jesus que perguntava por eles. Mandaram-no entrar e encontraram-se perante Judas. Já o conheciam; e ele, por seu turno, sabia perfeitamente qual era o motivo que os tinha reunido. Evitando pronunciar o nome de Jesus, disse bruscamente:

— Que me dareis se eu vo-lo entregar?

Eles dissimularam a sua alegria, para não estimularem as exigências do traidor, e concordaram facilmente em dar-lhe trinta moedas de prata.

É Mateus quem especifica a quantia combinada e quem adverte, sempre com o cuidado de fazer ressaltar as profecias messiânicas, que naquele pacto se realizavam umas palavras pronunciadas seis séculos antes pelo profeta Zacarias. Trinta moedas de prata equivaliam ao preço de um escravo; era a pena pecuniária que se impunha ao dono de um boi que atropelasse ou matasse um escravo ou uma escrava. Assim o prescreviam tanto a legislação de Moisés como o direito romano.

Nem Judas nem os fariseus repararam nessa coincidência, nem decerto se lembraram, na altura, da profecia em que Jeremias tinha anunciado "o preço em que foi computado" o sangue de valor infinito. Só cuidaram de fechar um contrato; tinham oferecido uma recompensa a quem denunciasse o lugar onde Jesus se escondia, e eis que aparecia um delator, e um delator de primeira ordem, que tinha bons motivos para conhecer o paradeiro do Profeta.

E Judas saiu de lá com as trinta moedas de prata, a olhá-las à luz da lua, a examinar aqueles emblemas que evocavam a história do seu povo: na cara, a vara florida de Aarão e a legenda: "Jerusalém, a Santa"; na coroa, uma palma e a taça do maná e os caracteres: "Siclo de Israel".

"Satanás tinha-lhe entrado na alma", diz Lucas. O motivo dessa decisão constituirá sempre um mistério. Há quem pense que o discípulo entregou o Mestre porque devia estar certo de que o Mestre tinha meios de sobra para escapar aos seus inimigos, como tinha feito das outras vezes; mas, na realidade, toda a insensibilidade do homem perante Deus será sempre um mistério. As más paixões, os instintos, as concupiscências explicam tudo. Judas era presa do demônio da avareza, da ambição, da inveja. O amor a Jesus tinha vencido o egoísmo no coração dos demais Apóstolos, mas, no dele, tudo era desilusão e amargura. O que é que se podia esperar de um chefe que não se decidia a aniquilar os seus inimigos? Além disso, o lugar que parecia destinado para ele naquele reino problemático não podia ser dos mais brilhantes. Pela sua cultura e posição social, devia sentir-se merecedor de alguma distinção, e, no entanto, todas as atenções eram para aqueles pescadores ignorantes do lago de Genesaré e para aquela mulher de Betânia que, com as suas prodigalidades loucas, tinha sido a causa de que o Mestre o humilhasse publicamente.

A primeira catequese cristã dá como razão do crime a avareza. Judas roubava o dinheiro da comunidade apostólica, e roubava a tal ponto que, com os seus roubos e com o produto da sua traição, não lhe foi difícil comprar um terreno perto de Jerusalém — "campo do dinheiro da iniquidade", como lhe chamará Pedro mais tarde. Mas, juntamente com o amor pelo lucro, devia haver nele uns restos de amor a Jesus, um amor sombrio, retraído, sem confiança, sem generosidade, no qual se misturaria um elemento obscuro que desconhecemos. Por que depois se enforcou, se só lhe interessava o dinheiro? Pensou que, depois da ressurreição, quando se convertesse em realidade o Reino anunciado por Cristo, seria denunciado como ladrão e julgado sem misericórdia, perdendo o lugar de confiança que lhe tinham dado?

Dia de silêncios e pressentimentos

A negra traição, um dos crimes mais horríveis e desconcertantes que os homens levaram a cabo, consumava-se naquela noite primaveril, enquanto Jesus ia a caminho de Betânia. Os evangelistas calam-se acerca das primeiras horas do dia seguinte. Foram horas de repouso, provavelmente, em casa dos amigos e na companhia dos Apóstolos, um intervalo de preparação e de recolhimento antes da luta definitiva. Nos corações, pressentimentos sombrios; nos lábios, um adejar de perguntas que não chegavam a coagular. Tinham medo de falar, não fossem saber como certo aquilo que temiam. Onde celebrariam a Páscoa naquela noite? Atrever-se-ia o Mestre a entrar de novo em Jerusalém? Os fariseus e os príncipes dos sacerdotes comeriam o cordeiro pascal no dia seguinte, dia 15 do mês de Nisan; mas o Senhor tinha manifestado o desejo de imolá-lo a 14, isto é, naquela quinta-feira que já tinha amanhecido. Talvez quisesse antecipar-se porque, no dia seguinte, Ele próprio já teria sido imolado; ou talvez o permitissem também os cálculos astronômicos relativos à primeira lua do mês, origem de divergências entre os diferentes partidos religiosos.

No meio dos Doze, Judas guarda o seu segredo, um segredo tão negro como a sua alma. Não sabe onde terá lugar a festa ritual, mas tem a certeza de que Jesus não deixará de visitar o seu refúgio de Getsêmani, onde todas as árvores o conhecem, onde as pombas torcazes, que fazem os seus ninhos nos braços de prata das oliveiras, o saúdam com respeito e amor. A tarde avança. Ninguém petiscou sequer, porque o cordeiro pascal deve ser comido em jejum. O homem de Kerioth espia os olhares do Mestre, disposto a receber ordens. É ele que guarda o dinheiro; tem habilidade e experiência; não se poderá preparar o jantar sem contar com os seus serviços.

Mas eis que Jesus faz um sinal a dois dos Apóstolos. Sempre os mesmos: João, o adolescente afável, e Pedro, o homem de têmpera, barba áspera e carne de bronze!

— Ide — ordena-lhes Jesus — e preparai-nos a ceia da Páscoa.

— E onde, Senhor? — perguntam-lhe.

— Ao entrardes na cidade — responde Ele —, encontrareis um homem com um cântaro de água; segui-o até a casa em que ele entrar e dizei ao dono da casa: "O Mestre manda dizer: o meu tempo está próximo; mostra-nos a sala onde havemos de celebrar a Páscoa".

Preparativos do jantar

No meio da sua prostração, os discípulos começaram a tranquilizar-se, vendo que o Senhor se preocupava, pelo menos desta vez, com os espiões e os inimigos, visto que não tinha dito nada a ninguém acerca do lugar onde haviam de reunir-se para celebrar a Páscoa. Judas, porém, deve ter empalidecido ao ouvir a ordem. Sem dúvida, o Mestre estava já ao corrente das suas intenções, e não só queria prescindir dele quanto aos preparativos, como, daquela maneira velada, lhe queria ocultar o local da reunião da noite.

O sinal dado aos dois discípulos não deixava lugar a dúvidas: era normal ver mulheres levarem cântaros à cabeça, mas muito raro que um homem transportasse a água em outra coisa que não fosse um odre de couro.

Felizes com a incumbência, os dois prediletos saíram de Betânia, atravessaram o Monte das Oliveiras, desceram ao Cédron e, perto da porta chamada da Fonte, nos arredores da piscina de Siloé, viram o homem do cântaro. Seguiram-no, satisfeitos, e, quando chegaram à tal casa, encontraram o pai de família no saguão. Bastou-lhes recordar o nome do Senhor para conseguir tudo o que desejavam. Aquele homem era, sem dúvida, um discípulo de Jesus. Sentia-se feliz de poder receber o Nazareno e pôr à sua disposição tudo o que tinha para aquele momento solene. Via nEle, ao mesmo tempo, o senhor e o amigo. Por outro lado, não fazia mais que seguir o costume há muito estabelecido. Um habitante da Cidade Santa tinha a obrigação de ceder aos peregrinos os quartos livres da sua casa para ali celebrarem os ritos da Páscoa, e era costume que os peregrinos, em paga daquele serviço, lhe dessem a pele do cordeiro.

É provável que o dono da casa fosse o pai de Marcos, que é quem nos dá a relação mais circunstanciada da preparação da Páscoa, e esta hipótese está de acordo com uma tradição que remonta ao século V e que nos diz que a Igreja de *Sancta Sion,* considerada universalmente como o local da Última Ceia, recorda a localização da casa de Maria, mãe de Marcos, onde Jesus se hospedava sempre que ia a Jerusalém. O próprio Marcos teria sido o homem do cântaro.

O dono da casa quis ceder ao Senhor a parte mais confortável da casa, o grande aposento do primeiro andar, o *divã,* como lhe chamavam, devido aos almofadões que costumavam alinhar-se à volta das paredes. A sala em breve ficou preparada com a mesa grande e comprida, a ânfora para a ablução, as vasilhas e as escudelas de bronze — as de barro eram consideradas impuras —, as crateras para os líquidos e a taça de duas asas para as libações. Dispuseram-se a seguir as ervas amargas que tinham por objeto recordar as tristezas da escravidão no Egito — alface, agrião, escarola, coriandro, marroio e chicória selvagens —, bem como a salsa do *karoset,* mistura picante de vinagre, cidras, figos, tâmaras e amêndoas, que evocava a argila que em outro tempo os israelitas tinham amassado para construir as muralhas e as fortificações dos seus opressores. Depois, os dois discípulos prepararam o vinho, do qual era preciso beber pelo menos quatro cálices, e, o mais importante, a rês branca e perfeita, o cordeiro de um ano, em lembrança daquele outro cujo sangue tinha tingido as portas dos israelitas para evitar que o anjo exterminador entrasse em suas casas.

Enquanto Pedro o levava aos ombros para apresentá-lo ao sacerdote sacrificador, partiu dos pináculos do Templo o alarido das trombetas de ouro que indicavam o começo das imolações rituais. Apresentaram-no e, voltando à casa, meteram-no inteiro no forno. Enquanto assava, trataram do pão sem levedura e arrumaram na sala grande os leitos, os coxins e as almofadas. O cordeiro pascal devia ser comido com as pessoas dispostas em círculo. Os comensais deitavam-se em esteiras e tapetes e apoiavam o ombro esquerdo em tamboretes e almofadões. Esta disposição permitia-lhes conversar sem chamar a atenção dos companheiros, o que nos ajudará a compreender alguns dos incidentes da memorável ceia que se ia seguir.

Dificuldades exegéticas

Estamos na tarde de quinta-feira da grande semana. Sobre isto estão de acordo os quatro evangelistas. O que não fazem constar com certeza é o dia em que se estava do mês de Nisan. Segundo os Sinóticos, aquela quinta-feira era o dia 14 de Nisan; segundo João, o dia 13. A divergência parece inconciliável. Quer dizer: sabemos que Cristo morreu numa sexta-feira, mas não sabemos se aquela sexta-feira era o dia 14 ou o dia 15 do primeiro mês dos hebreus. Por outro lado, os próprios Sinóticos parecem cair em contradição. De acordo com os três textos, o dia 15 em que o Senhor morreu era o dia de Páscoa, dia de descanso rigoroso, tão sagrado como o do próprio sábado, e, no entanto, vemos que tanto os amigos como os inimigos de Jesus violam esse repouso, deslocando-se de um lugar para outro da cidade, voltando do trabalho do campo, comprando aromas, sepultando o Senhor.

Eis um velho problema para o qual se procuraram diferentes soluções. É possível que o progresso dos estudos rabínicos nos tenha posto ultimamente na pista certa. Graças a eles, sabemos que um dos pontos em que os fariseus e os saduceus não se entendiam se referia à celebração da Páscoa. Quando a Páscoa caía numa sexta-feira, os saduceus transferiam-na para o dia seguinte, ao passo que os fariseus a celebravam no seu dia normal.

Seria precisamente isto que aconteceu no ano da morte do Senhor. Jesus comeu o cordeiro na noite de quinta-feira, isto é, às primeiras horas do dia 14 de Nisan, que começava ao anoitecer do dia 13, de acordo com a doutrina dos fariseus; eram muitos, no entanto, os que seguiam o calendário dos saduceus, e a este se refere também o autor do quarto Evangelho, que considera a sexta-feira como a Parasceve, isto é, a preparação ou vigília da Páscoa.

A CEIA

João 13; Mateus 26; Marcos 14;
Lucas 22; 1 Coríntios 11, 23

A Páscoa

Enquanto os dois discípulos se ocupavam dos preparativos, Jesus continuava em Betânia com os outros Apóstolos. Nada sabemos das suas palavras nem dos seus atos naquelas horas carregadas de presságios. Talvez as aproveitasse para se recolher e renovar as suas forças na oração, como costumava fazer sempre que se aproximava algum acontecimento solene da sua vida, como tinha feito na noite que precedera a notícia do mistério eucarístico.

Ao cair da tarde, despediu-se dos seus amigos e tomou o caminho de Jerusalém. Nunca mais sairia da cidade. Os caminhos que levavam a ela e as suas ruas ferviam de gente; ouviam-se os balidos dos rebanhos comprimidos em frente dos pórticos sagrados, e o halo da multidão envolvia as torres e os palácios.

Metendo-se por meias tortuosas, veladas já pelas sombras crepusculares, a pequena caravana chegou à casa do anfitrião. Os evangelistas não nos dizem nada acerca do que Jesus sentiu ao entrar no Cenáculo, no salão amplo e agradável que havia de ser o primeiro templo cristão. Talvez o coração lhe saltasse de júbilo; talvez os olhos se lhe toldassem de lágrimas. Pedro e João tinham-se desincumbido bem das suas funções. Tudo se encontrava no respectivo lugar: os pratos, os almofadões, a toalha branca, o grande jarro de vinho. Crepitavam os candelabros recém-acesos, e as sombras dos Apóstolos moviam-se nas paredes, projetadas por uma luz fraca e amarela.

Jesus rompeu o silêncio com estas palavras, reveladoras de um amor longo tempo contido: "Desejei ardentemente comer esta Páscoa convosco antes de padecer, porque vos digo que não tornarei a comê-la até que se cumpra no reino de Deus". Era dizer-lhes que aquela ceia tinha um caráter de despedida. Era também dizer-lhes que chegara o momento mais solene da sua vida, o mais sofregamente desejado pelo seu coração. Jamais manifestaria com tamanha força diante dos Doze a consciência da sua divindade, da sua consubstancialidade com o Pai e da sua soberana missão de redimir e santificar os homens. As suas palavras e atos iam ser as palavras e os atos de um Deus que, constituído salvador da linhagem humana, se preparava para realizar a obra da Redenção divina. Era a sua hora. No entanto, o seu coração agitava-se sob o impulso de sentimentos desencontrados e, a par do halo cálido do amor, adivinhavam-se catalizadores de inquietação e de tristeza.

O banquete devia começar com uma frase de louvor ao Dador de todos os bens. Foi o que Jesus fez, dando graças. Depois, pegou no jarro cheio de vinho e disse:

— Tomai-o e distribuí-o entre vós.

E acrescentou, comovido pelo pensamento de ter que abandonar aqueles homens rudes que o haviam seguido através dos campos e aldeias da Palestina:

— Na verdade vos digo que não tornarei a beber deste fruto da videira até que venha o reino de Deus.

A humildade e a caridade

Jesus ocupava o leito central dos três que havia na cabeceira. À sua esquerda, recostara-se Pedro; à sua direita, João e, junto de João, Judas, que dirigia o serviço da mesa e que, invocando talvez esse título, tinha conseguido apoderar-se desse lugar perto de Jesus. É muito provável que tenha sido ele que deu lugar a um incidente desagradável, muito explicável em traidores, que se arrogam preferências e distinções pessoais precisamente para dissimular melhor a sua traição.

No decurso da vida pública do Mestre, os Apóstolos tinham comido com Ele muitas vezes em pleno campo, sentados sobre umas pedras à beira do caminho, à sombra de uma amoreira ou junto do bocal de um poço. Nessas ocasiões, a ordem dos assentos pouca importância tinha. Cada qual procurava o lugar mais cômodo, e quem não quisesse ficar muito afastado de Jesus comia de pé. Mas agora tratava-se de um jantar solene, do último jantar em companhia do Mestre. Nada mais natural que tivessem cobiçado os lugares mais chegados a Ele, para poderem captar melhor as suas palavras, os seus gestos, os seus olhares.

Por outro lado, continuavam a ser tão imperfeitos e quizilentos como antes, e pode ter acontecido que tivessem disputado os lugares mais honrosos, embora estivessem cansados de ouvir o Rabi dizer que os primeiros deviam ser os últimos, que o amo devia velar pelos servos e que o Filho do Homem viera para servir.

O certo é que o Senhor sentiu a necessidade de recordar-lhes essa doutrina capital do novo Reino e de apoiá-la num exemplo que jamais se apagasse da memória dos homens. Olhando demoradamente à volta, disse-lhes: "Os reis das nações as dominam e os que têm poder sobre elas são chamados benfeitores. Que não aconteça o mesmo convosco, antes o maior entre vós faça-se como o último. Quem é o maior: o que está sentado à mesa ou o que serve? Todavia eu estou no meio de vós como quem serve".

E nesse exato momento levantou-se e passou das palavras aos atos. "Como amasse os seus que estavam no mundo — diz João —, amou-os até o fim. Sabendo que tinha saído de Deus e que voltava para Deus, e que o Pai tinha posto tudo nas suas mãos, levantou-se da mesa, tirou o manto, pegou numa toalha e cingiu-se com ela. Depois, deitou água numa bacia e começou a lavar os pés dos discípulos e a secá-los com a toalha com que se cingira."

O lava-pés

Todo o jantar de cerimônia, mas muito mais a ceia pascal, exigia que se lavassem previamente as mãos aos convidados; era um dever de hospitalidade que o anfitrião encomendava quase sempre aos seus servos. Cristo quer cumpri-lo por si mesmo. Mas quer ir ainda mais longe. Lavar as mãos já era um sinal de deferência; mas quem desejasse honrar verdadeiramente um amigo devia ordenar a um escravo que lhe lavasse os pés. Jesus não hesita em prestar aos discípulos esse serviço humilhante, próprio unicamente de um escravo gentio.

O ir e vir do Mestre enche-lhes as almas de comoção, de respeito e também de angústia. E deixam que o faça. Até Judas sente na pele suja e calejada a grandeza abatida de Jesus e o hálito da sua boca. Só Pedro tenta resistir. Ao ver Jesus aproximar-se com aquela bacia e naquela atitude, o seu amor rebela-se, o seu gênio encrespa-se, e diz, com a hirsuta humildade do seu temperamento impetuoso:

— Senhor, tu lavares-me os pés a mim?

E um gesto de admiração e de espanto acompanha as palavras.

— O que eu faço — responde-lhe Jesus —, não o compreendes agora, mas compreendê-lo-ás mais adiante.

Pedro endireita-se, tentando talvez apoderar-se da bacia:

— Jamais me lavarás os pés a mim.

Jesus digna-se discutir; vê o amor profundo que inspira tal teimosia:

— Se não te lavar os pés, não terás parte comigo.

Perante tal ameaça, o amor rende-se. Pedro ainda não compreende, mas sabe que não pode viver longe do Senhor. Responde com a sua habitual impulsividade:

— Senhor, não só os pés, mas também as mãos e a cabeça.

— Aquele que tomou banho — diz-lhe Jesus — só tem necessidade de lavar os pés, pois todo ele está limpo.

Era uma alusão às purificações legais, símbolo da pureza da alma, porque aquele ato, além de um exemplo de humildade, devia constituir uma lição perpétua de preparação para o grande mistério. Por isso Jesus acrescenta estas palavras, que são uma pancada no coração de Judas:

— E vós já estais limpos, mas não todos.

Depois, ao ocupar de novo o seu lugar, deixa impresso para sempre o sentido daquela ação nestas palavras:

— Compreendeis o que vos fiz? Vós me chamais Mestre e Senhor, e dizeis bem, porque o sou. Ora, se eu, que sou o Senhor e Mestre, vos lavei os pés, vós também deveis lavar os pés uns aos outros. Em verdade, em verdade vos digo: não é o servo maior que o seu senhor, nem o enviado mais que aquele que o enviou. Se compreenderdes isto e o praticardes, sereis felizes.

E a ternura fazia-lhe desfalecer a voz.

A traição desmascarada

Essa noite é uma revelação contínua do amor que arde no coração de Cristo, um amor que se estende aos discípulos ali presentes e a todos os que hão de crer através dos séculos. Nem o próprio Judas fica de fora.

O traidor constitui uma das maiores preocupações do Mestre nessa hora solene. Fala-lhe, olha para ele e multiplica os avisos para o apartar do abismo. O amor faz esforços desesperados para salvar aquele filho da perdição. Jesus quer dar a conhecer aos discípulos a emboscada de que vai ser vítima; quer mostrar que sabe da cilada, para que vejam que aceita a morte de livre vontade. Mas esforça-se também por atrair o miserável em quem tinha posto o seu amor e a sua confiança. Repugna-lhe tanto o crime de Judas que, segundo João, "se perturba no espírito", e a dor interior que o domina desfigura-lhe o rosto. Com uma gravidade que infunde medo, pronuncia estas palavras:

— Na verdade, na verdade vos digo: um de vós há de entregar-me.

Faz-se um silêncio de morte. Ouve-se o crepitar das candeias, o ir e vir na rua, a respiração dos convivas, que olham para Jesus com olhos de terror. Ninguém se atreve a duvidar das palavras do Mestre. É tão certo o que Ele diz, que começam a duvidar de si mesmos e, com profunda aflição, cada um se interroga: "Serei eu?" Dirigem a pergunta a si próprios e dirigem-na ao Senhor: "Sou eu, Senhor?", e o Senhor repete a profecia, e dá a entender com um gesto expressivo o que havia de odioso naquela traição forjada por um dos presentes, por um dos que tomavam parte naquele banquete.

Para compreender bem esta cena, é preciso voltar a reconstituir a posição dos discípulos em torno da mesa. Jesus ocupava indubitavelmente o lugar de honra, isto é, o divã central na cabeceira de um semicírculo. Os relatos evangélicos permitem-nos conjeturar que, nos divãs próximos dEle, ficavam Pedro, João e Judas Iscariotes; e como os convivas estavam estendidos nos seus divãs apoiados no braço esquerdo, Jesus devia ter atrás de si Pedro, que ocupava, portanto, o segundo lugar, e do outro lado João, que desta maneira pôde muito bem reclinar a cabeça no seu peito; junto de João, tinha-se estendido Judas, a quem o Senhor pôde dar um pedaço de pão; foi só estender o braço.

À pergunta dos discípulos, Jesus responde: "Aquele que mete comigo a mão no prato, esse é o que me há de entregar. Decerto que o Filho do Homem segue o seu caminho, como dele está escrito; mas ai do homem por quem será entregue! Mais lhe valeria não ter nascido". Todos os convivas estendiam o braço para molhar o pão e as ervas amargas no aperitivo pascal, o *karoset*, e cada prato podia servir para três pessoas, de modo que um mesmo prato deve ter servido para Jesus, João e Judas.

O traidor desmascarado

É um dos episódios mais dramáticos do Evangelho. Adivinha-se a emoção dos convivas; olham uns para os outros, na ânsia de saber qual deles podia ser capaz de perpetrar tamanho crime. A certa altura, Pedro não se contém e, por cima do peito de Jesus ou por trás dEle, pede a João que o pergunte ao Mestre, para saírem daquela aflição. João reproduz a cena com um realismo maravilhoso. Como poderia esquecê-la? "Um dos discípulos, aquele que Jesus amava, estava à mesa reclinado sobre o peito de Jesus. Simão Pedro fez-lhe sinal com a cabeça para dizer-lhe: «Pergunta-lhe de quem fala». E ele, deixando-se cair sobre o peito de Jesus, perguntou-lhe: «Senhor, quem é?» Jesus respondeu: «Aquele a quem eu der o pão que vou molhar». E, molhando-o, deu-o a Judas".

A cena é muito simples, dada a posição dos atores. Pedro, detrás de Jesus, deve ter levantado o tronco e feito a João um sinal com a cabeça. João compreendeu imediatamente e, girando sobre si, recostou-se do lado direito, ficando tão perto de Jesus que pôde reclinar a cabeça em seu peito e, confiante como uma criança, perguntou-lhe simultaneamente com a boca e com os olhos: "Quem é?"

Jesus responde ao discípulo amado, mas de uma maneira que implica segredo: o traidor é aquele a quem Ele entregar um bocado de pão. Não pronuncia nome algum. João sofre e cala-se, mas Simão Pedro teria sido capaz de cair sobre Judas com todo o ardor do seu sangue.

O sinal que Jesus dá é uma nova demonstração de amizade. Entre os beduínos do deserto, o *scheriff* ainda faz o mesmo quando quer honrar um hóspede e dar-lhe mostras de afeto. Nós usamos o brinde, eles usam um pedaço de pão, escolhido e entregue pela mão daquele que convida. No Cenáculo, quem convidava era Jesus; o honrado, Judas. Mas Judas resiste, está cego. Não recusa o bocado de pão, mas despreza o amor que se lhe oferece e, naquele momento, fica decidida a sua sorte. Atrás do pão, entrou nele Satanás, e foi nessa altura que, com refinada hipocrisia, fez a pergunta que os outros tinham feito: "Porventura sou eu?" — "Tu o disseste" — respondeu Jesus; e, transido desse horror que se apodera de um coração leal perante um homem completamente depravado, acrescentou: "O que tens a fazer, faze-o sem demora".

Judas não pôde resistir mais. Como que impelido por uma potência diabólica, levantou-se do divã e saiu. Estava descoberto. Não tinha outro remédio senão confessar o seu delito ou ir executá-lo. Os Apóstolos não estranharam a sua saída. Como era o encarregado da bolsa, julgaram que Jesus lhe tinha mandado dar uma esmola ou comprar alguma coisa necessária para a festa. "E era noite...", diz João, como se com esta pincelada tivesse querido mostrar todo o horror dos poderes infernais, toda a angústia que oprimia os corações, toda a tenebrosa intriga que ia terminar no mais horrendo dos acontecimentos. Noite de plenilúnio e de primavera, clara, perfumada, tépida e vaporosa, e, ao mesmo tempo, de espantos, de trevas, temível, odiosa, execrável.

Instituição da Eucaristia

Já a poucas horas do sacrifício, Jesus exalta-se, sereno e ditoso. Encontra-se unicamente entre amigos, que esgotaram talvez o terceiro cálice do convite pascal. Já não o observa nenhuma pessoa suspeita, nenhum espião; já pode dar largas à espontaneidade do amor.

Ora, é nesse momento solene, no fim da ceia, que o Senhor, realizando um ato insólito que não estava previsto nos velhos ritos mosaicos, toma o pão e, depois de o abençoar, parte-o e, com a voz transida de piedade, com uma majestade superior, pronuncia as palavras da esperança sublime, as que traziam para sempre a este mundo de tristeza o banquete gozoso do Paraíso:

— Tomai e comei, isto é o meu corpo, que é dado por vós.

Todos tomaram daquele pão numa atitude em que se refletiam a curiosidade, o respeito, o medo e o amor. Depois, a mesma coisa com o cálice, que, sem dúvida, acabavam de encher pela quarta vez. O vinho cintilava lá dentro, cor de sangue, temperado com umas gotas de água, como costumavam bebê-lo os orientais. O Senhor pegou nele, abençoou-o e disse:

— Bebei todos deste cálice, pois este é o meu sangue, o sangue da Nova Aliança, que será derramado por muitos em remissão dos pecados.

E a voz se lhe quebrava de amor e de pena, a mesma voz que agrilhoava as tormentas, que curava as doenças, que se estendia sobre os campos e sobre os corações como uma bênção.

Estava revogada a lei dos símbolos, e começava o tempo das realidades. Jesus acabava de instituir o sacrifício da nova e eterna Aliança, o sacramento da Eucaristia. A cruz onde havia de morrer umas horas mais tarde era uma divina loucura; mas isso não bastava: dar-se uma vez em resgate de todo o mundo era demasiado pouco para o amor de um Deus. Quis dar-se a cada um de nós de um modo permanente. Quis converter-se em alimento real da humanidade esfomeada. Deixava um sacrifício perene e de um valor infinito, um banquete em que o amor se entregava de uma maneira substancial.

Todos os povos viram sempre no banquete um símbolo de comunhão espiritual e um laço de união entre os convivas, e em todos os tempos os homens admitiram que um banquete sagrado os aproximava da divindade. Era como que um vislumbre do mais sublime dos prodígios; um puro anelo, uma tentativa, muitas vezes renovada, de participar da vida divina; um sonho nascido do fundo da natureza humana e agora convertido milagrosamente numa realidade soberana pela onipotência e pela generosidade do próprio Deus.

Em toda a sua sabedoria, riqueza e poder, Deus nada de mais maravilhoso podia realizar.

Naquele Cenáculo, os Apóstolos receberam o pão que Cristo lhes estendia, mas com eles estávamos todos os que, até o fim dos tempos, havíamos de crer em Jesus Cristo, Filho de Deus. Quis ficar no mundo para alimento das almas enquanto as almas precisassem de alimento, isto é, pelos séculos dos séculos sem fim.

Fonte perene de vida

Depois da dupla consagração, Cristo dá aos Apóstolos o poder e a ordem de fazer o que Ele tinha feito: "Fazei isto em memória de mim". Nesse banquete enternecedor, abre-se aos homens a imensa perspectiva da Igreja. Os Apóstolos recebem esse testamento precioso e irão transmiti-lo a todas as gerações como fonte de vida, de graça e de perdão.

Os evangelistas não nos dizem nada sobre a impressão que lhes causou a ação que acabavam de presenciar. Mas temos o depoimento, mais importante ainda, da impressão que causou na Igreja primitiva: temos a primeira Epístola aos Coríntios, em que São Paulo, vinte e cinco anos mais tarde, nos apresenta a Eucaristia como um rito estável e habitual, intimamente ligado à Última Ceia, ato pelo qual se come e se bebe real e verdadeiramente o corpo e o sangue de Cristo; temos, quarenta anos depois, o eco do quarto Evangelho, o único que não nos conta a instituição do augusto sacramento — silêncio misterioso e eloquente —, mas que vem confirmar a catequese de São Paulo e dos Sinóticos com o relato da promessa do pão vivo, no admirável discurso em que se expõem com tanta clareza os efeitos espirituais da comunhão eucarística.

A fração do pão na mesa comum será o sinal da nova irmandade dos fiéis e, ao mesmo tempo, princípio de perene vitalidade e penhor de persistência infalível. Esse pão vivo, esse pão que, comido sempre, nunca diminui, há de saciar a fome dos homens até o dia em que possam olhar o Pai face a face.

Não é só uma recordação, é uma presença real. O homem de fé sabe que a grande ideia teológica do cristianismo é o Deus-Homem perpetuando a sua vida no meio da humanidade pela sua influência imediata na Igreja. Sabe que é Ele quem abençoa, absolve, consagra, sobe ao altar, é vítima e sacerdote, e oferece o holocausto de expiação e propiciação. Sabe que, mal o sacerdote pronuncia as palavras da Última Ceia: "Isto é o meu corpo", o pão já não é pão. Pelo mistério da transubstanciação, converteu-se na carne de Cristo.

"Fazei isto em memória de mim." Estas palavras davam a sua eficácia sobrenatural e divina a todas as missas que se haviam de celebrar no mundo até o fim dos séculos.

DESPEDIDA

João 13 e 14

Só no Evangelho de João é que não se lê o relato da instituição da Eucaristia, como vimos. Sem dúvida, o Apóstolo considerou desnecessário repetir o que Paulo já tinha descrito por alturas do ano 55, ao escrever aos cristãos de Corinto, e o que os três Sinóticos haviam referido em palavras quase estereotipadas. Em vez disso, dedica cinco longos capítulos ao colóquio de Jesus com os discípulos depois de terminada a ceia.

O festim da Páscoa sempre teve entre os judeus um caráter religioso. Mas isso não impedia que, uma vez terminados os ritos tradicionais, a conversa se prolongasse até altas horas da noite, de uma forma mais livre e familiar. Foi o que aconteceu no banquete do Cenáculo. Onde transborda o amor são difíceis as despedidas. Repete-se e torna-se a repetir a mesma frase; é contínuo o fluxo e refluxo dos sentimentos, e como, por fim, a separação se torna inevitável, procura-se ao menos o consolo da união espiritual. Ora, jamais houve separação tão enternecedora e na qual se tenha revelado um amor tão enraizado, uma dor tão profunda, como a da despedida de Cristo.

Jesus excede-se a si mesmo. A sua humanidade transparece em formas até então desconhecidas, a sua divindade exala uma claridade radiosa. E, através da divindade, descobrimos o mistério da Trindade Santíssima: o do Pai, a quem se chega por meio do Filho; o do Paráclito, que o Filho e o Pai hão de enviar aos corações anuviados pela sombra da separação. Assistimos ao adeus de uma mãe aos filhos pequenos e mal preparados para compreenderem as suas palavras: abandono na conversa, confiança mútua, interrupções contínuas, variações sobre o mesmo tema, avidez, curiosidade e dificuldade tão grande em pronunciar a última palavra, que o próprio Jesus tem de recorrer à sua vontade superior para conseguir cortar a conversa com uma ordem terminante.

O mandamento novo

Esses momentos de confidência começam com um grito de libertação e de triunfo: "Agora, o Filho do Homem é glorificado e Deus nele". É a satisfação pela saída de Judas, a alegria de se ver rodeado apenas de pessoas leais. É também o fruto do sacrifício que se aproxima. A Paixão vai ser causa de glória: vai ser a homenagem suprema a Deus Pai e a condição da salvação do homem. Mas o júbilo desaparece perante o pensamento de ter de abandonar os que ama. E, com a voz trêmula de ternura, o Senhor acrescenta: "Filhinhos, já só estarei mais um pouco convosco... Para onde eu vou, vós não podeis vir".

À notícia da partida segue-se a suprema recomendação: "Dou-vos um mandamento novo: que vos ameis uns aos outros;

amai-vos como eu vos amei. Por isto saberão todos que sois meus discípulos". Era essa a última vontade, a que criava a família cristã, a que trazia à terra a novidade de um amor que levaria o mundo inteiro a dizer que os discípulos de Cristo constituíam um só coração e uma só alma. Tão novo era isso que os pagãos não chegariam a compreender. "Amam-se sem se conhecerem", dirá Minúcio Félix, maravilhado, e Luciano escreverá, com uma inflexão de ceticismo: "O seu Mestre fê-los acreditar que são todos irmãos".

Nem mesmo Pedro chega a compreender de todo. Alheio ao que Jesus diz sobre o amor, não faz mais que dar voltas às palavras relativas à misteriosa separação. Em outro tempo atirara-se à água, ao ver que o Mestre andava sobre o mar; por que desta vez não havia de ser capaz de o seguir? Até parecia que Jesus duvidava do seu amor e da sua fidelidade. E pergunta:

— Para onde vais, Senhor?

— Para onde eu vou — responde-lhe Jesus —, tu não podes seguir-me agora. Seguir-me-ás mais tarde.

Pedro, que é todo coração, não consegue calar-se. É necessário morrer pelo Mestre? Pois ali está ele. Que mais se lhe pode exigir? E exclama:

— Senhor, por que não te posso seguir agora? Darei a minha vida por ti.

Jesus anuncia-lhe a negação odiosa:

— Na verdade te digo que, nesta mesma noite, antes que o galo cante duas vezes, tu me terás negado três.

Era uma notícia terrível para o pobre Apóstolo: ficou desconcertado, desgostoso, triste, mas o Senhor consola-o:

— Simão, Simão, eis que Satanás vos reclamou para vos joeirar como o trigo. Mas eu pedi por ti, para que a tua fé não desfaleça. E tu, uma vez convertido, confirma os teus irmãos.

O Pai

Essas predições devem ter sobressaltado o coração dos discípulos. Podemos imaginar a cena: a sala mal iluminada pelos círios vacilantes, que começavam já a extinguir-se; um silêncio angustioso lá dentro, e cá fora ruídos de passos, ir e vir de gente, que às vezes se detinha junto à porta. Não viriam já prender o Mestre?

Jesus continua a discorrer, reanimando os discípulos: "Não se perturbe o vosso coração. Credes em Deus; crede também em mim". Fala-lhes do céu como de uma casa paterna, onde há muitos quartos. "E quando eu me for e vos tiver preparado um lugar, virei outra vez e vos levarei comigo para que, onde eu estiver, estejais vós também." E depois desta promessa comovente, acrescenta, com doce condescendência, para indicar que, enquanto Ele estiver ausente, os seus têm de continuar a caminhar como peregrinos: "Já sabeis para onde vou e conheceis o caminho".

Mas os discípulos não compreendem o íntimo sentido que encerra essa figura da viagem e da cidade para a qual devem dirigir-se. Tomé confessa-o com uma pergunta que nos retrata mais uma vez o seu temperamento lógico, pessimista e amigo das realidades palpáveis:

— Senhor — diz ele, com uma perspicácia puramente racional —, não sabemos para onde vais; como havemos de conhecer o caminho?

Cristo não quer discutir. Perante almas débeis, mas consagradas a Ele pelo amor, o que faz é conduzi-las pacientemente até outras verdades mais elevadas, erguê-las ate a região superior em que Ele vive. Em outra ocasião tinha dito a Marta: "Eu sou a ressurreição e a vida". Agora diz a Tomé:

— Eu sou o caminho, a verdade e a vida; ninguém vai ao Pai senão por mim. Se me conhecestes, conhecereis também o Pai; desde agora já o conheceis e o vistes.

É talvez uma alusão à Eucaristia que acabam de receber. Cristo é o caminho que se tem de seguir, a verdade em que se deve acreditar, a vida que se há de esperar. Quem estiver unido a Ele tem tudo: tem o Pai e vê o Pai, não com os olhos físicos, mas com os olhos do espírito.

Ao chegar a este ponto, uma nova interrupção, que acentua o caráter familiar desta última conversa de Jesus com os Apóstolos. Quem agora intervém é Filipe, espírito retilíneo, que se perdia naquele mundo de verdades sublimes e de doutrinas divinas. Na sua maneira de ver, há um meio para evitar todas as dificuldades. Tomé queria que Jesus lhe dissesse o lugar para onde se dirigiam e o caminho que era necessário seguir. Filipe considera-se menos exigente:

— Senhor — diz a Jesus —, mostra-nos o Pai, e isso nos basta.

Com um tremor de suave tristeza, o Senhor responde:

— Há tanto tempo que estou convosco e não me conheceste? Filipe, quem me viu, viu também o Pai.

Surpreende-o aquela miopia espiritual. A união com o Pai é o próprio ser de Jesus; dela depende a sua vida humana; a sua doutrina é luz daquele foco; os seus milagres, manifestações do poder divino. E, no entanto, esses mesmos que o amam, que o ouvem, que o contemplaram dia após dia, ainda não compreendem o mistério.

— Não credes que eu estou no Pai e o Pai em mim? Crede-me: eu estou no Pai e o Pai em mim. Crede-o ao menos pelas minhas obras.

Pede-lhes a visão da fé, de uma fé que se apoia nas obras do Senhor e que, por sua vez, confere aos que a têm o mesmo poder maravilhoso:

— Em verdade, em verdade vos digo: aquele que crê em mim fará também as obras que eu faço, e fará outras ainda maiores, porque eu vou para junto do Pai.

Farão obras maiores porque, além dos milagres, promoverão a conversão dos homens à fé cristã e a sua santificação, mediante a pregação e a administração dos sacramentos, e porque levarão a mensagem de salvação até os confins da terra. E as farão como instrumentos e pelo poder de Cristo glorificado que, junto do Pai, os atenderá prontamente:

— Tudo o que pedirdes em meu nome, eu vo-lo farei, para que o Pai seja glorificado.

O Consolador

Depois dessas palavras, Jesus volta ao tema da conversa, cortado pelas interrupções. O tema é a partida, o regresso ao Pai. Espiritualmente, não os abandona: continuarão unidos pela oração e pela fé. O seu desaparecimento será o ponto de partida para uma relação mais íntima com Ele e a causa da efusão de um dom divino — o Consolador —, que Ele já tinha anunciado de uma maneira velada em outras ocasiões e que agora lhes vai revelar com toda a clareza.

— E eu rogarei ao Pai, e ele vos dará outro Paráclito, para que esteja convosco eternamente: o Espírito da verdade, que o mundo não pode receber, porque não o vê nem o conhece; mas vós o conheceis, porque permanece ao vosso lado e estará em vós.

Pelos gestos, pelo olhar, os Apóstolos devem ter deixado transparecer que não compreendiam o que significava essa nova promessa. Talvez lhes interessasse menos a notícia de outro Consolador que a permanência de Cristo. Não se atrevem a interrompê-lo, mas Ele adivinha-lhes os pensamentos e responde-lhes com palavras inolvidáveis:

— Não vos deixarei órfãos, hei de voltar a vós. Mais um pouco, e o mundo já não me verá, mas vós haveis de ver-me, porque eu vivo e vós vivereis.

E anuncia o prodígio de Pentecostes como a inauguração da nova economia:

— Naquele dia reconhecereis que eu estou no Pai, e vós em mim e eu em vós. Quem aceita os meus preceitos e os cumpre, esse é o que me ama. E aquele que me ama será amado por meu Pai e eu o amarei e me manifestarei a ele.

À imanência mútua do Pai e do Filho seguir-se-á a penetrabilidade recíproca entre o Filho e os seus discípulos, que serão uma mesma coisa com o Pai, mas por meio do Filho.

Uma nova pergunta vai dar lugar a um esclarecimento de muita importância. Quem o interrompe desta vez é Judas Tadeu, o parente do Senhor. Jesus acabava de falar de uma manifestação individual, interior, mas não era bem o que os discípulos esperavam, pois continuavam seduzidos pela ideia de uma manifestação universal, fulgurante, irresistível. Ainda há um ano os parentes de Jesus diziam-lhe: "Se fazes tais coisas, manifesta-te ao mundo". Como é que agora se invertia o plano primitivo? É a essa dúvida que corresponde a pergunta de Judas Tadeu:

— Senhor, que aconteceu para que venhas a manifestar-te a nós e não ao mundo?

Jesus precisa e esclarece o que acabava de dizer: "Se alguém me ama, guardará a minha palavra, e meu Pai o amará, e viremos a ele, e nele faremos a nossa morada". Eis a condição indispensável para a manifestação divina ao mundo: o amor, confirmado pela prática dos mandamentos.

A paz de Cristo

Depois, uma nova alusão ao Espírito Santo e o adeus final na fórmula corrente de saudação: *Shalom* — a paz, como um dom, não só como um desejo:

— Deixo-vos a paz, dou-vos a minha paz; não vo-la dou como a dá o mundo.

Esta palavra, que soa como se fosse a última, enche-os de tristeza. Jesus repara nisso e esforça-se por apagar a impressão de pena com novas frases de consolo:

— Não se perturbe o vosso coração nem se atemorize. Acabais de ouvir a minha promessa: Vou e volto a vós. Se me amásseis, alegrar-vos-íeis de que eu vá para o Pai, porque o Pai é maior do que eu.

Maior, quanto à humanidade que vai ser glorificada à direita do Pai, depois de triturada pela Paixão.

E a hora da Paixão aproxima-se:

— Já não falarei muito convosco, porque vem o príncipe deste mundo.

Está para vir o diabo, que no deserto se afastara dEle *usque ad tempus,* até a grande conjuntura. Essa conjuntura acaba de chegar. Jesus sente-a bater-lhe às portas do coração, e entrega-se. Entrega-se livremente, sem que ninguém o obrigue, nem na terra nem no inferno, nem os demônios nem os homens seus servidores. Por isso acrescenta estas palavras: "O príncipe deste mundo não tem nada em mim", não tem poder algum sobre Ele.

E, de súbito, pondo-se de pé resolutamente, diz:

— Levantai-vos! Vamo-nos daqui!

Ir-se? Como custava! Lá fora esperavam-nos os ódios, as traições, as emboscadas. Levantaram-se e pegaram nos mantos, mas bem se via que não tinham a menor vontade de sair.

Para que haviam de ir ao encontro do príncipe deste mundo que se aproximava? E rodearam o Mestre, na ânsia de adiar a hora inevitável, de prolongar aquela conversa em que lhes falava como nunca lhes havia falado. Alguns dirigiram-se à porta, mas, mais que para abri-la, para adiar a saída. E Jesus dispôs-se a prosseguir. Também a Ele se lhe dilacerava a alma só de pensar que ia ter que separar-se daqueles corações fiéis.

ÚLTIMAS PALAVRAS

João 15, 16 e 17

Prosseguiu e disse: "Eu sou a verdadeira videira e meu Pai o agricultor. Todo o ramo que não der fruto em mim, ele o cortará, e todo o que der fruto será podado para que dê ainda mais fruto". Volta a servir-se de uma imagem que já tinha empregado em outras ocasiões para explicar aos discípulos o laço que os ligava a Ele e ao Pai, e sublinha o seu significado com estas palavras:

— Permanecei em mim e eu em vós. Assim como o ramo não pode dar fruto se não permanecer na videira, também vós não o dareis se não permanecerdes em mim... Se alguém não permanecer em mim, será lançado fora, como o ramo. Secará, e será recolhido e lançado ao fogo, e arderá.

Identidade de vida espiritual entre Cristo e nós, participação na mesma natureza e união até formarmos um só corpo com Ele, influência interior e seiva vivificante de Cristo sobre nós — eis as três verdades que nos são reveladas nessa imagem.

Em contrapartida, só tem a perder quem adere a Cristo à semelhança de um ramo seco. Para que o cristão produza fruto, é necessário que permaneça em Cristo e que Cristo permaneça nele. "Sem mim, não podereis fazer nada." O fruto são as obras. De nada serve uma contemplação inerte; seria como uma cepa com muitos ramos e pouca uva:

— Se guardardes os meus mandamentos, permanecereis no meu amor... Se me tendes amor, guardai os meus mandamentos.

O Paráclito

Há de ser um amor tão operante que não hesite diante da própria morte: "Ninguém tem maior amor do que aquele que dá a vida pelos seus amigos". Assim é o amor de Cristo; assim deve ser também o amor dos que crerem nEle: um amor sacrificado, que chegue à efusão do sangue, se for preciso. Será necessário trabalhar e lutar no meio dos ódios e das perseguições. Jesus já o tinha dito aos discípulos havia muito tempo, mas quer repeti-lo agora àquele pequeno grupo, para lhes dar a certeza de que estão unidos à sua vida divina:

— Se o mundo vos odeia, sabei que antes que a vós me odiou a mim. Se fôsseis do mundo, o mundo vos amaria como coisa sua; mas, como não sois do mundo, porque eu vos escolhi do mundo, por isso o mundo vos odeia. Lembrai-vos da palavra que vos disse: o servo não é maior que o seu senhor. Se me perseguiram, também vos hão de perseguir. Mas hão de fazer-vos todas estas coisas por causa do meu nome.

Aguarda-os o mesmo destino de Jesus: ódio, excomunhões, perseguição encarniçada e fanática. Mas não se encontrarão sós. Jesus volta a falar-lhes do Paráclito, do Consolador, do Espírito da verdade, que procede do Pai e que Ele lhes enviará da parte do Pai:

— Muitas coisas tenho ainda a dizer-vos, mas não as podeis suportar agora. Quando vier o Paráclito, o Espírito da verdade, guiar-vos-á para toda a verdade, pois não falará por si mesmo, mas dirá o que ouvir e anunciar-vos-á as coisas que hão de vir. Ele me glorificará, porque receberá do que é meu e vo-lo anunciará.

O Paráclito descerá à terra para fortalecer e iluminar com o seu poderoso impulso todos os que crerem em Jesus. A Igreja será obra da sua atividade: foco, centro, coração e manancial do ideal cristão. Ele manterá incólume a verdade revelada e fecundará a semente do Evangelho. Jesus anuncia a chegada dessa força ao mundo, a irrupção desse poder triunfante, precisamente nas vésperas do seu fracasso aparente, quando, abandonado por todos, se prepara para morrer.

Depois desses esclarecimentos, o monólogo de Jesus interrompe-se. Já nenhum dos discípulos tem ânimo para fazer perguntas e é o Senhor que os tem de arrancar àquele ensimesmamento:

— Agora que vou para aquele que me enviou, nenhum de vós me pergunta: Para onde vais?

E acrescenta estas palavras, consolo de todas as despedidas:

— Só mais um pouco, e já não me vereis, e depois mais outro pouco, e tornareis a ver-me.

Era o mesmo que dizer-lhes: Até breve!

Mas os discípulos não compreenderam essas palavras misteriosas e perguntavam uns aos outros o que é que o Senhor tinha querido dizer. Jesus apercebe-se da controvérsia e resolve intervir, ampliando o seu pensamento e desenvolvendo uma doutrina de valor eterno e universal.

Talvez nesse momento passasse pela rua um grupo de peregrinos, alegres pela festa da Páscoa que mal tinha começado; ou talvez se refletissem no cénaculo as torrentes de luz que iluminavam os pórticos e corredores do Templo; ou chegasse até lá o rumor do ir e vir de sacerdotes e levitas, que limpavam e decoravam os átrios, colocavam tapeçarias e dependuravam grinaldas. No meio desse ar de festa que pairava no ambiente da cidade, precursor de regozijos populares, devia ser grande o contraste com o estado de ânimo daquele pequeno grupo curvado à melancolia da despedida e com o coração cheio de sombras. Nos olhos de todos, Jesus parece ler estas palavras: "Que triste vai ser a nossa Páscoa!" E, ao que acabavam de comentar entre eles e ao que não ousavam dizer, responde com umas palavras que, embora esclareçam as anteriores, encerram um novo mistério:

— Em verdade, em verdade vos digo: haveis de lamentar e chorar, mas o mundo há de alegrar-se. E haveis de estar tristes, mas a vossa tristeza se converterá em alegria.

Primeiro, a tristeza da derrota, a desilusão, a morte do Mestre, a derrocada de todos os planos; mas depois, mais tarde, o regozijo, um regozijo tão grande que nem sequer se lembrarão da pena anterior. Como acontece a uma mãe:

— Quando uma mulher está para dar à luz, está triste porque chegou a sua hora; mas, depois de ter dado à luz a criança, já não se lembra da tribulação, com a alegria do parto. Assim também vós, sem dúvida, agora estais tristes; mas voltarei a ver-vos, e o vosso coração se alegrará, e ninguém vos tirará a vossa alegria.

A presença invisível

A fonte dessa alegria será o regresso de Jesus, que estará junto deles de um modo que os deixará felizes, de um modo maravilhosamente positivo e ativo, não por uma ficção do amor ou por uma ilusão piedosa. Jesus será o Mestre interior de todos eles e nenhum precisará fazer-lhe perguntas, visto que trarão dentro de si mesmos o manancial de toda a ciência. Um laço misterioso ligará o mundo das sombras ao além-mundo dos esplendores. A palavra pronunciada na terra terá um eco infalível no céu:

— Em verdade, em verdade vos digo: o que pedirdes ao Pai em meu nome, ele vo-lo dará.

Quando chegar essa altura, a doutrina de Jesus já não virá envolta em figuras: falar-lhes-á sem intermediários, no fundo do coração.

— Aproxima-se a hora em que já não vos falarei em parábolas, mas vos anunciarei abertamente as coisas a respeito de meu Pai. Nesse dia pedireis em meu nome, e não vos digo que rogarei ao Pai por vós, porque o próprio Pai vos ama, porque vós me amastes e crestes que saí de Deus. Saí do Pai e vim ao mundo; de novo deixo o mundo e volto para o Pai.

Com estas últimas palavras Jesus resumia toda a sua vida. Nelas só havia luz, abandono, transparência. Reanimados por essa claridade, os discípulos dizem-lhe:

— Agora, sim, falas claramente e não te serves de comparações; agora reconhecemos que sabes tudo e que não precisas de que te façam perguntas. Por isso cremos que saíste de Deus.

Por essa mesma declaração mostravam quão imperfeitamente tinham compreendido; a fé era sincera, mas frágil e cheia de preconceitos. Jesus não quer entrar em novas explicações; já falta pouco para lhes enviar o Espírito Santo. Anuncia-lhes que não tardarão a abandoná-lo e faz-lhes a última recomendação:

— Credes agora? Pois bem: eis que chega a hora, e já chegou, em que vos dispersareis cada um para o seu lado, e me deixareis só, se bem que eu não estou só, porque o Pai está comigo. Disse-vos isto para que tenhais paz em mim. No mundo tereis aflições, mas tende confiança! Eu venci o mundo.

Esta última palavra era uma certeza absoluta.

A oração sacerdotal

Subitamente, Jesus dirige-se ao Pai e, diante dos discípulos, de pensamento neles, pronuncia uma longa prece, que é um resumo sublime da sua doutrina, a mais íntima e consoladora das revelações. Antes de caminhar para a morte, quer suplicar por aqueles que mais amou no mundo, e fá-lo por meio de uma oração sacerdotal densa de súplicas ao mesmo tempo simples e profundas, transparentes e carregadas de uma fecundidade inesgotável.

Levanta os olhos para o céu e diz:

"Pai, chegou a hora. Glorifica o teu Filho, para que o teu Filho te glorifique. Assim como lhe deste poder sobre toda a carne, que ele dê a vida eterna a todos os que tu lhe deste. E a vida eterna é esta: que te conheçam a ti, o único Deus verdadeiro, e conheçam aquele que tu enviaste, Jesus Cristo. Eu te glorifiquei na terra: terminei a obra que me encomendaste. Agora, Pai, glorifica-me ao teu lado com a mesma glória que tive junto de ti antes que o mundo existisse. Manifestei o teu nome aos homens que me deste do mundo. Eram teus, deste-os a mim e eles guardaram a tua palavra. Agora souberam que tudo quanto me deste procede de ti, porque eu lhes transmiti as palavras que me deste e eles as receberam e reconheceram verdadeiramente que saí de Ti, e creram que tu me enviaste. Rogo por eles; não rogo pelo mundo, mas pelos que me deste, porque são teus. Tudo o que é meu é teu, e tudo o que é teu é meu, e neles sou glorificado.

"A partir de agora, deixo de estar no mundo, mas eles estão no mundo e eu vou' para ti. Pai santo, guarda em teu nome aqueles que me deste, para que sejam um, como nós. Enquanto estava com eles, eu os guardava em teu nome; guardei os que me deste, e nenhum deles se perdeu, a não ser o filho da perdição, para que se cumprisse a Escritura. Mas agora vou para ti, e dirijo-te esta oração enquanto ainda estou no mundo, para que eles tenham em si mesmos a plenitude da minha alegria.

"Não peço que os tires do mundo, mas que os preserves do Maligno. Eles não são do mundo, como eu não sou do mundo. Santifica-os na verdade: a tua palavra é a verdade. Como tu me enviaste ao mundo, assim eu os enviei ao mundo. Por eles me santifico, para que também eles sejam santificados na verdade.

"Não rogo só por estes, mas também pelos que hão de crer em mim pela sua palavra, para que todos sejam um; como tu, Pai, em mim e eu em ti, que assim eles estejam em nós, a fim de que o mundo creia que tu me enviaste. Eu lhes dei a glória que tu me deste, para que sejam um como nós somos um. Eu neles e tu em mim, para que sejam consumados na unidade e o mundo reconheça que tu me enviaste e os amaste, como me amaste a mim.

"Pai, quero que os que tu me deste estejam comigo onde eu estiver, para que contemplem a minha glória, a que me deste porque me amaste antes da criação do mundo. Pai justo, o mundo não te conheceu, mas eu te conheci, e estes sabem que tu me enviaste. Dei-lhes a conhecer o teu nome, e ainda hei de dá-lo a conhecer, para que o amor com que me amaste esteja neles e eu neles".

Assim acabou esta oração, mais ampla que os séculos, mais vasta que o mundo. Vontade, mais que anelo, de Cristo; vontade de unidade e de salvação, de santificação e de verdade. Oração eterna, que continua a elevar-se através dos tempos, e na qual se contêm algumas das palavras evangélicas que mais podem comover os corações cristãos. Todos nos encontrávamos expressamente incluídos nelas, segundo o pensamento de Cristo, e, por isso, em vez de comentá-las, é preferível escutar em silêncio as verdades imperscrutáveis que encerram, retê-las, captá-las com respeito e com amor, e deixar que o nosso coração seja arrebatado e transfigurado por elas.

GETSÊMANI

Mateus 26, 26; Marcos 14, 32;
Lucas 22, 40

"Depois dessas palavras — escreve João —, Jesus dirigiu-se com os discípulos para o outro lado da torrente do Cédron, onde havia um jardim no qual entrou com os discípulos". Do outro lado do Cédron ficava o Monte das Oliveiras, e, por isso, João está de acordo com os Sinóticos, quando estes dizem: "Depois de recitar o hino, foram para o Monte das Oliveiras".

Este hino, com que terminava a ceia pascal, era o *Hallel,* os salmos da exaltação de Javé, que começavam no salmo 115 e terminavam no 118. Ditos nesse momento, quando acabava de nascer o Sacrifício da nova lei, quando se aproximava a hora da Redenção, assumiam uma inflexão penetrante, um sentido inédito: "Não a nós, Senhor, não a nós, mas ao teu nome é devida toda a glória. Cercaram-me os laços da morte e as angústias do sepulcro me prenderam, mas eu invocarei

o nome de Javé. Senhor, salva a minha alma!... Eu cumprirei as minhas promessas para com Javé, na presença de todo o povo, nos átrios da casa de Javé, no meio de ti, Jerusalém. Bendizei o Senhor!"

Ia começar o drama decisivo da Paixão de Jesus. Os evangelistas no-lo contam hora por hora, vincando os gestos, indicando os olhares, anotando até o menor incidente. É um drama dilacerante, e, não obstante, eles o contam, na expressão de Pascal, com uma frieza admirável, num tom impassível que nos desconcerta.

É o respeito pela Vítima adorável, perante a qual toda a reflexão humana, toda a emoção pessoal é inferior à grandeza dos fatos. A relação serena e fiel é infinitamente mais eloquente do que tudo o que um homem possa conceber.

O primeiro ato passa-se fora da cidade. Ao descer a encosta do Tiropeon, por um caminho cujos degraus se descobriram há algum tempo, Jesus passa pelo bairro de Siloé, sai da cidade pela porta da Fonte e, dirigindo logo os seus passos para o Norte, atravessa a ponte construída sobre o leito do Cédron.

Tudo ali eram recordações da história de Israel: à direita, erguiam-se os sepulcros de Josafá e Absalão; numa curva do caminho, o patriarca Abraão recebera o sacerdote do pão e do vinho, Melquisedec, e fora por ali que tinha passado, descalço e com a cabeça coberta, o rei Davi, quando fugia da cólera do filho. Cédron significa negro, e negras são, na verdade, as recordações que evoca a vista daquela depressão obscura.

Jesus atravessa o rio e diz aos discípulos:

— Todos vós vos escandalizareis por minha causa esta noite, pois está escrito: "Ferirei o pastor e as ovelhas se dispersarão". Mas, depois que eu ressuscitar, irei adiante de vós para a Galileia.

Certo do seu amor pelo Mestre, e com demasiada presunção, Pedro protesta de novo. É impossível que ele passe por aquela defecção que Jesus lhe anunciara momentos antes, na sala do festim. E exclama, resoluto:

— Ainda que todos venham a escandalizar-se de ti, eu jamais me escandalizarei.

Jesus anuncia-lhe de novo a sua negação:

— Em verdade te digo que, esta mesma noite, antes que o galo cante duas vezes, tu me terás negado três.

O Apóstolo, cada vez mais cego, replica que não pode ser:

— Ainda que seja necessário morrer contigo, não te negarei.

Há uma pausa no diálogo. O pequeno grupo caminha pela margem esquerda do arroio, em direção ao Monte das Oliveiras. O Senhor rompe novamente o silêncio:

— Quando vos enviei sem dinheiro, sem alforje e sem calçado, faltou-vos alguma coisa?

— Nada — responderam-lhe.

Naquela altura, só tinham recebido homenagens e presentes. A partir de agora, dar-se-á precisamente o contrário: o respeito converter-se-á em hostilidade. É preciso que se preparem para a guerra.

— Mas agora aquele que tiver uma bolsa tome-a..., e aquele que não tiver espada venda o seu manto para comprar uma. Pois eu vos digo: é necessário que se cumpra em mim este oráculo: "Foi contado entre os malfeitores".

Cada vez mais aturdidos, os Apóstolos tomam todas essas recomendações ao pé da letra e dizem a Jesus:

— Senhor, eis aqui duas espadas.

— Basta — responde Ele, com um gesto de indulgente melancolia.

Getsêmani

Tinham chegado ao pé da colina. Ali, pouco mais de cem metros para além do ribeiro, havia um horto que se chamava Getsêmani, isto é, lagar de azeite, com grande variedade de árvores, especialmente oliveiras, rodeado por um muro e uma sebe de espinhos. O nome aludia talvez a um lagar cavado na rocha, como continuam a ver-se na Palestina atual, e perto do lagar devia haver uma casa com boa sombra, onde o proprietário se abrigaria na temporada de maior calor do ano. Segundo parece, o dono era discípulo e amigo de Jesus; assim se explica que o Senhor frequentasse aquele jardim e o escolhesse como lugar de repouso nas suas caminhadas entre Betânia e Jerusalém. O peregrino ainda hoje o visita para chorar lágrimas de dor e de amor, e é possível que, à vista dos alegretes floridos e dos caminhos cuidadosamente traçados, tenha saudades da austera nudez primitiva. Mas há lá oito oliveiras gigantescas que, se não testemunharam o terror daquela noite, podem muito bem ser seus rebentos centenários.

Já próximo do portão, Jesus diz a oito dos discípulos que fiquem numa gruta que havia defronte e, levando consigo os três confidentes dos seus pensamentos mais íntimos, Pedro, João e Tiago, entra no jardim. Só os que tinham contemplado a sua glória no Tabor deviam presenciar agora a humilhação da sua agonia. Mal se afastam do portão, começa a ter pavor e a angustiar-se, e, voltando-se para os três, diz-lhes:

— A minha alma está numa tristeza mortal; ficai aqui e velai.

Afasta-se deles à distância de um tiro de pedra, e ali, no meio da folhagem das árvores, veem-no cair de joelhos, com a fronte apoiada no solo, numa atitude que, mais do que oração — os hebreus faziam-na de pé —, revelava desfalecimento. A princípio, os olhos dos discípulos mantêm-se cravados nEle: à luz da lua cheia podiam seguir-lhe os movimentos, e o ar tépido da noite adormecida leva-lhes palavras doridas. Logo de começo, conseguem apanhar esta oração angustiosa: "Meu Pai, se é possível, afasta de mim este cálice; não se faça, porém, a minha vontade, mas a tua". Depois... caem no sono.

A agonia

Na alma do Senhor acabava de operar-se uma mudança misteriosa. Uma hora antes, quando se encontrava no salão da ceia, o amor tinha prevalecido nEle, relegando para segundo plano a perspectiva dolorosa da Paixão. Agora, uma luta formidável se lhe desencadeia dentro do ser. É de notar a expressão do evangelista *factus in agonia,* que poderíamos traduzir por "feito agonia". Agonia, para um grego, era a luta que se travava no concurso das quadrigas, a tensão dos atletas que combatiam pelo prêmio, tensão e luta que exigiam do corpo e do espírito os esforços mais dilacerantes, as mais duras violências, que provocavam um terror íntimo, uma ansiedade angustiosa.

É essa angústia, esse terror, essa trepidação ansiosa que sacode agora o corpo e a alma de Cristo. É homem, e sente como os restantes homens; sente na sua natureza humana uma repugnância horrível pelos sacrifícios que as suas aspirações mais elevadas lhe exigem. Todo Ele se converte numa agonia, num combate interior, numa angústia mortal. Vê-se só, envolto no horror daquela claridade do plenilúnio; toda a criação, a sua criação, o abandonou ou se conjura para atormentá-lo. Até o suave rumor da folhagem se lhe torna um martírio.

Esta agonia no Horto das Oliveiras é um dos momentos mais desconcertantes da vida de Cristo. A sua alma manteve-se permanentemente mergulhada na visão de Deus e, no entanto, chegou a afundar-se ao mesmo tempo num oceano de sofrimento moral. Decerto que não só o aceita, como, ao que parece, o procura. "Na Paixão — diz Pascal —, Jesus sofre os tormentos que lhe vêm dos homens; na agonia, sofre os que inflige a si próprio." Os teólogos descabelam-se para decifrar este enigma, ao mesmo tempo que encontram nele uma fonte inesgotável de consolo. São Paulo dirá na Epístola aos Hebreus: "Convinha que Cristo se tornasse em tudo semelhante aos seus irmãos, para ser um Pontífice compassivo [...]. Convinha que, apesar de ser Filho de Deus, aprendesse a obediência na escola da dor, e dessa maneira se tornasse, para todos os que lhe obedecem, autor da salvação eterna".

Conheceu a dor, a dor causada pelos insultos e pelas violências vindas de fora, e a tormenta interior da alma sacudida pelas debilidades da nossa natureza. E foi especialmente nessa altura que sentiu o pavor, a tristeza, a repugnância, o desfalecimento e o esgotamento de todas as suas forças. Sentiu, como todos os homens, o medo instintivo da morte. Viu-se de repente diante dela. Percorreu em pensamento todos os horrores e tristezas que o aguardavam: desprezos, insultos, brutalidades, angústias, abandono. E pediu a seu Pai que, se fosse possível, o livrasse daquele transe.

Como era da vontade de Deus que passasse por todos aqueles sofrimentos, Jesus quis procurar consolo nos discípulos que tinham ficado perto dEle. Sentia ao vivo a tristeza da solidão humana, e pensou que os três homens que o acompanhavam, seus amigos íntimos na terra, o aliviariam dela com uma palavra de apoio, um gesto afetuoso, um olhar que lhe fizesse ver que não estava só. Procurou-os e encontrou-os dormindo.

— Simão — disse ele, ao acordar Pedro —, dormes? Não pudeste vigiar uma hora comigo?

E, ao ver que os outros se levantavam também, acrescentou:

— Velai e orai, para não cairdes em tentação, porque o espírito está pronto, mas a carne é fraca.

E afastou-se de novo para continuar a sua conversa com Deus. E repetiu a oração. Orou com frases simples e breves como suspiros; assim rezam os homens quando alguma coisa lhes aflige a alma: "Pai, se não é possível que este cálice passe sem que eu o beba, faça-se a tua vontade". São quase as mesmas palavras da primeira vez, mas acompanha-as uma inflexão especial de abandono.

E maiores arrepios ainda lhe causa o espetáculo que agora lhe assalta o espírito: rios de iniquidade ao longo dos séculos, ingratidões, cismas, sacrilégios, apostasias. Já nada teme por si próprio. No fundo da sua alma, desperta uma terrível ansiedade pelo destino dos homens redimidos, e recorda, talvez, as palavras do salmista: "Que utilidade há no meu sangue?" Uma torrente de ódio se opõe à torrente do seu amor. A prova é de tal ordem que Deus Pai tem de enviar um anjo para amparar a humanidade desfalecida de Jesus. Só Lucas, que não foi testemunha ocular, mas se informou diligentemente do que se passou, nos fala dessa aparição.

O mensageiro do céu trouxe-lhe a consolação que o Senhor tinha procurado em vão nos Apóstolos. Estes tinham voltado a dormir, exaustos pelas emoções daquela noite, oprimidos pela desilusão e pelos pressentimentos. Acordados de novo, não encontraram palavras para desculpar-se, mas Lucas diz-nos que a sonolência provinha da tristeza.

A luta que Jesus trava agora e que lhe dilacera o coração não se deve tanto à antevisão dos seus próprios sofrimentos ou da sorte dos homens, mas ao horror que lhe causa o pecado. O pecado persegue-o, esmaga-o, afunda-o. "Deus fez recair sobre ele o castigo das iniquidades de todos nós", tinha dito Isaías; ou como há de dizer São Paulo: "Àquele que não conheceu o pecado, Deus o fez pecado por nós, para que nos tornássemos justiça nEle". Suporta na sua pessoa o raio da maldição divina e sente toda a vergonha, a repugnância, a aversão, o terror do julgamento de Deus.

O cálice está cheio até cima, e é então que se produz um fenômeno que só Lucas, médico e psicólogo, nos transmite: os tecidos daquele corpo tão delicado rompem-se; um suor de sangue inunda-lhe os membros e cai em gotas espessas no chão. Era o fenômeno fisiológico bem conhecido pelo nome de "hematidrose", mencionado já por Aristóteles, que nos fala dos que têm suor sanguíneo. Do lugar em que o Senhor os tinha deixado, os Apóstolos puderam vê-lo; mas nem Mateus o menciona, nem Pedro o conservou na sua catequese. Os próprios cristãos dos primeiros séculos devem ter-se envergonhado de que o seu Deus tivesse chegado a tais extremos de fraqueza, porque só assim se pode explicar que, nuns códices antigos do terceiro Evangelho, como por exemplo o Códice Vaticano, se tenha suprimido esta passagem.

E a calma renasceu. As trevas dissiparam-se: a carne aceitava o sacrifício que o espírito lhe impunha; já não interessava a gratidão dos homens nem a fidelidade dos discípulos. Para Jesus, só uma coisa existe nesse momento: a vontade de seu Pai. Está numa solidão sem par na história dos homens, mas aceita-a sem vacilar. Os homens já podem dormir. É o que Ele diz aos discípulos: "Dormi agora e repousai..." É de uma ironia leve, sem amargura, mas desconsolada. Depois reage e diz-lhes que já basta: "Chegou a hora: o Filho do Homem vai ser entregue às mãos dos pecadores". E, mal acaba de dizê-lo, vai à procura dos oito discípulos que tinham ficado à entrada do Horto. Talvez se ouvissem já choques de armas e ecos de passos; talvez brilhassem já resplendores sinistros através da folhagem: "Levantai-vos, vamos! Já se aproxima aquele que me há de entregar".

A claridade diáfana que ilumina esta passagem revela-nos o caráter de Jesus, admirável pela sua grandeza heroica e pela sua espontaneidade humana, tão distante da bravata como do abatimento. Nem um assomo sequer de afetação ou de estoicismo. Em face do mal, nenhuma atitude postiça de negação ou desafio. A sua sensibilidade estremece e vacila; mas a vontade acha-se firmemente unida à vontade do Pai, e esta inspira-lhe as palavras mais puras e dilacerantes.

A CAPTURA

Mateus 26, 47; Marcos 14, 43; Lucas 22, 47

Logo que Jesus saíra do Cenáculo, Judas pusera-se a espiá-lo. Para onde se retiraria o Mestre? Era essa a incógnita. Com certeza não voltaria a Betânia. O repouso festivo, que tinha começado depois de comido o cordeiro pascal, impedia-o de sair de Jerusalém ou arredores. Mas havia ali aquele horto aprazível, onde mais de uma vez Judas entrara atrás do Senhor. O traidor observou os companheiros. Oculto atrás de uma esquina, viu-os sair da sala do banquete; depois, seguiu-lhes os passos de longe, através do vale profundo, escondeu-se na alameda para ver melhor, e, por fim, verificou que as suas suspeitas se confirmavam. Talvez começasse a preocupá-lo o fato de uma parte dos discípulos ter ficado junto do portão. Mas era tudo questão de reforçar um pouco a sua gente. Satisfeito com o resultado das suas pesquisas, foi contar tudo aos inimigos de Jesus.

O sumo sacerdote aguardava-o com impaciência. Só havia uma alternativa: desferir o golpe àquelas horas da noite ou então adiá-lo; mas tudo parecia garantir o êxito do conluio. Agora só urgia tomar as devidas precauções, e é de supor que algumas estivessem já tomadas em vista do aviso esperado. Judas pediu que lhe dessem uma força respeitável, "e os príncipes dos sacerdotes, os escribas e os anciãos" — os três grupos que constituíam o Sinédrio — puseram-lhe à disposição um enorme contingente armado de paus e espadas. Os próprios chefes quiseram juntar-se à chusma, pouco seguros do valor dos seus homens ante a eloquência de Jesus. E tanta importância davam àquele passo que decidiram pedir um reforço de soldados romanos, cuja missão era apoiar os satélites judeus, encarrega dos de intervir diretamente. À frente deles ia o próprio tribuno das tropas que guarneciam a Torre Antônia. João fala do "iliarca" e da coorte, isto é, de uma pequena companhia da coorte de seiscentos homens que constituía a guarnição de Jerusalém.

Tudo estava previsto, até os archotes destinados a evitar enganos e a iluminar a escuridão nas curvas do caminho e no meio do arvoredo. Era fácil confundir o Mestre com algum dos seus discípulos, pois todos traziam a túnica comprida e o turbante amplo. Mas Judas, com a sua desconfiança prudente, pensou num sinal para evitar os equívocos. Por um resto de pudor, não queria designar Jesus pelo grito odioso de "É esse!" Preferiu guardar as aparências. "Aquele que eu beijar — disse aos esbirros —, é esse. Prendei-o e levai-o com cautela." Hipócrita astuto, julgou encontrar nessas instruções uma dupla vantagem: assegurava o golpe tão engenhosamente preparado e ocultava a sua pérfida intenção representando a comédia da amizade e da confiança. Vira tantas vezes o Mestre ludibriar os inimigos, que tinha medo de que acontecesse o mesmo desta vez.

Jesus perante os esbirros

Tudo se passou como estava previsto. Depois de atravessarem o Cédron, os expedicionários internaram-se através dos hortos, iluminados pela luz da lua e pelo resplendor do archotes. De repente, recorta-se uma sombra no meio das árvores: é Jesus que vai ao encontro dos que o procuram. Judas reconhece-o, avança para Ele e lança-se-lhe nos braços, pronunciando a fórmula habitual: "Salve, Rabi". Não deve ter sido só um beijo, mas também um grande abraço. Jesus estremece perante semelhante hipocrisia e murmura-lhe ao ouvido o último chamamento: "Amigo, a que vieste?" E, logo a seguir, faz-lhe uma advertência opressiva e patética: "Judas, com um beijo entregas o Filho do Homem?" Este esforço supremo fracassa como os anteriores. Judas retrocede, esconde-se talvez, achando que já cumpriu a sua missão.

Agora é a vez de a gente da sua escolta agir. Firme e tranquilo, Jesus olha-a de frente e diz:

— Quem buscais?

Queria manifestar aos inimigos que se entregava espontaneamente. Eles, que não esperavam encontrar com facilidade a sua presa, repetem o nome que lhes tinham dado:

— Jesus Nazareno.

E Jesus utiliza na resposta umas palavras que já várias vezes tinha pronunciado com efeitos diferentes: "Sou eu". Tão majestosa foi a inflexão da sua voz, tão sobre-humana a atitude da sua pessoa, que os esbirros, vivamente impressionados, retrocederam e caíram por terra. Talvez tenham pensado que esse taumaturgo os ia ferir com o raio celeste, como haviam feito em casos semelhantes os profetas do Antigo Testamento; mas arrependeram-se do que lhes pareceu uma covardia passageira, tomaram a avançar e o diálogo repetiu-se:

— Quem buscais?

— Jesus Nazareno.

— Já vos disse que sou eu. Se é a mim que procurais, deixai ir estes.

Estes, isto é, os seus discípulos, que naquele momento pareciam ter esquecido que o eram. Mas é possível que esse pedido do Senhor tivesse despertado neles um ímpeto repentino. É um momento de confusão em que os acontecimentos se entrechocam e precipitam. Os esbirros lançam-se sobre Jesus; Jesus entrega-se sem a menor resistência. Os Apóstolos lembram-se das duas espadas que trazem e perguntam se não terá chegado a hora de defenderem o Mestre.

— Senhor, puxamos das espadas?

Pedro, mais impaciente, sem esperar pela resposta, dá uma cutilada na cabeça de um dos agressores, chamado Malco, criado do príncipe dos sacerdotes, e, como o ferro resvala, deixa-lhe uma orelha presa por um fio.

Os Sinóticos omitem o nome do ferido e de quem o fere, provavelmente pela prudência requerida pelo tempo em que escreviam; é João que menciona Malco e Pedro. O destacamento romano vigia, disposto a intervir, mas não é necessário. Jesus repreende o Apóstolo com umas palavras que hão de traçar uma linha de conduta no seio da sociedade cristã:

— Volta a embainhar a tua espada, porque todos os que puxarem da espada morrerão pela espada.

Depois, num gesto rápido, cura a orelha de Malco. É um inimigo que lhe merece o único milagre daquela noite, milagre de compaixão e caridade.

Jesus é levado preso

Mas o Senhor não deixa de sublinhar mais uma vez que aceita a morte de livre vontade:

— Pensas que não posso rogar ao meu Pai e que Ele não poria logo à minha disposição mais de doze legiões de anjos?

E faz a mesma advertência aos inimigos, não sem protestar mansamente contra o que havia de indigno naquele tratamento:

— Viestes prender-me com espadas e paus, como se eu fosse um malfeitor! No entanto, todos os dias estava convosco, ensinando no Templo, e não me prendestes. Mas isto acontece para que se cumpram as Escrituras. Esta é a vossa hora, a hora do poder das trevas.

Sem se comoverem com essas palavras, as forças do Sinédrio manietam e arrastam Jesus para a cidade. Outro tanto teriam feito aos discípulos, "mas eles dispersaram-se, abandonando-o". A atitude belicosa de Pedro deve ter irritado o ânimo dos sinedritas e da sua gente contra os Apóstolos, e estes, vendo que não havia a menor intervenção sobrenatural, esquecendo as glórias do Reino e impressionados pelo brilho das espadas e pelo tilintar das cadeias, confiam à fuga a sua salvação.

Podemos adivinhar a intenção dos agentes por uma breve observação de Marcos que tem o cunho de uma recordação pessoal. "Seguia Jesus um adolescente com o corpo coberto unicamente por um lençol, e o agarraram. Mas ele, desfazendo-se do lençol, escapou nu." É de observar o detalhe que o evangelista nos oferece: esse jovem cobria-se com uma *síndone*. Os Apóstolos costumavam dormir cobertos com os seus mantos; este despe toda a roupa e envolve-se num grande lençol de linho: era, segundo Heródoto, a maneira como dormiam as pessoas de posição elevada. Tratava-se possivelmente de um filho do proprietário do horto, talvez do próprio Marcos, o autor do segundo Evangelho, que foi quem nos transmitiu o episódio.

Assim se foi o último dos amigos. Já não há para Jesus repouso nem consolo. Os inimigos rodeiam-no, levam-no no meio de insultos e gargalhadas, tratam-no com uma brutalidade feroz. Entre eles há um homem cuja presença lhe é particularmente dolorosa. Cego e insensível, Judas levou avante o seu plano. Nada o deteve. Satanás acossava-o. Só lhe abrirá os olhos quando o crime estiver consumado. Já lhe aplicaram o que Tácito escreve de Nero, depois do assassinato da mãe: "Só depois de perpetrar o crime é que caiu na conta da sua enormidade".

INTERROGATÓRIOS PRÉVIOS

João 18

Outra vez do Monte das Oliveiras até a cidade, através dos calhaus e penedias do Cédron; encostas escorregadias, empurrões, quedas. "A coorte, o tribuno e os guardas dos judeus prenderam Jesus e o manietaram. Conduziram-no primeiro a Anás, por ser sogro de Caifás, que era o sumo sacerdote daquele ano." Levaram Jesus pelos locais mais despovoados, encobertos pelos paredões das ruas mais recônditas, porque receavam as caravanas dos galileus.

O que depois se passou, contam-no os Evangelhos com divergências notáveis. Em Mateus e Marcos, o relato é substancialmente uniforme; Lucas, que escreve um pouco mais tarde, dá-nos uma narrativa bastante diferente. Os dois primeiros contam que levaram Jesus ao Sinédrio duas vezes: uma, quando ainda era de noite, e outra às primeiras horas da manhã. Lucas, pelo contrário, só recorda esta última. Por sua vez, João, que nem sequer menciona o Sinédrio, diz que o Senhor foi levado primeiro à presença de Anás e a seguir, algemado, à de Caifás, que era quem exercia o cargo de sumo sacerdote naquele ano. A conciliação, tanto aqui como em outras passagens semelhantes, é fácil, se tivermos em conta que os Sinóticos não se preocupam com a integridade da narração nem com a sucessão cronológica dos fatos, e que normalmente João procura evitar repetições, esforçando-se por ampliar o relato dos outros Evangelhos. Não há contradições; há narrativas que se explicam e se completam.

Na presença de Anás

O primeiro interrogatório foi conduzido por Anás, a figura mais influente do Sinédrio e talvez mesmo a que tinha organizado a prisão de Jesus. É um artista da política, perito na difícil arte de navegar em mares agitados por correntes contrárias, bem visto em casa do procurador, favorecido pelos cortesãos de Roma e respeitado pelos compatriotas, que admiravam a sua fortuna e o seu poder, que invejavam os seus negócios e as suas lojas fora de Jerusalém e nos arredores do Templo, e que, embora criticassem o seu despotismo e os seus processos pouco escrupulosos, se desfaziam em vênias com um servilismo de escravos. Quando novo, ocupara durante muito tempo o sumo pontificado; mas depois preferira mexer os cordelinhos nos bastidores e, um atrás de outro, fora cingindo com a lâmina de ouro que diz: "Santidade ao Senhor" a fronte dos seus cinco filhos e, depois deles, a do genro e dos netos. Quando prenderam Jesus, era a vez do genro, Caifás, que quis agradar ao chefe da família, ao diplomata experiente, mandando-lhe o preso ilustre e pedindo-lhe o parecer naquele assunto tão espinhoso.

A entrevista deve ter sido rápida. Anás tinha muita idade e muito sono, e decerto deve ter pensado que a causa de Jesus de Nazaré não tinha importância suficiente para obrigá-lo a alterar os seus hábitos. Não lhe desagradou a mostra de deferência, que lhe permitia satisfazer a curiosidade; mas, com uma atitude que lembra a da outra *raposa* — o tetrarca Herodes —, apressou-se a declinar a honra, devolvendo a causa ao genro. E foi dormir, sonhar com as suas lojas de roupas, de frutas, de especiarias, de perfumes, e com as manobras necessárias para conseguir que se chegasse a vender uma pomba por um denário de ouro.

Caifás explora a causa

Da casa de Anás, Jesus passou à de Caifás. Tinha sido de Caifás a frase recebida pelos seus colegas como um oráculo: "É necessário que morra um só homem por todo o povo". Com ela ficava de antemão julgado o caso de Jesus.

Urgia, não obstante, reunir documentos e procurar motivos para justificar a sentença condenatória, e é isso o que o pontífice procura obter na entrevista particular que mantém com o réu, enquanto não chegavam os sinedritas, convocados urgentemente. Começa por interrogar Jesus "acerca dos seus discípulos e da sua doutrina". O que ele quer é surpreender alguma frase comprometedora e talvez saber quem são os que receberam com mais ardor o anúncio da Boa-nova. Jesus recusa-se a fazer declarações. As suas palavras traduzem um protesto contra a ilegalidade do processo e contra todos os que pudessem tê-lo por chefe de uma sociedade secreta:

— Eu falei publicamente ao mundo. Sempre ensinei na sinagoga e no Templo, onde se reúnem os judeus, e não disse nada em segredo. Por que me interrogas? Pergunta aos que me ouviram: eles sabem o que eu disse.

Um processo criminal devia começar pela apresentação das testemunhas e pela exposição dos argumentos favoráveis ao acusado. A afirmação do Senhor vinha lembrar ao juiz que não estava a fazer um interrogatório de acordo com a lei. Mesmo que o preso se sentisse culpado, não lhe cabia a ele declará-lo, mas às testemunhas. Não tinha fundado nenhuma sociedade secreta, nem na sua doutrina havia esoterismos ou reticências, exatamente como o sábio ateniense pudera dizer da sua, cinco séculos antes. Tudo na sua pregação fora claro e sincero; por isso o magoava muito mais que lhe armassem uma cilada, como se fosse um sofista vulgar.

Jesus falava com uma serenidade que o príncipe dos sacerdotes raramente tinha encontrado nos réus levados ao seu tribunal. Falava de mãos atadas, mas bastava olhar para Ele para ver que era um homem livre. O pontífice calou-se, mas deve ter feito um gesto de surpresa e despeito. Alguns dos que o rodeavam olharam-no surpresos, e um dos guardas presentes, mais atrevido e brutal, querendo mostrar pelo seu amo uma veneração untuosa, avançou para Jesus e deu-lhe uma bofetada acompanhada destas palavras:

— É assim que respondes ao sumo sacerdote?

Num caso semelhante, Paulo, levado pela impetuosidade do seu caráter, responderá: “Deus te baterá a ti, parede branqueada, que te sentas para julgar-me segundo a lei, e contra a lei mandas que me batam”. Resposta de uma lógica admirável. Mas a que Jesus dá agora é infinitamente superior em dignidade e em grandeza de alma:

— Se falei mal, mostra-me em quê; se falei bem, por que me bates?

É a voz soberana, a um tempo cheia de força e de mansidão, a inflexão inefável daquele Varão de dores que o profeta havia pintado: paciente, dorido, abalada a alma e triturado o corpo; mas que, apesar de tudo isso, se apresenta aos reis e príncipes de Judá, aos sacerdotes e ao povo, como uma cidade fortificada e como um muro de bronze.

Um homem tão astuto como Caifás deve ter aquilatado o perigo a que se expunha com tal atitude. Uma coisa se podia prever: que o preso guardaria uma reserva prudente. Era necessário, portanto, pedir o concurso das testemunhas e preparar o espírito dos sinedritas. Assim se passaram as horas que restavam da noite.

A negação de Pedro

Ao mesmo tempo, no átrio interior, desenrolava-se um drama aparentemente insignificante, mas que deve ter aberto uma chaga profunda no coração de Cristo: a negação daquele que tinha sido proclamado alicerce inabalável da futura Igreja.

Dois dos discípulos, refeitos do primeiro susto, tinham seguido de longe os passos do Senhor até a casa do sumo sacerdote. Eram os dois inseparáveis, Pedro e João. Conhecido do pontífice e da sua criadagem, João conseguiu entrar facilmente no pátio.

Era uma noite de agitação, de temor, de receios. A porteira tinha ordem para não deixar entrar nenhum desconhecido. Por isso, quando Pedro apareceu à porta, a mulher julgou chegado o momento de cumprir rigorosamente essa instrução e fechou o postigo. Compadecido do seu companheiro, João disse umas palavras à criada e, graças à sua intervenção, Simão Pedro conseguiu entrar. Mas, enquanto o discípulo amado avançava pelas galerias do palácio para averiguar o que se passava com o Mestre, Pedro, que não se sentia à vontade naquela casa, mal passou da entrada. E viu-se sozinho, no meio do grupo que estava no pátio — criados, guardas, escravos, polícia do Templo —, sentindo-se terrivelmente deslocado, receoso e como que perdido entre os pórticos enormes e os candelabros das arcadas sem fim. Os circunstantes trocavam chalaças, riam e brincavam, enquanto alimentavam o fogo e se aqueciam, porque as noites de Jerusalém são muito frias no mês de Nisan.

O Apóstolo estava triste, com medo de tudo e sem ânimo para tomar parte na conversa. Mal teve forças para chegar as mãos às brasas, com o manto bem arregaçado e o turbante caído para os olhos. Talvez não fosse muito prudente, mas se ficasse escondido num canto poderia despertar suspeitas. A luz, porém, denuncia-o: a porteira, que não o perdera de vista desde que entrara, reconhece-o e diz-lhe:

— Tu também estavas com Jesus de Nazaré.

Pedro sente um suor frio, altera-se por completo e responde maquinalmente:

— Não sei nem compreendo o que dizes.

A fogueira crepitou, ergueram-se chamas azuis, e as sombras dos homens dançavam nos muros. Pedro procura refúgio por trás de uma pilastra: quer retirar-se, mas já estava descoberto. Os olhares cravam-se nele, e de todas as direções lhe chegam estas palavras: "Sim, este também é do grupo". O Apóstolo afasta a imputação como se fosse um insulto e, cada vez mais constrangido, já não sabe que fazer, porque a penumbra lhe era tão hostil como a claridade. Alguma agitação brusca nas galerias o deve ter livrado momentaneamente de novas importunações.

Passou-se uma hora e o Apóstolo começava a tranquilizar-se. Juntou-se de novo aos que se aqueciam junto ao braseiro e pôs-se a tomar parte na conversa, aparentando indiferença e segurança, o que lhe trouxe consequências desastrosas. A sua maneira de falar, a sua inflexão atraiçoaram-no sem remédio. Na Galileia, a gente do campo pronunciava com maior suavidade os sons guturais, tão característicos das línguas semíticas, e trocava o som de certas vogais, confundindo, por exemplo, *hámor* (burro) com *hamar* (vinho) e *amar* (lã). Na verdade, para que um galileu se denunciasse, bastava-lhe abrir a boca. Pedro não o podia dissimular. As cambiantes da linguagem denunciavam a sua origem Galileia e assim começaram a comentá-lo os servos do Pontífice, no meio de risadas e de chacota. Para cúmulo da desgraça, um parente de Malco encarou-o e disse-lhe:

— Não te vi eu com ele lá no horto?

O pobre Apóstolo viu-se apanhado, esmagado; mas, longe de confessar a verdade, encastelou-se nas suas negações, gritou, protestou e, num acesso de ira, chegou a juntar imprecações aos juramentos, empregando, certamente, a fórmula consagrada: "Que Deus me castigue e me torne a castigar, se na minha vida conheci esse homem".

Dá-se então uma dessas coincidências que costumamos atribuir ao acaso. Abre-se uma porta ao fundo e Jesus sai do tribunal, manietado e humilhado; atravessa o pórtico e, ao passar, olha para Pedro. Esse olhar deixou o Apóstolo arrasado. Nesse instante, distinguiu-se perfeitamente o cantar do galo. Pedro ouviu-o com nitidez e lembrou-se de tudo. o que lhe fora anunciado. Pareceu-lhe que despertava de um sonho. Sentiu que se lhe abalavam todas as vísceras: um vivo arrependimento embargou-lhe o coração. Saiu para a rua e começou a chorar.

Esse pranto foi a sua salvação. A falta que cometera era grave. Mas reagiu contra a tentação do desalento e mereceu, não só o perdão, mas também a reconquista da sua vocação.

Era um temperamento animoso, e assim o mostrara naquela mesma noite, ao seguir Cristo "para ver como acabava tudo aquilo". Mas ligava demasiado à opinião das pessoas e, para não ficar mal, tinha caído impensadamente na mais vergonhosa apostasia.

O JULGAMENTO DO SINÉDRIO

Mateus 26 e 27; Marcos 15;
Lucas 22; João 18 e 19

Afluíam guardas e funcionários da câmara sacerdotal. Juntavam-se levitas e mestres da Lei rebuçados em seus roupões. Brilhavam as sedas negras dos turbantes dos anciãos. Ainda era noite. Mas, numa ocasião como aquela, não vigoravam as normas da *Mischná,* que mandava efetuar os julgamentos à luz do dia. O grande Sinédrio ia finalmente ter a alegria, há muito tempo desejada, de ver o Profeta da Galileia manietado e humilhado diante do seu tribunal. O local das reuniões — a Casa do Conselho — ficava ali perto, no declive setentrional do Monte Sião, perto do Xistus, uma praça pavimentada; mas, como o êxito da manobra dependia do segredo e da rapidez, os sinedritas reuniram-se desta vez na própria casa de Caifás, de maneira que o julgamento do Grande Conselho não seria mais que a continuação do interrogatório do sumo sacerdote. Tudo tinha de ser irregular no processo de Jesus.

Enquanto os conselheiros ocupavam as poltronas num aposento de paredes iluminadas por candelabros de azeite aromático, lá embaixo, nos porões, Jesus sofria os primeiros ultrajes. Tinha-se convertido em joguete dos inimigos. "Cuspiam-lhe no rosto, davam-lhe bofetadas, feriam-no na cara, e diziam-lhe: «Adivinha, Cristo, quem te bateu». E injuriavam-no ainda de outros modos." Era aplicar a Jesus, com toda a violência e sarcasmo, a brincadeira de crianças a que os gregos davam o nome de *koláfizein*. E os servos imitavam os guardas, riam-se e zombavam dEle, davam-lhe socos e, cobrindo-o com um véu, perguntavam-lhe: "Adivinha quem te feriu".

Eram fundos os rancores acumulados contra o preso, muitas as tentativas de o prender que tinham fracassado, e grande a vergonha por que tinham passado na presença do povo, devido aos seus discursos. E eis que, por culpa dEle, passavam uma noite agitada e insone. Jesus mantinha-se calado, sem perder um só momento a majestade serena, a expressão de doçura no rosto.

Não era insensibilidade; tinha o coração cheio de amargura. Muito tempo antes, ao anunciar a Paixão aos discípulos, havia previsto esse momento, um dos mais dolorosos e humilhantes para o Filho do Homem: "Rir-se-ão dele e haverão de cuspir-lhe e açoitá-lo".

No tribunal do Sinédrio

Dois guardas vieram anunciar que os juízes aguardavam o preso. Assim acabou o suplício. Seriam umas cinco ou seis horas da manhã: "ao amanhecer", diz Lucas. E Jesus entrou na sala onde os sinedritas se tinham reunido. Não estavam todos: com certeza faltavam José de Arimateia e Nicodemos, que não deviam ter sido convidados. Mas estavam quase todos. "Logo pela manhã — diz Marcos —, reuniram-se os príncipes dos sacerdotes, os anciãos, os escribas e todo o Conselho."

Nessa reunião, além de se consumar a ruptura de Deus com o seu Povo, Jesus fará uma declaração categórica acerca de si próprio, que terá de selar com o sangue. Por aqui vemos a importância que ia ter. No decurso das últimas semanas, tudo tinham sido perguntas e ciladas, para obrigarem o Senhor a denunciar-se ou a retratar-se. As suas respostas tinham deixado sempre os inimigos indecisos ou desconcertados. Mas eis que por fim chegava a hora: nesse momento solene, é Jesus que se vai adiantar, aplicando a si próprio os textos messiânicos e declarando-se sem rodeios Filho de Deus. Em vez de joguete dos adversários, é Ele que os vai dominar. A questão pôr-se-á no terreno que lhe interessa, e poderá assim deixar bem assente o princípio fundamental da nova sociedade, a Igreja.

Procuram primeiro condená-lo como blasfemo. Mas é tanta a precipitação que as testemunhas não têm tempo de se entender, e as suas declarações ou não são válidas ou não batem umas com as outras. É interessante observar que Judas não aparece nesta sinistra assembleia e, no entanto, as suas declarações teriam tido um valor excepcional. Mas ele já tinha cumprido o seu compromisso, tinha recebido o seu dinheiro e começava já a horrorizar-se com o seu crime. Foi necessário trazer a juízo alguns ouvintes vulgares, que não conheciam bem a doutrina de Jesus nem sabiam reproduzir com clareza as suas palavras. Discutiram-se muitas declarações, mas todas eram falsas; e, além disso, ou por terem sido expostas de forma muito vaga e confusa, ou por se referirem a discursos de Jesus pronunciados em circunstâncias muito diferentes, o certo é que não combinavam umas com as outras. Com grande desgosto dos juízes, o processo atrasava-se, e não havia maneira de lhe dar um ar de legalidade. Por fim, apareceram dois homens que pareciam estar de acordo numa afirmação: "Nós ouvimo-lo dizer: «Destruirei este templo, feito por mãos de homens, e em três dias edificarei outro, que não será feito por mãos de homens»".

A acusação era grave. O Templo de Jerusalém era o mais sagrado de Israel, e já Jeremias fora considerado digno de morte por ter profetizado a sua ruína.

Havia, além disso, as duas testemunhas exigidas pela Lei de Moisés para ditar uma sentença de morte. Mas logo se viu que a frase aduzida era obscura e misteriosa — os próprios discípulos confessam que só a entenderam depois da ressurreição do Mestre. Viu-se, além disso, que Jesus não tinha dito: "Destruirei este templo", mas que tinha desafiado os judeus a demoli-lo, que Ele então o reconstruiria. Ora, reconstruir o Templo, longe de ser um crime, devia ser considerado um ato meritório. O depoimento, que pretendia apresentar o réu como um inimigo do povo, era tão disparatado que não serviu de base para nada.

As testemunhas sucediam-se, repetiam fragmentos de frases pronunciadas pelo acusado durante a última semana, recordavam, sem dúvida, a sua doutrina a respeito do sábado, traziam à baila as suas acusações contra os fariseus e contra os sacerdotes; mas as suas palavras eram confusas, contradiziam-se, enfraqueciam-se mutuamente.

Reinava na sala um ambiente carregado de ansiedade. Houve um momento de pausa. Os acusadores calaram-se e Jesus continuava sem dizer palavra. Caifás olhava para Ele, entre inquieto e desgostoso, como se tivesse a culpa daquele interregno penoso. Por sua vez, era observado por todos, e ele, para sair de apuros, levantou-se, avançou para o acusado e rompeu o silêncio com esta pergunta:

— Nada tens a responder ao que esta gente depõe contra ti?

Aparentemente, queria dar a Jesus uma oportunidade de se defender; na realidade, o que se propunha era enredá-lo numa discussão que o levasse a confissões comprometedoras. A respiração cansada de Jesus passou por cima do silêncio ardente da sala. De que lhe valia falar? Sabia que se encontravam ali reunidos para o condenarem a todo o custo. Manteve-se calado.

Nesse momento, alguns sinedritas levantaram-se e o interpelaram desordenadamente:

— Se és o Cristo, dize-o!

Não eram eles que deviam fazer a pergunta; por outro lado, porém, era necessário pôr a claro a intenção com que a faziam e medir o valor que podia ter uma declaração explícita. Jesus quebra, pois, o silêncio e responde:

— Se vo-lo disser, não acreditareis em mim, e, se vos fizer qualquer pergunta, não respondereis.

A pergunta dos colegas decidiu Caifás a pôr a questão que até então tinha evitado, a única cuja resposta, com uma interpretação torcida, podia impressionar o governo romano. De pé, em frente de Jesus, ergueu pateticamente os braços e disse, com um ar inspirado e solene:

— Conjuro-te pelo Deus vivo a dizer-nos se és o Cristo, o Filho de Deus sempre bendito.

Jesus declara ser o Filho de Deus

Ao ouvir essas palavras, todas as cabeças se inclinaram. Duvidavam, e com razão, que o interpelado respondesse categoricamente. A experiência dos dias passados fizera-os ver que era difícil arrancar Jesus à reserva em que parecia ter-se encerrado. Por outro lado, o fato de se proclamar Messias não era de per si uma blasfêmia, nem trazia consigo a pena de morte, a não ser que estivesse ligado a projetos ambiciosos ou ideias revolucionárias. Por isso, Caifás não se atrevera a canalizar a discussão por esse lado, até que reparou que não dispunha de nenhuma outra carta. Ria-se interiormente das pretensões messiânicas de Jesus, mas nesse momento agarrou-se a elas na esperança de conseguir a confissão imprudente que procurava. E tomou ares de quem, ardendo em ânsias de verdade, só esperava uma palavra afirmativa para se render a ela, para se prostrar diante de Jesus e reconhecê-lo como o Messias esperado. Pergunta duas coisas: se Jesus é o Cristo, e, além disso, se é o Filho de Deus. Poderia supor-se que, na sua boca, os dois termos fossem sinônimos; mas, como veremos mais adiante, os sinedritas sabiam distingui-los muito bem.

Na realidade, Caifás violava mais uma vez as normas processuais; porque lei alguma permitia que se conjurasse um réu a confessar-se culpado e a rematar um julgamento pronunciando a sua própria condenação. Jesus podia deixar de responder a uma pergunta que o juiz não tinha o direito de lhe fazer; mas, depois de ter permanecido calado durante toda a sessão, achou chegado o momento de falar, porque o seu silêncio teria equivalido a uma negação. Toda a sua atividade e toda a sua missão poderiam ficar esclarecidas na resposta que desse ao sumo sacerdote. Quem fazia a pergunta era a autoridade suprema de Israel. Até então, por razões de prudência, o Senhor mantivera oculto o conteúdo da resposta, só o revelando nos últimos tempos e em circunstâncias cuidadosamente escolhidas. Mas as circunstâncias que lhe tinham exigido circunspecção haviam cessado. Por perigoso que fosse, era necessário confessar a verdade diante de todo o povo de Israel, ali representado pelo sumo sacerdote e pelo Sinédrio. Com voz firme e serena, respondeu, sem a menor vacilação:

— Sim!

E, não contente com isso, acrescentou umas palavras em que aplicava a si próprio as profecias messiânicas do Antigo Testamento, bem conhecidas de todos os presentes. Era uma reivindicação dos seus títulos e, ao mesmo tempo, uma advertência suprema.

— Digo-vos, além disso, que vereis doravante o Filho do Homem sentar-se à direita do Poder e vir sobre as nuvens do céu.

Nesta frase, o Senhor utilizava duas célebres passagens messiânicas do salmo 110 e do profeta Daniel, que tinham a virtude de ilustrar o verdadeiro sentido da afirmação que acabava de fazer e de aboná-la com a notícia do seu regresso glorioso, anunciado pelas Escrituras para um tempo futuro.

Isso ainda não bastava. Os sinedritas levantaram-se e, numa exaltação frenética, dirigiram ao acusado para arrancar-lhe uma resposta expressa ao segundo termo da pergunta de Caifás:

— Logo, tu és o Filho de Deus?

Já sabiam que Ele se considerava o Messias e, embora a alusão feita aos textos sagrados implicasse também, na realidade, este segundo ponto, querem que lhes diga claramente se se julga Filho de Deus, no sentido mais elevado da palavra. E a resposta de Jesus não podia ser mais precisa:

— Vós o dizeis: eu sou.

Um escândalo enorme explodiu na assembleia. Os juízes, de pé, gesticulavam. As mãos de Caifás engalfinharam-se-lhe no peito e todos tremeram de espanto quando ouviram o ruído estridente da túnica pontifical que se rasgava. Sinal espetacular de indignação, que lhe servia não só para sublinhar o alcance da resposta acabada de ouvir, como para traçar uma linha de conduta. E gritou:

— Para que precisamos de testemunhas? Ouvistes a blasfêmia. Que vos parece?

Todos se levantaram, tristes e austeros, mas sem conseguirem dissimular a sua alegria, para pronunciar a sentença: "É réu de morte!" Tinha que se aplicar o texto do Levítico: "Aquele que blasfemar contra Deus seja exterminado do seu povo".

Mas era blasfêmia a afirmação de Jesus? O Sinédrio devia tê-la examinado melhor. Aguardava-se um Messias e alguém tinha de vir com os títulos messiânicos. Por que não havia de ser aquele Profeta, que tantas maravilhas fizera em prova da sua afirmação? O tribunal não a quis examinar e violou mais uma vez a justiça.

A intenção perversa daqueles homens era clara. Tinham citado Jesus em juízo por supostos delitos passados. Como não os podiam provar, queriam levá-lo a um outro delito. E chamam delito ao que, na realidade, não o era. Na afirmação de Jesus não havia blasfêmia alguma contra a divindade. Tinha empregado prudentemente a palavra "Poder" em vez de pronunciar o nome sagrado, Javé ou Elohim, evitando que os seus inimigos pudessem acusá-lo de falta de respeito pelo Deus de Israel. É verdade que, a seguir, Jesus se intitulara Filho de Deus; mas não o tinha porventura demonstrado com as suas obras? Não obstante, foi nesse ponto que os sinedritas viram a blasfêmia, e por isso o condenaram unanimemente à morte.

Assim terminou o processo religioso. O presidente do tribunal tinha razão para estar contente; triunfara no campo político-nacional, porque o réu se declarara o Messias de Israel, e no campo exclusivamente religioso, porque confessara ser o Filho de Deus. Esta segunda confissão foi decisiva para o Sinédrio; a primeira seria utilizada com êxito no tribunal de Pilatos.

O fim de Judas

Jesus saiu da sala, empurrado por dois guardas. Os juízes deliberaram durante algum tempo, e não tiveram que discutir muito para ver o que tinham de fazer: conseguir que o governador romano confirmasse a sentença.

Amanhecia. Jerusalém, com ar de festa, despertava mais cedo do que nos outros dias. Os peregrinos e os vendedores já comentavam pelas ruas os acontecimentos daquela noite: uns, com ar de tristeza; outros, com ressaibos de desilusão; outros, finalmente, com exclamações de alegria.

Foi também mais ou menos nessa altura que começou a correr pela cidade uma notícia sinistra: Judas, um dos que seguiam Jesus, tinha-se enforcado. A notícia causou sensação, e os que não sabiam da atuação do Apóstolo durante os últimos dias viram naquela tragédia mais um motivo para abandonar o Profeta de Nazaré.

As coisas passaram-se assim: depois de cometer o seu crime, Judas começou a sentir remorsos. Durante aquela madrugada esteve constantemente à espreita. Era como se repentinamente tivesse recobrado a fé em Jesus, a fé dos espíritos perversos. A sua atitude devia ser como a de Caim, quando dizia: "A minha iniquidade é tão grande que não pode haver perdão para ela". Os evangelistas dizem-nos que, "quando viu que o condenavam, arrependeu-se". Não se arrependeu, contudo, como Pedro, para chorar e pedir perdão, mas para cair no desespero.

Pálido, trêmulo, horrorizado consigo próprio, foi ao Templo, procurou os príncipes dos sacerdotes e os anciãos, que para lá se tinham dirigido depois do julgamento, sem dúvida para dar graças a Javé, e quis devolver-lhes as trinta moedas, enquanto dizia:

— Pequei ao entregar o sangue de um justo.

Eles repeliram-no com desprezo:

— Que nos importa? É lá contigo.

Era a terrível lei que vigora entre os malvados. A repulsa acabou de encher de trevas aquela alma. Aturdido pela angústia, despedaçado no íntimo por um martírio horrível, o traidor foi ao Templo, à nave do tesouro, como diz Mateus, e dali começou a atirar punhados de siclos para o lugar santo, como se esse gesto pudesse livrá-lo do remorso que lhe mordia o coração.

Mas nem assim se sentiu aliviado. Já desprezava a avareza que o tinha levado ao crime. É possível que, nessa altura, o amor de Jesus se lhe representasse na alma como coisa perdida para sempre, como uma visão maravilhosa da qual o separava agora um abismo infinito. Uma densa treva envolveu-lhe a mente; saiu do Templo e foi enforcar-se.

Pelo relato de Lucas nos Atos dos Apóstolos depreende-se que a corda de que se dependurou devia ser muito frágil, pois parece que se rompeu e fez com que o corpo caísse por terra, rebentasse com a pancada e as suas entranhas se espalhassem. E voltou a ver-se a hipocrisia dos fariseus e dos príncipes dos sacerdotes: pegaram nas moedas e, como sabiam que tinham chegado às mãos de Judas por um acordo vergonhoso, "que eram preço de sangue", lançaram mão de um expediente que os faria aparecer diante do povo como homens piedosos: compraram com elas um terreno para sepultar os peregrinos, que em breve viria a chamar-se *Hacéldaina,* "Campo do Sangue". Acabavam de condenar um homem injustamente e de lançar outro no desespero, e tiveram escrúpulos de meter no tesouro do Templo um dinheiro que não era de ninguém. "Filtravam um mosquito e engoliam um camelo."

JESUS NO TRIBUNAL DE PÔNCIO PILATOS

Mateus 27; Marcos 15;
Lucas 23; João 18

Uns anos mais tarde, quando Estêvão for condenado pelo Sinédrio, a sentença será executada imediatamente; os judeus arrastarão o diácono para fora da cidade e o matarão a pedradas. Mas isso será uma infração à lei, cometida numa altura em que já havia prenúncios da grande rebelião causadora da ruína de Israel; infração que, juntamente com outras do mesmo quilate, como a matança dos samaritanos em Tirathana, motivará a deposição de Caifás e de Pôncio Pilatos no ano 36.

Em muitas regiões do Império, Roma, para dissimular o seu domínio, deixara aos naturais um simulacro de autonomia judiciária. No Egito, por exemplo, havia o tribunal dos Laocritas, isto é, dos que julgavam segundo os costumes do povo, tribunal que exercia as suas atividades sob a tutela e vigilância do tribunal estrangeiro. Podia dirimir as causas ordinárias e de pouca transcendência; mas, quando se tratava de um assunto importante, e muito especialmente quando se encontrava em jogo a paz pública e a segurança do dominador, era seu dever levar o caso aos representantes do Império.

Acontecia o mesmo na Judeia. O Sinédrio podia ditar uma sentença de morte, aplicando o código mosaico, mas não a podia executar sem que antes o governador romano interviesse e a ratificasse. Portanto, logo de manhã — os tribunais abriam à hora terça, às nove —, os judeus levaram Jesus da casa de Caifás ao Pretório. Cumpria-se assim o que Ele próprio tinha anunciado: "Entregá-lo-ão aos gentios".

Havia três anos que o difícil lugar de procurador da Judeia — subordinado ao legado da Síria, Élio Lammia — era ocupado por um cavaleiro romano chamado Pôncio Pilatos, de quem nos falam muito, além dos evangelistas, vários escritores daquele tempo, como Fílon de Alexandria e Josefo. Era homem duro e teimoso, mas de súbito a vontade se lhe amolecia; era capaz de atormentar um escravo que lhe quebrasse um vaso precioso, e logo a seguir libertá-lo, ofertando-lhe bens que valiam muito mais. A sua religião tinha degenerado em superstição; a sua filosofia, em agnosticismo. De uma coisa tinha a certeza: de que ninguém podia saber qual é a verdade objetiva. Mais prático que idealista, estava bastante bem preparado para conhecer os homens, mas nunca chegou a conhecer bem os judeus. Como todos os governadores da Judeia, vivia normalmente fora de Jerusalém, em Cesareia, à beira-mar, cidade que lhe facilitava as comunicações com Roma e cujo clima se parecia mais ao do sul da Itália. Só nas grandes festas, quando as multidões afluíam à Cidade Santa, é que se sentia obrigado a marcar a sua presença na capital do judaísmo, para vigiar e defender a ordem, com frequência perturbada nessas solenidades. Costumava então fixar residência em algum dos palácios dos antigos reis ou num aposento da Torre Antônia.

Quando chegara àquela terra, certamente repetira de si para si o que Túlio tinha dito dos habitantes: "Raça abjeta, nascida para a escravidão". Precisamente nessa ocasião, sob a influência do ministro Sejano, tinham-se acentuado em Roma as tendências antijudaicas, e é provável que as instruções secretas recebidas pelo procurador, ao tomar posse do seu cargo, lhe aconselhassem dureza no mando e humilhação dos súditos. Logo desde o primeiro dia se mostrara empenhado em fazer sentir o peso da autoridade imperial. Ao contrário dos que o tinham precedido, começara o seu mandato hasteando na Cidade Santa as bandeiras gentias que os judeus não podiam ver. Uma bela manhã, o povo descobriu, nas cornijas da cidadela, os manípulos com as suas grinaldas e a mão de ouro aberta, a águia e os escudos com a imagem de Tibério. A multidão começou a descer das colinas e a sair das aldeias, encheu os caminhos de Cesareia, chegou ao palácio do procurador e, humilhando-se a seus pés, pediu-lhe que se arrancassem das pedras do Senhor as efígies profanas. Durante cinco dias, o romano deixou os homens e mulheres lamentar-se e vociferar; ao sexto, cansado daquele rugido que não lhe permitia pregar olho nem de dia nem de noite, mandou-os comparecer no hipódromo e ordenou às suas coortes que carregassem sobre eles de espadas desembainhadas. Os soldados precipitaram-se, esmagaram e destroçaram a multidão que soluçava pelo opróbrio e estendeu, impávida, o pescoço à cutilada. Até que o procurador desfraldou a sua insígnia e conteve a soldadesca. Viu-se obrigado a ceder; mas, a partir desse momento, o seu desprezo por aquele povo converteu-se em ódio.

Pouco depois, uma cena semelhante em Jerusalém. O Pretório ficava perto da Torre Antônia ou na própria torre, por cima da penedia de Baris, que separava o Templo de uma colina onde, com o aumento dos edifícios, nascera um bairro chamado Bezetha, isto é, cidade recente. Pilatos, que herdara os instintos romanos de construir, dispôs-se a dotar Jerusalém de um aqueduto grandioso. Trouxe arquitetos e pedreiros, começou as obras e, para ocorrer às despesas, utilizou o ouro do gazofilácio, o ouro do Senhor, Deus de Israel. Israel chorou, rugiu, soluçou, esperneou e rezou. Soaram as trombetas, apareceu a guarda com as armas escondidas debaixo das compridas roupas orientais, e centenas de judeus rebolaram pelo chão sob o golpe dos báculos. Mas a obstinação do semita levou a melhor sobre a raiva do amo, e Pilatos teve de renunciar às suas quimeras.

Esses atritos tiveram os seus ecos em Roma. A nobreza de Jerusalém foi queixar-se a Tibério, o tetrarca Herodes apoiou as queixas e de Roma chegaram cartas que recriminavam a conduta do procurador. Daí duas consequências: a primeira, que o tetrarca e o procurador nem sequer se falavam; a segunda, que o procurador ficou completamente domesticado pelo povo judeu. A partir dessa altura, a sua política consistia em condescender, deixar fazer. Continuava a odiar, mas o medo de perder o cargo refreava-lhe o ódio. Na realidade, esse homem duro e brutal era desprovido de verdadeira energia. A sua brutalidade dissimulava um fundo de fraqueza.

No Pretório

A caminhada da casa de Caifás até o Pretório constituiu um grande acontecimento naquela manhã de Jerusalém. Os peregrinos enchiam as ruas, e constantemente desembocavam novas caravanas pelas portas da cidade. Das casas saía um cheiro de gordura e doces, e nas lojas e demais casas comerciais começavam a brilhar os tecidos de Damasco e os vidros da Fenícia. A notícia correu rapidamente por toda a cidade. Os curiosos eram incontáveis e o grupo de Jesus avançava lentamente. De um lado e de outro choviam os comentários mais desencontrados, ainda que prevalecessem os desfavoráveis ao preso. Até os que tinham presenciado os seus milagres se resignavam a reconhecer que a virtude de Deus o abandonara, se é que tudo aquilo não tinha sido uma brincadeira de Belzebu, como supunham os fariseus.

O Pretório tinha um vestíbulo que dava para a praça. O procurador podia, pois, dirigir-se à multidão do alto da escadaria ou de um parapeito do muro. E agora é lá que vai receber a comissão dos homens do Sinédrio. Já sabia certamente do que se passava, por intermédio do tribuno que na noite anterior interviera na prisão de Jesus. Mas deve tê-lo indisposto bastante aquele marulhar ensurdecedor da multidão em frente da cidadela. Lembrou-se da cena dos escudos e da questão do dinheiro sagrado. Era uma nova explosão daquela Jerusalém fanática e de dura cerviz.

Impaciente e desdenhoso, mandou que abrissem o Pretório e pouco depois apareceu ele próprio no alto da escadaria. Rodeava-o a guarda de legionários, que enchia a praça de cintilações de elmos, escudos, lanças e braceleiras. Passados uns momentos, recebe um recado dos membros do Conselho: dizem que não podem entrar no Pretório por razões de ordem religiosa. A eterna parábola do camelo e do mosquito. A entrada na casa de um pagão tê-los-ia contaminado, tê-los-ia impedido de celebrar a Páscoa. Pilatos satisfaz esses escrúpulos, dissimulando um sorriso displicente, e, precedido pelos litores, desce a escadaria de mármore. Os sinedritas e sacerdotes, reverentes, vão ter com ele; cumprimentam-no cerimoniosamente e apresentam-lhe o acusado. Tudo com a máxima finura e comedimento, pois esperam que o governador confirme a sentença sem dificuldade alguma.

Pilatos começa logo por desiludi-los. Assume um ar oficial e pergunta secamente:

— Que acusação trazeis contra este homem?

Isso equivalia a revelar que não se propunha ratificar uma sentença, mas examinar uma denúncia. Desiludidos, vexados até, respondem-lhe:

— Se não fosse um malfeitor, não o teríamos trazido à tua presença.

Um escriba lê cantadamente o processo, que o intérprete vai traduzindo para o latim: blasfêmias, fraudes, interpretação audaz de profecias..., nada que ponha em causa a segurança do Império; infrações que o Sinédrio podia castigar com a excomunhão ou com os trinta e nove açoites. Pilatos dá a mesma resposta que Galião virá a dar aos acusadores de São Paulo:

— Tomai-o e julgai-o vós mesmos segundo a vossa lei.

Palavras que refletem o desprezo do romano pelo judeu. Mas os sinedritas protestam contra essa atitude altaneira, recordando ao procurador que tem obrigação de intervir. Não se trata de nomes vazios, de uma simples questão cerimonial que se poderia ter castigado com uma multa, com uma excomunhão ou com os trinta e nove açoites legais, mas de um assunto grave, que exige a pena de morte e, portanto, o referendo da autoridade romana:

— A nós — dizem eles não nos é lícito matar ninguém.

Davam por concluído o exame da culpabilidade.

O processo político

Em face da insistência, Pilatos decide-se a instruir a causa. O caso é mais sério do que lhe tinha parecido à primeira vista. Observa, analisa, interroga. Os acusadores, vendo que não podem conseguir uma ratificação do que acabavam de fazer e que era preciso recomeçar, dizem-lhe atabalhoadamente:

— Descobrimos que este homem excita o povo à revolta, proíbe pagar os tributos ao imperador e se diz Messias e Rei.

Procuram assim configurar o processo em termos que obriguem os poderes de Roma a tomá-lo em consideração. Ainda há pouco Jesus tinha sido julgado porque se declarara o Messias, Filho de Deus; agora querem que seja julgado como homem que, na qualidade de Messias, prossegue fins políticos, tentando separar de Roma aquela terra da Palestina e proibindo os judeus de pagar tributo ao dominador, como Judas Galileu alguns anos antes.

Pilatos compreende que tem na sua frente uma causa digna de estudo e, depois de entrar no Pretório, manda que lhe tragam o preso. Não é provável que Jesus lhe fosse desconhecido. Um homem desconfiado como ele devia estar informado das atividades do Profeta galileu no território por ele governado e nas regiões limítrofes. E não era natural que ignorasse os acontecimentos dos últimos dias: a entrada em Jerusalém, as altercações com os fariseus, o suicídio de Judas. Mateus observa que, antes de começar o processo, "já sabia que os príncipes dos sacerdotes o tinham entregado por inveja". Assim se explica a atitude que assume durante estas horas de luta.

Vê perfeitamente que se encontra perante um homem inocente, trazido à sua presença de má-fé, mas soltá-lo sem qualquer investigação teria parecido descuido da ordem pública, perturbada pelas pretensões messiânicas do acusado. Mostra-se indeciso, e os judeus, apercebendo-se disso, insistem nas suas exigências com uma audácia progressivamente crescente. Uma solução para sair do apuro seria transferir o processo para Roma, como mais tarde fará o governador Lísias no caso de São Paulo; mas o seu caráter arrogante veda-lhe esse recurso, e, por outro lado, não quer complicações na corte imperial, onde as suas gestões de procurador já tinham sido severamente julgadas. Várias vezes, no decorrer deste processo deve ter-lhe passado pela cabeça a questão das insígnias, que lhe tinha valido uma censura do imperador.

O interrogatório

Juiz e réu encontram-se frente a frente. O Pretório está instalado na Torre Antônia. É provável que, em outras ocasiões, quer a residência, quer o tribunal de Pilatos fossem lá no fundo, no faustoso palácio de Herodes, no caminho para Belém. Desta vez, o procurador prefere ficar na grande fortaleza, talvez porque se prestava melhor a vigiar o formigueiro humano que, devido à Páscoa, se aglomerava à volta do Templo. Assim o dá a entender João, quando diz que Pilatos mandou instalar o seu tribunal num lugar chamado Litóstrotos — em hebraico, Gábata. Gábata significa "altura", e designa a colina de Bezetha, a mais alta de Jerusalém, que servia de base à Torre Antônia. Litóstrotos, em grego, quer dizer pavimento de lajes, e recorda-nos o grande lajedo que cobria o pátio central da Torre: pedras bem talhadas de dois metros de lado, que ainda hoje conservam desenhos tipicamente militares, com os quais os soldados da guarda deviam matar o tempo.

Lá fora os acusadores continuavam a gritar, procurando convencer a plebe carrancuda e desgrenhada a promover uma coação popular, não se desse o caso de o procurador se mostrar bobo. E lembravam à multidão as antigas matanças e as antigas desistências da autoridade.

Jesus está de pé. Pilatos, da sua cadeira, olha-o com curiosidade e ansiedade. A ele, só lhe interessa a política. Começa por uma pergunta ambígua que nenhum dos quatro Evangelhos deixa de mencionar:

— És tu o rei dos judeus?

O tribunal de Pilatos só se considerava competente para conhecer e decidir das pretensões messiânicas imputadas a Jesus na medida em que revestissem natureza civil. Jesus, no intuito de expurgar a questão, responde com uma contrapergunta que reflete bem a sua superioridade sobre o homem que o interroga:

— Dizes isso por ti mesmo ou não fazes mais que repetir o que outros disseram de mim?

É um esforço para fazer ver a Pilatos a importância da sentença que terá de proferir. Um pouco surpreendido pelo tom do acusado, Pilatos responde, entre irônico e severo:

— Acaso sou judeu? A tua nação e os príncipes dos sacerdotes é que te entregaram a mim. Que fizeste?

Se estava na sua presença, a culpa não era dele. Por alguma razão os seus compatriotas o deviam ter trazido ao seu tribunal. Isso equivalia a reconhecer que, na realidade, não fazia mais que repetir o que outros lhe tinham dito; os que momentos antes o condenavam por proclamar-se Messias e Filho de Deus acusavam-no agora de ambicionar a realeza. Mas Jesus faz-lhe ver que não tem por que alarmar-se com as suas pretensões: "O meu reino não é deste mundo. Se fosse, os meus partidários certamente teriam lutado para que eu não fosse entregue aos judeus. Mas o meu reino não é deste mundo".

Com essas palavras, não pretende apenas justificar-se, mas tentar atrair o juiz a ideias mais elevadas. Ao mesmo tempo, faz ver de uma maneira velada que não teme a sentença de morte que o entregará aos judeus. Mas o agnóstico não sente sequer o temor de quem roça o mistério. Fica mais tranquilo ao ouvir a resposta do acusado e, se o tribuno lhe tinha contado como fora fácil capturá-lo, deve ter pensado que os fatos vinham confirmar as palavras; estava farto de saber que a força de um rei reside nas legiões, nos soldados. Que importância podia dar a um rei que não era capaz de encontrar um pelotão de homens para se defender?

Começa a ter pena do acusado. Gostaria que Ele renunciasse àquele título perigoso que o tornava suspeito às autoridades romanas. Pensa nos retóricos de Atenas e nos místicos de Alexandria. Jesus de Nazaré tinha toda a liberdade para teorizar como eles, mas devia exprimir-se de uma forma mais inocente. E pergunta num tom de ironia compassiva:

— Portanto, és rei?

Na sua resposta, Jesus é ainda mais explícito:

— Sim, eu sou rei.

E com uma firmeza amarga especifica a natureza do seu reino:

— Eu nasci para isto e para isto vim ao mundo: para dar testemunho da verdade. Todo aquele que é da verdade ouve a minha voz.

Perante o tribunal hebraico, tinha apelado para o testemunho dos Profetas. Perante o tribunal do pagão, esforça-se por despertar a voz da consciência. Mas, apesar deste novo chamamento, Pilatos continua insensível, sem entender a linguagem do inefável, da consciência, da verdade.

O que é a verdade?

A verdade, a verdade! "E o que é a verdade?..."

Não se trata de uma pergunta, mas de uma simples exclamação. Sem que ele desse por isso, a discussão tinha passado do mundo dos fatos ao das ideias abstratas, que pouco lhe interessavam. Com certeza tinha ouvido muitas dissertações sobre a verdade e o erro, nas suas reuniões de Roma, dos lábios dos sofistas gregos que frequentavam a casa dos patrícios em busca de um punhado de sestércios, e só se lembrava de uma coisa: que se tinha entediado solenemente. E, tal como nessas ocasiões, exclama, traçando com a mão direita um gesto de interrogação no ar:

— E o que é a verdade?

Mal acaba de lançar a pergunta, disposto a pôr termo a uma conversa que lhe parece estéril, levanta-se e vai até ao pórtico. As tropas anunciam a sua presença; a multidão ondula e aguarda num silêncio cheio de ansiedade. Jesus aparece também, empurrado pelos guardas. O romano aponta para Ele e diz: "Não encontro crime algum neste homem". O inocente podia ser um sonhador, um utopista, um teórico, mas nunca um homem perigoso para o Estado; a justiça do Império não encontrava o menor motivo para confirmar a sentença do Sinédrio. Vemos aqui nitidamente vincados dois traços interessantes do caráter do procurador: um, o sentido do direito, a força de Roma; outro, o desdém pelos chefes do judaísmo, que ele se compraz em contradizer em nome da lei. Estes dois sentimentos levá-lo-ão a esforçar-se por soltar o processado.

Elevam-se os braços dos sinedritas e, seguindo o seu exemplo, a turba ruge, protesta, ergue os cajados. Só a audácia podia ganhar aquela partida. Chovem as acusações: é um demagogo, um revolucionário; agita as multidões, proíbe que se dê o tributo a César; despreza advertências, conselhos, ameaças...

Jesus ouve, sereno, essa torrente de mentiras e falsidades. O seu silêncio impressiona o romano, que olha para Ele e sente, lá no fundo, uma forte preocupação. Aproxima-se dEle e pergunta-lhe, como que à procura de uma sugestão, de uma palavra com que defendê-lo:

— Não respondes nada? Vê de quantos delitos te acusam.

Jesus não tem nada a dizer. Já disse bastante: o seu reino não é deste mundo. Os judeus insistem:

— Traz todo o país em pé de guerra com as doutrinas que tem pregado na Judeia desde a Galileia.

Na presença de Herodes Antipas

Ao mencionarem a Galileia, terra sempre propícia aos levantamentos, os judeus tentavam talvez tornar mais plausível a acusação, mas o procurador tira uma conclusão muito diferente. Como bom conhecedor dos homens, vê que no processo não se invocam as últimas causas da denúncia. Ele adivinha-as: ódio, inveja, medo. Está decidido a resistir a uma imposição infame, e a menção da Galileia leva-o a pensar que se pode descartar de um assunto importuno dando, ao mesmo tempo, uma mostra de deferência ao tetrarca daquela região. Andavam já há algum tempo de relações cortadas, talvez por Antipas ter feito de espião junto do imperador Tibério em detrimento dos magistrados romanos do Oriente.

Ora, Herodes, atraído também pelos festejos da Páscoa, encontrava-se naqueles dias no seu palácio de Sião, situado na outra margem do Tiropeon, mesmo defronte do Templo. Ele que o julgasse. E ditou aos escrivães esta fórmula jurídica: *Forum originis vel domicilii*, "foro de origem ou domicílio". A última acusação dos judeus pedia uma instrução suplementar, uma investigação ulterior. Quem melhor do que Herodes poderia conhecer as atividades do réu na sua tetrarquia?

Também ele havia de considerá-lo inocente, com toda a certeza, o que seria um novo argumento para humilhar os odiosos sinedritas.

Empalideceu o príncipe ao ter notícia de que um centurião, seguido de turbas e sacerdotes, se aproximava da sua residência. Não podia vir-lhe coisa boa do governador de Roma, desde que se indispusera com ele, dispensando a sua mediação no pleito dos escudos. Mas logo se tranquilizou ao saber o motivo daquela visita tumultuosa. Acalmou-se e ficou radiante. Aquilo excedia as suas mais risonhas expectativas, pois oferecia-lhe a oportunidade de conhecer o Rabi Jesus de Nazaré, que não tinha deixado de preocupá-lo um só dia desde que decapitara o Batista. Embora fosse um *bon vivant*, um intriguista, uma raposa, Herodes tinha uma coisa que Pilatos não tinha: era supersticioso, intrigava-o o além e acreditava no ocultismo. O seu primeiro pensamento foi incitar Jesus a fazer algum milagre na sua presença. Visto que tinha distribuído tantos pelos seus súditos, não seria difícil arrancar-lhe algum em seu favor, já que tinha poder para o soltar.

Subiu ao sólio e mandou que lhe trouxessem o réu. Exteriorizava uma alegria e uma complacência que preocuparam bastante os sinedritas. Falou a Jesus com muitos salamaleques, como se não fosse um preso levado à sua presença, mas um mago que podia resolver-lhe as dúvidas a respeito do reino dos espíritos. Fez-lhe muitas perguntas sobre o batismo e a pregação de João, sobre as digressões do acusado pelas aldeias da Galileia, sobre a sua doutrina e os seus milagres, e convidou-o mesmo a fazer um na sua presença. Nesse meio-tempo, os sinedritas esbravejavam, repetiam as acusações, assobiavam, inflamados pelo ódio. Herodes despreza-os, ocupado como estava em ouvir ao menos uma palavra da boca de Jesus. Mas Jesus sabe que, para o tetrarca, não passa de um objeto de curiosidade e recusa-se a satisfazê-lo. Permanece calado, imóvel. O assassino de João Batista nem sequer ficará a conhecer a inflexão da sua voz. Jesus cumpre o que tinha ensinado aos discípulos: "Não lanceis pérolas aos porcos".

Herodes adivinha o que significa esse silêncio. Humilhado e despeitado, vinga-se com a sua arma favorita: a troça. E todos os seus cortesãos se associam à farsa. Manda buscar um lençol grande de lã branca, que arremedava o manto régio dos orientais; veste-lho e escangalha-se a rir daquela figura. Depois devolve-o a Pilatos. Tinha deixado claro que considerava Jesus um homem ridículo e digno de dó, e não um revolucionário perigoso que houvesse que levar a sério. O desprezo não caía apenas sobre o acusado, mas também sobre os acusadores: era uma maneira de lhes apresentar o seu rei.

Ordinariamente fechado na sua capital meio pagã de Tiberíades ou na fortaleza distante de Maqueronte, Herodes não tinha de se preocupar tanto como Pilatos com os anátemas dos sinedritas. Interessava-lhe muito mais manter relações amistosas com o procurador e, sob este aspecto, o resultado daquelas idas e vindas foi de todo satisfatório: "Naquele dia — diz o Evangelho —, Pilatos e Herodes fizeram as pazes, pois antes eram inimigos um do outro".

A SENTENÇA

Mateus 27; Marcos 15; Lucas 23; João 19

Pilatos e Jesus encontram-se de novo frente a frente: Jesus, com a mesma serenidade; Pilatos, mais inquieto e mal disposto. Tinha descoberto uma coisa: que Herodes estava de acordo com ele em pensar que aquele preso estranho podia ser um louco, mas não era um agitador que os pusesse em cuidados. Tudo parecia confirmar a sua convicção de que Jesus estava isento de qualquer culpa. Mas os judeus já se encontravam de novo diante da sua casa e vociferavam, gesticulavam, ameaçavam. Eram gente desprezível, mas temível, e aquela vozearia faz tremer o procurador. E começa a procurar uma fórmula de compromisso que lhe permita sair-se airosamente. Tentativa que se revelará funesta, pois será reconhecer implicitamente a culpa do acusado, negando-a ao mesmo tempo com as palavras.

O seu discurso aos sacerdotes e ao povo encontra-se resumido nestas palavras do evangelista:

— Apresentastes-me este homem como amotinador do povo, mas, depois de o interrogar na vossa presença, não o achei culpado de nenhum dos crimes de que o acusais. Nem tampouco Herodes, pois no-lo devolveu. Portanto, ele nada fez que mereça a pena capital. Soltá-lo-ei depois de o castigar.

Pilatos tinha um certo sentido do dever profissional e da gravidade da lei; mas o medo começa a encher-lhe a linguagem de contradições. Quer castigar e absolver, salvar a vida do preso e contentar os inimigos. Tudo inútil. Os judeus exigem sangue. O procurador sente-se alvo dos ódios, a plebe ulula, como se tivesse ensaiado e decidido uma revolta, e o homem da lei, por medo e por tática política, fraqueja e decide-se à primeira concessão.

O costume do indulto

Ao ver talvez que a sua proposta era mal recebida, crava o olhar naquele mar de gente, que odeia do fundo do coração. Suaviza o gesto, fala com o centurião e sai das arcadas. A sua voz cai repousadamente. *Est consuetudo vobis...* Tendes por costume que vos solte um prisioneiro pela Páscoa". Caifás e os sinedritas, que sabiam latim, sobressaltaram-se ao ouvir essas palavras, nas quais viram nova argúcia do magistrado para libertar Jesus. Ora, nesse momento, acercaram-se do Pretório alguns grupos a pedir a libertação de um criminoso de fama, chamado Barrabás, réu por assassinato e rebelião; alguns códices antigos do Evangelho chamam-no Jesus Barabba. Era um conhecido ladrão, mas não havia muito que tinha matado um homem, e aguardava no cárcere a sentença do procurador.

Esse indulto a que Pilatos se referia, sancionado pelo povo, era um dos meios que os romanos utilizavam para disfarçar as cadeias da escravidão que agrilhoavam as regiões submetidas. Algumas vozes, vindas sobretudo dos sinedritas, fizeram coro com o pedido em favor daquele sedicioso e homicida cujo nome tinha vindo à baila de uma maneira tão imprevista; mas Pilatos, que conhecia as razões de todo o processo contra Jesus, pôs a sua esperança no povo, que considerava livre da ambição e da inveja; pode-se dizer que o conhecia bastante mal e que, sobretudo, ignorava a influência que tinham sobre ele os seus guias espirituais. Seja como for, atreveu-se a propor formalmente a escolha entre Jesus e Barrabás: "Qual dos dois quereis que vos solte: Barrabás ou Jesus, que se diz Cristo?"

Houve um momento de perplexidade. A figura de Barrabás era tão odiosa que tudo parecia indicar que o procurador ia triunfar com aquele novo expediente. Até já se tinha sentado no tribunal para pronunciar o edito com o cerimonial jurídico que lhe dava todo o seu valor, quando se produziu um incidente que certamente influiu no desenrolar do processo.

Nos umbrais do Pretório apareceu um legionário com umas tabuinhas de cera que diziam: "Não te envolvas no assunto desse justo, pois hoje sofri muito em sonhos por sua causa". Era um recado da mulher do governador, chamada Prócula segundo a tradição; um aviso que nos serve para compreender melhor o empenho de Pilatos em salvar Jesus, apesar de a vida de um judeu valer muito pouco para ele, e muito menos se defronte dela se erguia o poder de toda a casta sacerdotal.

Mas o que nos primeiros momentos daquele drama fora mero senso de equidade ia-se convertendo pouco a pouco numa sensaboria de caráter religioso, aumentada por esses sonhos que, na vida romana, tinham muitas vezes uma influência decisiva. Cético em matéria de filosofia e em teorias acerca da verdade, o procurador era sensível a todas as artes da adivinhação, tão em voga entre os romanos. Toda a cidade de Roma sabia que

Júlio César teria escapado das vinte e três punhaladas dos idos de março se tivesse feito caso da sua mulher, Calpúrnia, que não queria que ele saísse de casa, porque naquela mesma noite o linha visto em sonhos coberto de feridas. Aviso semelhante recebia agora Pilatos da sua mulher.

Nada sabemos das razões que levaram Prócula a dar aquele passo. Era talvez uma das muitas romanas que se sentiam arrastadas pelo prestígio misterioso das religiões orientais e, em especial, do judaísmo; talvez tivesse ouvido falar de Jesus, dos seus milagres, da sua doutrina e da sua captura na noite anterior. E teve um sonho. Não sabemos o que é que Prócula sonhou; mas, na sua maneira de ver, Jesus era um justo, e nem ela nem o marido deviam imiscuir-se naquela causa pressaga.

Barrabás

Pilatos ficou pensativo. Tudo lhe começava a parecer estranho naquele assunto: a raiva dos acusadores, a mansidão, as palavras, o olhar sereno e firme do Nazareno. E agora o sonho. Sentia-se perplexo, irresoluto, abatido pela ansiedade e pelo terror. Mas o recado de Prócula teve um efeito contraproducente. Enquanto o procurador meditava nele, os sinedritas redobraram de esforços junto da multidão, levando até ao último canto da praça a resposta que deviam dar às palavras do procurador.

— Qual dos dois quereis que vos ponha em liberdade? — pergunta o juiz, voltando ao exame da causa.

E em todo o amplo retângulo ressoou este grito:

— Barrabás!

As manobras dos sinedritas tinham tido pleno êxito. À primeira vista, parece monstruoso, mas tem a sua explicação. Havia algum tempo que a multidão, e em especial a de Jerusalém, estava dividida entre a influência dos fariseus e a de Jesus. Vimo-lo por ocasião das festas dos Tabernáculos e da Dedicação. A ressurreição de Lázaro aumentara os partidários do Profeta e, como consequência, viera o triunfo dos ramos: mas, por isso mesmo, a multidão sentira-se decepcionada com a passividade de Jesus ante os seus sonhos messiânicos. Jesus perdera terreno... Nos dias seguintes, já não se sentira seguro em Jerusalém e tivera de ir dormir a Betânia. As cenas das últimas horas tinham acabado de minar-lhe a popularidade. Os íntimos tinham debandado; muitos dos que antes o aclamavam olhavam-no com o rancor da decepção: outros, acuados pelo medo, queriam alcançar o perdão das aclamações da véspera redobrando as maldições.

Pilatos não reparou na transformação que se tinha operado tão rapidamente no seio da turba. Perde o controle de si próprio e, de governante, converte-se em joguete dos seus subordinados. Só assim se explica que fizesse esta pergunta:

— Então, que hei de fazer de Jesus, que é chamado o Cristo? Que hei de fazer daquele a quem chamais vosso rei?

Só consegue irritá-los ainda mais:

— Crucifica-o! Crucifica-o! — gritam todos.

Ele defende-se ainda. Na sua qualidade de juiz, procura encontrar alguma justificação para o terrível castigo, e pergunta, como quem implora:

— Mas que mal fez ele?

A turba clama mais forte:

— Crucifica-o!

Ninguém podia resistir àquela onda da irritação popular. Menos ainda Pilatos, que conhecia por experiência os arrebatamentos dos seus governados. A praça estava cheia de gente; os espectadores aglomeravam-se em todos os recantos e em todos os terraços: magotes de gente ululante e impiedosa, judeus implacáveis, gentios curiosos e satisfeitos com o espetáculo, habitantes da cidade e peregrinos galileus que se associavam aos insultos dos altivos jerosolimitanos confessando-se enganados pelo Profeta.

A flagelação

O procurador retira-se intimidado e enojado, manda recolher o preso. Nos umbrais, faz um sinal ao centurião e diz-lhe estas palavras: *Quaestio per tormenta.* Era o suplício da tortura, destinado normalmente a arrancar revelações. *Flagris, flagellis vel virgis?*, deve ter perguntado o centurião: *Flagellis.*

As varas — *virga* — quebravam os ossos sem que se desse por isso; o açoite — *flagrum* —, feixe de cordas em farripas finas, rasgava a carne em fibras, escalpelizava o paciente até lhe deixar a vida por um fio; mas o pior de todos era o *flagellum,* um par de correias retorcidas que acabavam em mendrugos de ossos, de álamo ou de chumbo, e que dilaceravam o corpo deixando chagas repelentes que levavam muito tempo a fechar.

Pilatos arquitetou repentinamente o seu plano. Queria aplacar a multidão resolveu trocar a pena de morte pelo terrível tormento da flagelação, castigo de escravos e de estrangeiros, que ordinariamente precedia a crucificação e que, ainda que assim não fosse, deixava a vítima morta civilmente para o resto da vida, se é que não lhe tirava a vida. Jesus vai sofrer de novo as consequências da debilidade do magistrado e do ódio dos seus inimigos. Mas tinham que se cumprir as palavras que dissera aos discípulos: "Será açoitado".

Os evangelistas contentam-se em mencionar este episódio, um dos mais cruéis, porque todos os seus contemporâneos sabiam o que significava o suplício infamante dos açoites. Entre os judeus, a lei limitava o número; entre os romanos, a única limitação era o arbítrio dos flagelantes ou a resistência do paciente. Quando a vítima estava destinada à pena capital, a lei abandonava-o a todos os caprichos e a todas as violências. Transformava-se em poucos minutos num farrapo humano, num monstro horripilante e repelente.

Os litores levaram Jesus para um ângulo dos pórticos, onde se encontrava a coluna flagelatória, um pedestal truncado e manchado pelo suor, pelas imundícies e pelo sangue velho. Rápidos, práticos, despojaram o Senhor das suas vestes, calçaram-lhe os pés com cepos, enfiaram-lhe a cabeça no pano sujo e roto que ali tinham para vendar os olhos à vítima e afogar os seus gemidos, prenderam-lhe as mãos nas argolas. E a chuva de golpes começou a cair nas costas, no peito, no ventre, na cara, nos olhos. As argolas da coluna rangiam, os verdugos arfavam e suavam; fios de sangue escorriam para o chão; o corpo de Cristo retorcia-se de dor e, debaixo do capuz negro, ouvia-se ritmicamente o seu queixume abafado.

Terminado o suplício, só restou um simulacro de homem, caído por terra, banhado em sangue. Os soldados levantaram--no, vestiram-no. O procurador não apareceu. Talvez estivesse nessa altura a discutir com a mulher. Lágrimas, recriminações de Prócula, descrição minuciosa do sonho, um sonho matinal que, segundo diziam, nunca enganava. Pilatos mede as consequências que lhe pode acarretar o fato de não fazer a vontade àquela gente que grasna diante do Pretório.

Ecce homo!

Os soldados decidem fazer tempo à custa da vítima, daquele judeu que, segundo ouviram dizer, teve a ousadia de desafiar o poder de Roma. Podem divertir-se com ele, submetê-lo a todos os escárnios, vingar-se alegremente do trabalho que acabava de lhes dar, visto que um homem que vai ser condenado à morte já não goza de direito algum. Parcos de imaginação, limitam-se a continuar a comédia que o tetrarca da Galileia tinha começado.

Levam-no lá para dentro, depois de reunirem toda a coorte; emolduram-lhe a fronte com um cercilho de ramos espinhosos e de junco, põem-lhe aos ombros um farrapo de púrpura, fecham-lhe uma cana na mão direita e, à medida que vão dobrando o joelho diante dEle, dizem-lhe no meio de insultos e gargalhadas: "Ave, rei dos judeus". E cospem-lhe em cima e fazem troça dEle e tiram-lhe o cetro da mão e batem-lhe com ele na cabeça.

E na vítima tudo é humildade, doçura, mansidão e perdão. O seu olhar pousa indulgentemente nos que o cobrem de troças e irrisões, e os próprios verdugos se sentem subjugados por aquela serenidade.

O procurador vem agora disposto a fazer a última tentativa. Tudo corria à maravilha: aquela carne desfiada, como tecido velho, aquele manto ridículo, aquela coroa de comédia, aquelas convulsões que pareciam anunciar a agonia... Que olhos não se encheriam de compaixão à vista de semelhante espetáculo? Mas, à medida que o drama se precipita, as paixões exasperam-se. Já o sol cai quase a pino, quando o procurador aparece de novo no alto da escadaria, com Jesus atrás de si. Quer mostrá-lo aos judeus pela última vez, para que vejam aonde os levou o seu ódio.

Começa por anunciar à multidão a vinda do réu:

— Eis que vo-lo trago para que vejais que não encontro nele culpa alguma.

Segundos depois, Jesus recorta-se nos arcos com a coroa de espinhos e o manto de púrpura, como diz uma testemunha ocular. E, com uma inflexão entre magoada e sarcástica, Pilatos exclama:

— *Ecce homo!* Eis o homem!

Eles que vissem se valia a pena vociferar daquela maneira contra um homem reduzido a tais extremos.

Mas, ao contrário do que esperava, viu agitar-se uma massa de pupilas vorazes, de dentaduras frias, de risos ruins, de braços sarmentosos e peludos. E milhares de vozes rugiam:

— Crucifica-o! Crucifica-o!

O procurador sente um asco profundo dessa fúria desumana; já não consegue dominar-se e deixa cair estas palavras, indignas de um juiz:

— Tomai-o e crucificai-o vós mesmos, que eu não encontro nele culpa alguma.

Os sinedritas tinham razão para estar satisfeitos: já tinham permissão para consumar o seu crime. Mas isso não bastava: querem a colaboração da autoridade romana, necessária para reprimir qualquer tentativa de salvar o Profeta que pudesse vir das caravanas dos galileus. Por outro lado, é possível que vissem naquelas palavras mais um esforço para os convencer de que não encontrava motivo algum que o obrigasse em consciência a pronunciar a pena capital. Por isso respondem:

— Nós temos uma lei, e, segundo essa lei, deve morrer, porque se fez passar por Filho de Deus.

Outro argumento para convencer Pilatos de que não podia inibir-se. Roma reconhecera as leis de Israel; o seu representante devia fazê-las cumprir.

Mas, ao porem a questão nesse terreno, os acusadores esqueciam-se da sua palavra de ordem. Até esse momento, a questão apresentada a Pilatos tinha sido puramente política; agora toma um caráter religioso. Jesus declarara-se Filho de Deus e, portanto, não castigá-lo seria favorecer o sacrilégio e a impiedade. É outra carta que jogam, em face do fracasso sucessivo de todos os expedientes anteriores. Fazem-no como último recurso, como há pouco, no tribunal do Sinédrio. Mas Deus, que entregava o seu Filho à morte, queria que se revelasse a verdadeira causa daquela morte: Jesus devia morrer como mártir, não como um agitador.

Último interrogatório

Não obstante, longe de se decidir por esse novo raciocínio, Pilatos sente-se ainda mais preocupado. Um Deus humano perturba-o, abala-o. "Ao ouvir tais palavras — diz o evangelista —, aumentaram os seus receios". Nas ruas e nos bosques de Roma e de Atenas, habitavam tantos deuses quantos os homens. Mas ele esquecera as mitologias que os mestres lhe haviam ensinado na escola: histórias de deuses que viviam desconhecidos na terra e dos quais se tinha rido mais tarde.

E, de repente, abre-se à sua frente aquele mundo sobrenatural que o surpreende e apavora. Tem a seu lado um homem que se declara Filho de Deus. E se realmente o fosse? Aproxima-se dEle, olha-o hesitante e receoso e, não se atrevendo a abordar de frente a questão angustiosa, pergunta:

— Donde és tu?

Jesus cala-se. Já há pouco tinha falado da sua vinda a este mundo para dar testemunho da verdade; o juiz, orgulhoso, não aceitara a lição. Não tem mais nada a dizer.

Pilatos irrita-se com o que considera desprezo e diz com severidade:

— Não me respondes? Não sabes que tenho poder para soltar-te e poder para te crucificar?

Não tinha a humildade necessária para receber a palavra salvadora, e, no entanto, Jesus digna-se bater-lhe de novo às portas da alma com uma resposta que deve ter acabado de desconcertá-lo:

— Não terias poder algum sobre mim, se não te tivesse sido dado do alto. Por isso quem me entregou a ti tem maior pecado.

É possível que Pilatos quisesse encontrar na resposta a essas últimas perguntas um novo pretexto para prolongar o processo, uma nova objeção contra os acusadores; mas esse réu, a quem uma palavra podia salvar, esquece-se de si mesmo para só pensar nos que o arrastaram ao tribunal e nos seus juízes, bem como nas contas que hão de prestar do seu poder, de um poder que vem lá de cima e pelo qual terão de responder lá em cima.

Talvez Pilatos não abrangesse o sentido mais profundo da resposta do Senhor. Mas pelo menos deu-lhe uma visão mais clara da responsabilidade que pesava sobre ele. Até ali tinha ensaiado tímidos esforços para alijar a carga. Os fariseus metiam-no em cada uma!... Daí em diante, diz o evangelista, "procurava uma maneira de libertar Jesus". Os sinedritas apercebem-se disso e, brandindo de novo a arma política, ameaçam-no com a delação a Roma:

— Se o soltas, não és amigo de César, porque todo aquele que se faz rei declara-se contra César.

Chama-se a isso acertar em cheio. A qualidade de amigo de César — um título novo que equivalia a uma nova nobreza — era para Pilatos a base da sua subida. Se denunciassem a Tibério que ele se tinha recusado a condenar um homem que lhe disputava o domínio sobre a Judeia, a sua ruína seria certa. A seus pés abriam-se dois abismos, e via-se forçado a lançar-se num deles. Escolherá o mais distante, o mais desconhecido. Mas, antes, ensaiará uma nova tentativa.

Há pouco tinham ameaçado considerá-lo como fautor de sacrilégios se livrasse Jesus. Agora vai apresentar-se como defensor dos interesses da religião: pretende desta maneira enfrentar diretamente a conclusão do processo, parlamentando de novo com os acusadores. Como governador político, não podia ir contra quem se arrogava uma soberania puramente espiritual: acaso tinha poder para condenar o chefe de uma confraria que só se preocupava com a salvação das almas? Assim raciocinava o procurador, e talvez pensasse que não faltariam entre a multidão homens dispostos a defender violentamente essa maneira de ver, na qual punha a sua última esperança.

Vendo que chegava o momento de pronunciar a sentença, manda trazer o acusado e, sentando-se na cadeira curul colocada no Litóstrotos, reata a discussão com esta frase:

— Eis o vosso Rei!

Era evidente que não se tratava de um rei deste mundo; então, para que haviam de imiscuir a autoridade civil no assunto? Falava a sério, mas as suas palavras soaram como um sarcasmo. O rugido da multidão tornou-se ainda mais feroz. Os turbantes brancos e vermelhos agitaram-se por cima das cabeças numa ondulação turva.

— Fora! Fora! Crucifica-o!

Vendo fechadas todas as saídas, o procurador rende-se. Mas antes quer vingar-se dos vencedores com uma derradeira ironia:

— Então hei de crucificar o vosso Rei?

Satisfeitos com a sua presa, os judeus esquecem todas as esperanças e gritam, renunciando à sua própria liberdade:

— Não temos outro rei senão César!

Grito servil e raivoso, que desperta no procurador ódio e desprezo.

Aquela raça maldita parece-lhe mais execrável do que nunca. O seu conhecimento dos homens nunca chegou a profundidades tão espantosas. Sabe que odeiam Roma e que fariam o possível para sacudir o seu jugo, e, no entanto, asseguram-lhe que não reconhecem outro rei senão o imperador, que é um estranho, um idólatra, um incircunciso, e que por sua vez também os odeia.

Quer falar, para pôr a salvo a sua responsabilidade. Mas o tumulto afoga-lhe a voz. Então recorre a uma ação simbólica, familiar a judeus e gentios. A água foi sempre um símbolo de pureza interior, e a ação de lavar as mãos — vemo-lo no Deuteronômio, em Heródoto e na Eneida — tinha esse sentido simbólico. Pilatos pede água e aparece um legionário com um jarro de ouro. O vozerio da multidão, que abafa a palavra, não vencerá o silêncio mímico do gesto. E, enquanto o procurador lava as mãos na presença de todo o povo, os que se encontram junto dele conseguem recolher dos seus lábios estas palavras: "Sou inocente deste sangue. É lá convosco".

Os anciãos ouviram-na, mas não quiseram pronunciar a fórmula de desobriga: "Que o seu sangue caia sobre ele!" Em vez dela, soltaram esta imprecação tremenda: "Que o seu sangue caia sobre nós e sobre os nossos filhos!"

Repetiram-na os que se encontravam ali em redor, e depois deles entoaram-na em coro de todos os ângulos da praça, com tamanha fúria que as fauces inchavam e as bocas se rasgavam.

Nesse ínterim, o procurador sentava-se no seu tribunal para ditar a sentença. Os tabulários prepararam as lâminas, redigiram o fundamento da acusação e reproduziram as fórmulas jurídicas do costume. E, como resumo de tudo, o libelo da sentença, que devia figurar no instrumento de suplício: "Jesus de Nazaré, Rei dos judeus". E Pilatos mandou escrevê-lo em latim, grego e hebraico.

O letreiro delatava, numa concisão brutal, a causa da condenação. Os judeus viram nele uma nova chalaça, uma vingança contra as suas violências. Mas, quando mais tarde pediram ao procurador que o redigisse com maior clareza, ele respondeu-lhes com a sua primitiva altivez:

— O que escrevi, escrito está.

E levantou-se rapidamente, pronunciando as palavras da rubrica: *I, lictor, expedi crucem*. "Vai, litor, trata da crucifixão."

A CRUCIFIXÃO

Mateus 27; Marcos 15;
Lucas 23; João 19

A pena que Jesus ia sofrer era mais romana que judaica, embora tivesse sido pedida pelos próprios judeus. Tratava-se da pena reservada aos escravos, a morte infame, o mais terrível dos tormentos. Quatro soldados, às ordens de um centurião, encarregavam-se de executá-la. O réu tinha de passar pelas ruas mais concorridas levando às costas o madeiro horizontal da cruz e, pendurada ao pescoço, a tábua ou o título de que constava o delito pelo qual tinha sido condenado. No local do suplício, junto do madeiro cravado na terra, tiravam-lhe as vestes. Depois estendiam-no sobre a tábua horizontal disposta no chão, cravavam-lhe nela as mãos, e a seguir, por meio de uma corda atada ao corpo, erguiam-no sobre o braço vertical da cruz, no qual deviam ficar cravados os pés.

Assim permanecia horas e horas, até que chegava a morte, provocada pela fome, pela sede, pela febre das feridas, pela hemorragia. E, se tardava a morrer, aceleravam-lhe a morte com o fumo denso de uma fogueira que se acendia ao pé da cruz, ou com um golpe de lança, ou com o crurifrágio, que consistia em esmagar com um martelo as pernas do agonizante.

Era esse o suplício que os sinedritas tinham reclamado de Pilatos para satisfazer o ódio tanto tempo contido, e essas as normas gerais que se seguiam na execução.

Os preparativos

O procurador quis que Jesus fosse crucificado junto com dois ladrões. Talvez assim conseguisse afastar a recordação do caso mais singular que tinha encontrado na sua vida de magistrado. Era mais uma humilhação para o Senhor. Mas, como observa o evangelista, tinha que se cumprir à letra a sentença profética: "Foi contado entre os malfeitores".

Os preparativos fizeram-se rapidamente. Apareceu um verdugo com a cruz que Jesus devia transportar até ao local do suplício; chegou um centurião com a sua coorte: uma companhia de sessenta ou cem soldados para manter a ordem, precaução sempre necessária, mais ainda quando se tratava de um condenado que morria por aspirar à realeza. E o cortejo pôs-se em marcha por volta do meio-dia daquela sexta-feira.

A caravana tinha de se dirigir ao cerro do Crânio — Calvário ou Gólgota —, situado a oeste da cidade, e assim chamado por causa da sua configuração. Era um percurso de uns quinze minutos, mas que deve ter durado muito mais devido à multidão que obstruía a passagem. Em Jerusalém encontravam-se, por esses dias, representantes de todo o mundo judeu, gente das mais variadas nações que tinham vindo comer o cordeiro pascal e que iam presenciar o sacrifício do Cordeiro de Deus.

Jesus caminha vergado sob o peso da cruz. Em outro tempo pronunciara umas palavras nas quais os discípulos tinham visto uma simples metáfora, mas que agora se convertiam em terrível realidade: "Se alguém quiser ser meu discípulo, renuncie a si mesmo, tome a sua cruz e siga-me".

Pela rua da amargura

Muitos o seguem e rodeiam, não para imitá-lo, mas para insultá-lo. A Rua da Amargura é uma torrente de ódios e sarcasmos. Os passos da multidão e o relinchar dos cavalos fazem um barulho ensurdecedor. Relampejam os elmos e as trombetas, as lanças e os turbantes cheios de joias. O ar enche-se de rugidos blasfemos; o chão é regado com gotas de sangue divino. Agitam-se as tiaras dos pontífices, reluzem as lorigas dos legionários, grasna e zurra a plebe de desprezíveis e vagabundos, de cameleiros e peregrinos, de magnatas que vestem túnicas de seda e parecem gente honrada. O primeiro grito, lançado ao pé da escadaria do Pretório, debaixo das ameias da Torre Antônia, foi crescendo, engrossando, agigantando-se como estrondo de mar bravo.

Como hão de dizer os discípulos de Emaús, ninguém em Jerusalém ignora essa tragédia. Meninos de rua infiltram-se com inconcebível agilidade por entre as pessoas crescidas. Cada travessa é um mar de gente. Os habitantes da cidade apinham-se à soleira das casas; cada janela é um cacho de curiosos que riem, gritam e troçam; cada terraço exala um murmúrio confuso de vozes esganiçadas e roucas e dardeja olhares sinistros e pontiagudos. Os pescoços esticam-se, as mãos alongam-se e, aqui e ali, fendem o ar risadas, zombarias e comentários: "Vejam o Messias. É esse que vai junto do cavalo do centurião; coxeia, arqueja, suspira; com certeza não chega ao outro lado da muralha. Não há dúvida de que estiveram a ponto de sentar um bom rei no trono de Davi! E pensar que o levavam a sério"...

No meio dos inimigos, dos ingratos, dos renegados e dos curiosos vão também os medrosos, os vacilantes, os desconfiados. Querem ao menos ver em que vai parar tudo aquilo. E há também alguns fiéis, que não deixaram de acreditar no Nazareno.

A tradição fala-nos de uma mulher que, afogueada e a transpirar, atravessa a selva de lanças e varapaus, chega junto do Senhor, e, ao ver-lhe a fronte desfigurada, o rosto horrivelmente desfeado por coágulos de sangue, lágrimas e pó, as pálpebras intumescidas e sanguinolentas, os lábios flácidos e arroxeados, os músculos retesados e os nervos desfeitos, tira o véu da cabeça, passa-o pelo rosto divino, enxuga-o e esconde cuidadosamente o seu tesouro.... Chamam-lhe a *Verônica* ou Berenice, e há quem a identifique com aquela que, num aglomerado semelhante, perto das margens de Genesaré, fora curada do fluxo de sangue que a atormentara durante alguns anos.

Os evangelistas transmitem-nos alguns episódios mais autênticos. Da Torre Antônia o cortejo desceu pela via do Tiropeon, a rua mais profunda da cidade. Virou à esquerda nos pórticos de Xystus. O contraste das cores feria os olhos e, do torvelinho da multidão, partia uma rajada de gritos. Depois, a rua subia até a muralha, desembocando na porta dos Jardins, vermelha de sol, onde aguardavam muitos que vinham do campo e tinham sido detidos pela onda humana. Do outro lado, erguiam-se as escarpas do Gólgota: a penedia branca e lisa levantava o seu crânio ossudo no meio de hortos inundados de verdor primaveril.

Jesus já caminhava a custo ao passar junto de Acra, um arrabalde plebeu. Faltava pouco para deixar a cidade, mas estava esgotado. A piedade dos fiéis supõe que resvalou e caiu, que ficou estendido debaixo da carga, como morto, respirando convulsivamente pela boca entreaberta. É certo que mal podia com a cruz. Os sinedritas tinham pressa em acabar, porque era preciso preparar a ceia pascal. Os soldados também queriam ir mais depressa, porque temiam que a vítima morresse no caminho, impossibilitando dessa maneira o cumprimento das ordens recebidas.

Ao transpor a porta, o centurião pegou pelo braço um homem de aspecto forte que, postado à entrada, contemplava a cena com ar de assombro e comiseração. Era um estrangeiro, um judeu oriundo da Cirenaica, que tinha encontrado em Jerusalém o meio de ganhar a vida; por isso lhe chamavam Simão de Cirene. Nesse momento, voltava do campo, com as ferramentas ao ombro; e eis que depara com tão sinistro desfile. Não lhe deve ter agradado a interpelação do soldado; mas, homem prudente que era, devia pensar como o escritor antigo: "Se um militar te manda fazer alguma coisa, livra-te de resistir, porque, caso contrário, serás espancado". A um sinal dos legionários, carrega sobre o ombro o braço horizontal da cruz e põe-se a caminho ao lado do réu.

Cumpriu-se nele, à letra, o preceito do Senhor. A cruz há de ser, para ele e para a sua família, um instrumento de salvação. Os seus dois filhos, Alexandre e Rufo, convertidos à fé, virão a gozar de especial estima entre os primeiros cristãos de Jerusalém, ou mesmo de Roma, pois Marcos compraz-se em apontá-los aos seus leitores como filhos daquele que tinha ajudado o Senhor no caminho do Calvário.

Deve ter sido por essa ajuda que Jesus conseguiu chegar até onde se encontrava um grupo de mulheres da cidade que esperavam o cortejo chorosas e aflitas. Deviam pertencer a uma associação de senhoras nobres que, de acordo com uma informação rabínica, tinha como objetivo assistir em geral os condenados à morte, e em especial preparar-lhes uma bebida, mistura de vinho e incenso, que lhes acalmasse as dores.

Livre, em parte, do peso da cruz, Jesus volta-se para elas e, desejando elevá-las da compaixão natural ao aborrecimento do pecado, que era a causa de tantos sofrimentos, diz-lhes:

— Filhas de Jerusalém, não choreis por mim, mas chorai por vós e pelos vossos filhos. Porque virão dias em que se dirá: "Felizes as estéreis, os ventres que não geraram e os peitos que não amamentaram". Então hão de dizer aos montes: "Caí sobre nós"; e aos outeiros: "Sepultai-nos". Porque, se fazem isto com o lenho verde, que se fará com o seco?

No meio dos seus tormentos, Jesus pensa na catástrofe que está suspensa sobre aquela cidade. Se o condenado inocente sofre tais tormentos, que será quando, daí a pouco, vier o castigo inevitável, a ruína daquela nação pecadora, povo carregado de iniquidade, raça de malvados, filhos da perdição, segundo a frase do profeta?

A crucifixão

A ladeira do Gólgota ficava a pouco mais de duzentos passos da muralha. Ali se ia desenrolar o último ato da tragédia, o ato da crucifixão "Era por volta da hora sexta", diz João, quer dizer, perto do meio-dia, e Marcos, com menos precisão, referindo-se a todo o tempo que vai das nove ao meio-dia, anota: "Era a hora terceira quando o crucificaram".

A cruz tornara-se proverbial como emblema de ignomínia e de espanto. O crucificado morria de asfixia, depois de passar longas horas às vezes vários dias, suspenso entre o céu e a terra. O atroz tormento fazia-o contorcer-se sem cessar e, no entanto, o menor movimento lhe produzia novas dores. Atado ou cravado de pés e mãos ao patíbulo, composto de dois troncos cruzados, o corpo permanecia retesado, e, devido ao seu peso, as chagas das mãos rasgavam-se lentamente. A febre e a sede devoravam-no, e tão longa era a agonia que às vezes era necessário rematá-la quebrando-lhe as pernas com um maço. Ora, estava escrito que o Varão de dores morreria suspenso de uma cruz.

Antes de procederem à execução, ofereceram-lhe uma espécie de narcótico, um vinho misturado com mirra e incenso que deixava na boca um sabor forte e amargo, talvez preparado pelas piedosas mulheres que tinha encontrado no caminho. Jesus chegou os lábios à beberagem, como que para agradecer a atenção: mas, como queria sofrer plenamente consciente, negou-se a bebê-la.

E começou a operação: despojaram-no das vestes, pregaram-lhe as mãos à trave horizontal, içaram-no com correias e cordas até o estipe, já assente no chão, e prenderam-lhe os pés com um terceiro cravo. Sobre a cabeça colocaram o letreiro indicador do crime: "Jesus Nazareno, Rei dos Judeus". Estava escrito em hebraico, a língua sagrada, em grego, a língua cosmopolita, e em latim, a língua do Império. De um lado e do outro da cruz de Jesus erguiam-se outras duas cruzes com dois malfeitores que o tinham acompanhado a caminho do suplício. De acordo com a tradição, o que estava à direita chamava-se Dimas; o da esquerda, Gestas.

Coube a quatro soldados fazer a guarda ao pé do patíbulo. A lei romana adjudicava-lhes as roupas dos justiçados: as sandálias, o cíngulo, a túnica e o manto. Rasgaram o manto de Jesus em três pedaços, sem dúvida para perfazer outro quinhão com as sandálias; mas, como a túnica era de uma só peça de alto a baixo e sem costura, disseram uns para os outros: "Não a rasguemos, mas deitemos sortes para ver de quem será".

E, como bons jogadores de dados, jogaram a túnica, sem suspeitar que, como Pilatos, tinham sido instrumentos de Deus para que se cumprissem as palavras do salmista: "Repartiram entre si as minhas vestes e sobre a minha túnica lançaram sortes".

A população aglomerava-se em volta das cruzes. Lucas relata-nos que "a multidão conservava-se lá e observava". Entre os espectadores havia muitos amigos de Jesus, aturdidos pela catástrofe, como havia outros desconcertados e desiludidos pelo escândalo da Paixão. Mas também não faltavam, de acordo com o segundo Evangelho, os que simplesmente passavam, peregrinos que não conheciam Jesus a não ser pelas referências dos acusadores e cabecilhas daquele crime; esses insultavam a vítima e, meneando a cabeça, diziam-lhe: "Olá! Tu, que destróis o Templo e o reedificas em três dias, salva-te a ti mesmo! Desce da cruz!" Cheios de raiva e de alegria, os chefes misturavam os seus sarcasmos com os do vulgo, mas repugnava-lhes dirigir-se a Cristo e falavam com os circunstantes: "Salvou os outros e não pode salvar-se a si mesmo. Se é o Ungido de Deus, que desça agora da cruz para que vejamos e creiamos!" Havia como que um contágio de ódio e de troças. Os soldados romanos faziam alusões irônicas à inscrição afixada no alto da cruz: "Se és o rei dos judeus, salva-te a ti mesmo". E depois de encherem um copo de vinagre misturado com fel, acercaram-lho aos lábios.

Até do lado provinham insultos e blasfêmias. Gestas ululava e ria com riso sinistro, ao mesmo tempo que dizia: "Se és o Cristo, salva-te a ti mesmo e salva-nos a nós contigo". Da cruz, no entanto, não vinha resposta alguma. Jesus calava-se. O seu corpo maltratado e desfigurado já não tinha energias físicas e a sua mente estava absorta no pensamento do Pai celestial, a quem oferecia o sacrifício da sua vida.

Dimas retorcia-se e olhava em silêncio para o companheiro do centro. Aquele silêncio, aquela serenidade, aquela mansidão impressionavam-no. De repente, consegue surpreender umas palavras que lhe parecem primeiro uma inconsequência e a seguir uma revelação. No momento em que eram mais tensos os ódios e os sarcasmos, Jesus dirige ao céu esta súplica em favor dos seus inimigos: "Pai, perdoa-lhes, porque não sabem o que fazem". Essa súplica pareceu ao ladrão tão nova, tão desconcertante, tão divina, que por instantes se esqueceu das suas dores. Com um instinto certeiro, reconheceu que aquele justiçado devia estar inocente; não havia nele nem ódio nem vingança. E começou a compreender, a ter consciência da sua culpa, a perceber a grandeza daquele homem que morria perdoando, e reparou que um sentimento desconhecido penetrava e impregnava a sua pobre alma ferida. Do outro lado, o companheiro de crimes continuava a blasfemar e a vomitar, misturados com sangue e baba, os desafios insultuosos dos fariseus. Ele olha-o severamente, increpa-o e repreende-o:

— Nem sequer tu que estás no mesmo suplício temes a Deus? Nós estamos aqui merecidamente, mas este não fez mal algum.

Depois cala-se, observa e medita; e, por fim, a sua alma abre-se, com um ímpeto de confiança, numa oração admirável:

— Jesus, lembra-te de mim quando chegares ao teu reino.

O título de rei inscrito na cruz do Senhor tornou-se para ele uma realidade; acreditou na onipotência do aparentemente impotente; e não lhe pede que lhe mitigue a dor; só quer uma recordação de amor. E merece ouvir a promessa divina:

— Na verdade te digo, hoje mesmo estarás comigo no Paraíso.

Nessa resposta, reflete-se toda a ternura do coração de Cristo. Tinha vindo para curar os enfermos, chamar os pecadores, restituir o calor do estábulo à ovelha perdida; e, ao partir deste mundo, parte satisfeito, sentindo sobre os seus ombros ensanguentados a alma súplice do ladrão arrependido. Tinha sido necessário tudo isso para que os homens cressem nAquele que é o caminho para o Paraíso.

A Rainha dos Mártires. O abandono

Jesus entrava na agonia. Três horas inteiras esteve suspenso da cruz. Quando o dependuraram no alto, operou-se à sua volta uma transformação misteriosa: o céu começou a escurecer e a terra cobriu-se de trevas até a hora nona; esbateram-se os contornos das montanhas próximas e a angústia invadiu todos os espíritos. O povo, como serpente multicolor, começou a desfilar pela encosta abaixo, e tudo ficou em silêncio em torno da cruz.

Eis que, finalmente, podia aproximar-se o reduzido grupo dos fiéis a Cristo. Entre eles estavam a sua Mãe, João, o mais novo dos Apóstolos, Maria, mulher de Cléofas, e Maria Madalena.

Essa presença vai dar lugar a uma cena comovente. Jesus divisa junto de sua Mãe o discípulo amado e diz com voz apagada:

— Mulher, aí tens o teu filho.

E acrescenta, dirigindo-se a João:

— Aí tens a tua Mãe.

Num testamento assim, o Senhor unia para sempre os seus dois maiores amores terrenos: a Mãe, que o tinha concebido de uma maneira única no mundo, e o jovem que tinha reclinado a cabeça no seu peito. Até no último momento se esquecia de si próprio para pensar no consolo dos outros; dava uma Mãe ao amigo e um filho à Mãe. E, estendendo ao mesmo tempo o seu olhar por toda a Igreja, pela assembleia dos seus amigos de todos os tempos, criava a Maternidade divina e associava-a à obra da Redenção.

Depois de ter recebido no seu coração todas as dores, angústias e golpes do Getsêmani, do Pretório e da Rua da Amargura, a Rainha dos Mártires encontrava-se agora ao pé da cruz, para erguer, perante os olhos do Pai, aquela Hóstia única e universal, que de certo modo era propriedade sua, para se imolar juntamente com ela, e para merecer, a título de Corredentora, os direitos de uma ação maternal na nova sociedade.

As trevas tornavam-se cada vez mais compactas. O sangue escorria gota a gota pelo madeiro, em todas as direções. Os blasfemadores calavam-se. Marcos diz que, da hora sexta até à hora nona, a escuridão cobriu toda a terra, isto é, a região da Judeia ou da Palestina. De repente, ressoa no alto da cruz este grito poderoso: *Eli, Eli, lemá sabacthâni.* São as primeiras palavras do salmo 22 (21), que se refere ostensivamente ao Messias e às dores da sua Paixão: "Meu Deus, meu Deus, por que me abandonaste?"

Como em todos os momentos críticos da sua vida, Jesus traduz os seus sentimentos com palavras do salmista. E assim, ao mesmo tempo que confirma mais uma vez o seu caráter messiânico, revela-nos qual foi o seu maior tormento no meio das amarguras da sua Paixão: o Pai abandonou-o, entregou-o a todos os ultrajes e humilhações. Evidentemente, o laço que o une a Ele é indissolúvel; não está quebrado nem pode quebrar-se. No entanto, Jesus não sente nesse momento a alegria da união. Deus parece ausente e os homens continuam com os seus sarcasmos.

Alguns dos que ali se encontravam, julgando que invocava o profeta Elias, disseram rindo: "Chama por Elias!"

A morte

A sede deve ter constituído outro dos grandes sofrimentos do Senhor. Já o salmo, cujas primeiras palavras acabava de pronunciar, a tinha anunciado: "A minha boca ficou seca como uma pedra e a língua colou-se-me ao paladar". Começava a ficar exangue, o céu da boca inchava e enchia-se de pústulas; todo o seu organismo estremecia num desassossego impressionante, a febre devorava-o e os humores já circulavam com muita dificuldade. "Tenho sede" — exclamou o Senhor, no paroxismo daquele tormento, um dos mais terríveis dos crucificados, a fim de que se cumprisse a última das profecias, aquela que o salmo 67 exprimia com estas palavras: "Tive sede e deram-me de beber vinagre".

O centurião fazia o cavalo voltear por entre os penedos e arbustos. Tinha-se mostrado grave e benigno no decurso daquelas horas. Mantivera a ordem e cumprira o seu dever, mas sentia por dentro uma certa inquietação. Aquele homem perturbava-o, como perturbara o procurador, seu amo, embora se pudesse gabar de não ter sido cruel para com Ele. Quando o crucificado murmurou: "Tenho sede", fez sinal a um dos soldados, indicando-lhe o cantil que continha a *posca,* uma mistura de água e vinagre que os legionários utilizavam quando estavam de guarda. O soldado correu, empapou uma esponja no líquido e, depois de colocá-la na ponta de uma lança, chegou-a à boca do agonizante.

Jesus, que pouco antes recusara o vinho com mirra, aceitou-o, para que se cumprissem as palavras já citadas do régio profeta. Mas a ação piedosa do legionário deve ter desagradado a alguns que há pouco tinham recordado Elias, pois procuraram dissuadi-lo com estas palavras: "Deixa; vejamos se Elias vem salvá-lo". Logo a seguir, Jesus acrescentou: "Tudo está consumado".

Tudo estava consumado. Tinha bebido o cálice até a última gota; a vontade do Pai estava cumprida; ficava destruído o pecado; a vítima era perfeita, a satisfação infinita; a alegria da vitória iluminava o vencedor. Já não geme nem suspira. Juntando todas as forças, pronuncia estas palavras:

— Pai, nas tuas mãos entrego o meu espírito.

E, inclinando a cabeça, expirou. Era a hora nona, três da tarde.

O testemunho de um pagão

Tudo tinha terminado. O cabeço, amarelento à última luz, dormia silencioso, o céu continuava a escurecer, a terra tremia, fendiam-se os penhascos, e dessas fendas ainda hoje restam vestígios estranhos na parte rochosa do Crânio, incorporada na Basílica do Santo Sepulcro. Abriram-se os sepulcros, muitos dos que neles dormiam levantaram-se e foram vistos na cidade. E o véu que separava o *Santo* do *Santo dos Santos, o paroketh*, rasgou-se de alto a baixo, dando a entender que o santuário deixava de ter sentido religioso e que deixava de gozar da presença de Javé. A vítima que acabava de expirar havia de introduzir os homens no verdadeiro *Sancta Sanctorum*, do qual o antigo não era mais do que uma imagem.

Os olhos do centurião abriram-se definitivamente e dos seus lábios os evangelistas extraíram esta confissão inestimável: "Realmente, este homem era um justo; sim, era o Filho de Deus". E os soldados não quiseram quebrar-lhe as pernas com uma maça, como aos ladrões. Mas um deles, para descargo de consciência, atravessou-lhe a ilharga com uma lança, e viu, maravilhado, que saía de lá sangue e água. João observa que dessa maneira se cumpriu o que o Êxodo prescrevia em relação ao cordeiro pascal: "Não lhe quebrarão nenhum osso". Como também o que diz o profeta Zacarias: "Hão de olhar para aquele a quem trespassaram".

Os sinedritas desapareceram, impacientes por terminar os preparativos da Páscoa, e, livre dos seus olhares e do temor reverencial que sentia por eles, a gente do povo pôde manifestar sem rebuço os seus sentimentos e exteriorizar a sua preocupação pelo que acabava de se passar. Afastavam-se um por um a caminho da cidade, "batendo no peito" devido ao terror que agora lhes inspirava a sua atitude naquele dia.

A sepultura

O pânico que se apoderou dos inimigos levou os amigos a aproximar-se mais de Jesus. Enquanto aqueles corriam para a cidade, estes preparavam-se para render as últimas homenagens ao Mestre amado. Muito junto do Senhor estavam Maria, sua Mãe, e João; a certa distância, as santas mulheres que o tinham acompanhado pelos caminhos e que, nem com Ele morto, se resignavam a separar-se dEle; Maria de Magdala, Maria, mãe de José e de Tiago o Menor, Salomé e "muitas outras que o tinham acompanhado a Jerusalém".

Também se encontravam ali José de Arimateia e Nicodemos, os únicos amigos que o Crucificado encontrara entre os aristocratas da cidade, "amigos ocultos, porque tinham medo dos judeus". Outrora tinham prudentemente evitado comprometer-se; mas agora renasce-lhes a coragem. Já não têm medo de que lhes chamem galileus e discípulos daquele homem que acaba de expirar num patíbulo infame. José, "cobrando ânimo", na expressão do evangelista, apresenta-se a Pilatos e pede-lhe corajosamente o corpo de Jesus. É possível que na antessala do procurador se encontrasse com uma comissão de sinedritas levados pelo mesmo desejo de retirar quanto antes da cruz os corpos dos justiçados, porque se aproximava a passos largos o dia da Páscoa, cuja santidade teria sido manchada pela presença dos cadáveres. Acabavam de perpetrar o deicídio, mas não queriam deixar de cumprir uma pequena prescrição legal.

Entretanto, Nicodemos corre às lojas à procura de perfumes, até que consegue cem libras de mirra, de aloés, de cinamomo e de bálsamo. Os outros arranjam o lençol mortuário, e, depois de tirarem da cruz o corpo do Mestre, envolvem-no na síndone e atam-no com tiras embebidas em unguentos; a seguir, depositam-no num sepulcro recentemente cavado na rocha. As mulheres assistem à inumação, choram e rezam, observando cuidadosamente como colocam o corpo. Depois de correrem "uma grande pedra diante do sepulcro", os discípulos dão a tarefa por terminada. Ainda lá ficam Maria Madalena e a outra Maria, mãe de Tiago e de José, sentadas em frente do sepulcro. Depois voltam para Jerusalém, compram aromas em abundância e, como cai a noite e começa o sábado, encerram-se em suas casas.

Naquela noite, silêncio absoluto junto do sepulcro. Mas, no dia seguinte, logo de manhã, chegam alguns dos principais entre os judeus com um pelotão de soldados. É uma guarda enviada pelo procurador. Os sinedritas tinham-lhe feito um último pedido:

— Senhor, lembramo-nos de que aquele impostor dizia em vida: "Passados três dias, ressuscitarei". Manda, pois, guardar o sepulcro até o terceiro dia, para que não aconteça que os seus discípulos o roubem e voltem a alvoroçar o povo.

Farto de tantas exigências, Pilatos respondeu:

— Aí tendes uma guarda; ide e guardai-o como quiserdes.

Com essa autorização, apresentaram-se no horto onde ficava o sepulcro e, depois de selarem a lousa — não se fiavam da guarda romana —, puseram as sentinelas à entrada.

O DIA DA RESSURREIÇÃO

Mateus 28; Marcos 16;
Lucas 24; João 20

Depois da agitação febril da Parasceve[1], tudo era quietude e silêncio na cidade. As ruas desertas, as portas fechadas. Até no Templo, iluminado e engalanado, tinha diminuído o movimento de umas horas antes. A multidão tinha-se recolhido a casa para celebrar na intimidade o aniversário da saída do Egito, a festa da Páscoa. Mas, enquanto isso, a verdadeira Páscoa, a festa da libertação, fazia estremecer de júbilo os lugares em que as almas santas, os justos, mortos em graça de Deus desde a origem do mundo, aguardavam ansiosamente a hora da salvação. Por fim, o Salvador chegava. O seu corpo ficara desfeito, destroçado, nos braços da cruz e nos braços de Maria, mas aí sua alma voava até o reino das sombras, para as iluminar, para tirar de lá os Patriarcas, os Profetas, todos os que já tinham sido redimidos

1 *Parasceve* significa, em grego, "preparação"; era o nome que se dava à véspera da Páscoa (N. do E.).

por aquele sangue precioso derramado no Calvário, para lhes anunciar que já se tinham cumprido os tempos e que uns dias mais tarde haviam de entrar com Ele na glória.

Hinos, gritos de júbilo, cantos de vitória naquelas regiões misteriosas; desolação e pranto no pequeno grupo que ainda permanecia fiel na terra. Só havia uma realidade para o punhado de discípulos admitidos até o derradeiro momento na intimidade do Crucificado: o abandono de Deus, que o agonizante tinha experimentado na derradeira hora. Tinham acreditado na aparatosa manifestação da glória do Pai, para confundir os inimigos do seu Mestre e inaugurar o reino messiânico; mas essa manifestação não viera e era quase impossível que viesse. O Mestre dormia detrás de uma lousa sepulcral, como os demais homens, e ali estavam os seus inimigos, dispostos a sufocar qualquer movimento dirigido a difundir a sua doutrina. Além disso, junto do sepulcro, selado com o selo do Sinédrio, velavam os soldados romanos.

No dia seguinte ao da tragédia, os discípulos voltaram a juntar-se para trocar impressões, para comunicar uns aos outros o que tinham ouvido dizer à gente do povo e comentar, incidente por incidente, tudo o que acabava de acontecer. As mulheres, por sua vez, choravam o Mestre e suspiravam por Ele, recolhidas na casa que lhes dera hospitalidade na sexta-feira à tarde, talvez a casa de Maria Madalena. Sentiam-se fatigadas e o bulício de festa que reinava na rua aumentava-lhes a amargura. Além disso, o que é que haviam de responder a quem lhes perguntasse por aquele homem que as tinha trazido enganadas durante tanto tempo? Elas, no entanto, não o podiam abandonar. Choravam-no, amavam-no, recordavam-no sem cessar e pensavam no sepulcro que guardava os seus despojos, aqueles despojos queridos que gostariam de livrar da corrupção.

Ao cair da tarde, as três Marias — Maria de Magdala, Maria de Tiago e Maria Salomé e com elas "Joana e outras mulheres", resolveram sair à rua e comprar perfumes para embalsamar Jesus. E talvez pensassem em dirigir-se imediatamente ao sepulcro se não fosse a multidão dos forasteiros que circulava pelos arredores, gente que ia e vinha, que já deixava Jerusalém, que buscava um lugar naquelas encostas para passar a noite. O melhor que tinham a fazer era voltar para casa, deixando a tarefa para o dia seguinte. E assim fizeram.

O sepulcro vazio

Começava o terceiro dia depois da morte de Jesus, o primeiro da semana, que desde então se passou a chamar domingo ou dia do Senhor. As cintilações da noite brincavam ainda no alto das colinas, em luta com as primeiras luzes que vinham do Oriente, brancas como a esperança, serenas como a inocência, alegres como uma promessa de felicidade. Os edifícios da cidade começavam a refletir as cores do céu, cores roxas, avermelhadas, douradas, que pouco a pouco se iam transformando numa alvura radiosa. O sepulcro continuava em silêncio e os hortos próximos enchiam-se do chilrear dos pássaros e murmúrio das ramagens.

Os soldados anseiam com impaciência que nasça o dia, para se verem livres da guarda. Nunca os tinham encarregado de um serviço tão extravagante; isso só podia passar pela cabeça duns judeus! De repente, ao alvorecer, sentiram que a terra lhes tremia debaixo dos pés. E logo a seguir..., luzes, estrondos, rumores desconhecidos. Um anjo do Senhor — diz o Evangelho — desceu do céu, rolou a pedra do sepulcro e sentou-se em cima dela. O seu rosto brilhava como um relâmpago e as suas vestes eram brancas como a neve. Assustados, os guardas pensaram que iam morrer de pavor. Mal se refizeram do susto, puseram-se em fuga.

Cristo tinha ressuscitado. Ninguém o viu sair do sepulcro. Saiu e deixou intacta no seu lugar a pedra circular que cerrava a abertura e que depois foi afastada pelo anjo. Os soldados fugiram; mas, reconsiderando que aquilo seria interpretado como um abandono do posto e severamente castigado, apresentaram-se aos sinedritas para se justificarem.

Na altura em que eles entravam na cidade, as três Marias saíam a caminho do horto. Sobem a encosta, com a tristeza estampada no rosto. E olham umas para as outras, ao mesmo tempo que perguntam: "Quem nos removerá a pedra do sepulcro?" O sepulcro era como a generalidade dos sepulcros judeus: uma câmara funerária, um átrio todo cavado na rocha, em comunicação com a câmara por uma porta que nunca se fechava; e, à entrada do átrio, vedando o acesso, uma grande pedra circular do tamanho de uma mó de moinho. Como é que elas haviam de retirar a pesada pedra para entrar na gruta e derramar os seus perfumes sobre o corpo do Senhor? Essa era a sua única preocupação, porque não sabiam que os fariseus tinham posto lá sentinelas.

A porta do jardim estava aberta. Os soldados acabavam de escapulir por ela. Entram e, mal dão uns passos, reparam que alguém deslocou a pedra que separava o átrio do exterior. A ideia da ressurreição nem sequer lhes passa pela cabeça. Aproximam-se, cheias de medo, mas aguilhoadas pela curiosidade. A entrada está livre; do interior vem uma luz deslumbrante; param, a tremer de emoção. Lá dentro veem um personagem misterioso, sentado e vestido com uma túnica branca: um anjo, diz Mateus; um mancebo, escreve Marcos; dois homens de vestidos resplandecentes, afirma Lucas com maior precisão.

Ficam paralisadas, aterradas, mas tranquiliza-as uma voz que lhes diz:

— Não temais. Procurais Jesus de Nazaré, que foi crucificado. Ressuscitou, não está aqui; vive. Ide e dizei aos discípulos e a Pedro que vos precederá na Galileia. Lá o haveis de ver.

Isso passa-se "de manhãzinha", diz Marcos; mas acrescenta, numa contradição aparente: "Nascido já o sol". João concorda com ele, mas há mais lógica nas suas palavras: "De manhã cedo, quando ainda estava escuro". No seu grego duro e breve, o discípulo de Pedro precipitou os conceitos: "De manhãzinha, as mulheres dirigem-se ao sepulcro, mas chegam lá nascido já o sol". A distância não era muita, mas tinham-se entretido "a adquirir perfumes para o ungir", visto que os que tinham comprado na véspera não satisfaziam a sua devoção.

Pedro e João no sepulcro

No relato dos evangelistas, ficou gravada ao vivo a impressão daquela hora de emoções, de rumores, de notícias confusas, repentinas e inesperadas. Maria Madalena não deve ter assistido ao fim do primeiro episódio. Ao ver a pedra removida e o sepulcro vazio, só lhe ocorreu um pensamento: levaram o Senhor. E foi correndo dar a notícia a Pedro e João. Encontrou-os, sem dúvida, com Maria, a Mãe de Jesus: um, desfeito em dor e arrependimento; o outro, torturado pelas cenas da Paixão.

Madalena entra a soluçar e, exprimindo-se em seu nome e no das suas companheiras, sobressalta-os com estas palavras: "Tiraram o Senhor do sepulcro e não sabemos onde o puseram".

Os dois correm ao sepulcro. João, mais jovem, chega primeiro, inclina-se e vê os panos no chão; mas a sua emoção é tão forte que se detém à entrada. Pedro, sempre resoluto e mais ativo, entra, examina tudo, vê "as ligaduras caídas no chão e o lençol em que estivera envolta a cabeça de Jesus, não caído junto com as ligaduras, mas enrolado num lugar à parte". Admirado, olha para João, e João entra, vê e crê. Não, não o tinham levado, como pensava Maria Madalena; nesse caso, não estariam ali as ligaduras e o lençol, e da forma como estavam[2] . Voltam para casa pensativos e é possível que já lá se encontrassem as mulheres que tinham falado com o anjo. Estas, segundo Marcos, a princípio fugiram do sepulcro cheias de terror, sem se atreverem a dizer nada a ninguém; mas essa foi a primeira reação. Depois, diz Lucas, "contaram estas coisas aos Apóstolos, mas ninguém acreditava nelas".

Aparição a Madalena

Nesse ínterim, Maria Madalena volta ao sepulcro, chorosa, e procura em todas as direções. Pesquisa pelas aleias do jardim, examina as pegadas dos soldados, as plantas quebradas, talvez algum cinturão militar pelo chão, e confirma a sua primeira impressão. Torna a inclinar-se para dentro da gruta e vê dois anjos sentados em cima do leito funerário, um à cabeceira e outro aos pés.

— Mulher, por que choras? — perguntam-lhe.

— Porque levaram o meu Senhor e não sei onde o puseram — responde.

---

2 O fato de as faixas estarem caídas, isto é, "planas", "jacentes", "flácidas", segundo a tradução literal do grego — portanto, sem terem sido desenroladas mostra que o corpo de Jesus saiu delas sem as ter feito perder a forma que tinham quando o envolviam; por outro lado, o lençol não estava junto das ligaduras, mas ao lado; e também conservava a sua forma de envoltura, porém não estava flácido, e sim com certo volume — como indica a palavra grega traduzida por "enrolado" devido provavelmente à consistência imprimida pelos unguentos. Assim se compreende a admiração e a recordação indelével das testemunhas e a intuição que tiveram de que Cristo havia ressuscitado. Não se tratava apenas da reanimação do corpo, como no caso de Lázaro, que precisou ser desatado das ligaduras para poder andar (N. do E.).

Quase ao mesmo tempo, ouve passos sobre a folhagem e, a seguir, a mesma pergunta:

— Mulher, por que choras? Quem procuras?

Volta-se e vê à sua frente um homem de pé. Com os olhos nublados pelas lágrimas e ofuscados pelo sol nascente, não o reconhece. "Deve ser o hortelão", pensa de si para si. E como o amor é sempre desconfiado e sutil, dá esta resposta:

— Senhor, se tu o tiraste, dize-me onde o puseste e eu o irei buscar.

Quase delira, presa da aflição que a dominava desde a aurora. A recompensa desse candor apaixonado será uma só palavra, pronunciada com a inflexão que jamais poderia esquecer:

— Maria!

E Maria julgou que despertava de um sonho. Sim; era Ele, o mesmo que lhe tinha perdoado os pecados e devolvido a inocência.

— *Rabboni,* Mestre! — exclama em hebreu.

E cai por terra, e quer estreitar de novo aqueles pés e regá-los com as suas lágrimas. Mas Jesus afasta-a docemente, enquanto diz:

— Não me retenhas, porque ainda não subi para meu Pai.

Não havia ainda chegado a altura de fruir da sua humanidade transfigurada. Era no céu que se devia realizar a comunhão total, numa posse íntima e eterna. Enquanto isso, era preciso trabalhar, correr, lutar. Nesse mesmo momento, Maria tinha de levar uma mensagem:

— Vai ter com os meus irmãos e diz-lhes: "Subo para meu Pai e vosso Pai, meu Deus e vosso Deus".

O dia da Páscoa

Estes relatos fornecem-nos as primeiras impressões daquela manhã de Páscoa: primeiro, dor; depois, terror; a seguir, admiração e espanto. Renasce a alegria e começa a despertar a fé, que parecia morta. O Cenáculo agita-se. Começa a reunir-se ali a maior parte dos discípulos. Maria chega e conta a aparição. Ela não viu só os mensageiros do céu, mas o próprio Jesus; ouviu a sua voz e traz uma mensagem da sua parte. Os discípulos olham uns para os outros, com olhos de estupefação, de incerteza, de surpresa e de ironia. Os mais prudentes calam-se, mas alguns meneiam a cabeça e acham que se trata de um delírio, de uma alucinação produzida pelo cansaço. Continuam com a hipótese do roubo.

Esse fora o primeiro pensamento de Madalena, e esse foi o pensamento dos sinedritas. Quando os soldados se lhes apresentaram, não duvidaram da verossimilhança do relato, mas precisavam encontrar uma saída. "Os príncipes dos sacerdotes reuniram-se em conselho com os anciãos e deram aos soldados uma importante soma de dinheiro, ordenando-lhes: «Direis que os seus discípulos vieram levá-lo à noite, enquanto dormíeis; e, se o governador chegar a sabê-lo, nós o acalmaremos e vos tiraremos de dificuldades»".

Realmente, a explicação era pouco hábil. Até hoje está sem resposta a réplica que Santo Agostinho lançava aos sinedritas: "Como? Trazeis testemunhas adormecidas?" Mas a prata tem mais força que a razão.

Pedro também deve ter pensado num latrocínio. Para João acreditar, bastara-lhe o sepulcro vazio, mas Pedro necessitava de mais provas. Continua a olhar em volta, a indagar, a perguntar, e, por fim, quando já se retira, admirado do que acontecera, Jesus também lhe aparece:

glorioso, luminoso, sorridente; já não é o Varão de dores, mas o triunfador. E o Apóstolo entra no Cenáculo pálido e arquejante; quase não pode falar de emoção e de contentamento: é outra testemunha do Crucificado. Cumpriu-se nessa altura o que Jesus lhe tinha dito: "E tu, uma vez convertido, confirma os teus irmãos". Os demais Apóstolos não têm como duvidar do seu testemunho e dizem em coro: "O Senhor ressuscitou de verdade e apareceu a Simão!"

Nenhum evangelista fornece pormenores desta aparição ao Príncipe dos Apóstolos, mas Paulo alude também a ela na primeira Epístola aos Coríntios, e certamente foi ele quem dela falou ao seu discípulo Lucas.

Os discípulos de Emaús

Cai a noite; reina a escuridão na sala do Cenáculo. Renasceu a esperança, mas há perturbações e receios: "A porta estava fechada, por medo dos judeus". E, de repente, ouvem-se umas pancadas. Todos estremecem. À impressão causada pelas notícias do dia junta-se o receio dos esbirros de Caifás. Abrem a porta com todos os cuidados e encontram-se perante dois habitantes da aldeia de Emaús — a atual El-Qubeibe, a doze quilômetros de Jerusalém, ou sessenta estádios, como diz Lucas —, que tinham sido vistos várias vezes na caravana dos discípulos de Jesus. E reparam que aqueles dois também mal conseguem respirar. Fazem-nos sentar, recuperar o fôlego, e começam a ouvir o que tinham para contar.

Naquele mesmo dia, domingo da Ressurreição, os dois voltavam juntos das festas da Páscoa para a sua aldeia, sem conseguirem pensar senão no fim trágico dAquele a quem tinham chamado Mestre. Uma coisa davam por certa: que era uma loucura esperarem uma reviravolta nos acontecimentos. Não obstante, comentavam os boatos que tinham começado a circular à última hora, e procuravam encontrar alguma explicação satisfatória. Sabiam que umas mulheres tinham visto o sepulcro vazio, mas não lhes chegara aos ouvidos eco algum da aparição a Madalena. Conversavam acaloradamente, quando divisaram um vulto que se aproximava. Voltam-se e veem um homem que os segue. Esperam que os alcance, cumprimentam-no, e o viajante pergunta-lhes:

— De que ides conversando, e por que estais tristes?

Quem era o desconhecido que os interpelava daquela maneira? A surpresa interrompe por instantes a marcha. Um deles, de nome Cléofas, não se contém.

— Acaso és tu o único forasteiro em Jerusalém que ignora o que lá se passou nestes dias?

E, depois de lhe referir a doce e terrível história do Mestre, "um profeta poderoso em obras e em palavras diante de Deus e do povo", acrescenta: "Nós julgávamos que era Ele quem havia de redimir Israel, mas já lá vão três dias que tudo isto se passou".

Uma tristeza íntima e uma desilusão profunda palpitavam nessas palavras: a dor de ver que uma ideia longo tempo acariciada se desfazia como uma bolha de sabão. Tinham ouvido os boatos da ressurreição, tinham sabido de umas mulheres que haviam achado o sepulcro vazio e visto uns anjos que lhes haviam assegurado que Jesus de Nazaré vivia, mas a verdade é que a Ele ninguém o tinha visto.

O forasteiro então interrompeu o relato com uma exclamação de censura:

— Ó néscios e tardos de coração para crer tudo o que os Profetas anunciaram! Porventura não era necessário que o Cristo padecesse essas coisas e assim entrasse na sua glória?

E começou a explicar-lhes o que dEle diziam as Escrituras, percorrendo-as desde os textos de Moisés até os vaticínios de Ezequiel, os versos dos salmos, as palavras de Daniel e de Isaías... E a sua voz ia-se infiltrando na alma daqueles discípulos, como se fosse o eco de outra voz bem conhecida que em outros tempos os enchera de esperança.

Chegaram às primeiras casas da aldeia e o peregrino fez como se quisesse continuar adiante. Mas os seus interlocutores, com pena de que chegasse ao fim aquela conversa, instaram-lhe:

— Fica conosco, porque já se faz tarde e o dia declina.

E, tomando-o pelo braço, fizeram-no entrar em casa. Preparou-se o jantar e o hóspede ocupou o lugar de honra. Era, sem dúvida, um convidado distinto; cabia-lhe abençoar os alimentos. Quando, pois, tomou o pão e, depois de abençoá-lo, o partiu e deu aos dois, os olhos atônitos dos discípulos reconheceram Jesus. Quiseram cair-lhe aos pés, beijar-lhe as mãos, mas Ele desapareceu da sua presença.

A aparição no Cenáculo

Foi isso que Cléofas e o amigo contaram nessa mesma noite no Cenáculo, acrescentando, com um profundo acento de convicção: "Não é verdade que nos ardia o coração enquanto nos falava pelo caminho e nos explicava as Escrituras?" No caminho de retorno a Jerusalém, talvez tivessem pensado que os Apóstolos iriam ouvi-los com desconfiança, a mesma com que tinham ouvido as mulheres; mas, depois de Pedro ter contado a sua visão, já todos estavam convencidos. Antes que os dois discípulos tivessem começado a descrever a sua emocionante aventura, já os Onze lhes tinham disparado a notícia: "O Senhor ressuscitou realmente e apareceu a Simão".

Cheios de alegria, os Apóstolos comentavam todas essas coisas, quando de repente Jesus apareceu no meio deles, estando as portas fechadas. Olhou-os um por um e saudou-os com as palavras:

— A paz seja convosco!

Ninguém abriu a boca, mas, naqueles rostos assustados, o Senhor leu a dúvida: seria um fantasma?

Como resposta a esses pensamentos, disse-lhes:

— Por que vos perturbais e por que essas dúvidas nos vossos corações? Olhai as minhas mãos e os meus pés: sou eu mesmo. Apalpai-me e vede, porque um espírito não tem carne nem ossos, como vedes que eu tenho.

Como bom psicólogo, Lucas nota que eles não acabavam de acreditar "por causa da alegria", isto é, com medo de enganar-se, já que acreditamos com facilidade nas boas notícias. Mas a realidade física dissipa as dúvidas. Ressuscitado; Jesus não é uma sombra vaporosa, tem o mesmo corpo que antes. E mostra-lhes as marcas dos cravos nas mãos e nos pés. A seguir, pergunta-lhes:

— Tendes alguma coisa para comer?

Oferecem-lhe uma posta de pescada assada e Jesus come-a diante deles, enquanto lhes fala como outrora lhes falara à beira-mar: "Como o Pai me enviou, também eu vos envio". Envia-os a comunicar o Espírito Santo, a conquistar as almas para Deus. E, exprimindo de uma maneira simbólica o poder que antes lhes tinha prometido e que agora lhes conferia, sopra sobre eles e diz-lhes:

— Recebei o Espírito Santo. Àqueles a quem perdoardes os pecados, ser-lhes-ão perdoados; e àqueles a quem os retiverdes, ser-lhes-ão retidos.

Cristo glorioso, que entra no recinto onde os Apóstolos estavam reunidos sem que lhe tenham de abrir a porta.

Cristo amigo, que os saúda com a saudação da paz tal como outrora, sem uma palavra de recriminação, dissipando-lhes assim o remorso de tê-lo abandonado deslealmente tão poucas horas antes, e restabelecendo a confiança e a intimidade. Cristo, o Filho de Deus, o Unigênito do Pai, que lhes confere o Espírito Santo e a missão de propagar a Boa-nova, junto com o poder de perdoar os pecados. Esse é o Cristo que se nos mostra na tarde do domingo da Ressurreição.

A notícia entre os inimigos

Assim terminou aquele dia. Uma hora antes, tudo parecia perdido: o Mestre sepultado, a sua obra em ruínas e a fé morta nos corações. Agora tudo é confiança, alegria, fé no porvir. Esse é o clima no Cenáculo.

No Sinédrio, começa a renascer a inquietação. São os guardas que trazem as primeiras notícias aos fariseus e aos sacerdotes. Os saduceus, sempre céticos, não dão mostras de acusar o golpe; mas precisam acabar com os boatos e explicar o desaparecimento dos restos do Crucificado. E, como vimos, recorrem ao dinheiro, como antes com Judas, e mandam aos guardas que espalhem aos quatro ventos a notícia de que os discípulos de Jesus tinham ido ao sepulcro pela calada da noite, enquanto eles dormiam, e levado o seu corpo.

Essa foi a primeira explicação natural da ressurreição de Cristo. A fábula correu e ainda era do domínio público na altura em que o primeiro evangelista redigia as suas memórias. Mas a verdade havia de triunfar; dar-se-ia a irrupção do Espírito para desfazer com obras prodigiosas essa primeira mentira urdida em torno de um dos mistérios fundamentais do cristianismo.

Não obstante, ainda hoje os inimigos do sobrenatural continuam à procura de uma maneira de explicar o estranho acontecimento, e a sua imaginação pobre não conseguiu encontrar outra solução diferente da dos sinedritas. Uma solução que não explica nada, nem o sono dos soldados, nem o terror das mulheres, nem as dúvidas dos discípulos e menos ainda a sua fé posterior, a segurança, a intrepidez, a altivez com que morreram para defender esta verdade: “Cristo ressuscitou!”

NOVAS APARIÇÕES

João 20 e 21; Mateus 28

A história da vida de um homem termina com a morte. Não vai além do seu último suspiro. Ficará a sua recordação, ficarão as consequências dos seus atos, ficarão os seus discípulos, se tiver feito escola; mas isso não é mais do que o resplendor de uma chama que se apagou para sempre. Sob este aspecto, a vida de Cristo não se parece com a nossa; não se parece nas suas origens nem no seu fim. Ressuscitou. A derrota do Gólgota, para Ele, não foi mais do que um episódio passageiro, ainda que necessário, depois do qual apareceu na sua glória aos amigos que o haviam seguido. E permanecerá com eles durante quarenta dias, completando a sua obra e preparando-os para a missão definitiva. O termo da sua vida terrestre será a ascensão aos céus.

Assim o entenderam os primeiros discípulos. Os Evangelhos apresentam-nos toda a carreira de Cristo como um drama de uma unidade indissolúvel, desde o Batismo até a Ascensão,

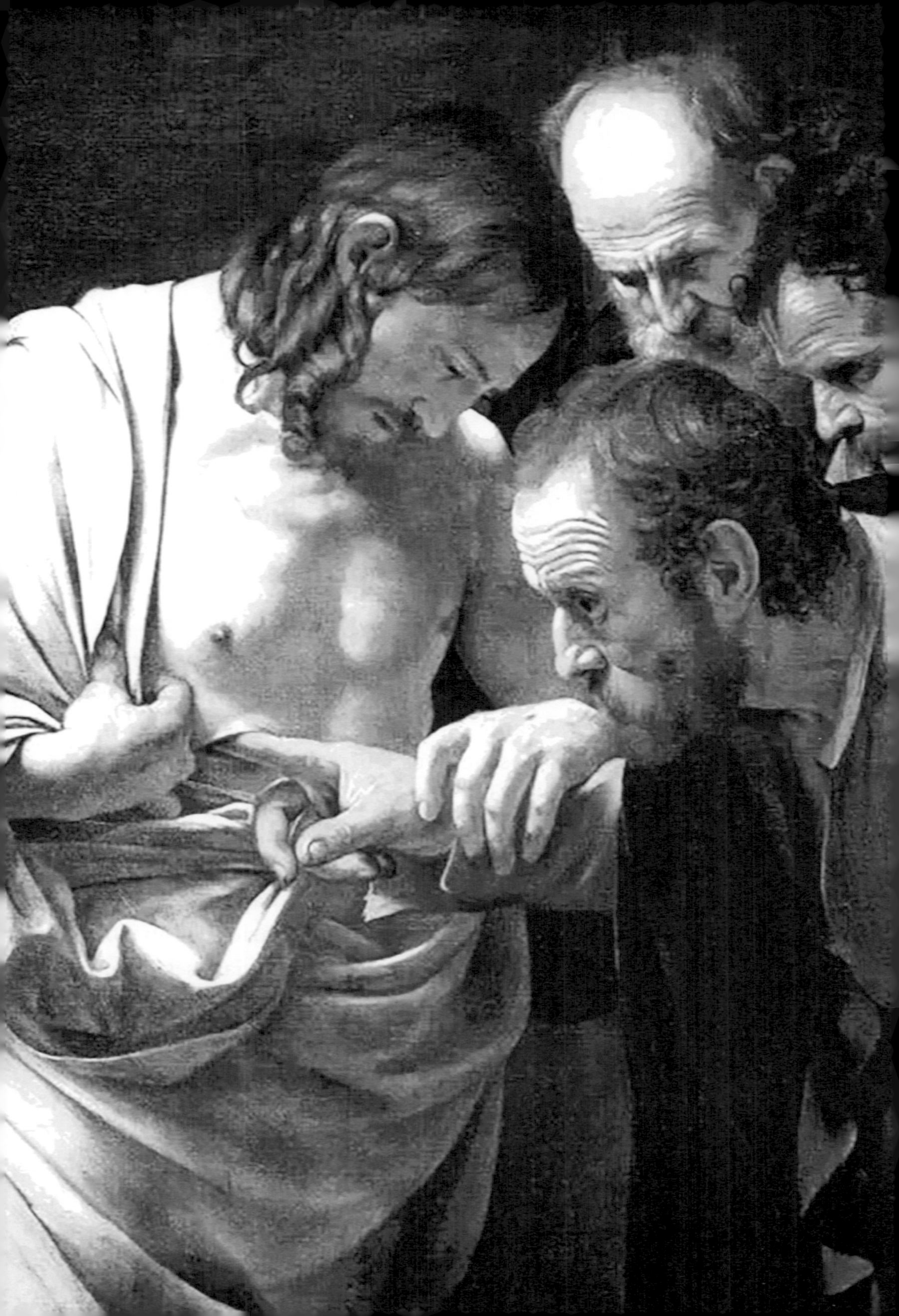

e é com a Ascensão que põem fim ao seu relato. Conhecem, decerto, a sua vida gloriosa à direita do Pai, mas não hesitam em considerar esses quarenta dias como a última fase da sua vida na terra. Tão capital é para eles este reaparecimento triunfante, que nele apoiam todo o edifício da fé, e nele veem o nó do dogma que pregam e testemunham com o seu sangue. "Cristo — diz São Paulo — morreu pelos nossos pecados e ressuscitou para nossa justificação." Se Cristo não morreu, os nossos pecados não foram redimidos; se não ressuscitou, o seu sacrifício não foi agradável a Deus; morreu em vão, e nós, que pusemos nEle a nossa esperança, somos os mais miseráveis dos homens. Mas essa Ressurreição é um fato indubitável: "Eu vos transmiti em primeiro lugar o que eu próprio recebi; que Cristo morreu pelos nossos pecados, de acordo com as Escrituras, e que foi sepultado e ressuscitou ao terceiro dia, de acordo com as Escrituras, e que apareceu a Cefas e a seguir aos onze. Depois viram-no mais de quinhentos irmãos ao mesmo tempo, dos quais a maior parte ainda vive, e os restantes já dormem no Senhor. Em seguida foi visto por Tiago e depois por todos os Apóstolos. Por último, depois de todos, apareceu-me a mim, como a um aborto... É isto o que pregamos e o que vós crestes".

Nem Paulo nem os evangelistas nos fornecem um relato completo da vida de Cristo durante aquelas semanas. As suas narrações são como que fragmentos, balizas que indicam um caminho, depoimentos coligidos em apoio de uma verdade. É indubitável que Cristo deve ter aparecido à sua Mãe, mas os livros revelados não no-lo referem. Contam as aparições mais impressionantes, aquelas que enriquecem o espírito dos discípulos com uma nova luz, com uma doutrina mais fulgurante, aquelas que melhor podiam servir para firmar nos primeiros convertidos este ponto central da catequese cristã.

Tomé, o Dídimo

Corresponde a essa finalidade o relato da aparição que teve lugar no Cenáculo oito dias depois da ressurreição. O discípulo amado há de dizer mais tarde: "Quem crê no Filho de Deus tem o testemunho de Deus dentro de si". A voz divina ressoa na alma do fiel segundo a sua generosidade. João acreditou logo à vista do sudário e das ligaduras. Tomé, pelo contrário, recusa-se a dar crédito a todos os Apóstolos que viram Jesus ressuscitado. A atitude do discípulo incrédulo, que o Evangelho de João nos pinta com tanta vivacidade, vai constituir um novo motivo de alento e de fé para todos os nascidos da água e do Espírito Santo.

Tomé tinha-se obstinado na sua solidão e no seu abatimento. Para ele, tudo terminara. E, no dia de Páscoa, quando Jesus apareceu, não se encontrava entre os companheiros. Essa ausência talvez fosse até uma nova manifestação do seu caráter. Ter-se-ia afastado para não ouvir as afirmações de Maria Madalena ou evitar discutir com Simão Pedro? Ele queria ter os pés no chão, não se deixar arrastar pelos histerismos e alucinações daqueles homens e mulheres, boa gente na verdade, mas naquele momento demasiado inclinada a crer no que pudesse tirá-los da prostração.

Já o conhecemos pelas outras intervenções de que nos falam os evangelistas. Tomé aparece-nos sempre como o homem generoso e fiel, mas sem esperança. Vemo-lo sempre reto e leal, mas retraído pelo temor de se deixar enganar e de viver de ilusões. Com a morte do Mestre, os seus horizontes, já de si reduzidos, cerram-se de todo.

Quando volta para junto dos companheiros, encontra-os cheios de contentamento:

— Vimos o Senhor! — dizem-lhe.

Mas ele ri-se daquela credulidade. Ao seu pessimismo natural junta-se talvez um travo de remorso.

— Que fizeste por aí fora, durante este tempo todo? — devem ter-lhe dito em ar de censura; e isso espevita-lhe a pertinácia.

Contam-lhe que o Senhor falara com eles, comera na presença deles e lhes mostrara as cicatrizes nas mãos e nos pés. Mas, a uma notícia tão unânime, tão minuciosa, tão alegre, Tomé reage respondendo brutalmente:

— Se não vir nas suas mãos o sinal dos pregos, e não puser o meu dedo nesse sinal dos pregos e a minha mão no seu lado, não acreditarei.

Era a voz do senso comum. Iludido uma vez nas suas esperanças, o bom Apóstolo resolvera não dar o seu assentimento sem tomar as devidas garantias. E não deviam ser poucas: não lhe bastaria ver, pois também há visões de fantasmas. Quer esquadrinhar, passar o dedo pelas cicatrizes, meter a mão no lugar trespassado pela lança. É o cúmulo da atitude fechada a qualquer raciocínio que não tenha por base a experiência carnal. Os seus companheiros afirmam e ele empenha-se em negar. E passa-se assim uma semana inteira.

Inesperadamente, como oito dias antes, Jesus apresenta-se no meio deles e saúda-os:

— A paz seja convosco!

Depois, os seus olhos procuram o incrédulo. Vem por causa dele, porque o ama, apesar da sua incredulidade, e, quando se encontram frente a frente, diz-lhe:

— Põe aqui o teu dedo e vê as minhas mãos, e traz a tua mão e mete-a no meu lado; e não queiras ser incrédulo, mas fiel.

Rendido à graça, Tomé desagrava o Mestre transfigurado com esta confissão sublime:

— Meu Senhor e meu Deus!

Mas à sua entrega tardia o Senhor opõe o mérito e a felicidade das almas que hão de crer sem ver:

— Porque me viste, Tomé, creste; bem-aventurados os que creram sem terem visto.

Era nesta bem-aventurança que São Pedro devia pensar quando escrevia aos cristãos da Ásia Menor: "Vós não vistes Jesus Cristo e o amais; e ainda hoje, sem o verdes, acreditais nEle e vos regozijais com uma alegria indescritível e gloriosa, porque estais certos de obter, como preço da vossa fé, a salvação das vossas almas".

Agradeçamos, não obstante, a Tomé, "o gêmeo", a sua atitude atrevida, porque a ela deve o mundo uma prova da ressurreição do Senhor capaz de satisfazer o mais exigente. Era a primeira vez que lábios humanos diziam a Jesus Cristo: "Meu Deus!" Um Padre da Igreja chega mesmo a afirmar que foi de maior proveito para nós a incredulidade de Tomé do que a fé de Maria Madalena.

O novo espírito dos fiéis

Desvaneciam-se para sempre os terrores e as fraquezas dos dias passados. Agora, tudo era alegria e esperança. Só uma sombra de pesar ficava nos corações dos discípulos: a de não terem sido mais dóceis e generosos para com o seu Mestre, mais abertos ao verdadeiro sentido das suas palavras. Viam finalmente que tudo aquilo era mais sublime do que pensavam. Na sua mente desmoronava-se um mundo de quimeras para dar lugar a outro de realidades fortes e ardentes, no qual se lançariam com todo o ímpeto de um amor atiçado pelos desfalecimentos passados.

Mas aguardam as instruções definitivas, e para isso vão consultando a vontade divina na oração e na recordação das palavras do Mestre, que voltam a habitar em suas memórias com uma luminosidade inédita.

Entretanto, tinham de viver, e lá em Betsaida e em Cafarnaum jaziam abandonados as redes e as tarrafas, e no lago continuavam a nadar bagres e percas, tilápias e lúcios. Havia, além disso, a ordem que o anjo tinha dado às mulheres: "Dizei aos discípulos e a Pedro que Ele vos precederá na Galileia. Lá o vereis, como vos disse".

Num estado de ânimo de muita emoção, Pedro e o seu colégio de homens e de mulheres reaparecem na Galileia e voltam a sulcar as águas, com essas barcas e redes que tinham presenciado tantos milagres. Mas tudo agora lhes parece diferente e como que iluminado por uma luz nova. O pensamento vagueia, inquieto e buliçoso, pelos caminhos e paragens onde tinham vivido com o Senhor, e, enquanto observam o cintilar das ondas, as sacudidelas da rede ou o escurecer do céu, os seus olhares saltitam, ansiosos, dos canaviais da margem, onde ainda parecem ressoar as palavras divinas, para os muros das granjas, ao abrigo dos quais tantas vezes tinham descansado; do banco da ponte onde Jesus se sentava, para a turquesa líquida daquelas águas que tão bem o conheciam. E voltam a reunir-se naquela ladeira onde Ele multiplicava os pães, e no monte das Bem-aventuranças, e na baía onde se encontravam quando o tinham visto pela primeira vez. E, de súbito, a sua voz vibrava no ar. Era Ele, que lhes sorria e lhes dava alento e lhes enchia o coração de certezas: "Demonstrava de muitas maneiras que estava vivo, aparecendo-lhes durante quarenta dias e falando-lhes das coisas relativas ao reino de Deus".

Lucas, que escreve estas linhas, não nos conta nenhuma das aparições da Galileia. Dos acontecimentos do dia da Páscoa passa à descrição da Ascensão, de maneira que o leitor poderia ficar com a impressão de que a Ascensão se deu no mesmo dia da Ressurreição, se não soubesse, pelos Atos dos Apóstolos do mesmo Lucas, que Jesus, uma vez ressuscitado, se mostrou vivo aos Apóstolos com muitas provas, falando com eles durante quarenta dias. É preciso recorrer a Mateus e a Marcos, cujo relato acusa quase sempre origens galileias, para conhecer alguns aspectos daquela convivência misteriosa no decurso dos dias que precederam a separação definitiva. Mas a narrativa mais comovente é-nos dada por João na última página do seu Evangelho. É um episódio rico em pormenores, cheio de recordações nítidas e precisas, que nos fazem entrever o que foi, durante aqueles dias, a vida dos Apóstolos.

A aparição junto do lago

Uma tarde, Pedro disse aos companheiros: "Vou pescar". E eles responderam-lhe: "Também nós vamos contigo". Eram sete: Pedro, Tomé, Bartolomeu, Filipe, André e os dois filhos de Zebedeu; quer dizer, a gente necessária para dois barcos. Tinham que recorrer à pesca, uma vez que o desaparecimento de Judas, que tivera a bolsa, os devia ter deixado numa situação econômica difícil. E acontece-lhes agora o que já lhes tinha acontecido em outra ocasião: cai a noite sem que tenham apanhado um peixe sequer. Chega a manhã e as canastras continuam vazias. Vem-lhes à memória a pesca milagrosa, mas desta vez Jesus não está ali. O ofício parece-lhes fatigante e estéril, como se não tivessem prática nenhuma.

Ao amanhecer, remam para a margem, vencidos e descoroçoados. Reparam então num homem que, da praia, olha para eles. A distância não lhes permite distinguir os traços daquele rosto. E continuam a remar. O desconhecido grita-lhes:

— Rapazes, tendes alguma coisa que comer?

— Não — respondem eles, sem conseguirem dissimular o seu mau-humor.

Ele replica:

— Lançai a rede para o lado direito da barca e apanhareis.

Pedro sabia que da margem se podia ver melhor um cardume de peixes e dirigir a manobra com maior segurança. E obedeceu. Lançaram a rede, manobraram, as cordas estremeceram e o êxito foi tão retumbante e inesperado que, quando quiseram puxar a rede, foi impossível efetuar a manobra sem que na barca entrasse água.

Um prodígio como esse só podia vir do Mestre. "É o Senhor" — exclama João, olhando para Pedro. Como sempre, é o primeiro a reconhecer Jesus, mas o seu amigo adianta-se em ir ter com Ele; mais lento na intuição, é mais rápido e impetuoso na ação. Veste a túnica, lança-se ao mar e chega à margem a nado. Pouco depois dele chegam os outros na barca, que estava a uns cento e poucos metros da margem. Jesus aguardava-os com a refeição preparada: pão e um peixe sobre umas brasas.

— Trazei os peixes que acabais de apanhar — diz-lhes.

Os discípulos trazem a rede para a margem e, ao contarem os peixes, veem que são cento e cinquenta e três, todos grandes. E João, bom conhecedor do ofício, faz notar que a rede não se rompeu. Tudo se passa da maneira mais natural, como se aquele peregrino da praia não fosse um homem que vencera a morte. Há, na verdade, uma maior reserva, um maior retraimento da parte dos discípulos; João observa que "nenhum dos discípulos ousava perguntar: «Quem és tu?», porque sabiam que era o Senhor". Sentiam como que um pudor místico, um receio reverente, que lhes matava as palavras na garganta. Mas que vontade tinham de perguntar-lhe: "Como é que apareceste aqui? Onde estiveste todos estes dias? E, quando não te encontras conosco, onde estás?" Não obstante, todos comeram do pão e dos peixes que Ele lhes oferecia.

Depois de comerem, Jesus fixa de repente o olhar em Simão Pedro e pergunta-lhe:

— Simão, filho de João, amas-me mais do que estes?

Em outro tempo, essas palavras teriam feito a felicidade do Príncipe dos Apóstolos. Com que rapidez e energia teria respondido que não havia ninguém no mundo que o amasse mais do que ele! Mas a tríplice negação na noite da prisão do Mestre tornou-o prudente. Por isso responde com uma humildade comovedora.

— Sim, Senhor, tu sabes que te amo.

Treme e não se atreve a comparar-se com ninguém. E começa a respirar quando o Mestre lhe diz:

— Apascenta os meus cordeiros.

Pedro deve ter-se lembrado de que ouvira Jesus chamar-se a si mesmo o Bom Pastor. E pensa, com certeza, que, como o Senhor vai deixar este mundo, procura alguém que o substitua. Embora aterrado pela responsabilidade, acalma-se. Mas volta a ouvir a mesma pergunta:

— Simão, filho de João, amas-me?

Mal se atreve a responder. Quem é capaz de definir ou de medir o amor? Não amava umas semanas antes, quando jurava morrer pelo Mestre, e, no entanto, não o tinha abandonado poucas horas depois? Hesitou um momento, mas, por fim, decidiu-se a responder:

— Sim, Senhor, tu sabes que te amo.

— Apascenta os meus cordeiros — voltou a dizer Jesus.

E perguntou de novo:

— Simão, filho de João, amas-me?

Novo sobressalto na alma de Pedro. O que pretenderia o Senhor com aquela pergunta três vezes repetida? Quereria referir-se à tripla negação? Com extrema delicadeza, Jesus tinha evitado qualquer alusão ao passado; mas, naquela tripla pergunta, ia implícita a dolorosa recordação. O receio de Pedro aumentou ainda mais. Já não se atreve a confiar em si mesmo e, entristecido, em vez das suas próprias palavras, invoca o testemunho do Mestre:

— Senhor, tu sabes tudo. Sabes que te amo.

Estava curado da presunção e, além disso, amava fervorosamente, apaixonadamente; podia, portanto, arcar com a responsabilidade suprema. Por isso Jesus lhe diz:

— Apascenta as minhas ovelhas.

Caíra diante de todos, levanta-se diante de todos e é reconduzido na presença de todos. Fica vinculada a ele a dignidade de chefe supremo que lhe fora anunciada em Cesareia de Filipe, dignidade sem par, mas que exigirá dele os mais árduos sacrifícios. O Senhor recorda-lhe a vida independente da sua juventude e contrasta-a com a perspectiva de dores e perseguições que o esperam:

— Em verdade, em verdade te digo: quando eras mais novo, cingias-te e ias aonde querias; mas, quando fores velho, estenderás as mãos e outro te cingirá e te levará aonde não queres.

Com essas Palavras, pretendia "significar-lhe a morte com que havia de dar glória a Deus", escreve o discípulo amado, muitos anos depois de se ter cumprido a profecia. O Pastor supremo tinha morrido pelas suas ovelhas, e outro tanto devia fazer o seu Vigário. Pedro o compreende, mas, longe de ficar abatido, exalta-se. A única coisa que o preocupa é a sorte de João, o companheiro inseparável. Com uma liberdade muito própria do seu caráter, pergunta:

— E que será feito deste?

Jesus reprime o atrevimento. A cada um, só lhe deve interessar a sua vocação, o seu próprio destino; a sua obrigação é segui-lo simples e generosamente, sem se importar com o destino e a vocação dos outros:

— Se eu quero que ele fique até que eu venha, que tens tu com isso? Tu segue-me.

Esta frase misteriosa, mal interpretada pelos primeiros cristãos, levou a pensar que João Evangelista assistiria sem morrer à segunda vinda de Cristo; mas ele protesta contra esse rumor, sem nos explicar o verdadeiro sentido das palavras de Jesus: "Jesus não disse que ele não havia de morrer". O que Ele disse foi que Pedro o seguisse, que o seguisse pela imitação da sua vida, pelo amor às ovelhas, pelo sofrimento, pela morte de cruz.

A ASCENSÃO

Marcos 16, 15-20; Lucas 24. 44-51;
Atos 1, 2-8

Dir-se-ia que, já glorioso, Jesus quis visitar os lugares mais vivamente ligados à sua carreira mortal. Aparecera às santas mulheres no meio do arvoredo do horto, aparecera aos Apóstolos no Cenáculo, aparecera-lhes junto do lago de Genesaré, lugares todos santificados por alguma das suas revelações mais impressionantes ou das suas obras mais espetaculares, como se quisesse que nunca as esquecessem. E o mesmo acontece na última das aparições da Galileia, para a qual o Senhor os convoca como se fosse uma verdadeira entrevista: "Os onze discípulos foram à Galileia, ao monte que Jesus lhes tinha indicado", um monte, sem dúvida, próximo do mar de Tiberíades, talvez o monte das Bem-aventuranças ou o da Transfiguração.

Eles chegaram, esperaram, e Jesus apareceu-lhes. "E ao vê-lo, prostraram-se, mas alguns duvidaram." Devia rodeá-lo tamanha majestade que caíram por terra, tributando-lhe a homenagem

suprema da adoração. Alguns, no entanto, duvidaram, não tanto da ressurreição, como da aparição; voltaram a recear ser joguetes de um fantasma.

Agora já não era hora de intimidades nem de confidências, como na manhã do lago. Toda a pessoa de Jesus despedia reflexos de esplendor e de grandeza, que recordavam aos discípulos a cena do Tabor. O Senhor aproxima-se e começa a falar-lhes, mas as suas palavras têm uma majestade régia;

— Todo o poder me foi dado no céu e na terra.

Jamais tinha afirmado com tamanha segurança o seu domínio sobre o mundo. Em outras ocasiões, tinha-o insinuado, declarara que o Pai tinha posto tudo em suas mãos. Mas, agora, já tinha passado pelo sofrimento, já vencera o mundo com a sua morte e, com a sua ressurreição, recebera a investidura. Talvez tivesse sido precisamente ali que ouvira a promessa do Tentador: "Tudo isto te darei se, prostrado, me adorares". Cristo conhecia a falsidade dessa proposta sacrílega, e, desde então, preferira aceitar o cálice amargo que seu Pai lhe oferecia. Como dirá São Paulo, "tornou-se obediente até a morte, e morte de cruz; por isso Deus o exaltou e lhe deu um nome que está acima de todo o nome, a fim de que todo o joelho se dobre diante dele no céu, na terra e nos infernos".

Tem um poder universal, mas só o quer para salvar o mundo, para cumprir a sua missão e dar autoridade aos seus discípulos para levá-la avante ao longo dos séculos. Por isso, continua:

— Ide, pois, e ensinai a todas as nações, batizando-as em nome do Pai e do Filho e do Espírito Santo; ensinando-as a observar todas as coisas que vos mandei.

Com estas palavras, Jesus estabelecia o sacramento do Batismo, que havia de ser a porta para entrar na sua Igreja e na amizade de Deus; e, ao mesmo tempo, confiava aos Apóstolos a mais ousada missão que já se deu a homem algum na terra.

No alto daquele monte há onze homens, gente humilde e ignorante, instrumentos débeis, que hão de ser os portadores de imensos tesouros. A quilômetros dali, erguem-se as montanhas da Judeia: ódio de fariseus, argúcias de leguleios, riquezas de plutocratas e honrarias de sacerdotes. Mais ao longe, os caminhos do deserto, as rotas das caravanas: comerciantes de variadas línguas, homens vindos do outro lado do Eufrates, que falam de costumes curiosos, de reis poderosos, de regiões inexploradas. Do outro lado, os sábios, os traficantes e os encantadores de Alexandria, os filósofos da Grécia, a força dos imensos impérios de Roma, com os seus exércitos, os seus procônsules, a sua polícia, as suas leis, os seus deuses e deusas. E aqueles onze pescadores galileus recebem a missão de mostrar a falácia desses deuses, de conquistar para o Reino esses reinos, de convencer esses governantes de que andam enganados, e de reconduzir à verdade e à simplicidade esses magos, esses filósofos, esses mestres orgulhosos do seu saber.

Os Apóstolos ficam assombrados com o formidável panorama que se lhes depara subitamente. Aos seus olhares interrogadores e desconfiados, o Senhor responde com uma promessa, que já de outras vezes lhes insinuara, mas que nesta altura reveste maior alcance e uma solenidade impressionante:

— Eis que eu estou convosco todos os dias, até a consumação dos séculos.

Com este episódio começa a história da Igreja. O termo da vida de Cristo segundo a carne é o princípio da vida de Cristo místico. Maravilhados diante dessa perspectiva, os evangelistas mal se deterão a falar do desaparecimento material do seu Mestre, isto é, da Ascensão. Uma vez que, na realidade, o Senhor ficava com eles, essa partida visível perdia importância aos seus olhos. Mateus nem sequer se refere a ela; Marcos recordara de passagem no apêndice do seu Evangelho; João menciona-a em forma de profecia. É certo que Lucas a narra mais detalhadamente, mas é porque a considera como o laço que une o Evangelho aos Atos dos Apóstolos, a vida de Cristo à da Igreja; termina o seu Evangelho com o relato da Ascensão e por ele inicia o seu relato sobre os começos da história da Igreja.

Talvez a conversa no monte tenha terminado com a convocação para novos encontros, possivelmente em Jerusalém , já que o Senhor manda aos Apóstolos que se reúnam na Cidade Santa e esperem lá "a promessa do Pai que ouvistes da minha boca; porque João batizou em água, mas vós sereis batizados dentro de poucos dias no Espírito Santo".

"Dentro de poucos dias..." As redes daqueles pescadores iam ficar a um canto mais cedo do que imaginavam; viam claramente que não ia demorar o começo do Reino e já suspiravam pela força misteriosa que o Mestre lhes acabava de prometer para daí a uns dias e que os ia converter em homens novos.

Sentem que alguma coisa se parte dentro do seu ser: é a ruptura com o ambiente em que tinham crescido, e com as suas famílias, e com os seus sonhos de aldeia, e com aquela vida aprazível, mas de horizontes estreitos, nos campos e sobre as águas. Dali em diante, tudo seria combate, heroísmo, abnegação. No lugar onde tinham crucificado o Mestre haveriam eles de ter o primeiro choque com aquele mundo que já os olhava com receio e que, em breve, os olharia com ódio.

Mas ainda ouviriam de Cristo palavras de ânimo nessas últimas conversas em que se reuniam à sua volta, admirados e reverentes, na ânsia de apanhar nem que fosse o menor alento do seu peito. E o Mestre insistia-lhes, com uma voz carregada de emoção:

— Estava escrito e era preciso que o Cristo padecesse e ressuscitasse ao terceiro dia dentre os mortos. E que em seu nome se pregasse a penitência e a remissão dos pecados a todas as nações, começando por Jerusalém. E vós sereis as testemunhas de todas estas coisas. Eu vos mandarei o Prometido de meu Pai; entretanto, permanecei na cidade, até que sejais revestidos da força do alto.

O Monte das Oliveiras

E um dia, o Senhor saiu com os Apóstolos pela estrada que levava a Betânia. Estavam chegando ao Monte das Oliveiras quando resolveram parar. Como lhe brotavam ali as recordações! Ainda pareciam ouvir-se os últimos ecos do discurso em que anunciara a ruína do Templo e o fim do mundo; talvez ainda se vissem na rocha umas gotas do sangue por Ele derramado na noite da agonia. Fora naquele horto que orara a seu Pai; aquelas veredas tinham a marca dos seus pés; aquelas oliveiras centenárias haviam-lhe tocado a fronte com os seus ramos; aquelas árvores tinham-lhe dado sombra.

Jesus sobe até o alto, seguido pelos Apóstolos e pelos discípulos. Lá embaixo, o amplo recinto do Templo flameja esplendorosamente; é uma tarde colorida e perfumada, uma tarde de primavera, em que tudo respira serenidade, em que o céu parece ter-se fundido com a terra.

Jesus envolve os seus discípulos num olhar de amor. A sua palavra tremula, agitada pela mesma inflexão que tivera na noite memorável da ceia pascal; a tremura quase lhe apaga a voz. Tão doce, tão íntima, tão confiada é essa última hora de Cristo na terra que os seus discípulos, ainda com resquícios — mesmo depois da morte e da Ressurreição — dos seus velhos sonhos de um messianismo nacionalista, se agrupam à sua volta e, com um sorriso amável em que se desenha a ânsia de conseguir uma revelação definitiva, se atrevem a expor-lhe a dúvida que há tanto tempo lhes bulia no cérebro:

— Senhor, é agora que vais restaurar o reino de Israel?

Parecia o momento adequado para acabar com o poder de Roma e com os príncipes idumeus, de estabelecer um reino poderoso e feliz, de inaugurar a era da justiça e da paz, na qual o Rei fosse, naturalmente, o próprio Cristo, e os ministros os seus Apóstolos, para estender pelo mundo a doutrina evangélica.

Mas, à pergunta ambígua dos discípulos, sucede-se a resposta evasiva de Jesus. Finge não reparar naquela curiosidade infantil e reitera as suas promessas:

— Não vos pertence a vós conhecer o tempo nem o momento que o Pai fixou no seu poder. Mas haveis de receber a virtude do Espírito Santo e então dareis testemunho de mim em Jerusalém, em toda a Judeia e Samaria e até os confins do mundo.

Não era a hora de pensar no triunfo do Reino de Deus. Nada de sonhos de grandeza para o povo de Israel. O verdadeiro Israel passaria a ser o mundo inteiro, judeu e pagão, ao qual era necessário levar a doutrina de Cristo, não com gestos impositivos, mas em virtude de um outro poder.

A Ascensão

Essas foram as suas últimas palavras. "Depois, levantou as mãos e abençoou-os, e, enquanto os abençoava, elevou-se ao céu." Todos o observavam sem perder o menor dos seus gestos, e uma profunda angústia os avassalou quando repararam que se elevava insensivelmente nos ares, que se afastava, rodeado de um nimbo glorioso, e que não tardava a ficar envolvido numa nuvem resplandecente que o ocultava aos olhos de todos.

Imóveis e estupefatos, olhavam fixamente para a nuvem e ainda continuavam a olhar quando dois homens vestidos de branco apareceram e lhes disseram:

— Homens da Galileia, por que estais a olhar para o céu? Esse Jesus, que acaba de ser arrebatado do meio de vós para o céu, voltará de lá da mesma maneira que o vistes subir.

Os discípulos compreenderam: bastava-lhes a presença invisível. Adoraram em silêncio e, a ruminar a sua melancólica alegria, voltaram para Jerusalém.

A obra estava realizada: redimido o homem, fundada a Igreja, abertas as portas do Céu. A semente ficava escondida na terra e em breve começaria a germinar: a explosão sobrenatural do dia de Pentecostes, os cinco mil primeiros convertidos, a dispersão dos Apóstolos, as viagens de Paulo e depois as perseguições, os martírios, as vitórias, um mundo convertido, o germe milagroso que se desenvolveria através dos séculos nas almas, nas sociedades, apesar dos obstáculos, das ameaças, das lutas mais encarniçadas.

À comovente história de Cristo — o maior fenômeno religioso da humanidade — sucedia-se outra: a história da sua Igreja, da sociedade divina por Ele fundada, por Ele assistida, animada e fecundada pelo seu Espírito; essa sociedade que, na realidade, não seria mais que o seu prolongamento e complemento — o *pleroma,* na expressão de Paulo — e na qual Ele haveria de continuar a viver misticamente até o fim dos séculos, para que fossem uma verdade eterna as suas palavras: "Eu venci o mundo".

Ele — e com estas palavras termina Marcos o seu Evangelho — "está sentado no céu à direita de Deus"; ela, a Igreja, continua a realizar na terra a obra de que Ele a encarregou.

SOBRE O AUTOR

Justo Pérez de Urbel Santiago nasceu no ano de 1895 em Pedrosa del Río Úrbel, na província de Burgos, Espanha. Em 1907, ingressou no mosteiro de São Domingos de Silos. Fez sua profissão religiosa em 1912 e ordenou-se em 1918. De 1925 em diante, dedicou-se à redação de livros de hagiografia, história, liturgia e arte. Concluído o doutoramento em Filosofia e História no ano de 1948, tornou-se em 1950 professor de História da Espanha Medieval. Em 1958, foi nomeado primeiro abade da Abadia do Vale dos Caídos. Faleceu em 1979.

Sua obra literária é assaz copiosa: publicou 71 livros e mais de setecentos artigos, resenhas, traduções, entre outros textos.

CRÉDITOS DAS IMAGENS

PREFÁCIO
«Cristo Pantocrator», século VI, Mosteiro de Santa Catarina (Egito).

EXPECTATIVA
Trecho do Livro de Enoch em grego, século IV.

O PROFETA ZACARIAS
«O anjo aparece a Zacarias», William Blake.

ANUNCIAÇÃO
«Anunciação», Bartolomé Esteban Murillo.

MARIA EM CASA DE ISABEL
«A visita de Maria a Isabel», Benedetto Eredi, segundo Federico Barocci.

NASCIMENTO DE CRISTO
«A Natividade», Lorenzo Lotto.

A CIRCUNCISÃO
«O hino de louvor de Simeão», Arent de Gelder.

OS MAGOS
«Adoração dos Magos», Diego Velázquez.

No desterro
«Fuga para o Egito», Gentile da Fabriano.

O filho do carpinteiro
«São José e o Menino Jesus», Guido Reni.

Israel no império
«Anás e Caifás», James Tissot.

O precursor
«João Batista no deserto», Cristofano Allori.

Do monte da tentação ao Jordão
«Cristo no deserto», Ivan Kramskói.

Os primeiros discípulos
«O chamado de São João durante as bodas de Caná», Jan C. Vermeyen.

Primeira aparição na Judeia
«Cristo expulsando os vendilhões do Templo», El Greco.

A samaritana
«Cristo e a samaritana», Annibale Carracci.

Alvores da boa-nova na Galileia
Cristo na sinagoga de Cafarnaum, afresco do século XI.

Os apóstolos
«Cristo com seus discípulos», A. N. Mironov.

Primeiro encontro com os fariseus
«Jesus Cristo em Cafarnaum», Rodolfo Amoedo.

As Bem-aventuranças
«O sermão da montanha», Carl Bloch.

Moisés e Jesus
«Moisés com as tábuas da Lei», Rembrandt.

Prodígios e perseguições
«Ressurreição do filho da viúva de Naim», Lucas Cranach, o Jovem.

A embaixada do Batista
«Salomé com a cabeça de João Batista», Caravaggio.

Ante os escribas e fariseus
«Jesus cura o homem com a mão seca», Catedral de Monreale.

A pecadora
«Banquete na casa de Simão, o fariseu», Peter Paul Rubens.

Parábolas do Reino
«Parábola do Tesouro Escondido», Rembrandt.

Através do lago e das suas margens
«Ressurreição da filha de Jairo», Theodore von Holst.

Jesus na sinagoga de Nazaré
«Os doze apóstolos», século XIV.

A multiplicação dos pães
«Alimentando a multidão», manuscrito armênio, 1433.

O pão da vida
«A disputa do Sacramento», Rafael Sanzio.

Lutas e curas na Galileia e em Jerusalém
«Probática piscina», Tintoretto.

Por terras de Gentios
«Cristo curando o cego», A. Mironov.

O anúncio da Paixão e a Transfiguração
Ícone em Yaroslavl, Rússia, 1516.

Os últimos dias à beira do lago
«Bênção das crianças», século XVIII.

A festa dos tabernáculos
«A festa dos Tabernáculos», Émile Levy.

Catequese e polêmicas no Templo
«Cristo e a adúltera», Guercino.

O Cego de nascença e o Bom Pastor
«O Bom Pastor», Mausoléu de Galla Placidia.

Através da Samaria e da Pereia
«Ele os enviou dois a dois», James Tissot.

A escola de Cristo
«O bom samaritano», Carel Adolph Lion Cachet.

A oração
«Cenas da lenda de Maria e Marta» (detalhe), Museu Nacional de Varsóvia.

Novos embates no Templo
«Parábola da figueira estéril», Carl Rahl.

A estadia na Pereia
«A parábola do rico Epulão», iluminura do Mestre do Codex Aureus Epternacensis (Evangelhos Dourados).

As parábolas da misericórdia
«O retorno do Filho Pródigo», desenho à caneta de Rembrandt.

As riquezas do Céu e da terra
«Arco triunfal», mosaico do século IV.

A ressurreição de Lázaro
«Lázaro sai da sua tumba», Juan de Flandes.

Nos montes de Efraim
«Jesus cura um leproso», mosaico do medievo.

A caminho de Jerusalém
«Entrada em Jerusalém» (detalhe), Duccio.

Em Betânia
«Cristo na casa de Simão», Carlo Dolci.

Entrada triunfal em Jerusalém
«Entrada em Jerusalém», Duccio.

Jesus e os inimigos no Templo
«Jesus Cristo expulsa os vendilhões do Templo» Giotto di Bondone.

Outro dia de luta
«O dinheiro do tributo», Ticiano.

O dia dos Anátemas
«Ai de vós, escribas e fariseus», James Tissot.

A abominação da desolação
«O óbolo da viúva», João Zeferino da Costa.

Preparação da Páscoa
«Lava-pés», pintura na Basílica de Santa Maria del Mar, Barcelona.

A Ceia
«A Última Ceia», Fra Angelico.

Despedida
«Discurso de adeus», Duccio.

Últimas palavras
«Jesus como a videira», ícone bizantino do século XVI.

Getsêmani
«Agonia no Jardim», Goya.

A captura
«O beijo de Judas», Giotto di Bondone.

Interrogatórios prévios
«Jesus diante de Anás e a negação de Pedro», Duccio .

O julgamento do Sinédrio
«Cristo antes de Caifás», Giotto di Bondone.

Jesus no tribunal de Pôncio Pilatos
«Pilatos lavando as mãos», Tintoretto.

A sentença
«Ecce homo», Tintoretto.

A crucifixão
«Jesus na Cruz entre os dois ladrões», Rubens.

O dia da ressurreição
«A Ressurreição», Pieter van Aelst.

Novas aparições
«A incredulidade de São Tomé», Caravaggio.

A ascensão
Ícone búlgaro do século XVI.

Direção geral
Renata Ferlin Sugai

Direção editorial
Hugo Langone

Produção editorial
Gabriela Haeitmann
Ronaldo Vasconcelos

Revisão
Juliana Amato

Capa
Douglas Catisti

Diagramação
Gabriela Haeitmann

ESTE LIVRO ACABOU DE SE IMPRIMIR
A 28 DE AGOSTO DE 2021.